कोर्स ऑन कंप्यूटर कॉन्सेप्ट्स

मेड सिंपल

(वर्ष 2019 के NIELIT नवीनतम पाठ्यक्रम के आधार पर)

सतीश जैन

बी.अस सी., बी.ई. (आई.आई.अससी.), ऍम. ई. (आई.आई.अससी.), एम.टेक. (आई.आई.टी. कानपुर),
सूचना प्रौद्योगिकी के पूर्व प्रोफेसर, सूचना प्रौद्योगिकी और प्रबंधन संस्थान
जीजीएस इंद्रप्रस्थ विश्वविद्यालय, दिल्ली

एम. गीता

बी. कॉम., डिप्लोमा. कंप्यूटर विज्ञान

bpb

www.bpbonline.com

FIRST EDITION 2020

ISBN: 978-93-89898-34-7

LIMITS OF LIABILITY AND DISCLAIMER OF WARRANTY

The Author and Publisher of this book have tried their best to ensure that the programmes, procedures and functions described in the book are correct. However, the author and the publishers make no warranty of any kind, expressed or implied, with regard to these programmes or the documentation contained in the book. The author and publisher shall not be liable in any event of any damages, incidental or consequential, in connection with, or arising out of the furnishing, performance or use of these programmes, procedures and functions. Product name mentioned are used for identification purposes only and may be trademarks of their respective companies.

All trademarks referred to in the book are acknowledged as properties of their respective owners.

NIELIT is in no way connected with this book. This Book is written solely for the benefit and guidance of students appearing of NIELIT Examination.

Distributors:

BPB PUBLICATIONS
20, Ansari Road, Darya Ganj, NEW DELHI-110002
Ph: 23254990/91

BPB BOOK CENTRE 376
Old Lajpat Rai Market, DELHI-110006
Ph: 23861747

MICRO MEDIA
Shop No. 5, Mahendra Chambers,150 DN Rd.
Next to Capital Cinema, V.T. (C.S.T.) Station,
MUMBAI-400 001 Ph: 22078296, 22078297

DECCAN AGENCIES
4-3-329, Bank Street HYDERABAD-500195
Ph: 24756967/ 24756400

Published by Manish Jain for BPB Publications, 20 Ansari Road, Darya Ganj, New Delhi – 110002 and Printed at Akash Press, Delhi.

www.bpbonline.com

"अच्छी कंपनी, बेहतरीन किताबें, और प्रार्थनाएँ–
इन तीनों को एक आदमी बनाती हैं
तीनों लोकों के सम्राट"

— स्वामी रामा तीरथा

समर्पित

भगवान गणेश, भगवान मुरगन, श्री राजा राजेश्वरी और श्री साई बाबा
जिनके आशीर्वाद से जीवन में सभी बाधाएँ दूर होती हैं

प्रस्तावना

पुस्तक को लिखने का उद्देश्य **NIELIT** द्वारा डिजाइन किए गए "कोर्स ऑन कंप्यूटर कॉन्सेप्ट्स (CCC)" के संपूर्ण संशोधित पाठ्यक्रम को सरल अंग्रेजी और उपयोगकर्ता के अनुकूल शैली में कवर करना है।

पुस्तक को नौ अध्यायों में विभाजित किया गया है। प्रत्येक अध्याय में **NIELIT** द्वारा उल्लिखित पाठ्यक्रम के अनुसार विशिष्ट विषय शामिल हैं। प्रत्येक अध्याय में चित्र हैं और प्रत्येक अवधारणा को स्पष्ट रूप से समझाने के लिए स्क्रीन का उपयोग किया गया है। यह आशा की जाती है, कि प्राथमिक अंग्रेजी भाषा की कुछ समझ रखने वाला व्यक्ति इस पुस्तक का उपयोग करने में सक्षम होगा और इंटरनेट एक्सेस के लिए एक व्यक्तिगत कंप्यूटर (पीसी) पर काम करेगा, वर्ड का उपयोग करके वर्ड प्रोसेसिंग, स्प्रेडशीट, पावर पॉइंट का उपयोग करके प्रस्तुति का निर्माण करेगा।

अंतिम दो अध्याय में डिजिटल वित्तीय सेवाओं के अनुप्रयोग शामिल हैं। यह अध्याय विशेष रूप से डिजिटल वित्तीय सेवाओं के लिए इंटरनेट का उपयोग कैसे करें, जैसे बचत, बैंकिंग सेवा, मोबाइल और वॉलेट पर बैंक का उपयोग करता है और अंतिम अध्याय में इंडस्ट्री 4.0 की अवधारणा शामिल है।

सॉल्व्ड और अनसॉल्व्ड पेपर्स के सेट को भी शामिल किया जाता है ताकि पाठकों को परीक्षाओं में पूछे जाने वाले प्रश्नों का पता लग पाए।

अगर वे हमें इस विषय में प्रस्तुति, पठनीयता और कवरेज के बारे में अपने सुझाव, यदि कोई हो, विषय वस्तु को बेहतर बनाने के लिए उसे *sales@bpbonline.com* पर ई–मेल करे।

2 जुलाई 2020 ऑथर्स

विषय-सूची

प्रस्तावना ... *iv*

अध्याय 1: कंप्यूटर का परिचय ... 1

1.1 परिचय ... 1
1.2 कंप्यूटर क्या है? ... 1
1.3 कंप्यूटर का विकास ... 1
1.4 कंप्यूटर की पीढ़ी ... 3
1.5 कंप्यूटर के प्रकार ... 4
1.6 कंप्यूटर और उसके नवीतम गैजेट्स ... 5
1.7 कंप्यूटर के अनुप्रयोग ... 6
1.8 हार्डवेयर और सॉफ्टवेयर की अवधारणा ... 7
1.9 कंप्यूटर सिस्टम के घटक ... 10
1.9.1 सेंट्रल प्रोसेसिंग यूनिट (सीपीयू) ... 10
1.9.2 मेमोरी यूनिट ... 10
1.9.3 इनपुट यूनिट ... 13
1.9.4 आउटपुट यूनिट ... 15
1.10 मोबाइल ऐप्स ... 16
सारांश ... 19
मॉडल प्रश्न और उत्तर ... 19
उत्तर ... 22

अध्याय 2: ऑपरेटिंग सिस्टम ... 23

2.1 ऑपरेटिंग सिस्टम ... 23
2.2 ऑपरेटिंग सिस्टम की मूल बातें ... 23
2.3 एक ऑपरेटिंग सिस्टम का वर्गीकरण ... 23
2.4 डेस्कटॉप और लैपटॉप के लिए ऑपरेटिंग सिस्टम ... 24
2.4.1 एमएस–डॉस ऑपरेटिंग सिस्टम ... 24
2.4.2 विंडोज ऑपरेटिंग सिस्टम ... 24
2.4.3 लिनक्स ऑपरेटिंग सिस्टम ... 24
2.4.4 मैक ऑपरेटिंग सिस्टम ... 24
2.5 मोबाइल फोन के लिए ऑपरेटिंग सिस्टम ... 24
2.6 डेस्कटॉप और लैपटॉप के लिए यूजर इंटरफेस ... 26
2.6.1 लॉग इन के साथ स्क्रीन लॉक ... 26
2.7 विंडोज 10 डेस्कटॉप क्षेत्र ... 26
2.7.1 डेस्कटॉप ... 26
2.7.2 डेस्कटॉप आइकन ... 29
2.8 एप्लिकशन विंडो चलाना ... 29
2.9 ऑपरेटिंग सिस्टम सरल सेटिंग ... 30
2.9.1 माउस का उपयोग करना और उसके गुणों को बदलना ... 30
2.9.2 माउस का बटन टैब ... 30
2.9.3 माउस का पॉइंटर टैब ... 31
2.9.4 माउस के पॉइंटर ऑप्शन टैब ... 31
2.10 सिस्टम का दिनांक और समय बदलना ... 31
2.11 सिस्टम डिस्प्ले प्रॉपर्टीज को चेंज करना ... 31
2.12 प्रोग्राम और फीचर को ऐड और रिमूव करना ... 32
2.13 प्रिंटर को ऐड, रिमूव और साझा करना ... 33
2.14 फाइल और फोल्डर प्रबंधन ... 34
2.14.1 फाइल एक्स्प्लोरर ... 34
2.14.2 सबफोल्डर्स प्रदर्शित करना ... 34
2.14.3 फाइल्स और फोल्डर को एक्सेस करना ... 35
2.15 फाइल एक्सटेंशन के प्रकार ... 37
सारांश ... 37
शॉर्टकट कीस ... 37
मॉडल प्रश्न और उत्तर ... 38
उत्तर ... 42

अध्याय 3: एडुबंटु/उबंटू को समझना ... 43

3.1 परिचय ... 43
3.2 एडुबंटु/उबुन्टु ... 43
3.3 सिस्टम रिक्वायरमेंट ... 44
3.4 उबंटू डाउनलोड और इंस्टॉल करना ... 44
3.4.1 वर्चुअल मशीन का उपयोग करके लिनक्स इनस्टॉल करना ... 44
3.4.2 वर्चुअल बॉक्स डाउनलोड और इंस्टॉल करें ... 44
3.4.3 उबुन्टु डाउनलोड करें ... 45
3.4.4 वर्चुअल बॉक्स में एक मशीन बनाएँ ... 45
3.4.5 मशीन पर उबंटू इनस्टॉल करें ... 46
3.5 एडुबंटु/उबुन्टु स्टार्ट करना ... 48
3.6 सॉफ्टवेयर केंद्र ... 49
3.6.1 सॉफ्टवेयर स्थापित करना ... 49
3.6.2 सॉफ्टवेयर को रिमूव करना ... 49
3.6.3 अनचाहे सॉफ्टवेयर को हटाने के लिए ... 49
3.7 सॉफ्टवेयर अपडेट ... 49
3.8 फाइल्स और फोल्डर ... 49
3.8.1 फाइल को क्रिएट करना ... 50
3.8.2 फोल्डर को क्रिएट करना ... 50
3.8.3 फाइल/फोल्डर को ओपन करना ... 50
3.8.4 फाइल/फोल्डर का नाम बदलना ... 51
3.8.5 फाइल/फोल्डर की प्रतिलिपि बनाना ... 51
3.8.6 किसी फाइल/फोल्डर को मूव करना ... 51
3.8.7 फाइल/फोल्डर को डिलिट करना ... 51
3.8.8 फाइल/फोल्डर को पुनर्स्थापित करना ... 52
3.8.9 फाइल्स फाइल प्रबंधक ... 52
3.10 कॉन्टेक्स्ट मेनू/शॉर्टकट मेनू ... 52
3.11 डेस्कटॉप पृष्ठभूमि बदलना ... 52
3.11.1 एप्लीकेशन स्थापित करना ... 52
3.11.2 डेस्कटॉप को कस्टमाइज करना ... 52
3.11.3 स्क्रीनलेटस ... 53
3.11.4 स्क्रीनसेवर ... 53
3.12 शॉर्टकट आइकन ... 54
3.13 अपने कंप्यूटर पर सीडी को RIP करना ... 54
3.14 बर्निंग ऑडियो सीडी ... 54
3.15 एक्सप्लोरिंग चित्र ... 55
3.16 ब्लीचबिट एप्लिकेशन ... 55
3.17 एडुबंटु पर टच स्क्रीन ... 55

3.18 कार्यस्थान..55
3.19 मोबाइल एडिशन..55
3.20 साउंड रिकॉर्डर..55
3.21 खेल खेलना...56
3.22 शॉटवेल फोटो मैनेजर..56
सारांश...56
मॉडल प्रश्न और उत्तर...56
उत्तर...59

अध्याय 4ः मएस वर्ड 60

4.1 परिचय...60
4.2 वर्ड प्रोसेसिंग बेसिक्स 60
4.2.1 वर्ड प्रोसेसिंग पैकेज खोलना 60
4.3 एप्लीकेशन विंडो...60
4.3.1 मेनू/रिबन और टैब 60
4.4 डाक्यूमेंट्स को ओपन और क्लोज करना............................62
4.4.1 डॉक्यूमेंट ओपन करना 62
4.4.2 डॉक्युमेंट को स्क्रॉल करना 62
4.4.3 टाइपिंग और डॉक्युमेंट को एडिट करना.....................62
4.5 सेव एंड सेव एस 62
4.6 डॉक्यूमेंट को नाम देना 63
4.7 पेज सेटअप विकल्प 63
4.7.1 पेज ओरिएंटेशन..63
4.7.2 पेज मार्जिन और साइज पेज मार्जिन 63
4.8 कागज का आकार 63
4.9 पेज मार्जिन...63
4.10 प्रिंट पूर्वावलोकन...64
4.11 डाक्यूमेंट्स को प्रिंट करना..64
4.11.1 वर्तमान डॉक्यूमेंट को प्रिंट करना...........................64
4.11.2 पीडीएफ फाइल और पीडीएफ फाइल के रूप में एक डॉक्यूमेंट को सेव करना.......................64
4.11.3 क्लोजिंग वर्ड...64
4.12 टेक्स्ट क्रिएशन और मैनीपुलेशन 65
4.12.1 डॉक्यूमेंट क्रिएशन 65
4.12.2 एडिटिंग टेक्स्ट..65
4.12.3 टाइप किए गए पाठ में सुधार लागू करना 65
4.13 टेक्स्ट चयन...65
4.14 टेक्स्ट को डिलीट करना 66
4.15 कट, कॉपी और पेस्ट...66
4.16 ड्रैग एंड ड्रॉप टेक्नीक का उपयोग करके मूव और कॉपी करना...66
4.17 फॉन्ट, रंग, शैली और आकार चयन...............................67
4.18 क्षेत्रीय भाषा फॉन्ट को ऐड करना..................................67
4.19 टेक्स्ट का संरेखण 68
4.20 अनडू और रीडू...68
4.21 स्वतः सुधार और वर्तनी जाँच 68
4.22 फाइंड और रिप्लेस...69
4.23 फोर्मत्तिंग टेक्स्ट..69
4.24 बुलेट और नंबरिंग..70
4.25 परिवर्तन प्रकरण...70
4.26 तालिका मैनीपुलेशन 70
4.26.1 तालिका की अवधारणा 70
4.26.2 इन्सर्ट और ड्रा टेबल 70
4.26.3 तालिका में टेक्स्ट एंटर और एडिट करना..................71
4.27 बॉर्डर और शेडिंग...72
4.28 मेल मर्ज...73
4.28.1 मेल मर्ज शुरू करना..73
सारांश...75
शॉर्टकट कीस 75
मॉडल प्रश्न और उत्तर...77
उत्तर...81

अध्याय 5ः लिब्रे ऑफिस राइटर 82

5.1 परिचय...82
5.2 लिब्रे ऑफिस राइटर शुरू करना 82
5.3 लिब्रे ऑफिस राइटर में टेक्स्ट एंटर करना.......................82
5.3.1 एक नया डॉक्यूमेंट बनाना......................................82
5.3.2 डॉक्यूमेंट को सेव करना..82
5.3.3 किसी डॉक्यूमेंट को क्लोज करने के लिए....................83
5.3.4 डॉक्यूमेंट को ओपन करना.....................................83
5.3.5 डॉक्यूमेंट को प्रिंट करना 83
5.3.6 लिब्रे ऑफिस राइटर से एग्जिट करना 83
5.4 लिब्रे ऑफिस में टेक्स्ट का चयन और संपादन 83
5.4.1 टेक्स्ट को एडिट करना..83
5.4.2 टेक्स्ट का चयन करना 84
5.4.3 टेक्सट राग्गिलित करना...84
5.4.4 टेक्स्ट को मूव करना..84
5.4.5 टेक्स्ट की प्रतिलिपि बनाना.....................................84
5.4.6 टेक्स्ट को पेस्ट करना 85
5.4.7 टेक्स्ट को कट करना 85
5.4.8 टेक्स्ट को डिलीट करना 85
5.4.9 पूर्ववत करें और फिर से करें....................................85
5.5 व्याकरण और वर्तनी को चेक करना 85
5.6 थिसॉरस...85
5.7 किसी डॉक्यूमेंट को फॉर्मेट करना..................................86
5.7.1 फोर्मत्तिंग प्रभाव कैसे लागू किया जाता है। 86
5.8 सुपरस्क्रिप्ट और सबस्क्रिप्ट प्रभाव लागू करना 87
5.9 किसी अन्य चयन के लिए स्वरूपण की प्रतिलिपि बनाएँ......87
5.10 चेंजिंग लाइन स्पेसिंग 87
5.11 बुलेटेड या नुम्बेरेद सूची बनाना 88
5.12 बॉर्डर और शेडिंग लागू करना......................................88
5.13 ड्रॉप कैप प्रभाव..88
5.14 स्टाइल्स के साथ काम करना..88
5.14.1 बिल्ट–इन स्टाइल को लागू करना 89
5.15 फाइंड और रेप्लस...89
5.16 अनुच्छेद फोर्मत्तिंग..90
5.16.1 परिवर्तन टेक्स्ट संरेखण...90
5.16.2 इंडेंटिंग टेक्स्ट...90
5.16.3 पेराग्राफ रिक्ति 90
5.16.4 हेडर और फुटर सम्मिलित करना 91
5.16.5 पृष्ठ संख्या सम्मिलित करना 91
5.16.6 कॉलम और कॉलम ब्रेक सम्मिलित करना 91

5.17 टैब के साथ काम करना 92
5.18 पृष्ठ स्वरूपण 92
5.18.1 मार्जिन सेट करना 92
5.18.2 पेपर ओरिएंटेशन सेट करना 93
5.18.3 पृष्ठ प्रारूप सेट करना 93
5.18.4 डॉक्युमेंट का पूर्वावलोकन करना 93
5.18.5 डॉक्यूमेंट को प्रिंट करना 94
5.19 ड्रॉइंग टूल्स का उपयोग करना 94
5.20 टेबल्स 95
5.21 डेटा दर्ज करना 95
5.22 टेबल को माडिफाई करना 95
5.23 टेबल को फॉर्मेट करना 96
5.24 टेबल में कैलकुलेशन करना 97
5.25 मेल मर्ज 97
सारांश 98
शॉर्टकट कीस 98
मॉडल प्रश्न और उत्तर 101
उत्तर 104

अध्याय 6: एमएस एक्सेल 105
6.1 परिचय 105
6.2 स्प्रेडशीट के तत्व 105
6.2.1 स्प्रेडशीट बनाना 105
6.2.2 एक्सेल इंटरफेस 105
6.2.3 नई वर्कबुक बनाना 106
6.2.4 वर्कबुक खोलना और बंद करना 106
6.2.5 वर्कबुक विंडो बंद करना 107
6.2.6 वर्कबुक सेव करना 107
6.3 सेल एड्रेस की अवधारणा (पंक्ति और स्तंभ) और सेल का चयन 107
6.4 सेल एड्रेस का उपयोग करके फार्मूला 107
6.5 सेल में डेटा (टेक्सट, संख्या, दिनांक) दर्ज करना 108
6.5.1 टेक्स्ट दर्ज करना 108
6.6 एक कार्यपत्रक में दिनांक और समय दर्ज करना 109
6.7 टेक्स्ट, संख्या और डेटा श्रृंखला बनाना 109
6.8 पृष्ठ सेटअप 109
6.9 वर्कशीट को प्रिंट करना 109
6.10 सेल और वर्कशीट का मैनीपुलेशन 109
6.10.1 सैल कंटेट को माडिफाई और एडिट करना 109
6.10.2 सेल कंटेंट मे टेक्सट को एंटर, डिलीट या बदलें 110
6.11 ड्रैग और ड्राप द्वारा सेल कंटेंट को मूव और कॉपी करना .. 110
6.12 रिबन के साथ सेल को मूव और कॉपी करना 110
6.13 फिलिंग या फील हैंडल के साथ सेल कंटेंट को कॉपी करना ... 111
6.13.1 फील हैंडल का उपयोग करना 111
6.14 स्वरूपण सेल (फ़ॉन्ट, संरेखण, शैली) 111
6.15 कट, कॉपी, पेस्ट और पेस्ट विशेष 112
6.15.1 पेस्ट स्पेशल का उपयोग करना 112
6.16 पंक्तियाँ, कॉलम को इंसर्ट और डिलिट करना 112
6.16.1 सेल, पंक्तियों या कॉलम को हटाना 112
6.17 सेल की ऊँचाई और चौड़ाई बदलना 113
6.18 ऑटोफिल 113
6.19 सॉर्टिंग और फ़िल्टरिंग 113
6.20 फ्रीजिंग पैन्स 114
6.21 फॉर्मूलास, फंक्शन्स और चार्ट 114
6.21.1 संख्याओं के लिए फॉर्मूलास का उपयोग करना (जोड़, घटाव, गुणा और भाग) 114
6.21.2 ऑटोसम फीचर 114
6.21.3 फंक्शन (सम, गणना, मैक्स, मीन, एवरेज) 115
6.22 चार्ट (बार, पाई, लाइन) 115
सारांश 115
शॉर्टकट कीस 115
मॉडल प्रश्न और उत्तर 117
उत्तर 120

अध्याय 7: लिब्रे ऑफिस कैल्क 121
7.1 परिचय 121
7.2 स्प्रेडशीट के घटक 121
7.3 डेटा दर्ज करना 122
7.4 डेटा के प्रकार 122
7.5 शीट में काम करना 122
7.5.1 शीट का नाम बदलना 122
7.5.2 एक नई शीट ऐड करना 122
7.5.3 शीट्स के बीच स्विच करना 123
7.5.4 शीट रिमूव करना 123
7.5.5 शीट को सेव करना 123
7.6 वर्कशीट का संपादन 123
7.6.1 सेल का चयन करना 123
7.6.2 शीट में डेटा दर्ज करना 123
7.6.3 सेल कंटेंट को बदलना 124
7.6.4 इन्सर्ट और ओवरराइट मोड का उपयोग करना ... 125
7.6.5 पूर्ववत करें और फिर से करें 125
7.6.6 कोशिकाओं, स्तंभों और पंक्तियों को हटाना 125
7.7 ऑटो फील 125
7.8 डेटा को कॉपी और मूव करना 126
7.8.1 डेटा को कॉपी और पेस्ट करना 126
7.8.2 मूविंग डेटा 126
सारांश 126
शॉर्टकट कीस 126
मॉडल प्रश्न और उत्तर 127
उत्तर 130

अध्याय 8: एमएस पावरपॉइंट 131
8.1 परिचय 131
8.1.1 स्क्रीन एलिमेंट्स 131
8.2 क्रिएशन ऑफ़ प्रेजेंटेशन 132
8.2.1 टेम्पलेट का उपयोग करके प्रस्तुति बनाना 132
8.2.2 रिक्त प्रस्तुति बनाना 132
8.2.3 स्लाइड पर टेक्स्ट सम्मिलित करना और एडिट करना 133
8.2.4 स्लाइड पर टेक्स्ट का संपादन 133
8.2.5 प्रस्तुति में स्लाइड्स को सम्मिलित करना और हटाना 134

8.2.6 प्रस्तुति को सेव करना....134
8.3 मैनुपलेटिंग स्लाइड....134
8.3.1 टेबल को इर्न्सट करना....134
8.3.2 क्लिप आर्ट पर पिक्चर्स ऐड करना....135
8.3.3 अन्य वस्तुओं को सम्मिलित करना....135
8.3.4 ऑब्जेक्ट का आकार बदलना और स्केल करना..135
8.3.5 मास्टर स्लाइड बनाना और उपयोग करना....136
8.4 स्लाइड्स की प्रस्तुति....136
8.4.1 प्रस्तुति देखना....136
8.4.2 प्रस्तुति के लिए सेट अप चुनना....136
8.4.3 हैडर, फुटर और नोट्स....136
8.4.4 प्रिंटिंग स्लाइड और हैंडआउट....137
8.5 स्लाइड शो....137
8.5.1 स्लाइड शो चलाना....137
8.6 एस्थेटिक्स प्रदान करना....137
8.6.1 टेक्स्ट प्रस्तुति को एन्हांस....137
8.6.2 कलर और लाइन स्टाइल के साथ काम करना...138
8.6.3 मूवी वीडियो और साउंड जोड़ना....139
8.6.4 साउंड फ़ाइल ऐड करना....139
सारांश....140
शॉर्टकट कीस....140
मॉडल प्रश्न और उत्तर....144
उत्तर....148

अध्याय 9: लिब्रे ऑफिस इम्प्रेस....149

9.1 परिचय....149
9.2 प्रस्तुति क्या है?....149
9.3 लिब्रे ऑफिस इम्प्रेस शुरू करना....149
9.3.1 इम्प्रेस विंडो के घटक....149
9.4 विज़ार्ड का उपयोग करके एक नई प्रस्तुति बनाना....150
9.4.1 एक खाली प्रस्तुति बनाने के लिए:....150
9.5 स्लाइड में टेक्स्ट ऐड करना....151
9.6 प्रस्तुति को सेव करना....151
9.7 लिब्रे ऑफिस इम्प्रेस एप्लीकेशन को बंद करना....152
9.8 एक्सिस्टिंग लिब्रे ऑफिस....152
9.9 प्रस्तुति ओपन करना....152
9.10 नई स्लाइड को ऐड करना....153
9.11 स्लाइड में इमेज ऐड करने के लिए....153
9.12 स्लाइड शो....153
9.13 टेबल और चार्ट इम्प्रेस में....153
9.13.1 टेबल सम्मिलित करना....153
9.13.2 टेबल में डेटा दर्ज करना....154
9.13.3 टेबल में पंक्ति सम्मिलित करना....154
9.14 टेबल टूलबार....154
9.15 लिब्रे ऑफिस इम्प्रेस में चार्ट....155
9.15.1 चार्ट सम्मिलित करना....155
9.15.2 चार्ट डेटा दर्ज करना....156
9.15.3 चार्ट प्रकार बदलना....156
9.15.4 चार्ट को फारमेट करना....156
9.16 एनिमेशन प्रभाव लागू करना....157
9.17 एक स्लाइड में ट्रासिस्शन प्रभाव लागू करना....158
9.18 ऑडियो और वीडियो फ़ाइल सम्मिलित करना....158
9.19 हाइपरलिंक सम्मिलित करना....158
सारांश....159
शॉर्टकट कीस....159
मॉडल प्रश्न और उत्तर....160
उत्तर....163

अध्याय 10: इंटरनेट, डब्ल्यू डब्ल्यू डब्ल्यू और वेब का परिचय....165

10.1 परिचय....165
10.2 कंप्यूटर नेटवर्क के मूल बातें....165
10.3 नेटवर्क टोपोलॉजी और प्रोटोकॉल....166
10.4 प्रोटोकॉल....168
10.5 इंटरनेट....169
10.5.1 इंटरनेट और डब्ल्यू डब्ल्यू डब्ल्यू की अवधारणा...169
10.5.2 वेबसाइट एड्रेस और URL....169
10.6 इंटरनेट एड्रेसिंग स्कीम....170
10.7 URL (यूनिफ़ॉर्म रिसोर्स लोकेटर)....171
10.8 आईएसपी और आईएसपी की भूमिका....171
10.9 इंटरनेट कनेक्ट करने के मोड....172
10.9.1 हॉटस्पॉट....172
10.9.2 इंटरनेट लैन केबल कनेक्ट करना....172
10.9.3 वायरलेस फिडेलिटी (वाई–फाई) कनेक्शन....173
10.9.4 ब्रॉडबैंड कनेक्शन....173
10.9.5 USB टेथरिंग से कनेक्ट करें....173
10.10 विभिन्न उपकरणों और उनके उपयोग के आईपी/मैक/आईएमईआई की पहचान करना....173
10.11 लोकप्रिय वेब ब्राउज़र....174
10.12 इंटरनेट की खोज....175
10.12.1 वेब सर्फिंग....175
10.12.2 टैब में एक वेब पेज खोलें....175
10.12.3 वेब पेज नेविगेट....175
10.13 लोकप्रिय सर्च इंजन....175
10.13.1 सर्च इंजन की श्रेणियाँ....176
10.14 इंटरनेट पर सर्च करना....177
10.15 वेब पेज डाउनलोड करना....177
10.16 प्रिंटिंग वेब पेज....177
सारांश....177
शॉर्टकट कीस....177
मॉडल प्रश्न और उत्तर....178
उत्तर....181

अध्याय 11: ई–मेल, सोशल नेटवर्किंग और ई–गवर्नैंस सर्विसेज....183

11.1 परिचय....183
11.2 ई–मेल संदेश की संरचना....183
11.2.1 ई–मेल एड्रेसिंग....184
11.3 आउटलुक....185
11.4 वेब आधारित ई–मेल....185
11.5 ई–मेल....185
11.5.1 ई–मेल खाता खोलना....185
11.5.2 एमएस आउटलुक में एक ई–मेल खाता एड करना.186
11.5.3 मेलबॉक्सः इनबॉक्स और आउटबॉक्स....186

11.5.4 ई–मेल खाते में लॉगिन करना 187
11.5.5 नया ई–मेल बनाना और भेजना 187
11.5.6 ई–मेल संदेश का जवाब देना 187
11.5.7 ई–मेल संदेश फॉरवर्ड करना 187
11.5.8 ई–मेल को सॉर्ट करना और खोजना 187
11.5.9 ई–मेल के साथ फाइल्स आटैच करना 188
11.6 ईमेल हस्ताक्षर 188
11.7 सोशल नेटवर्किंग और ई–कॉमर्स 188
11.7.1 फेसबुक 189
11.7.2 ट्विटर 189
11.7.3 लिंक्डइन 191
11.7.4 इंस्टाग्राम 192
11.7.5 इंस्टेंट मैसेजिंग (व्हाट्सएप, फेसबुक मैसेंजर और टेलीग्राम) 192
11.8 ब्लॉग का परिचय 195
11.9 ई–कॉमर्स की मूल बातें 195
11.10 नेतिकेट्टे 195
11.11 रेलवे रिजर्वेशन, पासपोर्ट और ईहॉर्स (ओआरएस) जैसी ई–गवर्नेंस सेवाओं का अवलोकन 196
11.12 "उमंग ऐप" का उपयोग करके मोबाइल पर ई–गवर्नेंस सेवाओं तक पहुँच 197
11.13 डिजिटल लॉकर 198
सारांश 199
मॉडल प्रश्न और उत्तर 199
उत्तर 202

अध्याय 12: डिजिटल वित्तीय उपकरण और अनुप्रयोग 203
12.1 परिचय 203
12.2 डिजिटल वित्तीय उपकरण 203
12.2.1 ओटीपी (वन टाइम पासवर्ड) और क्यूआर (क्विक रिस्पांस) कोड 203
12.2.2 यूनीफाइड पेमेंट इंटरफेस (UPI) 204
12.2.3 आधार सक्षम भुगतान प्रणाली 206
12.2.4 अनुपूरक अनुपूरक सेवा डेटा 206
12.2.5 कार्ड (क्रेडिट / डेबिट) 207
12.2.6 ई–वॉलेट 208
12.2.7 PoS (पॉइंट आफ़ सेल) 211
12.3 इंटरनेट बैंकिंग 211
12.3.1 राष्ट्रीय इलेक्ट्रॉनिक फंड ट्रांसफर (NEFT) 212
12.3.2 रियल टाइम ग्रॉस सेटलमेंट (RTGS) 212
12.3.3 तत्काल भुगतान सेवा 212
12.4 ऑनलाइन बिल भुगतान 213
सारांश 213
मॉडल प्रश्न और उत्तर 213
उत्तर 217

अध्याय 13: फ्यूचरिस्टिक आईटी प्रौद्योगिकी और अवलोकन... 218
13.1 उद्योग 4.0 का परिचय 218
13.2 मूल विचार 219
13.2.1 इंटरनेट ऑफ थिंग्स (IoT) 219
13.2.2 बिग डेटा एनालिटिक्स 221
13.2.3 क्लाउड कम्प्यूटिंग 222
13.2.4 वर्चुअल रियलिटी 223
13.2.5 आर्टिफिशियल इंटेलिजेंस 224
13.2.6 सामाजिक और मोबाइल 225
13.2.7 ब्लॉकचेन टेक्नोलॉजी 225
13.2.8 3डी प्रिंटिंग / एडिटिव मैन्युफैक्चरिंग 226
13.2.9 रोबोटिक्स प्रोसेस ऑटोमेशन 226
13.3 साइबर सुरक्षा 226
13.3.1 साइबर सुरक्षा की आवश्यकता 226
13.3.2 अपने पीसी को सुरक्षित रखना 227
13.3.3 अपने मोबाइल को सुरक्षित रखना 227
सारांश 227
मॉडल प्रश्न और उत्तर 227
उत्तर 231

Solved Model Test Paper I 232

Unsolved Model Test Paper I 236

अध्याय 1

कंप्यूटर का परिचय

उद्देश्य:

पाठक समझने में सक्षम होगा:

❖ कंप्यूटर क्या है? ❖ कंप्यूटर और नवीतम आईटी गैजेट्स ❖ हार्डवेयर और सॉफ्टवेयर की मूल बातें ❖ मोबाइल एप्लीकेशन

1.1 परिचय

आजकल, कंप्यूटर हमारे जीवन का एक अभिन्न हिस्सा बन गया हैं। कंप्यूटर के आविष्कार के बाद से, इसकी शक्ति तेजी से बढ़ रही है और हार्डवेयर की लागत में गिरावट आई है। कई एप्लिकेशन सॉफ्टवेयर पैकेज अब उपलब्ध हैं जो कंप्यूटर को अत्यधिक उत्पादक, बहुमुखी और उपयोग करने में आसान बनाते हैं।

1.2 कंप्यूटर क्या है?

''कंप्यूटर'' शब्द ''कंप्यूट'' से आया है जिसका अर्थ **गणना** करना है। यह एक कॅल्क्युलेटिंग डिवाइस है जो डेटा पर कार्य करता है और अरिथमेटिक ऑपरेशन्स परफॉर्म करता है।

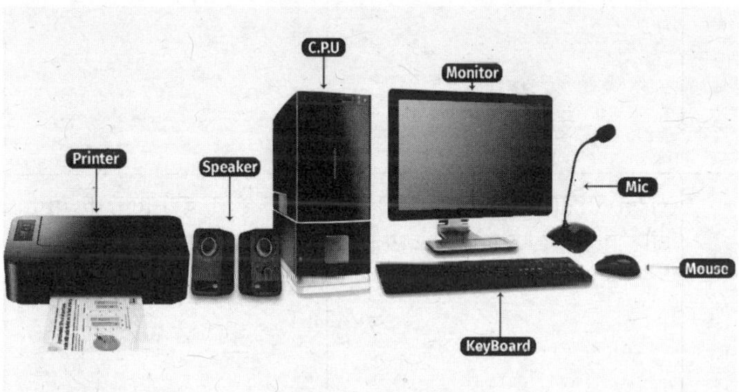

चित्र 1.1: कंप्यूटर

कंप्यूटर एक इलेक्ट्रॉनिक उपकरण है जो दिए गए निर्देशों के अनुसार विभिन्न प्रकार के संचालन कर सकता है। यह परिणाम प्रदर्शित या प्रिंट करता है। (चित्र 1.1)

कुछ शब्द, जिन्हें समझने की आवश्यकता है:

- **डेटा:** रॉ फैक्ट्स और फिगर जिन्हे प्रोसेस्ड करने की आवश्यकता है।
- **इनफार्मेशन:** मीनिंगफुल डाटा जो प्रोसेसेज और आर्गनाइज्ड है, जो पढ़ कर समझ आए, उस तरह से प्रस्तुत किया जाता है।
- **इंस्ट्रक्शन:** कमांड जो कंप्यूटर को बताता है कि क्या करना है।
- **प्रोसेसिंग:** डाटा पर क्रम में किए गए कार्यो को प्रोसेसिंग कहते है, जोकि डाटा को जानकारी में परिवर्तित करने का कार्य करता है।
- **हार्डवेयर:** कंप्यूटर के भौतिक घटक को हार्डवेयर कहा जाता है।
- **प्रोग्राम:** प्रोग्राम एक प्रकार का निर्देशों का समूह होता है जो कंप्यूटर को या तो सेकेंटिअल या नॉन–सेकेंटिअल आर्डर में बताता है की उसे क्या करना है।
- **सॉफ्टवेयर:** प्रोग्राम के समूह को सॉफ्टवेयर कहते है जिसके द्वारा कंप्यूटर किसी विशेष प्रकार के कार्य को करता है।

1.3 कंप्यूटर का विकास

कंप्यूटर एक मशीन है जो संख्याओं के रूप में दिए गए डेटा और इन्फॉर्मेशन पर काम करता है। कंप्यूटर से पहले कई उपकरण आए, जिन्हें कम्प्यूटेशन को तेज और विश्वसनीय बनाने के लिए विकसित किया गया है, और ये हैं: (टेबल 1.1)

अविष्कार किसने किया	अविष्कार कब हुआ	आविष्कार	महत्वपूर्ण विशेषताएं	प्रयोग
सबसे पहले, गुफामान अपने हाथो और पैरो की उंगलियों के साथ गिनती करते थे, और यह गिनती करने का सबसे पहला टूल माना जाता था।				
चीन	16 सदी	अबेकस 	सबसे पहली मैकेनिकल कॅल्क्युलेटिंग डिवाइस।	जोड़ और घटाव किया जाता है।

Contd...

जॉन नेपियर	1617	नेपियर बोन 	3–डायमेंशनल स्ट्रक्चर जो की मार्कड बोनस और स्ट्राइप्स से बना है।	गणना और विभाजन ऑपरेशन्स, 0–9 संख्या तक।
ब्लैसे पास्कल	1642	पास्कलिने / न्यूमेरिकल व्हील कैलकुलेटर 	तरल के दवाब पर आधारित पहले मैकेनिकल और आटोमेटिक कैलकुलेटर।	कैरी का परिचय इसी समयान्तराल में हुआ था।
गोटफ्रिएड विल्हेल्म लेइब्नित्ज	1671	रेकोनिंग मशीन / लेइब्निज कॅल्क्युलेटिंग मशीन 	अरिथमेटिक ऑपरेशन्स जैसे जोड़, घटाव, गणना और विभाजन करने में सक्षम।	अब यह कार और स्कूटर के स्पीडोमीटर में प्रयोग किया जाता है।
जोसेफ–मैरी जैक्वार्ड	1801	जैक्वार्ड लूम 	पहली मैकेनिकल लूम मशीन।	यह टेक्सटाइल प्रोसेस गें प्रयोग होती है।
चार्ल्स बैबेज	Early 1820s	डिफरेंस इंजन 	सरल गणितिय टेबल की गणना और परिंटिग के लिए प्रयोग।	यह मशीन दशमल्भ के बाद 20 स्थानों तक सटीकता से उतर दे सकती है।
चार्ल्स बैबेज	1833-1874	एनालिटिकल इंजन 	पहला सामान्य प्रयोजन कंप्यूटर जिसमे टैबुलटे पोलीनोमिअल फंक्शन के प्रयोग लिए जाता है।	जटिल गणितीय समस्या को हल करने के लिए, यह संख्या के प्रतिनिधित्व के लिए साइन और मैगनीटुडे का उपयोग करता है।

Contd...

हरमन होलेरिथ	1880-1890	टेबुलटिंग मशीन (बैबेज द्वारा छोड़े नोट्स पर आधारित) 	इस मशीन में पंच कार्ड का प्रयोग किया गया था, जोकि एक बार में एक कार्ड को पड़ती थी।	इस मशीन का प्रयोग जन–गणना में किया गया था।
हावर्ड ऐकेन	1944	मार्क I 	दूसरे विश्व युद्ध के दौरान इस्तेमाल किया गया था।	इसमें स्वीट्चेस, काउंटर और कण्ट्रोल सर्किट होते थे।
जेपी एकर्ट और जेडब्ल्यू मौचली	1950	ENIAC 	पहला इलेक्ट्रॉनिक डिजिटल कंप्यूटर।	मौसम की भविष्यवाणी में उपयोग होता था।
जॉन वॉन न्यूमन	1946-1952	EDSAC 	डाटा स्टोरेज सक्षमता।	पहला कंप्यूटर प्रोग्राम इसी कंप्यूटर पर रन किया गया था।
जॉन वॉन न्यूमन	1950	EDVAC	बाइनरी कंप्यूटर।	यह लगभग 6000 वैक्यूम टुब्स, 12000 डायोड से बना था।
जेपी एकर्ट और जेडब्ल्यू मौचली	1951	UNIVAC 	पहला सामान्य प्रयोजन इलेक्ट्रॉनिक कंप्यूटर।	यह इनपुट और आउटपुट के लिए चुम्बकनिया टेप का प्रयोग करता था।

टेबल 1.1: कंप्यूटर का इतिहास

1.4 कंप्यूटर की पीढ़ी

कंप्यूटर के इतिहास को दो युग में विभाजित किया गया है, मैकेनिकल एरा (1945 से पहले, इसमें मैकेनिकल डिवाइस का उपयोग होता था) और इलेक्ट्रॉनिक एरा (1945 के बाद, इसमें इलेक्ट्रॉनिक डिवाइस का उपयोग होता है) (टेबल 1.2)

इलेक्ट्रॉनिक एरा को कंप्यूटर की चार पीढ़ियों में विभाजित किया गया है, जो हैं:

पीढ़ी	पहली	दुसरी	तीसरी	चौथी	पांचवी
साल	1945-1956	1956-1963	1964-1971	1971-1989	1989-present

Contd...

डिवाइस	वैक्यूम टुब्स 	ट्रांसिस्टर्स 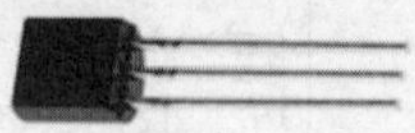	इंटीग्रेटेड सर्किट्स (आई सी.) 	वैरी लार्ज – स्केल इंटीग्रेटेड सर्किट्स (वी.एल.एस.आई) 	सुपर लार्ज – स्केल इंटीग्रेटेड चिप्स (एस. एल. एस. आई.) 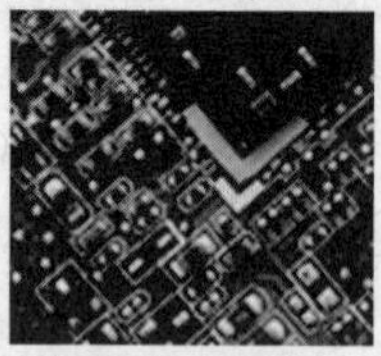
ऑपरेटिंग सिस्टम	बैच	टाइम शेयरिंग	रियल टाइम सिस्टम	टाइम शेयरिंग	-
लैंग्वेज	मशीन लैंग्वेज	असेंबली लैंग्वेज	हाई लेवल लैंग्वेज	पास्कल, ऐडा	नेचुरल
विशेषताए	विशाल, महंगा, नॉन–पोर्टेबल और अविश्वसनीय। पंच कार्ड के माध्यम से इनपुट दिया जाता था, और आउटपुट को पंच कार्ड पर विस्थापित किया जाता था।	छोटा, सस्ता, तेज, अधिक विश्वसनीय और पोर्टेबल जो इनपुट और आउटपुट के लिए पंच कार्ड का उपयोग करता था।	कम बिजली का उपयोग करता था, तेज और अधिक विश्वसनीय था।	अधिक विश्वसनीय, सबसे सस्ता, रिसोर्स शेयरिंग, बेहतर संचार।	जटिल समस्याओं को हल करने में सक्षम, जो छवि और ग्राफ को पहचानता था।
उपयोग	वैज्ञानिक उपदेशो में उपयोग।	व्यावसायिक उत्पादन।	डेटाबेस प्रबंधन प्रणाली।	डिस्ट्रिब्यूटेड सिस्टम।	आर्टिफिशल इंटेलिजेंस।

टेबल 1.2: कंप्यूटर का पीढ़ी

कंप्यूटर की विशेषताए

- **गतिः** एक सेकंड में अरबों सरल अनगणित ऑपरेशन किए जा सकते हैं।
- **सटीकताः** प्रत्येक गणना लगभग पूरी सटीकता के साथ की जाती है।
- **डिलिजेंसः** कंप्यूटर थकावट से मुक्त है और एक त्रुटि पैदा किए बिना घंटों तक काम कर सकता है।
- **ऑटोमेटिकः** कंप्यूटर बिना मानव इंटरवेंशन के अपना कार्य स्वयं करता है।
- **स्टोरेज कैपेसिटीः** यह बड़ी मात्रा में डेटा, फोटो और वीडियो स्टोर कर सकता है।
- **बहुमुखी प्रतिभाः** यह एक ही समय में कई कार्य कर सकता है।
- **प्लग एंड प्लेः** यह स्वचालित रूप से नए हार्डवेयर और सॉफ्टवेयर घटकों को कॉन्फिगर कर सकता है।
- **विश्वसनीयताः** कंप्यूटर कभी भी अपने आप से गलतियाँ नहीं करता हैं।

कंप्यूटर की सीमाएं

- **आई. क्यू. का ना होनाः** यह मनुष्य द्वारा दिए गए निर्देशों पर ही कार्य करता है।
- **निर्णय लेने की शक्ति का अभाव ना होनाः** इसमें निर्णय लेने की शक्ति नहीं होती है।
- **हेयरिस्टिक्स ना होनाः** यह अपनी गलतियों से नहीं सीख सकता है।
- **भावहीनः** यह मनुष्यों द्वारा दिए गए निर्देश पर काम करता है।

1.5 कंप्यूटर के प्रकार

कंप्यूटरों को आकार, शक्ति, गति और संचालन के आधार पर वर्गीकृत किया जाता है।

1. ऑपरेशन के प्रकार के आधार पर कंप्यूटर)

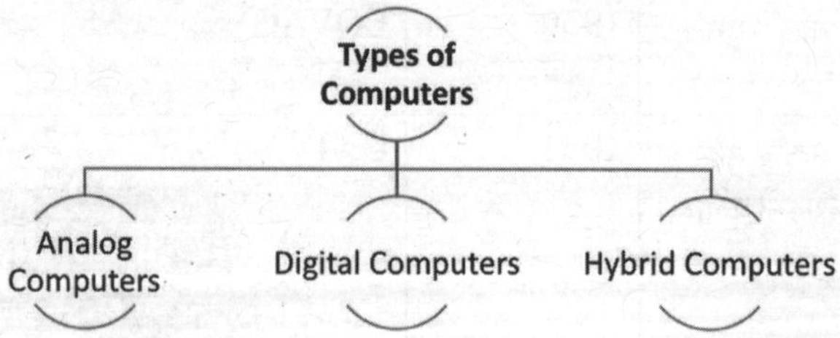

- **एनालॉग कंप्यूटरः** एनालॉग कंप्यूटर कंटीन्यूअस चेंजेबल फिजिकल क्वान्टीटीस पर काम करते हैं। एनालॉग कंप्यूटर की गति धीमी है और 100% सटीक परिणाम प्रदान नहीं कर सकते हैं और इस तरह यह विश्वसनीय नहीं हैं। उदाहरणः थर्मामीटर, स्पीडोमीटर, इत्यादि।

- **डिजिटल कंप्यूटरः** डिजिटल कंप्यूटर बाइनरी अंक 0 और 1 पर काम करता है और इन अंकों के साथ अरिथमैटिक और लॉजिकल ऑपरेशन्स करता है। उदाहरणः कैलकुलेटर, डिजिटल घड़िआ, इत्यादि।

- **हाइब्रिड कंप्यूटरः** हाइब्रिड कंप्यूटर में डिजिटल के साथ–साथ एनालॉग कंप्यूटर की विशेषताएं होती हैं यानी वे कंटीन्यूअस चेंजेबल फिजिकल क्वान्टीटीस और डिस्कन्टीन्यूस डाटा पर काम करता है। उदाहरणः पेट्रोल पंप, वैज्ञानिक गणना, रक्षा और रडार सिस्टम में प्रयुक्त उपकरण।

2. क्षमता, गति और आकार के आधार पर कंप्यूटर

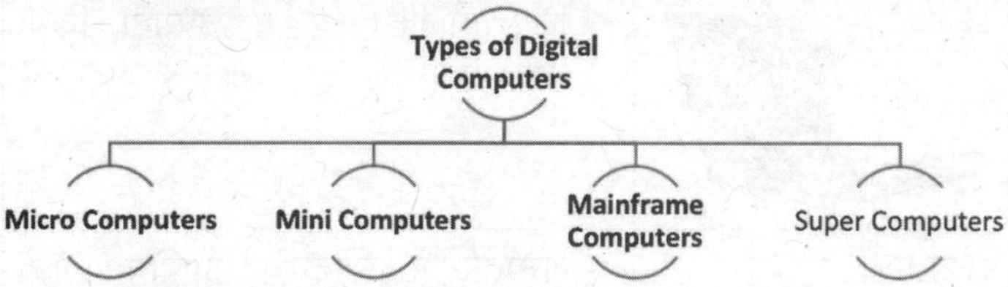

क. **माइक्रो कंप्यूटरः** माइक्रो कंप्यूटर आकार में छोटे, सिंगल–माइक्रोप्रोसेसर, सिंगल यूजर सिस्टम होते है, जोकि बेसिक ऑपरेशन्स परफॉर्म करते है।

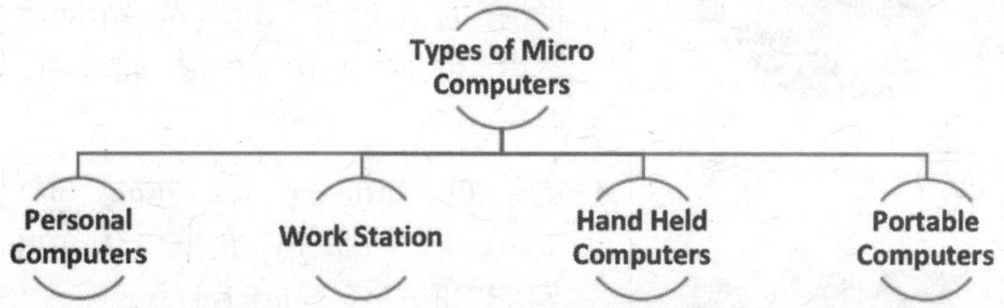

माइक्रो कंप्यूटर के प्रकार	विवरण
पर्सनल कंप्यूटर/पीसी 	• पर्सनल कंप्यूटर आमतौर पर घरों में इस्तेमाल किया जाता है। • यह सिंगल यूजर सिस्टम होते है, क्योंकि एक समय में केवल एक यूजर काम कर सकता है। • पीसी बहुत महंगा नहीं हैं। • उदाहरणः Apple II
वर्कस्टेशन 	• वर्करटेशन अधिक शक्तिशाली हैं, अधिक मेमोरी और उच्च गति प्रोसेसर है। • यह सिंगल यूजर सिस्टम होते है। • वर्कस्टेशन का उपयोग उन व्यवसायों में व्यापक रूप से किया जाता है जिनके लिए जटिल संगणना की आवश्यकता होती है। • वर्कस्टेशन के लिए सबसे आम ऑपरेटिंग सिस्टम UNIX और Windows NT हैं।
हैंडहेल्ड कंप्यूटर/पीडीए, पामटॉप/पॉकेट कंप्यूटर 	• हैंडहेल्ड कंप्यूटर हाथ में लिए जा सकते हैं और आसानी से एक स्थान से दूसरे स्थान पर ले जा सकते है। • वे उपयोग करने के लिए बेहद सुविधाजनक हैं लेकिन आकार में छोटे होने के कारण उसकी स्क्रीन और कीबोर्ड छोटे होते है। • यह सिंगल यूजर कंप्यूटर होते है, इसलिए सिर्फ एक ही व्यक्ति किसी विशेष समय पर इसका उपयोग कर सकता है। • उदाहरणः स्मार्ट फोन, पामटॉप
पोर्टेबल कंप्यूटर 	• पोर्टेबल कंप्यूटर एक पर्सनल कंप्यूटर है जिसे आसानी से स्थानांतरित और स्थानांतरित किया जा सकता है। • उदाहरणः लैपटॉप

Contd...

ख. **मिनि कंप्यूटरः** मिनि कंप्यूटर एक मल्टी– यूजर कंप्यूटर है जहां कई यूजर एक साथ काम कर सकते हैं। वे मेनफ्रेम कंप्यूटर की तुलना में आकार में छोटे हैं, लेकिन माइक्रो कंप्यूटर से बड़े होते हैं। उदाहरणः पीडीपी –11।

ग. **मेनफ्रेमः** मेनफ्रेम मल्टी– यूजर, मल्टी–प्रोसेसर सिस्टम हैं जहां एक से अधिक यूजर एक सिस्टम पर काम कर सकते हैं। ये अपनी उच्च भंडारण क्षमता के कारण उच्च गति के साथ बड़ी मात्रा में डेटा को संभालने में सक्षम हैं।

घ. **सुपर कंप्यूटरः** सुपरकंप्यूटर बहुत तेज और शक्तिशाली कंप्यूटर हैं जो अरबों निर्देशों को कुछ सेकण्ड्स में हैंडल करता है। ये बहुत महंगे हैं और इनका कुछ विशिष्ट अनुप्रयोग जैसे वैज्ञानिक अनुसंधान, मौसम पूर्वानुमान और भूकंपीय विश्लेषण और कुछ एप्लिकेशन्स जहाँ 100% सटीकता के साथ गणना होनी चाहिए वहा इस्तेमाल होता है। उदाहरणः क्रे–1, क्रे–2।

1.6 कंप्यूटर और उसके नवीतम गैजेट्स

गैजेट्स एक उपकरण या सूचना प्रौद्योगिकी के लिए एक अनुप्रयोग है। यह एक शब्द है जो सभी उपलब्ध उपकरणों को कवर करता है, जैसे कि टेलीविजन सेट, सेल फोन, पर्सनल कंप्यूटर और टैबलेट। उपकरणों का उपयोग व्यवसाय, शिक्षा, संचार, स्वास्थ्य सेवा और मनोरंजन में किया जाता है ताकि विशेष रूप से डिजाइन किए गए अनुप्रयोगों के माध्यम से डिजिटल दुनिया में एक–दूसरे के साथ संवाद किया जा सके। आप विभिन्न प्रकार के सॉफ्टवेयर पैकेज को बदलकर विभिन्न अनुप्रयोगों के लिए कंप्यूटर का उपयोग कर सकते हैं।

आईटी गैजेट और उनके अनुप्रयोग

- **स्मार्ट वॉच 360:** स्मार्ट वॉच अनुप्रयोगों को चला सकती हैं और साथ ही साथ हम ऑडियो ट्रैक चला सकते हैं या ब्लूटूथ हेडफोन पर रेडियो सुन सकते हैं। इन घड़ियों में स्मार्ट फोन की तरह टच स्क्रीन हैं। ये घड़ियाँ इंटरनेट एक्सेस के साथ आती हैं जो जीपीएस नेविगेशन जैसी सुविधाओं के साथ एक स्मार्ट घड़ी को सक्षम बनाता है। फोन के साथ ब्लूटूथ कनेक्शन से, घड़ी आपको कॉल करने और संदेश भेजने में मदद करती है।

- **गूगल ग्लासः** गूगल ग्लास एक पहनने योग्य, आवाज–नियंत्रित एंड्रॉइड डिवाइस है जो चश्मों से मिलता–जुलता है, और यूजर के विजन के क्षेत्र में सीधे जानकारी प्रदर्शित करता है। गूगल ग्लास यूजर को एक आगुॅमेंटेड रियलिटी का अनुभव देता है क्योंकि यह प्रासंगिक जानकारी प्रदान करने के लिए दृश्य, ऑडियो और स्थान–आधारित इनपुट का उपयोग करता है। डिवाइस को आवाज द्वारा और इसके फ्रेम पर स्थित टचपैड के साथ नियंत्रित किया जा सकता है। गूगल ग्लास में इन–बिल्ट वाई–फाई, ब्लूटूथ और कैमरा कनेक्टिविटी है।

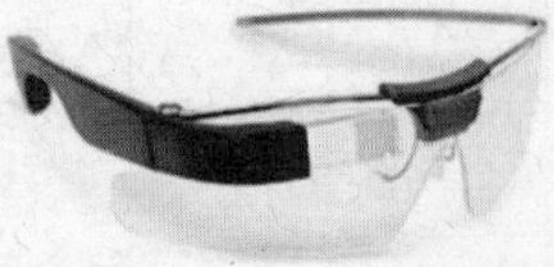

- **ड्रोन कैमराः** एक मानव–रहित विमान जो बिना किसी मानव नियंत्रण या दृष्टि की रेखा से परे स्वचालित रूप से नेविगेट किया जा सकता है। इसमें एक मानव रहित हवाई वाहन (यूएवी), एक ग्राउंड–आधारित नियंत्रक और दोनों के बीच संचार की एक प्रणाली शामिल है। यूएवी की उड़ान स्वायत्तता के विभिन्न डिग्री के साथ संचालित हो सकती है; या तो एक मानव ऑपरेटर द्वारा रिमोट कंट्रोल के तहत या ऑनबोर्ड कंप्यूटर द्वारा स्वायत्त रूप से। इसमें कैमरा, जीपीएस गाइडेड मिसाइल, ग्लोबल पोजिशनिंग सिस्टम (जीपीएस), नेविगेशन सिस्टम हैं।

- **पेन के साथ कैमरा/स्पाई पेनः** स्पाई पेन एक साधारण पेन है जिसमें डिजिटल कैमरा छिपा होता है, जिसे यूजर अपनी शर्ट की जेब या हाथ में रख कर वीडियो बना सकते है।

1.7 कंप्यूटर के अनुप्रयोग

कंप्यूटर का उपयोग पर्सनल के साथ साथ प्रोफेशनल जीवन के हर पहलू में किया जा सकता है। कंप्यूटर के कुछ सामान्य उपयोग निम्नानुसार विस्तृत हैं:

फील्ड जिसमें कंप्यूटर का उपयोग करते है	विवरण
वैज्ञानिक अनुसंधान 	• इसका प्रयोग पहली बार वैज्ञानिक अनुसंधान में किया गया था, इसकी गति और सटीकता के कारण। • यह उन क्षेत्रों में रोबोट को नियंत्रित कर सकता है जहां मानव जीवन के लिए खतरा है।
व्यवसाय अनुप्रयोग 	• इसका उपयोग बिलिंग, बजट, एकाउंटिंग, इन्वेंटरी, टेक्सेस और पेरोल के लिए किया जाता है।
मनोरंजन 	• फिल्म, शिक्षा, समाचार पत्रों और टीवी में विज्ञापन देने के लिए उपयोग किया जाता है।
संचार 	• इंटरनेट टेलीफोनी, ई–मेल भेजने के लिए व्यापक रूप से उपयोग किया जाता है।
अस्पताल 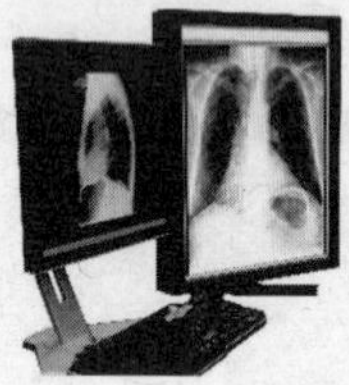	• अस्पताल में कंप्यूटर का उपयोग रोगियों के रिकॉर्ड रखने के लिए, सर्जरी के दौरान रोबोट को नियंत्रित करने के लिए, हृदय की धड़कन को नियंत्रित करने के लिए, रक्तचाप की निगरानी करने और रोगी के रिकार्ड को बनाए रखने में मदद करता है।
बैंक 	• कोई भी व्यक्ति 24 घंटे नकद जमा करने और निकालने के लिए एटीएम का उपयोग कर सकते है। • ग्राहक के खाते का रिकॉर्ड रखने के लिए किया जाता है। • नेट बैंकिंग का उपयोग करके पैसे 24*7 ट्रांसफर कर सकते है।
शिक्षा 	• कंप्यूटर आधारित प्रशिक्षण, कंप्यूटर असिस्टेड लर्निंग और कंप्यूटर असिस्टेड इंस्ट्रक्शन प्रोग्राम उपलब्ध हैं, जिनके उपयोग से आप बेसिक से एडवांस विषयों तक सीख सकते हैं। • कंप्यूटर का उपयोग से टेली–एजुकेशन, वर्चुअल क्लासरूम जैसे कई तरीकों से किया जाता है। • आप ऑनलाइन परीक्षा दे सकते हैं और उसका परिणाम तुरंत पता चल सकता है।
ई–रिजर्वेशन 	• ई–रिजर्वेशन, में घर बैठे ही यूजर एयरवेज और रेलवेज के टिकट्स बुक कर सकता है।
लाइब्रेरी 	• लेखक, नाम, मूल्य, विवरण जारी करना, जमा विवरण, इत्यादि के संबंध में पुस्तकों के रिकॉर्ड का प्रबंधन करना।

Contd...

Contd...

ई–कॉमर्स 	• ई–कॉमर्स में विक्रेता अपने उत्पाद को ऑनलाइन बेच सकते हैं और खरीदार बाजार जाने के बजाय ई–कॉमर्स वेबसाइट के माध्यम से उन्हें खरीद सकते हैं। इससे उत्पादों को खरीदने में खरीदार का बहुत समय बचता हैं।
पुस्तकें प्रकाशन 	• डेस्कटॉप प्रकाशन के साथ, आप अपने पर्सनल कंप्यूटर पर पुस्तक के लिए पेज लेआउट बना सकते हैं। • आजकल, समाचार पत्र, पत्रिकाओं/पुस्तकों को डीटीपी का उपयोग करके डिजाइन किया जाता है और एक स्थान पर प्रिंट और डिस्ट्रीब्यूट किया जाता है, ताकि हम उन्हें हर सुबह प्राप्त कर सकें।
ई–लर्निंग 	• एक किताब के बजाय, ई–लर्निंग सॉफ्टवेयर से सीखना आसान है। इसमें न केवल पाठ होता है, बल्कि छवि और एनीमेशन भी होता है। इसलिए, सब कुछ समझना बहुत आसान है।
डिफेन्स 	• आजकल, लगभग हर हथियार में सॉफ्टवेयर एम्बेडेड है। • बैलिस्टिक मिसाइलों में उड़ान को नियंत्रित करने और लक्ष्य करण के लिए सॉफ्टवेयर का उपयोग किया जाता है। इसका उपयोग परमाणु बम को नियंत्रित करने के लिए भी किया जाता है।

1.8 हार्डवेयर और सॉफ्टवेयर की अवधारणा

कंप्यूटर हार्डवेयर और सॉफ्टवेयर का एक संयोजन है, जो ऑपरेशन करने का निर्देश देता है।

- **हार्डवेयर:** कंप्यूटर के भौतिक घटक, यह इलेक्ट्रॉनिक, विद्युत, चुंबकीय, यांत्रिक या ऑप्टिकल धटक हो सकते हैं। घटकों के उदाहरण माइक्रोप्रोसेसर, आईसी हैं।

- **सॉफ्टवेयर:** यह कंप्यूटर सिस्टम के प्रभावी संचालन से संबंधित कंप्यूटर प्रोग्राम, प्रक्रिया और संबंधित प्रलेखन का समूह है।

हार्डवेयर और सॉफ्टवेयर के बीच अंतर

हार्डवेयर	सॉफ्टवेयर
कंप्यूटर के भौतिक घटक हार्डवेयर का निर्माण करते हैं।	कंप्यूटर के तार्किक घटक सॉफ्टवेयर को दर्शाता है।
यह तंजीबल भाग हैं जिन्हें देखा और टच किया जा सकता है।	यह नान–तंजीबल भाग हैं जिन्हें देखा और टच नहीं किया जा सकता है।
सभी इनपुट और आउटपुट डिवाइस जैसे कीबोर्ड, मॉनिटर, प्रिंटर, माउस आदि कंप्यूटर के महत्वपूर्ण हार्डवेयर घटक हैं।	ऑपरेटिंग सिस्टम, MS–वर्ड, एक्सेल, डिवाइस ड्राइवर, कंपाइलर, दुभाषिए, टैली, आदि सॉफ्टवेयर के उदाहरण हैं।

सॉफ्टवेयर की श्रेणियाँ:

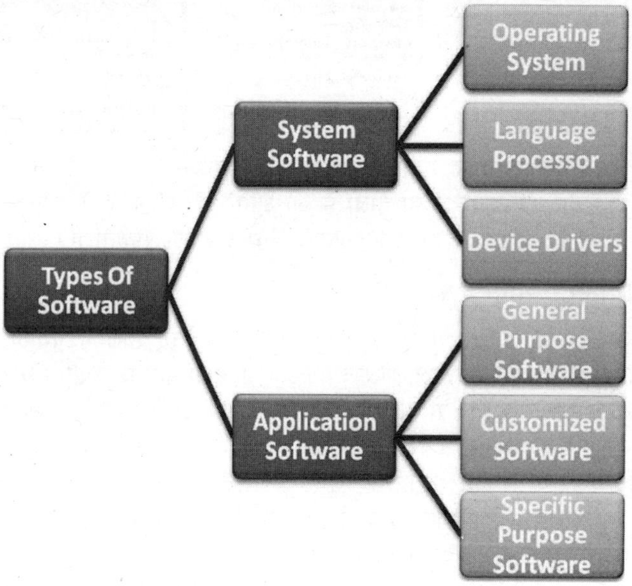

1. सिस्टम सॉफ्टवेयर

कंप्यूटर एक मशीन है और किसी भी कार्य को पूरा करने के लिए उसे कुछ निर्देशों की आवश्यकता होती है। निर्देशों के इन सेट को प्रोग्राम के रूप में जाना जाता है। सिस्टम सॉफ्टवेयर प्रोग्राम का एक संग्रह है जो कंप्यूटर की आंतरिक कार्यप्रणाली को नियंत्रित करता है (इनपुट डिवाइस से डेटा पढ़ना, स्क्रीन पर परिणाम प्रदर्शित करना, सिस्टम को बंद करना, आंतरिक रूप से फाइल्स को प्रबंधित करना आदि) और कंप्यूटर की प्रसंस्करण क्षमताओं का विस्तार करता है। यह सॉफ्टवेयर आम तौर पर निम्न–स्तरीय भाषाओं में लिखे जाते हैं जो बहुत बुनियादी स्तर पर हार्डवेयर के साथ इंटरैक्ट करते हैं।

सिस्टम सॉफ्टवेयर को तीन श्रेणिओ में वर्गीकृत किया जा सकता है:

क. **ऑपरेटिंग सिस्टम:** यह फाइल प्रबंधन, मेमोरी प्रबंधन, प्रक्रिया प्रबंधन, इनपुट और आउटपुट, डिस्क ड्राइवरस और प्रिंटर जैसे परिधीय उपकरणों को नियंत्रित करता है। जिससे सभी उपकरण बुनियादी कार्य करते है। ऑपरेटिंग सिस्टम यूजर को हार्डवेयर और

उसके काम के बारे में जाने बिना कंप्यूटर पर काम करने की अनुमति देता है। कुछ लोकप्रिय ऑपरेटिंग सिस्टम; लिनक्स, यूनिक्स, विंडोज, आईओएस एक्स, वीएमएस, ओएस/400, आदि हैं।

ख. **लैंग्वेज प्रोसेसरः** लैंग्वेज प्रोसेसर को ट्रांसलेटर के रूप में जाना जाता है जो हाई लेवल लैंग्वेज में लिखे गए प्रोग्राम को लौ लेवल लैंग्वेज (मशीन लैंग्वेज) में परिवर्तित करता है। यह रूपांतरण आवश्यक है क्योंकि कंप्यूटर एक मशीन है और यह बाइनरी डिजिट 0 और 1 के संदर्भ में केवल मशीन लैंग्वेज को समझ सकता है। इसलिए, प्रोग्राम को करने वाले सिस्टम प्रोग्राम को लैंग्वेज प्रोसेसर के रूप में जाना जाता है। लैंग्वेज प्रोसेसर एक मध्यस्थ या एक गाइड है जो एक भाषा को दूसरी भाषा में परिवर्तित करता है।

लैंग्वेज प्रोसेसर के प्रकार

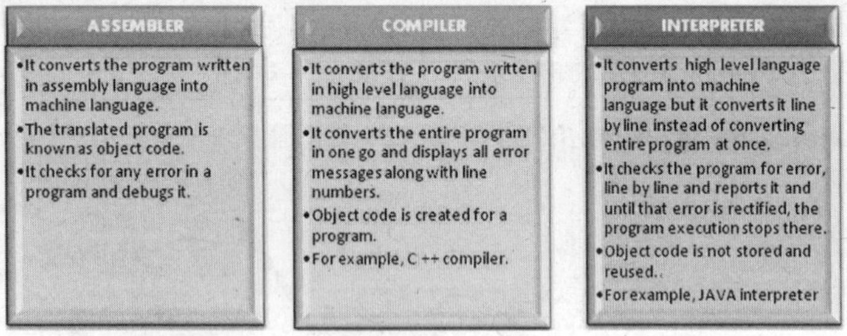

ग. **डिवाइस ड्राइवरः** इनपुट/आउटपुट डिवाइस को चलाने के लिए, ड्राइवर की आवश्यकता होती है जो ऑपरेटिंग सिस्टम से कमांड को ट्रांसलेट करता है जिसे विशिष्ट हार्डवेयर समझ सकता है।

यूटिलिटी सॉफ्टवेयर

यूटिलिटी सॉफ्टवेयर यूजर के लिए बहुत फायदेमंद होते हैं क्योंकि वे फाइल प्रबंधन यूटिलिटीज, डिस्क बैकअप, फाइलों को पुनर्स्थापित करना, वायरस या स्पाइवेयर से सुरक्षा, एंटीवायरस यूटिलिटीज आदि जैसे कार्य करते हैं। सामान्य तौर पर, प्रोग्राम जो हमारे कंप्यूटर को अधिक सुरक्षित और यूजर के अनुकूल बनाते हैं, उन्हें यूटिलिटीज माना जाता है। वास्तव में, यूटिलिटी सॉफ्टवेयर कंप्यूटर संसाधनों का प्रबंधन, रखरखाव और नियंत्रण करने में मदद करता है।

- **फाइल मैनेजमेंट सॉफ्टवेयरः** जैसा कि नाम से पता चलता है, फाइल मैनेजमेंट सॉफ्टवेयर, एक डिस्क में विभिन्न फाइल्स और फोल्डर्स का प्रबंधन करता है। यह यूजर को एक स्थान से दूसरे स्थान पर फाइल्स को बनाने, संपादित करने और स्थानांतरित करने की अनुमति देता है और सभी फाइल्स को एक फोल्डर में संग्रहीत करता है। कुछ यूटिलिटी सॉफ्टवेयर में अतिरिक्त विशेषताएं होती हैं जैसे कि फाइल्स को तेजी से सर्च करना, डेटा की सुरक्षा में वृद्धि, डॉक्यूमेंट लिंकिंग आदि। **उदाहरणः** फाइलकमेंडर, पाथफाइंडर, डायरेक्टरी ओपस आदि।

- **एंटीवायरस सॉफ्टवेयरः** एंटीवायरस सॉफ्टवेयर कंप्यूटर सिस्टम को वायरस और अन्य हानिकारक प्रोग्राम से बचाता है। कंप्यूटर वायरस एक संक्रमित प्रोग्राम है जो अन्य कंप्यूटर प्रोग्राम्स मे खुद को दोहराकर इंजेक्ट कर सकता है। इन प्रोग्राम्स से कंप्यूटर के सॉफ्टवेयर, हार्डवेयर या डेटा को नुकसान होता है।

  एंटीवायरस सॉफ्टवेयर संक्रमित प्रोग्राम्स के लिए कंप्यूटर को स्कैन करता है, उन्हें कंप्यूटर से साफ करता है और इसे अक्सर अपडेट करता है। **उदाहरणः** नॉर्टन एंटीवायरस, मैककैफी, क्विक हील आदि।

- **डिस्क डिफ्रैगमेंटर सॉफ्टवेयरः** फाइल्स को कंप्यूटर मेमोरी में रैंडम तरीके से स्टोर किया जाता है। कंप्यूटर की हार्ड डिस्क पर फाइल्स और अप्रयुक्त स्थान को पुनर्गठित करने के लिए, डिस्क डीफ्रेग्मेंटर सॉफ्टवेयर के रूप में जानी जाने वाली यूटिलिटी की आवश्यकता होती है, और डेटा को अधिक तेजी से एक्सेस किया जा सकता है और प्रोग्राम तेजी से चल सकते हैं। डिस्क को कुशलता से चलाते रहना, समग्र कंप्यूटर रखरखाव का एक महत्वपूर्ण हिस्सा है।

- **बैकअप यूटिलिटी सॉफ्टवेयरः** बैकअप यूटिलिटी सिलेक्टेड फाइल्स या पूरी हार्ड ड्राइव का बैकअप (कॉपी करना) किसी दूसरे डिस्क या टेप पर लेता है। बैकअप सॉफ्टवेयर यूजर को फाइल्स और फोल्डर्स को किसी अन्य डिस्क पर ले जाने में मदद करता है ताकि हार्डवेयर विफलता या सिस्टम क्रैश होने की स्थिति में, संपूर्ण डेटा पुनर्प्राप्त किया जा सके। यूजर क्लाउड बैकअप स्टोरेज का उपयोग कर सकता है जिसका अर्थ है कि विभिन्न वर्चुअल ड्राइव जैसे कि गूगल ड्राइव, वन ड्राइव आदि पर ऑनलाइन डेटा स्टोर कर सकते हैं। **उदाहरणः** गूगल ड्राइव, वन ड्राइव आदि।

- **एन्क्रिप्शन/डिक्रिप्शन सॉफ्टवेयरः** सुरक्षा कोड प्रदान करना डेटा के एन्क्रिप्शन के रूप में जाना जाता है और उन सुरक्षा कोड को डिकोड करने को डेटा के डिक्रिप्शन के रूप में जाना जाता है। कई एन्क्रिप्शन/डिक्रिप्शन सॉफ्टवेयर हैं जो इंटरनेट के माध्यम से यूजर को एक कंप्यूटर से दूसरे कंप्यूटर में संचारित करते समय डेटा की सुरक्षा करने में सक्षम बनाते हैं। चूंकि ट्रांसमिशन के दौरान डेटा चोरी हो सकता है, एन्क्रिप्शन और डिक्रिप्शन टूल के रूप में कुछ सुरक्षा सॉफ्टवेयर का इस्तेमाल किया जाता है ताकि अन आथोराइज यूजर डेटा तक ना पहुंच सके। **उदाहरणः** क्रिप्टोग्राफी, लास्टपास, वेराक्रिप्ट, आदि।

- **कम्प्रेशन यूटिलिटीः** यह यूटिलिटी उन फाइल्स को कंप्रेस करने में मदद करती है जो बड़े साइज की होती हैं, ताकि वे अपने साइज को कम कर सकें और हार्ड डिस्क पर लगभग 40 प्रतिशत कम जगह ले सकें। कंप्रेस्ड फाइल का प्रारूप अलग है और इसलिए उन्हें सीधे उपयोग या खोला नहीं जा सकता है। जैसा कि नाम से पता चलता है कि फाइल्स यूजर की आवश्यकता के अनुसार कंप्रेस्ड और डिकम्प्रेस्सेड हो सकती हैं। फाइल कंप्रेशन का उपयोग आमतौर पर एक कंप्यूटर से दूसरे कंप्यूटर पर फाइल को इंटरनेट से भेजने पर किया जाता है जिसमें सीमित बैंडविड्थ होती है। उदाहरण के लिए जब स्कैनिंग की प्रक्रिया के हिस्से के रूप में इमेज फाइल्स बनाई जाती हैं, तो ऐसे सॉफ्टवेयर प्रोग्राम का उपयोग इन बड़े साइज की फाइल्स को छोटे साइज में बदलने के लिए किया जाता है। फाइल्स को कंप्रेस्ड करने के लिए कई उपकरण हैं जैसेः Win Zip, RAR, StuffIt, WinAce, Zip आदि।

2. एप्लीकेशन सॉफ्टवेयर

एप्लिकेशन सॉफ्टवेयर को उन अनुप्रयोगों के रूप में भी जाना जाता है जो एन्ड यूजर के लिए हैं। उदाहरणः स्कूल परिणाम, पुस्तकालय प्रबंधन प्रणाली, बिल आदि तैयार करने के लिए सॉफ्टवेयर। एप्लिकेशन

सॉफ्टवेयर, एन्ड यूजर प्रोग्राम हैं क्योंकि वे यूजर को दस्तावेज, स्प्रेडशीट, डेटाबेस और प्रकाशन बनाने, ऑनलाइन रिसर्च करने, ईमेल भेजने, ग्राफिक्स डिजाइन करने, व्यवसाय चलाने और यहां तक कि गेम खेलने आदि में सक्षम बनाते हैं।

एप्लिकेशन सॉफ्टवेयर को इस प्रकार वर्गीकृत किया जा सकता है:

क. जनरल र्पपस सॉफ्टवेयर

वह सॉफ्टवेयर जो डेटाबेस में फाइल्स को प्रबंधित करने, टेक्स्ट डॉक्यूमेंट बनाने और उसे फॉर्मेट करने, प्रेजेंटेशन तैयार करने और ग्राफिक्स डिजाइन करने में मदद करता है, उसे जनरल पर्पस सॉफ्टवेयर कहा जाता है। वे यूजर को उनकी दिन–प्रतिदिन की आवश्यकता को पूरा करने में मदद करते हैं जैसेः वित्तीय बजट बनाना, ग्रीटिंग कार्ड बनाना, किसी कंपनी में काम करने वाले कर्मचारियों का डेटा संग्रहीत करना, छात्रों के रिकॉर्ड का प्रबंधन करना आदि। निम्नलिखित सामान्य उद्देश्य सॉफ्टवेयर के उदाहरण हैं:

- **वर्ड प्रोसेसिंग प्रोग्रामः** वर्ड प्रोसेसर एक कंप्यूटर प्रोग्राम है, जिसका उपयोग टेक्स्ट डॉक्यूमेंट को एडिट, मॉडिफाई और फॉर्मेट करने के लिए किया जाता है। ये सॉफ्टवेयर यूजर को आधिकारिक पत्र, मेमो, रिपोर्ट, समाचार पत्र आदि बनाने में मदद करता है। यह विभिन्न स्वरूपण सुविधाएँ भी प्रदान करता है जैसे बोल्ड, इटैलिक्स, अंडरलाइन आदि। इस सॉफ्टवेयर का उपयोग करके फॉन्ट का आकार और फॉन्ट का रंग भी बदला जा सकता है। यह यूजर को टेबल बनाने , ग्राफिक्स और ओएलई ऑब्जेक्ट डालने की भी अनुमति देता है। विभिन्न वर्ड प्रोसेसिंग सॉफ्टवेयर हैं: एम.एस. वर्ड, वर्डपैड, ओपनऑफिस.ऑर्ग राइटर, वर्ड परफेक्ट आदि।
- **स्प्रेडशीट प्रोग्रामः** यह एक सॉफ्टवेयर है जिसका उपयोग इलेक्ट्रॉनिक स्प्रेडशीट बनाने के लिए किया जाता है। डेटा को एक सारणीबद्ध प्रारूप में संग्रहीत किया जाता है जिसमें पंक्तियाँ और स्तंभ शामिल होते हैं और यूजर को विभिन्न अंकगणितीय और गणितीय संगणनाएँ करने की सुविधा प्रदान करता हैं। यह जटिल गणनाओं के लिए वित्तीय और सांख्यिकीय कार्यों जैसे विभिन्न अंतर्निहित कार्यों को भी प्रदान करता है। विभिन्न चार्ट्स जैसे बार चार्ट, स्कैटर चार्ट, पाई चार्ट, कॉलम चार्ट आदि को सम्मिलित करके डेटा को चित्रात्मक रूप से प्रस्तुत कर सकता है।
- **डेटाबेस मैनेजमेंट प्रोग्रामः** ये वे सॉफ्टवेयर होते हैं जिनका उपयोग किसी एन्टाइटी के डेटा को प्रबंधित करने के लिए किया जाता है। एन्टाइटी कोई भी संगठन, कंपनी, स्कूल आदि हो सकती है। यह संबंधित सूचनाओं के तार्किक संग्रह का एक संग्रह है। उदाहरण के लिए, किसी भी संगठन के एक कर्मचारी का डेटा जो कि कर्मचारी का नाम, उसकी आयु, शामिल होने की तिथि, वेतन आहरित आदि हो सकता है, यह स्थिति के रूप में ज्ञात विशिष्ट मानदंडों के आधार पर विभिन्न तालिकाओं में संग्रहीत जानकारी निकालने के लिए विभिन्न उपकरण प्रदान करता है। उदाहरण के लिए, उन छात्रों की जानकारी प्राप्त करने के लिए जिन्होंने अपनी परीक्षा में 75% से अधिक अंक प्राप्त किए। यह रिपोर्ट जनरेटर के माध्यम से प्रपत्र बनाने और रिपोर्ट बनाने के लिए उपकरण भी प्रदान करता है। कुंजी की अवधारणा का उपयोग करके एक डेटाबेस में संग्रहीत विभिन्न तालिकाओं के बीच इंटरलिंकिंग भी संभव है। **उदाहरणः** ऍम अस – एक्सेस, ओपनऑफिस बेस, एसक्यूएल सर्वर, फॉक्सप्रो, ओरेकल आदि।
- **प्रेजेंटेशन प्रोग्रामः** यह एप्लीकेशन प्रोग्राम व्यवसायों, शिक्षा और प्रशिक्षण के उद्देश्य के लिए एनिमेटेड प्रेजेंटेशन बनाने में बहुत उपयोगी हैं। प्रेजेंटेशन प्रोग्राम यूजर को एनिमेशन, ग्राफिक्स, चित्र, वीडियो और ऑडियो को सम्मिलित करके अपने विषयों को अधिक प्रभावी और आकर्षक प्रारूप में प्रस्तुत करने के लिए भी उपयोगी हैं। इसके अलावा प्रेजेंटेशन में, यूजर अपनी आवाज भी डाल सकता है। इन सभी विशेषताओं के साथ प्रेजेंटेशन को स्लाइड के रूप में दिखाया गया है। उदाहरणः ओपनऑफिस इम्प्रेस, ऍम अस –पॉवरपॉइंट, आदि।
- **डेस्कटॉप पब्लिशिंग सॉफ्टवेयरः** पुस्तकों, पत्रिकाओं, को डिजाइन करने के लिए, डेस्कटॉप प्रकाशन के रूप में जाना जाने वाला डेस्कटॉप पब्लिशिंग सॉफ्टवेयर है। ये ग्राफिक डिजाइनिंग सॉफ्टवेयर हैं, जो तब सहायक होते हैं जब हमें एक दस्तावेज को और अधिक ग्राफिकल कंटेंट के लिए डिजाइन करना होता है। उदाहरणः पेजमेकर, कोरलड्रा, फोटोशॉप, इलस्ट्रेटर।

ख. कस्टमाइज्ड (बीस्पोक) सॉफ्टवेयर

कस्टमाइज्ड सॉफ्टवेयर को टेलर–मेड सॉफ्टवेयर और बीस्पोक सॉफ्टवेयर के रूप में भी जाना जाता है, क्योंकि इसे क्लाइंट / यूजर की आवश्यकता के अनुसार विकसित किया जाता है। उदाहरण के लिए, यदि किसी रेस्तरां के मालिक को एक आटोमेटिक बिल जेनेरेट करने के लिए सॉफ्टवेयर की आवश्यकता होती है, तो सॉफ्टवेयर कंपनी, मालिक की आवश्यकता के अनुसार सॉफ्टवेयर को विकसित और अनुकूलित करेगी। अनुकूलित सॉफ्टवेयर की खरीद पर, ग्राहक अधिकारों और उत्पाद का लाइसेंस प्राप्त करता है। क्लाइंट सॉफ्टवेयर को अन्य इच्छुक पार्टी को बेच सकता है। कस्टमाइज्ड सॉफ्टवेयर में मौजूदा सॉफ्टवेयर के साथ–साथ आवश्यकता के अनुसार अन्य सुविधाओं को जोड़ा जा सकता है।

ग. स्पेसिफिक र्पपस सॉफ्टवेयर

कुछ विशिष्ट उद्देश्य जैसे कैल्कुलेटर, कंप्यूटर गेम, आए म्यूजिक, रिजर्वेशन सॉफ्टवेयर आदि के लिए उपयोग किया जाने वाला सॉफ्टवेयर स्पेसिफिक पर्पस सॉफ्टवेयर के रूप में जाना जाता है।

कुछ विशिष्ट सॉफ्टवेयर हैं:

- **एकाउंटिंग सॉफ्टवेयरः** एकाउंटिंग सॉफ्टवेयर का उपयोग व्याख्या, और प्रबंधन निर्णय लेने के लिए वित्तीय डेटा एकत्र करने, रिकॉर्डिंग, वर्गीकरण और सारांशित करने के लिए किया जाता है। यह किसी भी संगठन में वित्त प्रक्रियाओं को स्वचालित और सुव्यवस्थित करने में मदद करता है। चूंकि सभी गणनाएं सॉफ्टवेयर द्वारा नियंत्रित की जाती हैं, इसलिए कम्प्यूटर लेखांकन मैनुअल लेखांकन से जुड़ी रोजमर्रा और समय लेने वाली कई प्रक्रियाओं को समाप्त कर देता है।
- **रिजर्वेशन सॉफ्टवेयरः** यह एक सिस्टम है, जहाँ यूजर रेलवे, एयरवेज, फिल्मों आदि के लिए ऑनलाइन टिकट बुक कर सकता है। रिजर्वेशन ऑफिस में टिकटों की बुकिंग के लिए जाने की आवश्यकता नहीं है। इस प्रयोजन के लिए संगठन विभिन्न ऑनलाइन

सिस्टम खरीदते हैं जो यूजर को ऑनलाइन टिकट बुक करने की सुविधा प्रदान करते हैं।

- **इन्वेंटरी कंट्रोल सिस्टमः** इस सॉफ्टवेयर का उपयोग संगठन में किया जाता है जो किसी भी उत्पाद को बेचने और खरीदने में काम आता है। यह उत्पादों की खरीद और बिक्री की मात्रा, इनवॉइस को जेनेरेट करना, रिपोट की छपाई, भुगतान प्राप्तियों आदि की सूची बनाने में मदद करता है। इन्वेंटरी नियंत्रण प्रणाली पिल्फेरागेस को रोकती है और एक इफेक्टिव मैनेजमेंट कण्ट्रोल सिस्टम बनाने में मदद करता है।
- **बिलिंग सिस्टमः** यह एक सिस्टम है जो उत्पाद विवरण जैसे उत्पाद आईडी, बैच आईडी, उत्पाद का नाम, मूल्य, वितरण की तारीख को ध्यान में रखती है और इन सभी विवरणों और ग्राहक द्वारा भुगतान की गई कुल राशि के साथ बिल रसीद का उत्पादन करती है।

ओपन सोर्स सॉफ्टवेयर और प्रोप्राइटरी सॉफ्टवेयर

ओपन सोर्स सॉफ्टवेयर वह सॉफ्टवेयर है जो इंटरनेट से आसानी से डाउनलोड किया जा सकता है। सोर्स कोड को मॉडिफाई किया जा सकता है और अन्य यूजर को पुनर्वितरित किया जा सकता है। सॉफ्टवेयर का उपयोग लाइसेंस शुल्क का भुगतान किए बिना किया जा सकता है, और कोई भी अधिक क्षमताओं को जोड़ने के लिए सॉफ्टवेयर को संशोधित कर सकता है। उदाहरणः मोजिला फायरफॉक्स, लिनक्स, ओपनऑफिस. ओआरजी आदि।

OpenOffice.org

प्रोप्राइटरी सॉफ्टवेयर लाइसेंस सॉफ्टवेयर है और किसी भी निकाय को इसे संशोधित या पुनर्वितरित करने का अधिकार नहीं है। प्रोप्राइटरी सॉफ्टवेयर सोर्स कोड को बरकरार रखता है। प्रोप्राइटरी सॉफ्टवेयर का ओनर ही सिर्फ ऐसा व्यक्ति है, जो सॉफ्टवेयर में मॉडिफिकेशन या कुछ फीचर्स को ऐड या रिमूव कर सकता है। **उदाहरणः** एप्पल आई औउ अस, विंडोज, मैकफी आदि।

McAfee

Microsoft Windows

1.9 कंप्यूटर सिस्टम के घटक

डिजिटल कंप्यूटर के प्रमुख घटक हैं:

1. सेंट्रल प्रोसेसिंग यूनिट (सीपीयू)
2. इनपुट और आउटपुट यूनिट
3. मेमोरी यूनिट

1.9.1 सेंट्रल प्रोसेसिंग यूनिट (सीपीयू)

CPU कंप्यूटर का दिमाग है। इसका प्राथमिक काम प्रोग्राम को रन करना और सिस्टम के लॉजिकल, अरिथमेटिक, इनपुट – आउटपुट ऑपरेशन को परफॉर्म करना है। चित्र 1.2, बेसिक कंप्यूटर आर्गेनाइजेशन का ब्लॉक डायग्राम प्रस्तुत कर रहा है।

सीपीयू की गति माइक्रोप्रोसेसर के प्रकार पर निर्भर करती है। एक ऑपरेशन, अर्थात् इनपुट, स्टोरिंग, प्रोसेसिंग, आउटपुट और डेटा को नियंत्रित करना, सभी कंप्यूटर सिस्टम द्वारा किया जाता है। पाँच इकाइयाँ हैं:

- **इनपुटिंगः** यूजर योगकर्ता द्वारा इनपुट डिवाइस का उपयोग करके कंप्यूटर में डेटा दर्ज करने की प्रक्रिया।
- **स्टोरिंगः** मैनिपुलेशन्स के लिए डाटा और इन्फर्मेशन को मैन मेमोरी में होल्ड करना।
- **प्रोसेसिंगः** ऑपरेशन्स (अरीथमेटिक और लॉजिकल दोनों) या डाटा का मैनीपुलेशन करना।
- **आउटपुटः** यूजर को स्क्रीन पर (मॉनिटर) या कागज पर (प्रिंटर के माध्यम से) जानकारी या परिणाम दिखाने की प्रक्रिया।
- **कंट्रोलिंगः** ऊपर दिए गए सारे प्रोसेसेज को कोआर्डिनेट करना कॉन्ट्रोल यूनिट (सी यु) की मदद से।

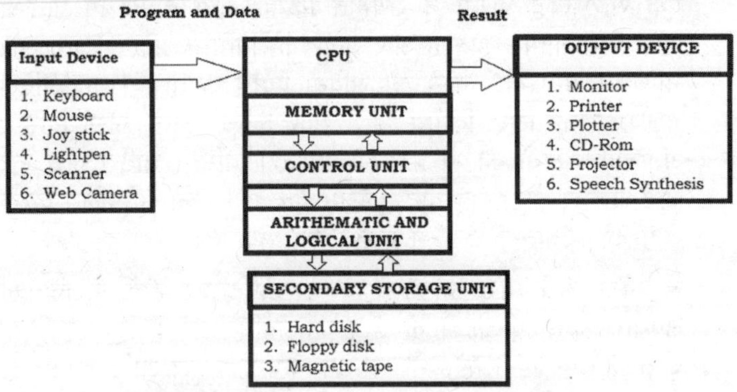

चित्र 1.2: कंप्यूटर प्रणाली का आरेख निरूपण

1.9.2 मेमोरी यूनिट

यह कंप्यूटर का एक सिद्धांत भंडारण है जो निर्देश और डेटा दोनों को संग्रहीत करता है। इन निर्देशों और डेटा को मेमोरी यूनिट में स्थायी रूप से संग्रहीत किया जा सकता है ताकि आवश्यकता पड़ने पर इसे पुनः प्राप्त किया जा सके। कंप्यूटर के अन्य हिस्सों को मेमोरी यूनिट के साथ जोड़ा जाता है ताकि डेटा तक पहुँचा जा सके या अन्य जुड़े हुए हिस्सों को भेजा जा सके।

कंप्यूटर मेमोरी के प्रकारः

क. **इंटरनल मेमोरीः** कंप्यूटर की डिफॉल्ट मेमोरी को इंटरनल मेमोरी, मुख्य मेमोरी या प्राथमिक मेमोरी के रूप में जाना जाता है। प्राइमरी मेमोरी में प्रोग्राम्स और इंस्ट्रक्शंस को टेम्पोररी स्टोर किया जाता है। यह गति में तेज है और इसे इमीडियेट एक्सेस स्टोरेज के रूप में जाना जाता है, लेकिन स्टोरेज की क्षमता बहुत कम है।

इंटरनल मेमोरी के प्रकार हैं:

- **RAM:** रैंडम एक्सेस मेमोरी जो मेमोरी को रैंडम तरीके से एक्सेस करती है। रैम में जानकारी तब तक रहेगी जब तक यूजर उस विशेष एप्लिकेशन पर काम कर रहा हो और कंप्यूटर बंद होने पर खो जाती है। इसके कारण इसे वोलेटाइल मेमोरी के रूप में भी जाना जाता है।

  RAM के प्रकारः

  - o DRAM का मतलब हैः डायनामिक रैंडम –एक्सेस मेमोरी, यह डाटा को टेम्पोररी स्टोर करता है और डाटा को रिटेन रखने के लिए उसे समय–समय पर रिफ्रेश करता है।
  - o SRAM का मतलब हैः स्थैतिक रैम, यह DRAM से ज्यादा महंगी और फास्ट है।
  - o SDRAM का मतलब हैः सिंक्रोनस DRAM, यह बहुत सारे डाटा को हाई स्पीड पर सिंक्रोनस इंटरफेस के थ्रू ट्रांसफर करता है।
  - o DDR का मतलब हैः डबल डाटा रेट मेमोरी। यह इंटेल पेंटियम 4 सिस्टम्स में इस्तेमाल होती है, और इसे कम पावर चाहिए होती है प्रोसेस करने के लिए, इसके स्पीड SDRAM से डबल होती है।

- **ROM:** रीड ओनली मेमोरी और इसे नॉन–वोलेटाइल मेमोरी के रूप में भी जाना जाता है क्योंकि यह जानकारी को स्थायी रूप से संग्रहीत करता है। इसके विपरीत RAM में जानकारी केवल पढ़ी जा सकती है और इसमें संग्रहीत डेटा को हटाया या संशोधित नहीं किया जा सकता है। यह मुख्य रूप से बूटिंग प्रक्रिया में उपयोग किया जाता है, और जब कंप्यूटर को ऑन किया जाता है तो जो सबसे पहला प्रोग्राम लोड होता है मेमोरी में वह रोम में सेव होता है।

  ROM के प्रकारः

  - o PROM का मतलब प्रोग्रामेबल रीड ओनली मेमोरी या वन–टाइम प्रोग्रामेबल रोम (OTP) है, क्योंकि इसमें केवल एक प्रोग्राम केवल एक ही बार मैन्युफैक्चरर लिख सकता है और उसके बाद इसमें बदलाव नहीं किया जा सकता है। यह रोम का कम खर्चीला और तेज प्रकार है।
  - o EPROM का मतलब होता है इरेसेबल पिरोम जिसमें डेटा को कई बार अल्ट्रावायलेट किरणों के सामने लाकर मिटाया जा सकता है और यह चिप पर मौजूद पूरे डेटा को मिटा देगा। एकमात्र दोष यह है कि जब यूजर चिप पर बार–बार डेटा डिलीट या फिर से लिखता है तो यह बेकार हो जाती है।
  - o EEPROM का का मतलब इलेक्ट्रानिकली ईपीआरओएम है, जो एक बार में एक बाइट के बजाय ब्लॉक्स में मौजूद डाटा को मिटाता और रिप्रोग्रम्मड करता है। इसमें सेलेक्टिव डाटा को मिटाया जाता है।
  - o फ्लैश मेमोरी, रेगुलर ईपीआरओएम से तेज है क्यूंकि यह एक साथ एक बड़े सेक्शन को इरेस और रिप्रोग्राम कर सकता है। यह मोबाइल फोन्स, मेमोरी कार्ड्स और म्प३ प्लेयर में दूरबिलिटी की वजह से इस्तेमाल होता है।
  - o मास्क्ड रोम के कंटेंट्स को मैन्युफैक्चरिंग के टाइम डिजाइनिंग फेज में सॉफ्टवेयर मास्क को चिप पर बर्न करके प्रोग्रम किया जाता है। जहाँ कंप्यूटर को ज्यादा सस्टेनेबिलिटी चाइये होते है वह यह इस्तेमाल होता है।

- **कैश मेमोरीः** यह एक तेज गति मेमोरी है जिसे सीपीयू या मदरबोर्ड के एक भाग के रूप में डाला जाता है जो प्रोग्राम को चलाने के लिए बार–बार आवश्यक निर्देशों को संग्रहीत करता है। यह तेज है क्योंकि इसे डेटा ट्रांसफर करने के लिए मदरबोर्ड सिस्टम बस की आवश्यकता नहीं है। यह महंगा है लेकिन सिस्टम के प्रदर्शन में सुधार के कारण इसका उपयोग लायक है।

ख. **एक्सटर्नल मेमोरीः** इसे सेकेंडरी या अक्सिल्लरी मेमोरी के रूप में भी जाना जाता है, और इसका उपयोग आंतरिक मेमोरी की महंगी, अस्थायी और कम स्टोरेज क्षमता के कारण किया जाता है। जब आवश्यक हो, तो डेटा को इंटरनल मेमोरी से एक्सटर्नल मेमोरी में स्थानांतरित किया जाता है। यह डेटा को स्थायी बनाने का आदेश देता है इसका उपयोग माध्यमिक भंडारण में किया जाता है। यह डाटा को परमानेंट स्टोर करता है और डाटा को सेकेंडरी स्टोरेज डिवाइस में स्टोर कर देता है, जिसे हम डाटा को काफी टाइम तक एक्सेस कर सकते है। एक्सटर्नल मेमोरी की लौ स्पीड होती है।

सेकेंडरी मेमोरी या सेकेंडरी स्टोरेज के प्रकार

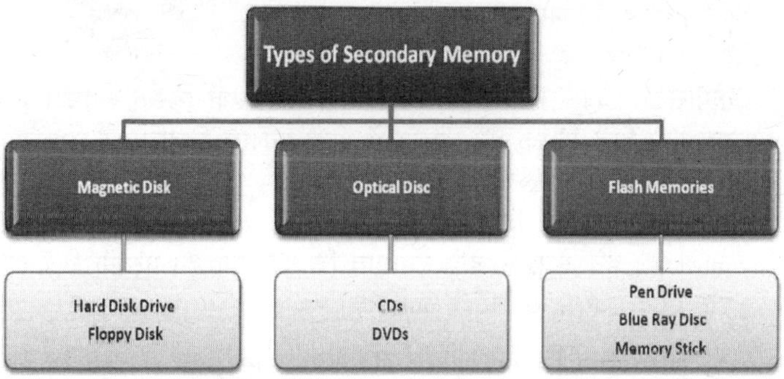

- **मैग्नेटिक डिस्कः** मैग्नेटिक डिस्क सबसे ज्यादा इस्तेमाल होने वाला सेकेंडरी स्टोरेज डिवाइस है। यह व्यक्तिगत रिकॉर्ड तक सीधी पहुंच की अनुमति देता है। इसका मतलब यह है कि कंप्यूटर सिस्टम को रिकॉर्ड डिस्क स्टोरेज को खोजने के लिए संपूर्ण फाइल (अनुक्रमिक फाइल टेप के मामले में) की खोज करने की आवश्यकता नहीं है।

  डाटा को मैग्नेटिजेड स्पॉट्स की फॉर्म में डिस्क के ट्रैक पर स्टोर किया जाता है। डिस्क का हर स्पॉट बाइनरी डिजिट 1 को दर्शाता है और वही डिजिट 0 का मतलब है उस जगह पर कोई स्पॉट नै है।

  डिस्क मल्टीप्ल कन्सेन्ट्रिक सर्कल्स में डिवाइड होते है, जिसे ट्रैक कहते है। ट्रैक छोटे छोटे भागो में डिवाइड होते है जिसे सेक्टर्स

कहता है। डाटा को सेक्टर्स में स्ट्रोरे किया जाता है। हर एक सेक्टर का एक यूनिक एड्रेस होता है जिसे डाटा की लोकेशन का पता चलता है और डिस्क वर्टीकल रोटेटिंग स्पिंडल पर मूव करती है।

रिडिंग/राइटिंग डिस्क पर मतलब होता है, सीरीज ऑफ रीड/राइट हेड जो की डिस्क के सरफेस से बहुत पास होता है।

मैग्नेटिक डिस्क के दो प्रकार हैं:

क. **हार्ड डिस्क:** हार्ड डिस्क एक नॉन–वोलेटाइल सेकेंडरी स्टोरेज डिवाइस है। यह एक विद्युत उपकरण है और इसे विनचेस्टर डिस्क के रूप में भी जाना जाता है। इसका उपयोग कंप्यूटर के मुख्य स्टोरेज डिवाइस के रूप में किया जाता है। डिस्क आमतौर पर एल्यूमीनियम की बनाई जाती है। हार्ड डिस्क में कई डिस्क होते हैं जिन्हें प्लैटर के रूप में जाना जाता है जो एक दूसरे के ऊपर रखे जाते हैं। डेटा डिस्क के दोनों किनारों पर संग्रहीत किया जाता है, लेकिन सबसे ऊपरी डिस्क के ऊपरी तरफ और सबसे निचले तल के निचले हिस्से पर। प्रत्येक डेटा स्टोरेज की सतह में अलग–अलग रीड/राइट हेड होते हैं। डेटा पढ़ने/लिखने की प्रक्रिया के दौरान, प्लैटर 3600–15000 rpm (प्रति मिनट घुमाव) की दर से घूमता है। हार्ड डिस्क की क्षमता को गीगाबाइट्स या टेराबाइट्स में मापा जाता है।

ख. **फ्लॉपी डिस्क:** फ्लॉपी डिस्क एक मैग्नेटिक स्टोरेज मीडिया है। यह पर्सनल कंप्यूटर में व्यापक रूप से उपयोग किया जाता है। यह मैग्नेटिक कोटिंग के साथ पॉलिएस्टर फिल्म की एक सपाट, 3.5 इंच की डिस्क है। इस डिस्क की स्टोरेज कैपेसिटी 1.44 एमबी है। इसमें सिंगल प्लास्टिक डिस्क शामिल है। यह एक हार्ड डिस्क की तुलना में धीमी एक्सेस डिवाइस है। फ्लॉपी डिस्क में विभिन्न संकेंद्रित वृत्त होते हैं जिन्हें ट्रैक कहा जाता है, जो आगे छोटे वर्गों में विभाजित होते हैं, जिन्हे सेक्टर के रूप में जाना जाता है। इन क्षेत्रों में डेटा संग्रहीत किया जाता है। प्रत्येक क्षेत्र को एक अद्वितीय संख्या सौंपी जाती है।

- **ऑप्टिकल डिस्क:** ऑप्टिकल डिस्क एक कंप्यूटर डिस्क है जो डेटा को पढ़ने और लिखने के लिए ऑप्टिकल स्टोरेज तकनीक का उपयोग करती है। लेजर बीम का उपयोग डेटा को डिजिटल रूप से संग्रहीत करने के लिए किया जाता है (ऑप्टिकल डिस्क ड्राइव पर लगे लेजर हेड से प्रेषित) और डिस्क से डेटा को पढ़ने और लिखने के लिए भी।

ऑप्टिकल डिस्क 6 गीगाबाइट (6 बिलियन बाइट) तक के डेटा की एक बड़ी मात्रा को संग्रहीत कर सकती हैं। कॉम्पैक्ट डिस्क (सीडी), डिजिटल वर्सटाइल/वीडियो डिस्क (डीवीडी) और ब्लू–रे डिस्क वर्तमान में ऑप्टिकल डिस्क के सबसे अधिक इस्तेमाल किए जाने वाले रूप हैं। ये डिस्क आमतौर पर इस्तेमाल की जाती हैं:

- ग्राहकों को सॉफ्टवेयर वितरित करने के लिए।
- बड़ी मात्रा में डेटा संग्रहीत करने के लिए। जैसे कि संगीत, चित्र और वीडियो
- अलग–अलग कंप्यूटर या डिवाइस में डेटा ट्रांसफर करने के लिए।
- लोकल मशीन से डाटा का बैकअप लेने के लिए।

ऑप्टिकल डिस्क के विभिन्न प्रकार हैं:

क. **कॉम्पैक्ट डिस्क (सीडी):** इसका उपयोग वीडियो, चित्र, ध्वनि रिकॉर्डिंग आदि को संग्रहीत करने के लिए किया जाता है। इसकी लागत डिस्क या रैम से कम होती है। सीडी को CD-ROM, CD-R, CD-W, CD-RW के रूप में वर्गीकृत किया गया है

कॉम्पैक्ट डिस्क–रीड–ओनली मेमोरी (CD- ROM)

डेटा को टेक्स्ट, चित्र, ऑडियो और वीडियो के रूप में संग्रहीत किया जा सकता है।

CD-ROM की अधिकतम संग्रहण क्षमता 700 MB है।

सीडी के कंटेंट को पड़ने के लिए सी.डी. प्लेयर की जरूरत होते है।

कॉम्पैक्ट डिस्क–रेकॉर्डबल (सीडी–आर)

सीडी–आर का उपयोग अक्सर ऑडियो रिकॉर्ड करने के लिए किया जाता है, जिसे सीडी प्लेयर पर चलाया जा सकता है। डेटा को केवल एक बार पढ़ा और लिखा जा सकता है। CD-R डिस्क पर डेटा जो बर्न किया जाता है, जिससे डेटा परमानेंट हो जाता है और इसलिए एक बार जो डाटा लिखा गया वह मिटाया नहीं जा सकता है। कई बार राइट वन्स रीड मेनी (WORM) कहा जाता है।

कॉम्पैक्ट डिस्क रीराइटेबल (सीडी–आरडब्ल्यू)

पिछले डेटा को पूरी तरह से मिटाने के बाद डेटा को फिर से लिखा जा सकता है।

इसका उपयोग डेटा बैकअप, डेटा पुनर्प्राप्ति या डेटा संग्रह के लिए किया जाता है।

ख. **डिजिटल वर्सेटाइल डिस्क (डीवीडी):** डीवीडी डेटा को स्टोर करने में सक्षम है जैसे कि मूवी, गेम और इसका उपयोग छोटे अनुप्रयोगों को स्थापित करने के लिए भी किया जा सकता है। डीवीडी जिसे सुपर डेंसिटी डिस्क के रूप में भी जाना जाता है, 17 जीबी तक का डेटा रखने में सक्षम है। डीवीडी ड्राइव और एक सॉफ्टवेयर डीवीडी प्लेयर की आवश्यकता होती है जो सीडी और डीवीडी दोनों को पढ़ने में सक्षम हैं। डीवीडी बर्नर सीडी और डीवीडी दोनो पढ़ने

में सक्षम है, और सीडी–आर, सीडी–आरडब्ल्यू और लेखन डीवीडी के लिए भी लिख सकता है।

सॉफ्टवेयर प्रोग्राम को वितरित करने के लिए डीवीडी का उपयोग किया जाता है। इसे DVD-R, DVD-RW, DVD-ROM में वर्गीकृत किया गया है। डीवीडी की इन सभी किस्मों की विशेषताएं सीडी–आर, सीडी–आरडब्ल्यू और सीडी–रॉम के समान हैं, जिसमें डेटा को संग्रहीत करने की क्षमता अधिक है।

- o DVD-R में लगभग 4.7 जीबी और 9.4 जीबी डाटा स्टोर कर सकते है।
- o DVD-RW में लगभग 4.7 जीबी डेटा स्टोर कर सकते है।
- o डीवीडी–रोम में 4.7 जीबी से 17 जीबी तक डेटा स्टोर कर सकते है।

- **फ्लैश मेमोरीज**

क. **ब्लू– रे डिस्कः** ब्लू–रे नाम ब्लू–वायलेट लेजर तकनीक से लिया गया है और इन डिस्क पर जानकारी पढ़ने और लिखने के लिए उपयोग किया जाता है। यह डीवीडी का उत्तराधिकारी है। इसका उपयोग एचडी कंटेंट और ऑप्टिकल डाटा स्टोरेज के लिए किया जाता है। यह हाई डेफिनेशन (HD) क्वालिटी वीडियो रिकॉर्डिंग के लिए इस्तेमाल होता है।

ख. **मेमोरी स्टिकः** मेमोरी स्टिक को मेमोरी कार्ड के रूप में भी जाना जाता है, जिसका उपयोग सूचना पढ़ने और लिखने के लिए किया जाता है। मेमोरी स्टिक में बड़ी मात्रा में डेटा संग्रहीत किया जा सकता है। मेमोरी स्टिक से कंप्यूटर में जानकारी स्थानांतरित करने के लिए, कार्ड रीडर के रूप में जाना जाने वाला एक विशेष उपकरण आवश्यक है। मेमोरी स्टिक एक प्रकार का पोर्टेबल फ्लैश मेमोरी स्टोरेज डिवाइस है, जिसका इस्तेमाल आमतौर पर हैंडहेल्ड डिवाइस के साथ किया जाता है।

ग. **पेन ड्राइवः** पेन ड्राइव को यूएसबी (यूनिवर्सल सीरियल बस) फ्लैश ड्राइव के रूप में भी जाना जाता है जो कि बिजली की आपूर्ति नहीं होने पर भी डेटा को रखने में सक्षम है। यह एक पोर्टेबल डेटा–स्टोरेज डिवाइस है। इसका उपयोग ऑडियो, वीडियो और डेटा फाइल्स को संग्रहीत करने और स्थानांतरित करने के लिए किया जाता है। आजकल, पेन ड्राइव सबसे लोकप्रिय डेटा स्टोरेज डिवाइस बन गया है। पेन ड्राइव आकार में छोटे, हल्के और हैंडी होते हैं, और इसलिए यूजर द्वारा आसानी से एक जगह से दूसरी जगह ले जाया जा सकता है। पेन ड्राइव के अन्य नाम फ्लैश ड्राइव, जंप ड्राइव और थंब ड्राइव हैं।

2. अरिथमेटिक लॉजिक यूनिट

सीपीयू का मौलिक भवन खंड, जहां निर्देशों का वास्तविक निष्पादन होता है। यह इनपुट रजिस्टर से डेटा लोड करता है, नियंत्रण इकाई द्वारा निर्देशित ऑपरेशन करता है, और फिर आउटपुट रजिस्टर में परिणाम स्टोर करता है।

ALU को डिजाइन निम्न ऑपरेशन्स करने के लिए किया गया हैं:

- o **अरिथमैटिक ऑपरेशन्सः** जोड़ना, घटाना, गुणा, विभाजित।
- o **लॉजिकल ऑपरेशंसः** AND, OR, NOT, XOR.
- o **कंम्पेरिसन ऑपरेशन्सः** से कम, के बराबर, से अधिक, से कम, के बराबर, से अधिक के बराबर।
- o **बिट–शिफ्टिंग ऑपरेटरः** शब्द को विशिष्ट द्वारा स्थानांतरित करना बिट्स की संख्या या तो बाएँ या दाएँ।

3. कण्ट्रोल यूनिट (CU)

यह समय और नियंत्रण संकेतों को उत्पन्न करके कंप्यूटर के संपूर्ण कामकाज को नियंत्रित करता है। यह मेमोरी और इनपुट/आउटपुट डिवाइस, संचालन और संपूर्ण प्रसंस्करण के बीच डेटा के हस्तांतरण को भी नियंत्रित करता है।

1.9.3 इनपुट यूनिट

इनपुट कंप्यूटर में डेटा को दर्ज करने और एकत्र करने की प्रक्रिया है। सभी आने वाले निर्देश और डेटा को बाइनरी कोड के पैटर्न में परिवर्तित किया जाता है जिसे कंप्यूटर द्वारा समझा जाता है। उसके बाद इस बाइनरी कोड को कंप्यूटर सिस्टम के प्रोसेसर द्वारा प्रोसेस किया जाता है। इस खंड में हमने कुछ इनपुट उपकरणों पर चर्चा की है।

कुछ इनपुट डिवाइस हैं:

- **कीबोर्डः** प्रोग्राम और डेटा को कीबोर्ड के माध्यम से कंप्यूटर में दर्ज किया जाता है। इसमें अक्षर, अंक, विशेष वर्ण, फंक्शन कीज और कुछ नियंत्रण कीज शामिल हैं। जब एक 'कि' को दबाया जाता है, तो एक इलेक्ट्रॉनिक सिग्नल उत्पन्न होता है जिसे कीबोर्ड एनकोडर नामक एक इलेक्ट्रॉनिक सर्किट द्वारा पता लगाया जाता है।

कीबोर्ड पर कीज के प्रकारः

- o **अल्फान्यूमेरिक कीजः** इसमें कीबोर्ड पर सभी संख्याएँ और अक्षर शामिल हैं। जैसे ए–जेड और 0–9।
- o **फंक्शंस कीजः** F1 से F12 तक कीज।
- o **विराम चिह्न कीजः** इनमें अल्पविराम, अर्धविराम और कोष्ठक शामिल हैं।
- o **विशेष कीजः** इनमें कण्ट्रोल की, सर्रोस की, कैप्स लॉक की, डिलीट की शामिल हैं।

- **माउसः** यह टो–डायमेंशनल मोशन का पता लगाकर कार्य करता है। इसे एक फ्लैट सरफेस में हाथ से मूव करते है। इसके दो बटन्स होते हेः लेफ्ट और राइट बटन।

माउस के प्रकार:

- **मैकेनिकल माउस:** कर्सर का मूवमेंट माउस के तल पर मौजूद गेंद की गति के सापेक्ष होता है।
- **ऑप्टिकल माउस:** यह मूवमेंट का पता लगाने के लिए लाइट एमिटिंग डायोड का उपयोग करता है।
- **लेजर माउस:** इसमें इंफ्रारेड लाइट एमिटिंग डायोड का इस्तेमाल किया गया है।
- **वायरलेस माउस:** यह बेस स्टेशन पर सिग्नल को रिले करता है, जिसे कंप्यूटर के माउस पोर्ट पर वायर किया जाता है।

- **स्कैनर:** पाठ या छवि के रूप में जानकारी दर्ज की जाती है और फिर डिजिटल फाइल में बदली जाती है, जो कंप्यूटर को स्कैन की गई वस्तु को पढ़ने या प्रदर्शित करने की अनुमति देती है।

विभिन्न प्रकार के स्कैनर हैं:

स्कैनर	हैंडहेल्ड स्कैनर	फ्लैटबेड स्कैनर	ड्रम स्कैनर
आकार	आकार में छोटा और एक हाथ में आयोजित किया जा सकता है।	बड़े, उच्च गुणवत्ता की छवियां बनता है।	मध्यम आकार और इसमें रोलिंग ड्रम है।
लागत	कम खर्चीली।	अधिक महंगा।	महंगा।
पासेज	कई पासेज आवश्यक हैं किसी एकल पृष्ठ को स्कैन करने के लिए।	एकल पास में पृष्ठ को स्कैन कर सकते हैं।	एकल पास में पृष्ठ को स्कैन कर सकते हैं।
सतह	हाथ में रखा जा सकता है। 	इसमें सपाट सतह है जिस पर स्कैन करने के लिए छवि रखी गई है। 	शीट को ड्रम रोल पर स्कैन करने के लिए रखा जाता है। 

- **जॉयस्टिक:** जॉयस्टिक कर्सर को मॉनिटर पर मूव करने के लिए होता है। इसमें एक सचीक होती है जो अपने आधार पर एक गोलाकार गेंद पर थपथपाती है और इसे क्लॉकवाइस या एंटी–क्लॉकवाइस दिशा में स्थानांतरित किया जा सकता है।

- **ग्राफिक्स टैबलेट/डिजिटाइजर/डिजिटाइजिंग टैबलेट:** इसमें इलेक्ट्रॉनिक लेखन क्षेत्र होता है, और प्रेशर सेंसिटिव पेन होता है जिसे अलग अलग विड्थ की स्टोक्स बनाए जा सकती है। इस आर्टिस्ट हैंड मेड ड्राइंग बनाने के लिए इस्तेमाल करते है।

- **टच स्क्रीन:** यह एक इलेक्ट्रॉनिक विसुअल डिस्प्ले है जो डिस्प्ले क्षेत्र में टच का पता लगाता है। टच स्क्रीन कंप्यूटर को एक संकेत भेजता है जो स्क्रीन पर उस स्थान को देता है जिसे टच किया गया है। यह एक टच सेंसर, नियंत्रक (पीसी कार्ड जो पीसी समझने योग्य जानकारी का अनुवाद करता है), और सॉफ्टवेयर ड्राइवर के रूप में काम करता है।

- **टचपैड/ट्रैक पैड:** यह स्क्रीन पर सापेक्ष स्थिति में उपयोगकर्ता की उंगलियों की गति और स्थिति का अनुवाद करता है। इसका उपयोग लैपटॉप में किया जाता है

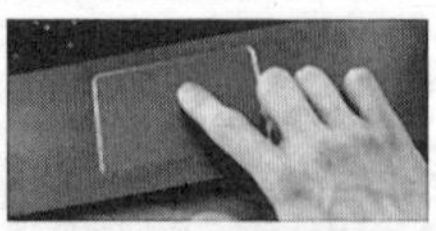

- **ट्रैकबॉल:** इसके शीर्ष पर गेंद होती है, जिसे उंगली से घुमाया जा सकता है। यह व्यापक रूप से सीएडी वर्कस्टेशन, रडार ट्रैफिक कंट्रोल रूम और जहाज पर सोनार उपकरण में उपयोग किया जाता है।

- **माइक्रोफोन:** यह इनपुट डिवाइस .wav के साथ कंप्यूटर में ध्वनि को स्टोर करने के लिए उपयोग किया जाता है। कुछ लैपटॉप में यह अंदर एकीकृत होता है जहां एक माइक्रोफोन कनेक्ट किया जा सकता है। यह मुख्य रूप से रेडियो प्रसारण, वीडियो कॉन्फ्रेंसिंग, ध्वनि प्रवर्धन प्रणाली, भाषण मान्यता कार्यक्रमों और रिकॉर्डिंग में उपयोग किया जाता है।

- **ऑप्टिकल कैरेक्टर रीडर/रिकॉग्निशन (ओसीआर):** यह नई तकनीक है जो प्रकाश स्रोत और फोटोइलेक्ट्रिक कोशिकाओं के माध्यम से चरित्र के आकार को पहचानकर प्रिंटर पेपर से पत्रो को कंप्यूटर में पढ़ने में मदद करती है। OCR पृष्ठ को टाइप किए गए रूप में परिवर्तित करता है जिसे किसी भी पाठ संपादक में संपादित किया जा सकता है।

- **मैग्नेटिक इंक कैरेक्टर रीडर/रिकग्निशन (MICR):** इसका उपयोग मुख्य रूप से बैंकिंग उद्योग में किया जाता है, ताकि कंप्यूटर को मुद्रित दस्तावेजों से खाता संख्या जैसी लाल जानकारी की अनुमति देकर चेकों के प्रसंस्करण की सुविधा प्रदान की जा सके। आमतौर पर आयरन ऑक्साइड मैग्नेटिक टोनर या स्याही का उपयोग विशेष टाइपफेस में MICR वर्णों को मुद्रित करने के लिए किया जाता है। पेपर वर्णों की समतल सतह में MICR टेक्स्ट को डिकोड करके चुम्बकित किए जाते हैं और फिर इसे MICR रीड हेड के ऊपर से पास किया जाता है।

यह एक तरंग उत्पन्न करता है जिसे सिस्टम द्वारा आसानी से संसाधित किया जा सकता है।

- **लाइट पेनः** यह मुख्य रूप से स्क्रीन पर डेटा को चुनने या संशोधित करने के लिए यूजर को प्रदर्शित वस्तुओं पर इंगित करने या स्क्रीन पर आकर्षित करने के लिए अनुमति देता है। यह टच स्क्रीन के समान है लेकिन अधिक से अधिक स्थितीय सटीकता के साथ है। यह प्रोग्राम की तरह कंप्यूटर एडेड डिजाइन में मददगार है और उपयोग करने में बहुत आसान है।

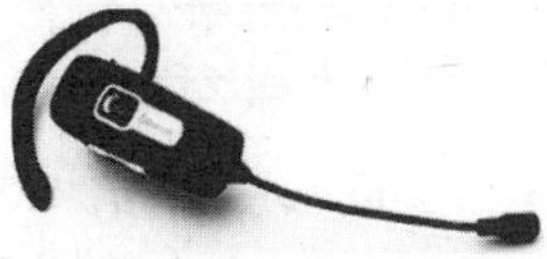

- **वॉयस इनपुट डिवाइसेसः** कीबोर्ड का उपयोग करने के बजाय, कंप्यूटर को नियंत्रित करने के लिए व्यक्ति आवाज का उपयोग कर सकता है। इसमें वौइस् को रिकॉर्ड किया जाता है और रिकॉर्ड की गई आवाज के पैटर्न की तुलना कंप्यूटर से की जाती है जिसे शब्दावली के रूप में जाना जाता है। उसके बाद मैचिंग पैटर्न के अनुसार इसी क्रिया को अंजाम दिया जाता है।

- **बार–कोड रीडरः** बार–कोड रीडर विशेष उपकरण हैं जिसका उपयोग बारकोडेड डेटा को पढ़ने के लिए किया जाता है। बारकोड वस्तुओं की तेजी से पहचान के लिए उपयोग किया जाने वाला एक विशेष कोड है। इसमें छोटी लाइन्स की एक श्रृंखला शामिल है, जिसे बार के रूप में जाना जाता है। लाइन्स की वास्तविक कोडिंग बार की चौड़ाई है, न कि ऊंचाई। इनका उपयोग मुख्य रूप से सामानों की पहचान के लिए किया जाता है, जैसे किताबें, डाक पैकेज।

- **वेब कैमराः** यह एक रियल टाइम कैमरा है, जिसकी छवियों को पीसी वीडियो कॉलिंग एप्लिकेशन, वर्ल्ड वाइड वेब और इंस्टेंट मैसेजिंग का उपयोग करके एक्सेस किया जा सकता है।

1.9.4 आउटपुट यूनिट

आउटपुट यूनिट का उपयोग करके प्रोसेस्ड डेटा को प्रदर्शित किया जाता है। कंप्यूटर पर कई आउटपुट डिवाइस अटैच है। आमतौर पर उपयोग किए जाने वाले कुछ उपकरण हैं:

- **मॉनिटरः** यह एक सबसे सामान्य आउटपुट डिवाइस है जिसे इलेक्ट्रॉनिक विजुअल डिस्प्ले या कंप्यूटर के लिए विजुअल डिस्प्ले यूनिट के रूप में भी जाना जाता है। आउटपुट स्क्रीन पर डिस्प्ले होता है और कई पिक्सल्स या छोटे डॉट्स होते हैं जो मॉनिटर पर पिक्चर डिस्प्ले करते हैं। प्रदर्शित आउटपुट एक सॉफ्ट कॉपी है।

  मॉनिटर के प्रकारः

  - **कैथोड रे ट्यूब (CRT) मॉनीटरः** यह सबसे अधिक इस्तेमाल किया जाने वाला मॉनीटर है, जिसमें फॉस्फोर डॉट्स को लाइट करने के लिए इलेक्ट्रान गन और इससे निकलने वाले इलेक्ट्रानस ले की एक बीम का इस्तेमाल करते है।

  - **लिक्विड क्रिस्टल डिस्प्ले (LCD) मॉनिटर्सः** यह CRT मॉनिटर के बाद अस्तित्व में आता है जो CRT मॉनिटर की तुलना में वजन में हल्का और पतला होता है। लिक्विड क्रिस्टल लाइट मॉड्यूलेटिंग गुणों का उपयोग इसके द्वारा किया गया था जो सीधे प्रकाश का उत्सर्जन नहीं करते हैं। इसे दीवार पर लगाया जा सकता है जो बहुत सारा स्थान बचाता है और वाइड व्यूइंग एंगल प्रदान करता है।

  - **लाइट एमिटिंग डायोड (LED) मॉनिटरः** ये मॉनिटर लाइट से बने होते हैं और अन्य प्रकार के मॉनिटर की तुलना में बेहतर गुणवत्ता, प्रदर्शन, रंग और क्वालिटी प्रदान करने वाले डायोड का उत्सर्जन करते है। ये मॉनिटर वजन में हलके, पतले और फ्लेट होते हैं।

  - **टच स्क्रीन मॉनिटरः** यह एक विशेष मॉनिटर है जो यूजर को स्क्रीन्स पर मौजूद आइकन को टच करके इनफार्मेशन इनपुट करने की अनुमति देता है। इस तकनीक का उपयोग केवल सीमित मात्रा में डेटा दर्ज करने के लिए किया जा सकता है और इसका उपयोग कार्यालयों, एटीएम मशीनों में किया जाता है।

- **प्रिंटरः** यह दस्तावेजों की एक हार्ड कॉपी तैयार करता है जो फिजिकल प्रिंट मीडिया पर इलेक्ट्रॉनिक रूप में संग्रहीत होता है।

  प्रिंटर को इस प्रकार वर्गीकृत किया जा सकता है:

  - **इम्पैक्ट प्रिंटरः** यह इलेक्ट्रो–मैकेनिकल मैकेनिज्म का उपयोग करता है जिसके कारण हैमर या पिन रिबन पर स्ट्राइक करके पेपर पर टेक्स्ट प्रिंट करता है।

    इम्पैक्ट प्रिंटर के प्रकार हैं:

    - **डॉट मैट्रिक्स प्रिंटर:** यह एक प्रिंट हेड का उपयोग करता है जो आगे–पीछे या ऊपर–नीचे की गति में चलता है, पृष्ठ पर और प्रिंट पर, कागज के खिलाफ स्याही से लथपथ कपड़े के रिबन को प्रभावित करता है। यह एक समय में एक चरित्र को प्रिंट करता है और बहु–परत रूपों, विशेष चरित्र और ग्राफिक्स को प्रिंट कर सकता है।
    - **डेजी–व्हील प्रिंटरः** यह एक व्हील का उपयोग प्रिंट हेड के रूप में करता है, जो घूमता है और फिर हथौड़े से स्पोक के पीछे की तरफ स्ट्राइक करता है और एक चरित्र को प्रिंट करने के लिए इसे पेपर के अगेंस्ट दबाता है। वे उच्च गुणवत्ता वाले प्रिंट ग्राफिक का उत्पादन नहीं कर सकते हैं।
    - **लाइन प्रिंटरः** यह एक हाई–स्पीड प्रिंटर है, जो एक बार में पूरी लाइन प्रिंट करता है। यह बहुत अधिक शोर पैदा करता है।
    - **ड्रम प्रिंटरः** यह एक पुरानी–लाइन प्रिंटिंग तकनीक है, जिसका उपयोग सिलिंड्रिकल ड्रम के चारों ओर वर्ण छवियों को प्रिंट करने के लिए किया जाता है।

o **नॉन–इम्पैक्ट प्रिंटरः** ये प्रिंटर टेक्स्ट प्रिंट करने के लिए थर्मल, केमिकल, इलेक्ट्रोस्टैटिक, लेजर बीम या इंकजेट तकनीक का उपयोग करते हैं और इनके प्रिंटिंग हेड पेपर पर स्ट्राइक नहीं करते हैं। यह तेज है और पेपर और प्रिंट हेड के बीच कोई मैकेनिकल संपर्क नहीं है।

नॉन–इम्पैक्ट प्रिंटर के प्रकारः

❖ **लेजर प्रिंटर्सः** ये प्रिंटर एक समय में एक पेज प्रिंट करते हैं और एक फोटोसेंसिटिव ड्रम पर इमेज बनाने के लिए लेजर लाइट सोर्स का उपयोग करते हैं। कंप्यूटर लेजर बीम को नियंत्रित करता है जब इसे ड्रम में आगे और पीछे भेजा जाता है।

❖ **इलेक्ट्रोमैग्नेटिक प्रिंटरः** ये फास्ट प्रिंटर हैं, पेज प्रिंटर की श्रेणी में आते हैं।

❖ **थर्मल प्रिंटरः** प्रिंटिंग क्वालिटी बहुत खराब है, और इस प्रकार के प्रिंटर का कागज समय के साथ काला हो जाता है और व्यापक रूप से बैटरी चालित उपकरणों में उपयोग किया जाता है।

❖ **इलेक्ट्रोस्टैटिक प्रिंटरः** इसका उपयोग लार्ज फॉर्मेल प्रिंटिंग के लिए किया जाता है, क्योंकि वे तेजी से प्रिंट करते हैं और इस प्रकार कम लागत लगती हैं।

❖ **इंकजेट प्रिंटरः** यह कागज पर टेक्स्ट इम्प्रैशन बनाने के लिए कागज पर स्याही की बूंदों को निकालता है, क्योंकि इसके प्रिंट हेड में अलग अलग रंग के छोटे नोजल होते हैं।

• **प्लॉटरः** इनका उपयोग स्याही पेन या इंकजेट का उपयोग करके, कंप्यूटर के नियंत्रण में सटीक और अच्छी गुणवत्ता वाले ग्राफिक्स और चित्र बनाने के लिए किया जाता है। प्लॉटर दो प्रकार के होते हैं, एक वह जो पेन (ड्रम और फ्लैटबेड प्लॉटर) का उपयोग करता है और दूसरा वह जो पेन (इलेक्ट्रोस्टैटिक प्लॉटर) का उपयोग नहीं करता है।

o **ड्रम प्लॉटर/रोलर प्लॉटरः** इसमें एक रोलर होता है, जिस पर एक पेपर रखा जाता है, और मेकैनिकल डिवाइस जिसे रोबोट ड्रॉइंग आर्म के नाम से जाना जाता है, एक तरफ से आगे बढ़ता है क्योंकि पेपर रोलर के माध्यम से आगे और पीछे मूव होता है।

o **फ्लैटबेड प्लॉटर/टेबल प्लॉटरः** इसमें एक लंबी स्थिर क्षैतिज सतह होती है, जिस पर कागज को रखा जाता है, और पेन को हॉरिजॉन्टल और वर्टीकल एक्सिस म मूव किया जाता है।

o **इलेक्ट्रोस्टैटिक प्लॉटरः** यह इलेक्ट्रोस्टैटिक चार्ज के साथ पेपर को चिह्नित करके छवि बनाता है, और इस प्रकार व्यावसायिक कलाकार के लिए उच्च गुणवत्ता की छवि का निर्माण करता है।

• **मल्टीमीडिया प्रोजेक्टरः** यह पीसी से जुड़ा होता है और कंप्यूटर से जानकारी को बड़ी स्क्रीन पर प्रोजेक्ट करता था, ताकि बड़ी संख्या में लोग जानकारी देख सकें। इसे व्यापक रूप से प्रस्तुतियाँ देने के लिए उपयोग किया जाता है।

• **स्पीच सिंथेसाइजरः** यह टेक्सटुअल डेटा को स्पोकन सेन्टेन्सेस में परिवर्तित करता है। स्पीच को प्रोडूस करने के लिए, बेसिक साउंड यूनिट्स जिसे फोनेमेस कहा जाता है उन्हें कंबाइन किया जाता है। किसी पाठ में शब्दों के अनुक्रम को एक कंप्यूटर से जुड़े स्पीकर के माध्यम से प्रवधित और आउटपुट किए गए स्वरों में संयोजित किया जाता है।

• **स्पीकरः** यह इलेक्ट्रिक करंट के रूप में ध्वनि प्राप्त करता है साउंड कार्ड से और फिर इसे प्रारूप में परिवर्तित करता है।

• **हेडफोन/स्टीरियो फोन/हेडसेटः** ये लाउडस्पीकर की छोटी जोड़ी है, जिन्हें यूजर के कान के करीब रखा जाता है और एकल स्रोत, पोर्टेबल मीडिया प्लेयर से जोड़ा जाता है।

1.10 मोबाइल ऐप्स

आधुनिक युग में, मोबाइल एप्लिकेशन उपयोग और विकास एक नया और तेजी से बढ़ता क्षेत्र है। मोबाइल एप्लिकेशन (जिसे मोबाइल ऐप के रूप में भी जाना जाता है) एक प्रकार का एप्लिकेशन सॉफ्टवेयर है जिसे मोबाइल डिवाइस पर चलाने के लिए डिजाइन किया गया है, जैसे कि स्मार्टफोन या टैबलेट कंप्यूटर। मोबाइल एप्लिकेशन अक्सर पीसी पर एक्सेस करने वालों को समान सेवाएं प्रदान करने के लिए सेवा प्रदान करते हैं।

एप्लिकेशन आम तौर पर सीमित फंक्शन के साथ छोटे, व्यक्तिगत सॉफ्टवेयर इकाइयां हैं। ऐप सॉफ्टवेयर का यह उपयोग मूल रूप से **Apple Inc.** और इसके ऐप स्टोर द्वारा लोकप्रिय किया गया था, जो **iPhone, iPad** और **iPod Touch** के लिए हजारों एप्लिकेशन प्रदान करता है।

मोबाइल एप्लिकेशन का उपयोग करते हुए, विकासशील देश खुद को उन्नत कर रहे हैं, जिससे कहीं भी और किसी भी स्थान से उपयोग करना और सुलभ बनाना आसान हो गया है। आजकल, बहुत से लोग दोस्तों से संपर्क करने के लिए मोबाइल एप्लिकेशन का उपयोग कर रहे हैं, इंटरनेट ब्राउज कर सकते हैं, कन्टेंट प्रबंधन, मनोरंजन, आदि। हर जगह से, यूजर मोबाइल एप्लिकेशन की सुविधा प्राप्त कर सकते हैं और अपने दैनिक जीवन और व्यवसाय की कई चीजें कर सकते हैं।

मोबाइल एप्लिकेशन वैश्विक सूचना और संचार प्रौद्योगिकी का तेजी से विकसित होने वाला खंड है। इसके व्यापक कार्य क्षेत्र जैसे कि कॉलिंग, के लिए इसका व्यापक उपयोग है। मैसेजिंग, ब्राउजिंग, चौटिंग, सोशल नेटवर्क संचार, ऑडियो, वीडियो, गेम, आदि कुछ मोबाइल एप्लिकेशन फोन में पहले से इंस्टॉल हैं, जबकि अन्य को इंटरनेट से डाउनलोड किया जा सकता है और मोबाइल फोन में इंस्टॉल किया जा सकता है। उपयोग के अनुसार, मोबाइल एप्लिकेशन की विभिन्न श्रेणियां हैं।

o **संचारः** इंटरनेट ब्राउजिंग, ईमेल, आदि।

o **मल्टीमीडियाः** ग्राफिक्स, छवि दर्शक, प्रस्तुतिकरण दर्शक, आदि।

o **गेम्सः** कैंडी क्रैश सागा, एंग्री बर्ड्स आदि।

o **उत्पादकताः** कैलेंडर, कैलकुलेटर, नोटपैड।

- o **यात्राः** सिटी गाइड, जीपीएस/नक्शे, मौसम, आदि।
- o **उपयोगिताएँः** प्रोफाइल प्रबंधक, फाइल प्रबंधक, कॉल मैनेजर, फ्लैश लाइट, स्पीड टेस्ट आदि।

मोबाइल ऐप खोजना और इंस्टॉल करना

मोबाइल एप्लिकेशन में तीन प्रमुख पार्ट हैं:

- **Google Play:** Android उपकरणों के लिए
- **Apple का ऐप स्टोरः** iPads और iPhones के लिए
- **अमेजन ऐप स्टोरः** अमेजन फायर उपकरणों के लिए

कई वेबसाइट संबंधित एप्लिकेशन भी प्रदान करती हैं और डाउनलोड लिंक प्रदान करती हैं। स्थापना तेज और आसान है। बस उपयुक्त स्टोर पर नेविगेट करें, जिस ऐप को आप चाहते हैं उसे ढूंढें, और इसे डाउनलोड करें। डाउनलोड पूरा होने के बाद आपका डिवाइस इसे स्वचालित रूप से इंस्टॉल कर देगा।

मोबाइल एप्लिकेशन के प्रकार

मोबाइल एप्लिकेशन तीन प्रकार के होते हैं:

क. **नेटिव एप्लिकेशनः** मूल एप्लिकेशन को एंड्रॉइड के Google Play और Apple के ऐप स्टोर जैसे एप्लिकेशन स्टोर से इंस्टॉल किया जा सकता है।

ख. **वेब एप्लिकेशनः** वेब एप्लिकेशन मोबाइल वेब ब्राउजर जैसे क्रोम, फायरफॉक्स, ओपेरा और सफारी से चलते हैं।

ग. **हाइब्रिड एप्लिकेशनः** हाइब्रिड एप्लिकेशन नेटिव ऐप और वेब ऐप के संयोजन हैं।

सबसे महत्वपूर्ण मोबाइल ऐप हैं:

1. BHIM (भारत इंटरफेस फॉर मनी)

BHIM यूनिफाइड पेमेंट्स इंटरफेस (UPI) पर आधारित नेशनल पेमेंट्स कॉरपोरेशन ऑफ इंडिया (NPCI) द्वारा विकसित एक मोबाइल भुगतान ऐप है। आवेदन का नाम बी आर अम्बेडकर के नाम पर रखा गया है, और 30 दिसंबर 2016 को बैंक के माध्यम से सीधे ई–भुगतान की सुविधा के लिए लॉन्च किया गया।

ऐप उन सभी भारतीय बैंकों का समर्थन करता है जो UPI का उपयोग करते हैं, जो कि तत्काल भुगतान सेवा (IMPS) बुनियादी ढांचे पर बनाया गया है और उपयोगकर्ता को किसी भी दो दलों के बैंक खातों के बीच तुरंत धन हस्तांतरित करने की अनुमति देता है। इसका उपयोग सभी मोबाइल उपकरणों पर किया जा सकता है।

प्रमुख विशेषताऐं:

- यह उपयोगकर्ताओं को UPI से पैसे भेजने या प्राप्त करने की अनुमति देता है भुगतान पते, या गैर–UPI आधारित खातों के लिए।
- यह केवल विभिन्न बैंक के बीच पैसा स्थानांतरित करता है।
- BHIM पर लेनदेन लगभग तात्कालिक हैं और सप्ताहांत और बैंक की छुट्टियों सहित 24/7 किया जा सकता है।
- BHIM भी उपयोगकर्ताओं को वर्तमान शेष राशि की जांच करने की अनुमति देता है।
- यह उपयोगकर्ता को लेनदेन के संचालन के लिए उपयोग करने के लिए खाते का चयन करने की भी अनुमति देता है, हालांकि किसी भी समय केवल एक ही सक्रिय हो सकता है।
- उपयोगकर्ता एक निश्चित राशि के लिए अपना क्यूआर कोड बना सकते हैं।
- यदि 12–अंकीय आधार संख्या को भुगतान आईडी के रूप में सूचीबद्ध किया गया है, तो BHIM ऐप को बैंक या UPI के साथ किसी भी बायोमेट्रिक प्रमाणीकरण या पूर्व पंजीकरण की आवश्यकता नहीं होगी।

लेन–देन शुल्क और सीमा

वर्तमान में, '1 से' 100,000 तक लेनदेन के लिए कोई शुल्क नहीं है।

न्यूनतम लेनदेन राशि '1' है, और प्रति दिन लेनदेन की अधिकतम संख्या 10. है। यदि 10–लेनदेन–प्रति–दिन की सीमा पूरी हो गई है, तो उपयोगकर्ता को एक और लेनदेन करने से पहले अंतिम लेनदेन से 24 घंटे तक इंतजार करना होगा।

2. MyGov ऐप

MyGov एक नागरिक जुड़ाव मंच है, जिसकी स्थापना भारत सरकार ने अपने देश के शासन और विकास में भारतीय नागरिकों की सक्रिय भागीदारी को बढ़ावा देने के लिए की थी। इसका उद्देश्य भारतीय नागरिकों के लिए "नागरिकों से भीड़ प्रशासन विचारों" के लिए एक साझा मंच बनाना है।

इसके उपयोगकर्ता विभिन्न सरकारी परियोजनाओं और योजनाओं पर चर्चा और योगदान करते हैं। यह उपयोगकर्ताओं को विभिन्न स्वरूपों में दस्तावेज अपलोड करने की भी अनुमति देता है। वेबसाइट को राष्ट्रीय सूचना विज्ञान केंद्र (एनआईसी) द्वारा होस्ट और प्रबंधित किया जाता है।

विशेषताएं:

- उपयोगकर्ता लॉग इन करके केंद्रीय मंत्रालयों के साथ अपने सुझाव, प्रतिक्रिया और विचारों को साझा कर सकते हैं।
- उपयोगकर्ता चर्चा में शामिल हो सकते हैं, चुनाव ले सकते हैं और रुचि के विषयों के आसपास समूह बना सकते हैं।

3. आईआरसीटीसी कनेक्ट ऐप

भारतीय रेलवे ने हाल ही में लोगों के लिए टिकट बुकिंग प्रक्रिया को आसान बनाने के लिए एक एंड्रॉइड ऐप लॉन्च किया था।

विशेषताएं:

- उपयोगकर्ता ट्रेन की टिकट को खोज और बुक कर सकते हैं।
- उपयोगकर्ता टिकट देख और रद्द कर सकते हैं।
- ऐप हाल ही में यात्रियों के विवरणों को बनाए रखता है।
- उपयोगकर्ता सीधे ऐप से पंजीकरण कर सकता है।

4. डिजीलॉकर ऐप (डिजिटल लॉकर)

डिजीलॉकर एक ऑनलाइन सेवा है जो इलेक्ट्रॉनिक्स और आईटी मंत्रालय (भारत सरकार) द्वारा प्रदान की गई है, जो भारत सरकार की डिजिटल इंडिया पहल के तहत है। डिजीलॉकर प्रत्येक भारतीय नागरिक को इन प्रमाणपत्रों के मूल जारीकर्ताओं से डिजिटल दस्तावेज में ड्राइविंग लाइसेंस, वाहन पंजीकरण, शैक्षणिक चिह्न सूची जैसे प्रामाणिक दस्तावेजों/प्रमाण पत्रों का उपयोग करने के लिए क्लाउड में एक खाता प्रदान करता है। यह विरासत दस्तावेजों की स्कैन की गई प्रतियों को अपलोड करने के लिए प्रत्येक खाते में 1GB भंडारण स्थान भी प्रदान करता है।

DigiLocker

डिजीलॉकर का उपयोग करने के लिए यूजर के पास आधार कार्ड होना आवश्यक है। साइन–अप के लिए, आधार कार्ड नंबर और आधार से जुड़े मोबाइल नंबर पर भेजा गया वन–टाइम पासवर्ड डालना होगा। बाद के लॉगिन के लिए, उपयोगकर्ता अपना पासवर्ड सेट कर सकते हैं या खाते को फेसबुक या Google लॉगिन से लिंक कर सकते हैं।

विशेषताएं:

- डिजिलॉकर डिजिटल तरीके से दस्तावेजों और प्रमाणपत्र जारी करने और सत्यापन के लिए एक मंच है।
- भौतिक दस्तावेजों के उपयोग को समाप्त करता है।
- उपयोगकर्ता अपने डिजीलॉकर से अपने दस्तावेजों और प्रमाणपत्रों को अपने उपकरणों पर एक्सेस कर सकते हैं।

5. मतदाता हेल्प लाइन एप

देश में एक सक्रिय लोकतांत्रिक नागरिक के निर्माण के अपने निरंतर प्रयासों को आगे बढ़ाते हुए, भारत के चुनाव आयोग ने एवीडी चुनावी व्यस्तता की संस्कृति के विकास के लिए एक मोबाइल एप्लिकेशन डिजाइन करके और देश के नागरिकों के बीच सूचित और नैतिक मतदान निर्णय लेने के लिए एक नई पहल की है। ऐप का उद्देश्य देश भर में मतदाताओं को एक एकल सेवा और सूचना वितरण प्रदान करना है।

Voter

विशेषताएं:

- ऐप चुनावी खोज की सुविधा प्रदान करता है।
- नए मतदाता पंजीकरण के लिए ऑनलाइन फॉर्म जमा करना, विदेशी मतदाताओं के लिए अलग निर्वाचन क्षेत्र में स्थानांतरण, मतदाता सूची में विलोपन या आपत्ति।
- चुनावी सेवाओं से संबंधित शिकायत दर्ज करें और इसके निपटान की स्थिति को ट्रैक करें।
- मतदाता, चुनाव, ईवीएम, और परिणाम पर अक्सर पूछे जाने वाले प्रश्न।
- मतदाताओं और निर्वाचन अधिकारियों के लिए सेवाएँ और संसाधन।

6. GARV (ग्रामीण विद्युतीकरण ऐप)

मोबाइल एप्लिकेशन सभी उपयोगकर्ताओं/हितधारकों को चल रही विद्युतीकरण प्रक्रिया का वास्तविक समय का अद्यतन डेटा प्रदान करता है और सरकारी योजनाओं और विद्युतीकरण डेटा के बारे में जानकारी प्रदान करता है। ऐप का उपयोग अलग–अलग प्रेरणादायक कहानियों को साझा करने के लिए भी किया जा सकता है, जिन्होंने सभी बाधाओं के बावजूद सफलता हासिल की है।

विशेषताएं:

- उपयोगकर्ता डैशबोर्ड पर कुल विद्युतीकृत गाँवों की संख्या देख सकते हैं।
- डैशबोर्ड बहुभाषी है और इस प्रकार उपयोगकर्ता के अनुकूल है।
- कोई यह भी देख सकता है कि आगे कौन से गाँव विद्युतीकृत होंगे।
- इस ऐप का उपयोग करके किसी विशेष गांव की प्रगति की स्थिति की जाँच की जा सकती है।

7. mPassport सेवा

पासपोर्ट सेवा परियोजना, भारत सरकार के विदेश मंत्रालय (MEA) के कांसुलर, पासपोर्ट और वीजा (CPV) प्रभाग द्वारा निष्पादित की जा रही है, जिसका उद्देश्य भारतीय नागरिकों को सभी पासपोर्ट से संबंधित सेवाएं शीघ्र, सुविधाजनक और पारदर्शी प्रदान करना है। यह राष्ट्रीय ई–गवर्नेंस योजना (NeGp) के तहत भारत सरकार की सबसे बड़ी परियोजनाओं में से एक है, जिसे निजी साझेदार टाटा कंसल्टेंसी सर्विसेज (TCS) द्वारा सार्वजनिक–निजी भागीदारी मोड में चलाया जा रहा है। यह परियोजना भारत भर में 77 पासपोर्ट सेवा केंद्र के माध्यम से पहले से ही परिचालन और नागरिकों की सेवा कर रही है।

विशेषताएं:

- उपयोगकर्ता किसी जिले में नजदीकी पासपोर्ट सेवा केंद्र (PSK) या जिला पासपोर्ट सेल (DPC) की खोज कर सकते हैं।
- इस खोज को वपद कोड का उपयोग करके भी किया जा सकता है।
- उपयोगकर्ता पुलिस थानों के लिए भी खोज करते हैं।
- उपयोगकर्ता फाइल नंबर और जन्म तिथि प्रदान करके ऐप के माध्यम से स्थिति को ट्रैक कर सकते हैं।

8. फाइल आरटीआई ऑनलाइन

RTI सूचना का अधिकार है, इसका एक अधिनियम है जो किसी भी भारतीय नागरिक को सरकार से जानकारी प्राप्त करने की अनुमति देता है। RTI सभी 29 राज्यों और 7 केंद्र शासित प्रदेशों पर लागू है।

आरटीआई का उपयोग किसी भी सरकारी कार्यालय में दर्ज की गई किसी भी सूचना को प्राप्त करने के लिए किया जा सकता है। www.onlinerti.com अपने आरटीआई आवेदन को दर्ज करने के लिए एक ऑनलाइन सेवा है। हमारे पास सभी केंद्र और राज्य विभागों को आरटीआई आवेदन दाखिल करने के लिए एक एकीकृत इंटरफेस है।

सारांश

यह अध्याय कंप्यूटर के परिचय पर आधारित है। अध्याय आईटी गैजेट्स और उनके अनुप्रयोगों के साथ कंप्यूटर से शुरू होता है। अगला खंड हार्डवेयर और सॉफ्टवेयर से शुरू होता है। हार्डवेयर का मतलब कंप्यूटर सिस्टम के भौतिक घटक हैं जिन्हें हम देख सकते हैं और छू सकते हैं। सॉफ्टवेयर शब्द कंप्यूटर प्रोग्राम के सेट को संदर्भित करता है। सॉफ्टवेयर दो प्रमुख श्रेणियों में विभाजित है सिस्टम सॉफ्टवेयर और एप्लीकेशन सॉफ्टवेयर। सिस्टम सॉफ्टवेयर एक या एक से अधिक प्रोग्राम का एक सेट है जिसे कंप्यूटर सिस्टम के संचालन को नियंत्रित करने के लिए डिजाइन किया गया है। एप्लिकेशन सॉफ्टवेयर एक विशिष्ट समस्या को हल करने या किसी विशिष्ट कार्य को करने के लिए डिजाइन किए गए एक या अधिक कार्यक्रमों का एक समूह है। अंत में, स्मार्टफोन, मोबाइल ऐप्स के आगमन ने चीजों और प्रक्रियाओं को इतना आसान और सुविधाजनक बना दिया है कि उपयोगकर्ता अपने दोस्तों और परिवार के साथ कहीं भी और किसी भी जगह से जानकारी, वीडियो, ऑडियो आदि साझा कर सकते हैं।

मॉडल प्रश्न और उत्तर

क. बहुविकल्पीय प्रश्न

1. कंप्यूटर सिस्टम का मूल कार्य इनपुट को स्वीकार करना, इनपुट को प्रोसेस करना, आउटपुट और :
   (क) डिजिटल रूप मे दिखाना (ख) मेमोरी मे स्टोर करना
   (ग) डेटा स्टोर करना (घ) डेटा की गणना करें
2. .... उपयोगकर्ता द्वारा कंप्यूटर भाषा में कंप्यूटर को दी गई एक कमांड है।
   (क) निर्देश (ख) सूचना (ग) प्रोग्राम (घ) डाटा
3. जैक्वार्ड लूम से आपका क्या अभिप्राय है?
   (क) जापान में पाया जाने वाला एक पक्षी।
   (ख) पंचिंग कार्ड के लिए इस्तेमाल की जाने वाली एक पंच मशीन।
   (ग) पहला कंप्यूटर कंट्रोल्ड लूम।
   (घ) एक मशीन जो मैच टेबल लिखती है।
4. निम्न में से किसे कंप्यूटर के पिता के रूप में जाना जाता है?
   (क) डेनिस रिची (ख) नेपियर
   (ग) चार्ल्स बैबेज (घ) एलन ट्यूरिंग
5. पहला कंप्यूटर प्रोग्राम स्टोर करने के लिए उपयोग किया जाता है:
   (क) एडसैक (ख) ENIAC
   (ग) UNIVAC (घ) एडवैक
6. 1964–71 की अवधि में कंप्यूटर की किस पीढ़ी को कवर किया जाता है?
   (क) प्रथम (ख) दूसरी (ग) तीसरी (घ) चौथी
7. तीसरी पीढ़ी में, ... उपयोग किए गए थे।
   (क) वैक्यूम ट्यूब (ख) इंटीग्रेटेड सर्किट
   (ग) ट्रांजिस्टर (घ) बड़े पैमाने पर एकीकृत सर्किट
8. तीसरी पीढ़ी के कंप्यूटरों की गति को किस्मे मापा गया था?
   (क) मिलीसेकंड (ख) माइक्रोसेकंड
   (ग) नैनो सेकंड (घ) पिको सेकंड
9. पीसी को चौथी पीढ़ी का माना जाता है और इसमें शामिल होते हैं:
   (क) सूचना (ख) डाटा
   (ग) वैक्यूम ट्यूब (घ) माइक्रोप्रोसेसर
10. आर्टिफीसियल इंटेलिजेंस उदाहरण है:
    (क) पहली पीढ़ी का कंप्यूटर (ख) दूसरी पीढ़ी का कंप्यूटर
    (ग) चौथी पीढ़ी का कंप्यूटर (घ) पांचवीं पीढ़ी का कंप्यूटर
11. कंप्यूटर के लाभ हैं:
    (क) बहुत तेज है और बड़ी मात्रा में डेटा स्टोर कर सकता है।
    (ख) सटीक आउटपुट प्रदान करें या तो इनपुट सही है या नहीं।
    (ग) प्रोसेसिंग के बारे में सोचें।
    (घ) उपरोक्त सभी।
12. कंप्यूटर .... परफॉर्म नहीं कर सकता:
    (क) इनपुट (ख) आउटपुट
    (ग) सोच (घ) प्रोसेसिंग
13. लैपटॉप हैं:
    (क) नैदानिक प्रयोगशालाओं में उपयोग किए जाने वाले कंप्यूटर।
    (ख) पोर्टेबल, हल्के वजन और अटैची में फिट किया जा सकता है।
    (ग) श्रवण आवाज पहचान प्रणाली।
    (घ) डेस्कटॉप।
14. .... एक बड़ा और महंगा कंप्यूटर है जो वैज्ञानिक और व्यावसायिक अनुप्रयोगों को करने में सक्षम है।
    (क) सुपर कंप्यूटर (ख) मेनफ्रेम कंप्यूटर
    (ग) मिनी कंप्यूटर (घ) हैंडहेल्ड कंप्यूटर
15. एनालॉग कंप्यूटर .... पर काम करता है:
    (क) कंटीन्यूअस इलेक्ट्रिकल पल्सेस
    (ख) इलेक्ट्रिकल पल्सेस पर कंटीन्यूअस नहीं
    (ग) मैग्नेटिक स्ट्रेंथ
    (घ) फिजिकल स्ट्रेंथ
16. सिस्मोग्राफ इसका एक उदाहरण है:
    (क) एनालॉग कंप्यूटर (ख) डिजिटल कंप्यूटर
    (ग) हाइब्रिड कंप्यूटर (घ) उपरोक्त सभी
17. कंप्यूटर की उपस्थिति देखी जा सकता है:
    (क) शिक्षा मे (ख) बैंकिंग मे
    (ग) मल्टीमीडिया मे (घ) उपरोक्त सभी

18. पॉइंटिंग डिवाइस में निम्नलिखित को शामिल किया गया है:
(क) माउस (ख) टच स्क्रीन
(ग) ट्रैकबॉल (घ) कीबोर्ड

19. जॉयस्टिक मुख्य रूप से उपयोग किया जाता है:
(क) स्क्रीन पर ध्वनि नियंत्रण के लिए।
(ख) कंप्यूटर गेमिंग।
(ग) टेक्स्ट दर्ज करें।
(घ) चित्र बनाने के लिए।

20. एक उपकरण, जिसका उपयोग ड्राइंग ग्राफिक्स बनाने और मेनू चयन के लिए किया जाता है।
(क) कीबोर्ड (ख) माउस
(ग) टच स्क्रीन (घ) लाइट पेन

21. एक उपकरण जो प्रतिलिपि बनाता है और टेक्स्ट और छवियों को पुनः पेश करता है:
(क) सीपीयू (ख) मेमोरी (ग) प्रिंटर (घ) स्कैनर

22. MICR में, C का अर्थ है:
(क) कोड (ख) कलर (ग) कंप्यूटर (घ) करैक्टर

23. बारकोड रीडर इसका एक उदाहरण है:
(क) प्रोसेसिंग डिवाइस (ख) स्टोरेज डिवाइस
(ग) इनपुट डिवाइस (घ) आउटपुट डिवाइस

24. डिजिटल कैमरा किस प्रकार का उपकरण है?
(क) इनपुट (ख) आउटपुट
(ग) सॉफ्टवेयर (घ) स्टोरेज

25. आउटपुट डिवाइस का क्या कार्य है?
(क) कंप्यूटर को डेटा भेजना
(ख) डेटा स्टोर करना
(ग) उपयोगकर्ता को आउटपुट देना
(घ) गणितीय गणनाएँ करना

26. आउटपुट डिवाइस इसे संभव बनाते हैं:
(क) डेटा देखें या प्रिंट करें (ख) स्टोर डेटा
(ग) स्कैन डेटा (घ) इनमें से कोई नहीं

27. किस प्रकार का प्रिंटर उच्च गुणवत्ता वाले प्रिंट ग्राफिक का उत्पादन नहीं कर सकता है?
(क) डेजी व्हील प्रिंटर (ख) लेजर प्रिंटर
(ग) लाइन प्रिंटर (घ) चेन प्रिंटर

28. निम्नलिखित में से कौन उच्च गुणवत्ता वाला उत्पादन करता है?
(क) इम्पैक्ट प्रिंटर (ख) नॉन–इम्पैक्ट प्रिंटर
(ग) प्लॉटर (घ) (क) और (ख) दोनों

29. लेजर प्रिंटर का रिजॉल्यूशन निम्नलिखित के अनुसार निर्दिष्ट है:
(क) डीपीआई (ख) अल पी ऍम
(ग) सीपीएम (घ) पीपीएम

30. निम्नलिखित में से कौन एक आउटपुट डिवाइस है?
(क) कीबोर्ड (ख) बायोमेट्रिक सेंसर
(ग) ट्रैकबॉल (घ) प्लॉटर

31. निम्नलिखित में से कौन सीपीयू का एक हिस्सा है?
(क) ALU (ख) कण्ट्रोल यूनिट
(ग) डिस्क ड्राइव (घ) (क) और (ख) दोनों

32. ALU .... अंकगणितीय ऑपरेशन करता है:
(क) जोड़ (ख) घटाव
(ग) गुणा (घ) उपरोक्त सभी

33. अरिथमेटिक लॉजिक यूनिट और कण्ट्रोल यूनिट का विशेष प्रयोजन स्थान है:
(क) रजिस्टर (ख) रैम
(ग) BIOS (घ) I/O

34. निम्नलिखित में से कौन चुंबकीय भंडारण उपकरण है?
(क) हार्ड डिस्क (ख) कॉम्पैक्ट डिस्क
(ग) ऑडियो टेप (घ) उपरोक्त सभी

35. निम्नलिखित में से कौन सा संग्रहण मीडिया केवल सेकेंटिअल एक्सेस प्रदान करता है?
(क) फ्लॉपी डिस्क (ख) मैग्नेटिक डिस्क
(ग) मैग्नेटिक टेप (घ) ऑप्टिकल डिस्क

36. द्वितीयक संग्रहण उपकरण कौन सा है?
(क) सीडी–रोम (ख) रैम
(ग) (क) और (ख) दोनों (घ) इनमें से कोई नहीं

37. .... सबसे छोटी स्मृति मापन इकाई है।
(क) बिट (ख) निबल (ग) बाइट (घ) मेगा

38. 1 मेगा बाइट इसके बराबर है:
(क) 1000 KB (ख) 1026 KB (ग) 1024 KB (घ) 1000 KB

39. इनपुट–आउटपुट डिवाइस और एक्सटर्नल स्टोरेज मीडिया को एक साथ क्या नाम दिया गया है?
(क) हार्डवेयर (ख) पेरिफेरल्स
(ग) सॉफ्टवेयर (घ) कंट्रोल यूनिट

40. सॉफ्टवेयर का हिस्सा हैं:
(क) वर्ड प्रोसेसिंग और स्प्रेडशीट
(ख) लेनदेन और आवेदन
(ग) विंडोज और मैक ओएस
(घ) प्रणाली और अनुप्रयोग

41. निम्नलिखित में से कौन सा सिस्टम सॉफ्टवेयर नहीं है?
(क) ऑपरेटिंग सिस्टम (ख) कंपाइलर
(ग) इंटरफेस (घ) एमएस–ऑफिस

42. ऑपरेटिंग सिस्टम एक:
(क) एप्लीकेशन सॉफ्टवेयर है (ख) सिस्टम सॉफ्टवेयर है
(ग) हार्डवेयर है (घ) भाषा है

43. असेंबली भाषा में उपयोग किए जाने वाले अनुवादक कार्यक्रम को कहा जाता है:
(क) कम्पाइलर (ख) इंटरप्रेटर
(ग) असेम्बलर (घ) ट्रांसलेटर

44. किस प्रकार का सॉफ्टवेयर विशिष्ट, व्यक्तिगत, व्यावसायिक या वैज्ञानिक प्रसंस्करण कार्य करने के लिए डिजाइन किया गया है?
(क) सिस्टम (ख) एप्लीकेशन (ग) जीयूआई (घ) कंपाइलर

45. यह विशिष्ट उपयोग या अनुप्रयोग के लिए डिजाइन किए गए निर्देशों या कार्यक्रमों का एक समूह है जो उपयोगकर्ता को कंप्यूटर के साथ बातचीत करने में सक्षम बनाता है:
(क) एप्लीकेशन सॉफ्टवेयर (ख) ऑपरेटिंग सिस्टम
(ग) इंस्ट्रक्शंस (घ) सिस्टम यूनिट

46. यूटिलिटी प्रोग्राम्स में शामिल हैं:
(क) वायरस स्कैनिंग सॉफ्टवेयर (ख) बैकअप सॉफ्टवेयर
(ग) डिस्क फ्रेगमेंटर (घ) उपरोक्त सभी

47. अनुवाद कार्यक्रम के बिना कंप्यूटर को सीधे किस भाषा में समझा जाता है?
(क) बेसिक लैंग्वेज (ख) असेंबली लैंग्वेज
(ग) हाई लेवल लैंग्वेज (घ) मशीन लैंग्वेज

48. संख्या प्रणाली के प्रकार हैं।
(क) एक (ख) दो (ग) तीन (घ) चार

49. '0' और '1' पर आधारित संख्या प्रणाली को केवल इस रूप में जाना जाता है:
(क) बाइनरी सिस्टम (ख) बार्टर सिस्टम
(ग) नंबर सिस्टम (घ) हेक्साडेसिमल सिस्टम

50. संग्रहीत डेटा पर गणना करने के लिए, कंप्यूटर नंबर सिस्टम का उपयोग करता है।
(क) डेसीमल (ख) हेक्साडेसिमल
(ग) ऑक्टल (घ) बाइनरी

ख. बताएं कि निम्नलिखित कथन सही हैं या गलत

51. नेपियर बोनस को पहले मैकेनिकल कॅल्क्युलेटिंग डिवाइस के रूप में भी जाना जाता है।
52. पास्कलीन को पहले इलेक्ट्रॉनिक डिजिटल कंप्यूटर के रूप में भी जाना जाता है।
53. पहली पीढ़ी के कंप्यूटर मल्टीटास्किंग नहीं कर सकते थे।
54. NCR 304, IBM-1401 दूसरी पीढ़ी के कंप्यूटर के उदाहरण हैं।
55. चौथी पीढ़ी की मुख्य विशेषताएं वैक्यूम ट्यूब थी।
56. स्कैनर, ट्रैकबॉल और जॉयस्टिक आउटपुट डिवाइस के उदाहरण हैं।
57. ओसीआर एक उपकरण है जो लिखित या टाइप किए गए टेकस्ट को स्कैन करता है और इसे कंप्यूटर के पठनीय रूप में बदल देता है।
58. एक माइक प्राप्त ध्वनि को कंप्यूटर के प्रारूप में परिवर्तित करता है।
59. आउटपुट डिवाइस उन निर्देशों या डेटा को संग्रहीत करते हैं जो सीपीयू प्रक्रिया करते हैं।
60. स्क्रीन पर प्रदर्शित पिक्सेल की संख्या को रिजॉल्यूशन के रूप में जाना जाता है।
61. CRT में, एक इलेक्ट्रॉन बंदूक का उपयोग किया जाता है, जो फॉस्फर डॉट्स के समूहों में इलेक्ट्रॉनों को फायर करता है।
62. जब कोई कंप्यूटर रिपोर्ट प्रिंट करता है, तो इस आउटपुट को हार्ड कॉपी कहा जाता है।
63. बिल्डिंग और शॉपिंग मॉल के नक्शे को बनाने के लिए प्लॉटर का उपयोग किया जाता है।
64. एंटीवायरस सॉफ्टवेयर का उपयोग मेमोरी को डेटा को अलॉट करने के लिए किया जाता है।
65. वर्ण डेटा प्रकार का उपयोग अल्फान्यूमेरिक वर्ण को संग्रहीत करने के लिए किया जाता है।
66. सूचना को हजारों किलोमीटर तक डेटा संचार में किया जाता है।
67. स्मार्ट वॉच 360, गूगल ग्लास ड्रोन कैमरा और नवीनतम आईटी गैजेट्स का उदाहरण है।
68. हम सभी पृष्ठों को प्रिंट पूर्वावलोकन में नेविगेट कर सकते हैं।
69. ALU का उपयोग डाटा स्टोर करने के लिए किया जाता है।
70. हम डेटा को यादृच्छिक रूप से एक्सेस कर सकते हैं जो चुंबकीय टेप पर संग्रहीत होता है।
71. हार्ड डिस्क में दो से अधिक हेड्स हो सकते हैं।
72. एक बार में कई विंडोज खोली जा सकती हैं।
73. एक कुकी आपके कंप्यूटर पर कोड निष्पादित कर सकती है।
74. इससे पहले कि डेटा को स्टोर करने के लिए डिस्क का इस्तेमाल किया जाए, उसे फॉर्मेट किया जाना चाहिए।
75. एक प्रणाली में एक ही समय में एक से अधिक वेब ब्राउजर स्थापित हो सकते हैं।
76. ALU में CPU, मेमोरी बोर्ड, डिवाइस बोर्ड, पॉवर प्लग आदि होते हैं।
77. प्राथमिक मेमोरी में द्वितीयक मेमोरी की तुलना में उच्च भंडारण क्षमता होती है।
78. ALU, CPU का भाग है।
79. डेटा प्राप्त करने वाले एप्लिकेशन को क्लाइंट एप्लिकेशन कहा जाता है।
80. यदि कोई मेमोरी चिप 100 KB स्टोर कर सकती है, तो यह लगभग 100,000 बाइट्स होल्ड कर सकती है।
81. (1101011) 2 के दशमलव बराबर 107 है।
82. VDU का उपयोग इनपुट और आउटपुट डिवाइस दोनों के रूप में किया जा सकता है।
83. रैम मेमोरी एक नॉन– वोलेटाइल मेमोरी है।
84. टेक्स्ट एडिटर का उपयोग टेक्स्ट फाइल बनाने, संशोधित करने और स्टोर करने के लिए किया जाता है।
85. 1 Kbit में 1024 बाइट है।
86. सिंगल बिट में आप किसी भी दो अलग–अलग वस्तुओं का प्रतिनिधित्व कर सकते हैं।
87. दक्षता में सुधार करने के लिए, सर्वर सामान्य रूप से अनुरोधित फाइल्स को कैश मेमोरी में संग्रहीत करते हैं।
88. सीपीयू को केंद्रीय स्विच से जोड़ने के लिए सिस्टम बस का उपयोग किया जाता है।
89. माउस तीन बटन के साथ आता है।

90. मोबाइल एप्लिकेशन का उपयोग करके, विकासशील देश खुद को उन्नत कर रहे हैं, जिससे एक नया प्रकार बन रहा है आईटी इंफ्रास्ट्रक्चर का।
91. यूजर को सॉफ्टवेयर कंपनी को भुगतान करना होगा यदि वे सॉफ्टवेयर का उपयोग करना चाहते हैं।
92. आप उस सॉफ्टवेयर को मॉडिफाई नहीं कर सकते जो ओपन सोर्स सॉफ्टवेयर है।
93. ट्रांजिस्टर वैक्यूम ट्यूब से छोटे होते हैं।
94. मैग्नेटिक टेप पर स्टोर डेटा को रैंडम एक्सेस किया जाता है।
95. कंप्यूटर सॉफ्टवेयर को आमतौर पर सिस्टम सॉफ्टवेयर और एप्लिकेशन सॉफ्टवेयर के रूप में वर्गीकृत किया जाता है।
96. बाइट का प्रतिनिधित्व करने के लिए 8 बिट्स के समूह का उपयोग किया जाता है।
97. SC कार्ड एक आउटपुट डिवाइस है।
98. कंप्यूटर का उपयोग शिक्षा के लिए किया जा सकता है।
99. कंप्यूटर को दिए गए निर्देशों के सेट को प्रोग्राम कहा जाता है।
100. आउटपुट डिवाइस सीपीयू प्रक्रिया को निर्देश या डेटा स्टोर करते हैं।

उत्तर

1.	(ग)	2.	(क)	3.	(ख)	4.	(ग)
5.	(क)	6.	(ग)	7.	(ख)	8.	(ग)
9.	(घ)	10.	(घ)	11.	(क)	12.	(ग)
13.	(ख)	14.	(क)	15.	(क)	16.	(क)
17.	(घ)	18.	(घ)	19.	(ख)	20.	(घ)
21.	(घ)	22.	(घ)	23.	(ग)	24.	(क)
25.	(ग)	26.	(क)	27.	(क)	28.	(ख)
29.	(क)	30.	(घ)	31.	(ग)	32.	(घ)
33.	(क)	34.	(क)	35.	(ग)	36.	(क)
37.	(क)	38.	(ग)	39.	(ख)	40.	(घ)
41.	(घ)	42.	(ख)	43.	(ग)	44.	(ख)
45.	(क)	46.	(घ)	47.	(घ)	48.	(घ)
49.	(क)	50.	(घ)	51.	गलत	52.	गलत
53.	सही	54.	सही	55.	गलत	56.	गलत
57.	सही	58.	सही	59.	गलत	60.	सही
61	सही	62.	सही	63.	सही	64.	गलत
65.	सही	66.	सही	67.	सही	68.	सही
69.	गलत	70.	सही	71.	सही	72.	सही
73.	गलत	74.	सही	75.	सही	76.	गलत
77.	गलत	78.	सही	79.	सही	80.	सही
81.	सही	82.	सही	83.	गलत	84.	सही
85.	सही	86.	गलत	87.	सही	88.	सही
89.	सही	90.	सही	91.	सही	92.	गलत
93.	सही	94.	गलत	95.	सही	96.	सही
97.	सही	98.	सही	99.	सही	100.	गलत

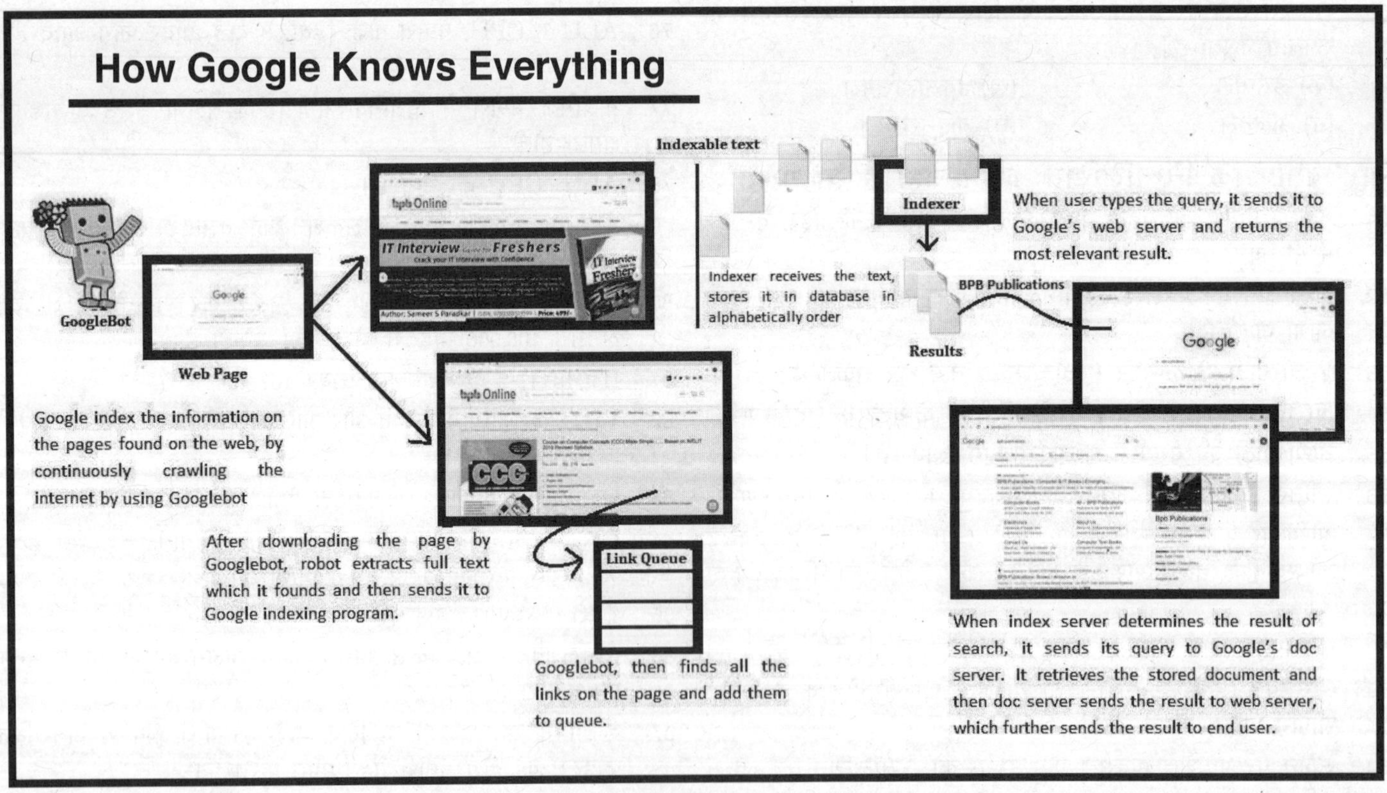

अध्याय 2

ऑपरेटिंग सिस्टम

उद्देश्यः

पाठक समझने में सक्षम होगाः

- ❖ ऑपरेटिंग सिस्टम
- ❖ ऑपरेटिंग सिस्टम सरल सेटिंग्स
- ❖ फाइल और फोल्डर प्रबंधन
- ❖ फाइल एक्सटेंशन के प्रकार
- ❖ डेस्कटॉप और लैपटॉप के लिए ऑपरेटिंग सिस्टम यूजर इंटरफेस

2.1 ऑपरेटिंग सिस्टम

ऑपरेटिंग सिस्टम (OS) कंप्यूटर में सिस्टम सॉफ्टवेयर प्रोग्राम का एक सेट है जो उन तरीकों को नियंत्रित करता है जिनमें एप्लिकेशन सॉफ्टवेयर प्रोग्राम कंप्यूटर हार्डवेयर का उपयोग करते हैं और यूजर कंप्यूटर को नियंत्रित करने के तरीकों का उपयोग करते हैं।

2.2 ऑपरेटिंग सिस्टम की मूल बातें

ऑपरेटिंग सिस्टम यूजर और कंप्यूटर के बीच एक इंटरफेस के रूप में काम करता है और अन्य सभी कार्यक्रमों को शुरू करने के लिए एक ऑपरेटिंग सिस्टम की आवश्यकता होती है। यह एक सॉफ्टवेयर है जो कंप्यूटर हार्डवेयर की आंतरिक गतिविधियों को नियंत्रित करता है और यूजर इंटरफेस प्रदान करता है। यह कंप्यूटर मेमोरी में लोड किया गया पहला प्रोग्राम है और पावर चालू होने पर कंप्यूटर को प्रामाणिक रूप से शुरू करता है। लोकप्रिय ऑपरेटिंग सिस्टम विंडोज एक्सपी, विंडोज 10, लिनक्स और यूनिक्स हैं।

ऑपरेटिंग सिस्टम की विशेषताएं

ऑपरेटिंग सिस्टम की विशेषताएं इस प्रकार हैं:

- कंप्यूटर में इनपुट और आउटपुट डिवाइस के संचालन को नियंत्रित करता है और समन्वय करता है।
- यूजर प्रोग्राम को निष्पादित करता है और यूजर की समस्याओं को हल करना आसान बनाता है।
- कंप्यूटर प्रणाली का उपयोग करने के लिए सुविधाजनक बनाता है।
- एक कुशल तरीके से कंप्यूटर हार्डवेयर का उपयोग करता है।
- यूजर और कंप्यूटर के बीच बातचीत करता है।
- फाइलों का प्रबंधन और हेरफेर करने में आपकी मदद करता है।

ऑपरेटिंग सिस्टम के फंक्शन्स

ऑपरेटिंग सिस्टम निम्नलिखित फंक्शन्स करता है:

- **प्रोसेसर मैनेजमेंटः** यह प्रोसेसर को विभिन्न कार्यों के लिए असाइन करता है जिन्हें कंप्यूटर सिस्टम द्वारा निष्पादित किया जाना चाहिए।
- **मेमोरी मैनेजमेंटः** यह मेन मेमोरी और सेकेंडरी मेमोरी को सिस्टम प्रोग्राम, यूजर प्रोग्राम और डेटा को एलोकेट करता है।
- **इनपुट/आउटपुट मैनेजमेंटः** यह इनपुट/आउटपुट प्रबंधन, समन्वय और विभिन्न इनपुट और आउटपुट डिवाइसों को कार्य सौंपता है।
- **फाइल मैनेजमेंटः** यह विभिन्न स्टोरेज डिवाइस पर फाइल्स का प्रबंधन करता है और इन फाइल्स को एक स्टोरेज डिवाइस से दूसरे में ट्रांसफर करता है।
- **सचेंडुलिंगः** यह जॉब की प्राथमिकता को स्थापित करता है और लागू करता है।
- **टाइमशेयरिंगः** यह कंप्यूटर सिस्टम पर काम करने वाले विभिन्न यूजर को कंपाइलर, एसेम्बलर्स, यूटिलिटी प्रोग्राम्स और अन्य सॉफ्टवेयर पैकेज का निर्देशन और समन्वय करता है।
- **सुरक्षा प्रबंधनः** यह डेटा सुरक्षा और इंटीग्रिटी स्थापित करता है।

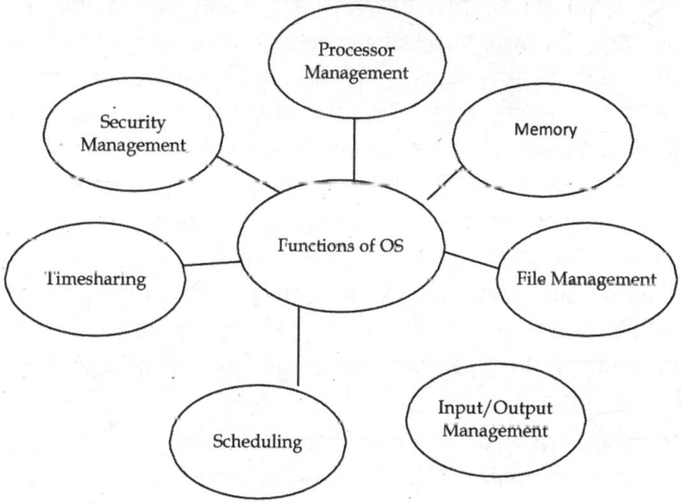

2.3 एक ऑपरेटिंग सिस्टम का वर्गीकरण

सभी ऑपरेटिंग सिस्टम को निम्न श्रेणियों में वर्गीकृत किया जा सकता है:

- **सिंगल यूजर ऑपरेटिंग सिस्टमः** यह एक समय में केवल एक यूजर को कंप्यूटर पर काम करने की अनुमति देता है, उदाहरण के लिए, विंडोज एक्सपी।

- **मल्टीयूजर ऑपरेटिंग सिस्टम:** यह कई यूजर को एकल कंप्यूटर से जुड़े टर्मिनल प्रदान करके एक साथ काम करने की अनुमति देता है, जैसे, यूनिक्स।
- **सिंगल–टास्किंग ऑपरेटिंग सिस्टम:** यह एक समय में एक ही जॉब/प्रोग्राम को निष्पादित करता है, जैसे, एमएस–डॉस।
- **मल्टीटास्किंग ऑपरेटिंग सिस्टम:** यह एक समय में एक से अधिक कार्य के निष्पादन का समर्थन करता है। उदाहरण के लिए, विंडोज 2012।
- **मल्टीप्रोग्रामिंग ऑपरेटिंग सिस्टम:** इसमें समय साझा करने वाले तंत्र, जैसे, लिनक्स के माध्यम से कई कार्यक्रम चलाए जा सकते हैं।
- **रियल टाइम ऑपरेटिंग सिस्टम:** यह पूर्व–निर्धारित समय के भीतर एक इवेंट के लिए प्रतिक्रिया करता है। उदाहरण: विंडोज सीई।
- **बैच प्रोसेसिंग ऑपरेटिंग सिस्टम:** एक प्रकार के कार्यों को बैच के तहत वर्गीकृत किया जाता है और फिर इन कार्यों को बिना किसी उपयोगकर्ता व्यवधान के निष्पादित किया जाता है। जैसे, ऍम अस–डॉस।
- **मल्टीप्रोसेसिंग ऑपरेटिंग सिस्टम:** यह कंप्यूटर सिस्टम एक साथ दो से अधिक सीपीयू का उपयोग करता है। जैसे, लिनक्स और यूनिक्स।

2.4 डेस्कटॉप और लैपटॉप के लिए ऑपरेटिंग सिस्टम

सभी कंप्यूटर और कंप्यूटर जैसे उपकरणों को आपके लैपटॉप, टैबलेट, डेस्कटॉप और स्मार्ट फोन सहित ऑपरेटिंग सिस्टम की आवश्यकता होती है। लैपटॉप सभी घटकों के साथ एक एकल इकाई है, जैसे: कीबोर्ड, माउस, मॉनिटर, वेब कैमरा और स्पीकर, इसमें बनाया गया है। इसलिए, उपयोगकर्ताओं को कनेक्ट करने और डिस्कनेक्ट करने की आवश्यकता नहीं है।

लैपटॉप कंप्यूटर के विपरीत, डेस्कटॉप कंप्यूटर भारी होते हैं, जो उन्हें स्थिर बनाता है। मॉनिटर, कीबोर्ड, माउस, स्पीकर और वेबकैम जैसे कई घटक, जो डेस्कटॉप कंप्यूटर बनाते हैं, अलग–अलग होते हैं, और उपयोगकर्ता को कंप्यूटर को कार्यशील करने के लिए सभी घटकों को सही ढंग से कनेक्ट करना होगा। उपयोगकर्ताओं को भी सभी घटकों को डिस्कनेक्ट करना चाहिए और एक स्थान से दूसरे स्थान पर जाने से पहले उन्हें अच्छी तरह से पैक करना चाहिए। यदि उपयोगकर्ता पावर केबल जैसे कुछ घटकों को गलत लगाता है, तो कंप्यूटर कार्य नहीं कर सकता है। डेस्कटॉप में अधिकांश घटक आसानी से हटाने योग्य होते हैं, जिससे अपग्रेड करना आसान हो जाता है। चूंकि डेस्कटॉप कंप्यूटर आमतौर पर बहुत बड़े होते हैं, इसलिए उनपर अपग्रेड करते समय काम करना आसान होते हैं। डेस्कटॉप कंप्यूटर की मरम्मत लैपटॉप की तुलना में बहुत आसान है।

मेमोरी और हार्ड ड्राइव घटकों को लैपटॉप में अपग्रेड किया जा सकता है। शेष घटक अंतर्निहित हैं और घटक के उन्नत संस्करण के साथ काम करने के लिए डिजाइन नहीं किए गए हैं। हार्ड ड्राइव और मेमोरी के अलावा कुछ भी अपग्रेड करने की आवश्यकता आमतौर पर एक नए लैपटॉप को लेने की आवश्यकता होती है।

2.4.1 एमएस–डॉस ऑपरेटिंग सिस्टम

माइक्रोसॉफ्ट डिस्क ऑपरेटिंग सिस्टम, (एमएस–डॉस) नॉन–ग्राफिकल कमांड लाइन ऑपरेटिंग सिस्टम है। जो 86–डॉस से व्युत्पन्न है; जो IBM संगत कंप्यूटरों के लिए बनाया गया था। एमएस–डॉस मूल रूप से टिम पैटरसन द्वारा लिखा गया था और अगस्त 1981 में माइक्रोसॉफ्ट द्वारा पेश किया गया था और आखिरी बार 1994 में जब एमएस–डॉस 6.22 जारी किया गया था तब इसे अपडेट किया गया था। एमएस–डॉस उपयोगकर्ता को विंडोज की तरह, जी. यू. आई. के बजाय कमांड लाइन से अपने कंप्यूटर पर फाइल्स को नेविगेट करने, खोलने और अन्यथा मेनिपुलेट करने की अनुमति देता है।

2.4.2 विंडोज ऑपरेटिंग सिस्टम

विंडोज या विन माइक्रोसॉफ्ट द्वारा बनाया गया एक ऑपरेटिंग वातावरण है, जो कंप्यूटर के लिए GUI (ग्राफिकल यूजर इंटरफेस) के रूप में जाना जाने वाला एक इंटरफेस प्रदान करता है। विंडोज मेनू, डायलॉग बॉक्स, बटन, टैब और आइकन के माध्यम से नेविगेट करने के लिए माउस का उपयोग करके कमांड लाइन (MS-DOS) के लिए कमांड को याद करने की आवश्यकता को समाप्त करता है। यदि आप पीसी (आईबीएम) कंप्यूटर का उपयोग कर रहे हैं, तो आप विंडोज के एक संस्करण का उपयोग करने की सबसे अधिक संभावना है। यदि आप Apple कंप्यूटर पर हैं, तो आप macOS का उपयोग कर रहे हैं।

Microsoft Windows 1.0 को 10 नवंबर 1983, मे पहली बार संस्करण के साथ पेश किया गया था। इसकी रिलीज के बाद से, विंडोज के एक दर्जन से अधिक संस्करण हो चुके हैं। अंतिम उपयोगकर्ताओं के लिए विंडोज का सबसे वर्तमान संस्करण विंडोज 10 है।

2.4.3 लिनक्स ऑपरेटिंग सिस्टम

Linux® एक ओपन सोर्स ऑपरेटिंग सिस्टम (OS) है। ऑपरेटिंग सिस्टम एक सॉफ्टवेयर है जो सीपीयू, मेमोरी और स्टोरेज जैसे सिस्टम के हार्डवेयर और संसाधनों का प्रबंधन करता है। ओएस अनुप्रयोगों और हार्डवेयर के बीच होता है और आपके सभी सॉफ्टवेयर और काम करने वाले भौतिक संसाधनों के बीच कनेक्शन बनाता है।

2.4.4 मैक ऑपरेटिंग सिस्टम

Macintosh ऑपरेटिंग सिस्टम (Mac OS) एक ऑपरेटिंग सिस्टम (OS) है, जिसे Apple Inc. द्वारा डिजाइन किया गया है। जिसे कंप्यूटर के Apple Macintosh श्रृंखला पर स्थापित और संचालित किया जाता है। 1984 में पेश किया गया, यह एक ग्राफिकल यूजर इंटरफेस (जीयूआई) आधारित ओएस है जो तब से कई अलग–अलग संस्करणों के रूप में जारी किया गया है।

प्रारंभ में, मैक ओएस को सिस्टम सॉफ्टवेयर के रूप में जाना जाता था।

2.5 मोबाइल फोन के लिए ऑपरेटिंग सिस्टम

मोबाइल ऑपरेटिंग सिस्टम (या मोबाइल ओएस) फोन, टैबलेट, स्मार्टवॉच या अन्य मोबाइल उपकरणों के लिए एक ऑपरेटिंग सिस्टम है। यह विशेष रूप से मोबाइल उपकरणों जैसे मोबाइल फोन, स्मार्टफोन, पीडीए, टैबलेट कंप्यूटर और अन्य हैंडहेल्ड डिवाइस के लिए डिजाइन किया गया है।

मोबाइल–आधारित टैबलेट एक फंक्शन करने के लिए मोबाइल एप्लिकेशन पर चलते हैं। मोबाइल ऑपरेटिंग सिस्टम के उदाहरण Apple के iOS और Google Android हैं। दो ऑपरेटिंग सिस्टम वर्तमान में मोबाइल कंप्यूटिंग पर हावी हैं:

1. **Apple iOS:** iOS एक प्रोप्राइटरी OS है जो iPhone, iPad और ipod टच डिवाइस पर चलता है। मूल रूप से iPhone OS के रूप में जाना जाता है। Apple iOS Mac OS X ऑपरेटिंग सिस्टम पर आधारित है।

2. **Google Android:** एंड्रॉइड एक लिनक्स आधारित ऑपरेटिंग सिस्टम है। इसे स्मार्ट फोन और टैबलेट कंप्यूटर जैसे टच स्क्रीन मोबाइल उपकरणों के लिए डिजाइन किया गया है। यह स्मार्टफोन में बड़ी संख्या में अनुप्रयोगों का समर्थन करता है।

तालिका 2.1, Android और iOS के बीच तुलना दिखाता है।

	एंड्रॉयड	आईओएस
ओएस फॅमिली	लिनक्स	ओएस एक्स, यूनिक्स
डेवलपर	गूगल	Apple Inc. (एप्पल Inc)
उपलब्ध भाषा	100 + भाषाएँ, कोडिंग भाषाओं का इस्तेमाल किया जाता है, जैसे: C / C++	34 भाषाएँ हैं। कोडिंग भाषाओं C/C++ का इस्तेमाल किया गया है। C/C++
फाइल स्थानांतरण	iOS की तुलना में आसान है। USB पोर्ट का उपयोग करना और Android स्थानांतरित किया गया है। फाइल ट्रांसफर डेस्कटॉप एप, तस्वीरों को बिना एप्स के यूएसबी के जरिए ट्रांसफर किया जा सकता है।	अधिक मुश्किल मीडिया फाइलें iTunes डेस्कटॉप ऐप का उपयोग कर सकती हैं। ऐप के बिना तस्वीरों को USB के माध्यम से स्थानांतरित किया जा सकता है।
उपलब्ध है	कई फोन और टैबलेट प्रमुख मनुफेक्चर्स: सैमसंग, मोटोरोला, एलजी, एचटीसी और सोनी हैं।	iPod टच, iPhone, iPad
कॉल और मैसेजिंग	थर्ड पार्टी ऐप जैसे फेसबुक, मैसेंजर, व्हाट्सऐप, गूगल डुओ और स्काइप का इस्तेमाल किया जा सकता है।	iMessage, फेसटाइम (केवल अन्य Apple उपकरणों के साथ)। Google Hangouts, Facebook Messenger, WhatsApp, Google Duo और Skype जैसे तृतीय पक्ष एप्लिकेशन का उपयोग किया जा सकता है।
इंटरनेट ब्राउजिंग	गूगल क्रोम और अन्य ब्राउजर उपलब्ध हैं।	मोबाइल सफारी और अन्य ब्राउजर उपलब्ध हैं।
ऐप स्टोर और इंटरफेस	Google Play ऐप्स और अमेजोन	ऐप्पल ऐप स्टोर
वीडियो चैट	गूगल डुओ	फेसटाइम
वॉइस कमांड	वॉयस संचालित सहायक अभी भी किया जा रहा है।	विकसित सिरी
मैप्स	गूगल मैप्स	एप्पल मैप्स और गूगल मैप्स
बैटरी लाइफ और प्रबंधन	कई एंड्रॉइड फोन और डिवाइस लंबे जीवन के साथ बड़ी बैटरी से लैस हैं।	Apple बैटरी एंड्रॉइड बैटरी से बड़ी नहीं हैं। हालांकि, यह हार्डवेयर/ सॉफ्टवेयर ऑप्टिमाइजेशन के माध्यम से सभ्य बैटरी जीवन को निचोड़ने में सक्षम है।
फाइल प्रबंधक	फाइल प्रबंधक इस उपकरण में शामिल है।	उपलब्ध नहीं है।
फोटो और वीडियो बैक–अप	ऐप्स फोटो और वीडियो के स्वचालित बैकअप के लिए उपलब्ध हैं।	5 जीबी तक के फोटो और वीडियो अपने आप आईक्लाउड से बैकअप ले सकते हैं।
सुरक्षा	एंड्राइड उपकरण नहीं चल रहे हैं पूरी तरह से पैच सॉफ्टवेयर अपडेट किया गया है।	वे कभी किसी समस्या का सामना नहीं करते, जैसे मैलवेयर क्योंकि वे ऐप्स के लिए Play Store के बाहर नहीं जाते हैं।
क्लाउड सर्विसेज	गूगल क्लाउड स्टोरेज के लिए उपलब्ध 15 जीबी मे 1 टीबी तक अमेजन तस्वीरें, वनड्राइव और ड्रॉपबॉक्स।	आईक्लाउड के साथ एकीकरण। गूगल ड्राइव और गूगल, अमेजन फोटो, वनड्राइव और ड्रॉपबॉक्स के लिए 5GB से 1TB तक उपलब्ध है।
इंटरफेस	टच स्क्रीन	टच स्क्रीन
सपोर्टेड वरजियन	एंड्राइड 5.0 और लेटर	iOS और लेटर

तालिका 2.1: Android और iOS के बीच तुलना

2.6 डेस्कटॉप और लैपटॉप के लिए यूजर इंटरफेस

विंडोज 10 सबसे अच्छे ऑपरेटिंग सिस्टम में से है, जो पुराने विंडोज ओएस की तुलना में सरल, उपयोग में आसान और बेहतर है। विंडोज यूआई बहुत अधिक बेहतर है और विंडोज 7 और 8 ऑपरेटिंग सिस्टम दोनों की विशेषताओं को जोड़ती है। यह बहुत उपयोगकर्ता के अनुकूल है और इसमें नई सुविधाओं को सीखना आसान है। यह मुख्य रूप से टच के साथ–साथ नॉन–टच उपकरण के लिए डिजाइन किया गया है।

2.6.1 लॉग इन के साथ स्क्रीन लॉक

जब आप अपने कंप्यूटर या लैपटॉप के पावर बटन को चालू करते हैं, तो बूट करने के बाद आप विंडोज 10 का पहला यूजर इंटरफेस देख सकते हैं, वह है 'लॉक स्क्रीन'। नीचे का बायां भाग समय, दिन और तारीख की जानकारी दिखाता है, और नीचे का दायां भाग 'इंटरनेट से कनेक्ट 'और बैटरी लाइफ, जैसा कि चित्र 2.1 में दिखाया गया है।

चित्र 2.1: लॉक स्क्रीन

लॉक स्क्रीन से, आप अपने विंडोज 10 सिस्टम डेस्कटॉप में लॉग इन करते हैं। लॉग इन स्क्रीन पाने के लिए, आप बस कहीं भी क्लिक करें या अपने कीबोर्ड पर 'एंटर' की दबाएं, इसके बाद आप यूजर अकाउंट स्क्रीन पर जाएंगे, जैसा चित्र 2.2 में दिखाया गया है।

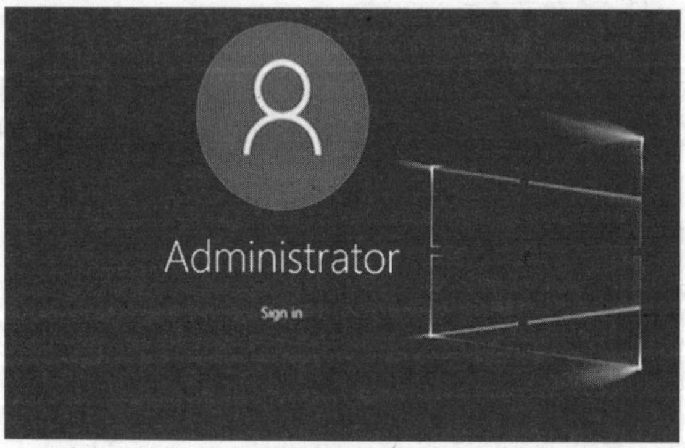

चित्र 2.2: यूजर लेखा स्क्रीन

सेन्टर आपके फोटो (अगर अपने अपने अकाउंट में ऐड की हुए है), आपके कंप्यूटर और पासवर्ड के नाम को दर्शाता है। नीचे दाईं ओर, इंटरनेट से कनेक्ट करें ', ईसे ऑफ एक्सेस' और पावर बटन है जैसा कि चित्र 2.1 में दिखाया गया है।

इंटरनेट से कनेक्ट करें: यह आपके पीसी को वाई–फाई या मॉडेम के जरिए इंटरनेट से जोड़ने में मदद करता है।

एक्सेस में आसानीः यह उन लोगों के लिए एक बहुत ही उपयोगी विकल्प है जिनको आंखों की समस्या है। इसमें नैरेटर, मैग्निफर, ऑन–बोर्ड स्क्रीन कीबोर्ड, उच्च विपरीत (ON / OFF), स्टिकी कीज (ON / OFF) और फिल्टर कीज (ON / OFF) शामिल हैं। बोर्ड कीबोर्ड पर मुख्य रूप से निर्दिष्ट स्थान में पासवर्ड दर्ज करने के लिए टच स्क्रीन डिवाइस के लिए है। विंडोज 10 डेस्कटॉप/ लैपटॉप इंटरफेस में जाने के लिए साइड एरो बटन पर क्लिक करें।

2.7 विंडोज 10 डेस्कटॉप क्षेत्र

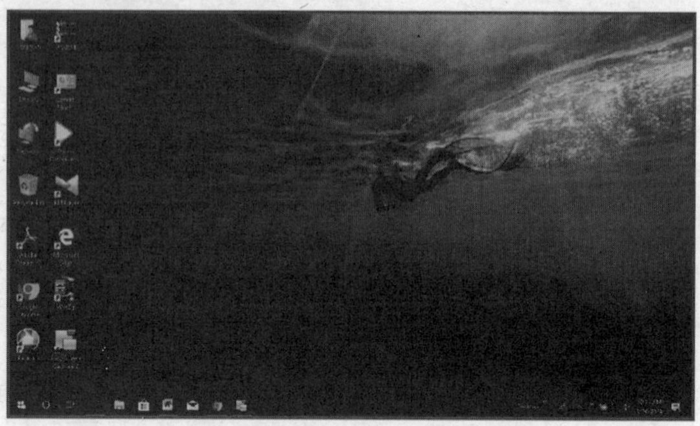

चित्र 2.3: विंडोज 10 का डेस्कटॉप स्क्रीन

यह विंडोज 10 का मुख्य यूआई है जिसे 'डेस्कटॉप' कहा जाता है। इसमें My Computer के शॉर्टकट आइकन और आपके पीसी में स्थापित कई अन्य विंडोज 10 प्रोग्राम शामिल हैं। 'माई कंप्यूटर' या 'दिस पीसी' हार्ड डिस्क में आपकी संग्रहीत फाइल्सों के विभिन्न स्थानों का पता लगाने में मदद करता है। आप डेस्कटॉप क्षेत्र (चित्रा 2.3) में फाइल्स, फोल्डर्स, वीडियो, चित्रों आदि को भी स्टोर कर सकते हैं।

2.7.1 डेस्कटॉप

जब आप विंडोज 10 को बूट करते हैं, तो यह डेस्कटॉप पर खुलता है। एक बार जब आप विंडोज डेस्कटॉप स्क्रीन पर आते हैं, तो यहां कुछ बुनियादी विशेषताएं हैं:

- **स्टार्ट बटनः** हालाँकि विंडोज 8 ने पुराने स्टार्ट मेनू को स्टार्ट स्क्रीन के साथ बदल दिया है, स्टार्ट मेनू विंडोज 10 में पहले से बेहतर है। जब आप स्टार्ट बटन पर क्लिक करते हैं तो स्टार्ट मेनू प्रदर्शित होता है (चित्र 2.4)।

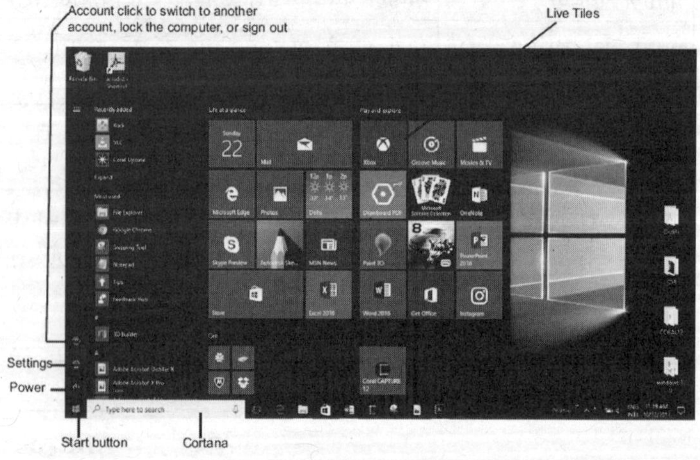

चित्र 2.4: विंडोज 10 स्टार्ट मेन्यू

स्टार्ट मेन्यू के बाएं हिस्से में अक्सर उपयोग किए जाने वाले ऐप्स के लिंक, पावर बटन जैसे आइटम की त्वरित लिंक की सूची और कंप्यूटर पर सभी ऐप्स की अल्फाबेटिक सूची होती है। स्टार्ट मेनू के राइट–साइड में एप्स को पिन किया जा सकता है ताकि वे हमेशा उपलब्ध रहें। इसे बड़े रंगीन टाइलों (टाइलों के वर्ग और आयताकार–रंग के ब्लॉक) के संग्रह के रूप में प्रदर्शित किया जाता है। जब आप क्लिक या टैप करते हैं, तो यह एक ऐप शुरू करता है। ऐप फिर एक विशिष्ट कार्य करेगा। कुछ ऐप लाइव टाइल के रूप में प्रदर्शित किए जाते हैं, जो उस ऐप से जानकारी दिखा सकते हैं। माउस बटन को दबाकर इन टाइलों को अलग–अलग जगहों पर ले जाया और खींचा जा सकता है। आप कई विकल्पों को प्राप्त करने के लिए उन पर राइट–क्लिक करके भी उन्हें कॉन्फिगर कर सकते हैं, जैसे कि उनका आकार बदलें या उन्हें मेनू से "अनपिन" करें (उन्हें निकालें)।

- **सर्च बॉक्स/ Cortana**: टास्कबार पर "सर्च बॉक्स" आपको कुछ भी लिखने के लिए अपने दस्तावेजों और फाइल्स या वेब पर खोज करने की अनुमति देगा। प्रारंभिक परिणाम स्टार्ट मेनू के भीतर ही दिखाई देंगे। परिणामों को सूची के शीर्ष पर "सर्वश्रेष्ठ मैच" लेबल वाले निकटतम मैच (या मैचों) के अनुसार वर्गीकृत किया जाएगा।
- **टास्क व्यू**: विंडोज 10 में एक और नया फीचर टास्क व्यू है, जो कई डेस्कटॉप खोल सकता है। यह आपको कई डेस्कटॉप स्क्रीन रखने की अनुमति देता है जहां आप खुली खिड़कियों को व्यवस्थित रख सकते हैं। यह डेस्कटॉप ऐप्स का एक सेट है जो उसी पेज पर सेव होता है। यदि आपके पास बहुत सारे ऐप्स हैं जिनके बीच आप स्विच कर रहे हैं, तो आप उन्हें कुछ अलग डेस्कटॉप में समूहित कर सकते हैं और फिर एक विंडो को लगातार कम करने के बजाय डेस्कटॉप के बीच स्विच कर सकते हैं।

  वर्चुअल डेस्कटॉप जोड़ने के लिए:

  1. टास्कबार पर टास्क व्यू पर क्लिक करें।
  2. निचले–दाएं कोने पर "नया डेस्कटॉप" विकल्प पर क्लिक करें।
  3. आप फिर से टास्क व्यू पर क्लिक करके नए डेस्कटॉप को एक्सेस या डिलीट कर सकते हैं।

- **माइक्रोसॉफ्ट एज**: माइक्रोसॉफ्ट एज, नया विंडोज 10 वेब ब्राउजर (चित्र 2.5) है। डिफॉल्ट रूप से, एज को टास्कबार पर रखे आइकन पर क्लिक करके एक्सेस किया जा सकता है। जब एज खुलती है, तो यह अधिकांश ब्राउजरों के समान एक विंडो प्रस्तुत करता है।

  इसमें निम्नलिखित बटन हैं:

  o **बैक**: आपको पिछले वेब पेज पर ले जाता है।

  o **फॉरवर्ड**: आपको अगले वेब पेज पर ले जाता है।

  o **रीफ्रेश**: वेब पेज को फिर से लोड करें।

  o **नया टैब**: एक अलग वेब पेज देखने के लिए एक और टैब जोड़ता है।

  o **हब (फवौरिटेस और इतिहास)**: फेवरेट वेब पेज की सूची और विजिट किए गए वेब पेज के इतिहास को दर्शाता है।

  o **वेब नोट्स**: वेब पेज पर वेब नोट्स बनाता है।

  o **शेयर**: ई–मेल या अन्य तरीकों के माध्यम से वेब पेज साझा करता है।

  o **अधिक विकल्प**: ब्राउजर को कॉन्फिगर करने में मदद करता है।

- **फाइल एक्सप्लोरर**: डॉक्यूमेंट फोल्डर आइकन आपकी सहेजी गई फाइल्स को त्वरित रूप से एक्सेस करने में मदद करता है। टास्कबार पर फोल्डर आइकन पर क्लिक करके, आप फाइल और फोल्डर दस्तावेजों तक पहुंच सकते हैं।
- **नोटिफिकेशन एरिया**: टास्कबार के आगे की तरफ अधिसूचना आइकन पर क्लिक करें। यह आपके कंप्यूटर से आपके इंटरनेट कनेक्शन या वॉल्यूम स्तर जैसी विभिन्न सूचनाएँ दिखाता है।
- **एक्शन सेंटर**: एक्शन सेंटर सभी सिस्टम सूचनाओं के लिए एक एकजुट जगह है, जैसे कि आने वाले ईमेल और विभिन्न सिस्टम सेटिंग्स तक त्वरित पहुंच। टास्कबार के दाहिने किनारे में अलग–अलग चिह्न होते हैं। क्रिया केंद्र खोलने के लिए, क्रिया केंद्र आइकन पर क्लिक करें और फिर क्रिया केंद्र फलक प्रकट होता है, जैसा कि चित्र 2.6 में दिखाया गया है। यह नीचे के साथ आसान बटन की सूची भी प्रदान करता है:

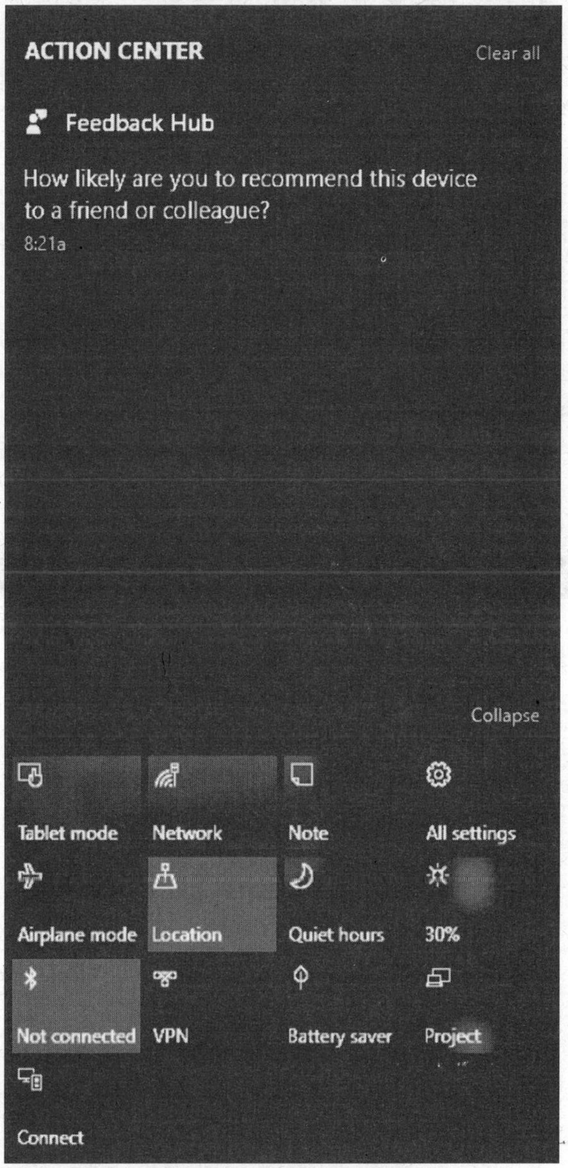

चित्र 2.5: एक्शन सेंटर पैन

क. **टैबलेट मोडः** टैबलेट मोड को चालू करने के लिए इस बटन पर क्लिक करें या टैप करें। जब यह रंगीन होता है, तो आप टेबलेट मोड में होते हैं, जो केवल टचस्क्रीन पर अच्छा काम करता है।

ख. **कनेक्टः** यह विंडोज को आपके द्वारा कनेक्ट की गई कुछ चीजों की खोज शुरू करने के लिए कहता है, अक्सर वायरलेस तरीके से।

ग. **सभी सेटिंग्सः** यह नया विंडोज 10 सेटिंग्स ऐप लाता है, संगठित स्विच का एक विशाल पैनल, जो पुराने विंडोज संस्करणों में पाए जाने वाले अधिकांश नियंत्रण कक्ष को बदल देता है।

घ. **टैबलेट मोडः** टैबलेट और डेस्कटॉप मोड के बीच टॉगल।

ङ. **क्वाइट हॉर्सः** अस्थायी रूप से सूचनाएं अक्षम करता है।

च. **बैटरी सेवरः** प्रदर्शन की कीमत पर बैटरी–बचत सुविधाओं को चालू करता है।

छ. **आल सेटिंग्सः** सभी सेटिंग्स स्क्रीन खोलता है।

ज. **कनेक्टः** एक ब्लूटूथ डिवाइस से जुड़ता है।

झ. **वीपीएनः** एक वर्चुअल प्राइवेट नेटवर्क से जुड़ता है।

ञ. **ब्लूटूथः** ब्लूटूथ डिवाइस का प्रबंधन करता है।

ट. **ब्राइटनेसः** अपनी स्क्रीन की चमक को समायोजित करता है।

ठ. **नोटः** Microsoft OneNote में एक नोट बनाता है।

ड. **WiFi:** टॉगल WiFi।

ढ. **लोकेशनः** लोकेशन स्थान सेवाओं को चालू और बंद करना।

ण. **एयरप्लेन मोडः** वाईफाई और ब्लूटूथ को बंद कर देता है।

- **नेविगेशन पैनः** विंडोज आपके पीसी के सबसे अधिक इस्तेमाल की जाने वाली वस्तुओं को इकट्ठा करता है और उन्हें नेविगेशन पैन में रखता है। हर फोल्डर के बाएं किनारे के साथ, नेविगेशन फलक में कई मुख्य अनुभाग हैं, जो हैं:
  - o **क्विक एक्सेसः** यह विंडोज में आपके सबसे अधिक एक्सेस किए गए स्थानों के लिए क्लिक करने योग्य शॉर्टकट के रूप में काम करता है।
  - o **डेस्कटॉपः** यह एक ऐसा फोल्डर है जो आपकी स्क्रीन पर हमेशा खुला रहता है। डेस्कटॉप पर क्लिक करने से आपको तुरंत कंटेंट दिखाई देता है।
  - o **डाउनलोडः** इंटरनेट ब्राउज करते समय एक्सप्लोरर के साथ डाउनलोड की गई फाइल्स को खोजने के लिए इस शॉर्टकट पर क्लिक करें।
  - o **डाक्यूमेंट्सः** यह फोल्डर आपके अधिकांश कार्य संग्रहीत करता है: स्प्रेडशीट, रिपोर्ट, पत्र और आपके द्वारा बनाई गई अन्य चीजें।
  - o **पिक्चर्सः** यह आपको उन फोटोज पर ले जाता है जिन्हें आपने खुद शूट किया था या इंटरनेट से सेव किया था।
  - o **वनड्राइवः** माइक्रोसॉफ्ट अकाउंट बनाते समय यह मुफ्त ऑनलाइन स्टोरेज स्पेस आपको माइक्रोसॉफ्ट द्वारा सौंप दिया गया था।
  - o **दिस पीसीः** यह सेक्शन आपको अपने पीसी के फोल्डर्स और हार्ड ड्राइव के माध्यम से ब्राउज करने की सुविधा देता है।

  नोटिफिकेशन को खारिज करने के लिएः

  1. टास्कबार पर एक्शन सेंटर बटन पर क्लिक करें।
  2. ऊपरी दाएं कोने में एक नोटिफिकेशन के क्लोज बटन पर क्लिक करें।
  3. आप अपने सभी नोटिफिकेशन को एक बार में क्लियर करने के लिए Clear All बटन पर भी क्लिक कर सकते हैं।

- **टास्कबारः** नीचे के डार्क पोरशन को टास्कबार कहा जाता है। इसमें विंडोज 10 स्टार्ट मेनू, कोर्टाना सर्च बॉक्स, टास्क व्यू, माइक्रोसॉफ्ट ऐज के त्वरित एक्सेस पिन किए गए आइकन, विंडोज स्टोर, डॉक्यूमेंट्स, बैटरी लाइफ, साउंड, इंटरनेट नोटिफिकेशन और अन्य आइकन शामिल हैं। जैसा कि चित्र 2.6 में दिखाया गया है। यह आपके कंप्यूटर में वर्तमान में सक्रिय या खुले विंडोज कार्यक्रम को देखने में भी आपकी मदद करता है।

चित्र 2.6: विंडोज 10 टास्कबार

  - o **टास्कबार को कॉन्फिगर करनाः** डिफॉल्ट रूप से, आप टास्कबार को स्वतंत्र रूप से स्थानांतरित और आकार दे सकते हैं, लेकिन यदि आप चाहें तो आप टास्कबार को लॉक कर सकते हैं ताकि आप गलती से टास्कबार या उसकी सीमा को खींच न सकें। आप टास्कबार में बदलाव तभी कर सकते हैं जब यह अनलॉक हो।
  - o टास्कबार में परिवर्तन को रोकने या अनुमति देने के लिए:
    1. टास्कबार खोलें और मेनू प्रॉपर्टीज संवाद बॉक्स शुरू करें।
    2. टास्कबार टैब पर, तदनुसार 'टास्कबार को लॉक करें' चेक बॉक्स को चुनें या क्लियर करें।
    3. परिवर्तन लागू करने और डायलॉग बॉक्स को बंद करने के लिए लागू करें और ठीक पर क्लिक करें।
  - o टास्कबार को स्थानांतरित करने के लिए:
    1. स्क्रीन के किसी भी किनारे पर टास्कबार खींचें।
    2. टास्कबार पर राइट–क्लिक करें, और उसके बाद प्रॉपर्टीज पर क्लिक करें।
    3. गुण संवाद बॉक्स के टास्कबार टैब पर, स्क्रीन सूची पर टास्कबार स्थान में, बाएं, दाएं, या शीर्ष पर क्लिक करें (या टास्कबार को अपने डिफॉल्ट स्थान पर लौटने के लिए नीचे क्लिक करें)।

- **आइकन और शॉर्टकटः** सभी विंडोज संस्करणों में डेस्कटॉप पृष्ठभूमि पर विभिन्न आइकन होते हैं। आइकन एक आवेदन या फाइल का एक चित्रमय प्रतिनिधित्व है।

  डेस्कटॉप ऐप्स जोड़ने के लिएः

  1. स्टार्ट मेनू खोलने के लिए विंडो बटन का चयन करें।

2. सभी एप्लिकेशन का चयन करें।
3. उस ऐप पर राइट–क्लिक करें जिसके लिए आप डेस्कटॉप शॉर्टकट बनाना चाहते हैं।
4. अधिक विकल्प पर क्लिक करें। उप विकल्प प्रकट होता है।

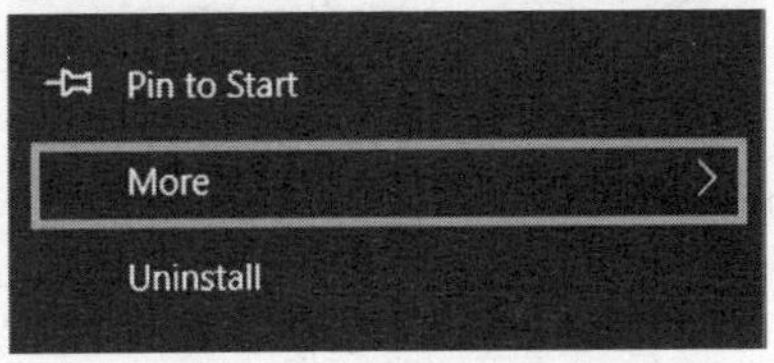

5. ओपन फाइल लोकेशन चुनें। एप्लिकेशन फाइल विंडो खुलती है।
6. चयनित ऐप्स आइकन पर राइट–क्लिक करें।

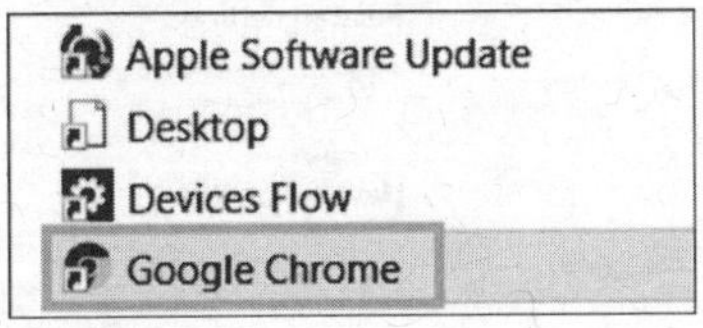

7. शॉर्टकट बनाएं चुनें।

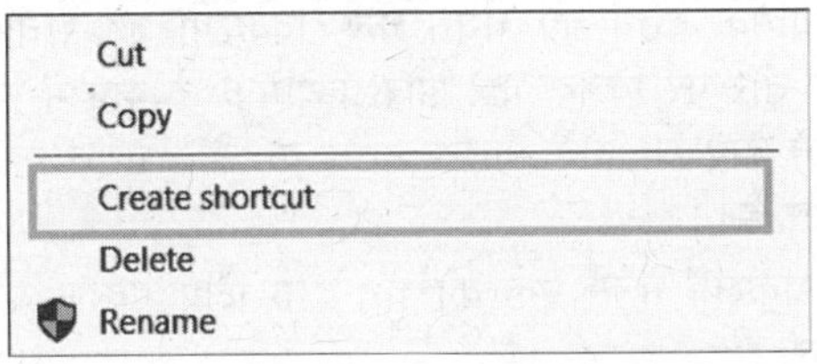

8. हां का चयन करें। आपके पास अपने डेस्कटॉप प्रोग्राम का एक डेस्कटॉप शॉर्टकट है।

शॉर्टकट विजार्ड का उपयोग करके शॉर्टकट बनाने के लिए:

1. कॉन्टेक्स्ट मेनू से राइट–क्लिक करें, नया मेनू चुनें, और फिर चित्र 2.7 में देखा गया शॉर्टकट चुनें।

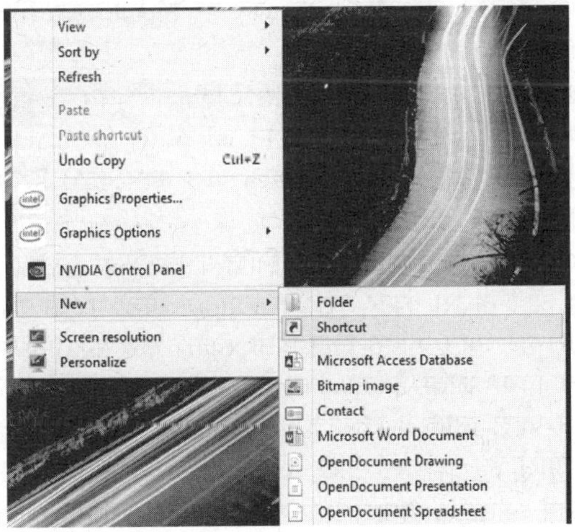

चित्र 2.7: शॉर्टकट बनाना

2. बनाएँ शॉर्टकट के लिए विजार्ड प्रकट होता है।
3. ब्राउज... बटन पर क्लिक करें। फोल्डर के लिए ब्राउज करें संवाद बॉक्स में, वह आइटम ढूंढें जिसके लिए आप शॉर्टकट बनाना चाहते हैं।
4. अपने शॉर्टकट के लिए Next type नाम पर क्लिक करें, समाप्त पर क्लिक करें, और आपका शॉर्टकट डेस्कटॉप पर दिखाई देगा।

शॉर्टकट का नाम बदलने के लिए:

शॉर्टकट का नाम बदलने के लिए दिए गए चरणों का पालन करें:

1. शॉर्टकट पर राइट–क्लिक करें।
2. कॉन्टेक्स्ट मेनू से, नाम बदलें चुनें।
3. वह नाम टाइप करें जिसका आप उपयोग करना चाहते हैं।

शॉर्टकट हटाने के लिए:

शॉर्टकट हटाने के लिए दिए गए चरणों का पालन करें:

1. आइकन चुनें और डिलीट की दबाएं। वैकल्पिक रूप से, हटाए जाने वाले शॉर्टकट पर राइट–क्लिक करें और कॉन्टेक्स्ट मेनू से हटाएं चुनें।
2. विंडोज प्रोमपट से पहले आपको पुष्टि के लिए संकेत देता है।

2.7.2 डेस्कटॉप आइकन

विंडोज 10 में, डिफॉल्ट रूप से, रीसायकल बिन को डेस्कटॉप पर जोड़ा जाता है। रीसायकल बिन आइकन पर डबल–क्लिक करने से एक विंडो खुलती है, जहाँ आप उन फाइल्स और फोल्डरस को देख सकते हैं जिन्हें आपने डिलीट करने के लिए चिन्हित किया है। अन्य सामान्य डेस्कटॉप आइकन जिन्हें आप डेस्कटॉप पर जोड़ सकते हैं, वे इस प्रकार हैं:

- **कंप्यूटर:** कंप्यूटर आइकन पर डबल–क्लिक करने से एक विंडो खुलती है जहां आप हार्ड डिस्क ड्राइव और उपकरणों को हटाने योग्य भंडारण के साथ एक्सेस कर सकते हैं।
- **कंट्रोल पैनल:** कंट्रोल पैनल आइकन पर डबल–क्लिक करने से कंट्रोल पैनल खुलता है, जो सिस्टम कॉन्फिगरेशन और प्रबंधन टूल तक पहुंच प्रदान करता है।
- **नेटवर्क:** नेटवर्क आइकन पर डबल–क्लिक करने से एक विंडो खुलती है जहां आप अपने नेटवर्क पर कंप्यूटर और डिवाइस तक पहुंच सकते हैं।
- **उपयोगकर्ता की फाइल्स:** उपयोगकर्ता की फाइल आइकन पर डबल क्लिक करने से आपका व्यक्तिगत फोल्डर खुल जाता है।

जिन आइकन को आप दिखाना चाहते हैं, उन्हें चुनने के लिए, डेस्कटॉप आइकन को कंट्रोल पैनल सर्च बॉक्स में दर्ज करें और शो पर क्लिक करें या डेस्कटॉप लिंक पर सामान्य आइकन छिपाएं।

डेस्कटॉप पर आइकन के प्रदर्शन को निगंत्रित करने के लिए:

एप्लिकेशन विंडो खोलने के लिए दिए गए चरणों का पालन करें:

- आइकन का आकार बदलने के लिए, व्यू मेनू को बाहर लाएं और बड़े आइकॉन, मीडियम आइकन या स्मॉल आइकॉन पर क्लिक करें।
- सभी आइकन छुपाने के लिए, दृश्य मेनू बाहर लाएं और शो डेस्कटॉप आइकन फिर से क्लिक करें।

2.8 एप्लिकशन विंडो चलाना

एप्लिकेशन विंडो एक प्रोग्राम होता है जिसे आप चला रहे हैं और उसके साथ काम कर रहे हैं, अर्थात एमएस वर्ड, एक्सेल, पॉवरपॉइंट इत्यादि को दिखाने वाली विंडो, जो आप करते हैं, वह अधिकांश काम एप्लिकेशन विंडो में होगा।

एप्लिकेशन विंडो खोलने के लिए:

डेस्कटॉप पर आइकन के प्रदर्शन को नियंत्रित करने के लिए दिए गए चरणों का पालन करें:

1. स्टार्ट बटन पर क्लिक करें। स्टार्ट मेनू दिखाई देता है।
2. स्टार्ट मेनू पर सभी एप्लिकेशन आइटम प्रदर्शित करता है। कार्यक्रमों की सूची सामने आती है। विकल्प जिसमें इसके नाम के दाईं ओर एक संकेतक है, एक कार्यक्रम समूह है। एक कार्यक्रम समूह कार्यक्रमों और संबंधित दस्तावेज फाइल्स का एक संग्रह है। जब आप एक प्रोग्राम समूह चुनते हैं, तो यह प्रोग्राम समूह में आइटमस को सूचीबद्ध करने वाला एक मेनू खोलता है।
3. ऐप्स आइटम सूची से, वांछित एप्लिकेशन, जैसे वर्ड, एक्सेस और पावरपॉइंट पर क्लिक करें। उदाहरण के लिए, एक एप्लिकेशन विंडो (MS-Word) खुलती है।
4. यहां, हमने Word एप्लिकेशन विंडो खोली है।

किसी एप्लिकेशन को बंद करने के लिए:

1. फाइल मेनू का चयन करें और एग्जिट चुनें।

नोट: यदि आपने अपने दस्तावेज को सहेजा नहीं है, तो संबंधित फाइल को सहेजने के लिए चेतावनी संदेश प्रदर्शित किया जाएगा।

2.9 ऑपरेटिंग सिस्टम सरल सेटिंग

कंप्यूटर पर अधिकांश ऑपरेटिंग सिस्टम सेटिंग्स को कंट्रोल पैनल के माध्यम से प्रबंधित किया जाता है।

2.9.1 माउस का उपयोग करना और उसके गुणों को बदलना

यदि आप लैपटॉप या डेस्कटॉप पीसी का उपयोग करते हैं, तो आप अपने माउस को विंडोज में कई तरह से कस्टमाइज कर सकते हैं। उदाहरण के लिए, आप अपने माउस बटन के कार्यों को स्वैप कर सकते हैं, माउस पॉइंटर को अधिक दृश्यमान बना सकते हैं, और माउस व्हील की स्क्रॉल गति को बदल सकते हैं।

माउस की बुनियादी सेटिंग्स बदलने के लिए:

माउस की मूल सेटिंग को बदलने के लिए दिए गए चरणों का पालन करें:

1. अपने डेस्कटॉप के निचले बाएँ कोने पर स्टार्ट बटन पर क्लिक करके स्टार्ट मेनू खोलें। फिर, ऐप खोलने के लिए सेटिंग्स पर क्लिक करें।
2. सेटिंग ऐप में, चित्र 2.8 में दिखाए गए अनुसार डिवाइस पर क्लिक करें।

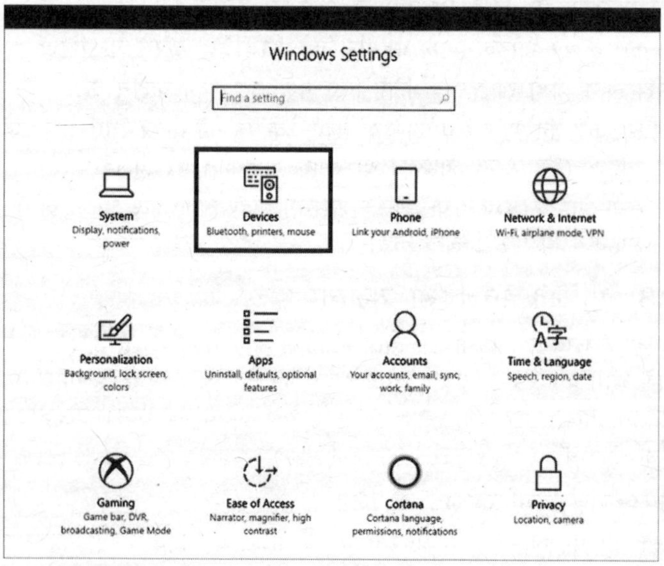

चित्र 2.8: विंडोज सेटिंग्स से उपकरणों का चयन करना

3. विंडो के बाएं फलक पर, माउस कॉन्फिगरेशन सेटिंग्स तक पहुंचने के लिए माउस का चयन करें, जैसा कि चित्र 2.9 में दिखाया गया है।

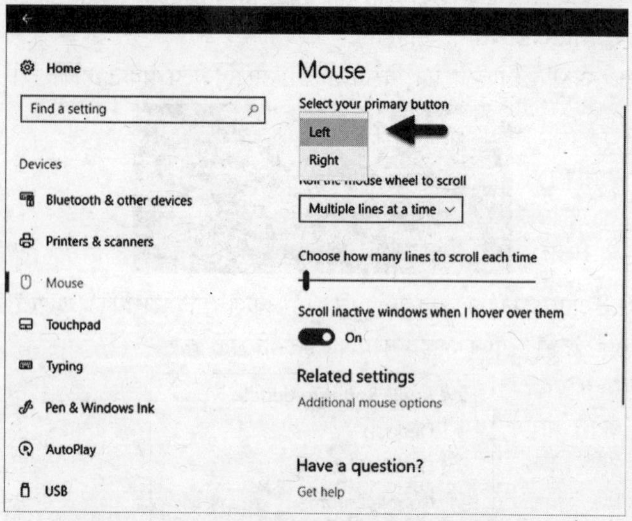

चित्र 2.9: लेफ्ट फलक से माउस का चयन करना

4. अपने प्राथमिक बटन का चयन करें, विकल्पों की सूची खोलने के लिए नीचे तीर पर क्लिक करें और प्राथमिक के रूप में सेट करने के लिए अपने बाएँ या दाएँ माउस बटन के बीच चयन करें। डिफॉल्ट सेटिंग शेष है।
5. उपलब्ध विकल्पों में से एक को चुनने के लिए माउस व्हील रोल से स्क्रॉल करें:

   क. **एक समय में कई लाइनें:** पहली डिफॉल्ट सेटिंग है। यदि आप एक बार में कई लाइनों को स्क्रॉल करके चुनते हैं, तो आप सेटिंग के नीचे स्क्रॉलबार का उपयोग करके यह सेट कर सकते हैं कि हर बार स्क्रॉल करने के लिए कितनी लाइनें हैं। क्रमशः लाइनों की संख्या को कम करने या बढ़ाने के लिए कर्सर को बाईं ओर या दाईं ओर खींचें। स्लाइडर पर क्लिक करने पर डिफॉल्ट सेटिंग स्थिति 3 है।

   ख. **एक समय में एक स्क्रीन:** दूसरा विकल्प चुनने से माउस व्हील एक बार में कंटेंट की पूरी स्क्रीन को स्क्रॉल करता है। वेबसाइट खोलने के लिए ये स्क्रॉल विकल्प कैसे काम करते हैं, यह देखने का सबसे आसान तरीका है।
6. यदि आप उन पर मंडराने वाली निष्क्रिय विंडो को स्क्रॉल करते है, तो जब आप माउस कर्सर को एक निष्क्रिय विंडो पर ले जाते हैं, तो आप उस पर ध्यान केंद्रित किए बिना स्क्रॉल कर सकते हैं। यदि इसे बंद कर दिया जाता है, तो आपको पहले उनकी कंटेंट को स्क्रॉल करने से पहले निष्क्रिय खिड़कियों पर क्लिक करना होगा। डीफॉल्ट सेटिंग चालू है।
7. यदि आप अतिरिक्त माउस सेटिंग्स का पता लगाना चाहते हैं, तो संबंधित सेटिंग्स अनुभाग के तहत अतिरिक्त माउस विकल्प पर क्लिक करें।
8. माउस प्रॉपर्टीज डायलॉग बॉक्स दिखाई देता है।

2.9.2 माउस का बटन टैब

माउस को कॉन्फिगर करने के लिए, बटन टैब पर क्लिक करें, माउस प्रॉपर्टीज बॉक्स में।

- बटन कॉन्फिगरेशन के तहत दाएं और बाएं हाथ के माउस बटन के कार्यों को स्वैप करने के लिए, प्राथमिक और द्वितीयक बटन स्विच बॉक्स का चयन करें।
- डबल–क्लिक स्पीड सेक्शन के तहत डबल–क्लिक करने के लिए आपको माउस बटन को कितनी जल्दी क्लिक करना होगा, यह बदलने के लिए, स्पीड स्लाइडर को स्लो या फास्ट की ओर ले जाएँ।
- ClickLock चालू करने के लिए, जो आपको ClickLock के तहत माउस बटन को दबाए बिना आइटमस को हाइलाइट करने या खींचने में सक्षम बनाता है, ClickLock चेकबॉक्स चालू करें चुनें।

2.9.3 माउस का पॉइंटर टैब

माउस के बेहेवियर को कॉन्फिगर करने के लिए, माउस पॉइंटर डायलॉग बॉक्स में पॉइंटर्स टैब पर क्लिक करें।

- अपने माउस पॉइंटर की उपस्थिति बदलने के लिए, पॉइंटर्स टैब चुनें और निम्न विकल्पों में से एक का उपयोग करें।
- एक समय में अपने सभी पॉइंटर्स को बदलने के लिए, स्कीम के तहत एक नई स्कीम चुनें।
- विशेष पॉइंटर बदलने के लिए, इसे कस्टमाइज सूची में चुनें। ब्राउज ... बटन पर क्लिक करें। चयनित कर्सर फाइल्स की एक सूची दिखाई देती है। उस नई पॉइंटर फाइल का नाम चुनें जिसे आप उस कार्य के लिए उपयोग करना चाहते हैं।

2.9.4 माउस के पॉइंटर ऑप्शन टैब

माउस को कॉन्फिगर करने के लिए, पॉइंटर पर क्लिक करें, या माउस प्रॉपर्टीज डायलॉग बॉक्स में विकल्प टैब चुने।

- मोशन सेक्शन में, अपने माउस की गति को समायोजित करने के लिए स्लाइडर को खींचें। यह पॉइंटर को माउस की गति के लिए अधिक तेजी से या धीरे–धीरे प्रतिक्रिया करने का कारण बनता है। या,
- स्क्रीन पर बिंदु को जल्दी से स्थानांतरित करने की क्षमता को बंद किए बिना छोटी दूरी पर अपने सूचक का बेहतर नियंत्रण प्रदान करने के लिए पॉइंटर सटीक चेकबॉक्स का चयन करें। इस सुविधा को बंद करने के लिए चेकबॉक्स को करियर करें।

2.10 सिस्टम का दिनांक और समय बदलना

आप कण्ट्रोल पैनल में सेटिंग्स विकल्प पर क्लिक करके या स्टार्ट मेनू सर्च बॉक्स में दिनांक और समय लिखकर अपने सिस्टम की तिथि और समय बदल सकते हैं।

दिनांक और समय बदलने के लिए:

दिनांक और समय बदलने के लिए दिए गए चरणों का पालन करें:

1. स्टार्ट मेनू पर क्लिक करें और सेटिंग्स चुनें। विंडोज सेटिंग्स पेज खुलता है। समय और भाषा बटन पर क्लिक करें स्क्रीन के बाईं ओर प्रदर्शित करने के लिए समय और भाषा सेटिंग्स जैसा कि चित्र 2.10 में दिखाया गया है।
2. इस विंडो के बाईं ओर दिनांक और समय श्रेणी पर क्लिक करके क्षेत्र में दाईं ओर दिनांक और समय सेटिंग देखें।
3. चेंज डेट और टाइम के तहत, चेंज बटन पर क्लिक करें। परिवर्तन दिनांक और समय संवाद बॉक्स; जैसा चित्र 2.11 में दिखाया गया है प्रकट होगा। दिनांक और समय दर्ज करें और चेंज बटन दबाएं।

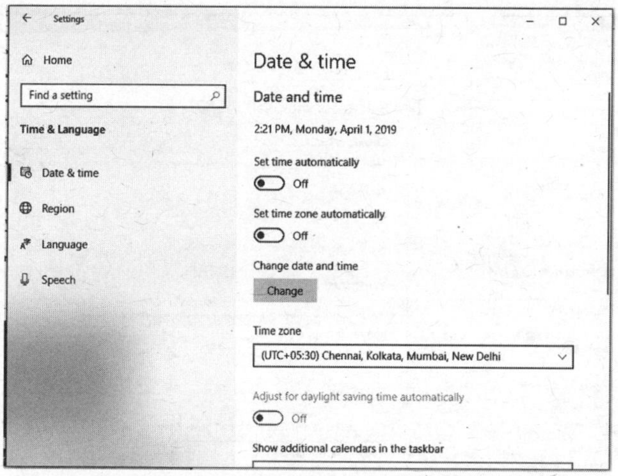

चित्र 2.10: सेटिंग्स विंडो में डेट और समय पृष्ठ

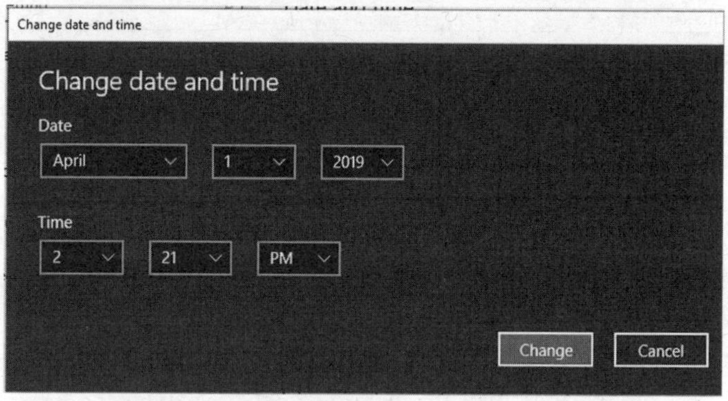

चित्रा 2.11: दिनांक और समय संवाद बॉक्स बदलें

2.11 सिस्टम डिस्प्ले प्रॉपर्टीज को चेंज करना

सेटिंग्स थोड़े अलग तरीके से विंडोज 10 में व्यवस्थित हैं। सेटिंग्स को विभिन्न श्रेणियों में व्यवस्थित किया गया है, और इसमें लगभग हर श्रेणी है जिसे आप बदलना या समायोजित करना चाहते हैं। टास्कबार सर्च बॉक्स में सेटिंग्स टाइप करें, विंडोज आइकन से सटे, सेटिंग्स ऐप को खोले जैसा कि चित्र 2.12 में दिखाया गया है। अपने पीसी में मूलभूत सेटिंग्स जैसे डिस्प्ले, नोटिफिकेशन, मल्टीटास्किंग, टेबल मोड, बैटरी सेवर, पावर एंड स्लीप और स्टोरेज को बदलने और समायोजित करने के लिए सिस्टम पर क्लिक करें।

- **डिस्प्ले:** आप अपने पीसी की डिस्प्ले सेटिंग्स को एडजस्ट कर सकते हैं, जैसे ब्राइटनेस लेवल को एडजस्ट करना या अपने पीसी पर टेक्स्ट, ऐप्स और अन्य आइटम्स का साइज बदलना। आप किसी भी नजदीकी डिस्प्ले का पता लगा सकते हैं और अपने पीसी को इसके साथ जोड़ सकते हैं। उदाहरण के लिए, यदि आपके घर पर एचडी टीवी है, तो आप इसे डिस्प्ले सेटिंग्स के माध्यम से अपने पीसी से कनेक्ट कर सकते हैं। कनेक्ट टू वायरलेस डिस्प्ले पर क्लिक करें, और पीसी पास के कनेक्टेबल डिवाइस की खोज करना शुरू कर देगा।

  उन्नत प्रदर्शन सेटिंग्स आपको अपने पीसी के लिए एक नए प्रदर्शन की पहचान करने और कनेक्ट करने की अनुमति देती हैं। बस एक वायरलेस डिस्प्ले से कनेक्ट पर क्लिक करें और निर्देशों का पालन करें। संबंधित सेटिंग्स में शामिल हैं:

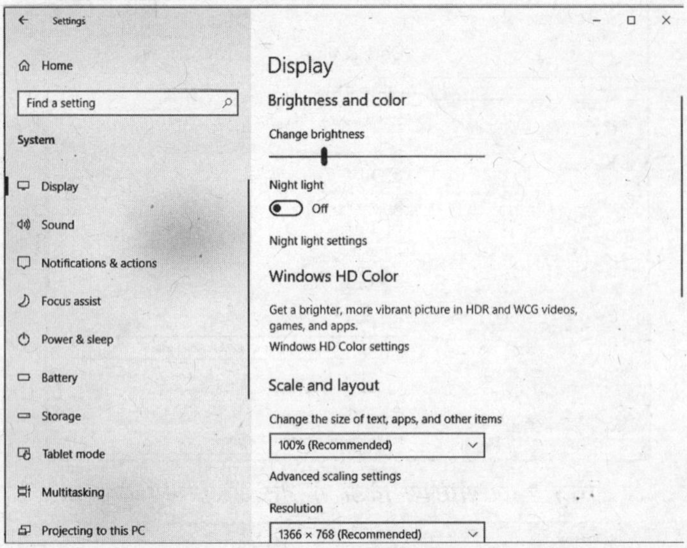

चित्र 2.12: प्रदर्शन सेटिंग्स

- o **कलर कैलिब्रेशन:** यह आपके प्रदर्शन पर रंग को बेहतर बनाने में आपकी मदद करता है और यह सुनिश्चित करता है कि आपके द्वारा चुना गया रंग सही प्रतीत हो।
- o **क्लियर टाइप टेक्स्ट:** शब्दों को क्लियर और स्पष्ट बनाने के लिए अपने पीसी पर पठनीयता में सुधार करने के लिए सेटिंग्स को समयोजित करें।
- o **टेक्सट और अन्य वस्तुओं का उन्नत आकार:** यह सेटिंग आपको अपने पीसी पर ऐप्स और टेक्सट का आकार बदलने की अनुमति देता है यदि आप चाहते हैं।
- o **डिस्पले एडाप्टर प्रॉपर्टीज:** यह टैब आपको इंटेल एचडी ग्राफिक्स कंट्रोल पैनल में ले जाता है।

- **नोटिफिकेशन एरिया:** इस टैब में, आप चयनित ऐप्स के लिए सूचनाओं को चालू या बंद कर सकते हैं, और आप एक स्थान पर अपने सभी एप्लिकेशन और सूचनाओं के साथ इंटरेक्ट कर सकते हैं।
- **क्विक एक्शन:** आप सूचना केंद्र में कस्टमाइज क्विक एक्शन बटन को अनुकूलित कर सकते हैं। आप क्विक एक्शन बटन के क्रम को भी बदल सकते हैं और उन ऐप्स का चयन कर सकते हैं जो आप अक्सर उपयोग करते हैं।
- **मल्टीटास्किंग:** आप दो या अधिक विंडोज साइड–बाय–साइड को स्क्रीन के किनारों या कोनों पर खींचकर व्यवस्थित कर सकते हैं।
- **टैबलेट मोड:** यह सेटिंग टैबलेट यूजर के लिए है। आप बटन चालू करके अपने विंडोज 10 को और अधिक टच–फ्रेंडली बना सकते हैं और जब आप टच–फ्रेंडली डिवाइस पर विंडोज 10 का संचालन कर रहे हों, तो अपनी सिस्टम सेटिंग्स को भी समयोजित कर सकते हैं।
- **बैटरी सेवर:** सिस्टम सेटिंग्स में, आप बैटरी सेवर मोड सक्रिय होने पर अपनी मशीन पर बैकग्राउंड गतिविधि को सीमित कर सकते हैं।
- **पावर और स्लीप:** अपने पीसी के लिए पावर और स्लीप सेटिंग्स को समयोजित कर सकते है। आप बैटरी और पावर प्लग मोड दोनों के लिए पावर ऑफ समय सेट कर सकते हैं। इसी तरह, जब आपका पीसी बैटरी या प्लग इन होता है, तो आप स्लीप टाइमिंग को समयोजित कर सकते हैं।
- **स्टोरेज:** अपने पीसी ड्राइव में उपलब्ध स्टोरेज की जाँच कर सकते है। आप अपने दस्तावेज, संगीत, चित्र और वीडियो फाइल्स को सहेजने के लिए विशिष्ट स्थान भी बदल और सेट कर सकते हैं।
- **अबाउट:** आप अपने सिस्टम के बारे में विवरण देख सकते हैं और डोमेन से जुड़ सकते हैं। आप अपने पीसी को अपनी पसंद के अनुसार में भी बदल सकते हैं। अन्य सेटिंग्स लिंक आपको प्राइवेसी सेटिंग्स या विंडोज 10 के अपडेट और सुरक्षा सेटिंग्स पर ले जाता है।

2.12 प्रोग्राम और फीचर को ऐड और रिमूव करना

विंडोज का प्रत्येक संस्करण प्रोग्राम्स, फीचर्स और इंस्टॉल किए गए ऐप के एक पूर्व–निर्धारित सेट के साथ आता है। आप उन सुविधाओं को हटाकर विंडोज को अनुकूलित कर सकते हैं जिनकी आपको आवश्यकता नहीं है और जिनकी आप को आवश्यकता है उन्हें ऐड कर सकते है, लेकिन डिफॉल्ट रूप से स्थापित नहीं हैं। और यदि आप अवांछित सुविधाओं, कार्यक्रमों या एप्लिकेशन को डिलीट करते हैं, तो आप अपनी हार्ड डिस्क पर काफी जगह बचा सकते हैं।

विंडोज 10 में सॉफ्टवेयर को अनइंस्टॉल करने के तीन अलग–अलग तरीके हैं।

प्रोग्राम और एप्लिकेशन को ऐड और रिमूव करने के लिए:

प्रोग्राम और एप्लिकेशन को ऐड और रिमूव करने के लिए दिए गए चरणों का पालन करें:

1. स्टार्ट मेनू पर क्लिक करें और सभी एप्लिकेशन चुनें। उस एप्लिकेशन या प्रोग्राम को खोजें जिसे आप डिलीट करना चाहते हैं।
2. एप्लिकेशन पर राइट–क्लिक करें और ड्रॉप–डाउन मेनू से स्थापना रद्द करें जैसा कि चित्र 2.13 में दिखाया गया है।

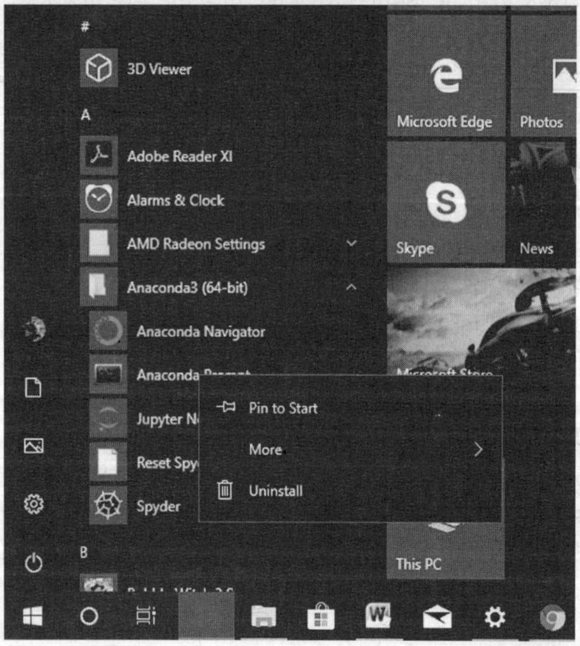

चित्र 2.13: प्रोग्राम का चयन करें और अनइंस्टाल चुनें

3. यदि आप किसी एप्लिकेशन को अनइंस्टॉल कर रहे हैं, तो एक पॉप–अप विंडो खुलेगी, जिसमें दिखाया गया है कि यह ऐप और उससे संबंधित जानकारी अनइंस्टॉल हो जाएगी। प्रक्रिया को पूरा करने के लिए आपको अनइंस्टॉल पर क्लिक करना होगा।

4. यदि आप डेस्कटॉप प्रोग्राम को अनइंस्टॉल कर रहे हैं, तो आपको प्रोग्राम्स और फीचर्स विंडो खुलते हुए दिखाई देंगे।
5. वह प्रोग्राम ढूंढें जिसे आप अनइंस्टॉल करना चाहते हैं, उसे चुनें और अनइंस्टॉल पर क्लिक करें। फिर, एक पॉप–अप विंडो आपसे पूछेगा कि क्या आप प्रोग्राम को अनइंस्टॉल करना सुनिश्चित कर रहे हैं। Yes पर क्लिक करें और प्रोग्राम अनइंस्टॉल हो जाएगा।

ऐप्स और प्रोग्राम को सेटिंग मेनू से निकालने के लिए:

1. स्टार्ट मेनू पर क्लिक करें और सेटिंग्स चुनें।
2. विंडोज सेटिंग्स से, एप्स चुनें और फिर एप्स एंड फीचर्स पर क्लिक करें। आप अपने कंप्यूटर पर अनुप्रयोगों और कार्यक्रमों की पूरी सूची देखेंगे, जो आकार के अनुसार क्रमबद्ध होंगे। आप स्क्रीन के शीर्ष पर एक खोज बॉक्स की सहायता से ऐप्स खोज सकते हैं।
3. वह ऐप ढूंढें जिसे आप अनइंस्टॉल करना चाहते हैं, उसे चुनें और अनइंस्टॉल पर क्लिक करें। एक पॉप–अप विंडो आपको सूचित करेगी कि ऐप अनइंस्टॉल हो जाएगा।
4. प्रक्रिया को पूरा करने के लिए स्थापना रद्द करें पर क्लिक करें।

कण्ट्रोल पैनल से डेस्कटॉप प्रोग्राम को जोड़ने या हटाने के लिए:

1. सर्च बॉक्स में, कंट्रोल पैनल टाइप करें और कंट्रोल पैनल चुनें।
2. कंट्रोल पैनल संवाद बॉक्स प्रकट होता होगा, आप प्रोग्राम चुनें।
3. प्रोग्राम विंडो दिखाई देती है। दाईं ओर से, प्रोग्राम्स और फीचर्स लिंक को चुनें जैसा कि चित्र 2.14 में दिखाया गया है।

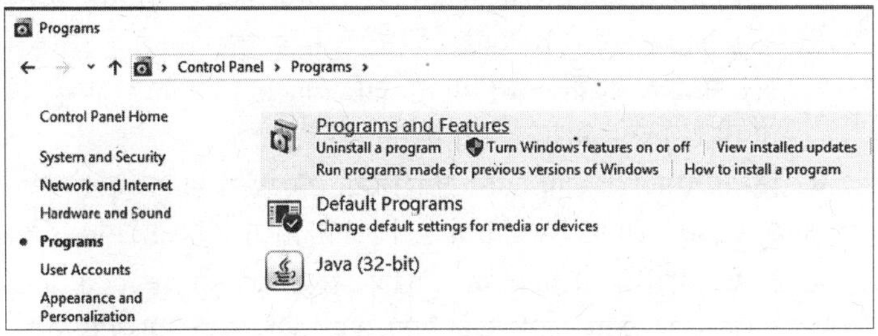

चित्र 2.14: प्रोग्राम विंडो से प्रोग्राम और फीचर्स का चयन करना

4. जिस प्रोग्राम को आप हटाना चाहते हैं उसे खोजने के लिए इंस्टॉल किए गए प्रोग्राम की सूची को नीचे स्क्रॉल करें।

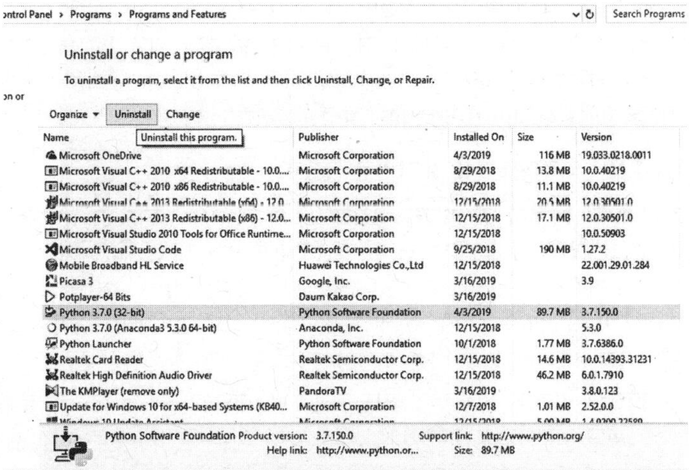

चित्र 2.15: प्रोग्राम और फीचर्स से अनइंस्टॉल का चयन करना

5. प्रोग्राम पर क्लिक करें, और फिर नीचे दिखाई देने वाले अनइंस्टॉल बटन पर क्लिक करें।
6. पुष्टि करें कि आप पॉप–अप में अनइंस्टॉल पर क्लिक करके ऐप को अनइंस्टॉल करना चाहते हैं।
7. क्लिक करें हाँ जब उपयोगकर्ता खाता नियंत्रण पूछता है कि क्या आप अपने डिवाइस में परिवर्तन करना चाहते है, उसके बाद कार्यक्रम की स्थापना रद्द की जाएगी।

2.13 प्रिंटर को ऐड, रिमूव और साझा करना

विंडोज 10 प्रिंटर स्थापित करने को आसान बनाने के लिए एक प्रिंटर एड करने की सुविधा प्रदान करता है। अपने पीसी/लैपटॉप में प्रिंटर कनेक्ट करने का सबसे आम तरीका यूएसबी केबल है, जो इसे एक स्थानीय प्रिंटर बनाता है।

प्रिंटर ऐड करने के लिए:

1. स्टार्ट मेनू पर क्लिक करें। सेटिंग्स ऐप चुनें, और फिर डिवाइसेस चुनें।
2. डिवाइस पेज के बाईं ओर प्रिंटर और स्कैनर पर क्लिक करें। चित्र 2.16 में दिखाए अनुसार पृष्ठ के दाईं ओर एक प्रिंटर या स्कैनर जोड़ें।

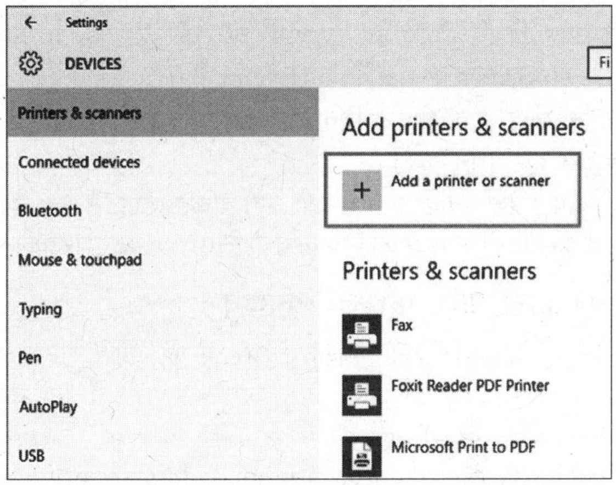

चित्र 2.16: डिवाइस पेज में एक प्रिंटर या स्कैनर जोड़ें

3. यदि विंडोज आपके प्रिंटर का पता लगाता है, तो प्रिंटर के नाम पर क्लिक करें और इंस्टॉलेशन को पूरा करने के लिए ऑनस्क्रीन निर्देशों का पालन करें। या,
4. यदि आप अपने स्थानीय नेटवर्क के साथ एक प्रिंटर साझा करना चाहते हैं। उस प्रिंटर पर क्लिक करें जो मैं चाहता हूं कि पृष्ठ के दाईं ओर लिंक सूचीबद्ध नहीं है जैसा कि चित्र 2.17 में दिखाया गया है।

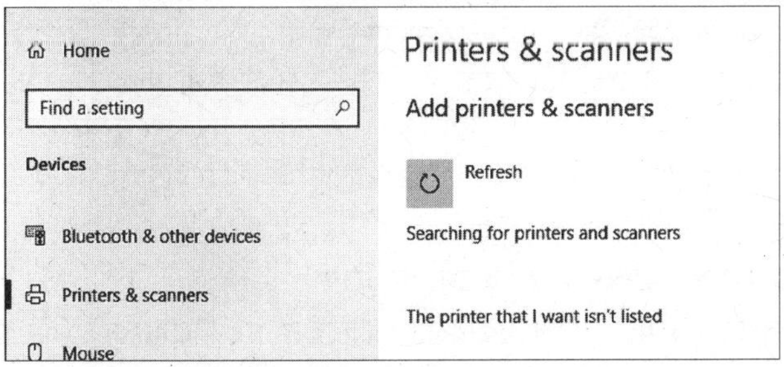

चित्र 2.17: उस प्रिंटर का चयन करना, जिसे आप पर सूचीबद्ध नहीं है

5. प्रिंटर जोड़ें संवाद बॉक्स में, रेडियो बटन पर क्लिक करें नाम विकल्प द्वारा एक साझा प्रिंटर का चयन करें। साझा प्रिंटर को नेटवर्क पथ में टाइप करें।
6. नेक्सट क्लिक करें।
7. आप पीसी का आईपी पता या कंप्यूटर का नाम भी इस्तेमाल कर सकते हैं जो साझा प्रिंटर से जुड़ा है।

   उदाहरण के लिए: साझा प्रिंटर का \\कंप्यूटर का नाम/ शेयर का नाम या साझा प्रिंटर का \\आईपी पता/ साझा नाम
8. अब, आपका पीसी साझा प्रिंटर का पता लगाने की कोशिश करेगा। फिर उस ड्राइवर से डाउनलोड करें और इंस्टॉल करें जिसे साझा प्रिंटर से कनेक्ट किया गया है, और अंत में चयनित प्रिंटर ड्राइवर स्थापित हो जाएगा।
9. यदि अगला प्रिंटर सफलतापूर्वक जोड़ा गया है, तो नेक्सट क्लिक करें।
10. साझा प्रिंटर अब आपके पीसी पर उपलब्ध होगा।
11. इसके इंस्टॉल हो जाने के बाद, अब आप सेटिंग्स को बंद कर सकते हैं।

प्रिंटर को रिमूव करने के लिए:

1. यदि आप किसी प्रिंटर का उपयोग नहीं कर रहे हैं, तो आप इसे प्रिंटर और स्कैनर पृष्ठ से निकाल सकते हैं।
2. इंस्टॉल किए गए प्रिंटर डिवाइस पर क्लिक करें, और निकालें डिवाइस का चयन करें।
3. पॉप–अप संदेश प्रकट होता है क्या आप वाकई डिवाइस को निकालना चाहते हैं। प्रिंटर डिवाइस को निकालने के लिए Yes बटन पर क्लिक करें।

2.14 फाइल और फोल्डर प्रबंधन

फाइल्स और फोल्डर विंडोज ऑपरेटिंग सिस्टम की सबसे बुनियादी अवधारणाओं में से हैं। जैसे ही आप अपने काम को पीसी में सेव करते हैं, फाइल और फोल्डर बना जाते हैं।

फाइल एक्सप्लोरर फाइल प्रबंधन अनुप्रयोग है जिसका उपयोग विंडोज ऑपरेटिंग सिस्टम द्वारा फोल्डर्स और फाइल्स को ब्राउज करने के लिए किया जाता है। यह उपयोगकर्ता को कंप्यूटर में संग्रहीत फाइल्स को नेविगेट और एक्सेस करने के लिए एक ग्राफिकल इंटरफेस प्रदान करता है।

2.14.1 फाइल एक्स्प्लोरर

आपके कंप्यूटर पर मौजूद हर चीज आपकी हार्ड डिस्क पर फाइल्स के रूप में सेव है। फाइल एक्सप्लोरर विंडो, विंडोज 10 में डेस्कटॉप में फाइल्स के साथ काम करने के लिए एक शक्तिशाली और आसान, उपयोग उपकरण है। फाइल एक्सप्लोरर प्रोग्राम पूरे कंप्यूटर सिस्टम को ग्राफिक रूप से प्रदर्शित करता है जिसमें इसकी सभी फाइल्स, एक ट्री स्ट्रक्चर फॉर्म में हैं। इसमें कमांड बार के स्थान पर एक रिबन शामिल है। एक्सप्लोरर के साथ, आप कंप्यूटर हार्ड डिस्क के अंदर हर डेटा तक पहुंच सकते हैं।

फाइल एक्सप्लोरर शुरू करने के लिए:

1. टास्कबार पर फाइल एक्सप्लोरर आइकन पर क्लिक करें (यह एक फोल्डर जैसा दिखता है)। चित्र 2.18 में देखें।

चित्र 2.18: टास्कबार पर फाइल एक्सप्लोरर आइकन

2. जब आप विंडोज 10 में फाइल एक्सप्लोरर लॉन्च करते हैं, तो आप क्विक एक्सेस विंडो देख सकते हैं। आप अपने सबसे अधिक बार एक्सेस किए गए फोल्डर्स और फाइल्स को देख सकते हैं जैसा कि चित्र 2.19 में दिखाया गया है।
3. आप विभिन्न कार्यों के लिए फाइल एक्सप्लोरर का उपयोग कर सकते हैं। इस विंडो के विभिन्न एलिमेंट्स को विंडोज के चारों ओर नेविगेट करने में मदद करने के लिए डिजाइन किया गया है या फाइल्स ; फोल्डर्स और लाइब्रेरीज के साथ अधिक आसानी से काम करते हैं।

प्रत्येक एक्सप्लोरर में निम्नलिखित एलिमेंट्स शामिल हैं।

- **क्विक एक्सेस टूलबार:** आप अपने सबसे ज्यादा एक्सेस किए गए कमांड को पिन कर सकते हैं।
- **रिबन टूलबार:** रिबन टूलबार कमांड का उपयोग आपकी फाइल्स को प्रबंधित करने के लिए किया जाता है और अक्सर छिपे हुए कमांड का जल्दी से पता चलता है।
- **नेविगेशन और एड्रेस बार:** आप इसका उपयोग किसी फोल्डर पदानुक्रम या बैकवर्ड के माध्यम से सुचारू रूप से नेविगेट करने और फोडल्स के बीच आगे करने के लिए कर सकते हैं। एड्रेस बार में एक ब्रेडक्रंब मेनू भी है जो एक अलग फोल्डर पथ पर नेविगेट करना आसान बनाता है।
- **क्विक एक्सेस:** आप अपने सबसे ज्यादा एक्सेस किए गए फोल्डर, और जिन्हें आपने पिन किया है, विंडोज 10 में एक नई सुविधा है।
- **दिस पीसी:** विंडोज के पिछले संस्करणों में, इसे कंप्यूटर एक्सप्लोरर कहा जाता था। यहां आप ऑप्टिकल मीडिया सहित अपने आंतरिक स्टोरेज और संलग्न स्टोरेज उपकरणों को देख और प्रबंधित कर सकते हैं।
- **खोज बॉक्स:** वर्तमान फोल्डर में संग्रहीत फाइल्स को खोजने के लिए खोज कमांड का उपयोग करें।
- **स्टेटस बार:** यह विंडो में संग्रहीत कंटेंट्स, जैसे कि फाइल्स की मात्रा, आकार, फाइल चयन और फोल्डर लेआउट की त्वरित पहुंच के बारे में जानकारी प्रदर्शित करता है।

2.14.2 सबफोल्डर्स प्रदर्शित करना

यदि आपने विंडोज के पिछले वेर्सिओंस का उपयोग किया है, तो आप जानते हैं कि उस फोल्डर के नाम के पास एक प्लस चिह्न था यदि उस फोल्डर में दस्तावेज या सबफोल्डर थे। विंडोज 10 में, अगर किसी फोल्डर में सबफोल्डर होते हैं, तो उस फोल्डर का नाम उसके बगल में एक छोटा राइट–पॉइंटिंग त्रिकोण होगा।

- फोल्डर नाम के आगे कोई त्रिभुज नहीं है जिसका अर्थ है कि फोल्डर में कोई सबफोल्डर नहीं है।
- एक फोल्डर नाम के बगल में राइट–पॉइंटिंग त्रिकोण का मतलब है कि फोल्डर में सबफोल्डर हैं।

- फोल्डर नाम के बगल में नीचे–इंगित त्रिकोण का मतलब है कि उप–फोल्डर वर्तमान में उस फोल्डर के लिए प्रदर्शित किए जाते हैं।

किसी फोल्डर के सबफोल्डर्स को देखने के लिए, फोल्डर नाम के बगल में दाईं ओर इंगित त्रिकोण पर क्लिक करें। दायीं ओर का इशारा त्रिकोण एक डाउन–पॉइंटिंग त्रिकोण में बदल जाएगा, और सबफोल्डर्स प्रदर्शित किए जाएंगे।

सबफोल्डर्स को हाईड करने के लिएः

1. उस फोल्डर के डाउन–पॉइंटिंग त्रिकोण पर क्लिक करें।

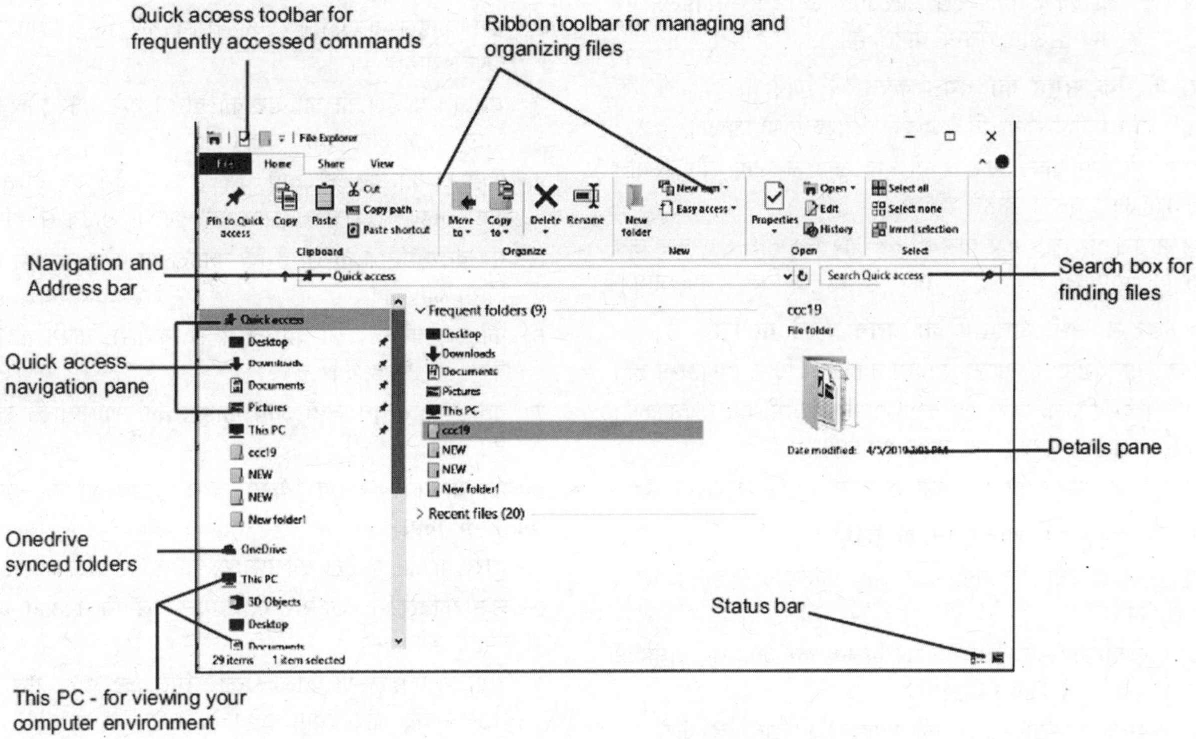

चित्र 2.19: फाइल एक्सप्लोरर विंडो

2.14.3 फाइल्स और फोल्डर को एक्सेस करना

- **एड्रेस बार का उपयोग करनाः** फाइल बार के शीर्ष पर स्थित एड्रेस बार वर्तमान में चयनित फोल्डर का पथ प्रदर्शित करता है।
- **अपने वर्तमान फोल्डर के रूप में समान स्तर पर फोल्डर देखनाः** फोल्डर को वर्तमान फोल्डर के समान स्तर पर देखने के लिए, एड्रेस बार में उस फोल्डर सूची के बाईं ओर दाईं ओर इंगित करने वाले तीर पर क्लिक करें। नए ब्रेडक्रम्ब ट्रेल सुविधा का उपयोग एड्रेस बार में नेविगेट करने में आपकी सहायता करने के लिए किया जाता है।

  इस सुविधा का उपयोग करने के लिए, उस स्थान पर सीधे जाने के लिए किसी भी फोल्डर का नाम क्लिक करें या उसी स्तर पर अन्य सबफोल्डर को प्रदर्शित करने के लिए फोल्डर के बगल में नीचे तीर पर क्लिक करें।
- **कॉलम हेडिंग को ऐड करनाः** आप अपनी फाइल्स और फोल्डर्स के बारे में अतिरिक्त जानकारी प्रदर्शित करने के लिए एक कॉलम हेडिंग ऐड सकते हैं।

  कॉलम हैडिंग को ऐड करने के लिएः

  1. उस फोल्डर पर नेविगेट करें जिसमे आप कॉलम हैडिंग ऐड करना चाहते हैं।
  2. किसी भी कॉलम हैडिंग पर राइट–क्लिक करें।
  3. ड्रॉप–डाउन मेनू से, उस हैडिंग पर क्लिक करें जिसे आप ऐड करना चाहते हैं ताकि एक चेक मार्क दिखाई दे।
  4. कॉलम हैडिंग जोड़ा जाएगा, और पेज के बीच में प्रदर्शित किया जाएगा।
  5. चरण 2 और 3 को दोहराएं जब तक कि आपके सभी वांछित कॉलम हैडिंग ऐड नहीं हो जाता है।
- **एक कॉलम हेडिंग को रिमूव करने के लिए :**
  1. उस फोल्डर पर नेविगेट करें जिससे आप कॉलम हेडिंग रिमूव चाहते हैं।
  2. कॉलम हेडिंग के ड्रॉप–डाउन मेनू को प्रदर्शित करने के लिए किसी भी कॉलम हेडिंग पर राइट–क्लिक करें। वर्तमान में प्रदर्शित की जाने वाली हेडिंग में उनके बगल में चेक मार्क होते हैं।
  3. उस कॉलम हेडिंग पर क्लिक करें जिसे आप हटाना चाहते हैं ताकि चेक हेडिंग उस हेडिंग के लिए दिखाई न दे। स्तंभ शीर्षक अब वर्तमान फोल्डर कंटेन्ट के लिए प्रदर्शित नहीं किया जाएगा।
  4. चरण 2 और 3 को दोहराएं जब तक कि आपने सभी वांछित कॉलम शीर्षकों को हटाया नहीं है।
  5. विंडो में फाइल्स और फोल्डर्स का चयन करे।
- **फाइल का चयन करने के लिएः**
  1. फाइल युक्त फोल्डर या विंडोज एक्सप्लोरर विंडो खोलें।

2. फाइल पर क्लिक करें।

- **मल्टीप्ल फाइल्स का चयन करने के लिए:**
  1. फाइल युक्त फोल्डर या विंडोज एक्सप्लोरर विंडो खोलें।
  2. पहली फाइल पर क्लिक करें।
  3. फिर ctrl की को दबाकर रखें, और फिर उन दूसरी फाइल्स पर क्लिक करें जिन्हें आप चुनना चाहते हैं।

- **फाइल्स के एक समूह का चयन करने के लिए:**
  1. फाइल युक्त फोल्डर या विंडोज एक्सप्लोरर विंडो खोलें।
  2. माउस को उस पहली फाइल के बाईं ओर ले जाएँ और स्थिति दें जिसे आप चुनना चाहते हैं।
  3. फिर माउस के दाईं ओर क्लिक करें और तब तक ड्रैग करे जब तक कि आप जो भी फाइल चाहते हैं वह चयनित न हो जाए।

- **एक फोल्डर में सभी आइटम का चयन करने के लिए:**
  1. फोल्डर या विंडोज एक्सप्लोरर विंडो को खोलें जिसमें फाइल्स हों।
  2. होम टैब पर क्लिक करें और चयन समूह में सभी का चयन करें। या, Ctrl + A की को एक साथ दबाएँ।
  3. विंडोज एक्सप्लोरर फोल्डर सभी फाइल्स का चयन करता है।

- **एक नई फाइल/फोल्डर बनाने के लिए:**
  1. उस स्थान पर नेविगेट करें जहां आप फोल्डर/फाइल जोड़ना चाहते हैं।
  2. फाइल एक्सप्लोरर में, होम टैब पर क्लिक करें और नए समूह में नया फोल्डर चुनें और नया चुनें।
  3. एक सबमेनू आपको प्रकार की फाइल्स दिखाता है जैसे कि फोल्डर और शॉर्टकट बनाना।
  4. एक डिफॉल्ट नया फोल्डर दिखाई देता है। अपने नए फोल्डर का नाम दर्ज करें।
  5. नाम दर्ज करने के बाद, फोल्डर नाम के निर्माण को पूरा करने के लिए टेकस्ट क्षेत्र के बाहर कहीं भी क्लिक करें।

- **फाइल या फोल्डर का नाम बदलने के लिए:**
  1. उस फाइल/फोल्डर का चयन करें जिसका आप नाम बदलना चाहते हैं।
  2. होम टैब पर क्लिक करें और ऑर्गनाइज ग्रुप में नाम बदलें, या F2 कुंजी दबाएं।
  3. चयनित विवरण के साथ एक बॉक्स वर्तमान नाम के आसपास दिखाई देता है। बॉक्स में नया नाम टाइप करें और एंटर की दबाएं।

- **विंडोज 10 में फाइल या फोल्डर ओपन करने के लिए:**
  1. आपको इसमें किसी फाइल या फोल्डर को डबल–क्लिक करना होगा।

     यदि आप एक फोल्डर खोलना चाहते हैं, तो फोल्डर का चयन करें और फिर खोलें समूह में प्रकट होने वाले फोल्डर खोलें आइकन पर क्लिक करें।

- **फोल्डर और फाइल को मूव या कॉपी करने के लिए :**

  फ़ाइल या फोल्डर को किसी अन्य ड्राइव या फोल्डर में ले जाना/कॉपी करना आसान है। किसी फाइल डिस्क/फोल्डर को पेन फलक से दूसरी डिस्क ड्राइव (या किसी अन्य ड्राइव पर एक फोल्डर) में कॉपी/स्थानांतरित करने के लिए खींचें।

  फाइल या फोल्डर को किसी अन्य ड्राइव या फोल्डर में ले जाने के लिए:
  1. टास्कबार में फाइल एक्सप्लोरर बटन पर क्लिक करें।
  2. उस फाइल या फोल्डर का चयन करें जिसे आप स्थानांतरित करना चाहते हैं।
  3. चयनित फाइल या फोल्डर को इंगित करें, और फिर बाईं माउस बटन दबाएं और दबाए रखें।
  4. फाइल/फोल्डर को दाएँ पेन से बाएँ पेन पर खींचें और जहाँ आप चाहते हैं, उसे चयनित फोल्डर या ड्राइव में ड्रॉप करें।
  5. मूव बटन इंगित करता है कि फाइल या फोल्डर कहाँ स्थानांतरित किया जाएगा।
  6. फाइल/फोल्डर को वांछित में स्थानांतरित करने के लिए माउस बटन को छोड़ दें।
  7. वह फोल्डर चुनें जहाँ आप फाइल को स्थानांतरित करना चाहते हैं।

- **फाइल या फोल्डर को किसी अन्य ड्राइव या फोल्डर में कॉपी करने के लिए:**
  1. टास्कबार में फाइल एक्सप्लोरर बटन पर क्लिक करें।
  2. उस फाइल या फोल्डर का चयन करें जिसे आप कॉपी करना चाहते हैं।
  3. चयनित फाइल या फोल्डर को इंगित करें, और फिर बाईं माउस बटन दबाएं और दबाए रखें।
  4. दाएँ पेन से बाएँ पेन में फाइल/फोल्डर को खींचते समय Ctrl की दबाएं और जहाँ आप चाहते हैं, उसे चयनित फोल्डर या ड्राइव में छोड़ दें।
  5. कॉपी बटन इंगित करता है कि फाइल या फोल्डर कहां कॉपी किया जाएगा।
  6. फाइल/फोल्डर को वांछित स्थान पर कॉपी करने के लिए माउस बटन को छोड़ दें; या, फाइल का चयन करें, और होम टैब के संगठित समूह में ड्रॉप–डाउन तीर पर कॉपी पर क्लिक करें।
  7. उस फोल्डर को चुनें जहाँ आप फाइल को कॉपी करना चाहते हैं।

- **फाइल और फोल्डर को हटाने के लिए:**
  1. उस फाइल या फोल्डर का चयन करें जिसे आप हटाना चाहते हैं।
  2. होम टैब पर क्लिक करें। संगठित समूह में, हटाएं चुनें। या वैकल्पिक रूप से, फाइल/फोल्डर पर राइट क्लिक करें और संदर्भ मेनू से हटाएं चुनें।
  3. डिलीट फाइल/फोल्डर डायलॉग बॉक्स दिखाई देता है। इस डायलॉग बॉक्स में Yes पर क्लिक करें।
  4. चयनित फाइल फोल्डर से हटा दी जाती है।
  5. जब आप अपनी फाइल/फोल्डर को हटाते हैं, तो यह रीसायकल बिन में जाता है। हालाँकि, यदि आप इसे स्थायी रूप से हटाना चाहते हैं, तो संगठन समूह में हटाएं ड्रॉप–डाउन तीर पर क्लिक करें। स्थायी रूप से हटाएं चुनें।

2.15 फाइल एक्सटेंशन के प्रकार

कंप्यूटर का मुख्य कार्य डेटा और सूचना का प्रबंधन करना है। आपके कंप्यूटर पर संग्रहीत डेटा और जानकारी को फाइल माना जाता है। फाइल में टेक्स्ट, फोटो और वीडियो शामिल हैं। प्रत्येक फाइल का अपना विशिष्ट आइकन होता है जो आपको फाइल के प्रकार को समझाता है। फाइल एक्सटेंशन (या "एक्सटेंशन") फाइल नाम के अंत में प्रत्यय है जो इंगित करता है कि यह किस प्रकार की फाइल है। उदाहरण के लिए, फाइल नाम "BPB.docx" में .docx फाइल एक्सटेंशन है। यह इंगित करता है कि फाइल एक दस्तावेज है। कुछ अन्य उदाहरणों में .txt शामिल है, जिसका उपयोग नोटपैड फाइल्स के लिए किया जाता है, और PSD, जो फोटोशॉप के लिए मानक फाइल एक्सटेंशन है।

फाइल एक्सटेंशन से, आप फाइल के प्रकार की पहचान कर सकते हैं और इस बारे में बेहतर विचार कर सकते हैं कि उस फाइल को कैसे खोला जा सकता है।

आप फाइल एक्सटेंशन को आसानी से खोल या बंद कर सकते हैं। फाइल एक्सप्लोरर में, दृश्य रिबन प्रदर्शित करने के लिए शीर्ष पर दृश्य टैब पर क्लिक करें। आपको 'फाइल नाम एक्सटेंशन' नामक एक विकल्प मिलेगा। चेक मार्क चालू करने और एक्सटेंशन दिखाने के लिए इसके आगे वाले बॉक्स पर क्लिक करें। चेक मार्क हटाने और एक्सटेंशन छिपाने के लिए बॉक्स को क्लिक करें।

सारांश

यह अध्याय ऑपरेटिंग सिस्टम विंडोज 10 की अवधारणा को प्रस्तुत करता है। यह डेस्कटॉप और लैपटॉप के लिए उपयोग किए जाने वाले विंडोज ऑपरेटिंग सिस्टम की मूल बातें बताता है और मोबाइल फोन और टैबलेट में भी उपयोग किया जाता है। यूजर इंटरफेस, जैसे टास्कबार, आइकन और शॉर्टकट पर भी चर्चा की गई है। सिस्टम सेटिंग्स को कैसे बदलें जैसे दिनांक और समय, डिस्प्ले प्रॉपर्टीज, माउस प्रॉपर्टीज और प्रिंटर ऐड और रिमूव करना आदि भी समझाया गया है। फाइल प्रबंधन और निर्देशिका विंडोज में आपको कॉपी करने, एक स्थान से दूसरे स्थान पर जाने जैसे बुनियादी कार्यों को समझने में सक्षम बनाता है। फाइल्स और फोल्डर का नाम बदलना और हटाना भी बताया गया है।

शॉर्टकट कीस

कीस	विवरण
विंडोज	स्टार्ट मेनू को ओपन और क्लोज करता है।
कण्ट्रोल + एस्केप	स्टार्ट मेनू को ओपन करता है।
विंडोज + ए	एक्शन सेण्टर ओपन करता है।
विंडोज + डी	आपके डेस्कटॉप में शो डेस्कटॉप और प्रारंभिक स्थिति के बीच स्विच होता है।
विंडोज + ई	फाइल एक्सप्लोरर को लॉन्च करता है।
विंडोज + आई	सेटिंग्स ऐप ओपन करता है।
विंडोज + के	कण्ट्रोल पैनल ओपन करता है, जहाँ से आप वायरलेस डिस्प्ले और ऑडियो डिवाइस से कनेक्शन शुरू कर सकते हैं।
विंडोज + एल	विंडोज 10 कंप्यूटर या डिवाइस को लॉक करता है और आपको लॉक स्क्रीन पर ले जाता है।
विंडोज + एम	डेस्कटॉप से सभी खुली हुई विंडोज को मिनीमाइज करता है।
विंडोज + ओ	आपके विंडोज 10 डिवाइस के डिस्प्ले ओरिएंटेशन को लॉक करता है।
विंडोज + पी	प्रोजेक्ट पैन ओपन करता है और आपको बाहरी डिस्प्ले और प्रोजेक्टर को खोजने और कनेक्ट करने की अनुमति देता है।
विंडोज + आर	रन विंडो को लॉन्च करता है।
विंडोज + एक्स	स्क्रीन के लोअर–लेफ्ट कोने से एडवांस्ड मेनू खोलता है।
विंडोज + प्रिंट स्क्रीन	आपकी स्क्रीन की एक तस्वीर लेता है और स्वचालित रूप से इसे आपके स्क्रीनशॉट फोल्डर में सेव करता है।
विंडोज + ,	आपको डेस्कटॉप की एक झलक देता है।
विंडोज + स्पेसबार	उपलब्ध इनपुट भाषाओं और कीबोर्ड लेआउट के बीच स्विच करता है।
विंडोज + डब्ल्यू	विंडोज इंक वर्कस्पेस खोलें, जहां आप स्टिकी नोट्स, स्केचपैड या स्निप और स्केच जैसे ऐप के साथ इंटरेकट कर सकते हैं।
विंडोज + पॉज / ब्रेक	कण्ट्रोल पैनल से सिस्टम पेज खोलता है।
विंडोज + ;	इमोजी पॉपअप खोलता है जहाँ से आप अपने पाठ में इमोजीस सम्मिलित कर सकते हैं।
विंडोज + .	इमोजी पॉपअप खोलता है जहां से आप इमोजीस डाल सकते हैं।
ऑल्ट + टैब	बार–बार टैब की को दबाते हुए, Alt को दबाए रखने के दौरान, खुली विंडोज और ऐप्स के माध्यम से साइकिल चलाएं। विंडो या ऐप जिसे आप खोलना चाहते हैं, उस पर टैब की रिलीज करे।
कण्ट्रोल + ऑल्ट + टैब	ओपन विंडोज और ऐप्स की सूची प्रदर्शित करता है और कीस रिलीज करने के बाद भी सूची को स्क्रीन पर रखता है।
विंडोज + टैब	टास्क व्यू को ओपन करता है, जहाँ से आप ओपन विंडो या वर्चुअल डेस्कटॉप के बीच स्विच कर सकते हैं।
विंडोज + लेफ्ट एरो	एक्टिव विंडो को आपकी स्क्रीन के बायीं ओर आधे हिस्से में ले जाता है।

विंडोज + राइट एरो	एक्टिव विंडो को आपकी स्क्रीन के दाईं ओर आधे हिस्से तक ले जाता है।
विंडोज + उप एरो	एक्टिव विंडो को लंबवत और क्षैतिज दोनों रूप से अधिकतम करता है।
विंडोज + डाउन एरो	अपनी एक्टिव विंडो को उसकी प्रारंभिक स्थिति में पुनर्स्थापित करता है, या इसे न्यूनतम करता है।
विंडोज + शिफ्ट + उप एरो	एक्टिव विंडो को अधिकतम बढ़ाता है, इसकी चौड़ाई बनाए रखता है।
विंडोज + शिफ्ट + डाउन एरो	चौड़ाई को बनाए रखते हुए, एक्टिव विंडो को पुनर्स्थापित या कम करता है।
विंडोज + होम	यदि आप फिर से कीस संयोजन का उपयोग करते हैं, तो सभी निष्क्रिय विंडोज को छोटा करता है और उन्हें पुनर्स्थापित करता है।
विंडोज + शिफ्ट + लेफ्ट एरो	यदि आपके पास कई मॉनिटर हैं, तो यह एक्टिव विंडो को बाईं ओर मॉनिटर पर ले जाता है।
विंडोज + शिफ्ट + राइट एरो	यदि आपके पास कई मॉनीटर हैं, तो यह एक्टिव विंडो को दाईं ओर मॉनिटर पर ले जाता है।
ऑल्ट + स्पेस	करंट विंडो का टाइटल बार मेनू प्रदर्शित करता है।
फ11	एक्टिव विंडो के पूर्ण–स्क्रीन दृश्य को सक्षम या अक्षम करता है।
विंडोज + 1, विंडोज + 2 ...	पहले, दूसरे, तीसरे ... लॉन्च करें, टास्कबार पर पिन किया गया आवेदन।
विंडोज + टी	टास्कबार में पहले एप्लीकेशन को हाईलाइट करता है।
विंडोज + बी	यदि नोटिफिकेशन एरिया आइकन "टास्कबार पर हमेशा सभी आइकन और सूचनाएं दिखाता है" पर सेट होता है, तो यह कीबोर्ड शॉर्टकट सिस्टम ट्रे में पहले एप्लिकेशन को हाइलाइट करता है।
शिफ्ट + टास्कबार एप्लिकेशन पर क्लिक करें	सिलेक्टेड एप्लिकेशन का एक नया उदाहरण लॉन्च करता है।
कण्ट्रोल + शिफ्ट + टास्कबार एप्लिकेशन पर क्लिक करें	एडमिनिस्ट्रेटर राइट्स के साथ चयनित एप्लिकेशन का एक नया उदाहरण लॉन्च करता है।
शिफ्ट + टास्कबार एप्लिकेशन पर राइट–क्लिक करें	रीसेंट आइटम या पिन किए गए कार्यों या फोल्डरस के साथ सूची के बजाय उस एप्लिकेशन के लिए प्रासंगिक मेनू लॉन्च करता है।
विंडोज + ग	गेम बार को ओपन करता है।
विंडोज + ऑल्ट + प्रिंट स्क्रीन	गेम के दौरान स्क्रीनशॉट लेता है।
विंडोज + ऑल्ट + ग	गेमप्ले के लास्ट के 30 सेकिंड्स को रिकॉर्ड करता है।
विंडोज + ऑल्ट + र	गेमप्ले की रिकॉर्डिंग को स्टार्ट या स्टॉप करता है।
विंडोज + ऑल्ट + ऍम	माइक्रोफोन को ऑन या ऑफ करता है।
विंडोज + ऑल्ट + बी	ऑनलाइन स्ट्रीमिंग प्लेटफॉर्म पर आपके गेमप्ले के प्रसारण को शुरू या रोक देता है।
विंडोज + ऑल्ट + व	अपने गेमप्ले को ऑनलाइन स्ट्रीमिंग करते समय अपने वेबकैम से लाइव फीड दिखाता है।
विंडोज + कण्ट्रोल + डी	नया वर्चुअल डेस्कटॉप बनाता है।
विंडोज + कण्ट्रोल + लेफ्ट एरो	पिछले वर्चुअल डेस्कटॉप पर स्विच करता है।
विंडोज + कण्ट्रोल + राइट एरो	अगले वर्चुअल डेस्कटॉप पर स्विच करता है।
विंडोज + कण्ट्रोल + फ4	वर्तमान वर्चुअल डेस्कटॉप बंद कर देता है।
विंडोज + ऊ	एक्सेस सेण्टर को शुरू करता है।
विंडोज + कण्ट्रोल + एंटर	नैरेटर लॉन्च करता है।
विंडोज + कण्ट्रोल + न	नैरेटर सेटिंग्स ओपन करता है।
विंडोज + +	मैग्निफायर और जूम लॉन्च करता है
विंडोज + -	यदि मैग्निफायर ओपन होता है, तो यह जूम आउट हो जाता है।
विंडोज + एस्केप	मैग्निफायर को बंद कर देता है।
विंडोज + अच्	विंडोज 10 को डिक्टेशन मोड में दर्ज करता है, ताकि आप केवल बोलकर पाठ को आसान बना सकें। यह सुविधा केवल अंग्रेजी (यूएस) भाषा के लिए काम करती है।

मॉडल प्रश्न और उत्तर

क. बहुविकल्पीय प्रश्न

1. मोबाइल फोन और टैबलेट के लिए ऑपरेटिंग सिस्टम हैं:
   (क) विंडोज ओएस
   (ख) MKDIR एंड्रॉइड ओएस
   (ग) iOS
   (घ) उपरोक्त सभी
2. लिनक्स कर्नेल किसके द्वारा आविष्कार किया गया था:
   (क) लिनक्स वान पेल्ट (ख) टोरवाल्दा
   (ग) लिनक्स पॉलिंग (घ) उपर्युक्त कोई नहीं

3. GUI का उपयोग एक अंतरफलक के रूप में किया जाता हैः
(क) हार्डवेयर और सॉफ्टवेयर (ख) यूजर और कंप्यूटर
(ग) सॉफ्टवेयर और यूजर (घ) इनमें से कोई नहीं

4. लिनक्स एक .... और ऑपरेटिंग सिस्टम है।
(क) मल्टीयूजर, सिंगल टास्किंग
(ख) मल्टीयूजर, मल्टीटास्किंग
(ग) सिंगल यूजर, मल्टीटास्किंग
(घ) उपरोक्त में से कोई नहीं

5. सबसे लोकप्रिय कंप्यूटर ऑपरेटिंग सिस्टम जो आज उपयोग में हैः
(क) लिनक्स (ख) यूनिक्स
(ग) माइक्रोसॉफ्ट विंडोज (घ) मैकिन्टोश

6. निम्नलिखित में से कौन सी इइंटरनल कमांड है?
(क) वर (Ver) (ख) कपत (dir)
(ग) एडिट (edit) (घ) (क) और (ख) दोनों

7. लिनक्स का संस्थापक कौन है?
(क) लिनक्स टोरवाल्ड्स (ख) केन थॉम्पसन
(ग) डेव कटलर (घ) पॉल एलन

8. कंप्यूटर प्रणाली में निम्नलिखित शामिल हैंः
(क) हार्डवेयर (ख) सॉफ्टवेयर
(ग) क और ख दोनों (घ) उपरोक्त में से कोई नहीं है

9. ऑपरेटिंग सिस्टम का प्रबंधन करता हैः
(क) मेमोरी (ख) आई/ ओ डिवाइसेस
(ग) प्रोसेसर (घ) उपरोक्त सभी

10. निम्नलिखित में से कौन सा ऑपरेटिंग सिस्टम मल्टीटास्किंग को इम्प्लीमेंट नहीं करता है?
(क) विंडोज 98 (ख) एमएस डॉस
(ग) विंडोज XP (घ) विंडोज एन.टी.

11. कौन सा एक्सटेंशन ग्राफिक्स के लिए मानक बिटमैप प्रारूप के लिए उपयोग किया जाता हैः
(क) .bmp (ख) .wav (ग) .xls (घ) .tisx

12. निम्न में से कौन सा सिस्टम सॉफ्टवेयर का एक उदाहरण है?
(क) ऑपरेटिंग सिस्टम (ख) लोडर
(ग) लिंकर (घ) उपरोक्त सभी

13. कंप्यूटर के लिए ऑपरेटिंग सिस्टमः
(क) डिस्क और फाइल का प्रबंधन करता है।
(ख) कंप्यूटर संसाधनों का प्रबंधन करता है।
(ग) कंप्यूटर मेमोरी का प्रबंधन करता है।
(घ) उपरोक्त सभी

14. क्या उबुन्टु को एंटीवायरस की आवश्यकता है?
(क) हाँ (ख) ना
(ग) हाँ और ना (घ) उपर्युक्त कोई नहीं

15. ऑपरेटिंग सिस्टम प्रयोग किया जाता हैः
(क) एटीएम कार्ड (ख) स्मार्ट कार्ड
(ग) कंप्यूटर प्रणाली (घ) माइक्रोवेव ओवन

16. लिनक्स में एक यूजर क्या लोड या अनलोड कर सकता है?
(क) I/O मॉड्यूल (ख) I/O उपकरण
(ग) कर्नेल मॉड्यूल (घ) फाइल बेस I/O

17. एक टेलीफोन नंबर, एक जन्म तिथि और एक ग्राहक नाम किसके उदाहरण हैं?
(क) फाइल (ख) डेटाबेस (ग) डेटा (घ) रिकॉर्ड

18. स्क्रीन जब आप अपने कंप्यूटर को चालू करते हैं, जो सभी आइकन दिखाता है, उसे कहा जाता हैः
(क) कार्ल (ख) Smurfs (ग) स्प्रेडशीट (घ) डेस्कटॉप

19. फाइलों को कॉपी करने के लिए किस कमांड का उपयोग किया जाता है?
(क) कॉपी कमांड (ख) डिस्ककोपी
(ग) कण्ट्रोल + सी (घ) उपरोक्त सभी

20. नॉन– अदजासेंट फाइल्स का चयन करने के लिए, व्यक्तिगत फाइल्स का चयन करते समय .... कीस को होल्ड करके रखिए।
(क) शिफ्ट (ख) टैब (ग) ब्जतस (घ) विंडोज

21. संबंधित फाइलों का संग्रह कहा जाता हैः
(क) डाटा (ख) डाटाबेस (ग) रजिस्टर (घ) डाटुम

22. वेब फाइलों में (फाइल) के बाद डिफॉल्ट फाइल एक्सटेंशन क्या हैः
(क) .gtml (ख) .html या .htm
(ग) .com (घ) .xtml

23. रैम में ऑपरेटिंग सिस्टम को खोजने और लोड करने के लिए निम्नलिखित में से कौन जिम्मेदार है?
(क) बूटस्ट्रैप लोडर (ख) सीएमओएस
(ग) डी एम औ एस (घ) बॉयस

24. एक्वा यूजर इंटरफेस के साथ दिखाई दिया था?
(क) विंडो (ख) शेल
(ग) मैक ओएस (घ) बॉर्न शेल

25. OS तब बूट नहीं होता, जब कोई सिस्टम .... होता हैः
(क) शटडाउन (ख) रीसेट
(ग) पावर ऑन (घ) पुनः आरंभ

26. जब आप स्टार्ट मेनू पर क्लिक करते हैं और फिर अप एरो दबाते हैं, तो क्या प्रदर्शित होता है?
(क) शटडाउन मेनू (ख) माइक्रोसॉफ्ट एज
(ग) फाइल एक्सप्लोरर (घ) ऑल ऐप्स मेनू

27. ऑपरेटिंग सिस्टम शब्द का अर्थ हैः
(क) प्रोग्राम का एक सेट जो कंप्यूटर के काम को नियंत्रित करता है
(ख) कंप्यूटर ऑपरेटर के काम करने का तरीका
(ग) हाई लेवल लैंग्वेज का मशीन लेवल लैंग्वेज में रूपांतरण
(डी) फ्लॉपी डिस्क ड्राइवर जिस तरह से संचालित होता है

28. कॉम्पियर का ऑपरेटिंग सिस्टम यूजर और सॉफ्टवेयर के बीच एक सॉफ्टवेयर इंटरफेस के रूप में कार्य करता हैः
(क) मेमोरी (ख) पेरीफेरल (ग) हार्डवेयर (घ) स्क्रीन

29. डिफॉल्ट रूप से, विंडोज 10 अपने आप बैटरी सेवर फीचर को चालू कर देता है जब लैपटॉप का बैटरी चार्ज नीचे गिरता है:
(क) 15 प्रतिशत (ख) 20 प्रतिशत
(ग) 5 प्रतिशत (घ) 10 प्रतिशत

30. .... बैकग्राउंड और विंडोज का मुख्य क्षेत्र है जहां आप प्रोग्राम खोल सकते हैं और प्रबंधित कर सकते हैं।
(क) विंडोज सेटिंग्स (ख) डेस्कटॉप
(ग) एप्लिकेशन विंडो (घ) उपरोक्त सभी

31. डेस्कटॉप पर शॉर्टकट के माध्यम से एक आवेदन खोला जा सकता है:
(क) इसके शॉर्टकट पर डबल क्लिक करें
(ख) "ओपन" विकल्प पर राइट क्लिक करना और चुनना
(ग) आइकन का चयन करें और एंटर की दबाएं
(घ) उपरोक्त सभी

32. शॉर्टकट आइकन के संदर्भ में निम्नलिखित में से कौन सा कथन गलत है?
(क) शॉर्टकट ड्रैग और ड्राप बनाया जा सकता है
(ख) शॉर्टकट्स को कट और पेस्ट विधियों का उपयोग करके बनाया जा सकता है
(ग) शॉर्टकट विजार्ड्स का उपयोग करके शॉर्टकट बनाए जा सकते हैं
(घ) उपरोक्त में से कोई नहीं

33. प्रिंटर और स्कैनर विकल्प द्वारा एक नया प्रिंटर जोड़ा जा सकता है:
(क) कण्ट्रोल पैनल (ख) फाइल मैनेजर
(ग) डायनामिक डेटा एक्सचेंज (घ) इनमें से कोई नहीं

34. GUI का उपयोग एक अंतरफलक के रूप में किया जाता है:
(क) हार्डवेयर और सॉफ्टवेयर (ख) आदमी और मशीन
(ग) सॉफ्टवेयर और यूजर (घ) उपरोक्त में से कोई नहीं

35. प्रारंभ मेनू से आप .... कर सकते हैं:
(क) कंप्यूटर लॉक करना
(ख) ऐप्स, सेटिंग्स और फाइल्स को खोज
(ग) अपने कंप्यूटर को शट डाउन
(घ) उपरोक्त सभी

36. आप फाइल एक्सप्लोरर में .... का उपयोग करके अपनी फाइल्स और फोल्डर्स को नेविगेट कर सकते हैं:
(क) एड्रेस बार (ख) फॉरवर्ड और बैकवर्ड बटन
(ग) खोजें (घ) उपरोक्त सभी

37. विंडोज 10 में "स्लीप" का क्या अर्थ है?
(क) सेफ मोड में कंप्यूटर को पुनरारंभ करें
(ख) कंप्यूटर को स्लीप मोड में पुनः प्रारंभ करें
(ग) सभी चल रहे एप्लिकेशन को समाप्त करने वाले कंप्यूटर को बंद करें
(घ) चल रहे एप्लिकेशन को बंद किए बिना कंप्यूटर को बंद करें

38. विंडोज .... विंडोज ऑपरेटिंग सिस्टम का सबसे नया संस्करण है।
(क) 6 (ख) 7 (ग) 8.1 (घ) 10

39. .... शॉर्टकट है, ऐप को राइट स्नैप करने के लिए:
(क) विंडोज आइकन + राइट एरो
(ख) विंडोज आइकन + लेफ्ट एरो
(ग) विंडोज आइकन + अप एरो
(घ) विंडोज आइकन + डाउन एरो

40. .... सूची में ऐसे प्रोग्राम शामिल हैं जो कंप्यूटर पर आमतौर पर आवश्यक विभिन्न प्रकार के कार्यों को पूरा करते हैं। इनमें से अधिकांश प्रोग्राम विंडोज 10 ऑपरेटिंग सिस्टम, जैसे नोटपैड, स्निपिंग टूल, क्विक असिस्ट और वर्डपैड के साथ स्थापित किए गए हैं।
(क) हेल्पर प्रोग्राम्स (ख) आवश्यकताएं
(ग) उपयोगिताएँ (घ) विंडोज एक्सेसरीज

41. ऑपरेटिंग सिस्टम का कार्य क्या है?
(क) कंप्यूटर के संसाधनों को बहुत कुशलता से प्रबंधित करना
(ख) निष्पादन के लिए समय–निर्धारण जॉब्स की देखभाल करना
(ग) डेटा और निर्देशों के प्रवाह का प्रबंधन करना
(घ) उपरोक्त सभी

42. उस टाइल के साथ अन्य कार्यों को करने के लिए एक मेनू प्रदर्शित करने के लिए एक टाइल पर राइट क्लिक करें, जिसमें शामिल हो सकते हैं:
(क) स्टार्ट से अनपिन करें (ख) पिन टू टास्कबार
(ग) अनइंस्टॉल (घ) उपरोक्त सभी

43. सक्रिय विंडो के पीछे एक खुली विंडो जिसे आप वर्तमान में उपयोग नहीं कर रहे हैं यदि कई विंडोज खुली हैं, तो उसे काहा जाता है:
(क) माइक्रोसॉफ्ट एज (ख) निष्क्रिय विंडो
(ग) टास्क व्यू बटन (घ) मैक्सिमाइज बटन

44. विंडोज के किस परिवार के पास विंडोज 10 है?
(क) विंडोज एनटी (ख) विंडोज एक्सपी
(ग) विंडोज 7X (घ) विंडोज .नेट

45. विंडोज 8 में कौन से डेस्कटॉप फीचर को शामिल किया गया है, जो विंडोज 8 से छोड़ा गया था?
(क) प्रारंभ मेनू
(ख) विंडोज कीज के माध्यम से खोजें
(ग) गैजेट्स
(घ) रीसायकल बिन

46. एक छोटी आयत जिसे आप एप्लिकेशन प्रोग्राम को कमांड जारी करने के लिए क्लिक कर सकते हैं:
(क) साइन इन (ख) शीर्षक
(ग) टाइटल बार (घ) बटन

47. विंडोज स्टोर, लैपटॉप और फोन पर चलने वाले विंडोज स्टोर में मुफ्त या खरीद के लिए उपलब्ध एक छोटा सा कार्यक्रम है:
(क) विंडोज एप (ख) विंडोज 10 डेस्कटॉप
(ग) डायल बॉक्स (घ) उपरोक्त में से कोई नहीं

48. प्रेसिंग .... ओपन प्रोग्राम विंडो के बीच नेविगेट करने का एक त्वरित तरीका है।
(क) ऑल्ट + टैब (ख) कण्ट्रोल + टैब
(ग) शिफ्ट + टैब (घ) शिफ्ट + ऑल्ट

49. कौन सा GUI में मूल इनपुट डिवाइस है:
(क) माउस (ख) ग्राफिक्स टैबलेट
(ग) वॉइस सिस्टम (घ) टच पैनल

50. हमें सिस्टम फाइल को रन करने के लिए क्या चाहिए?
(क) एमएस एक्सेल (ख) एमएस बर्ड
(ग) एमएस एक्सेस (घ) एमएस डॉस

ख. बताएं कि निम्नलिखित कथन सही हैं या गलत

51. प्रिंटर को उनके मुद्रण की विधि द्वारा वर्गीकृत किया जा सकता है।
52. लाइट पेन और जॉयस्टिक दोनों पॉइंटिंग डिवाइस हैं।
53. ऑप्टिकल डिस्क कंप्यूटर सिस्टम का एक सेकेंडरी स्टोरेज उपकरण है।
54. टाइटल बार विंडो की सबसे ऊपरी पंक्ति में होता है।
55. फोल्डर में फाइल्स के साथ–साथ सुब–फोल्डर्स भी नहीं हो सकते।
56. रीसायकल बिन आपको विंडोज में हटाए गए फाइल्स और फोल्डर्स को पुनर्प्राप्त करने की अनुमति नहीं देता है।
57. हिडन आइटम्स के लिए आइकन को उन वस्तुओं से अलग करने के लिए मंद किया जाता है जो छिपी नहीं हैं।
58. माइक्रोसॉफ्ट एज विंडोज 10 का वेब ब्राउजर है जिसका उद्देश्य इंटरनेट एक्सप्लोरर को रेप्लस करना है।
59. विंडोज 10 में शामिल नए अंतर्निहित ब्राउजर में कॉर्टाना का नाम है।
60. विंडोज + prtsc संपूर्ण प्रदर्शन का स्क्रीनशॉट लेने और सहेजने के लिए शॉर्टकट की है।
61. विंडोज कंट्रोल पैनल आपको आपके सभी कंप्यूटर सेटिंग्स तक पहुंच प्रदान करता है और आपको प्रोग्राम इंस्टॉल करने और रिमूव करने में सक्षम बनाता है।
62. माइक्रोसॉफ्ट विंडोज एप्लीकेशन सॉफ्टवेयर का एक उदाहरण है।
63. स्टार्ट मेनू के बाईं ओर दस्तावेज, चित्र, संगीत और गेम सहित अक्सर उपयोग किए जाने वाले फोल्डर्स की एक सूची होती है।
64. टास्कबार में स्टार्ट बटन, सर्च बॉक्स और अधिसूचना क्षेत्र शामिल हैं।
65. कॉपी और पेस्ट एक सामान्य फंक्शन है, जो डेटा की प्रतिलिपि बनाने और विंडोज क्लिपबोर्ड से अनुमति देता है।
66. फोल्डर, फाइल्स और फोल्डर्स का एक सेट है।
67. आप डेस्कटॉप पर एक नया फोल्डर नहीं बना सकते।
68. कंटीनम फीचर्स विंडोज 10 को विभिन्न उपकरणों के प्रकार को अनुकूलित करने की अनुमति देते हैं।
69. जब किसी फोल्डर को दूसरी जगह कॉपी किया जाता है, तो फोल्डर में सबफोल्डर्स भी कॉपी हो जाते हैं।
70. कंप्यूटर का उपयोग करने के लिए, आपको एक ऑपरेटिंग सिस्टम की आवश्यकता होती है।
71. ऑपरेटिंग सिस्टम एक एप्लीकेशन सॉफ्टवेयर है।
72. विंडोज एक ऑपरेटिंग सिस्टम है।
73. कंप्यूटर का उपयोग करने के लिए आपको एक ऑपरेटिंग सिस्टम की आवश्यकता होती है।
74. आप विंडोज के स्टार्ट मेनू में आइटम ऐड कर सकते हैं।
75. 32767 सबसे बड़ी 16 बिट पॉजिटिव संख्या है।
76. WinVer 1.4 पहला वायरस प्रोग्राम था जिसके लिए कोडित किया गया था माइक्रोसॉफ्ट विंडोज और इसे 1992 में रिलीज किया गया था।
77. यूजर इंटरफेस नियंत्रित करता है कि आप डेटा और निर्देश कैसे दर्ज करते हैं, और स्क्रीन पर जानकारी कैसे प्रदर्शित होती है।
78. आप विंडोज में "CON" नाम का फोल्डर नहीं बना सकते।
79. निष्पादन के लिए एक निर्देश प्राप्त करना कण्ट्रोल यूनिट द्वारा किया जाता है।
80. टाइटल बार एक विंडो बार की सबसे ऊपरी पंक्ति है।
81. कंप्यूटर मेनू आदेशों का एक संग्रह है।
82. टास्क बार सभी सक्रिय अनुप्रयोगों तक पहुँच प्रदान करती है।
83. सिंगल डिवाइस ड्राइवर आमतौर पर कई अलग–अलग ड्राइवरों के साथ संचार करता है।
84. जब किसी फोल्डर को दूसरी जगह कॉपी किया जाता है, तो फोल्डर में सबफोल्डर्स भी कॉपी हो जाते हैं।
85. कंप्यूटर ग्राफिक्स का मुख्य लाभ यह है कि यह उत्पादकता बढ़ाता है।
86. माय डाक्यूमेंट्स में आमतोर पर सभी प्रोग्राम शामिल हैं, माय रीसेंट डाक्यूमेंट्स , प्रिंटर और फैक्स सभी कंप्यूटर कमांड हैं।
87. निर्णय लेने की प्रक्रिया में कंप्यूटर मदद नहीं कर सकते।
88. चिह्न छवि का एक चित्र है जिसे आप अपने डेस्कटॉप पर प्रदर्शित कर सकते हैं।
89. टास्कबार विंडोज के बॉटम में मौजूद है।
90. रीसायकल बिन आपको आसानी से विंडोज में डिलीट की गई फाइल्स और फोल्डरस को रिकवर करने नहीं देता।
91. UNIX एक मल्टीप्रोग्रम्मिंग और मल्टीटास्किंग ऑपरेटिंग सिस्टम है।
92. 1.5 बिलियन से अधिक लोग विंडोज का उपयोग करते हैं, और 1.2 बिलियन लोग माइक्रोसॉफ्ट ऑफिस का उपयोग करते हैं
93. जो कंपनियां अपने सॉफ्टवेयर का उपयोग करने वाले यूजर्स को छोड़कर शेयरवेयर विकसित करती हैं और एक छोटा सा शुल्क अदा करती हैं।
94. विंडोज कंट्रोल पैनल आपको अपने सभी कंप्यूटर सेटिंग्स तक पहुंच प्रदान करता है और आपको प्रोग्राम को इंस्टॉल और हटाने में सक्षम बनाता है।
95. वर्चुअल मेमोरी आमतौर पर हार्ड ड्राइव में स्थित होती है।
96. एक फोल्डर, फाइल्स और फोल्डर्स का एक सेट है।
97. ऑपरेटिंग सिस्टम एक एकीकृत सॉफ्टवेयर है।

98. टास्कबार में स्टार्ट बटन, क्विक लॉन्च और नोटिफिकेशन एरिया है।

99. हैकर्स अक्सर कंप्यूटर में खामियों की तलाश करते हैं या ऑपरेटिंग सिस्टम की खामियों का उपयोग करने वाले उपकरण की।

100. कंप्यूटर में, "ड्रैग एंड ड्रॉप" का अर्थ है आइटम का चयन करना, माउस को दबाए रखना और फाइल को एक विंडो से दूसरी विंडो पर ले जाना।

उत्तर

1.	(घ)	2.	(ख)	3.	(ख)	4.	(ख)
5.	(ग)	6.	(घ)	7.	(क)	8.	(ग)
9.	(घ)	10.	(ख)	11.	(क)	12.	(घ)
13.	(घ)	14.	(ख)	15.	(ग)	16.	(ग)
17.	(घ)	18.	(घ)	19.	(घ)	20.	(ग)
21.	(ख)	22.	(ख)	23.	(क)	24.	(ग)
25.	(क)	26.	(घ)	27.	(क)	28.	(ग)
29.	(ख)	30.	(ख)	31.	(घ)	32.	(घ)
33.	(क)	34.	(ग)	35.	(घ)	36.	(घ)
37.	(घ)	38.	(घ)	39.	(क)	40.	(घ)
41.	(घ)	42.	(घ)	43.	(ख)	44.	(क)
45.	(क)	46.	(ख)	47.	(क)	48.	(क)
49.	(क)	50.	(घ)	51.	सही	52.	सही
53.	सही	54.	सही	55.	गलत	56.	गलत
57.	सही	58.	सही	59.	गलत	60.	संही
61.	सही	62.	गलत	63.	गलत	64.	सही
65.	सही	66.	सही	67.	गलत	68.	सही
69.	सही	70.	सही	71.	सही	72.	सही
73.	सही	74.	सही	75.	सही	76.	सही
77.	सही	78.	सही	79.	सही	80.	सही
81.	सही	82.	सही	83.	गलत	84.	सही
85.	सही	86.	गलत	87.	गलत	88.	सही
89.	सही	90.	गलत	91.	सही	92.	सही
93.	सही	94.	सही	95.	सही	96.	सही
97.	सही	98.	सही	99.	सही	100.	सही

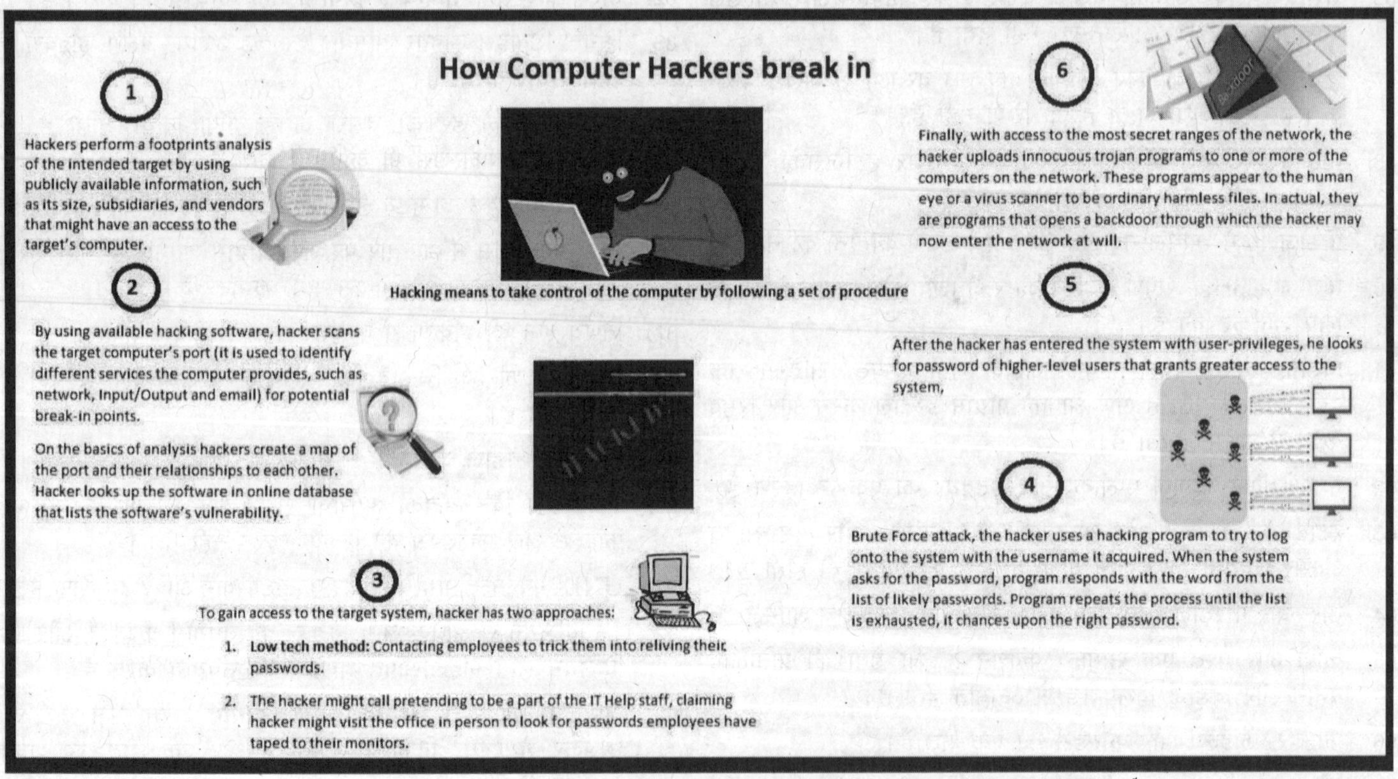

अध्याय 3

एडुबंटु/उबंटू को समझना

उद्देश्यः

पाठक समझने में सक्षम होगाः

❖ एडुबंटु/उबंटू ❖ उबंटू को डाउनलोड और इंस्टॉल करना ❖ उबंटू शुरू करना ❖ उबंटू पर विभिन्न ऑपरेशन करना

3.1 परिचय

कंप्यूटर एक मशीन है जिसे यूजर को काम करने के लिए निर्देशों की आवश्यकता होती है। कंप्यूटर का सबसे महत्वपूर्ण हिस्सा ऑपरेटिंग सिस्टम है जो एक ऐसा माध्यम है जिसके माध्यम से यूजर सॉफ्टवेयर का उपयोग करके हार्डवेयर के साथ इंटरैक्ट करता है। यह कंप्यूटर की सभी गतिविधियों को नियंत्रित करता है। ऑपरेटिंग सिस्टम का उदाहरण हैं: माइक्रोसॉफ्ट विंडोज, लिनक्स।

3.2 एडुबंटु/उबुन्टु

उबंटू एक लिनक्स आधारित ऑपरेटिंग सिस्टम है, जिसे कंप्यूटर, स्मार्टफोन और नेटवर्क सर्वर के लिए डिजाइन किया गया है। सिस्टम यूके आधारित कंपनी द्वारा विकसित की गई है; जो उबंटु सॉफ्टवेयर विकसित करने के लिए इस्तेमाल किया जाने वाला सिद्धांत ओपन सोर्स सॉफ्टवेयर डेवलपमेंट के सिद्धांतों पर आधारित है। यह व्यक्तिगत समुदाय और पेशेवर उपयोग के लिए उपलब्ध लागत से मुक्त है। उबंटू में अनुवाद और पहुंच के बुनियादी ढांचे में सबसे अच्छा शामिल है जो मुफ्त सॉफ्टवेयर समुदाय को पेश करना है, जितना संभव हो उतने लोगों द्वारा उपयोग करने योग्य बनाना।

उबुन्टु डेस्कटॉप

एडुबंटु/उबंटू एक ग्राफिकल यूजर इंटरफेस (जीयूआई) है जिसे यूनिटी कहा जाता है, जो यूजर को ग्राफिकल आइकन का उपयोग करके कंप्यूटर सिस्टम के साथ बातचीत करने की अनुमति देता है। एडुबंटु/उबंटू को एक विशाल ओपन सोर्स सिस्टम द्वारा समर्थित सबसे अच्छा उपलब्ध मुफ्त सॉफ्टवेयर में से एक माना जाता है।

उबंटू की विशेषताएं इस प्रकार हैंः

1. **आकर्षक और उपयोग करने में आसानः** एडुबंटु/उबंटू में रंगीन थीम के साथ एक बहुत ही आकर्षक उपस्थिति है, इसके चित्रमय आइकन के कारण यह एडुबंटु/उबंटू इंटरैक्टिव और उपयोगकर्ता के अनुकूल बनाता है।
2. **खोज को आसान बनायाः** डैश आइकन हमें अपने कंप्यूटर में संग्रहीत अनुप्रयोगों, फाइल्स और फोल्डर को जल्दी से खोजने और खोलने की अनुमति देता है। यूजर के लिए स्मार्ट सर्च सुविधा ने कंटेंट को खोजना आसान बना दिया है।
3. **सेफ और सिक्योरः** वायरस और हैकिंग हमलों के खिलाफ एडुबंटु/उबंटू विंडोज ऑपरेटिंग सिस्टम की तुलना में अधिक सुरक्षित है।
4. **स्वतंत्र रूप से उपलब्धः** एडुबंटु/उबंटू मुफ्त उपलब्ध है।
5. **मल्टीटास्किंगः** एडुबंटु/उबंटू एक बार में कई कार्य कर सकता है।
6. **शैक्षिक सॉफ्टवेयरः** एडुबंटु/उबंटू में बड़ी संख्या में शैक्षिक सॉफ्टवेयर जैसे GCompris, LibreOffice शामिल हैं
7. एडुबंटु/उबंटू का डेस्कटॉप संस्करण फायरफॉक्स, क्रोम, वीएलसी, और इसी तरह विंडोज पर सभी सामान्य सॉफ्टवेयर का समर्थन करता है।
8. यह लिबरेऑफिस नामक कार्यालय सूट का समर्थन करता है।
9. **इनबिल्ट ईमेल सॉफ्टवेयरः** एडुबंटु/उबंटु में थंडरबर्ड नामक इन–बिल्ट ईमेल सॉफ्टवेयर है, जो यूजर को ईमेल तक पहुंच प्रदान करता है। जैसेः एक्सचेंज, जीमेल, हॉटमेल।
10. मुफ्त एप्लिकेशन की होस्ट यूजर वीडियो देखने और संपादित करने, वीडियो प्रबंधित करने और साझा करने के लिए उपलब्ध हैं।
11. सॉफ्टवेयर उपकरण लोगों द्वारा अपनी स्थानीय भाषा में प्रयोग करने योग्य हो सकते हैं।

3.3 सिस्टम रिक्वायरमेंट

यह सुनिश्चित करें कि इन्सटॉलमेंट शुरू करने से पहले निम्नलिखित सिस्टम आवश्यकताएँ पूरी होः

मेमोरी	2 जीबी रैम
डिस्क में जगह	25 जीबी का फ्री हार्ड डिस्क स्पेस
प्रोसेसर	2 गीगाहर्ट्ज डुअल कोर प्रोसेसर
	इंस्टॉलर मीडिया के साथ वैकल्पिक डीवीडी ड्राइव या यूएसबी ड्राइव
	इंटरनेट कनेक्शन

3.4 उबंटू डाउनलोड और इंस्टॉल करना

उबुन्टु या आपके कंप्यूटर पर किसी भी वितरण को स्थापित करने के सबसे आसान तरीकों में से एक है।

1. अपने कंप्यूटर पर .iso या OS फाइलें डाउनलोड करें https://www.ubuntu.com/dowmload/desktop से।
2. सीडी की फाइल्स को बर्न करे।
3. अपने कंप्यूटर को ऑप्टिकल ड्राइव से बूट करें और जैसे ही वे आते हैं निर्देशों का पालन करें।

3.4.1 वर्चुअल मशीन का उपयोग करके लिनक्स इनस्टॉल करना

वर्चुअल इंस्टॉलेशन आपको अपने कंप्यूटर पर पहले से मौजूदा ऑपरेटिंग सिस्टम पर लिनक्स चलाने की स्वतंत्रता प्रदान करता है। इसका मतलब है कि अगर आपके पास विंडोज चल रहा है, तो आप बस एक बटन के क्लिक से लिनक्स चला सकते हैं।

Oracle VM जैसे वर्चुअल मशीन सॉफ्टवेयर आसान चरणों में स्थापित कर सकते हैं, जो हैं:

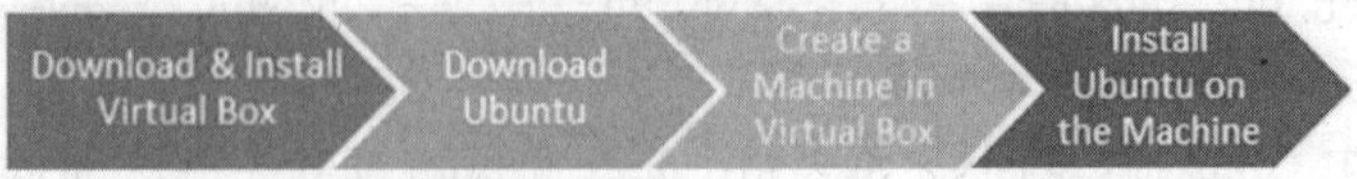

3.4.2 वर्चुअल बॉक्स डाउनलोड और इंस्टॉल करें

वर्चुअल बॉक्स को https://www.विरचालबॉक्स.org/wiki/डाउनलोड के माध्यम से डाउनलोड करें।

आपके प्रोसेसर और ऑपरेटिंग सिस्टम के आधार पर, उपयुक्त पैकेज का चयन करें जैसे कि विंडोज विथ एएमडी।

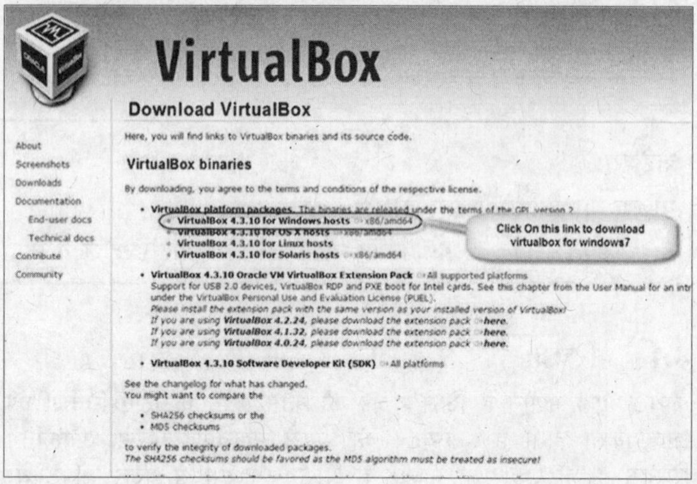

डाउनलोड पूरा होने के बाद, सेटअप फाइल खोलें और नीचे दिए गए चरण फॉलो करें:

1. Next पर क्लिक करें।

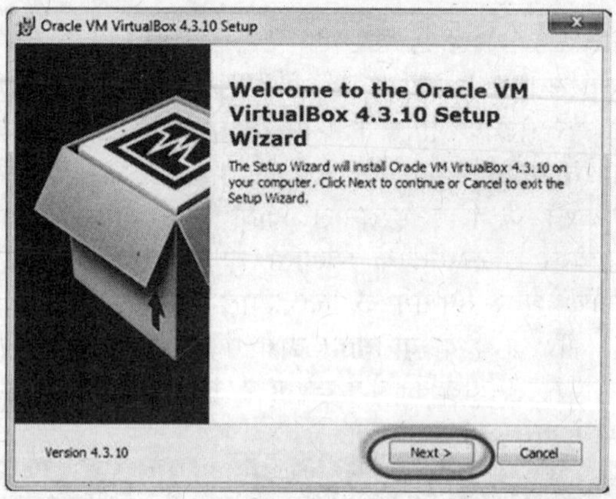

2. VirtualBox स्थापित करें और अगला पर क्लिक करें।

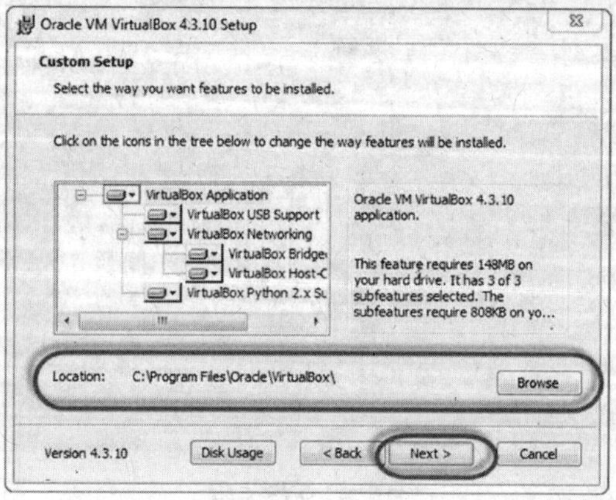

3. डेस्कटॉप आइकन का चयन करें और अगले और फिर हां पर क्लिक करें।

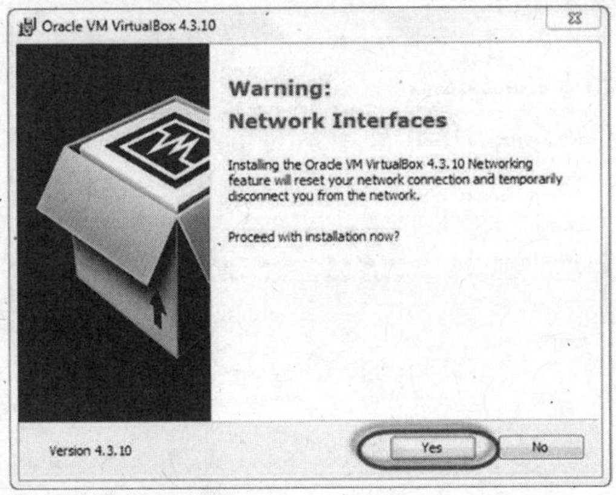

4. इंस्टॉल पर क्लिक करें।

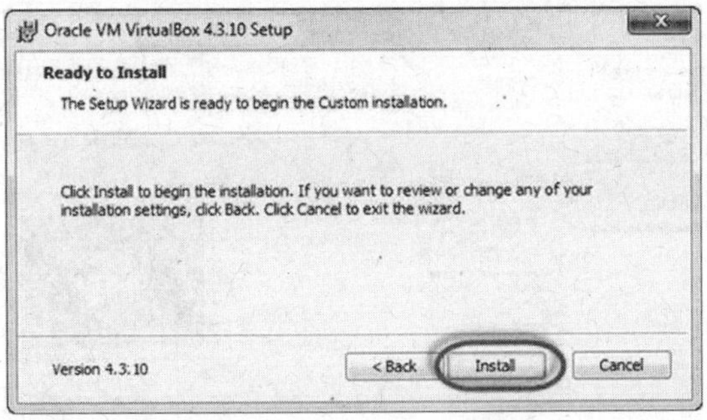

5. अब वर्चुअल बॉक्स की इंस्टालेशन शुरू हो जाएगी। एक बार पूरा होने पर, वर्चुअल बॉक्स शुरू करने के लिए फिनिश बटन पर क्लिक करें।

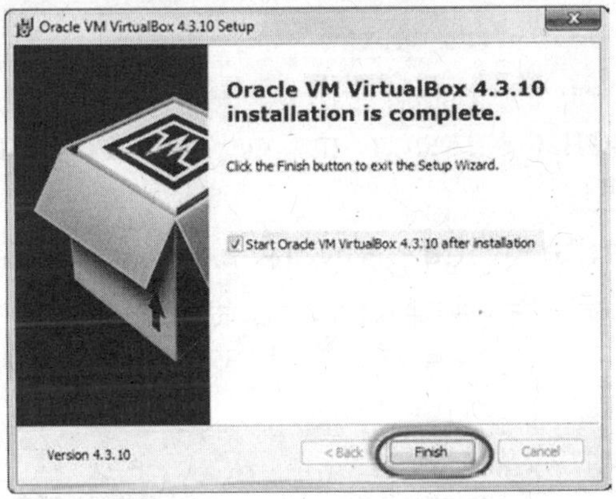

6. वर्चुअल बॉक्स डैशबोर्ड दिखाई देता है।

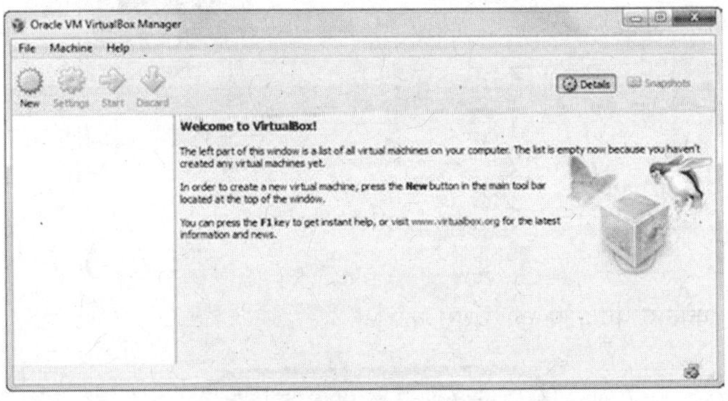

3.4.3 उबुन्टु डाउनलोड करें

1. इस लिंक पर जाएँ https://ubuntu.com/download/ डेस्कटॉप।

2. अपनी पसंद के अनुसार 32/64-बिट संस्करणों का चयन करें।

3.4.4 वर्चुअल बॉक्स में एक मशीन बनाएँ

1. वर्चुअल बॉक्स खोलें और न्यू बटन पर क्लिक करें।

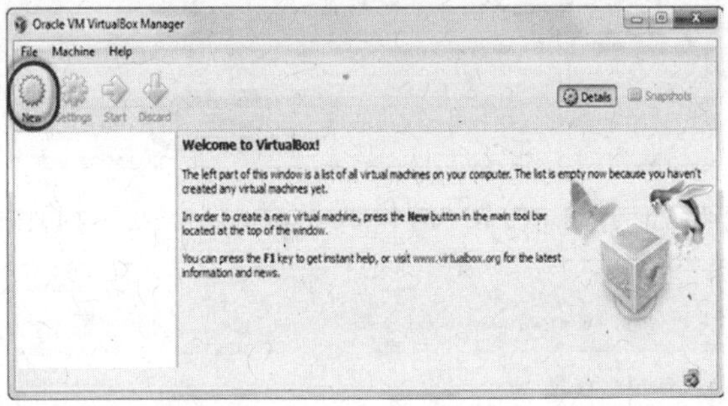

2. अगली विंडो में, अपने ऑपरेटिंग सिस्टम का नाम दें जिसे आप वर्चुअल बॉक्स में इंस्टॉल कर रहे हैं।
3. ऑपरेटिंग सिस्टम जैसे लिनक्स और वर्जन को उबुन्टु 32 बिट के रूप में चुनें।
4. नेक्स्ट पर क्लिक करें।

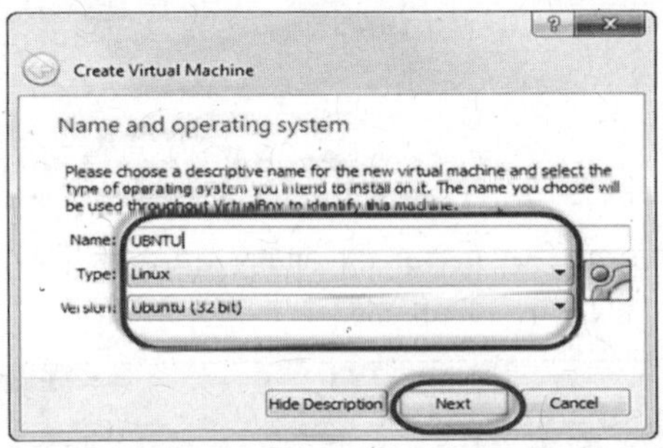

5. अपने वर्चुअल ऑपरेटिंग सिस्टम को RAM आकार आवंटित करें।
6. Next पर क्लिक करें।

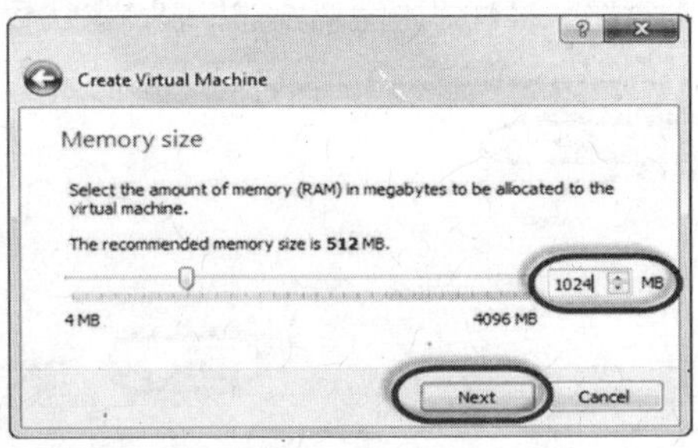

7. ऑपरेटिंग सिस्टम को वर्चुअल बॉक्स में चलाने के लिए, वर्चुअल हार्ड डिस्क बनाएं जिसके लिए अब वर्चुअल हार्ड ड्राइव बनाएं।
8. क्रिएट बटन पर क्लिक करें।
9. वर्चुअल हार्ड डिस्क वह जगह है जहां ऑपरेटिंग सिस्टम इंस्टॉलेशन फाइल और डेटा/एप्लिकेशन जो आप इस उबंटू मशीन में बनाते/इंस्टॉल करते हैं, वह निवास करेगा।

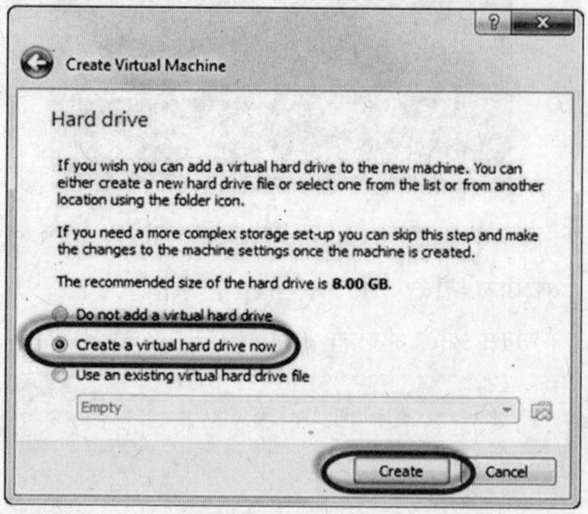

10. वीएचडी (वर्चुअल हार्ड डिस्क) विकल्प चुनें और नेक्स्ट पर क्लिक करें।

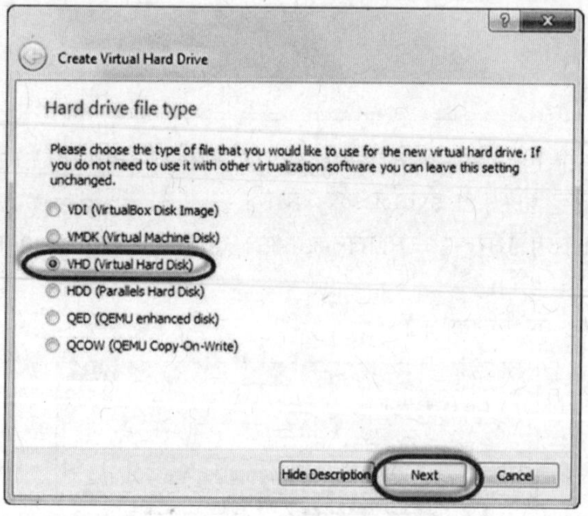

11. डायनामिक आवंटित (डिस्क का आकार बढ़ाने के लिए) पर क्लिक करें और नेक्स्ट पर क्लिक करें।

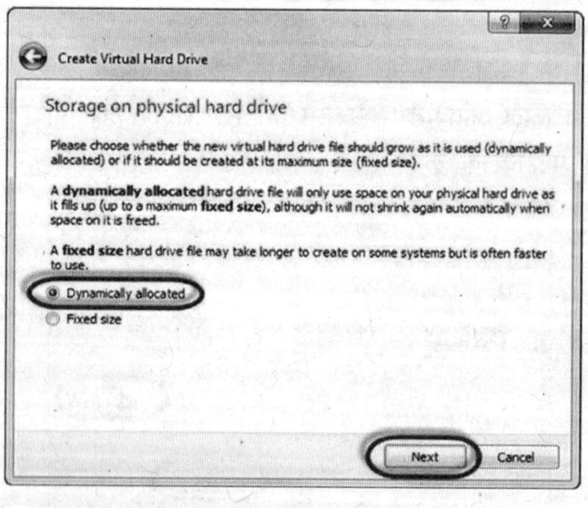

12. अपनी वर्चुअल हार्ड ड्राइव को मेमोरी आवंटित करें और क्रिएट बटन पर क्लिक करें।

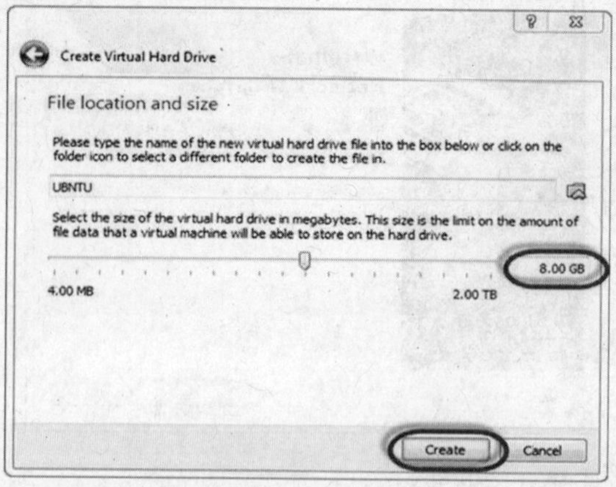

13. अब आप बाएं पैनल में मशीन का नाम देख सकते हैं।

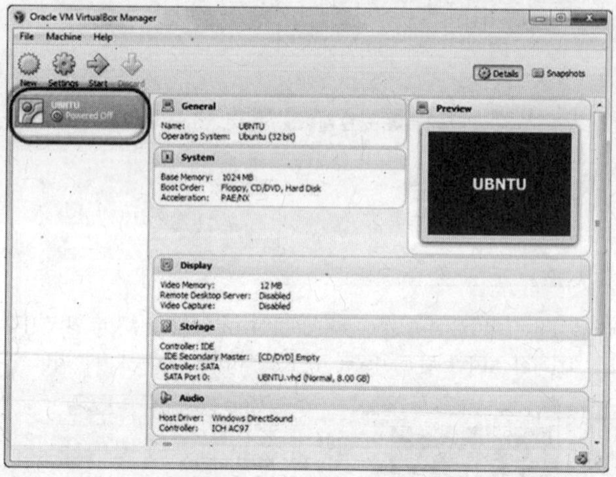

14. अब, 8GB हार्ड–डिस्क के साथ एक मशीन (PC), 1GB RAM तैयार है।

3.4.5 मशीन पर उबंटू इनस्टॉल करें

1. मशीन का चयन करें और स्टार्ट पर क्लिक करें।

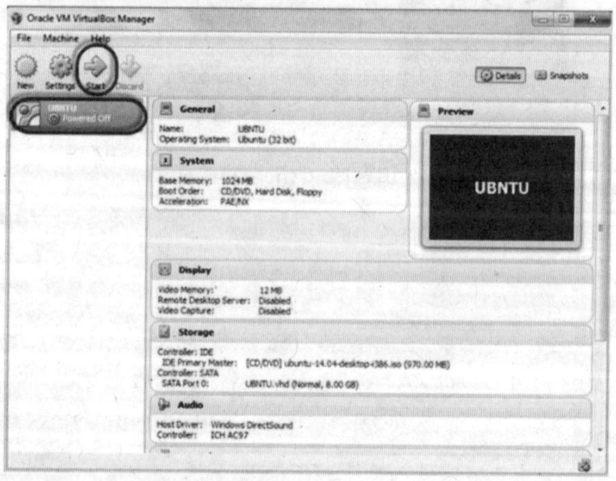

2. फोल्डर विकल्प का चयन करें।

3. Ubuntu iso फाइल का चयन करें।

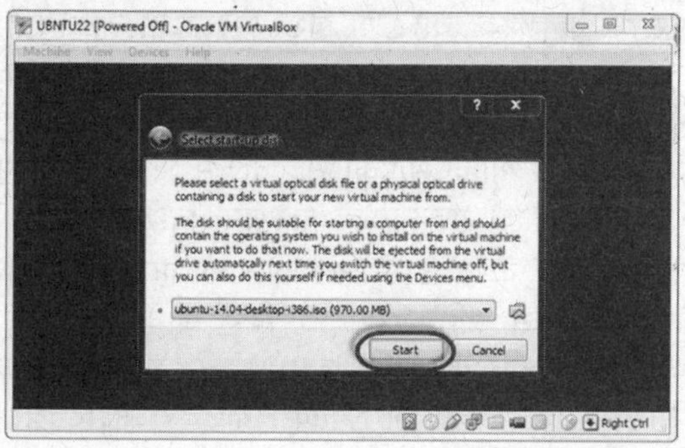

4. स्टार्ट पर क्लिक करें।

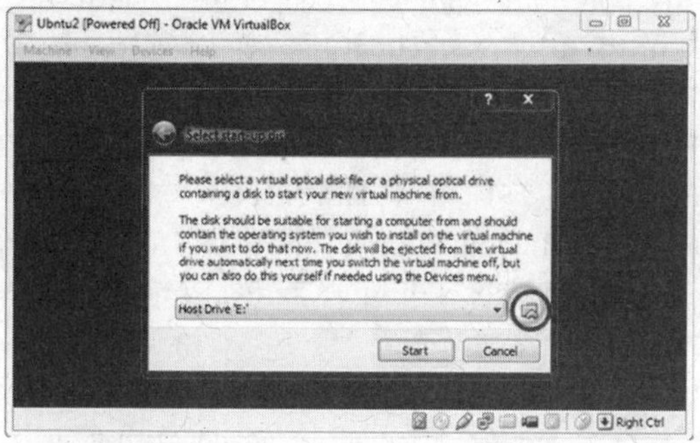

5. इंस्टाल उबंटू पर क्लिक करें।

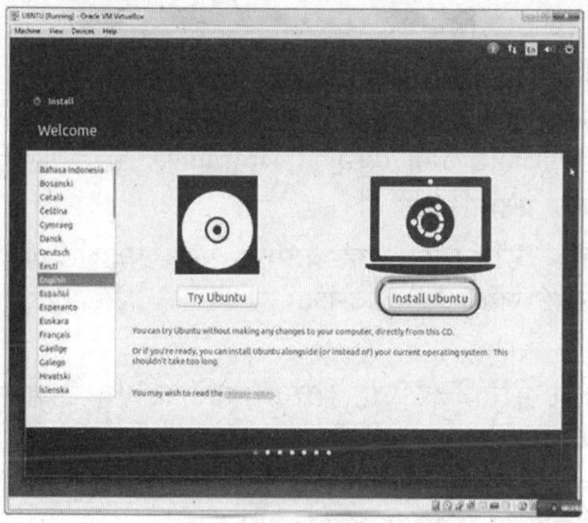

6. जारी रखें पर क्लिक करें।

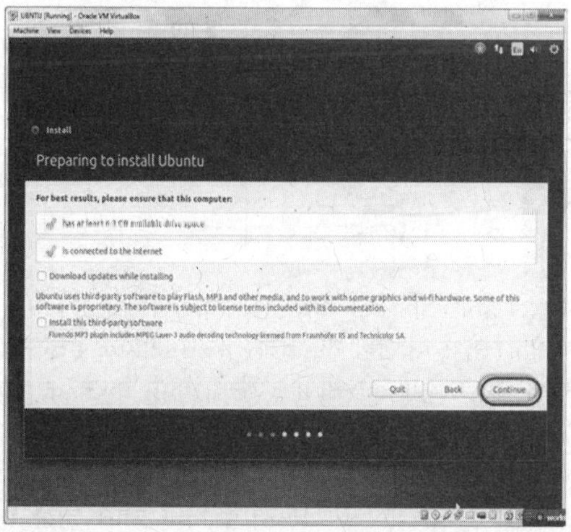

7. डिस्क को मिटाने के लिए विकल्प का चयन करें और उबंटू स्थापित करें और उसके बाद वर्चुअल हार्ड ड्राइव पर उबंटू स्थापित करने के लिए अब इंस्टॉल पर क्लिक करें।

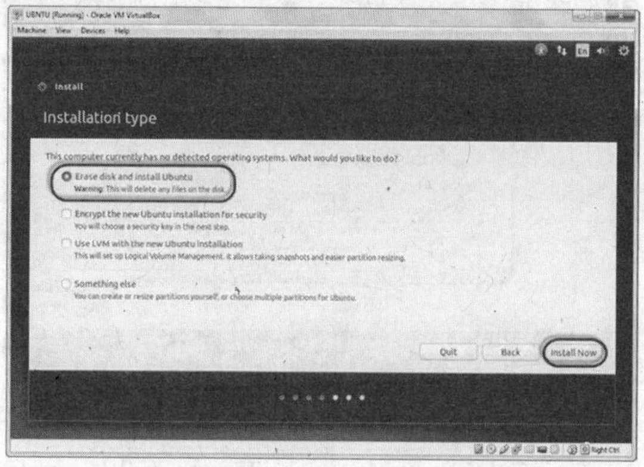

8. समय क्षेत्र सेट करने के लिए अपना स्थान चुनें, और जारी रखें पर क्लिक करें।
9. अपने कीबोर्ड लेआउट का चयन करें, डिफॉल्ट रूप से अंग्रेजी (यूएस) का चयन किया गया है, लेकिन यदि आप बदलना चाहते हैं, तो आप सूची में चयन कर सकते हैं।

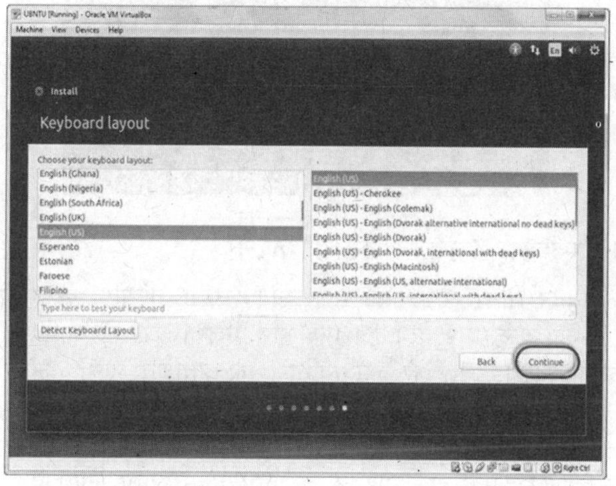

10. जारी रखें पर क्लिक करें।
11. स्थापित संवाद बॉक्स प्रकट होता है, अपने उबुन्टु व्यवस्थापक खाते के लिए अपना यूजर नाम और पासवर्ड चुनें .. विवरण भरें और लॉगिन प्रयास को अनदेखा करने के लिए स्वचालित रूप से लॉगिन पर टिक करें और जारी रखें पर क्लिक करें।

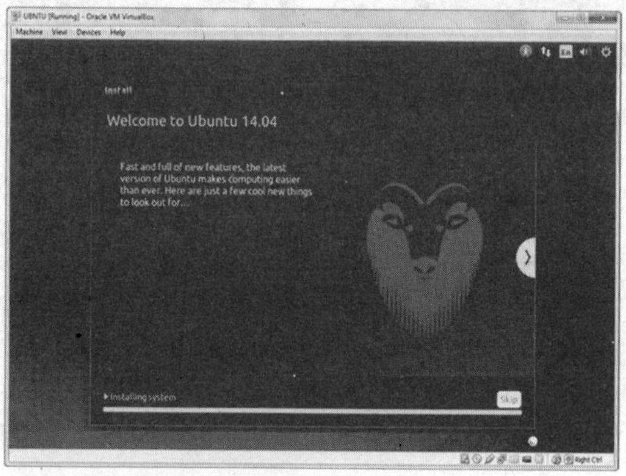

12. स्थापना प्रक्रिया शुरू होती है और प्रक्रिया पूरी होने तक प्रतीक्षा करें।

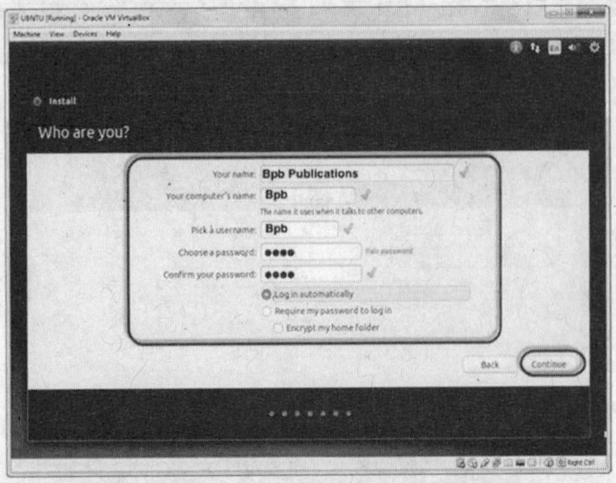

13. इंस्टॉलेशन खत्म होने के बाद, निम्न उबंटू डेस्कटॉप दिखाई देता है।

3.5 एडुबंटु/उबुन्टु स्टार्ट करना

जब कंप्यूटर स्विच ऑन होता है, एडुबंटु/उबंटू, कंप्यूटर की मेमोरी में लोड करना शुरू कर देता है। एक बार प्रक्रिया पूरी हो जाने के बाद, डेस्कटॉप दिखाई देता है, जो मॉनिटर पर प्रदर्शित होने वाली पहली स्क्रीन है। डेस्कटॉप में कुछ लेबल वाले चित्र शामिल हैं, जिन्हें आइकन के रूप में जाना जाता है, और इसके शीर्ष पर मेनू बार के रूप में जाना जाता है और इसके बाईं ओर लॉन्चर के रूप में जाना जाता है। सबसे अधिक इस्तेमाल किए जाने वाले कार्यक्रमों को लॉन्चर पर आइकन के रूप में रखा जाता है।

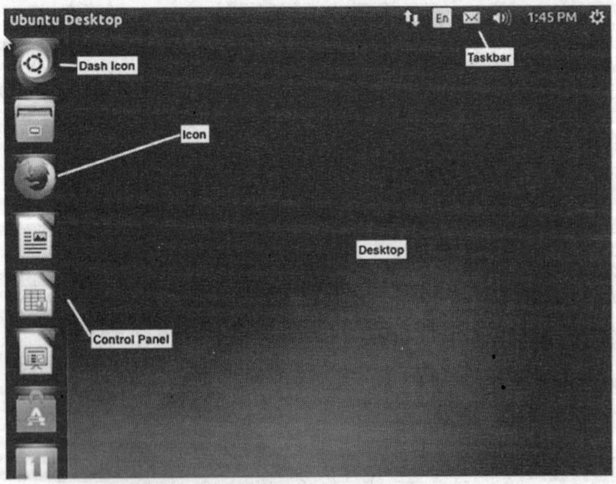

- **डैश आइकनः** डैश आइकन को लॉन्चर के शीर्ष पर रखा गया है, उस पर क्लिक करके, यह डैश विंडो के रूप में ज्ञात दाईं ओर एक नई विंडो प्रदर्शित करेगा। यह आपके कंप्यूटर में एप्लिकेशन और फाइल्स को खोजने में आपकी सहायता करेगा। यह विंडोज स्टार्ट मेनू के समान है, क्योंकि आपको सर्च बार में डॉक्यूमेंट या एप्लिकेशन का नाम लिखना है। यह वांछित परिणाम प्रदर्शित करेगा।
- **कण्ट्रोल पैनलः** कण्ट्रोल पैनल स्क्रीन के बायीं ओर मौजूद होता है जो सभी सबसे अधिक उपयोग किए जाने वाले अनुप्रयोगों के लिए शॉर्टकट प्रस्तुत करता है। इस विकल्प का उपयोग करके, हम लिबरऑफिस कॉम्पोनेन्ट, फायरफॉक्स ब्राउजर, सॉफ्टवेयर केंद्र और कई अन्य एप्लिकेशन लॉन्च कर सकते हैं।
- **मेनू बारः** जब कोई एप्लिकेशन लॉन्च किया जाता है, तो उसके सभी संबंधित मेनू बार एप्लिकेशन के शीर्ष पर दिखाई देंगे, जिसमें उस विकल्प के लिए विभिन्न मेनू शामिल होंगे। यदि आवश्यक हो तो हम पूरी विंडो बंद कर सकते हैं या विंडो का आकार बदल सकते हैं। मेनू बार को डेस्कटॉप के शीर्ष पर रखा जाता है, यह एडुबंटू में उपयोग की जाने वाली सामान्य सुविधा को शामिल करता है। मेनू बार का चरम अधिकार संकेतक क्षेत्र या सूचना क्षेत्र है। सबसे आम संकेतक हैं:
  - o **नेटवर्क इंडिकेटरः** यह नेटवर्क कनेक्शन का प्रबंधन करता है, इस प्रकार आपको वायर्ड या वायरलेस नेटवर्क से जल्दी और आसानी से कनेक्ट करने की अनुमति देता है।
  - o **मैसेजिंग इंडिकेटरः** यह आपको इंस्टेंट मैसेजिंग और ई–मेल क्लाइंट तक एक आसान पहुंच प्रदान करता है।
  - o **साउंड इंडिकेटरः** यह आपको वॉल्यूम सेटिंग्स के साथ–साथ म्यूजिक प्लेयर की पहुंच को समायोजित करने का एक आसान तरीका प्रदान करता है।
  - o **क्लॉक इंडिकेटरः** यह वर्तमान समय प्रदर्शित करता है और कैलेंडर समय, और दिनांक सेटिंग्स के लिए एक लिंक प्रदान करता है।
  - o **सेशन इंडिकेटरः** यह सिस्टम सेटिंग्स, एडुबंटु हेल्प और सत्र विकल्पों की एक कड़ी है।

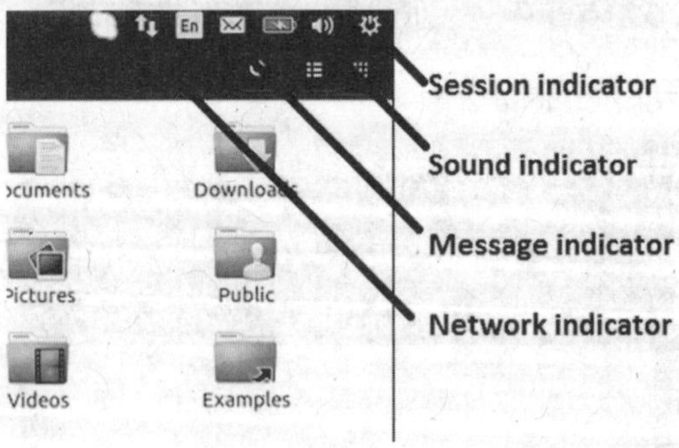

- **टास्कबारः** स्क्रीन के दाईं ओर टास्कबार मौजूद है। यह यूजर को वॉल्यूम सेटिंग्स में बदलाव का चयन करने, आपके इंटरनेट कनेक्शन की स्थिति देखने, आपको भाषा बदलने, काम करने के दौरान बैटरी की स्थिति देखने की अनुमति देता है।
- **लॉन्चरः** लॉन्चर एक वर्टीकल बार है जो डेस्कटॉप के बाईं ओर मौजूद है। यह आमतौर पर उपयोग किए जाने वाले एप्लिकेशन,

माउंटेड डिवाइस और ट्रैश का एक शॉर्टकट आइकन प्रदान करता है। लॉन्चर के शीर्ष पर मौजूद पहला आइकन डैश है। लॉन्चर में डिफॉल्ट रूप से दिखने वाले एप्लिकेशन निम्न हैं:

- **डैश**: लॉन्चर पर सबसे ऊपरी आइकन और उस पर एडुबंटु का लोगो है। यह आपके कंप्यूटर पर स्टोर्ड एप्लिकेशन और फाइल्स को जल्दी से ढूंढने में आपकी सहायता करता है।

- **फाइल फोल्डर**: यह एक फोल्डर होता है, जहां आप अपनी सभी फाइल्स और फोल्डर को रखते हैं।
- **फायरफॉक्स वेब ब्राउजर**: इसका उपयोग इंटरनेट पर सर्फ करने के लिए किया जाता है।
- **लिब्रे ऑफिस राइटर**: यह एक वर्ड प्रोसेसर है, जिसका उपयोग टेक्स्ट डॉक्यूमेंट को टाइप और एडिट करने के लिए किया जाता है।
- **लिब्रेऑफिस कैल्क**: इसका उपयोग सारणी के रूप में डेटा बनाने, गणना करने और चार्ट का उपयोग करके डेटा को चित्रात्मक रूप में प्रदर्शित करने के लिए किया जाता है।
- **लिब्रे ऑफिस इम्प्रेस**: इसका इस्तेमाल प्रस्तुतियां बनाने के लिए किया जाता है।
- **उबंटू सॉफ्टवेयर सेंटर**: आइकन एडुबंटू के प्राथमिक सॉफ्टवेयर प्रबंधन सिस्टम को खोलते हैं।
- **सिस्टम सेटिंग्स**: इसका इस्तेमाल कंप्यूटर सेटिंग्स जैसे पर्सनल सेटिंग्स, हार्डवेयर को बदलने के लिए किया जाता है।
- **फ्लॉपी डिस्क**: इसका उपयोग फ्लॉपी ड्राइव तक पहुंचने के लिए किया जाता है।
- **ट्रैश**: यह डिलिट गई फाइल्स को संग्रहीत करता है

3.6 सॉफ्टवेयर केंद्र

उबंटू में एक सॉफ्टवेयर सेंटर है, जिसके उपयोग से आप कई अनुप्रयोगों को होस्ट कर सकते हैं। सॉफ्टवेयर केंद्र को उपलब्ध सॉफ्टवेयर के लिए इंटरनेट पर खोज करने के लिए डिजाइन किया गया है जिसे डाउनलोड और इंस्टॉल किया जा सकता है।

3.6.1 सॉफ्टवेयर स्थापित करना

सॉफ्टवेयर स्थापित करने के लिए निम्न चरण करें:

1. कण्ट्रोल पैनल में, सॉफ्टवेयर सेंटर स्क्रीन के बाईं ओर दिखाई देता है।
2. खोलने के लिए उस पर डबल क्लिक करें।
3. यह दिखाएगा:
   क. सभी उपलब्ध सॉफ्टवेयर।
   ख. वर्तमान में मशीन पर स्थापित सभी सॉफ्टवेयर।
   ग. सॉफ्टवेयर के लिए उपलब्ध कोई भी अपडेट जो वर्तमान में मशीन पर स्थापित है।
4. आप विभिन्न सॉफ्टवेयर श्रेणियों के माध्यम से भी ब्राउज कर सकते हैं।
5. एक एप्लिकेशन चुनें, और देखें कि यह कैसे स्थापित होता है।
6. एप्लिकेशन पर क्लिक करें।
7. इंस्टॉलेशन शुरू करने के लिए इंस्टॉल बटन पर क्लिक करें।
8. इंस्टॉलिंग प्रोग्रेस बार यह दिखाएगा कि एप्लिकेशन इंस्टॉल है।
9. इंस्टॉलेशन पूरा होने के बाद, सॉफ्टवेयर लॉन्च करने के लिए लॉन्च बटन पर क्लिक करें।

3.6.2 सॉफ्टवेयर को रिमूव करना

मशीन पर पहले से इंस्टॉल किए गए सॉफ्टवेयर की सूची देखने के लिए, सॉफ्टवेयर सेंटर एप्लिकेशन के इंस्टॉल किए गए अनुभाग पर जाएं। यह अवांछित सॉफ्टवेयर को हटाने के विकल्प को दिखाता है।

3.6.3 अनचाहे सॉफ्टवेयर को हटाने के लिए

आवश्यक सॉफ्टवेयर से जुड़े रिमूव बटन पर क्लिक करें।

3.7 सॉफ्टवेयर अपडेट

अपडेट अनुभाग में, हम उबंटू ऑपरेटिंग सिस्टम के लिए उपलब्ध महत्वपूर्ण अपडेट इंस्टॉल कर सकते हैं। यह अनुभाग उस सॉफ्टवेयर के लिए उपलब्ध अद्यतन को दिखाता है जो सिस्टम पर पहले से इंस्टॉल है।

सॉफ्टवेयर को अपडेट करने के लिए, उस सॉफ्टवेयर के बगल में इंसटोल बटन पर क्लिक करें जिसे आप अपडेट करना चाहते हैं।

3.8 फाइल्स और फोल्डर

फाइल्स फोल्डर कंप्यूटर की हार्ड डिस्क या किसी अन्य बाहरी संग्रहण मीडिया के कंटेंट को प्रदर्शित करते हैं। फाइल फोल्डर का उपयोग करते हुए, हम कंप्यूटर के सभी फोल्डर और फाइल्स को एक्सेस और मैनेज कर सकते हैं। यह कंप्यूटर में फाइल्स को खोजने, व्यवस्थित करने, स्थानांतरित करने और कॉपी करने के लिए उपयोगी है।

फाइल कुछ स्टोरेज डिवाइस, जैसे हार्ड डिस्क, सीडी, डीवीडी या पेन ड्राइव पर एक साथ संग्रहीत संबंधित जानकारी का एक संग्रह है। कंप्यूटर में किसी भी जानकारी को फाइल के रूप में सहेजा जाता है, और प्रत्येक फाइल को एक फाइल नाम दिया जाता है जो कंप्यूटर में किसी भी स्थान पर संग्रहीत फाइल को खोजने में मदद करता है।

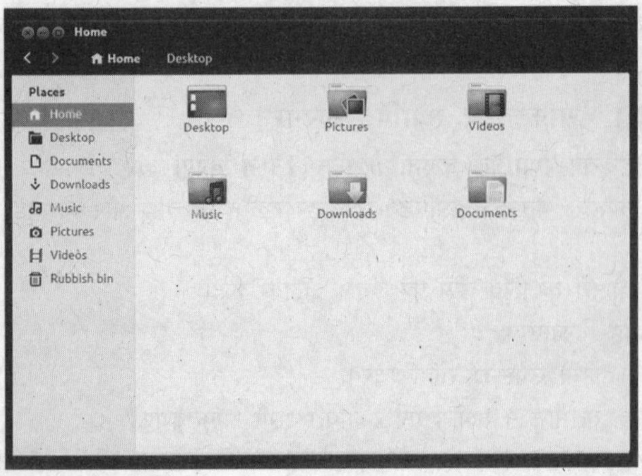

फोल्डर

कंप्यूटर में फोल्डर, फाइल्स और अन्य फोल्डर्स को रखता है। एक फोल्डर के भीतर एक फोल्डर को उप–फोल्डर कहा जाता है।

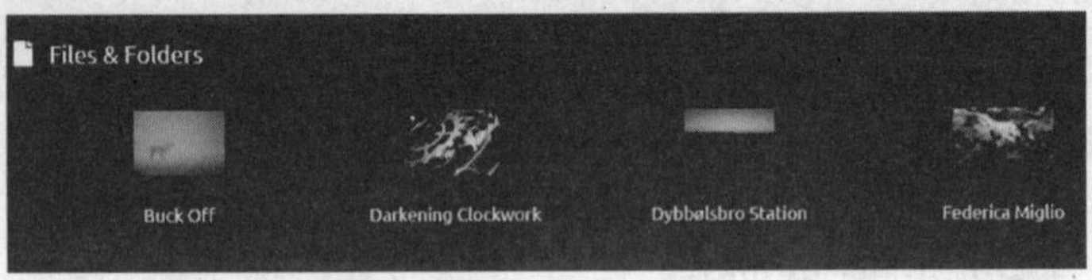

3.8.1 फाइल को क्रिएट करना

एप्लिकेशन सॉफ्टवेयर का उपयोग करके फाइल बनाई जा सकती है।

फाइल क्रिएट करने के लिए:

फाइल क्रिएट के लिए दिए गए चरणों का पालन करें:

1. लॉन्चर पर लिब्रे ऑफिस राइटर आइकन पर राइट क्लिक करें।
2. विकल्पों की सूची दिखाई देती है।
3. न्यू डॉक्यूमेंट ऑप्शन पर क्लिक कर लिस्ट बनाएं।
4. स्क्रीन पर खाली पृष्ठ प्रदर्शित होता है।
5. डॉक्यूमेंट में टाइप करें और फिर अपना काम पूरा करने के बाद सेव बटन पर क्लिक करें।
6. सेव डायलॉग बॉक्स दिखाई देता है।
7. नाम बॉक्स में नाम परिभाषित करें।
8. सेव बटन पर क्लिक करें।
9. फाइल सेव हो जाएगी।

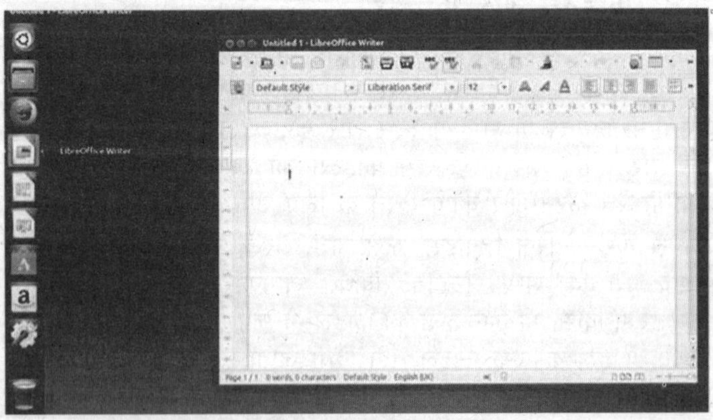

3.8.2 फोल्डर को क्रिएट करना

अलग–अलग फाइल्स और फोल्डर को सेव करने के लिए फोल्डर का उपयोग किया जाता है।

फोल्डर क्रिएट करने के लिए:

फोल्डर क्रिएट करने के लिए दिए गए चरणों का पालन करें:

1. डेस्कटॉप के खाली क्षेत्र पर राइट–क्लिक करें।
2. विकल्पों की सूची दिखाई देती है।
3. नया फोल्डर विकल्प चुनें।
4. फोल्डर डेस्कटॉप पर बनाया जाएगा, जिसमें डिफॉल्ट नाम अनटाइल्ड फोल्डर होगा।
5. उपयुक्त नाम लिखें।
6. एंटर की प्रेस करे।
7. वांछित नाम के साथ एक नया फोल्डर बनाया गया है।

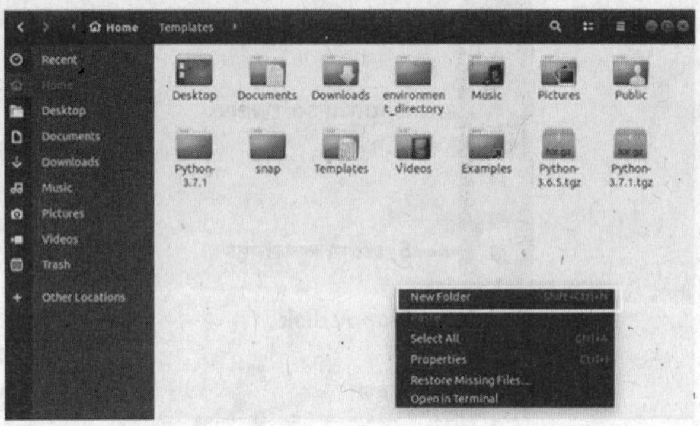

3.8.3 फाइल/फोल्डर को ओपन करना

फाइल या फोल्डर को ओपन करने के लिए:

फाइल या फोल्डर ओपन करने के लिए दिए गए चरणों का पालन करें:

1. माउस पॉइंटर को आवश्यक फाइल/फोल्डर में ले जाएं।
2. इस पर डबल क्लिक करें या एंटर की दबाएं।
3. फाइल या फोल्डर खुल जाएगा और आप इसके कंटेंट देख सकते हैं।

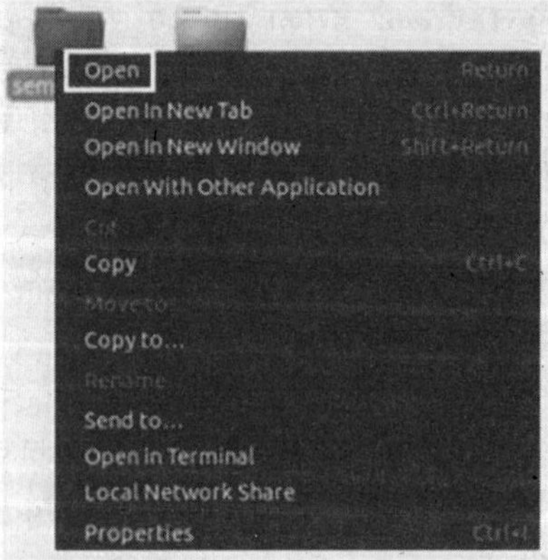

या

1. सॉफ्टवेयर लॉन्चर में फाइल्स ऑप्शन पर क्लिक करें।
2. उस फाइल आइकन पर क्लिक करें जिसे आप ओपन करना चाहते हैं।
3. आइकन पर क्लिक करने पर, निम्न स्क्रीन, उबंटू में एक्सप्लोरर जैसी फाइल खुल जाती है।

3.8.4 फाइल/फोल्डर का नाम बदलना

किसी फाइल/फोल्डर का मौजूदा नाम बदलना।

किसी भी फाइल या फोल्डर का नाम बदलने के लिए:

किसी भी फाइल या फोल्डर का नाम बदलने के लिए दिए गए चरणों का पालन करें:

1. इच्छित फाइल/फोल्डर पर राइट क्लिक करें।
2. नाम बदलें विकल्प का चयन करें शॉर्टकट मेनू से।

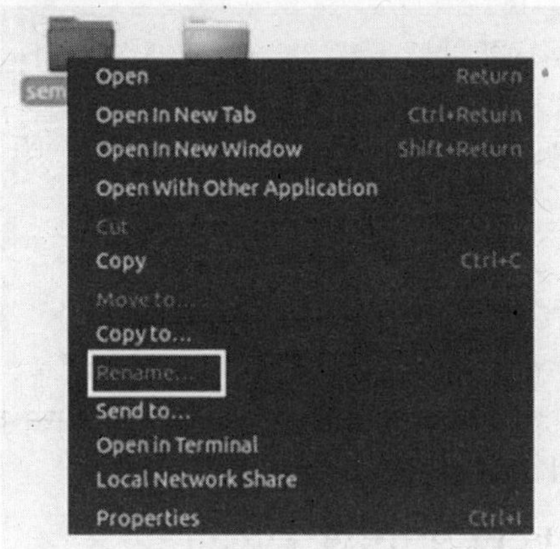

3. फाइल/फोल्डर का नाम हाइलाइट किया जाएगा।
4. फाइल/फोल्डर का नया नाम टाइप करें।
5. प्रेस एंटर की, नाम बदल दिया जाएगा।

3.8.5 फाइल/फोल्डर की प्रतिलिपि बनाना

कॉपी करने का मतलब फाइल/फोल्डर को अलग–अलग स्थान पर ले जाना है।

किसी भी फाइल या फोल्डर को कॉपी करने के लिए:

किसी फाइल या फोल्डर की प्रतिलिपि बनाने के लिए दिए गए चरणों का पालन करें:

1. कॉपी करने के लिए इच्छित फाइल/फोल्डर पर राइट क्लिक करें।
2. कॉपी विकल्प का चयन करें शॉर्टकट मेनू में से ।
3. लॉन्चर में फाइल्स फोल्डर पर क्लिक करें।
4 होम विंडो दिखाई देती है।
5. स्थानों में किसी भी फोल्डर या स्थान का चयन करें, जहाँ आप फाइल की प्रतिलिपि बनाना चाहते हैं।
6. राइट पेन पर राइट क्लिक करें।

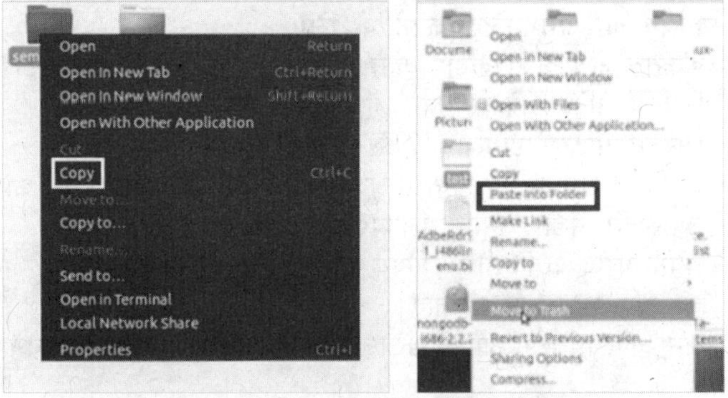

7. पेस्ट विकल्प चुनें।
8. फाइल को नए स्थान पर कॉपी किया गया है।

3.8.6 किसी फाइल/फोल्डर को मूव करना

मूविंग का मतलब है फाइल/फोल्डर को एक जगह से दूसरी जगह ले जाना।

किसी भी फाइल या फोल्डर को स्थानांतरित करने के लिए:

किसी भी फाइल या फोल्डर को स्थानांतरित करने के लिए दिए गए चरणों का पालन करें:

1. स्थानांतरित करने के लिए वांछित फाइल/फोल्डर पर राइट क्लिक करें।
2. कट विकल्प का चयन करें, प्रदर्शित सूची बनाएं।
3. लॉन्चर में फाइल्स फोल्डर पर क्लिक करें।
4. होम विंडो दिखाई देती है।
5. उन स्थानों में स्थान का चयन करें, जहाँ आप फाइल को स्थानांतरित करना चाहते हैं।

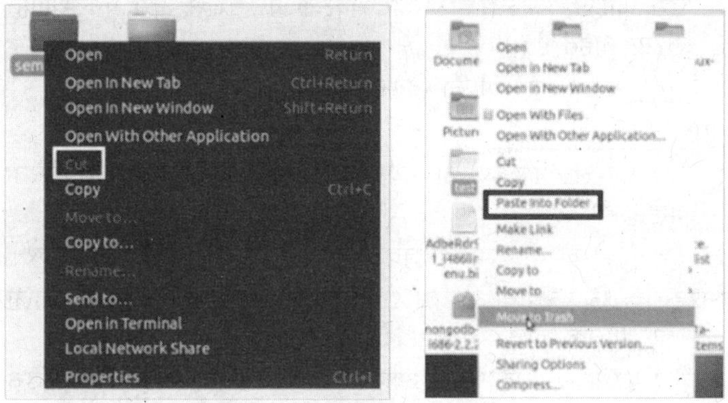

6. राइट पेन पर राइट क्लिक करें।
7. पेस्ट विकल्प चुनें।
8. फाइल को नए स्थान पर ले जाया गया है।

3.8.7 फाइल/फोल्डर को डिलिट करना

डिलीट का अर्थ है फाइल/फोल्डर को रीसायकल बिन या ट्रैश में स्थानांतरित करना।

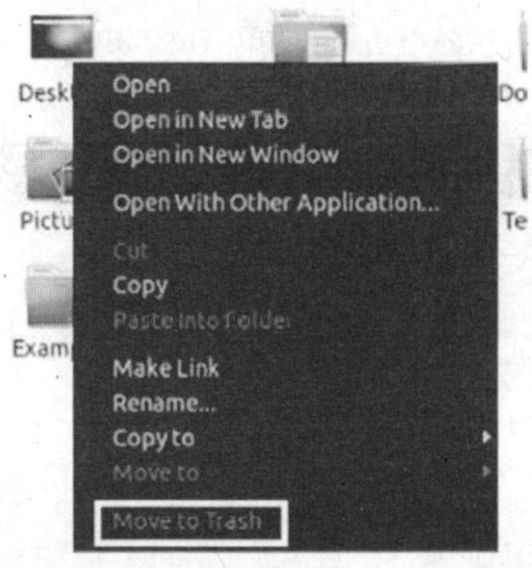

किसी भी फाइल या फोल्डर को डिलीट करने के लिए:

किसी भी फाइल या फोल्डर को डिलीट के लिए दिए गए चरणों का पालन करें:

1. डिलीट करने के लिए वांछित फाइल/फोल्डर पर राइट क्लिक करें।
2. शॉर्टकट मेनू से ट्रैश विकल्प का चयन करें।
3. वांछित फाइल/फोल्डर डेस्कटॉप से हटा दिया जाता है और ट्रैश या रीसायकल बिन में चला जाता है।

3.8.8 फाइल/फोल्डर को पुनर्स्थापित करना

रिस्टोर करने का अर्थ है उस फाइल/फोल्डर फॉर्म को रीसायकल बिन या ट्रैश को उस फोल्डर में ले जाना जहाँ से इसे डिलीट किया गया है।

किसी भी फाइल या फोल्डर को पुनर्स्थापित करने के लिए:

किसी भी फाइल फोल्डर को पुनर्स्थापित करने के लिए दिए गए चरणों का पालन करें:

1. लॉन्चर पर मौजूद ट्रैश आइकन पर क्लिक करें।
2. ट्रैश फोल्डर खुल जाएगा।
3. आपको अपना डिलीट किया हुआ फोल्डर/फाइल इस लोकेशन में मिल जाएगा।
4. उस फाइल/फोल्डर पर राइट–क्लिक करें जिसे आप पुनर्स्थापित करना चाहते हैं।
5. संदर्भ मेनू से पुनर्स्थापना विकल्प का चयन करें।

या

1. उस फाइल/फोल्डर का चयन करें जिसे आप पुनर्स्थापित करना चाहते हैं।
2. ट्रैश विंडो के दाईं ओर मौजूद रिस्टोर बटन पर डबल क्लिक करें।

सिस्टम के लिए स्थायी रूप से सभी फाइलों को हटाने के लिए, खाली बटन पर क्लिक करें।

कंप्यूटर पर काम करते समय, आपको अक्सर मौजूदा फाइल्स/फोल्डर्स को खोलने की आवश्यकता होती है, आप उन्हें कॉपी या स्थानांतरित भी कर सकते हैं और कार्य कर सकते हैं।

3.8.9 फाइल्स फाइल प्रबंधक

फाइल्स फाइल प्रबंधक फोल्डर और ड्राइव के बारे में विस्तृत जानकारी प्रदान करता है। यह आपको अपनी फाइल्स और फोल्डर को प्रबंधित करने, व्यवस्थित करने की अनुमति देता है।

फाइल्स फाइल प्रबंधक को ओपन करना

फाइल्स ब्राउजर खोलने के लिए दिए गए चरण का अनुसरण करता है:

1. डैश आइकन पर क्लिक करें।

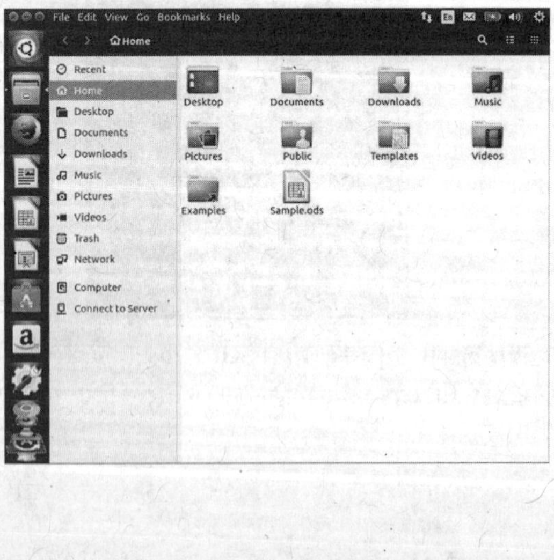

2. सर्च बार में फाइल टाइप करें।
3. एप्लिकेशन आइकन सर्च बार के नीचे दिखाई देगा।
4. एप्लिकेशन को खोलने के लिए आइकन पर क्लिक करें।
5. होम विंडो दिखाई देती है।

कंटेंट को देखना

किसी भी फाइल/फोल्डर के कंटेंट को देखने के लिए:

1. उस फाइल या फोल्डर का चयन करें जिसे आप खोलना चाहते हैं।
2. एंटर की दबाएं।
3. फाइल खुल जाएगी।

या

1. उस फाइल या फोल्डर पर डबल क्लिक करें जिसे आप खोलना चाहते हैं।
2. फाइल खुल जाएगी।

3.10 कॉन्टेक्स्ट मेनू/शॉर्टकट मेनू

कॉन्टेक्स्ट मेनू पॉप अप मेनू है जो तब दिखाई देता है जब आप एक आइकन पर राइट क्लिक करते हैं और ऑब्जेक्ट विभिन्न कमांड के सेट प्रदर्शित करेंगे।

3.11 डेस्कटॉप पृष्ठभूमि बदलना

डेस्कटॉप की पृष्ठभूमि तब दिखाई देगी जब आप डेस्कटॉप के रिक्त क्षेत्र पर राइट क्लिक करते हैं, एक मेनू जिसमें विकल्पों की सूची दिखाई देती है। इस विकल्प का उपयोग करके, आप डेस्कटॉप की पृष्ठभूमि सेटिंग्स, आइकन की उपस्थिति को बदल सकते हैं।

3.11.1 एप्लीकेशन स्थापित करना

सर्च बार में, उस एप्लिकेशन का नाम टाइप करें जिसे आप डाउनलोड करना चाहते हैं।

1 इंस्टॉल बटन पर क्लिक करें।
2. एडुबंटु प्रमाणीकरण के लिए पूछता है।
3. अपने सिस्टम का पासवर्ड टाइप करें।
4. ऑथेंटिकेट बटन पर क्लिक करें।
5. स्थापना प्रारंभ (प्रोगरेस बार द्वारा इंगित)।
6. एप्लिकेशन की सफल स्थापना के बाद, इसका आइकन लॉन्चर बार पर दिखाई देता है।

3.11.2 डेस्कटॉप को कस्टमाइज करना

एडुबंटू काफी फ्लेक्सिबल है और आपकी पसंद के अनुसार डेस्कटॉप की सेटिंग्स को बदलने के लिए विकल्प प्रदान करता है।

डेस्कटॉप को अनुकूलित करने के लिए:

1. संकेतक क्षेत्र के डेस्कटॉप कोने में सत्र संकेतक पर क्लिक करें।
2. सिस्टम सेटिंग्स विकल्प चुनें ड्रॉप–डाउन मेनू से।
3. सिस्टम सेटिंग्स डायलॉग बॉक्स दिखाई देता है।
4. व्यक्तिगत अनुभाग के तहत मौजूद उपस्थिति आइकन का चयन करें।
5. उपस्थिति विंडो वर्तमान वॉलपेपर और थीम प्रदर्शित करती है।
6. अपनी पसंद के किसी भी विषय का चयन करें उपलब्ध थीम अनुभाग की ड्रॉप–डाउन सूची बनाएं।
7. लागू की गई थीम आपके डेस्कटॉप के स्वरूप को तुरंत बदल देगी।

8. इसी प्रकार, आप डेस्कटॉप वॉलपेपर को वॉलपेपर श्रेणी के तहत चित्रों की उपलब्ध सूची में बदल सकते हैं।

आप अपने डेस्कटॉप की पृष्ठभूमि भी बदल सकते हैं:

1. चित्र फोल्डर
2. रंग और स्नातक

ये विकल्प उपलब्ध हैं जब आप वॉलपेपर के बगल में ड्रॉप–डाउन तीर पर क्लिक करते हैं।

डेस्कटॉप पृष्ठभूमि के रूप में अपनी खुद की तस्वीर का उपयोग करने के लिए:

1. + बटन पर क्लिक करें।
2. अधिक चित्रों के लिए ब्राउज करें संवाद बॉक्स प्रकट होता है।
3. उस छवि पर नेविगेट करें जिसका आप उपयोग करना चाहते हैं।
4. इमेज पर डबल क्लिक करें।
5. चयनित पृष्ठभूमि का एक पूर्वावलोकन डेस्कटॉप पर दिखाई देगा।
6. चित्र फोल्डर श्रेणी के तहत उपलब्ध पृष्ठभूमि की आपकी सूची में जोड़ा जाएगा।

रंग और ग्रेडिएंट बटन आपको पृष्ठभूमि को एक सॉलिड या ग्रेडिएंट रंग सेट करने की अनुमति देगा।

1. सॉलिड कलर बटन पर क्लिक करें।
2. रंग बॉक्स प्रदर्शित किया जाता है।
3. किसी भी ठोस रंग का चयन करें, उस पर डबल क्लिक करके रंगों की प्रदर्शित सूची बनाएं।
4. चयनित रंग का एक पूर्वावलोकन डेस्कटॉप दिखाई देगा।
5. ऊर्ध्वाधर और क्षैतिज ढाल बटन दो रंग बटन चुनें।
6. इच्छित परिणाम प्राप्त करने के लिए कोई भी दो रंग चुनें और उसका पालन करें।
7. रंगों को लागू करने के बाद, क्लोज बटन पर क्लिक करें।

लॉन्चर आइकन का आकार

लुक टैब के निचले दाएं कोने में, आपको लॉन्चर पर आइकन का आकार बदलने के लिए एक स्लाइडर मिलेगा। स्लाइडर को दाईं या बाईं ओर खींचें, ताकि 32 और 64 पिक्सल के बीच एक रेंज बन सके।

3.11.3 स्क्रीनलेटस

स्क्रीनलेट्स गिनी प्रोग्राम हैं, जो एक नजर में जानकारी प्रदान करते हैं और अक्सर उपयोग किए जाने वाले उपकरणों के लिए एक आसान पहुँच प्रदान करते हैं। इसमें कॉल्स, क्लेअरकलेण्डर, क्लॉक, फ्लावर, और बहुत सारे शामिल हैं। डिफॉल्ट रूप से, डेस्कटॉप पर स्क्रीनलेट दिखाई नहीं देते हैं।

आपके कंप्यूटर पर स्क्रीनलेट स्थापित करने के लिए:

1. उबंटू सॉफ्टवेयर सेंटर खोलें।
2. सर्चबार में स्क्रीनलेट टाइप करें।
3. एंटर की दबाएं।
4. स्क्रीनलेट एप्लिकेशन का चयन करें।
5. इंस्टॉल बटन पर क्लिक करें।
6. इंस्टॉल होने के बाद, स्क्रीनलेट एप्लिकेशन का उपयोग करें।

अपने डेस्कटॉप पर स्क्रीनलेट ऐड करने के लिए:

1. लांचर पर मौजूद स्क्रीनलेट आइकन का चयन करें।
2. इसे खोलने के लिए क्लिक करें।
3. स्क्रीनलेट प्रबंधक विंडो दिखाई देती है।

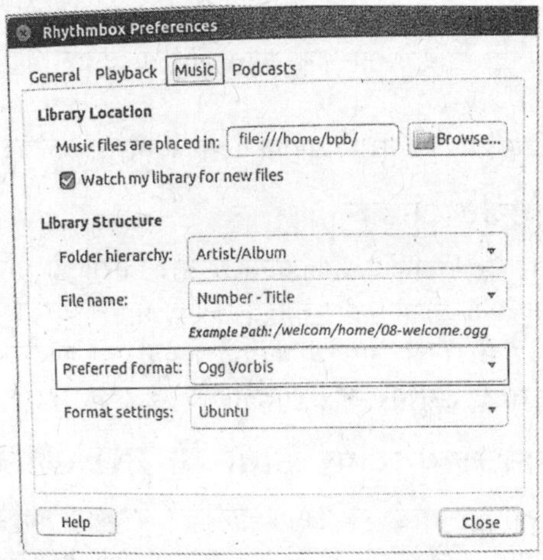

4. उस स्क्रीनलेट का चयन करें जिसे आप डेस्कटॉप पर रखना चाहते हैं।
5. बाएं फलक में लॉन्च/जोड़ें बटन पर क्लिक करें।
6. चयनित स्क्रीनलेट को डेस्कटॉप पर रखा जाता है।
7. आप स्क्रीनलेट को स्क्रीन पर कहीं भी खींचकर उसकी जगह बदल सकते हैं।

3.11.4 स्क्रीनसेवर

स्क्रीनसेवर एक छवि है जो कंप्यूटर स्क्रीन पर पॉप अप करती है जब भी कंप्यूटर एक निश्चित अवधि के लिए निष्क्रिय रहता है। आप किसी भी की को दबाकर या माउस को घुमाकर सामान्य स्क्रीन पर वापस आ सकते हैं। आपको अपने डेस्कटॉप पर स्क्रीनसेवर स्थापित करने के लिए इनस्टॉल उबुन्टु सॉफ्टवेयर सेंटर 'स्थापित करना होगा।

स्क्रीनसेवर बदलने के लिए:

1. उबुन्टु सॉफ्टवेयर सेंटर से एक्स के लिए स्वचालित स्क्रीनसेवर डाउनलोड करें।
2. एक बार जब यह स्थापित हो जाता है, तो लांचर पर स्क्रीनसेवर आइकन दिखाई देता है।
3. इसे खोलने के लिए क्लिक करें।
4. स्क्रीनसेवर वरीयताएँ विंडो प्रकट होती है।
5. मोड श्रेणी में ऊपर और नीचे तीर का उपयोग करके प्रदर्शन मोड का चयन करें।
6. स्क्रीनसेवर फार्म प्रदर्शित सूची का चयन करें।
7. चयनित स्क्रीनसेवर हाइलाइट हो जाता है और स्क्रीनसेवर का पूर्वावलोकन दाएँ फलक में दिखाई देता है।
8. पूर्ण स्क्रीन पर पूर्वावलोकन देखने के लिए, पूर्वावलोकन बटन पर क्लिक करें।
9. कुछ सेकंड के लिए प्रतीक्षा करें और आपको चयनित स्क्रीनसेवर की पूरी स्क्रीन पर पूर्वावलोकन मिलेगा।
10. स्पिन बॉक्स के बाद रिक्त के तहत समय निर्धारित करें।
11. यह समय निर्धारित करेगा: "स्क्रीनसेवर के सक्रिय होने से पहले कितनी देर"।
12. समय और डाउन एरो को कम करने के लिए ऊपर तीर का उपयोग करें।

13. स्पिन बॉक्स के बाद चक्र के लिए समय निर्धारित करें। इसके लिए समय निर्धारित होगाः "नया प्रदर्शन करने से पहले प्रत्येक प्रदर्शन मोड को कितने समय तक चलना चाहिए"।
14. समय और डाउन एरो को कम करने के लिए ऊपर तीर का उपयोग करें।
15. चयनित विकल्पों के अनुसार आपके कंप्यूटर का स्क्रीनसेवर बदलता है।

3.12 शॉर्टकट आइकन

शॉर्टकट लांचर पर मौजूद एक आइकन है और किसी भी एप्लिकेशन को खोलने के लिए एक आसान और त्वरित तरीका प्रदान करता है। डिफॉल्ट रूप से, लॉन्चर में सबसे सामान्य कार्यक्रमों का एक शॉर्टकट मेनू होता है। हम जरूरत के अनुसार और शॉर्टकट जोड़ सकते हैं।

3.13 अपने कंप्यूटर पर सीडी को RIP करना

RIP या Ripping सीडी से आपके कंप्यूटर पर डेटा कॉपी करने की प्रक्रिया है। आप अपने कंप्यूटर पर रिदमबॉक्स म्यूजिक प्लेयर के साथ सीडी/डीवीडी से अपने पसंदीदा संगीत को कॉपी कर सकते हैं।

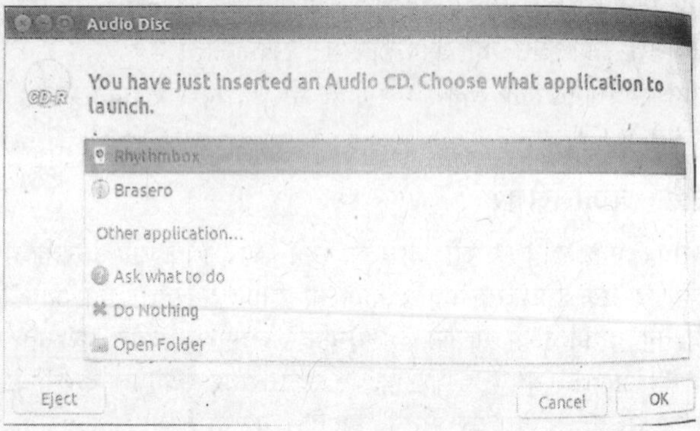

कंप्यूटर सिस्टम में म्यूजिक फाइल रिप करने के लिए:

1. सीडी ड्राइव में एक ऑडियो सीडी डालें।
2. ऑडियो डिस्क संवाद बॉक्स दिखाई देता है, जो आपको सीडी के साथ चलाने के लिए एक एप्लिकेशन चुनने के लिए प्रेरित करता है।
3. ड्रॉप–डाउन एरो पर क्लिक करें।
4. रिदमबॉक्स विकल्प का चयन करें प्रदर्शित सूची मे से।
5. ओके पर क्लिक करें।
6. रिदमबॉक्स विंडो सीडी में संग्रहीत गानों की सूची के साथ खुलती है।
7. किसी भी गाने के आगे वाले चेकबॉक्स पर क्लिक करें जिसे आप रिप नहीं चाहते हैं।
8. जब चयन प्रक्रिया पूरी हो जाते है।
9. राइट पैनल के टॉप बार पर स्थित एक्सट्रैक्ट बटन पर क्लिक करें।
10. रिप्पिंग प्रक्रिया शुरू होती है।
11. इसकी प्रगति को पैनल के निचले भाग में मौजूद लाइब्रेरी 'प्रोग्रेस बार' की कॉपी करने वाली लाइन्स में देखा जा सकता है।
12. किसी भी बिंदु पर रिप्पिंग प्रक्रिया को रोकने के लिए, प्रगति पट्टी के बगल में स्थित रेडियो बटन पर क्लिक करें।
13. एक बार जब रिदमबॉक्स प्रत्येक ट्रैक को कॉपी करता है तो निकाले गए फाइल म्यूजिक फोल्डर के नीचे लाइब्रेरी में दिखाई देंगे। (ऑडियो फाइल का डिफॉल्ट विस्तार है, ऑग वॉर्बिस)।

सीडी से ऑडियो फाइल्स निकालते समय प्रारूप को बदलने के लिए, दिए गए चरणों का पालन करें:

1. एडिट मेनू पर क्लिक करें।
2. प्राथमिकताएँ विकल्प चुनें।
3. रिदमबॉक्स प्राथमिकताएं संवाद बॉक्स प्रकट होता है।
4. म्यूजिक टैब पर क्लिक करें।
5. पसंदीदा प्रारूप के ड्रॉप–डाउन मेनू पर क्लिक करके वांछित प्रारूप का चयन करें।
6. क्लोज बटन पर क्लिक करें।

3.14 बर्निंग ऑडियो सीडी

संगीत की प्रतिलिपि बनाने के लिए सीडी को अपने कंप्यूटर पर रखें, ताकि इसे किसी अन्य सीडी प्लेयर में चलाया जा सके। इस ऑपरेशन को करने के लिए आपके कंप्यूटर सिस्टम में एक सीडी राइटर स्थापित होना चाहिए। बर्न करना, कॉपी करने और सीडी/डीवीडी को डिलीट करने के लिए ब्रासेरो एप्लिकेशन का उपयोग किया जाता है।

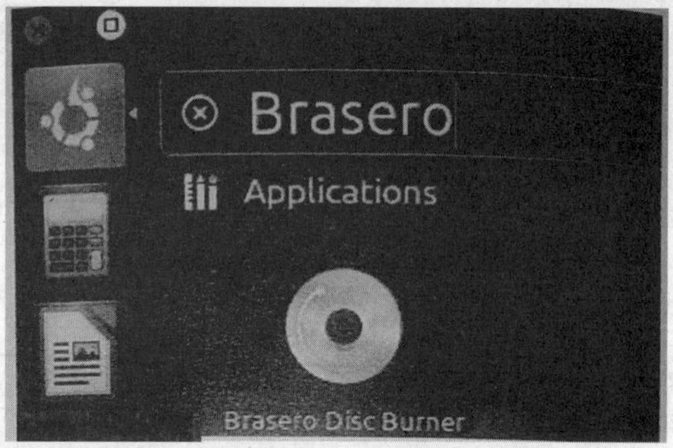

सीडी/डीवीडी बर्न के लिए:

1. सीडी ड्राइव में एक खाली सीडी डालें।
2. डैश आइकन चुनें।
3. सर्च बार में ब्रासेरो या ब्रासेरो डिस्क बर्नर टाइप करें।
4. इसे खोलने के लिए एप्लिकेशन पर क्लिक करें।
5. ब्रासेरो विंडो स्क्रीन पर दिखाई देती है।
6. एक नया प्रोजेक्ट बनाएं श्रेणी के तहत ऑडियो प्रोजेक्ट विकल्प का चयन करें।
7. ब्रासेरो–न्यू ऑडियो डिस्क प्रोजेक्ट डायलॉग बॉक्स दिखाई देता है।
8. अपने प्रोजेक्ट में फाइल्स ऐड करने के लिए प्रोजेक्ट बटन में ऐड फाइल्स पर क्लिक करें।
9. फाइल्स का चयन करें संवाद बॉक्स प्रकट होता है।
10. स्थान श्रेणी के अंतर्गत बाईं ओर फलक का चयन करें।
11. चयनित फाइल्स दाएँ फलक में दिखाई देंगी।
12. डायलॉग बॉक्स के निचले दाएं कोने पर स्थित ऐड बटन पर क्लिक करें।
13. चयनित फाइल्स ब्रासेरो–न्यू ऑडियो डिस्क प्रोजेक्ट डायलॉग बॉक्स में दिखाई देंगी।
14. सीडी में फाइल्स को लिखने के लिए बर्न बटन का चयन करें।
15. एक नई विंडो दिखाई देती है जो आपको बर्निंग स्पीड को ड्रॉप–डाउन मेनू का चयन करने की अनुमति देती है।

16. बर्न कई कॉपियों के टैब का चयन करके आप कई प्रतियां बना सकते हैं।
17. बर्न बटन पर क्लिक करें।
18. बर्न की प्रक्रिया शुरू हो जाएगी।
19. एक बार सीडी बर्न के बाद, एक संदेश "ऑडियो सीडी सफलतापूर्वक बर्न हो गए है " दिखाई देता है।
20. प्रक्रिया से बाहर आने के लिए क्लोज बटन पर क्लिक करें।

3.15 एक्सप्लोरिंग चित्र

चित्र फोल्डर में, डिजिटल फोटो, चित्र और ग्राफिक फाइल्स संग्रहीत की जाती हैं।

चित्रों को एक्स्प्लोर करने के लिए:

1. पिक्चर फोल्डर को खोलने के लिए लॉन्चर में मौजूद फाइल फोल्डर आइकन पर क्लिक करें।
2. बाएं फलक में चित्रों के विकल्प का चयन करें।
3. पिक्चर फोल्डर खुलेगा।
4. विंडो के ऊपरी दाएं कोने में, आपको तीन बटन मिलेंगे, (नाम से दस्तावेज और फोल्डर खोजें, सूची के रूप में आइटम देखें, आइकन के ग्रिड के रूप में आइटम देखें)
5. डिफॉल्ट रूप से, चित्रों को आइकन के ग्रिड के रूप में प्रदर्शित किया जाता है।
6. किसी सूची में चित्र आइकन देखने के लिए, सूची चिह्न के रूप में दृश्य आइटम पर क्लिक करें।
7. इसे खोलने के लिए तस्वीर पर डबल क्लिक करें।
8. चित्र दर्शक में खुल जाएगा।
9. आपको चित्र के शीर्ष पर विभिन्न बटन मिलेंगे, जो आपको चित्र दृश्य को प्रबंधित करने में मदद करेंगे।
10. स्वचालित मोड पर चित्रों को चलाने के लिए, छवि दर्शक विंडो में दृश्य मेनू से स्लाइड शो विकल्प चुने।

3.16 ब्लीचबिट एप्लिकेशन

अनावश्यक फाइल को हटाने के लिए हार्ड डिस्क का डिस्क स्थान खाली करने के लिए, ब्लीचबिट एप्लिकेशन का उपयोग करते हैं। यह एप्लिकेशन अस्थायी आंतरिक फाइल्स, डाउनलोड की गई प्रोग्राम फाइल्स को हटा देगा, ट्रैश फाइल्स को खाली कर देता है ।

ब्लीचबिट एप्लिकेशन का उपयोग करने के लिए:

1. उबुन्टु सॉफ्टवेयर सेण्टर का उपयोग करके ब्लीचबिट खोजें और इसे स्थापित करें।
2. डैश आइकन पर क्लिक करें।
3. सर्च बार में ब्लीचबीट टाइप करें और इसे खोलने के लिए इसके आइकन पर क्लिक करें।
4. ब्लीचबिट विंडो दिखाई देती है।
5. उन फाइल्स का चयन करें जिन्हें आप अपने बाएँ फलक में सक्रिय अनुभाग के अंतर्गत स्थित व्यक्तिगत चेकबॉक्स पर क्लिक करके हटाना चाहते हैं।
6. क्लीन बटन पर क्लिक करें।
7. एडुबंटु पुष्टि के लिए एक संदेश देता है।
8. डिलीट बटन पर क्लिक करें।
9. सभी चयनित फाइल्स आपके कंप्यूटर से हटा दी जाएंगी।

3.17 एडुबंटु पर टच स्क्रीन

टच सेंसिटिव स्क्रीन (हार्डवेयर) और एडुबंटु (सॉफ्टवेयर) के साथ, आप अपनी उंगलियों को ऑनलाइन ब्राउज करने, फोटो एलबम के माध्यम से फ्लिप करने; फाइल्स और फोल्डर्स में फेरबदल करने के लिए उपयोग कर सकते हैं। टच स्क्रीन का उपयोग करके, आप किसी भी पेंट सॉफ्टवेयर में फिंगर पेंट भी कर सकते हैं। टच स्क्रीन पोर्टेबिलिटी मोबाइल फोन, टैबलेट, एटीएम, टिकट संग्रह टर्मिनल्स पर अनुभव हो सकता है।

3.18 कार्यस्थान

कार्यक्षेत्र आभासी स्क्रीन हैं जो आपको डेस्कटॉप को व्यवस्थित करने में सक्षम करते हैं जब आप एक साथ एक से अधिक एप्लिकेशन चलाते हैं। डिफॉल्ट रूप से, एडबंटू चार कार्यस्थान प्रदान करता है, आप कभी भी उनके बीच स्विच कर सकते हैं। प्रत्येक कार्यक्षेत्र में समान डेस्कटॉप, समान पैनल और समान मेनू होते हैं। आप अलग–अलग एप्लिकेशन चला सकते हैं और प्रत्येक कार्यक्षेत्र में अलग–अलग विंडो खोल सकते हैं, जब आप अन्य कार्यस्थान पर जाते हैं तो प्रत्येक कार्यक्षेत्र में एप्लिकेशन वहीं रहेगा।

कार्यक्षेत्र को सक्रिय करने के लिए:

1. डेस्कटॉप पर राइट क्लिक करें।
2. परिवर्तन डेस्कटॉप पृष्ठभूमि विकल्प शॉर्टकट मेनू का चयन करें।
3. उपस्थिति संवाद बॉक्स दिखाई देगा।
4. बेहेवियर टैब का चयन करें।
5. कार्यक्षेत्र चेकबॉक्स सक्षम करें का चयन करें।
6. क्लोज बटन पर क्लिक करके उपस्थिति संवाद बॉक्स को बंद करें।
7. कार्यक्षेत्र स्विचर आइकन लॉन्चर में जोड़ा जाएगा।
8. कार्यक्षेत्र स्विचर को सक्रिय करने के लिए आइकन पर क्लिक करें।
9. कार्य स्थान के बीच स्विच करने के लिए आप कण्ट्रोल + ऑल्ट + एरो कीज विकल्प का उपयोग कर सकते हैं।
10. किसी भी विंडो की स्थिति बदलने के लिए, कार्यस्थान स्विचर पर विंडो को खींचें और छोड़ें।
11. लांचर पर कार्यक्षेत्र स्विचर आइकन पर फिर से क्लिक करने पर डेस्कटॉप अपने मूल रूप में प्रदर्शित होगा।

3.19 मोबाइल एडिशन

एडुबंटु मोबाइल एडिशन सॉफ्टवेयर उन्नत बनाता है, डिवाइस का उपयोग करने में आसान है, जो यूजर को ई–मेल भेजने और प्राप्त करने, इंटरनेट ब्राउज करने और प्लेटफॉर्म का विस्तार करने के लिए उपलब्ध सैकड़ों एप्लिकेशन की अनुमति देता है। एडुबंटु मोबाइल एडिशन काम करने की जगह, समय और प्रकृति के आधार पर अलग–अलग तरीके से काम करता है।

3.20 साउंड रिकॉर्डर

साउंड रिकॉर्डर कंप्यूटर पर आवाज रिकॉर्ड करने के लिए एडुबंटू की एक इनबिल्ट सुविधा है। इस एप्लिकेशन का उपयोग करके अपनी आवाज

रिकॉर्ड करने के लिए, आपको अपने कंप्यूटर सिस्टम से जुड़े माइक्रोफोन की आवश्यकता होती है।

अपनी आवाज रिकॉर्ड करने के लिए:

1. डैश आइकन पर क्लिक करें।
2. सर्च बार में साउंड रिकॉर्डर टाइप करें।
3. इसे खोलने के लिए इसके आइकन पर क्लिक करें।
4. साउंड रिकॉर्डर विंडो प्रदर्शित की जाएगी।
5. अपने कंप्यूटर के साथ माइक्रोफोन संलग्न करें, और रिकॉर्ड ध्वनि बटन पर क्लिक करें।
6. टाइमर शुरू होता है।
7. माइक्रोफोन में बोलना शुरू करें।
8. एक बार जब आप काम कर लेते हैं, तो रिकॉर्डिंग को रोकने के लिए स्टॉप साउंड बटन पर क्लिक करें।
9. आखिरी रिकॉर्ड की गई आवाज को बचाने के लिए, फाइल मेनू में सेव ऑप्शन पर क्लिक करें।

3.21 खेल खेलना

एडुबंटु में विभिन्न प्रकार के इनबिल्ट गेम्स हैं। पोटेटो गाइ, गैबरेनी, जीकॉम्प्रिस, टक्स पेंट, आदि जैसे खेल मौजूद हैं। आप अपनी आवश्यकता के अनुसार गेम डाउनलोड कर सकते हैं, किसी भी गेम को खेलने के लिए, सर्च बार में उसका नाम टाइप करें, और फिर गेम को खोलने के लिए उसके आइकन पर क्लिक करें।

3.22 शॉटवेल फोटो मैनेजर

शॉटवेल एडुबंटू ऑपरेटिंग सिस्टम के लिए डिजाइन किया गया डिफॉल्ट फोटो मैनेजर है। यह आपको चित्र प्रपत्र डिस्क, या कैमरे आयात करने, व्यवस्थित करने और उन्हें विभिन्न तरीकों से देखने और उन्हें दूसरों के साथ साझा करने के लिए निर्यात करने की अनुमति देता है।

शॉटवेल फोटो मैनेजर का उपयोग करके छवि देखने के लिए:

1. डैश आइकन पर क्लिक करें।
2. सर्च बार में या तो शॉटवेल फोटो मैनेजर या शॉटवेल टाइप करें और इसे खोलने के लिए इसके आइकन पर क्लिक करें।
3. शॉटवेल विंडो दिखाई देगी।
4. फाइल मेनू पर क्लिक करें।
5. आयात फॉर्म फोल्डर विकल्प का चयन करें।
6. आयात प्रपत्र फोल्डर विंडो दिखाई देगी।
7. वांछित फोल्डर या फाइल का चयन करें चित्र फोल्डर मे से।
8. सभी प्रासंगिक चित्र सही फलक में प्रतिबिंबित होंगे।
9. ओके पर क्लिक करें।
10. चित्र को लास्ट इम्पोर्ट ऑप्शन के तहत शॉटवेल विंडो में जोड़ा जाएगा।
11. छवि को देखने और संपादित करने के लिए डबल–क्लिक करें।

सारांश

यह अध्याय एडुबंटु/उबंटू ऑपरेटिंग सिस्टम की अवधारणा प्रस्तुत करता है। यह मूल बातें, यूजर इंटरफेस की भी व्याख्या करता है, फिर फाइल प्रबंधन और निर्देशिका पर चर्चा करता है जो आपको मूल संचालन को समझने में सक्षम बनाता है जैसे कि कॉपी करना, एक स्थान से दूसरे स्थान पर जाना, फाइल्स और फोल्डर का नाम बदलना और हटाना।

मॉडल प्रश्न और उत्तर

क. बहुविकल्पीय प्रश्न

1. किसी फाइल में मौजूद कुल पंक्तियों, शब्दों और वर्णों को गिनने के लिए किस क़मांड का उपयोग किया जाता है?
   (क) countw (ख) wcount (ग) wc (घ) ount p
2. फाइल्स को रिमूव करने के लिए किस कमांड का उपयोग किया जाता है?
   (क) dm (ख) rm (ग) delete (घ) erase
3. डायरेक्टरी को हटाने के लिए किस कमांड का उपयोग किया जाता है?
   (क) rdir (ख) remove (ग) rd (घ) rmdir
4. निम्न में से किस कमांड का उपयोग लिनक्स इंस्टॉलेशन बूट फ्लॉपी बनाने के लिए किया जाता है?
   (क) mkboot डिस्क (ख) बूटफप डिस्क
   (ग) ww और rawwrite (घ) dd और rawrite
5. लिनक्स फाइल सिस्टम बनाने के लिए आप किस कमांड का उपयोग करते हैं?
   (क) fdisk (ख) mkfs
   (ग) fsck (घ) mount
6. लिनक्स सिस्टम पर SMB शेयर तक पहुँचने के लिए निम्न में से किस कमांड का उपयोग किया जाता है?
   (क) NFS (ख) SMD
   (ग) smbclient (घ) smbserver
7. मानक आउटपुट को सेव करने के लिए किस कमांड का उपयोग किया जाता है?
   (क) tee (ख) grep (ग) cat (घ) more
8. किस कमांड का इस्तेमाल सिर्फ एक फाइल में निहित लाइनें गिनने के लिए किया जाता है?
   (क) wc - r (ख) wc - w (ग) wc - c (घ) wc - y
9. किस प्रकार के प्रतिष्ठानों को एक विशेष बूट डिस्क की आवश्यकता होती है?
   (क) NFS (ख) FTP
   (ग) PCMCIA (घ) उपरोक्त सभी
10. किसी विशिष्ट RPM के साथ पैकेज की क्वेरी करने के लिए किस कमांड का उपयोग किया जाता है?
    (क) rpm -q (ख) rpm -a (ग) rpm -d (घ) rpm -*f*
11. कौन सा कमांड सभी बफर्स को डिस्क पर फोर्स कर सकता है?
    (क) save (ख) sync (ग) edbuff (घ) flush
12. कुछ सिस्टम कॉन्फिगरेशन और सिस्टम व्यवस्थापक निष्पादन योग्य फाइल्स का स्थान है:
    (क) /home (ख) /proc (ग) /var (घ) /sbin
13. निम्नलिखित में से कौन एक फिल्टर कमांड नहीं है?
    (क) sort (ख) WC (ग) grep (घ) cat

14. वर्किंग डायरेक्टरी को बदलने के लिए किस कमांड का उपयोग किया जाता है?
(क) cdir (ख) chdir
(ग) changedir (घ) cd

15. किसी फाइल में वर्णों की संख्या गिनने के लिए किस कमांड का उपयोग किया जाता है?
(क) wc - r (ख) wc - w (ग) wc - c (घ) wc - 1

16. LILO है:
(क) लिनक्स लोडर (ख) लिनक्स बूट लोडर
(ग) कर्नेल को x86 हार्डवेयर पर बूट करने के लिए प्रयुक्त उपकरण
(घ) उपरोक्त सभी

17. उपयोगकर्ता और समूह कोटा निर्धारित करने के लिए किस कमांड का उपयोग किया जाता है?
(क) /sbin/usrquota (ख) /sbin/edquota
(ग) /sbin/quotaon (घ) /sbin/quota

18. फाइल को कॉन्फिगर करने के लिए किस फाइल स्सिटम का उपयोग किया जाता है?
(क) /etc/mount-sys (ख) /etc/filesys
(ग) /etc/sysconfig (घ) /etc/fstab

19. निम्नलिखित में से कौन सी उपनिर्देशिका (ies) में सिस्टम बूट स्क्रिप्ट है?
(क) /dev (ख) /bin (ग) /etc (घ) /home

20. निम्नलिखित में से कौन–सा टूल का उपयोग जांचने के लिए और लिनक्स फाइल सिस्टम की मरम्मत करने के लिए किया जाता है?
(क) mkfs (ख) fdisk (ग) fsck (घ) mount

21. आपकी हार्ड ड्राइव को विभाजित करने के लिए निम्न में से किस टूल का उपयोग किया जाता है?
(क) mkfs (ख) fdisk (ग) fsck (घ) mount

22. फाइल्स को प्रदर्शित करने और बनाने के लिए किस कमांड का उपयोग किया जाता है?
(क) Lyrix (ख) ed (ग) vi (घ) cat

23. फाइल इनोड संख्या देखने के लिए ls कमांड के निम्नलिखित में से किस विकल्प का उपयोग किया जा राकता है?
(क) -l (ख) -o (ग) -a (घ) मै-i

24. निम्नलिखित में से कौन सी आज्ञा का उपयोग पाठ के अष्टक मूल्य को प्रदर्शित करने के लिए किया जाता है?
(क) octal (ख) text_oct (ग) oct (घ) od

25. फाइल प्रकार की पहचान करने के लिए किस कमांड का उपयोग किया जाता है?
(क) Type (ख) File (ग) Finfo (घ) Info

26. ऑपरेटिंग सिस्टम प्रबंधन करता है:
(क) I/O डिवाइसेस (ख) मेमोरी कार्ड
(ग) प्रोसेसर (घ) उपर्युक्त सभी

27. निम्नलिखित में से कौन सा ऑपरेटिंग सिस्टम मल्टीटास्किंग को सही मायने में लागू नहीं करता है?
(क) एमएस डॉस (ख) विंडोज 98
(ग) विंडोज NT (घ) विंडोज एक्सपी

28. लिनक्स का संस्थापक कौन है?
(क) केन थॉम्पसन (ख) लिनुस टोरवाल्ड्स
(ग) पॉल एलन (घ) डेव कटलर

29. मोबाइल फोन और टैबलेट के लिए ऑपरेटिंग सिस्टम हैं:
(क) एमकेडीआईआर एंड्रॉइड ओएस (ख) विंडोज ओएस
(ग) IOS (घ) उपरोक्त सभी

30. कंप्यूटर प्रणाली में निम्नलिखित शामिल हैं:
(क) सॉफ्टवेयर (ख) हार्डवेयर
(ग) दोनों (क) और (ख) (घ) उपरोक्त में से कोई नहीं

31. लिनक्स कारेल किसके द्वारा आविष्कार किया गया था:
(क) लिनक्स टोरवाल्ड (ख) लिनक्स वैन पेल्ट
(ग) लिनक्स पुलिंग (घ) उपरोक्त सभी

32. GUI का उपयोग एक अंतरफलक के रूप में किया जाता है।
(क) यूजर और कंप्यूटर (ख) हार्डवेयर और सॉफ्टवेयर
(ग) सॉफ्टवेयर और यूजर (घ) उपरोक्ट मे से कोई नही

33. निम्नलिखित में से कौन आंतरिक कमांड पर है?
(क) dir (ख) Ver
(ग) Edit (घ) दोनों (क) और (ख)

34. लिनक्स .... और ऑपरेटिंग सिस्टम है।
(क) मल्टीयूजर, मल्टीटास्किंग (ख) मल्टीयूजर टास्किंग
(ग) सिंगल यूजर मल्टीटास्किंग (घ) उपरोक्त में से कोई नहीं

35. आज उपयोग में आने वाला सबसे लोकप्रिय कंप्यूटर ऑपरेटिंग सिस्टम है:
(क) यूनिक्स (ख) लिनक्स
(ग) मैकिंटोश (घ) माइक्रोसॉफ्ट विंडोज

36. जब आप अपने कंप्यूटर को चालू करते हैं, स्कीन जो सभी आइकन दिखाता है, उसे कहा जाता है:
(क) Smurfs (ख) कार्ल
(ग) डेस्कटॉप (घ) स्प्रेडशीट

37. नॉन–अदजासेंट फाइल्स का चयन करने के लिए, अलग–अलग फाइल्स का चयन करते समय .... की दबाकर रखें।
(क) टैब (ख) शिफ्ट (ग) विंडोज (घ) कण्ट्रोल

38. फाइल्स को कॉपी करने के लिए किस कमांड का उपयोग किया जाता है?
(क) डिस्कस्कोपी (ख) कॉपी कमांड
(ग) कण्ट्रौल + C (घ) उपरोक्त सभी

39. निम्नलिखित में से कौन सा सिस्टम सॉफ्टवेयर का एक उदाहरण है?
(क) लोडर (ख) ऑपरेटिंग सिस्टम
(ग) लिंकर (घ) उपरोक्त सभी

40. ग्राफिक्स को स्टोर करने के लिए मानक बिटमैप के लिए उपयोग किया जाता है:
(क) .wave (ख) .bmp (ग) .jpeg (घ) .xls
41. क्या अनबुंटू को एंटीवायरस की आवश्यकता है?
(क) नहीं (ख) हाँ (ग) आंशिक (घ) कोई नहीं
42. कंप्यूटर के लिए ऑपरेटिंग सिस्टम निम्नलिखित कार्य करता है:
(क) कंप्यूटर संसाधनों का प्रबंधन
(ख) डिस्क और फाइल का प्रबंधन
(ग) कंप्यूटर मेमोरी का प्रबंधन
(घ) उपरोक्त सभी
43. ऑपरेटिंग सिस्टम प्रयोग किया जाता है:
(क) स्मार्ट कार्ड (ख) एटीएम कार्ड
(ग) माइक्रोवेव ओवन (घ) कंप्यूटर सिस्टम
44. OS तब बूट नहीं होता जब कोई सिस्टम ..... होता है।
(क) रीसेट (ख) शटडाउन
(ग) पुनः आरंभ (घ) पावर ऑन
45. एक्वा उपयोगकर्ता इंटरफेस के साथ दिखाई दिया था?
(क) शेल (ख) विंडोज (ग) बॉर्न शेल (घ) मैक ओएस
46. लिनक्स में एक उपयोगकर्ता लोड या अपलोड कर सकता है।
(क) I/O डिवाइसेस (ख) I/O मॉड्यूल
(ग) फाइल बेस I/O (घ) कर्नेल मॉड्यूल
47. टेलीफोन नंबर, जन्म तिथि, और ग्राहक का नाम उदाहरण हैं:
(क) एक डेटाबेस (ख) एक फाइल
(ग) एक रिकॉर्ड (घ) डेटा
48. संबंधित फाइल्स का संग्रह कहा जाता है:
(क) डाटाबेस (ख) डाटा (ग) डाटुम (घ) रजिस्टरस
49. निम्नलिखित में से कौन रैम में ऑपरेटिंग सिस्टम को खोजने और लोड करने के लिए जिम्मेदार है?
(क) सीएमओएस (ख) बूटस्ट्रैप लोडर
(ग) BIOS (घ) DMOS
50. डिफॉल्ट फाइल एक्सटेंशन के बाद (डॉट) वेब फाइलों में क्या आता है:
(क) .html या .htm (ख) .gtml
(ग) .xtml (घ) .com

ख. बताएं कि निम्नलिखित कथन सही हैं या गलत

51. उबंटू एक लिनक्स आधारित ऑपरेटिंग सिस्टम है।
52. एडुबंटु/उबंटू एक ग्राफिकल यूजर इंटरफेस (GUI) नहीं है।
53. डैश आइकन हमें हमारे कंप्यूटर में संग्रहीत अनुप्रयोगों, फाइल्स और फोल्डर को जल्दी से खोजने और खोलने की अनुमति देता है।
54. डेस्कटॉप में डैश आइकन के रूप में जाने वाले कुछ लेबल चित्र हैं।
55. नेटवर्क संकेतक नेटवर्क कनेक्शन का प्रबंधन करता है।
56. टास्कबार यूजर को वॉल्यूम सेटिंग्स में परिवर्तन का चयन करने की अनुमति नहीं देता है।
57. लॉन्चर एक ऊर्ध्वाधर बार है जो डेस्कटॉप के बाईं ओर मौजूद है।
58. हटाए गए फाइलों को ट्रैश पुनर्स्थापित करता है।
59. उबंटू में एक सॉफ्टवेयर सेंटर है, जिसके उपयोग से आप कई अनुप्रयोगों को होस्ट कर सकते हैं।
60. फाइल्स कंप्यूटर की हार्ड डिस्क के कंटेंट को प्रदर्शित नहीं करती हैं।
61. फाइल कुछ संग्रहण डिवाइस पर संग्रहीत संबंधित जानकारी का एक संग्रह है।
62. एक फोल्डर के भीतर एक फोल्डर को फोल्डर–फोल्डर कहा जाता है।
63. एप्लिकेशन सॉफ्टवेयर का उपयोग करके फाइल बनाई जा सकती है।
64. नाम बदलने का मतलब है कि फाइल/फोल्डर का मौजूदा नाम नहीं बदला जा सकता है।
65. कोपयिन्ग का अर्थ है फाइल/फोल्डर को अलग–अलग स्थान पर ले जाना।
66. मूविंग का मतलब फाइल/फोल्डर को एक स्थान से दूसरे स्थान पर कॉपी करना है।
67. बिन या रीसायकल बिन को रीसायकल करने के लिए फाइल/फोल्डर को स्थानांतरित करने का अर्थ है हटाना।
68. रिस्टोर करने का अर्थ है फाइल/फोल्डर को डेस्कटॉप से ट्रैश में ले जाना।
69. फाइल प्रबंधक फाइल्स, फोल्डर और ड्राइव के बारे में विस्तृत जानकारी प्रदान करता है।
70. कॉन्टेक्स्ट मेनू पॉप–अप मेनू है जो किसी आइकन पर राइट क्लिक करने पर दिखाई देता है।
71. स्क्रीनलेट्स मिनी प्रोग्राम हैं, जो एक नजर में जानकारी प्रदान करते हैं।
72. स्क्रीनसेवर एक ऐसी छवि है जो कंप्यूटर स्क्रीन पर पॉप अप होती है, जब भी कंप्यूटर एक निश्चित अवधि के लिए निष्क्रिय रहता है।
73. शॉर्टकट लांचर पर मौजूद एक आइकन है और किसी भी एप्लिकेशन को खोलने के लिए एक आसान और त्वरित तरीका प्रदान करता है।
74. RIP या रिपिंग आपके कंप्यूटर पर CD से डेटा कॉपी करने की प्रक्रिया है।
75. पिक्चर फोल्डर में, डिजिटल फोटो, इमेज और ग्राफिक फाइल्स स्टोर होती हैं।
76. अनबंटू प्रोग्रामर्स के लिए सबसे अच्छा लिनक्स डिस्ट्रोस है।
77. ब्लैकबेरी ओएस रिसर्च में मोशन द्वारा विकसित एक उचित मोबाइल ऑपरेटिंग सिस्टम है।
78. अनबंटू लिनक्स आधारित ऑपरेटिंग सिस्टम है। यह कंप्यूटर, स्मार्टफोन और नेटवर्क सर्वर के लिए बनाया गया है।
79. अनबंटू सॉफ्टवेयर ओपन सोर्स सॉफ्टवेयर डेवलपमेंट के सिद्धांतों पर आधारित है।
80. अनबंटू एक ओपन सोर्स ऑपरेटिंग सिस्टम है जबकि विंडोज एक पेड और लाइसेंस प्राप्त ऑपरेटिंग सिस्टम है।
81. कंप्यूटर का उपयोग करने के लिए आपको एक ऑपरेटिंग सिस्टम की आवश्यकता होती है।
82. विंडोज 10 की तुलना में अनबंटू एक बहुत ही विश्वसनीय ऑपरेटिंग सिस्टम है।

83. टर्म एनओएस का अर्थ नेटवर्क ऑपरेटिंग सिस्टम है।
84. लिनक्स लोकप्रिय GUI है।
85. लिनक्स एक सोर्स ऑपरेटिंग सिस्टम है।
86. ओएस जरूरी प्रबंधन नहीं करता है सिस्टम से जुड़े डिवाइस का।
87. विंडोज चलाने से पहले MS-DOS को पहले लोड करना आवश्यक है।
88. ग्राफिक इंटरचेंज प्रारूप अधिकांश ब्राउजर द्वारा समर्थित नहीं है।
89. Unbuntu Desktop OS सर्वर के रूप में भी काम कर सकता है लेकिन Windows डेस्कटॉप OS सर्वर का समर्थन नहीं करता है।
90. अनबंटू पूरी तरह से स्वतंत्र है और खुले स्रोत के रूप में उपलब्ध है जबकि विंडोज के लिए भुगतान करने की आवश्यकता होती है।
91. समय प्रदर्शित करने वाले टास्कबार के क्षेत्र को नोटफिकेशन एरिया कहा जाता है।
92. डॉस की सीडी कमांड एक डायरेक्टरी में फाइल्स और उप–श्रेणियों की सूची प्रदर्शित करता है।
93. डेस्कटॉप से अपने आइकन को हटाकर एक प्रिंटर को विंडोज ओएस से हटाया जा सकता है।
94. आप विंडोज के स्टार्ट मेनू में आइटम जोड़ सकते हैं।
95. लिनक्स एक मल्टी–यूजर, टाइमर–शेयरिंग प्रणाली है।
96. लिनक्स ओएस पोर्टेबल है।
97. लिनक्स को 1991 में लिनस टोरवाल्ड्स द्वारा पेश किया गया था।
98. बिना माउस के आप विंडोज के साथ काम नहीं कर सकते।
99. अनबंटू यूके स्थित कंपनी द्वारा विकसित की गई जिसे कैन्यनिकल ल्टड कहा जाता है।
100. एक आइकन किसी भी कार्यक्रम का चित्रमय प्रतिनिधित्व है।

उत्तर

1.	(ग)	2.	(ख)	3.	(घ)	4.	(घ)
5.	(ख)	6.	(ग)	7.	(क)	8.	(घ)
9.	(घ)	10.	(क)	11.	(ख)	12.	(घ)
13.	(घ)	14.	(घ)	15.	(ग)	16.	(घ)
17.	(ख)	18.	(घ)	19.	(ग)	20.	(ग)
21.	(ख)	22.	(घ)	23.	(घ)	24.	(घ)
25.	(ख)	26.	(घ)	27.	(क)	28.	(ख)
29.	(घ)	30.	(ग)	31.	(क)	32.	(क)
33.	(घ)	34.	(क)	35.	(घ)	36.	(ग)
37.	(घ)	38.	(ग)	39.	(घ)	40.	(ख)
41.	(घ)	42.	(घ)	43.	(घ)	44.	(क)
45.	(घ)	46.	(घ)	47.	(ग)	48.	(क)
49.	(ख)	50.	(क)	51.	सही	52.	गलत
53.	सही	54.	गलत	55.	सही	56.	गलत
57.	सही	58.	गलत	59.	सही	60.	गलत
61	सही	62.	गलत	63.	सही	64.	गलत
65.	सही	66.	गलत	67.	सही	68.	गलत
69.	सही	70.	गलत	71.	सही	72.	सही
73.	सही	74.	सही	75.	सही	76.	सही
77.	सही	78.	सही	79.	सही	80.	सही
81.	सही	82.	सही	83.	सही	84.	सही
85.	सही	86.	गलत	87.	सही	88.	गलत
89.	सही	90.	सही	91.	सही	92.	गलत
93.	गलत	94.	सही	95.	सही	96.	सही
97.	सही	98.	गलत	99.	सही	100.	सही

How Computer Remembers?

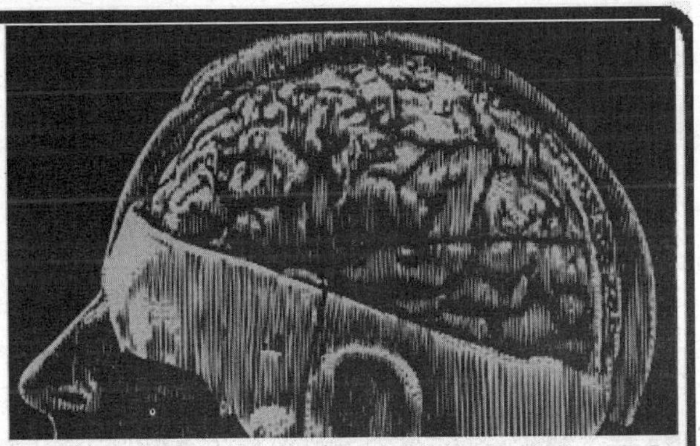

All the devices whether it is a desktop computer, laptop, camera, tablet; works by using the same fundamental foundation of computing, the **Transistor.**

What is transistor?

It's a basic building block form which all microchips are built. If a current pass through it, the transistor stands for a **1**; and if current doesn't pass through it, it becomes **0**. These 1s and 0s are called **bits.**

Same **on/off** bit can stand for **true** and **false,** enabling devices to work with **Boolean logic**. Combination of transistors in various configurations are called **Logic gates,** which are combined into arrays called as **half adders** which in turn are combined into **full adders**.

अध्याय 4

मएस वर्ड

उद्देश्यः

पाठक समझने में सक्षम होगाः

- ❖ वर्ड प्रोसेसिंग बेसिक्स
- ❖ टेक्स्ट को फॉर्मेट करना
- ❖ टेक्स्ट क्रिएशन और मैनिप्युलेशन
- ❖ मेल मर्ज
- ❖ टेबल मैनिप्युलेशन
- ❖ ओपनिंग एंड क्लोजिंग ऑफ डॉक्यूमेंट

4.1 परिचय

एमएस–वर्ड आज का सबसे लोकप्रिय वर्ड प्रोसेसिंग सॉफ्टवेयर है। वर्ड प्रोसेसर अनिवार्य रूप से मानक टाइपराइटर का एक कम्प्यूटरीकृत संस्करण है जिसमें वर्तनी जांच, दस्तावेजों को सेव और स्टोर करने की क्षमता, कॉपी और पेस्ट कार्यों, दस्तावेजों और कई अन्य लोगों के लिए छवियों और आकृतियों को जोड़ने की क्षमता है। जब एमएस–वर्ड द्वारा बनाए गए इलेक्ट्रॉनिक मेल दस्तावेजों को संलग्न किया जाता है, तो उसे सेकंड में डिलीवर किया जा सकता है।

4.2 वर्ड प्रोसेसिंग बेसिक्स

वर्ड प्रोसेसिंग पैकेज, जैसे वर्ड, पाठ दर्ज करने, शब्दों और वाक्यांशों में हेरफेर करने में मदद करता है। आप टाइप किए गए अक्षर, दस्तावेज और रिपोर्ट को आसानी से बदल सकते हैं और उन्हें भविष्य में उपयोग के लिए स्टोर कर सकते हैं। आप जब चाहें इन दस्तावेजों को प्रिंट भी कर सकते हैं। इस प्रकार, वर्ड प्रोसेसर पर बनाए गए दस्तावेजों को सटीक रूप से बनाया जा सकता है, जिससे बेहतर रूप दिया जा सकता है, वे उपयोग के लिए मुद्रित किया जा सकता है।

4.2.1 वर्ड प्रोसेसिंग पैकेज खोलना

वर्ड शुरू करने के लिएः

1. स्टार्ट बटन पर क्लिक करें। सभी प्रोग्राम, एप्लिकेशन दिखाई देते हैं। मस वर्ड का चयन करें, और उस पर डबल क्लिक करें। (चित्र 4.1 देखें) वर्ड स्क्रीन को खोलता है, जिसमे रीसेंट डाक्यूमेंट्स होते है, जो बाएँ फलक में बनाए गए है। दाईं ओर, आप खाली दस्तावेज और टेम्पलेट्स (चित्र 4.2) देख सकते हैं।

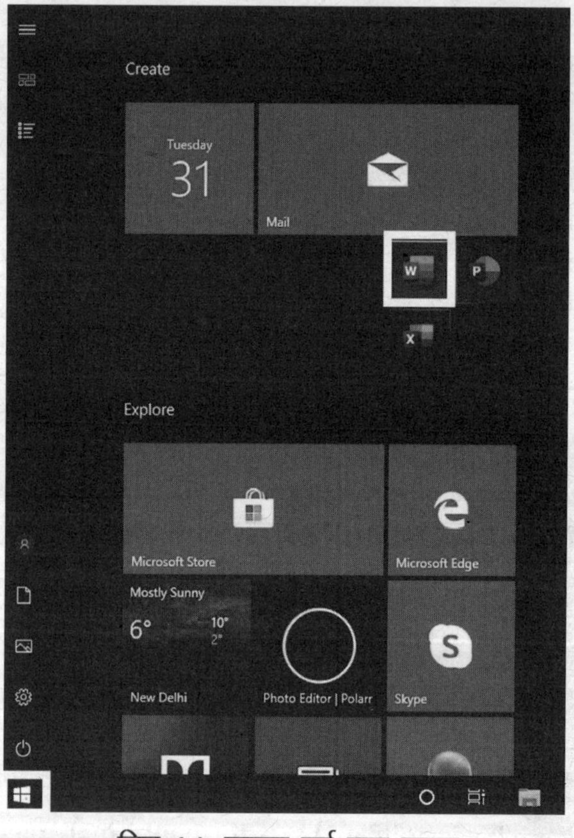

चित्र 4.1: एमएस वर्ड शुरू करना

4.3 एप्लीकेशन विंडो

जब आप वर्ड , एक्सेल या पॉवरपॉइंट जैसे किसी ऑफिस अनुप्रयोग को प्रारंभ करते हैं, तो प्रोग्राम विंडो को एक रिक्त दस्तावेज के साथ क्रमशः डिफॉल्ट नाम (जैसे कि डॉक्यूमेन्ट1, बुक1, प्रेसेंटेशण1) के साथ प्रदर्शित किया जाता है। (चित्र 4.3)

4.3.1 मेनू/रिबन और टैब

नया यूजर इंटरफेस मेनू, टूलबार और कार्य के अधिकांश भाग को मस –वर्ड के पिछले संस्करणों से बदल देता है। इन्हें फाइल टैब और रिबन से बदल दिया गया है। इंटरफेस आपको अधिक उत्पादक होने में मदद करने के लिए डिजाइन किया गया है। आप विभिन्न कार्यों की सही विशेषताओं को अधिक आसानी से पा सकते हैं, नई कार्यक्षमता की खोज कर सकते हैं और अधिक कुशल हो सकते हैं।

चित्र 4.3 वर्ड एप्लीकेशन विंडो के तत्वों और विस्तार से ओपन वर्ड डॉक्यूमेंट दिखाता है।

- **फाइल टैबः** यह बटन वर्ड विंडो के ऊपरी–बाएँ कोने में स्थित है।
- **क्विक एक्सेस टूलबारः** यह वर्ड विंडो के शीर्ष पर डिफॉल्ट रूप से स्थित होता है और आमतौर पर इस्तेमाल किए जाने वाले कमांड

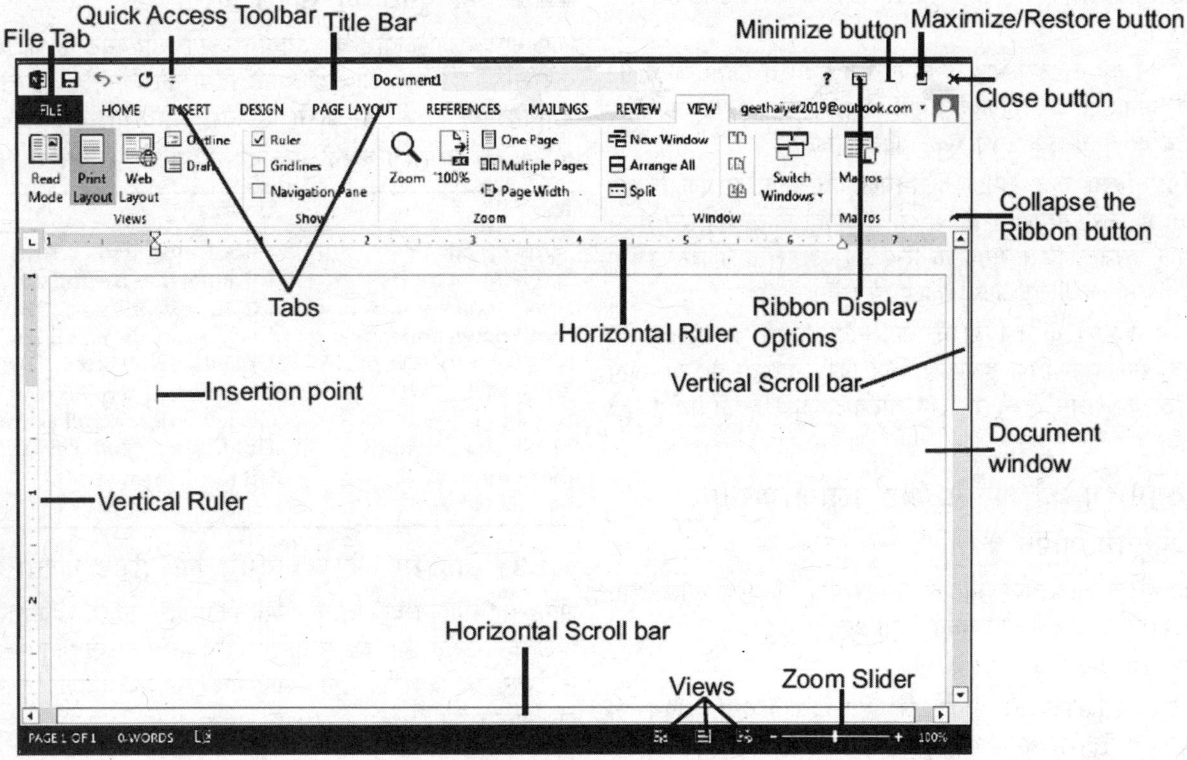

चित्र 4.3: एप्लीकेशन विंडो

के सेट को प्रदर्शित करता है, जिसमें न्यू, ओपन, सेव, क्विक प्रिंट, ईमेल, टचस्क्रीन डिवाइस, पूर्ववत् और रीडो आदि शामिल हैं।

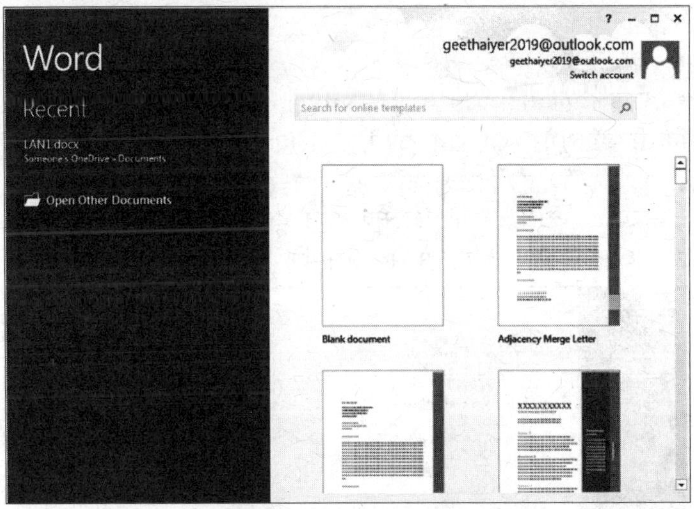

चित्र 4.2: रीसेंट दस्तावेज

- **डायलॉग बॉक्स लॉन्चर्स**: यह एक छोटा आइकन है जो कुछ समूहों में दिखाई देता है। डायलॉग बॉक्स लॉन्चर पर क्लिक करने से संबंधित डायलॉग बॉक्स या टास्क पेन खुल जाता है, जो उस समूह से संबंधित अधिक विकल्प प्रदान करता है।
- **डॉक्यूमेंट विंडो**: आप डॉक्यूमेंट विंडो में एक डोक्युमेनी बनाते हैं। जब एक से अधिक डॉक्यूमेंट खोले जाते हैं, तो प्रत्येक डॉक्यूमेंट की अपनी विंडो होती है।
- **टाइटल बार**: यह एप्लिकेशन विंडो के शीर्ष पर प्रदर्शित होता है। यह सक्रिय फाइल का नाम प्रदर्शित करता है, ऐप की पहचान करता है, और ऐप विंडो, रिबन, और कंटेंट के प्रबंधन के लिए उपकरण प्रदान करता है।
- **मिनीमाइज बटन**: यह शीर्षक पट्टी के दाईं ओर एक अडरस्कोर (–) द्वारा दर्शाया गया है, जो स्क्रीन के निचले भाग में एक एप्लिकेशन प्रोग्राम को संग्रहीत करता है।
- **मेक्सिमिज बटन**: यह शीर्षक पट्टी के दाईं ओर एक बॉक्स द्वारा दर्शाया गया है जो दस्तावेज या एप्लिकेशन के साथ उपलब्ध स्थान को भरता है।
- **क्लोज बटन**: यह एक टाइटल बार के दाईं ओर एक क्रॉस (X) द्वारा दर्शाया जाता है, जो विंडो या डायलॉग बॉक्स को बंद करता है।
- **रिस्टोर बटन**: यह शीर्षक पट्टी के दाईं ओर एक डबल बॉक्स द्वारा दर्शाया गया है, जो किसी एप्लीकेशन या डॉक्यूमेंट को एक बड़ी खिड़की में पुनर्स्थापित करता है।
- **स्टेटस बार**: विंडो के नीचे, स्टेटस बार आपको वर्तमान डॉक्यूमेंट के बारे में जानकारी देता है।
- **व्यू**: स्टेटस बार का सही अंत आपको अपने डॉक्यूमेंट को पांच अलग–अलग तरीकों से देखने का विकल्प देता है।
- **माउस पॉइंटर**: ऑन–स्क्रीन एरो, आई–बीम या ड्राइंग बटन स्क्रीन के वर्तमान स्थान को इंगित करता है।
- **रूलर**: एक बार जिसमें एक पैमाना होता है जो किसी डाक्यूमेंट्स में ऑब्जेक्ट्स को संरेखित करने के लिए पैराग्राफ इंडेंट और मार्जिन को इंगित करता है।

- **स्क्रीनटिप्सः** स्क्रीनटिप्स रिबन में प्रदर्शित कमांड बटन का नाम दिखाते हैं।
- **रिबनः** रिबन को टाइटल बार के ठीक नीचे प्रदर्शित किया जाता है। रिबन में, कमांड्स को तार्किक समूहों में आयोजित किया जाता है, जिन्हें टैब के तहत एक साथ एकत्र किया जाता है।
- **डायलॉग बॉक्सः** कुछ समूहों के निचले दाएं कोने में एक विकर्ण तीर होता है जिसे डायलॉग बॉक्स लॉन्चर कहा जाता है। इस बटन पर क्लिक करने से उस समूह के लिए एक डायलॉग बॉक्स खुलता है जिसमें समूह के लिए और विकल्प होते हैं।
- **हेल्पः** वर्ड में हेल्प बटन विंडो के ऊपरी दाएं कोने पर मिलता है। बटन एक सर्कल से घिरा हुआ प्रश्नचिह्न जैसा दिखता है। या, आप मदद विंडो को सक्षम करने के लिए शॉर्टकट की F1 का प्रयोग कर सकते हैं।

4.4 डाक्यूमेंट्स को ओपन और क्लोज करना

4.4.1 डॉक्यूमेंट ओपन करना

नए डॉक्यूमेंट बनाने के अलावा, आपको अक्सर एक डॉक्यूमेंट खोलने की आवश्यकता होगी जो पहले सेव किया गया था।

डॉक्यूमेंट ओपन करने के लिएः

1. फाइल टैब पर क्लिक करें। बैकस्टेज दृश्य दिखाई देगा, ओपन का चयन करें। रीसेंट डॉक्यूमेंट की सूची चित्र 4.4 में दिखाई गई है।

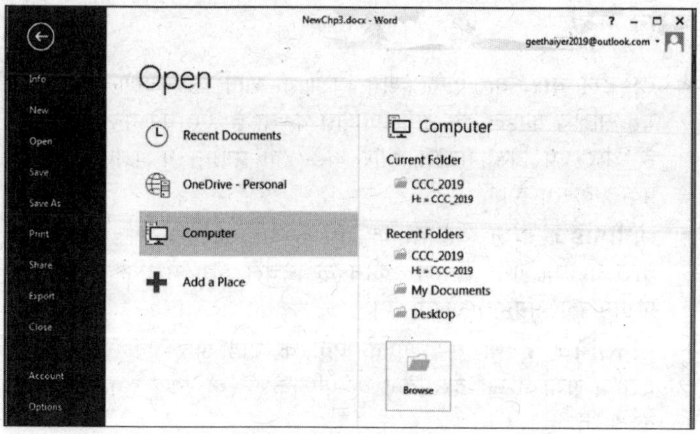

चित्र 4.4: बैकस्टेज दृश्य खोलें

2. कंप्यूटर चुनें, फिर ब्राउज पर क्लिक करें। वैकल्पिक रूप से, आप वन–ड्राइव पर संग्रहीत फाइल्स को खोलने के लिए वनड्राइव चुन सकते हैं।

   दाएँ फलक पर क्लिक करके फाइल संग्रहण फोल्डर को नेविगेट करें और फिर रीसेंट फोल्डर पर क्लिक करें। फिर, किसी भी सबफोल्डर पर क्लिक करें जब तक कि आप अपने इच्छित फोल्डर तक नहीं पहुँच जाते। या,

   बाएँ फलक में, खोलें संवाद बॉक्स खोलने के लिए ब्राउज करें पर क्लिक करें।
3. सूची से डॉक्यूमेंट का चयन करें, और फिर ओपन बटन पर क्लिक करें।
4. चयनित वर्ड डॉक्यूमेंट खुल जाएगा।

4.4.2 डॉक्युमेंट को स्क्रॉल करना

आप माउस या कीबोर्ड का उपयोग करके डॉक्युमेंट के माध्यम से स्क्रॉल कर सकते हैं। यदि आप डॉक्युमेंट विंडो को विभाजित करते हैं, तो आप डॉक्युमेंट के दो अलग–अलग हिस्सों को प्रदर्शित कर सकते हैं।

माउस का उपयोग करके एक दस्तावेज के माध्यम से स्क्रॉल करना

To	Do this
Scroll up one line	Click the up scroll arrow
Scroll down one line	Click the down scroll arrow
Scroll up one screen	Click above the scroll box
Scroll down one screen	Click below the scroll box
Scroll to a specific page	Drag the scroll box
Scroll left	Click the left scroll arrow
Scroll right	Click the right scroll arrow
Scroll left, beyond the margin, in normal view	Hold down Shift key and click the left scroll arrow

4.4.3 टाइपिंग और डॉक्युमेंट को एडिट करना

आप सही मार्जिन के अंत की चिंता किए बिना किसी डॉक्युमेंट में लिखना शुरू कर सकते हैं। वर्ड स्वचालित रूप से पंक्ति के अंत में अगली पंक्ति में टेक्स्ट को व्रेप कर देगा। आप बैकस्पेस की दबाकर टेक्स्ट को सही कर सकते हैं।

4.5 सेव एंड सेव एस

पहली बार जब आप किसी फाइल को सेव करते हैं, तो आपको तीन आइटम निर्दिष्ट करने होंगेः

- वह ड्राइव और फोल्डर जिसमें आप अपनी फाइल को स्टोर करना चाहते हैं,
- फाइल का नाम,
- फाइल को सेव करने के लिए प्रारूप।

किसी डॉक्युमेंट को सेव करने के लिएः

1. फाइल टैब पर क्लिक करें और फिर सेव ऑप्शन को सेलेक्ट करें, क्विक एक्सेस टूलबार पर सेव बटन चुनें।
2. बैकस्टेज दृश्य के रूप में सेव जैसा कि चित्र 4.5 में दिखाया गया है।

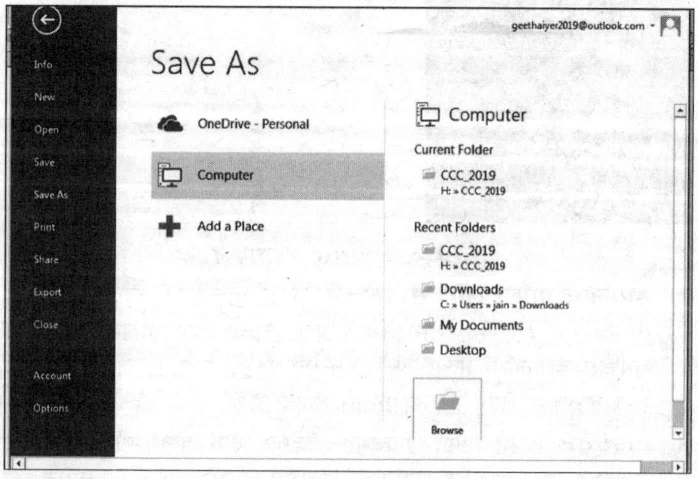

चित्र 4.5: बैकस्टेज दृश्य को सहेजें

3. बैकस्टेज दृश्य के बाएँ फलक में, इस रूप में सेव क्लिक करें।
4. दस्तावेज को सेव करने के लिए ब्राउज, कंप्यूटर या वनड्राइव वांछित विकल्प का चयन करें।
5. इस रूप में सेव संवाद बॉक्स प्रकट होता है। वह स्थान चुनें जहां आप एड्रेस बार में डॉक्युमेंट को सेव करना चाहते हैं।
6. फाइल नाम टेक्स्ट बॉक्स में, अपनी फाइल का नाम लिखें।
7. उस फाइल फॉर्मेट को चुनें, जिसमें आप ड्रॉप–डाउन सूची के रूप में सेव से बचाना चाहते हैं।
8. सेव बटन पर क्लिक करें।
9. डॉक्युमेंट सेव हो जाता है। जैसे ही आप डॉक्युमेंट को संशोधित करते हैं, आप अपने परिवर्तनों को सहेजने के लिए सेव कमांड पर फिर से क्लिक कर सकते हैं।

4.6 डॉक्युमेंट को नाम देना

विंडोज में, एक फाइल नाम एक से 255 वर्णों तक लंबा हो सकता है, इसके बाद की अवधि और तीन वर्ण फाइल नाम एक्सटेंशन तक हो सकते हैं। (ज्यादातर मामलों में, वर्ड को वर्ड डॉक्युमेंट के लिए डिफॉल्ट एक्सटेंशन की आपूर्ति करना सबसे अच्छा है, जो कि .docx है)। आप फाइल्स के नामकरण के लिए निम्न वर्णों को छोड़कर किसी भी वर्ण का उपयोग कर सकते हैं:

*\ : [] + = \ /: / <>

आप एक्सटेंशन से फाइल नाम अलग करने के अलावा किसी अवधि का उपयोग नहीं कर सकते हैं।

4.7 पेज सेटअप विकल्प

वर्ड में, डिफॉल्ट मार्जिन शीर्ष पर 1 इंच और प्रत्येक नीचे और बाएं और दाएं प्रत्येक पर 1 इंच है। आप संपूर्ण डॉक्युमेंट के लिए या डॉक्युमेंट के विभिन्न भागों के लिए मार्जिन बदल सकते हैं (यदि आप डॉक्युमेंट को अनुभागों में विभाजित करते हैं)।

ध्यान दें कि ड्राफ्ट और आउटलाइन दृश्य में, आप मार्जिन नहीं देखते हैं।

आप दो प्रकार के पेज ओरिएंटेशन में से किसी एक का चयन कर सकते हैं, जिसका नाम है पोर्ट्रेट (वर्टिकल) और लैंडस्केप (क्षैतिज)। आप किसी अनुभाग के लिए या संपूर्ण डॉक्युमेंट के लिए पेपर आकार और पृष्ठ अभिविन्यारा बदल सकते हैं।

एक पृष्ठ में केवल एक उपयोगकर्ता–परिभाषित बाएं मार्जिन सेटिंग और केवल एक उपयोगकर्ता–परिभाषित सही मार्जिन सेटिंग हो सकती है, लेकिन पृष्ठ के प्रत्येक अनुच्छेद में अलग–अलग बाएं और दाएं इंडेंटेशन हो सकते हैं।

4.7.1 पेज ओरिएंटेशन

परिदृश्य और चित्रः शब्द दो पृष्ठ उन्मुखीकरण विकल्प प्रदान करता है। डिफॉल्ट अभिविन्यास पोर्ट्रेट है, जिसमें पेज चौड़ा होने की तुलना में लंबा है। आप लैंडस्केप के लिए अभिविन्यास सेट कर सकते हैं, जिसमें पेज लंबा होने की तुलना में व्यापक है। आप पेज ओरिएंटेशन, पेपर साइज और पेज मार्जिन को कस्टमाइज कर सकते हैं, इस आधार पर कि आप अपने दस्तावेज को कैसे दिखाना चाहते हैं।

- लैंडस्केप का अर्थ है कि पृष्ठ क्षैतिज रूप से उन्मुख है।
- पोर्ट्रेट का अर्थ है कि पृष्ठ लंबवत रूप से उन्मुख है।

पेज ओरिएंटेशन बदलने के लिए:

1. लेआउट टैब चुनें।
2. पृष्ठ सेटअप समूह में ओरिएंटेशन कमांड पर क्लिक करें।
3. एक ड्रॉप–डाउन मेनू दिखाई देगा। पृष्ठ ओरिएंटेशन बदलने के लिए पोर्ट्रेट या लैंडस्केप पर क्लिक करें।
4. डॉक्युमेंट का पेज ओरिएंटेशन बदला जाएगा।

4.7.2 पेज मार्जिन और साइज पेज मार्जिन

पृष्ठ सेटअप कमांड के साथ मार्जिन सेट करने के लिए:

1. वह सेक्शन चुनें, जिसके लिए आप मार्जिन बदलना चाहते हैं। वैकल्पिक रूप से, उस सम्मिलन बिंदु को उस खंड में रखें, जिसके मार्जिन को आप बदलना चाहते हैं।
2. लेआउट टैब पर क्लिक करें और फिर पेज सेटअप के दाएं कोने तीर पर क्लिक करें। पृष्ठ सेटअप संवाद बॉक्स प्रकट होता है। मार्जिन टैब मार्जिन संपत्ति पत्रक पर क्लिक करें।
3. मार्जिन प्रॉपर्टी शीट में निम्नलिखित विकल्प हैं:
   - **शीर्षः** पृष्ठ के शीर्ष से वांछित मार्जिन चुनें या टाइप करें।
   - **नीचेः** पेज के नीचे से वांछित मार्जिन चुनें या टाइप करें।
   - **बाएँः** पृष्ठ के बाएँ किनारे से वांछित मार्जिन चुनें या टाइप करें।
   - **राइटः** पेज के दाहिने किनारे से वांछित मार्जिन चुनें या टाइप करें।
   - **गटरः** आवश्यकतानुसार गटर स्थान का चयन करें या टाइप करें।
4. पृष्ठ क्षेत्र में, एकाधिक पृष्ठों का चयन करें: ड्रॉपडाउन सूची।
   - मिरर मार्जिन विकल्प बाएं और दाएं मार्जिन को समायोजित करते हैं; ताकि जब आप पृष्ठ के दोनों किनारों पर प्रिंट करें तो सामने वाले पृष्ठों के अंदर और बाहर मार्जिन समान चौड़ाई के हों।
   - पूर्वावलोकन बॉक्स आपके द्वारा चुनी गई सेटिंग्स का प्रभाव प्रदर्शित करता है।
5. इसमें लागू करें: दस्तावेज का वह हिस्सा चुनें जहां आप नई सेटिंग्स लागू करना चाहते हैं।
6. ओके पर क्लिक करें।

4.8 कागज का आकार

डिफॉल्ट रूप से, एक नए डॉक्युमेंट का पृष्ठ आकार 8.5 इंच 11 इंच है। आपकी परियोजना के आधार पर, आपको अपने डॉक्युमेंट पृष्ठ का आकार समायोजित करने की आवश्यकता हो सकती है। वर्ड में विभिन्न प्रकार के पूर्वनिर्धारित पृष्ठ आकार हैं।

पृष्ठ का आकार का बदलने के लिए:

1. लेआउट टैब चुनें, और फिर आकार कमांड पर क्लिक करें।
2. एक ड्रॉप–डाउन मेनू दिखाई देगा। वर्तमान पृष्ठ का आकार हाइलाइट किया गया है। वांछित पूर्व–निर्धारित पृष्ठ आकार पर क्लिक करें।
3. डॉक्युमेंट का पृष्ठ आकार बदला जाएगा।

4.9 पेज मार्जिन

एक मार्जिन टेक्स्ट और आपके डॉक्युमेंट के किनारे के बीच का स्थान है। डिफॉल्ट रूप से, एक नया डॉक्युमेंट मार्जिन सामान्य पर सेट होते हैं, जिसका अर्थ है कि इसमें टेक्स्ट और प्रत्येक किनारे के बीच एक इंच का स्थान है। आपकी आवश्यकताओं के आधार पर, वर्ड आपको अपना डॉक्युमेंट मार्जिन आकार बदलने की अनुमति देता है।

पेज मार्जिन फॉर्मेट करने के लिए:

1. लेआउट टैब चुनें, और फिर मार्जिन कमांड पर क्लिक करें।
2. एक ड्रॉप–डाउन मेनू दिखाई देगा।
3. इच्छित पूर्व–निर्धारित मार्जिन आकार पर क्लिक करें।
4. डॉक्युमेंट के मार्जिन को बदल दिया जाएगा।

4.10 प्रिंट पूर्वावलोकन

किसी डॉक्युमेंट का पूर्वावलोकन करने से आप वास्तव में निष्पादित करने से पहले डॉक्युमेंट को उसके मुद्रण योग्य स्वरूप में देख सकते हैं प्रिंट कमांड। दूसरे शब्दों में, किसी डॉक्युमेंट का पूर्वावलोकन दस्तावेज को मुद्रण योग्य प्रारूप में प्रदर्शित करता है और दिखाता है कि प्रिंटआउट लेने के बाद डॉक्युमेंट कैसे दिखाई देगा।

डॉक्युमेंट का पूर्वावलोकन करने के लिए:

1. वह डॉक्युमेंट खोलें जिसका प्रिंट पूर्वावलोकन आप देखना चाहते हैं।
2. फाइल टैब पर क्लिक करें, और फिर फाइल टैब से प्रिंट विकल्प चुनें। प्रिंट विकल्प दिखाई देगा बैकस्टेज व्यू मे।
3. बैकस्टेज दृश्य में तीन पैन होते हैं। बाएँ फलक में कई विकल्प हैं, जैसे कि सेव, सेव एस, ओपन, क्लोज, इंफो, और हाल। मध्य फलक में, प्रिंट विकल्प और उससे संबंधित प्रिंटर सेटिंग्स। दाएँ फलक में, डॉक्युमेंट का पूर्वावलोकन। दाएँ फलक के निचले भाग में, जूम नियंत्रण बटन उपलब्ध है। (चित्र 4.6)

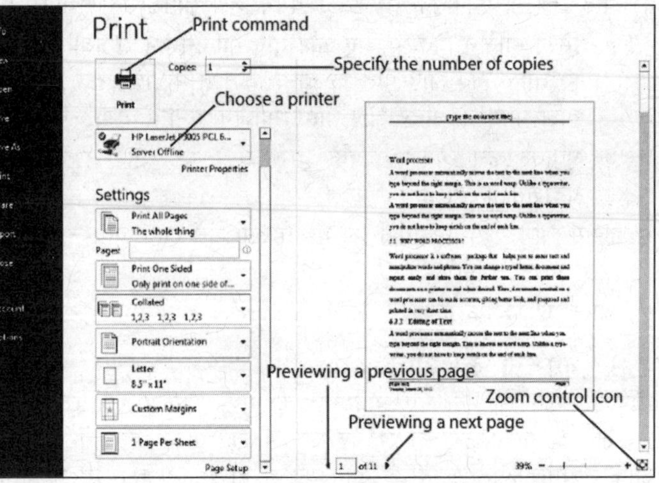

चित्र 4.6: बैकस्टेज व्यू में प्रीव्यू प्रिंट करें

4.11 डाक्यूमेंट्स को प्रिंट करना

जब आप कोई डॉक्युमेंट प्रिंट करने के लिए तैयार होते हैं, तो आप फाइल टैब पर क्लिक करके प्रिंट कर सकते हैं। बैकस्टेज दृश्य दिखाई देता है, या फिर प्रिंट आइकन पर क्लिक करें। वर्ड तब आपके कंप्यूटर डिफॉल्ट प्रिंटर और प्रिंट बैकस्टेज में निर्दिष्ट सेटिंग्स का उपयोग करता है। आप फाइल टैब बैकस्टेज दृश्य पर एक अलग प्रिंटर का उपयोग कर सकते हैं या प्रिंटर सेटिंग्स बदल सकते हैं। आप ऐसा कर सकते हैं। फिर निर्दिष्ट करें कि किस प्रिंटर का उपयोग करना है, क्या प्रिंट करना है, और कितनी प्रतियां प्रिंट करना है। आप सेटिंग में अन्य परिवर्तन भी कर सकते हैं।

4.11.1 वर्तमान डॉक्यूमेंट को प्रिंट करना

प्रिंट करने का सबसे सरल तरीका एक डॉक्यूमेंट खोलना है, और फाइल टैब पर क्लिक करना है। फिर प्रिंट टैब चुनें। मंच के पीछे का दृश्य प्रकट होता है। प्रिंट आइकन चुनें।

1. प्रिंट बैकस्टेज दृश्य पर वापस जाने के लिए फाइल टैब पर क्लिक करें।
2. प्रिंट से, आप निम्नलिखित विकल्प चुन सकते हैं:
   क. **प्रिंटर:** एक प्रिंटर का चयन करें।
   ख. **सेटिंग्स:** वांछित सेटिंग का चयन करें जिसमें आप एक डॉक्यूमेंट प्रिंट करना चाहते हैं।
   ग. पूरे डॉक्यूमेंट को प्रिंट करने के लिए, सभी पृष्ठ प्रिंट करें चुनें।
   घ. अपने डॉक्यूमेंट में सिर्फ एक पृष्ठ प्रिंट करने के लिए, वर्तमान में सम्मिलन बिंदु युक्त, प्रिंट वर्तमान पृष्ठ बटन पर क्लिक करें।
   ङ. यदि आप कस्टम प्रिंट चुनते हैं, तो प्रिंट करने के लिए विशिष्ट पृष्ठ दर्ज करें।
   च. **प्रतियां:** उन प्रतियों की संख्या निर्धारित करें जिन्हें आप प्रिंट करना चाहते हैं।
3. प्रिंट बटन पर क्लिक करें।

4.11.2 पीडीएफ फाइल और पीडीएफ फाइल के रूप में एक डॉक्यूमेंट को सेव करना

पीडीएफ आज सबसे अधिक उपयोग की जाने वाली फाइल प्रकारों में से एक है क्योंकि फाइल्स मुख्य रूप से देखने के लिए होती हैं, संपादन के लिए नहीं। एक कारण यह है कि वे इतने लोकप्रिय हैं कि PDF दस्तावेज स्वरूपण को संरक्षित कर सकता है, जो उन्हें अधिक संक्षिप्त बनाता है और उन्हें किसी भी उपकरण पर समान दिखने में मदद करता है। एक पीडीएफ फाइल को खोलना और देखना सरल है। अधिकांश वेब ब्राउजर पीडीएफ फाइल्स को सीधे आपके ब्राउजर विंडो में खोलेंगे, बजाय उन्हें आपके कंप्यूटर पर डाउनलोड करने के।

वर्ड के भीतर पीडीएफ बनाने के लिए:

1. एक पीडीएफ प्रारूप बनाने के लिए फाइल खोलें।
2. बैकस्टेज दृश्य पर जाने के लिए फाइल टैब पर क्लिक करें, और इस रूप में सेव करे विकल्प चुनें।
3. इस रूप में सेव संवाद बॉक्स खोलने के लिए फोल्डर ब्राउज करें पर क्लिक करें। फाइल को सेव के लिए स्थान चुनें।
4. सेव के रूप में प्रकार से पीडीएफ फाइल प्रकार चुनें: ड्रॉप डाउन मेनू मे से।
5. फाइल नाम में फाइल का नाम दें: ड्रॉप–डाउन मेनू।
6. सेव बटन पर क्लिक करें।

4.11.3 क्लोजिंग वर्ड

एक डॉक्यूमेंट को बंद करने के बाद, आपको विंडो बंद करनी चाहिए।

किसी दस्तावेज को बंद करने और वर्ड से बाहर निकलने के लिए:

1. फाइल टैब पर क्लिक करें और फिर बंद करें टैब चुनें।
2. विंडो बंद हो जाती है यदि अंतिम सेव करने के बाद से डॉक्यूमेंट में कोई बदलाव नहीं किया गया है। हालाँकि, यदि आपने पिछली बार डॉक्यूमेंट को सेव करने के बाद से परिवर्तन किए हैं, तो वर्ड एक अलर्ट संवाद बॉक्स प्रदर्शित करता है, यह पूछते हुए कि क्या आप अपने कार्य को बंद होने से बचाना चाहते हैं।

3. आपके द्वारा डॉक्यूमेंट के कंटेट को सेव करने के बाद, विंडो बंद है।

4.12 टेक्स्ट क्रिएशन और मैनीपुलेशन

जब आप वर्ड में एक नया डॉक्यूमेंट खोलते हैं, तो प्रविष्टि बिंदु स्क्रीन के ऊपरी बाएँ कोने में होता है। आप इस डॉक्यूमेंट में लिखना शुरू कर सकते हैं। आप डॉक्यूमेंट को संपादित करके किसी भी समय परिवर्तन कर सकते हैं।

आप सभी गैर–मुद्रण वर्ण, जैसे पैराग्राफ चिह्न, टैब वर्ण, और रिक्त स्थान प्रदर्शित करने या छुपाने के लिए अनुच्छेद समूह पर दिखाएँ/छुपाएँ बटन पर क्लिक कर सकते हैं। इन वर्णों को मुद्रित नहीं किया जाता है, भले ही वे स्क्रीन पर दिखाए जाएं।

4.12.1 डॉक्यूमेंट क्रिएशन

टेक्स्ट फाइल्स को डॉक्यूमेंट कहा जाता है। जब भी आप वर्ड में एक नई परियोजना शुरू करते हैं, तो आपको एक नया डॉक्यूमेंट बनाने की आवश्यकता होगी, जो या तो रिक्त हो सकता है या किसी टेम्पलेट से। आपको यह भी जानना होगा कि एक डॉक्यूमेंट कैसे खोलें।

एक नया डॉक्यूमेंट बनाने के लिए:

1. फाइल टैब पर क्लिक करें, बैकस्टेज दृश्य दिखाई देता है। बैकस्टेज दृश्य में नया टैब पर क्लिक करें।
2. बैकस्टेज दृश्य के बाएँ फलक में, नया बैकस्टेज पृष्ठ प्रदर्शित करने के लिए नए पर क्लिक करें।
3. दाएँ फलक में, रिक्त डॉक्यूमेंट थंबनेल पर क्लिक करें।
4. एक नया रिक्त डॉक्यूमेंट दिखाई देगा।

एक नया पैराग्राफ शुरू करने के लिए:

1. नई प्रविष्टि को प्रारंभ करने के लिए प्रविष्टि पिन करें, और एंटर की दबाएं।

एक ही पैराग्राफ के भीतर एक नई लाइन शुरू करने के लिए:

1. उस सम्मिलन बिंदु को स्थान दें जहाँ आप नई लाइन शुरू करना चाहते हैं, और फिर शिफ्ट + एंटर कीज एक साथ दबाएँ।
2. वर्ड एक लाइन ब्रेक वर्ण सम्मिलित करता है और सम्मिलन बिंदु को अगली पंक्ति की शुरुआत में ले जाता है।
3. लाइन ब्रेक को देखने के लिए, होम टैब के पैराग्राफ समूह में शो/हाईड कमांड पर क्लिक करें।

4.12.2 एडिटिंग टेक्स्ट

वर्ड में, आप पहले लिखे गए टेक्स्ट में कहीं भी नए शब्द, नए वाक्य या पैराग्राफ सम्मिलित कर सकते हैं। नया टेक्स्ट अपने आप समायोजित हो जाएगा। इसी तरह, आप टेक्स्ट के किसी भी हिस्से को हटा सकते हैं, और शेष भाग स्वचालित रूप से समायोजित हो जाएगा।

इंसेर्टिंग टेक्स्ट

यदि आप देखते हैं कि कुछ टेक्स्ट डॉक्यूमेंट से बाहर छोड़ दिया गया है, तो आप सम्मिलन सूचक को उस स्थिति में ले जा सकते हैं और इसे टाइप कर सकते हैं। इस विधि को इनसरटिंग कहा जाता है।

मौजूदा टेक्स्ट पर टाइपिंग

जैसे ही आप नए वर्ण सम्मिलित करते हैं, डिफॉल्ट रूप से, वर्ड मौजूदा टेक्स्ट को दाईं ओर ले जाता है। यदि आप चाहते हैं कि नया टेक्स्ट मौजूदा टेक्स्ट, कैरेक्टर को बदले, ओवरटाइप मोड पर स्विच करें।

मौजूदा पाठ पर टाइप करने के लिए:

1. फाइल टैब पर क्लिक करें और फिर विकल्प चुनें।
2. वर्ड ऑप्शन डायलॉग बॉक्स में, बाएँ फलक में उन्नत टैब पर क्लिक करें और फिर संपादन विकल्प के तहत, ओवरटाइप मोड चेकबॉक्स को नियंत्रित करने के लिए इन्सर्ट कुंजी का उपयोग करें।
3. ओके पर क्लिक करें।

4.12.3 टाइप किए गए पाठ में सुधार लागू करना

सरल टाइपिंग गलतियों को ठीक करने के लिए, बैकस्पेस या डिलीट कीज दबाएं। अधिक वर्ण हटाने के लिए, पहले उस टेक्स्ट को चुनें जिसे आप हटाना चाहते हैं और फिर बैकस्पेस या डिलिट की दबाएं। टेक्स्ट या ग्राफिक्स को डिलीट करने के लिए मुख्य संयोजनः

To delete	Key combination
Selected text	Press Backspace or Del
Characters before the insertion point	Press Backspace key
Characters after the insertion point	Press Del key
A word before the insertion point	Ctrl+Backspace
A word after the insertion point	Ctrl+Del

डिलिट किए गए टेक्स्ट को पुनर्स्थापित करने के लिए:

1. क्विक एक्सेस टूलबार पर, पूर्ववत करें बटन पर क्लिक करें। वैकल्पिक रूप से, Ctrl + Z की एक साथ क्लिक करें।

एक नए टेक्स्ट के साथ चयन को बदलने के लिए:

1. उस टेक्स्ट को चुनें जिसे आप बदलना चाहते हैं।
2. नया टेक्स्ट टाइप करें।

आपके द्वारा लिखा गया टेक्स्ट पूरे चयन को बदल देता है।

4.13 टेक्स्ट चयन

इससे पहले कि आप टेक्स्ट, या ग्राफिक चित्र को स्थानांतरित, स्वरूपित, डिलीट करे या बदल सकें, आपको आइटम का चयन करना होगा। आप माउस या कीबोर्ड का उपयोग करके आइटम का चयन कर सकते हैं। ध्यान दें कि चयनित पाठ या ग्राफिक्स हाइलाइट किए गए हैं। चयन को रद्द करने के लिए, चयन के बाहर क्लिक करें, या सम्मिलन बिंदु को स्थानांतरित करने के लिए एरो कीज का उपयोग करें।

टेक्स्ट का चयन करने के लिए:

1. आपके द्वारा चुने गए टेक्स्ट के आगे सम्मिलन बिंदु रखें।
2. माउस पर क्लिक करें, और इसे दबाए रखते हुए, अपने माउस को टेक्स्ट पर सेलेक्ट करने के लिए खींचें।
3. माउस बटन छोड़ें। आपने टेक्स्ट का चयन कर लिया है। चयनित पाठ के ऊपर एक हाइलाइट किया गया बॉक्स दिखाई देगा।

टेक्स्ट की कई पंक्तियों का चयन करने के लिए:

1. माउस पॉइंटर को किसी भी लाइन के बाईं ओर ले जाएं ताकि यह एक दायें तिरछा तीर बने। माउस पर क्लिक करें।

2. पंक्ति का चयन किया जाएगा।
3. कई लाइन्स का चयन करने के लिए, माउस को ऊपर या नीचे क्लिक करें और खींचें।
4. अपने डॉक्यूमेंट में सभी टेक्स्ट का चयन करने के लिए, होम टैब पर चयन करें कमांड चुनें, और फिर सभी का चयन करें पर क्लिक करें।
5. एक वाक्य का चयन करने के लिए, Ctrl की दबाए रखें और वाक्य में कहीं भी क्लिक करें।
6. आसन्न शब्दों, लाइनों, या पैराग्राफों का चयन करने के लिए, पाठ के माध्यम से खींचें।

चयन रिलीज करने के लिए:

1. चयन क्षेत्र के अलावा अन्य विंडो में कहीं भी क्लिक करें।

माउस के साथ टेक्स्ट की एक छोटी राशि का चयन करने के लिए:

1. उस टेक्स्ट की शुरुआत में माउस बटन पर क्लिक करें और दबाए रखें, जिसे आप चुनना चाहते हैं।
2. आप जिस भी टेक्स्ट का चयन करना चाहते हैं, उस सूचक को किसी भी दिशा में खींचें।

माउस के साथ टेक्स्ट का चयन करने की विधि:

Text to select	Mouse Action
A word	Double-click the word.
A line	Click selection bar (blank margin to the left of a line of text).
Multiple lines	Click selection bar and drag up or down till the end of lines.
A paragraph	Double-click selection bar.
Document	Press Ctrl key and click in selection bar.
Rectangular block or column (not within a table)	Click the top left of the column to be selected and then hold Alt key while you drag to select the text.

कीबोर्ड के साथ टेक्स्ट का चयन:

To Select	Press
A word	Shift + Ctrl + ← or → arrow key
To the beginning of a line	Shift + Home
To the end of a line	Shift + End
To the end of a paragraph	Ctrl + Shift + ↓
To the beginning of a paragraph	Ctrl + Shift + ↑
One line at a time	Shift + ↑ or Shift + ↓
To the beginning of a document	Shift + Ctrl + Home
To the end of a document	Shift + Ctrl + End

4.14 टेक्स्ट को डिलीट करना

अक्षरों को प्रविष्टि बिंदु के दाईं ओर हटाने के लिए, डिलिट की दबाएं, लेकिन प्रविष्टि बिंदु के बाईं ओर वर्ण हटाने के लिए, बैकस्पेस की का उपयोग करें।

टेक्स्ट को डिलीट करने के लिए:

1. बाईं माउस बटन दबाकर हटाए जाने वाले टेक्स्ट का चयन करें।
2. अब, कीबोर्ड से डिलीट की दबाएं।

4.15 कट, कॉपी और पेस्ट

डॉक्यूमेंट में एक जगह से टेक्स्ट को हटाने और इसे दूसरे में एड करने के लिए, आप टेक्स्ट को कट और पेस्ट करें। यदि आप अपने डॉक्यूमेंट में कहीं और अपने चयन की प्रतियां जोड़ना चाहते हैं, तो आप कॉपी और पेस्ट भी कर सकते हैं।

"मूविंग" का अर्थ है चयनित टेक्स्ट या ग्राफिक को एक स्थान से निकालना (कट करना) और उसी डॉक्यूमेंट को किसी अन्य स्थान पर डालना। **"कोपयिन्ग"** का अर्थ है चयनित पाठ या ग्राफिक की एक प्रति लिपि बनाना और मूल दस्तावेज को अपरिवर्तित छोड़ कर दूसरे स्थान पर एड करना।

टेक्स्ट कॉपी और पेस्ट करने के लिए:

1. उस टेक्स्ट का चयन करें जिसे आप कॉपी करना चाहते हैं।
2. होम टैब पर, क्लिपबोर्ड समूह में, कॉपी बटन पर क्लिक करें। आप अपने डॉक्यूमेंट पर राइट–क्लिक भी कर सकते हैं और कॉपी का चयन कर सकते हैं।
3. अब, उस स्थान पर प्रविष्टि बिंदु रखें, जहां आप टेक्स्ट को रखना चाहते हैं।
4. क्लिपबोर्ड समूह से पेस्ट विकल्प पर क्लिक करें। चयनित पाठ पेस्ट हो जाएगा।

टेक्स्ट को स्थानांतरित करने के लिए:

1. मूल स्थान से टेक्स्ट को कट करे, और फिर इसे नए स्थान पर पेस्ट करें।
2. उस टेक्स्ट का चयन करें जिसे आप स्थानांतरित करना चाहते हैं।
3. क्लिपबोर्ड समूह से कट विकल्प पर क्लिक करें। चयनित पाठ स्क्रीन से गायब हो जाएगा और क्लिपबोर्ड पर रखा जाएगा।
4. अब, उस स्थान पर सम्मिलन बिंदु रखें, जहाँ आप टेक्स्ट पेस्ट करना चाहते हैं।
5. क्लिपबोर्ड समूह से पेस्ट विकल्प पर क्लिक करें। चयनित पाठ को एक नए स्थान पर ले जाया जाएगा।

4.16 ड्रैग एंड ड्रॉप टेक्नीक का उपयोग करके मूव और कॉपी करना

ड्रैग–एंड–ड्रॉप संपादन एक डॉक्यूमेंट की थोड़ी दूरी के भीतर चयन को स्थानांतरित करने या कॉपी करने का एक आसान तरीका है। आप डाक्यूमेंट्स के बीच टेक्स्ट को ड्रैग और ड्राप कर सकते हैं।

ड्रैग–एंड–ड्रॉप संपादन का उपयोग करके टेक्स्ट को स्थानांतरित करने के लिए:

1. उस टेक्स्ट या ग्राफिक्स का चयन करें जिसे आप स्थानांतरित करना चाहते हैं।
2. चयनित पाठ या ग्राफिक्स को इंगित करें, और फिर बाईं माउस बटन को दबाएं और दबाए रखें।
3. जब ड्रैग–एंड ड्रॉप पॉइंटर दिखाई देता है, तो बिंदीदार प्रविष्टि बिंदु को नए स्थान पर खींचें।
4. टेक्स्ट को वांछित स्थान पर छोड़ने के लिए माउस बटन छोड़ें।

मूविंग और कोपयिन्ग के लिए कीबोर्ड शॉर्टकटः

Action	Key combination
To copy the selected text or the graphics to the Clipboard	Ctrl+C keys pressed together.
To move the selected text or the graphics to the Clipboard	Ctrl+X or Shift+Del keys pressed together.
To paste Clipboard contents into a document	Ctrl+V or Shift+Ins keys pressed together.
To move a paragraph up	Alt+Shift + ↑ arrow keys pressed together.
To move a paragraph down	Alt+Shift + ↓ arrow keys pressed together.

4.17 फॉन्ट, रंग, शैली और आकार चयन

केरेक्टर फोर्मत्तिंग टेक्स्ट की उपस्थिति को बढ़ाता है, और आवश्यकता के अनुसार बदलते फॉन्ट, फॉन्ट आकार, फॉन्ट रंग और फॉन्ट शैलियों को शामिल करता है। इसे फॉन्ट समूह होम टैब और मिनी टूलबार में कमांड का उपयोग करके लागू किया जा सकता है।

डिफॉल्ट रूप से, प्रत्येक नए दस्तावेज का फॉन्ट कैलिब्री पर सेट है। हालाँकि, वर्ड कई अन्य फॉन्ट प्रदान करता है जिनका उपयोग आप पाठ को अनुकूलित करने के लिए कर सकते हैं।

रिबन का उपयोग करके फॉन्ट बदलने के लिएः

1. वह टेक्स्ट चुनें, जिसका आप फॉन्ट बदलना चाहते हैं।
2. होम टैब पर, ड्रॉप–डाउन सूची पर क्लिक करें जो सभी उपलब्ध फोंट दिखाती है। सूची के माध्यम से स्क्रॉल करने के लिए ड्रॉप–डाउन सूची के दाईं ओर स्क्रॉल तीर का उपयोग करें। जब आप फॉन्ट को कर्सर पर ले जाते हैं, तो आप पाठ की उपस्थिति में परिवर्तन देख सकते हैं। वैकल्पिक रूप से, Ctrl + Shift + F कीज़ का उपयोग करें।
3. चयनित फॉन्ट को दस्तावेज में लागू किया जाएगा।

फॉन्ट का रंग बदलने के लिएः

1. उस टेक्स्ट का चयन करें जिसके लिए आप फॉन्ट रंग बदलना चाहते हैं।
2. होम टैब पर, फॉन्ट रंग ड्रॉप–डाउन तीर पर क्लिक करें। फॉन्ट रंग मेनू दिखाई देता है।
3. उस फॉन्ट रंग का चयन करें जिसका आप उपयोग करना चाहते हैं।
4. डॉक्यूमेंट में फॉन्ट रंग बदल जाएगा।
5. कलर्स संवाद बॉक्स तक पहुंचने के लिए मेनू के निचले भाग में और रंग चुनें। इच्छित रंग चुनें और फिर ठीक पर क्लिक करें।

फॉन्ट का आकार बदलने के लिएः

1. वह टेक्स्ट चुनें, किसका आप फॉन्ट आकार बदलना चाहते हैं।
2. होम टैब पर, फॉन्ट आकार ड्रॉप–डाउन तीर पर क्लिक क्रें।
3. मेनू से एक फॉन्ट आकार चुनें।
4. यदि मेनू में फॉन्ट आकार उपलब्ध नहीं है, तो आप फॉन्ट आकार बॉक्स पर क्लिक कर सकते हैं और इच्छित फॉन्ट आकार टाइप कर सकते हैं। उसके बाद एंटर की दबाएँ। या, आप मिनी टूलबार से भी चयन कर सकते हैं।
5. डॉक्यूमेंट में फॉन्ट आकार बदल जाएगा।
6. फॉन्ट आकार बदलने के लिए आप ग्रो फॉन्ट और श्रिंक फॉन्ट कमांड का भी उपयोग कर सकते हैं।
   क. फॉन्ट आकार बढ़ाने के लिए, फॉन्ट आकार बढ़ाएं बटन क्लिक करें, या Ctrl +> दबाएं।
   ख. फॉन्ट आकार को कम करने के लिए, फॉन्ट फॉन्ट आकार बटन पर क्लिक करें, या Ctrl + < दबाएं।

डॉक्यूमेंट को प्रारूपित करने के लिए शॉर्टकट कीः

Format	Shortcut
Bold	Ctrl + B
Italic	Ctrl + I
Single underline	Ctrl + U
Word underline	Ctrl + Shift + W
Double underline	Ctrl + Shift + D
SMALL CAPS	Ctrl + Shift + K
ALL CAPS	Ctrl + Shift + A
Hidden text	Ctrl + Shift + H
Superscript	Ctrl + Shift + =
Subscript	Ctrl + =
Copy formatting	Ctrl + Shift + C
Paste formatting	Ctrl + Shift + V
Remove formatting	Ctrl + Spacebar
Change case of letter	Shift + F3
Font	Ctrl + Shift + F. This command activates the Font dialog box. Type a new font name or use the arrow keys to highlight the desired font.
Symbol font	Ctrl + Shift + Q
Next larger point size available for selected fonts	Ctrl + Shift + >
Next smaller point size available for selected fonts	Ctrl + Shift + <
Up one point size	Ctrl +]
Down one point size	Ctrl + [

फॉन्ट शैली बदलने के लिएः

1. टेक्स्ट का चयन करें, जिसकी आप फॉन्ट शैली बदलना चाहते हैं।
2. करैक्टर को नियमित, बोल्ड या इटैलिक बनाने के लिए, मिनी टूलबार पर संबंधित बटन पर क्लिक करें।
3. फॉन्ट समूह में होम टैब पर, इच्छित फॉन्ट शैली जैसे बोल्ड, इटैलिक या अडरलाइन के लिए बटन पर क्लिक करे।

4.18 क्षेत्रीय भाषा फॉन्ट को ऐड करना

आप अपने डॉक्यूमेंट को संपादित करने के लिए कार्यालय कार्यक्रमों में एक अतिरिक्त भाषा को ऐड सकते हैं। इसमें कीबोर्ड लेआउट और उस भाषा के लिए अशुद्धि जाँच उपकरण शामिल हैं। प्रूफिंग टूल्स में भाषा–विशिष्ट विशेषताएं शामिल हैं, जैसे वर्तनी और व्याकरण की जाँच के लिए शब्दकोश।

भाषा फॉन्ट ऐड करने के लिए:

1. फाइल टैब पर क्लिक करें, और विकल्प चुनें। वर्ड विकल्प संवाद बॉक्स प्रकट होता है।
2. बाईं ओर के विकल्पों में से भाषा विकल्प चुनें। ऑफिस भाषा प्राथमिकताएँ सेट करें संवाद बॉक्स में, संपादन भाषाएँ चुनें के तहत, संपादन भाषा चुनें जिसे आप अतिरिक्त भाषाओं की सूची से जोड़ना चाहते हैं, और फिर जोड़ें पर क्लिक करें।
3. अतिरिक्त भाषा संपादन भाषाओं की सूची में दिखाई देती है। सूची के रूप में भाषा चुनें।

4.19 टेक्स्ट का संरेखण

डिफॉल्ट रूप से, वर्ड नए डाक्यूमेंट्स में टेक्स को बाएँ हाशिये पर संरेखित करता है। संरेखण सेटिंग्स पृष्ठ मार्जिन के बीच पैराग्राफ पाठ की क्षैतिज स्थिति को नियंत्रित करती हैं। चार संरेखण विकल्प हैं:

- **बाईं ओर संरेखित करें:** यह डिफॉल्ट पैरा संरेखण है। यह टैब स्टॉप के साथ पाठ के बाएं छोर को संरेखित करता है। यह एक सीधे बाएं किनारे और एक दाहिने किनारे पर स्थित होता है।
- **राइट संरेखित करें:** यह टैब स्टॉप के साथ पाठ के दाहिने छोर को संरेखित करता है। इसका परिणाम सीधे दाहिने किनारे में होता है और बाएं किनारे पर एक कड़ा होता है।
- **केंद्र:** यह टैब स्टॉप के साथ पाठ के केंद्र को संरेखित करता है। इसके परिणामस्वरूप बाएं और दाएं किनारों को रैग्ड किया जाता है।
- **दशमलव टैब:** यह टैब स्टॉप के साथ टेक्स्ट में दशमलव बिंदु को संरेखित करता है।
- **बार टैब:** यह टैब स्टॉप की स्थिति में एक ऊर्ध्वाधर रेखा खींचता है।

पाठ संरेखित करने के लिए शॉर्टकट की:

Alignment	Key combinations
Left	Ctrl+L keys together.
Right	Ctrl+R keys together.
Centre	Ctrl+E keys together.
Justify	Ctrl+J keys together.

4.20 अनडू और रीडू

डॉक्यूमेंट में काम करते समय आप गलती से कुछ टेक्स्ट हटा देते हैं। सौभाग्य से, आपको अपने द्वारा हटाए गए टेक्स्ट को फिर से लिखना नहीं पड़ेगा। जब आप गलती करते हैं तो वर्ड आपको अपनी सबसे हाल की कार्रवाई को पूर्ववत करने की अनुमति देता है।

अनडू करने के लिए:

1. क्विक एक्सेस टूलबार पर पूर्ववत करें कमांड का चयन करें। वैकल्पिक रूप से, आप Ctrl + Z दबा सकते हैं।

इसके विपरीत, Redo कमांड आपको पिछले पूर्ववत रिवर्स करने की अनुमति देता है। आप अपने कीबोर्ड पर Ctrl + Y दबाकर भी इस कमांड को एक्सेस कर सकते हैं।

4.21 स्वतः सुधार और वर्तनी जाँच

वर्तनी परीक्षक एक फ्लेक्सिबल और शक्तिशाली उपकरण है जो स्वचालित रूप से किसी अनुच्छेद या संपूर्ण दस्तावेज में वर्तनी की जाँच करेगा। यह वर्तनी की त्रुटियों को ढूंढता है और ठीक करता है लेकिन व्याकरणिक त्रुटियों के लिए एक दस्तावेज का मूल्यांकन नहीं करता है। वर्ड किसी दस्तावेज को पढ़ते समय नियमों के संग्रह का उपयोग करता है।

वर्तनी की त्रुटियों को ठीक करने के लिए:

1. रेखांकित शब्द पर राइट–क्लिक करें और फिर सुझावों की सूची से सही वर्तनी का चयन करें जैसा कि चित्र 4.7 में दिखाया गया है।

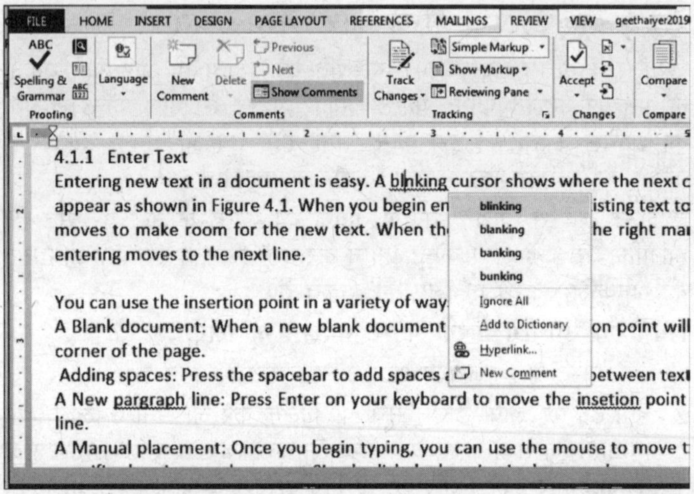

चित्र 4.7: डॉक्यूमेंट में वर्तनी की त्रुटि

2. सही शब्द डॉक्यूमेंट में दिखाई देगा।
3. आप किसी रेखांकित शब्द के सभी उदाहरणों को अनदेखा करने या इसे शब्दकोश में जोड़ने का विकल्प भी चुन सकते हैं।

व्याकरण संबंधी त्रुटियों को ठीक करने के लिए:

1. रेखांकित शब्द या वाक्यांश को राइट–क्लिक करें, और फिर सुझाव की सूची से सही वर्तनी या वाक्यांश का चयन करें जैसा कि चित्र 4.8 में दिखाया गया है।
2. सही वाक्यांश दस्तावेज में दिखाई देगा।

किसी दस्तावेज में वर्तनी और व्याकरण संबंधी त्रुटियों को छिपाने के लिए:

1. बैकस्टेज दृश्य पर जाने के लिए फाइल टैब पर क्लिक करें और फिर विकल्प पर क्लिक करें।
2. एक डायलॉग बॉक्स दिखाई देगा। प्रूफिंग का चयन करें या फिर इस दस्तावेज में वर्तनी त्रुटियों को छिपाएं के बगल में स्थित बॉक्स को चेक करें।
3. केवल और केवल इस डॉक्यूमेंट व्याकरण की त्रुटियों को छिपाएँ। फिर ओके पर क्लिक करें।

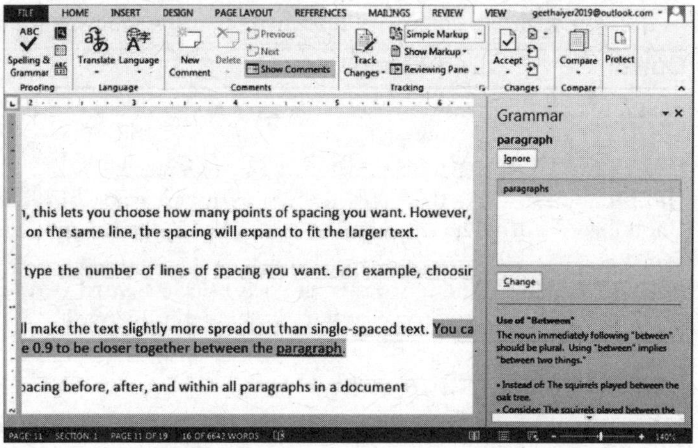

चित्र 4.8: ग्रामर नेविगेशन फलक

4.22 फाइंड और रिप्लेस

जब आप वर्ड डाक्यूमेंट्स के साथ काम कर रहे होते हैं, तो किसी विशिष्ट शब्द या वाक्यांश का पता लगाना मुश्किल और समय लेने वाला हो सकता है। वर्ड स्वचालित रूप से फाइंड की सुविधा का उपयोग करके आपके डॉक्यूमेंट को खोज सकता है, और यह आपको प्रतिस्थापन का उपयोग करके शब्दों या वाक्यांशों को बदलने की अनुमति भी देता है।

टेक्स्ट फाइंड करने के लिए:

1. होम टैब पर, फाइंड कमांड पर क्लिक करें। वैकल्पिक रूप से, आप अपने कीबोर्ड पर Ctrl + F दबा सकते हैं।
2. नेविगेशन फलक स्क्रीन के बाईं ओर दिखाई देगा जैसा कि चित्र 4.9 में दिखाया गया है।

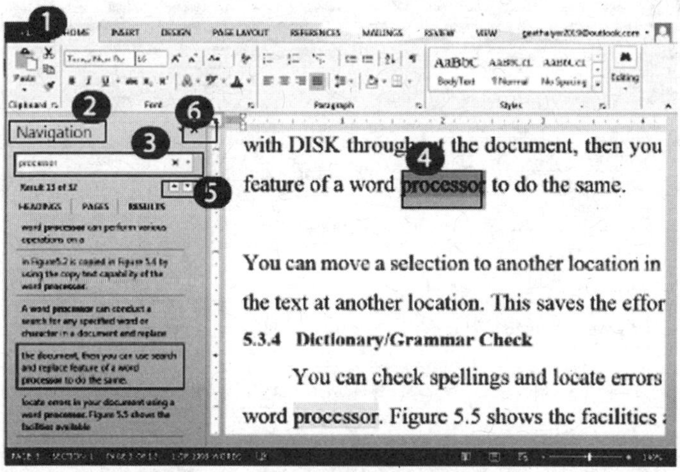

चित्र 4.9: नेविगेशन फलक स्क्रीन

3. नेविगेशन फलक के शीर्ष पर फील्ड में आप जो पाठ खोजना चाहते हैं, उसे टाइप करें। हमारे उदाहरण में, हमने शब्द, सम्मिलन टाइप किया है।
4. यदि डॉक्यूमेंट में टेक्स्ट पाया जाता है, तो इसे पीले रंग में हाइलाइट किया जाएगा, और परिणामों का पूर्वावलोकन नेविगेशन फलक में दिखाई देगा।
5. यदि टेक्स्ट एक से अधिक बार दिखाई देता है, तो आप परिणामों के माध्यम से जाने के लिए नेविगेशन फलक पर तीर क्लिक कर सकते हैं।
6. जब आप समाप्त कर लें, तो नेविगेशन फलक बंद करने के लिए X पर क्लिक करें। हाइलाइट गायब हो जाएगा।

टेक्स्ट को रिप्लेस करने के लिए:

1. होम टैब पर, रिप्लेस कमांड पर क्लिक करें। वैकल्पिक रूप से, आप अपने कीबोर्ड पर Ctrl + H दबा सकते हैं।
2. फाइंड और रिप्लेस संवाद बॉक्स दिखाई देगा।
3. वह टेक्स्ट लिखें जिसे आप फाइंड करना चाहते हैं: फील्ड क्या है।
4. उस टेक्स्ट को टाइप करें जिसे आप उसके साथ रिप्लेस करना चाहते हैं: फील्ड के साथ बदलें। फिर, फाइंड नेक्स्ट पर क्लिक करें।
5. वर्ड टेक्स्ट का पहला उदाहरण मिलेगा और इसे ग्रे में हाइलाइट करेगा।
6. यदि आप इसे रिप्लेस करना चाहते हैं, तो आप टेक्स्ट के अलग–अलग उदाहरणों को बदलने के लिए प्रतिस्थापित पर क्लिक कर सकते हैं। वैकल्पिक रूप से, आप पूरे डॉक्यूमेंट में पाठ के प्रत्येक उदाहरण को बदलने के लिए सभी को प्रतिस्थापित करें पर क्लिक कर सकते हैं।
7. टेक्स्ट को बदल दिया जाएगा। जब आप कर लें, तो संवाद बॉक्स बंद करने के लिए बंद करें या रद्द करें पर क्लिक करें।

4.23 फोर्मत्तिंग टेक्स्ट

अनुच्छेद प्रारूपण में संपूर्ण रूप में एक अनुच्छेद में टेक्स्ट की उपस्थिति को नियंत्रित करना शामिल है। अनुच्छेद प्रारूपण विकल्प टेक्स्ट एलाइनमेंट , पैराग्राफ इंडेंटेशन, लाइन रिक्ति, पैराग्राफ से पहले और बाद में रिक्ति और सीमा और छायांकन, आदि हैं।

पैराग्राफ इंडेंटिंग

संकेतक हाशिये पर जोड़े गए सफेद स्थान हैं, और इस तरह पैराग्राफ के लिए टेक्स्ट क्षेत्र को कम कर रहे हैं। इसलिए, जब आपके पास "सही मार्जिन है और आप 1.0 का सही इंडेंट जोड़ना चाहते हैं", तो आपका टेक्स्ट पेपर के दाहिने किनारे से 2.0 "प्रिंट" होगा।

टेक्स्ट को इंडेंट करने के लिए शॉर्टकट कीज:

Key combination	Effect
Ctrl+M	Create a left indent.
Ctrl+Shift+M	Reduce left indent.
Ctrl+T	Create hanging indent.
Ctrl+Shift+T	Reduce hanging indent.
Ctrl+Q	Remove paragraphs formatting.

लाइन स्पेसिंग

एक पैराग्राफ में लाइन स्पेसिंग का मतलब है, लाइनों के बीच की जगह की मात्रा।

विभिन्न लाइन स्पेसिंग विकल्प:

Option	Description
Single spacing	No blank line space appears between the lines of text.
Double spacing	A blank line space appears between the lines of text.
$1^{1/2}$/1.5 spacing	Half the height of one line space appears between the lines of text.
Exact line height	Specify the space you want between the lines.

शॉर्टकट कीजः

Key combination	Effect
Ctrl+1	Creates single space lines.
Ctrl+2	Creates double space lines.
Ctrl+5	Creates one and half spaced lines.
Ctrl+0 (zero)	Add or remove one line space preceding a paragraph

पैराग्राफ से पहले और बाद में अंतरिक्ष

पैराग्राफ डायलॉग बॉक्स में एक रिक्ति बॉक्स होता है जो आपको पैराग्राफ से पहले और बाद में वर्ड को सफेद स्थान की मात्रा को परिभाषित करने देता है। अंतरिक्ष सेटिंग्स को अंक (पीटीएस), इंच (इंच), सेंटीमीटर (सेमी), या लाइनों (ली) में दर्ज किया जा सकता है। इस प्रकार, 12 पीटी के रूप में 12 अंक दर्ज किए जाएंगे।

4.24 बुलेट और नंबरिंग

दस्तावेजों को रेखांकित करने, व्यवस्थित करने और टेक्स्ट एम्फैसिजे करने के लिए बुलेटेड और क्रमांकित सूचियों का उपयोग दस्तावेजों में किया जा सकता है। आप नई बुलेटेड और क्रमांकित सूचियों को सम्मिलित करना सीख सकते हैं, प्रतीकों को बुलेट्स के रूप में चुन सकते हैं और बहुस्तरीय सूचियों को प्रारूपित कर सकते हैं। प्रत्येक सूची प्रकार की शैली को बदला जा सकता है और विभिन्न बुलेट्स का उपयोग किया जा सकता है।

बुलेटेड सूची बनाने के लिएः

1. बुलेट किए जाने वाले टेक्स्ट का चयन करें या उस स्थान पर क्लिक करें जहां नई सूची बनाई जानी हैं।
2. होम टैब पर, बुलेट्स कमांड के बगल में स्थित ड्रॉप–डाउन एरो पर क्लिक करें। बुलेट शैलियों का एक मेनू दिखाई देगा।
3. विभिन्न बुलेट शैलियों पर माउस ले जाएँ। दस्तावेज में बुलेट शैली का एक लाइव पूर्वावलोकन दिखाई देगा। उस बुलेट शैली का चयन करें जिसका आप उपयोग करना चाहते हैं।

क्रमांकित सूची बनाने के लिएः

1. उस पाठ का चयन करें जिसे आप सूची के रूप में प्रारूपित करना चाहते हैं।
2. होम टैब पर, नंबरिंग कमांड के बगल में स्थित ड्रॉप–डाउन एरो पर क्लिक करें। क्रमांकन शैलियों का एक मेनू दिखाई देगा।
3. विभिन्न क्रमांकन शैलियों पर माउस ले जाएँ। दस्तावेज में नंबरिंग शैली का एक लाइव पूर्वावलोकन दिखाई देगा।
4. उस नंबर शैली का चयन करें जिसका आप उपयोग करना चाहते हैं।
5. पाठ को क्रमांकित सूची के रूप में स्वरूपित किया जाएगा।

4.25 परिवर्तन प्रकरण

वर्ड चेंज केस कमांड का उपयोग करके किसी भी पाठ के अक्षरों के मामले को बदलने के लिए सुविधाएं प्रदान करता है।

कैपिटलाइजेशन करने के लिएः

1. वह टेक्स्ट चुनें जिसका आप केस बदलना चाहते हैं।
2. होम टैब पर, फॉन्ट समूह में, केस कमांड बदलें पर क्लिक करें।
3. चेंज केस डायलॉग बॉक्स द्वारा दिए गए विकल्प इस प्रकार हैंः

Option	Description
Sentence case	Only the first character of the first word is capitalized.
lower case	All the characters are in lowercase.
UPPER CASE	All the characters are in uppercase.
Capitalize Each Word	The first letter of each word is capitalized.
tOGGLE cASE	The first letter of each selected word is in lowercase, and the rest are in uppercase.

4.26 तालिका मैनीपुलेशन

आपको दस्तावेज बनाने के लिए तालिकाओं का उपयोग करना चाहिए, जैसे कि फॉर्म, वित्तीय रिपोर्ट, कैटलॉग और बायोडाटा। शब्द तालिका में क्षैतिज पंक्तियाँ और ऊर्ध्वाधर स्तंभ होते हैं। आप उन क्षेत्रों में टाइप करते हैं जिन्हें पंक्तियों और स्तंभों के प्रतिच्छेदन द्वारा गठित कोशिकाएँ कहते हैं। सेल में टेक्स्ट, नंबर या ग्राफिक्स हो सकते हैं।

4.26.1 तालिका की अवधारणा

एक टेबल कोशिकाओं से बना होता है जिसे आप टेक्स्ट और ग्राफिक्स से भर सकते हैं।

पंक्तियाँः एक पंक्ति कोशिकाओं का एक क्षैतिज खंड है जो तालिका की संपूर्ण चौड़ाई से चलता है।

कॉलमः एक स्तंभ कोशिकाओं का एक ऊर्ध्वाधर ब्लॉक होता है जो तालिका की पूरी ऊंचाई से चलता है।

सेलः एक सेल एक पंक्ति और एक स्तंभ का प्रतिच्छेदन है। (चित्र 4.10)

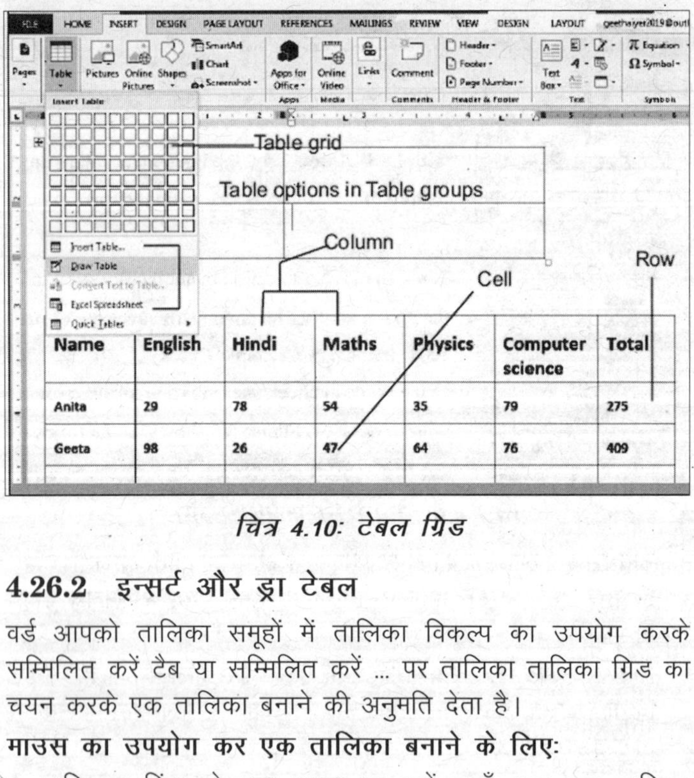

चित्र 4.10: टेबल ग्रिड

4.26.2 इन्सर्ट और ड्रा टेबल

वर्ड आपको तालिका समूहों में तालिका विकल्प का उपयोग करके सम्मिलित करें टैब या सम्मिलित करें ... पर तालिका तालिका ग्रिड का चयन करके एक तालिका बनाने की अनुमति देता है।

माउस का उपयोग कर एक तालिका बनाने के लिएः

1. सम्मिलन बिंदु को उस स्थान पर रखें जहाँ आप एक तालिका सम्मिलित करना चाहते हैं।

2. टेबल्स समूह में, सम्मिलित करें टैब पर, नीचे तीर पर क्लिक करें
3. इंसर्ट टेबल ग्रिड चुनें।
4. पंक्तियों और स्तंभों की वांछित संख्या को उजागर करने के लिए माउस पॉइंटर को खींचें।
5. प्रदर्शित ग्रिड आवश्यक पंक्तियों और स्तंभों का प्रतिनिधित्व करता है। ग्रिड में सही संख्या प्राप्त करने के बाद माउस बटन पर क्लिक करें।
6. जब आप माउस बटन छोड़ते हैं तो वर्ड एक खाली टेबल सम्मिलित करता है।

4.26.3 तालिका में टेक्स्ट एंटर और एडिट करना

आप किसी तालिका में पाठ को स्थानांतरित, दर्ज और संपादित कर सकते हैं जैसे आप अन्य प्रकार के टेक्स्ट से करते हैं। सम्मिलन बिंदु की स्थिति के लिए माउस या तीर कुंजियों का उपयोग करें और फिर टेक्स्ट लिखें। सेल बॉर्डर मार्जिन के रूप में काम करते हैं। जैसे ही आप दाहिने किनारे तक पहुँचते हैं, वर्ड अपने आप सेल के भीतर टेक्स्ट को लपेट देता है।

माउस का उपयोग करते हुए तालिका के भीतर जाएं:

1. सेल में पॉइंटर को वहां रखें जहां आप टेक्स्ट दर्ज करना चाहते हैं और क्लिक करें।

कीबोर्ड का उपयोग कर, तालिका के भीतर जाने के लिए:

1. जब आप किसी तालिका के दाईं ओर अंतिम कॉलम में टैब कुंजी दबाते हैं तो सम्मिलन बिंदु नीचे की ओर बढ़ जाएगा और अगली पंक्ति को बाईं ओर ले जाएगा।
2. यह एक पंक्ति को ऊपर ले जाएगा और दाईं ओर जब आप होंगे बाईं ओर पहले कॉलम में शिफ्ट + टैब कीज दबाएं।

एक पंक्ति की ऊंचाई को समायोजित करने के लिए:

1. पंक्ति में कहीं भी क्लिक करें जहाँ आप इसकी ऊँचाई बदलना चाहते हैं।
2. सूचक को स्क्रीन के बाएं किनारे पर या पंक्ति के शीर्ष पर लंबवत शासक पर ले जाएं। सूचक एक ऊपर और नीचे तीर में बदल जाता है। पंक्ति को वांछित ऊंचाई तक खींचने के लिए इसका उपयोग करें।

स्तंभ की चौड़ाई बदलने के लिए:

1. एक स्तंभ सीमा की ओर पॉइंट करे ।
2. सूचक एक डबल तीर के लिए आकार बदल जाएगा।
3. कॉलम चौड़ाई मार्कर खींचें।
4. सेल आकार समूह में कॉलम की चौड़ाई को बदलने के लिए तालिका कॉलम चौड़ाई स्क्रॉल बॉक्स पर क्लिक करें।

सेल में पाठ का संरेखण

आप नौ अलग–अलग तरीकों से टेबल सेल में टेक्स्ट को संरेखित कर सकते हैं: टॉप लेफ्ट (डिफॉल्ट एलाइनमेंट), टॉप सेंटर, टॉप राइट, सेंटर लेफ्ट, सेंटर, सेंटर राइट, बॉटम लेफ्ट, बॉटम सेंटर और बॉटम राइट।

तालिका के बीच में एक पंक्ति डालने के लिए:

1. पंक्ति के नीचे सम्मिलन बिंदु को उस स्थान पर रखें जहाँ आप नई पंक्ति सम्मिलित करना चाहते हैं।
2. लेआउट संदर्भ टैब पर क्लिक करें। पंक्तियों और कॉलम समूह में ऊपर या नीचे सम्मिलित करें पर क्लिक करें। नई पंक्ति चयनित पंक्ति के नीचे डाली गई है।
3. कई पंक्तियों को जोड़ने के लिए, या तो सही माउस बटन पर क्लिक करके इन्सर्ट पंक्तियाँ कमांड को दोहराएं या जितनी आप सम्मिलित करना चाहते हैं उतनी मौजूदा पंक्तियों का चयन करें।

तालिका के मध्य में एक एकल स्तंभ सम्मिलित करने के लिए:

1. उस कॉलम को चुनें जिसके दाईं ओर आप नया कॉलम दिखाना चाहते हैं।
2. लेआउट संदर्भ टैब पर क्लिक करें। पंक्तियों और कॉलम समूह में बाएँ या दाएँ सम्मिलित करें पर क्लिक करें। नया कॉलम चयनित कॉलम के दाईं ओर डाला गया है।
3. वर्ड एक नया कॉलम जोड़ देगा, लेकिन यह नए सम्मिलित कॉलम को समायोजित करने के लिए पहले के कॉलम की चौड़ाई को नहीं बदलेगा।

एक पंक्ति या कक्षों की पंक्तियों को हटाने के लिए:

1. हटाए जाने के लिए पंक्ति का चयन करें।
2. लेआउट संदर्भ टैब पर क्लिक करें। पंक्तियों और कॉलम समूह पर क्लिक करें। नीचे तीर पर क्लिक करें और हटाएँ पंक्तियों को चुनें। यह पंक्तियों और उनके कंटेन्ट को हटा देगा।
3. केवल कोशिकाओं के कंटेन्ट को हटा दें, कोशिकाओं को बरकरार रखें। पाठ या ग्राफिक का चयन करें और कुंजी दबाएं।

कॉलम हटाने के लिए:

1. डिलीट किए जाने वाले कॉलम को चुनें।
2. लेआउट संदर्भ टैब पर क्लिक करें। पंक्तियों और कॉलम समूह पर क्लिक करें। तालिका नीचे तीर पर क्लिक करें और कॉलम हटाएं चुनें।
3. ओके पर क्लिक करें।

तालिका मे कोशिकाओ को मर्ज करने के लिए (सेल को मर्ज दो या दो से अधिक कोशिकाओं को मिलाकर किया जा सकता है)

1. उन कक्षों का चयन करें जिन्हें आप तालिका में मर्ज करना चाहते हैं। तालिका उपकरण संदर्भ टैब दिखाई देता है।
2. रिबन पर लेआउट टैब पर क्लिक करें।
3. मर्ज समूह के तहत मर्ज सेल बटन पर क्लिक करें।
4. तालिका की चयनित कोशिकाएं विलीन हो जाती हैं।

तालिका सेल को विभाजित करने के लिए (विभाजन कोशिकाओं का अर्थ है सेल को दो या अधिक कोशिकाओं में विभाजित करना)

1. उस सेल का चयन करें जिसे आप तालिका में विभाजित करना चाहते हैं।
2. एक तालिका उपकरण संदर्भ टैब दिखाई देता है।
3. रिबन पर लेआउट टैब पर क्लिक करें।
4. मर्ज समूह के तहत स्प्लिट सेल्स बटन पर क्लिक करें।
5. स्प्लिट सेल्स डायलॉग बॉक्स दिखाई देता है।
6. आप भाजित सेल संवाद बॉक्स में पंक्तियों और स्तंभों की संख्या निर्धारित कर सकते हैं।
7. कॉलम की संख्या में कॉलम की संख्या निर्दिष्ट करें: स्पिनर बॉक्स।
8. पंक्तियों की संख्या में पंक्तियों की संख्या निर्दिष्ट करें: स्पिनर बॉक्स।
9. भाजित कक्ष संवाद बॉक्स में ठीक बटन पर क्लिक करें।
10. चयनित सेल स्प्लिट सेल्स डायलॉग बॉक्स में कॉलम और रो बॉक्स की संख्या के अनुसार विभाजित है। इसके बाद, आप कॉलम की चौड़ाई को समान रूप से पुनर्व्यवस्थित कर सकते हैं।

तालिका को विभाजित करने के लिए (तालिका को विभाजित करने का मतलब है कि पंक्तियों और स्तंभों को अलग-अलग तालिकाओं में विभाजित करना ताकि उन्हें आसानी और आराम से व्यवस्थित किया जा सके):

1. उस तालिका का चयन करें जिसे आप विभाजित करना चाहते हैं।
2. तालिका में एक पंक्ति का चयन करें।
   एक तालिका उपकरण संदर्भ टैब प्रकट होता है।
3. रिबन पर लेआउट टैब पर क्लिक करें।
4. मर्ज समूह के तहत स्प्लिट टेबल बटन पर क्लिक करें।
5. चयनित तालिका दो तालिकाओं में विभाजित है।

4.27 बॉर्डर और शेडिंग

बॉर्डर एक पैराग्राफ (या पैराग्राफ) के चारों ओर से एक बॉक्स हो सकता है। यह एक ऐसी रेखा हो सकती है जो एक या अधिक पक्षों पर पैराग्राफ सेट करती है। बॉर्डर में शेडिंग शामिल हो सकता है, जो एक पैटर्न के साथ एक पैराग्राफ भरता है। बक्से और लाइनें ठोस काले रंग की हो सकती हैं, जबकि शेडिंग ग्रे रंग का होता है। शेडिंग को काले या चयनित रंग के विभिन्न प्रतिशत और पैटर्न में लागू किया जा सकता है। काले रंग के प्रतिशत विभिन्न तीव्रता के ग्राम के रूप में दिखाई देते हैं। प्रत्येक शेड या पैटर्न के लिए, आष एक अग्रभूमि या पृष्ठभूमि का रंग चुन सकते हैं। काले और सफेद प्रिंटर पर रंगों को ग्रे या पैटर्न के रंगों में बदला जाता है।

किसी अनुच्छेद या अनुच्छेद के समूह में बॉर्डर लागू करने के लिए:

1. बॉर्डर में कहीं भी सम्मिलन बिंदु को सीमा में संलग्न किया जा सकता है, या एकाधिक पैराग्राफ का चयन करें, या संलग्न होने के लिए पाठ का चयन करें (चित्र 4.11)।

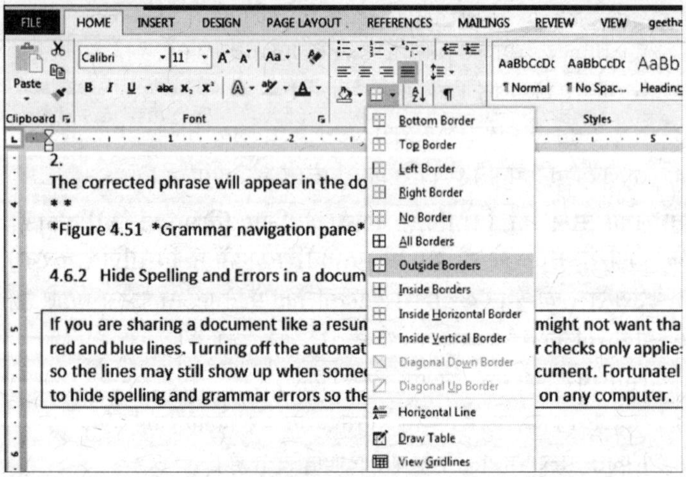

चित्र 4.11: सीमा में संलग्न अनुच्छेद

2. अनुच्छेद समूह में, बॉर्डर और शेडिंग बटन पर क्लिक करें।
3. एक ड्रॉप-डाउन मेनू प्रकट होता है। उस बॉर्डर को चुनें, जिसे आप अनुच्छेद के लिए लागू करना चाहते हैं।
   या, अनुच्छेद समूह में, बॉर्डर और शेडिंग बटन पर क्लिक करें।
4. एक ड्रॉप-डाउन मेनू दिखाई देता है। बॉर्डर और शेडिंग ... विकल्प चुनें। बॉर्डर और शेडिंग संवाद बॉक्स प्रकट होता है।
5. नीचे दिए गए विकल्पों में से सेटिंग चुनें: (आपशन तालिका)

Option	Effect
None	No box
Box	A box with identical lines on all four sides of the selected text or paragraphs
Shadow	A box with a drop shadow on the bottom right corner
3-D	A "Picture frame" box
Custom	Custom design borders on one or more sides of the selected paragraph(s)

6. सेटिंग का चयन करने के बाद, स्टाइल चुनें: स्टाइल स्क्रॉल सूची से। शैली सीमा के लिए उपयोग की जाने वाली रेखा के प्रकार को निर्धारित करती है।
7. कलर: ड्रॉप-डाउन सूची में, वह रंग चुनें जिसे आप बॉर्डर में रखना चाहते हैं। यदि आप ऑटो विकल्प चुनते हैं, तो पाठ का रंग डिफॉल्ट रूप से उपयोग किया जाता है।
8. चौड़ाई में: ड्रॉप-डाउन सूची, बॉर्डर के लिए चौड़ाई निर्दिष्ट करें।
9. पूर्वावलोकन बॉक्स दिखाता है कि चयनित पाठ पर बॉर्डर कैसे लागू की जाती हैं।
10. लागू करने के लिए: चयनित पाठ या पैराग्राफ चुनें जिसमें आप सीमा लागू करना चाहते हैं।
11. यदि आवश्यक हो तो सीमा और पाठ के बीच अंतर को निर्दिष्ट करने के लिए विकल्प ... पर क्लिक करें।
12. ओके पर क्लिक करें

माउस के साथ पैरा शेड करने के लिए:

1. पाठ या पैराग्राफ/पैराग्राफ का चयन करें।
2. अनुच्छेद समूह में, बॉर्डर डाउन एरो पर क्लिक करें और बॉर्डर और शेडिंग चुनें। सीमाओं में और छायांकन संवाद बॉक्स, छायांकन टैब पर क्लिक करें। (चित्र 4.12)

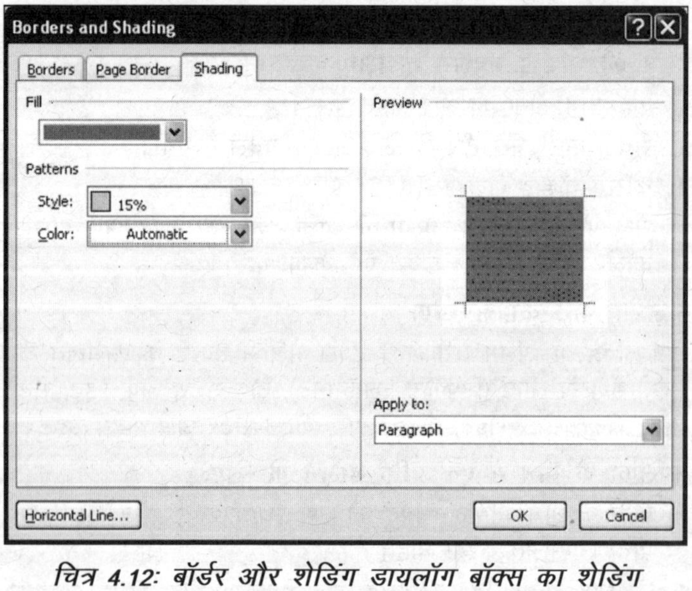

चित्र 4.12: बॉर्डर और शेडिंग डायलॉग बॉक्स का शेडिंग डायलॉग बॉक्स

3. फिल करें: इस बॉक्स में, जिस रंग को आप शेडिंग के लिए चाहते हैं, उस पर क्लिक करें या शेडिंग रंग को हटाने के लिए कोई भी नहीं क्लिक करें।
4. शैली: इस ड्रॉप–डाउन सूची में, उस भरने वाले रंग पर क्लिक करें, जिसे आप "भरना" चाहते हैं।
5. रंग: इस ड्रॉप–डाउन सूची में, चयनित शेडिंग पैटर्न में लाइन और डॉट्स के लिए एक रंग पर क्लिक करें। यदि आप स्टाइल में रंग पर क्लिक करते हैं तो रंग: बॉक्स दिखाई नहीं देता है।
6. इसमें लागू करें: अनुभाग, ड्रॉपडाउन सूची से पैराग्राफ का चयन करें, और उसके बाद ठीक बटन पर क्लिक करें।
7. चयनित शेडिंग शैली को पैराग्राफ में लागू किया जाता है।

4.28 मेल मर्ज

मेल मर्ज एक उपयोगी उपकरण है जो आपको सूची, डेटाबेस, या स्प्रेडशीट में संग्रहीत जानकारी का उपयोग करके पत्र, लेबल, लिफाफे, नाम टैग, और अधिक का उत्पादन करने की अनुमति देता है।

मेल मर्ज पत्र बनाना

मर्ज किए गए दस्तावेज को बनाने और प्रिंट करने का तरीका सीखने का सबसे अच्छा तरीका व्यावहारिक उदाहरण पर विचार करना है। यह निम्नलिखित वर्गों में वर्णित है।

मेल–मर्ज के लिए एक दस्तावेज बनाना

मेल–मर्ज के लिए, आपको निम्न कार्य करने होंगे:

- एक डेटा स्रोत बनाएँ।
- मुख्य डॉक्यूमेंट बनाएँ।
- मुख्य डॉक्यूमेंट में फील्ड सम्मिलित करें।
- डिजाइन और डेटा प्रविष्टि त्रुटियों के लिए जाँच करें।
- डेटा स्रोत डॉक्यूमेंट और मुख्य डॉक्यूमेंट को मर्ज करें।
- अंत में, मर्ज किए गए डॉक्यूमेंट को प्रिंट करें।

4.28.1 मेल मर्ज शुरू करना

वर्ड में एक चरण–दर–चरण मेल मर्ज विजार्ड है जो आपको मर्ज किए गए दस्तावेज बनाने के लिए चरणों के माध्यम से मार्गदर्शन करता है।

मेल मर्ज का उपयोग करने के लिए:

1. एक मौजूदा वर्ड डॉक्यूमेंट खोलें, या एक नया बनाएँ।
2. मेलिंग टैब पर क्लिक करें। मेल मर्ज समूह प्रारंभ करें, नीचे इंगित करने वाले तीर पर क्लिक करें और चरण–दर–चरण मेल मर्ज विजार्ड का चयन करें ... जैसा कि चित्र 4.13 में दिखाया गया है।
3. दाईं ओर, मेल मर्ज कार्य फलक बॉक्स दिखाई देता है, जो विजार्ड के चरण 1 को छह चरणों में दिखाता है। निम्न उदाहरण दर्शाता है कि प्रपत्र पत्र कैसे बनाया जाए और प्राप्तकर्ता सूची के साथ पत्र को कैसे मर्ज किया जाए।
4. सेलेक्ट डॉक्यूमेंट टाइप के तहत, लेटर्स रेडियो बटन पर क्लिक करें।
5. अगला क्लिक करें: दस्तावेज शुरू करना।
    - विजार्ड आपको शेष मेल प्रक्रिया के माध्यम से मार्गदर्शन करता है।
    - सेलेक्ट स्टार्ट डॉक्यूमेंट के तहत तीन विकल्प हैं।
    - वर्तमान डॉक्यूमेंट रेडियो बटन का उपयोग करें पर क्लिक करें, जो यह निर्दिष्ट करता है कि आप अपने पत्र कैसे सेट करना चाहते हैं? (चित्र 4.14)।

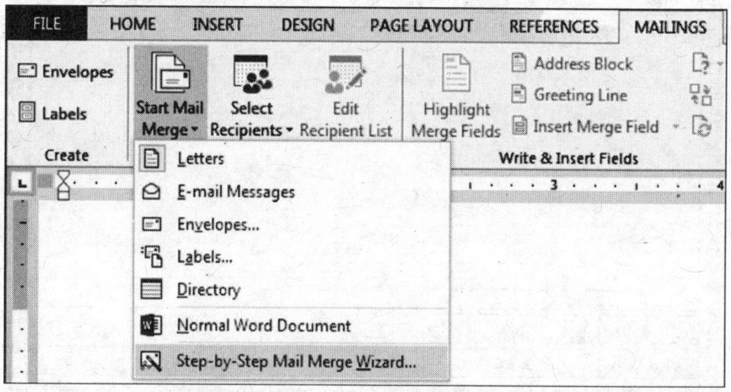

चित्र 4.13: चरण–दर–चरण मेल मर्ज विजार्ड का चयन करें

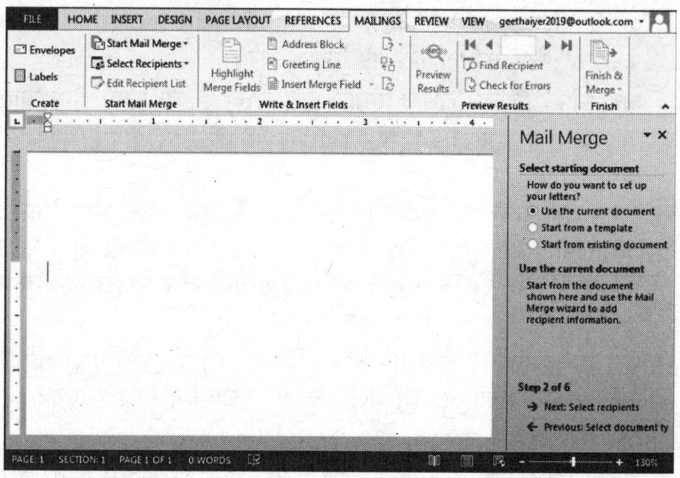

चित्र 4.14: मेल मर्ज टास्क पेन के चरण

6. अगला क्लिक करें: प्राप्तकर्ताओं का चयन करें। प्राप्तकर्ताओं का चयन करने के तहत, एक नई सूची रेडियो बटन टाइप करें।
   नया सूची अनुभाग टाइप करें के तहत क्रिएट ... पर क्लिक करें।
7. एक नया पता सूची संवाद बॉक्स प्रकट होता है। डेटा स्रोत के लिए आप जो जानकारी शामिल करना चाहते हैं उसे टाइप करें।
8. फील्ड् नाम कस्टमाइज करें पता सूची संवाद बॉक्स में दिखाई देते हैं। यदि आप कोई फील्ड नहीं चाहते हैं, तो फील्ड का चयन करें और फिर हटाएँ बटन पर क्लिक करें।
9. चयनित फील्ड नाम शीर्षक, प्रथम नाम, अंतिम नाम, पता पंक्ति 1, शहर, जिप कोड हैं।
10. फील्ड नाम के तहत, अगले पर जाने के लिए टाइप करें (टैब कुंजी का उपयोग करें)

शीर्षक: मि।

पहला नाम: संजय

लास्ट नाम: शर्मा

पता पंक्ति 1: 120–ए, विकासपुरी

शहर: नई दिल्ली

जिप कोड: 110 018 (चित्र 4.15)

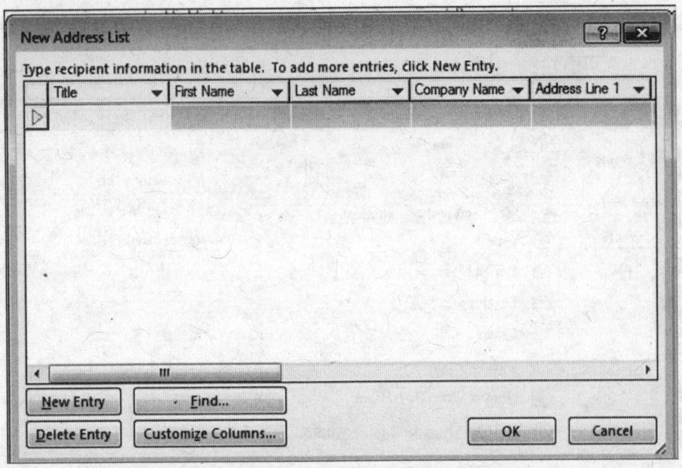

चित्र 4.15: नया पता सूची संवाद बॉक्स

पहली प्रविष्टि को पूरा करने के बाद, एक और डेटा रिकॉर्ड दर्ज करने के लिए नई प्रविष्टि पर क्लिक करें।

जब आपने फील्ड जोड़ना समाप्त कर लिया है, तो अपने डेटा स्रोत को नई पता सूची संवाद बॉक्स में सहेजने के लिए ठीक पर क्लिक करें।

11. सहेजें पता सूची संवाद बॉक्स प्रकट होता है, उस फोल्डर पर नेविगेट करें जहां आप अपनी फाइल सहेजना चाहते हैं। अपनी डेटा स्रोत फाइल के लिए एक नाम दर्ज करें, Data.doc और फाइल को बचाने के लिए सहेजें बटन पर क्लिक करें।
12. मेल मर्ज प्राप्तकर्ता डायलॉग बॉक्स दिखाई देता है। उन प्राप्तकर्ताओं का चयन करें जो आपकी मर्ज प्रक्रिया में उपयोग किए जाएंगे।
13. ओके पर क्लिक करें।
14. नेक्स्ट पर क्लिक करें: अपना पत्र लिखें। अब, निम्न पत्र टाइप करें:

रोहिणी

नई दिल्ली–110 056 रेफर .राहुल/कॉम/20 दिनांक: 3 मई, 2019

सेवा

<< शीर्षक >> << First_Name >>

<< LAST_NAME >>

<< Address_Line_1 >>

<< शहर >> & << ZIP_CODE >>

प्रिय << शीर्षक >> << Last_Name >>

मुझे आपको सूचित करना है कि क्लब समिति की बैठक सुब्रतो पार्क में मंगलवार 25 जून, 2019 को सुबह 8 बजे आयोजित। मुझे आशा है कि आप सम्मेलन में भाग लेने के लिए इसे सुविधाजनक बनाएंगे।

सम्मेलन का एजेंडा निम्नानुसार है:

1. अंतिम बैठक के मिनट की पुष्टि (संलग्न)।
2. फरवरी और मार्च 2019 (संलग्न) के महीनों के लिए लेखा और आंतरिक लेखा परीक्षक रिपोर्ट।
3. नए सदस्यों का चुनाव।
4. उत्कृष्ट परिणामों की सूची।
5. अध्यक्ष की अनुमति से कोई अन्य मामला।

आपका आभारी,

पी.के. वर्मा (सचिव)

फील्ड सम्मिलित करने के लिए:

1. मेलिंग टैब में, फील्ड लिखें और फील्ड सम्मिलित करें में पर क्लिक करें। नीचे इंगित करने वाले तीर पर क्लिक करें और अपने मास्टर डॉक्यूमेंट (चित्र 4.16) में फील्ड नाम चुन सकते हैं।
2. डॉक्यूमेंट में सम्मिलित करने के लिए मर्ज फील्ड नाम से शीर्षक पर क्लिक करें।
3. टाइटल और फर्स्टनाम के बीच खाली जगह डालने के लिए स्पेसबार की को दबाएँ।
4. अगला फील्ड नाम सम्मिलित करने के लिए मर्ज फील्ड बटन पर क्लिक करें और FirstName चुनें।
5. FirstName और LastName फील्ड के बीच रिक्त स्थान सम्मिलित करने के लिए Spacebar कुंजी दबाएँ।
6. सम्मिलित करें फील्ड बटन पर क्लिक करें और अंतिम नाम चुनें।

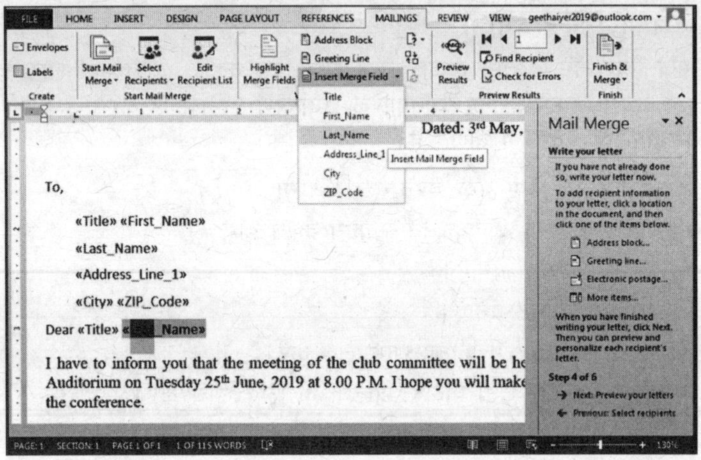

चित्र 4.16: मेल मर्ज टास्क पेन का चरण 4

7. अगली पंक्ति में जाने के लिए ऐंटर की दबाएँ।
8. << शीर्षक >> के नीचे कर्सर रखें। सम्मिलित करें फील्ड बटन पर क्लिक करें। << Address1 >> चुनें और ऐंटर की दर्ज करें दबाएं।
9. नीचे दिए गए कर्सर को फिर से << Address1 >> पर रखे, सम्मिलित करें फील्ड बटन पर क्लिक करें। << सिटी >> का चयन करें, एक हाइफन टाइप करें, और मर्ज फील्ड बटन से << पिन >> चुनें।
10. रिक्त पंक्ति छोड़ने के लिए दो बार एंटर की दबाएं।
11. प्रिय टाइप करें और स्पेसबार की दबाएं।
12. सम्मिलित करें फील्ड बटन पर क्लिक करें और << शीर्षक >> चुने।
13. टाइटल और लास्टनाम के बीच स्पेस छोड़ने के लिए स्पेसबार की को दबाएं।
14. सम्मिलित करें फील्ड बटन पर क्लिक करें और << अंतिम– नाम >> चुने।
15. एक अल्पविराम टाइप करें, और फिर रिक्त पंक्ति छोड़ने के लिए दो बार Enter कुंजी दबाएँ।
16. उपरोक्त चरणों को पूरा करने के बाद, आपकी स्क्रीन प्रदर्शित की जाएगी जैसा कि चित्र 4.17 में दिखाया गया है।

17. अब, पत्र के शेष भाग को टाइप करें।

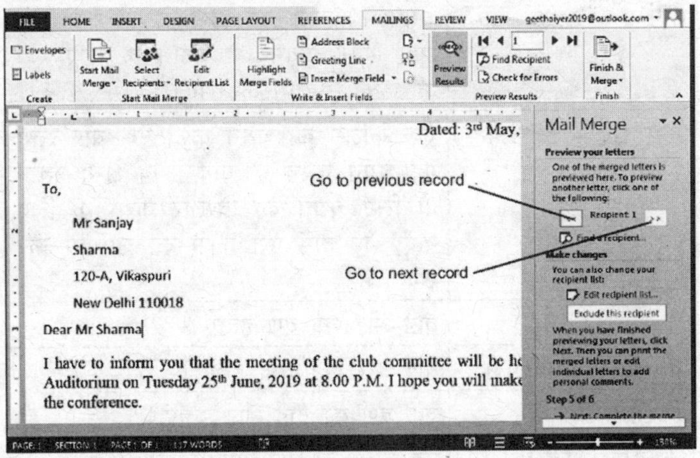

चित्र 4.17: आंशिक रूप से पूर्ण स्क्रीन का चरण 5

मास्टर डॉक्यूमेंट को सेव करना

18. जब आपने मुख्य डॉक्यूमेंट पूरा कर लिया है और सभी मर्ज फील्ड सम्मिलित कर लिए हैं, तो फाइल टैब पर इस रूप में सेव पर क्लिक करें।
19. डॉक्यूमेंट का नाम दें, और फिर सेव बटन पर क्लिक करें।
20. अगला क्लिक करें: अपने पत्रों का पूर्वावलोकन करें।
21. अपने पत्रों के पूर्वावलोकन में, पहला रिकॉर्ड दिखाने के लिए तीर बटन, अर्थात, (<<) पर क्लिक करें और दूसरा रिकॉर्ड क्लिक करने के लिए (>>) तीर बटन पर जाएँ।
22. अगला क्लिक करें: मर्ज पूरा करें।
23. व्यक्तिगत डॉक्यूमेंट को निजीकृत करने के लिए, आप मर्ज को पूरा करते हैं और फिर परिणामी मर्ज किए गए दस्तावेज में इच्छित जानकारी को संपादित करते हैं।
24. व्यक्तिगत पत्रों को संपादित करें पर क्लिक करें .... मर्ज अनुभाग के तहत। मर्ज टू न्यू डॉक्यूमेंट डायलॉग बॉक्स दिखाई देता है।
25. मर्ज रिकॉर्ड क्षेत्र में, उन अभिलेखों का चयन करें जिन्हें आप मर्ज करना चाहते हैं।
26. सभी रेडियो बटन पर क्लिक करें और फिर ठीक पर क्लिक करें।

वर्ड एक नए मर्ज किए गए डॉक्यूमेंट को बनाता और खोलता है। आपका मुख्य दस्तावेज भी खुला रहता है। यदि आप सभी दस्तावेजों में परिवर्तन करना चाहते हैं और फिर सभी मर्ज किए गए दस्तावेजों को सहेजना चाहते हैं, तो आप इसे वापस स्विच कर सकते हैं। ऑफिस बटन पर कलिक करें और फाइल सहेजें।

मर्ज किए गए पत्रों को प्रिंट करना

यदि आप अक्षरों को प्रिंट करना चाहते हैं, तो सुनिश्चित करें कि प्रिंटर चालू है और प्रिंट करने के लिए तैयार है। फिर, समाप्त समूह में समाप्त करें और मर्ज पर क्लिक करें। इंगित करने वाले तीर पर क्लिक करें और प्रिंट दस्तावेज चुनें। मर्ज से प्रिंटर संवाद बॉक्स प्रकट होता है। रिकॉर्ड का चयन करें और ठीक पर क्लिक करें।

आउटलुक का उपयोग कर ईमेल भेजने के लिए:

27. मेलिंग टैब पर फिनिश ग्रुप में, आपको फिनिश एंड मर्ज नामक एक बटन दिखाई देगा। उस पर क्लिक करें, और फिर ईमेल संदेश भेजें पर क्लिक करें।
28. ई–मेल डायलॉग बॉक्स में मर्ज दिखाई देता है। आपको अपना संदेश एक विषय पंक्ति देने के लिए कहा जाएगा: और फिर आप संदेश भेजने के लिए ओके पर क्लिक कर सकते हैं।
29. अब, वर्ड स्वचालित रूप से सभी व्यक्तिगत ईमेल उत्पन्न करता है और उन्हें आपके **Outlook** आउटबॉक्स (या आपके डिफॉल्ट ईमेल क्लाइंट) पर भेजता है। आपका ईमेल मर्ज आपके भेजे गए आइटम फोल्डर में दर्ज किया जाएगा।

सारांश

वर्ड प्रोसेसिंग पैकेज एक प्रोग्राम है जो आपको टाइपराइटर की तुलना में आसानी से और जल्दी से डॉक्यूमेंट बनाने में मदद करता है। आप अपने कंप्यूटर में डॉक्यूमेंट को संग्रहीत कर सकते हैं और उन्हें आसानी से उपयोग कर सकते हैं जब भी आपको उनकी आवश्यकता हो इसमें मस –वर्ड की मदद से डॉक्यूमेंट को खोलने, सहेजने और प्रिंट करने के तरीके पर भी चर्चा की गई। वर्ड में टेक्स्ट का निर्माण भी महत्वपूर्ण है, जैसे कि टेक्स्ट कैसे बनाएं और इसका चयन कैसे करें। यह आपको पाठ की उपस्थिति को बदलने और दस्तावेज में जानकारी को व्यवस्थित तरीके से व्यवस्थित करने की अनुमति देता है। यह इस बात पर भी चर्चा करता है कि पाठ को कैसे संरेखित करें, इंडेंट पैराग्राफ और बुलेट और नंबरिंग को लागू करें। फॉन्ट आकार, शैलियों को बदलकर पाठ की उपस्थिति को बदला जा सकता है। अंत में, तालिका कैसे बनाएं और सेल की ऊँचाई और चौड़ाई के साथ–साथ बॉर्डर और शेडिंग को सरल तरीके से समझाया गया है।

शॉर्टकट कीज

कीज	विवरण
कण्ट्रोल + N	नया डॉक्यूमेंट बनाएँ।
कण्ट्रोल + O	मौजूदा डॉक्यूमेंट खोलें।
कण्ट्रोल + S	डॉक्यूमेंट सेव करे।
F12:	इस रूप में सेव डायलॉग बॉक्स खोलें।
कण्ट्रोल + W	किसी डॉक्यूमेंट को बंद करें।
कण्ट्रोल + Z	क्रिया को पूर्ववत् करें।
कण्ट्रोल + Y	रीडू।
ऑल्ट + कण्ट्रोल + S	विंडो को विभाजित करें या विभाजन दृश्य को हटा दें।
कण्ट्रोल + ऑल्ट + V	प्रिंट लेआउट दृश्य।
कण्ट्रोल + ऑल्ट + O	बाह्यरेखा दृश्य।
कण्ट्रोल + ऑल्ट + N	ड्राफ्ट दृश्य।
कण्ट्रोल + F2	प्रिंट पूर्वावलोकन दृश्य।
F1	मदद फलक खोलें।
ऑल्ट + Q	"मुझे बताएं कि आप क्या करना चाहते हैं" बॉक्स पर जाएं।
F9	फील्ड कोड रिफ्रेश करें।
कण्ट्रोल + F	दस्तावेज खोजें।

F7	वर्तनी और व्याकरण की जाँच करें।
शिफ्ट + F7	थिसॉरस ओपन करता है। यदि आपके पास कोई शब्द चयनित है, तो Shift + F7 , उस शब्द को थिसॉरस में दिखाता है।
लेफ्ट/राइट एरो	सम्मिलन बिंदु (कर्सर) को एक वर्ण बाईं या दाईं ओर ले जाता है।
कण्ट्रोल + लेफ्ट/राइट एरो	शब्द को बाईं या दाईं ओर ले जाता है।
उप/डाउन एरो	पंक्ति ऊपर या नीचे ले जाता है।
कण्ट्रोल +उप/डाउन एरो एन्ड	पैराग्राफ ऊपर या नीचे ले जाता है।
कण्ट्रोल +एन्ड	वर्तमान लाइन के अंत में जाएं।
होम	वर्तमान लाइन की शुरुआत में जाएं।
कण्ट्रोल +होम	दस्तावेज की शुरुआत में जाएं।
पेज उप/पेज डाउन	एक स्क्रीन ऊपर या नीचे ले जाएँ।
कण्ट्रोल +पेज उप/पेज डाउन	पिछले या अगले ब्राउज ऑब्जेक्ट पर जाएं।
ऑल्ट + कण्ट्रोल + पेज उप/पेज डाउन	वर्तमान विंडो के ऊपर या नीचे जाएं।
F5	"जाने के लिए" टैब के साथ चयनित संवाद बॉक्स खोलें, ताकि आप जल्दी से एक विशिष्ट पृष्ठ, अनुभाग, बुकमार्क, और इसी तरह आगे बढ़ सकें।
शिफ्ट + F5	पिछले तीन स्थानों के माध्यम से चक्र जहां सम्मिलन बिंदु रखा गया था। यदि आपने अभी एक दस्तावेज खोला है, तो Shift + F5 आपको उस अंतिम बिंदु पर ले जाता है जिसे आप दस्तावेज को बंद करने से पहले संपादित कर रहे थे।
शिफ्ट +लेफ्ट/राइट एरो	अपने वर्तमान चयन को बाएं या दाएं एक वर्ण द्वारा बढ़ाएं।
कण्ट्रोल +शिफ्ट +लेफ्ट/राइट एरो	अपने वर्तमान चयन को एक शब्द द्वारा बाईं या दाईं ओर बढ़ाएं।
शिफ्ट +उप/डाउन एरो	एक पंक्ति ऊपर या नीचे चयन बढ़ाएँ।
कण्ट्रोल +शिफ्ट +उप/डाउन एरो	अनुच्छेद की शुरुआत या अंत में चयन बढ़ाएँ।
शिफ्ट +एन्ड	पंक्ति के अंत में चयन बढ़ाएँ।
शिफ्ट + होम	लाइन की शुरुआत के लिए चयन बढ़ाएँ।
कण्ट्रोल +शिफ्ट +होम/एन्ड	दस्तावेज की शुरुआत या अंत में चयन बढ़ाएँ।
शिफ्ट +पेज डाउन/पेज उप	चयन को एक स्क्रीन पर नीचे या ऊपर बढ़ाएँ।

कण्ट्रोल + A	संपूर्ण दस्तावेज का चयन करें।
F8	चयन मोड दर्ज करें। इस मोड में रहते हुए, आप अपने चयन को बढ़ाने के लिए एरो कीस का उपयोग कर सकते हैं।
कण्ट्रोल +शिफ्ट + F8	एक कॉलम का चयन करे। एक बार स्तंभ का चयन करने के बाद, आप अन्य स्तंभों के लिए चयन का विस्तार करने के लिए बाएँ और दाएँ एरो कीस का उपयोग कर सकते हैं।
बैकस्पेस	बाईं ओर एक वर्ण हटाएं।
कण्ट्रोल +बैकस्पेस	बाईं ओर एक शब्द हटाएं।
डिलीट	एक वर्ण को दाईं ओर हटाएं।
कण्ट्रोल +डिलीट	एक शब्द को दाईं ओर हटाएं।
कण्ट्रोल + C	क्लिपबोर्ड टेक्स्ट पर कॉपी या ग्राफिक्स।
कण्ट्रोल + X	क्लिपबोर्ड पर चयनित टेक्स्ट या ग्राफिक्स को कट करे।
कण्ट्रोल + V	क्लिपबोर्ड के कंटेंट्स को पेस्ट करे।
कण्ट्रोल + F3	स्पाइक के लिए चयनित टेक्स्ट को कट करे।
कण्ट्रोल +शिफ्ट +F3	स्पाइक कंटेंट्स को पेस्ट करे।
ऑल्ट +शिफ्ट +R	दस्तावेज के पिछले भाग में उपयोग किए गए शीर्ष हैडर या फुटर लेख की प्रतिलिपि बनाएँ।
कण्ट्रोल + B	बोल्ड फॉर्मेटिंग लागू करें।
कण्ट्रोल + I	इटैलिक फॉर्मेटिंग लागू करें।
कण्ट्रोल + U	अंडरलाइन फॉर्मेटिंग लागू करें।
कण्ट्रोल +शिफ्ट +W	शब्दों को रेखांकित स्वरूपण लागू करें, लेकिन शब्दों के बीच रिक्त स्थान नहीं।
कण्ट्रोल +शिफ्ट +D	डबल रेखांकित स्वरूपण लागू करें।
कण्ट्रोल +D	फॉन्ट संवाद बॉक्स ओपन करे।
कण्ट्रोल+शिफ्ट+< और >	एक समय में एक पूर्व निर्धारित आकार में कमी या वृद्धि।
कण्ट्रोल +[or]	एक समय में फॉन्ट का एक बिंदु को घटाए या बढ़ाएं।
कण्ट्रोल +=	सबस्क्रिप्ट प्रारूपण लागू करें।
कण्ट्रोल + शिफ्ट + प्लस की	सुपरस्क्रिप्ट प्रारूपण लागू करें।
शिफ्ट +F3	अपने पाठ के लिए केस प्रारूपों के माध्यम से साइकिल चलाएं।
कण्ट्रोल +शिफ्ट + A	सभी लेटर्स को अपरकेस के रूप में फारमेत करे।
कण्ट्रोल +शिफ्ट +K	सभी लेटर्स को लोअरकेस के रूप में फारमेट करे।
कण्ट्रोल + शिफ्ट + C	एक चयन के करैक्टर फोर्मत्तिंग की प्रतिलिपि बनाता है।

कण्ट्रोल+शिफ्ट +V	चयनित पाठ पर प्रारूपण।
कण्ट्रोल स्पेस	चयन से सभी मैन्युअल वर्ण स्वरूपण हटाता है।
कण्ट्रोल +M	पैराग्राफ के इंडेंट को बढ़ाता है।
कण्ट्रोल + शिफ्ट + M	हर बार जब आप की को दबाते हैं तो पैराग्राफ इंडेंट को एक स्तर कम कर देता है।
कण्ट्रोल + T	हर बार जब आप इस की को दबाते हैं तो एक हैंगिंग इंडेंट बढ़ता है।
कण्ट्रोल + शिफ्ट + टी	हर बार जब आप इस की को दबाते हैं, तो एक हैंगिंग इंडेंट को कम कर देता है।
कण्ट्रोल +E	पैराग्राफ को सेण्टर।
कण्ट्रोल +L	एक पैराग्राफ को वाम–संरेखित करें।
कण्ट्रोल +R	एक पैराग्राफ को राइट–संरेखित करें।
कण्ट्रोल +J	एक अनुच्छेद का औचित्य सिद्ध कीजिए।
कण्ट्रोल +1	एकल रिक्ति सेट करें।
कण्ट्रोल +2	डबल–रिक्ति सेट करें।
कण्ट्रोल +5	1.5 पंक्ति रिक्ति निर्धारित करें।
कण्ट्रोल +0	एक पैराग्राफ से पहले एक पंक्ति रिक्ति निकालें।
कण्ट्रोल + शिफ्ट + एस	शैलियों को लागू करने के लिए एक पॉपअप विंडो खोलें।
कण्ट्रोल + शिफ्ट + एन	सामान्य पैराग्राफ शैली लागू करें।
ऑल्ट+कण्ट्रोल+1	शीर्ष 1 शैली लागू करें।
ऑल्ट + कण्ट्रोल + 2	शीर्षक 2 शैली लागू करें।
ऑल्ट + कण्ट्रोल + 3	शीर्ष 3 शैली लागू करें।
कण्ट्रोल + शिफ्ट + L	सूची शैली लागू करें।
कण्ट्रोल + Q	सभी अनुच्छेद स्वरूपण निकालें।
शिफ्ट + एंटर	एक लाइन ब्रेक डालें।
कण्ट्रोल + एंटर	एक पृष्ठ विराम डालें।
कण्ट्रोल + शिफ्ट + एंटर	कॉलम ब्रेक डालें।
कण्ट्रोल + हायफन (–)	एक वैकल्पिक हाइफन या एन डैश डालें।
ऑल्ट + कण्ट्रोल + हायफन (–)	एक एम डैश इन्सर्ट होता है।
कण्ट्रोल + शिफ्ट + हाइफन (–)	एक नॉन–ब्रेकिंग हाइफन डालें।
कण्ट्रोल + शिफ्ट + स्पेसबार	एक नॉन–ब्रेकिंग स्पेस डालें।
ऑल्ट+कण्ट्रोल+सी	एक कॉपीराइट प्रतीक डालें।
ऑल्ट + कण्ट्रोल + आर	एक पंजीकृत ट्रेडमार्क प्रतीक डालें।
ऑल्ट + कण्ट्रोल + टी	एक ट्रेडमार्क प्रतीक डालें।
ऑल्ट + शिफ्ट + बाएँ/दाएँ एरो	प्रमोट (बाईं ओर जाना) या डिमोट (दाईं ओर ले जाना) करना लाइन को।
कण्ट्रोल + शिफ्ट + एन	आउटलाइन लेवल को रेगुलर बॉडी टेक्स्ट में डेमोटे करना।
ऑल्ट + शिफ्ट + उप/ डाउन तीर	सम्मिलन बिंदु के साथ लाइन को ऊपर या नीचे की ओर ले जाएं।
ऑल्ट + शिफ्ट + प्लस या माइनस कीज	हेडिंग के तहत टेक्स्ट का विस्तार या पतन करें।
ऑल्ट + शिफ्ट + A	सभी पाठ या शीर्ष लेखों का विस्तार या संक्षिप्त करें।
ऑल्ट + शिफ्ट + L	बॉडी टेक्स्ट या बॉडी टेक्स्ट की पहली लाइन दिखाएं।
ऑल्ट + शिफ्ट + 1	उन सभी शीर्षकों को दिखाएं जिनमें शीर्षक 1 शैली लागू है।
ऑल्ट + शिफ्ट + कोई भी नंबर की	सभी शीर्षकों को उस स्तर तक दिखाएं।
टैब	अगली सेल में एक पंक्ति में जाएं और यदि कोई हो, तो उसकी कंटेंट का चयन करें।
शिफ्ट + टैब	एक पंक्ति में पिछले सेल में जाएं और यदि कोई हो, तो उसके कंटेंट का चयन करें।
ऑल्ट + होम/एन्ड	एक पंक्ति में पहले या अंतिम सेल में जाएँ।
ऑल्ट + पेज उप/ पेज डाउन	किसी कॉलम में पहले या अंतिम सेल में जाएं।
उप/डाउन एरो	पिछली या अगली पंक्ति में जाएं।
शिफ्ट + उप/डाउन एरो	सम्मिलन बिंदु या चयन के ऊपर या नीचे की पंक्ति में कक्ष का चयन करें।
ऑल्ट + 5 कीपैड पर (नुम्लोक ऑफ करके)	एक पूरी तालिका का चयन करें।

मॉडल प्रश्न और उत्तर

क. बहुविकल्पीय प्रश्न

1. पैराग्राफ को एक स्थान से दूसरे स्थान तक ले जाने के लिए निम्नलिखित में से किसका उपयोग किया जाना चाहिए।
   (क) कॉपी और पेस्ट (ख) कट और पेस्ट
   (ग) हटाएं और पुनः लिखें (घ) इनमें से कोई भी नहीं
2. लाइन की शुरुआत में जाने के लिए .... की प्रेस करे
   (क) पेज उप (ख) होम (ग) एंटर (घ) A
3. किसी डॉक्यूमेंट में परिवर्तन करने को कहा जाता है:
   (क) क्रिएटिंग (ख) एडिटिंग
   (ग) मॉडीफाइिंग (घ) इनमें से कोई नहीं

4. डॉक्यूमेंट के किस तत्व को रंगीन किया जा सकता है?
(क) तालिका (ख) टेक्स्ट
(ग) ग्राफिक्स (घ) तत्व

5. किसी डॉक्यूमेंट को दिया गया नाम कहा जाता है:
(क) फाइल नाम (ख) कार्यक्रम
(ग) रिकार्ड (घ) डाटा

6. कर्सर के बाईं ओर वर्णों को हटाने के लिए किस की का उपयोग किया जाता है?
(क) डिलीट (ख) बैकस्पेस (ग) एंटर (घ) Esc

7. वर्ड फाइल का विस्तार है:
(क) .docx (ख) .pptx (ग) .xlsx (घ) .exe

8. एमएस वर्ड में किस टैब में केस चेंज का ऑप्शन है?
(क) इन्सर्ट (ख) फॉर्मेट (ग) होम (घ) टेबल

9. **Ms Word** में सेलेक्ट आल का चयन करने के लिए शॉर्टकट है:
(क) कण्ट्रोल + A (ख) शिफ्ट + A
(ग) कण्ट्रोल + S (घ) इनमें से कोई नहीं

10. **Ctrl + X** का उपयोग चयनित टेक्स्ट के लिए किया जाता है।
(क) कॉपी (ख) पेस्ट (ग) कट (घ) डिलीट

11. नया डॉक्यूमेंट खोलने के लिए शॉर्टकट कुंजी है:
(क) कण्ट्रोल + N (ख) ऑल्ट + N
(ग) ऑल्ट + कण्ट्रोल + F (घ) कण्ट्रोल + F

12. एक पैराग्राफ में एक साथ तीन बार क्लिक करने से चयन होगा:
(क) संपूर्ण अनुच्छेद (ख) पैराग्राफ का पहला शब्द
(ग) पैराग्राफ का पहला वाक्य (घ) पैराग्राफ का अंतिम वाक्य

13. निम्नलिखित में से कौन सा विकल्प हेडर्स और फुटर्स के बारे में गलत है?
(क) लेखक, विषय, टेबल आदि हेडस और फूटर्स में डाली जा सकती हैं।
(ख) डॉक्यूमेंट के पहले पृष्ठ में एक विशिष्ट हैडर और फुटर हो सकता है।
(ग) ऑड और इवन पेज में अलग–अलग हेडर और फूटर नहीं हो सकते।
(घ) हेडर और फुटर में चित्र डाला जा सकता है।

14. किसी डॉक्यूमेंट को प्रिंट करने के लिए, पहले .... फिर एंटर दबाएं।
(क) शिफ्ट + P (ख) कण्ट्रोल + P
(ग) ऑल्ट + P (घ) एस्केप + P

15. फॉन्ट का आकार बढ़ाने के लिए निम्न में से किस शॉर्टकट का उपयोग किया जाता है।
(क) कण्ट्रोल + J (ख) कण्ट्रोल + R
(ग) कण्ट्रोल +> (घ) कण्ट्रोल +]

16. किसी दस्तावेज में किसी विशेष शब्द या वाक्यांश का पता लगाने के लिए शब्द का सबसे तेज और आसान तरीका उपयोग करना है .... कमांड।
(क) रेप्लस (ख) फाइंड (ग) लुक उप (घ) सर्च

17. वर्ड प्रोसेसिंग प्रोग्राम से किस प्रकार की फाइल बनाई जाती है?
(क) डेटाबेस फाइल (ख) भंडारण फाइल
(ग) कार्यपत्रक फाइल (घ) दस्तावेज फाइल

18. मेल मर्ज की उपयोगिता का उपयोग करते हुए निम्नलिखित में से कौन सा दस्तावेज बल्क मेलिंग का हिस्सा नहीं है?
(क) लेबल (ख) इनवेलोपेस (ग) पत्र (घ) शब्दकोश

19. डिफॉल्ट रूप से, एक दस्तावेज .... मोड में प्रिंट होता है।
(क) लैंडस्केप (ख) पोर्ट्रेट
(ग) पेज सेटअप (घ) प्रिंट व्यू

20. वर्ड डॉक्यूमेंट के बारे में निम्नलिखित में से कौन सा गलत है?
(क) ब्लू अंडरलाइन – शब्द सही ढंग से लिखा गया है, लेकिन वाक्य के लिए सही शब्द नहीं लगता है।
(ख) ग्रीन अंडरलाइन – व्याकरण संशोधन अपेक्षित।
(ग) रेड अंडरलाइन – संभावित वर्तनी त्रुटि।
(घ) येलो अंडरलाइन – पैरा फॉर्मेटिंग एरर।

21. किसी डॉक्यूमेंट के उन्मुखीकरण को बदलने के लिए, निम्न में से किस रिबन विकल्प का उपयोग किया जाता है?
(क) पेज लेआउट (ख) रेफरेन्सेस
(ग) इंसर्ट (घ) डिजाइन

22. निम्नलिखित में से कौन सा एक एप्लिकेशन सॉफ्टवेयर है जो डाक्यूमेंट्स की रचना, संपादन, प्रारूपण और मुद्रण का कार्य करता है?
(क) एमएस–एक्सेस (ख) एमएस–पेंट
(ग) एमएस–वर्ड (घ) कोरल ड्रा

23. एमएस–वर्ड की "वर्ड रैप" विशेषताएं स्वचालित रूप से एक शब्द को स्थानांतरित करती हैं जो कि .... के लिए एक पंक्ति में फिट होने के लिए बहुत लंबा है।
(क) अगली पंक्ति की शुरुआत (ख) अगली पंक्ति का अंत
(ग) पिछली पंक्ति की शुरुआत (घ) पिछली पंक्ति का अंत

24. निम्नलिखित में से कौन सा स्वचालित रूप से एक शब्द चलता है, जो अगली पंक्ति की शुरुआत के लिए एक पंक्ति में फिट होने के लिए बहुत लंबा है?
(क) फॉर्मेट पेंटर (ख) वर्ड रैप
(ग) हाइफनेशन (घ) स्पेल चेक

25. निम्नलिखित मैच करें:

सूची – 1	सूची – 2
I. कण्ट्रोल + C	(क) कट
II. कण्ट्रोल + X	(ख) पेस्ट करें
III. कण्ट्रोल + V	(ग) कॉपी करें

(क) I – ख, II – क, III – घ
(ख) I – ख, II – ग, III – क
(ग) I – क, II – ग, III – ख
(घ) I – ग, II – क, III – ख

26. निम्नलिखित में से किसका उपयोग डॉक्यूमेंट को लंबवत रूप से प्रदर्शित करने के लिए किया जाता है?
(क) लैंडस्केप (ख) मैक्रो (ग) टेम्पलेट (घ) पोर्ट्रेट

27. एक पृष्ठ के ऊपर, नीचे, बाएँ और दाएँ रिक्त स्थान को .... है।
(क) बुलेट (ख) कोशिकाओं (ग) बॉर्डर्स (घ) मार्जिन

28. एमएस–वर्ड की प्रारंभिक रिलीज .... में हुई थी।
(क) 1990 (ख) 1983 (ग) 1985 (घ) 1991

29. निम्नलिखित मैच करें:

सेट – 1	सेट – 2
I. कण्ट्रोल + H	(क) केंद्र संरेखण
II. कण्ट्रोल + शिफ्ट + F	(ख) फॉन्ट प्रकार बदलें
III. कण्ट्रोल + E	(ग) ढूँढें और पुनर्प्रकाशित करें

(क) I – क, II – ख, III – ग
(ख) I – ग, II – क, III – ख
(ग) I – ग, II – ख, III – क
(घ) I – ख, II – क, III – ग

30. मस –वर्ड में, 'होम' की दबाने पर कर्सर को शुरुआत में ले जाता है:
(क) पैरा (ख) दस्तावेज
(ग) करंट लाइन (घ) स्क्रीन

31. निम्नलिखित में से कौन सा पाठ बाएँ और दाएँ, दोनों हाशिये पर संरेखित करने के लिए उपयोग किया जाता है, शब्दों के बीच अतिरिक्त स्थान को आवश्यक के रूप में जोड़ रहा है?
(क) रेगुलर (ख) लेफ्ट (ग) केंद्र (घ) न्यायोचित

32. निम्लिखित में से कौन सही है या गलत।
(1) पृष्ठ आकार विकल्प का उपयोग चित्रों और परिदृश्य लेआउट के बीच पृष्ठों को स्विच करने के लिए किया जाता है।
(2) बोल्ड, इटैलिक और रेगुलर को फॉन्ट स्टाइल के रूप में जाना जाता है।
(क) 1 – सही, 2 – सही (ख) 1 – सही, 2 – गलत
(ग) 1 – गलत, 2 – सही (घ) 1 – गलत, 2 – गलत

33. निम्लिखित में से कौन सही है या गलत।
(1) Ctrl +] फॉन्ट का आकार 1 अंक बढ़ाएं।
(2) Ctrl + [1 फॉन्ट आकार घटाएं।
(क) 1 – सही, 2 – सही (ख) 1 – सही, 2 – गलत
(ग) 1 – गलत, 2 – सही (घ) 1 – गलत, 2 – गलत

34. **MS-Word** डॉक्यूमेंट में केंद्र में पाठ संरेखित करने के लिए शॉर्टकट कुंजी क्या है?
(क) ऑल्ट + E (ख) ऑल्ट + C
(ग) कण्ट्रोल + E (घ) कण्ट्रोल + C

35. मस–वर्ड "एंड" दबाने पर कर्सर को अंत में ले जाता है:
(क) अनुच्छेद (ख) दस्तावेज
(ग) करंट लाइन (घ) स्क्रीन

36. आपके मेल मर्ज के लिए इन्वेलपोस और लेबल बनाने के लिए निम्नलिखित में से किसका उपयोग किया जा सकता है?
(क) संदर्भ टैब (ख) टैब डालें
(ग) मेलिंग टैब (घ) रिव्यु टैब

37. मार्जिन और पैराग्राफ की शुरुआत के बीच बचे स्थान को कहा जाता है:
(क) रिक्ति (ख) गटर (ग) संरेखण (घ) इंडेंटेशन

38. .... एक पैराग्राफ की शुरुआत में एक बड़ा कैपिटल लेटर बनाता है।
(क) थिसारस (ख) पुल कोट्स
(ग) हाइफनेशन (घ) ड्रॉप कैप

39. एक शब्द को उजागर करने के लिए आप क्या करते हैं? आप शब्द के बगल में कर्सर रखें, और फिर ....।
(क) बटन दबाए रखते हुए माउस ड्रैग करे
(ख) एक बार माउस पर क्लिक करें
(ग) रोल और फिर माउस पर क्लिक करें
(घ) उपरोक्त में से कोई नहीं

40. कॉपीराइट प्रतीक बनाने के लिए आप कौन–सी शॉर्टकट कीस दबाते हैं?
(क) कण्ट्रोल + शिफ्ट + C (ख) कण्ट्रोल + C
(ग) ऑल्ट + C (घ) ऑल्ट + कण्ट्रोल + C

41. मेल–मर्ज इसका एक घटक है:
(क) एमएस–वर्ड (ख) वर्ड प्रेसास
(ग) एमएस–एक्सेल (घ) एमएस एक्सेस

42. लाइन स्पेस बदलने के लिए मस–वर्ड में पहला कदम क्या है?
(क) प्रारूप मेनू खोलने के लिए
(ख) लाइन स्पेसिंग बटन पर क्लिक करने के लिए
(ग) पैराग्राफ जो बदलना चाहते हैं
(घ) पैराग्राफ मेनू खोलने के लिए

43. पेज ब्रेक का उपयोग .... के लिए किया जाता है:
(क) प्रविष्टि बिंदु पर एक नया पृष्ठ बनाएँ
(ख) दस्तावेज के नीचे एक नया पृष्ठ बनाएँ
(ग) एक नया पृष्ठ बनाएँ जिसे हटाया नहीं जा सकता
(घ) दस्तावेज के शीर्ष पर एक रिक्त पृष्ठ बनाएँ

44. संरेखण बटन इस पर उपलब्ध हैं:
(क) स्टेटस बार (ख) होम टैब
(ग) स्टैण्डर्ड टूलबार (घ) इनमें से कोई नहीं

45. शब्द में पत्र विजार्ड के शीट टैब हैं:
(क) लेटर फॉर्मेट (ख) प्राप्तकर्ता जानकारी
(ग) दोनों (क) और (ख) (घ) उपरोक्त में से कोई नहीं

46. किसी डॉक्यूमेंट में "सम्मिलित करें हाइपरलिंक" संवाद बॉक्स प्रदर्शित करने के लिए शॉर्टकट की क्या है?
(क) कण्ट्रोल + H (ख) कण्ट्रोल + L
(ग) कण्ट्रोल + K (घ) इनमें से कोई नहीं

47. **F12** कुंजी **press** करने से .... प्रस्तुत होगा:
(क) डायलॉग बॉक्स के रूप में सहेजें

(ख) ओपन डायलॉग बॉक्स
(ग) डायलॉग बॉक्स बंद करें
(घ) डायलॉग बॉक्स सेव करें

48. जब आप एक नया ब्लेंक डॉक्यूमेंट खोलते हैं, तो डिफॉल्ट डॉक्यूमेंट का नाम होता हैः
(क) अनटाइटल्ड 1 (ख) डॉक्यूमेंट 1
(ग) पुस्तक 1 (घ) इनमें से कोई नहीं

49. वर्तनी की गलतियाँ निम्न द्वारा दर्शाई गई हैः
(क) नीली लहरदार रेखा (ख) लाल लहरदार रेखा
(ग) हरी लहरदार रेखा (घ) इनमें से कोई नहीं

50. समीकरण और प्रतीक उपकरण निम्न में पाए जाते हैः
(क) होम टैब (ख) इन्सर्ट टैब
(ग) डिजाइन टैब (घ) व्यू टैब

ख. बताएं कि निम्नलिखित कथन सही हैं या गलत

51. प्रिंटिंग से पहले दस्तावेज को देखने के लिए प्रिंट प्रीव्यू कहा जाता है।
52. वर्ड प्रोसेसर का उपयोग अक्षरों, निमंत्रणों और अन्य डाक्यूमेंट्स को बनाने के लिए किया जाता है।
53. इन्सर्ट टैब के फॉन्ट ग्रुप में बोल्ड, इटैलिक और अंडरलाइन विकल्प उपलब्ध हैं।
54. नोटपैड एक वर्ड प्रोसेसर है।
55. एमएस वर्ड एक टेक्स्ट एडिटर है।
56. जब हम वर्ड ओपन करते हैं तो एक नया डॉक्यूमेंट डिफॉल्ट रूप से DOC नामांकित होता है।
57. वर्ड में सभी पैराग्राफ बाएं मार्जिन से समान दूरी से शुरू होने चाहिए।
58. पैराग्राफ विकल्प में बुलेट्स और नंबरिंग विकल्प उपलब्ध है।
59. हम वर्ड में एक तालिका नहीं बना सकते हैं।
60. फॉन्ट का आकार वर्ड में नहीं बदला जा सकता है।
61. माइक्रोसॉफ्ट वर्ड में 'होम की' का उपयोग करते हुए, प्रोसेसर कर्सर को पेज की शुरुआत में ले जाता है।
62. स्टैण्डर्ड टूलबार में बुलेट और नंबरिंग दिखाई देती है।
63. शब्द में एक संपूर्ण डॉक्यूमेंट का चयन करने के लिए, किसी भी डॉक्यूमेंट टेक्स्ट के बाईं ओर पॉइंटर को तब तक घुमाएँ जब तक कि वह राइट पॉइंटिंग एरो में न बदल जाए और फिर डबल क्लिक करें।
64. [Ctrl] + [U] चयनित टेक्स्ट के लिए इटैलिक शैली का चयन करता है।
65. सबसे छोटा 8 और सबसे बड़ा 72 स्वरूपण टूलबार पर सबसे छोटा और सबसे बड़ा उपलब्ध फॉन्ट आकार है।
66. आप शब्द में अपने खुद के शब्दकोश बना सकते हैं।
67. शब्द में, आप टूलबार से रिक्ति को बदल सकते हैं।
68. वर्ड टेम्पलेट में शैली प्रारूपण शामिल नहीं है।
69. फॉन्ट बदलने के लिए मस वर्ड में कण्ट्रोल + फ शॉर्टकट की का उपयोग किया जाता है।
70. टेक्स्ट के चयन के बाद ही वर्तनी और व्याकरण की जाँच की जा सकती है।
71. फॉन्ट प्रकार टेक्स्ट के आकार और रूप को संदर्भित करता है।
72. पैराग्राफ रिक्ति पैराग्राफ से पहले और बाद के स्थान को संदर्भित करता है
73. हम किसी शब्द दस्तावेज में टिप्पणियों को बदल नहीं सकते हैं।
74. ऑटो प्रारूप सुविधा स्वचालित रूप से एक डॉक्यूमेंट को प्रारूपित करती है।
75. लाइन रिक्ति एक पैराग्राफ में लाइनों के बीच ऊर्ध्वाधर स्थान है।
76. पैराग्राफ को हाईलाइट करने के लिए, पैराग्राफ के बगल में चयन बार में डबल–क्लिक करें।
77. एक संपूर्ण डॉक्यूमेंट का चयन करने के लिए, आप चयन बार में माउस को डबल क्लिक करेंगे।
78. सही औचित्य लाइनों के सिरों को असमान बनाता है।
79. इटैलिक वर्ण नियमित वर्णों की तुलना में स्लांट है।
80. मार्जिन टेक्स्ट और कागज के किनारों के बीच की दूरी है।
81. मस –वर्ड ऑपरेटिंग सिस्टम को माइक्रोसॉफ्ट ने अपने मस – दोस ऑपरेटिंग सिस्टम की सीमाओं को पार करने के लिए विकसित किया था।
82. फाइल को सेव करने के लिए सेव बटन पर क्लिक करें।
83. एक रिक्त रेखा को पैराग्राफ भी कहा जाता है।
84. आप डाक्यूमेंट्स को सेब, प्रिंट , खोलने और बनाने जैसे कुछ कार्यों को पूर्ववत नहीं कर सकते।
85. क्विक एक्सेस टूलबार पर प्रिंट बटन डिफॉल्ट सेटिंग्स का उपयोग करके पूरे दस्तावेज को प्रिंट करेगा।
86. होम टैब का उपयोग करके, आप संपादन कार्य जैसे कट, कॉपी, पेस्ट, सर्च और रेप्लस कर सकते हैं।
87. इन्सर्ट मेनू का उपयोग करके, आप विभिन्न ऑब्जेक्ट्स जैसे पेज नंबर, हेडर और फुटर, चित्र सम्मिलित कर सकते हैं।
88. रिव्यु टैब का उपयोग करके, आप शब्द की विभिन्न उपयोगिताओं जैसे कि वर्तनी जांच, मैक्रोज और मेल मर्ज तक पहुँच सकते हैं।
89. एमएस–वर्ड में, हर कमांड रिबन में उपलब्ध है।
90. एमएस–वर्ड में फॉर्मूला बार उपलब्ध है।
91. एमएस वर्ड कमांड में कण्ट्रोल + O का उपयोग मौजूदा फाइल को खोलने के लिए किया जाता है।
92. आप कण्ट्रोल + H कीस का उपयोग करके फंड और रेप्लस संवाद बॉक्स प्रदर्शित कर सकते हैं।
93. डिफॉल्ट पेपर आकार और अभिविन्यास 8.5" x 11" पोर्ट्रेट है।
94. मस वर्ड में कण्ट्रोल + P का इस्तेमाल Open डायलॉग बॉक्स खोलने के लिए किया जाता है।
95. रिव्यु टैब का उपयोग करके आप शब्द की विभिन्न उपयोगिताओं जैसे कि वर्तनी जांच, मैक्रोज और मेल मर्ज आदि तक पहुंच सकते हैं।
96. फुटनोट्स, एंडनोट्स और इंडेक्स सभी शब्द फील्ड के रूप में डाले गए हैं।
97. एमएस वर्ड एक प्रकार का सॉफ्टवेयर है जिसका उपयोग पत्र और कानूनी कागजात बनाने के लिए किया जाता है।
98. माइक्रोसॉफ्ट वर्ड एक वर्ड प्रोसेसिंग प्रोग्राम है।
99. वर्ड का प्रिंट पूर्वावलोकन आपको कोई भी संपादन करने की अनुमति नहीं देता है।

100. एक संपूर्ण दस्तावेज का चयन करने के लिए आप चयन बार में माउस पर डबल क्लिक करेंगे।

उत्तर

1.	(ख)	2.	(ख)	3.	(ख)	4.	(घ)
5.	(क)	6.	(ख)	7.	(क)	8.	(ग)
9.	(क)	10.	(ग)	11.	(क)	12.	(क)
13.	(ग)	14.	(ख)	15.	(घ)	16.	(ख)
17.	(घ)	18.	(घ)	19.	(ख)	20.	(घ)
21.	(क)	22.	(ग)	23.	(क)	24.	(ख)
25.	(घ)	26.	(घ)	27.	(घ)	28.	(ख)
29.	(ग)	30.	(ग)	31.	(घ)	32.	(ग)
33.	(क)	34.	(ग)	35.	(ग)	36.	(ग)
37.	(घ)	38.	(घ)	39.	(क)	40.	(घ)
41.	(क)	42.	(ग)	43.	(ख)	44.	(ख)

45.	(ग)	46.	(ग)	47.	(क)	48.	(ख)
49.	(ख)	50.	(ख)	51.	सही	52.	सही
53.	गलत	54.	सही	55.	गलत	56.	गलत
57.	सही	58.	सही	59.	गलत	60.	गलत
61	गलत	62.	गलत	63.	सही	64.	गलत
65.	सही	66.	सही	67.	सही	68.	गलत
69.	गलत	70.	गलत	71.	सही	72.	सही
73.	गलत	74.	सही	75.	सही	76.	सही
77.	गलत	78.	गलत	79.	सही	80.	सही
81.	सही	82.	सही	83.	सही	84.	सही
85.	सही	86.	सही	87.	सही	88.	गलत
89.	सही	90.	गलत	91.	सही	92.	गलत
93.	सही	94.	गलत	95.	सही	96.	सही
97.	सही	98.	सही	99.	सही	100.	गलत

Remember to Save and BackUp the Data

Computers and applications can crash without warning. To avoid losing important work, it's good practice to save a file frequently while working on it. It's also useful to back up files using either a separate hard disk or an online backup service. These services are a part of cloud computing, where people use the storage facilities of a specialist provider to save data.

अध्याय 5

लिब्रे ऑफिस राइटर

उद्देश्यः

पाठक समझने में सक्षम होगाः

❖ लिब्रे ऑफिस बेसिक्स ❖ टेक्स्ट क्रिएशन और मैनिप्युलेशन ❖ लिब्रे ऑफिस पर किए गए ऑपरेशन्स ❖ मेल मर्ज

5.1 परिचय

लिब्रे ऑफिस राइटर लिब्रे ऑफिस का शब्द प्रोसेसर घटक है। यह डॉक्यूमेंट बनाने, संपादित करने और प्रिंट करने के लिए उपयोग किए जाने वाले सबसे आम एप्लिकेशन पैकेज में से एक है। यह आपको सक्षम बनाता हैः

- प्रेजेंटेबल तरीके से एक डॉक्यूमेंट, लेटर, रिपोर्ट, नोटिस, न्यूज लेटर वगैरह बनाएं।
- डिस्क पर इलेक्ट्रॉनिक रूप से डॉक्यूमेंट को स्टोर करने के लिए।
- एक स्क्रीन पर डॉक्यूमेंट प्रदर्शित करने के लिए।
- टाइप करते समय या बाद में डॉक्यूमेंट (टाइप करते समय और टाइप करने के बाद) को संशोधित करें।
- प्रिंटिंग से पहले एक डॉक्यूमेंट का पूर्वावलोकन करें और एक प्रिंटर पर उपयोग करके डॉक्यूमेंट को प्रिंट करें।
- रंग, शैली, फॉन्ट आकार, सीमा, शेडिंग का उपयोग करके पाठ को सुशोभित करें।

5.2 लिब्रे ऑफिस राइटर शुरू करना

1. डेस्कटॉप पर मौजूद लिबर ऑफिस राइटर आइकन पर क्लिक करें।
2. राइटर एप्लिकेशन दिखाई देता है, जो कि अनटाइल्ड 1 के रूप में अस्थायी नाम के साथ एक खाली डॉक्यूमेंट खोलता है।

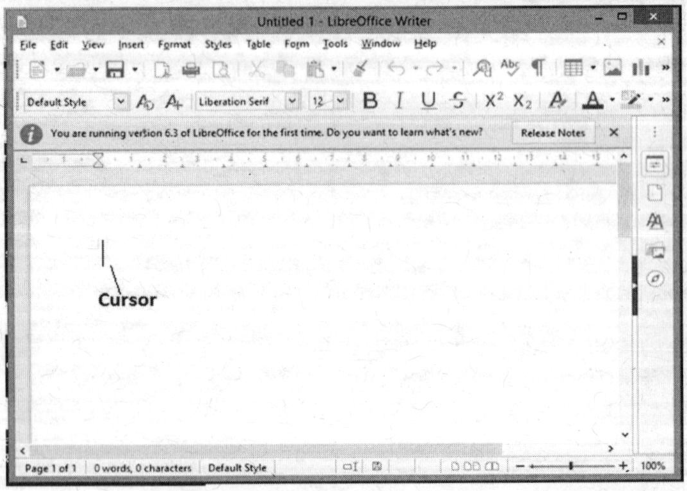

3. स्क्रीन पर पॉइंट या कर्सर के रूप में छोटी वर्टिकल ब्लिंकिंग लाइन दिखाई देती है।
4. जब आप इस पर लिखना शुरू करेंगे तो कर्सर अपने आप दाएं तरफ शिफ्ट हो जाएगा।

5.3 लिब्रे ऑफिस राइटर में टेक्स्ट एंटर करना

जब आप टेक्स्ट लिखना शुरू करते हैं, तो राइटर टेक्स्ट का आवरण (यदि पाठ वर्तमान पंक्ति में फिट नहीं होता है, तो राइटर टेक्स्ट को डिफॉल्ट रूप से अगली पंक्ति में स्थानांतरित कर देता है) करता है।

5.3.1 एक नया डॉक्यूमेंट बनाना

1. फाइल मेनू पर क्लिक करें।
2. नया विकल्प चुनें।
3. टेक्स्ट डॉक्यूमेंट विकल्प चुनें।

नया डॉक्यूमेंट खोलने के लिए शॉर्टकटः Ctrl + N

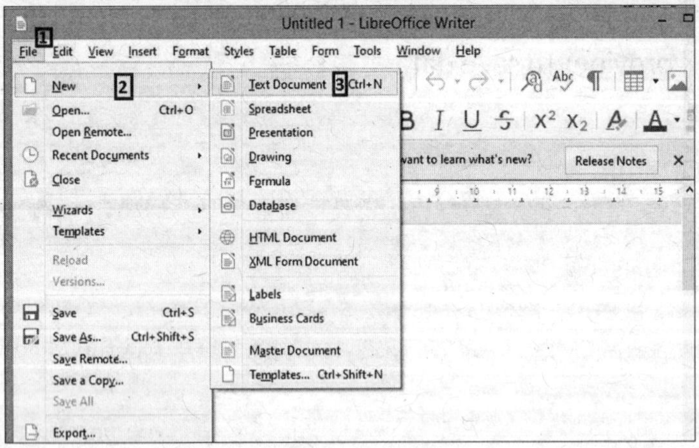

5.3.2 डॉक्यूमेंट को सेव करना

1. फाइल मेनू पर क्लिक करें।
2. सेव ऑप्शन को सेलेक्ट करें।
3. नाम बॉक्स में फाइल का नाम टाइप करें।
4. सेव बटन पर क्लिक करें।

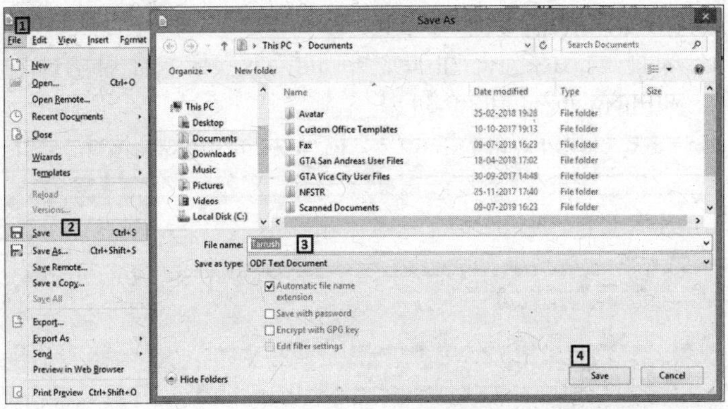

डॉक्यूमेंट सेव करने का शॉर्टकटः Ctrl + S

5.3.3 किसी डॉक्यूमेंट को क्लोज करने के लिए

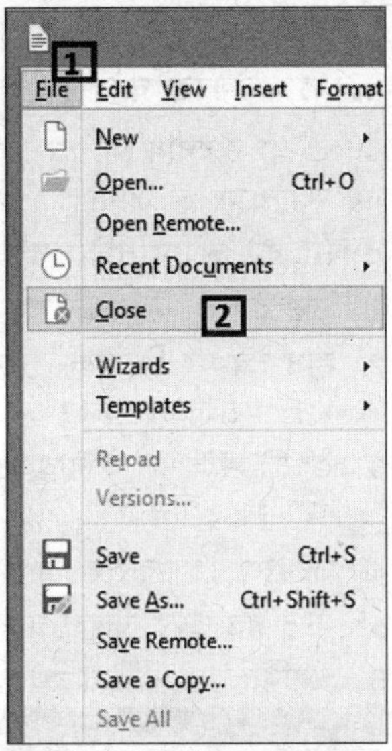

1. फाइल मेनू पर क्लिक करें।
2. क्लोज ऑप्शन को चुनें।
3. अगर आप फाइल को सेव करना चाहते हैं तो सेव पर क्लिक करें।
4. यदि आप परिवर्तनों को सेव नहीं चाहते हैं, तो बिना सेव विकल्प का चयन करें, डॉक्यूमेंट को क्लोज करे।

डॉक्यूमेंट को बंद करने का शॉर्टकटः Ctrl + W

5.3.4 डॉक्यूमेंट को ओपन करना

1. फाइल मेनू पर क्लिक करें।
2. ओपन विकल्प का चयन करें।
3. ओपन डायलॉग बॉक्स दिखाई देता है।

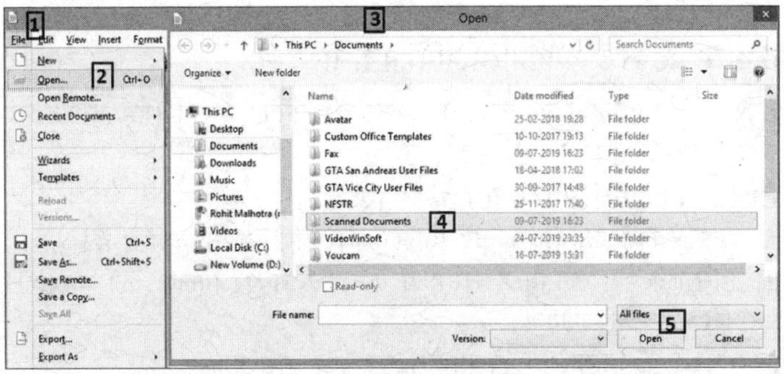

4. उस फाइल का चयन करें जिसे आप ओपन करना चाहते हैं।
5. ओपन बटन पर क्लिक करें।

नया दस्तावेज खोलने के लिए शॉर्टकटः Ctrl + O

5.3.5 डॉक्यूमेंट को प्रिंट करना

1. फाइल मेनू पर क्लिक करें।
2. प्रिंट विकल्प का चयन करें।
3. प्रिंट संवाद बॉक्स प्रकट होता है।
4. Ok बटन पर क्लिक करें।
5. डॉक्यूमेंट मुद्रित किया जाएगा।

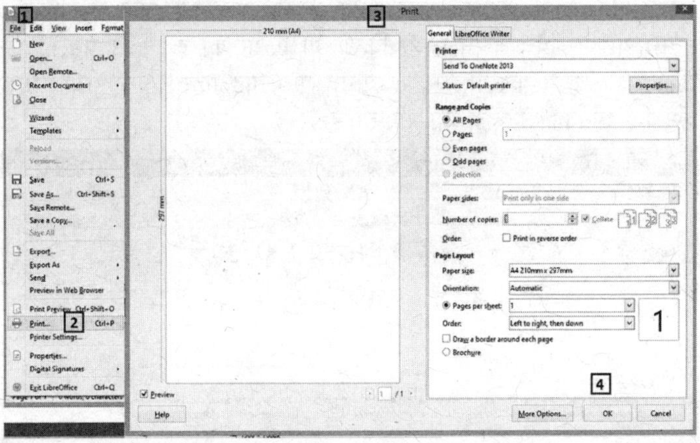

डॉक्यूमेंट मुद्रित करने के लिए शॉर्टकटः Ctrl + P

5.3.6 लिब्रे ऑफिस राइटर से एग्जिट करना

1. फाइल मेनू पर क्लिक करें।
2. एग्जिट ऑप्शन को सेलेक्ट करे।

लिब्रे ऑफिस से बाहर निकलने के लिए शॉर्टकटः Alt + F4

5.4 लिब्रे ऑफिस में टेक्स्ट का चयन और संपादन

5.4.1 टेक्स्ट को एडिट करना

आप पहले लिखे गए टेक्स्ट में किसी भी स्थान पर नए शब्द, नए वाक्य या पैराग्राफ सम्मिलित कर सकते हैं। नया दर्ज किया गया टेक्स्ट अपने आप समायोजित हो जाएगा। एडिटिंग का अर्थ है उस टेक्स्ट को टाइप करने के बाद आप टेक्स्ट में कुछ बदलाव करना चाहते हैं।

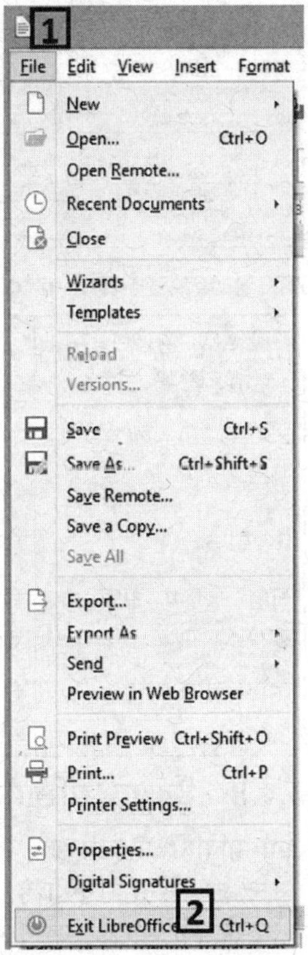

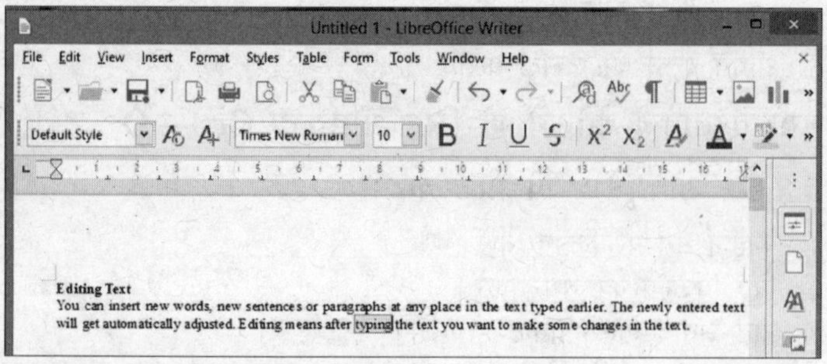

5.4.2 टेक्स्ट का चयन करना

टेक्स्ट को कॉपी करने, स्थानांतरित करने, फाइंडिंग और रेप्लेसिंग , हटाने या प्रारूपित करने जैसी किसी भी क्रिया को करने से पहले, हमें टेक्स्ट का चयन करना होगा। चयनित पाठ हाइलाइट किया गया। पाठ को कई तरीकों से चुना जा सकता है:

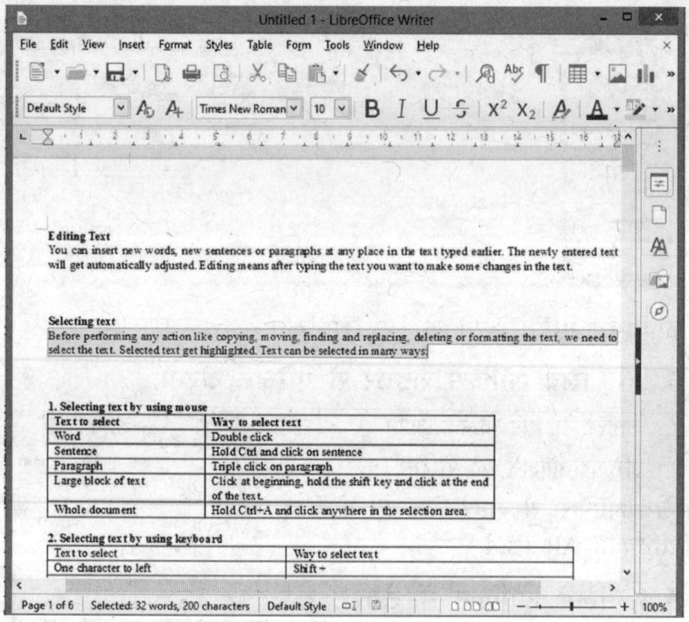

माउस का उपयोग करके टेक्स्ट का चयन करना

टेक्स्ट का चयन करने के लिए	टेक्स्ट का चयन करने का तरीका
वर्ड	डबल क्लिक करें।
सेंटेंस	Ctrl दबाए रखें और वाक्य पर क्लिक करें।
पैराग्राफ	पैराग्राफ पर ट्रिपल क्लिक करें।
लार्ज ब्लॉक ऑफ टेक्स्ट	शुरुआत पर क्लिक करें, शिफ्ट कुंजी को दबाए रखें और टेक्स्ट के अंत में क्लिक करें।
व्होल डॉक्यूमेंट	Ctrl + A दबाए रखें और चयन क्षेत्र में कहीं भी क्लिक करें।

5.4.3 टेक्सट सम्मिलित करना

आप प्रविष्टि पॉइंटर को उस स्थिति में ले जा सकते हैं, जहाँ आपने टेक्स्ट टाइप नहीं किया है और प्रविष्टि बिंदु रखने के बाद, टेक्स्ट टाइप करें। लेखक आपको पहले से मौजूद डॉक्यूमेंट में नया टेक्सट जोड़ने की सुविधा प्रदान करता है।

टेक्सट सम्मिलित करने के लिए:

1. कर्सर को उस शब्द या वर्ण के दाईं ओर रखें जहाँ आप टेक्स्ट सम्मिलित करना चाहते हैं।
2. टेक्स्ट टाइप करें और मौजूदा टेक्सट कर्सर के दाईं ओर दिखाई देगा।

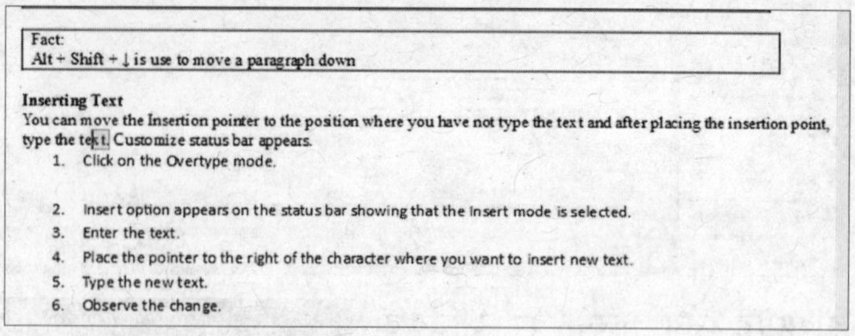

5.4.4 टेक्स्ट को मूव करना

टेक्स्ट को स्थानांतरित करने का अर्थ है टेक्स्ट को उसके मूल स्थान से नए स्थान पर ले जाना।

टेक्स्ट को स्थानांतरित करने के लिए:

1. उस टेक्स्ट का चयन करें जिसे आप स्थानांतरित करना चाहते हैं।
2. होम टैब पर क्लिपबोर्ड समूह में कट बटन पर क्लिक करें या Ctrl + X पर क्लिक करें।
3. टेक्स्ट डॉक्यूमेंट से गायब हो जाता है और अस्थायी रूप से क्लिपबोर्ड पर रखा जाता है।
4. उस स्थान पर कर्सर रखें जहां आप चयनित टेक्स्ट को रखना चाहते हैं।
5. पेस्ट बटन पर क्लिक करें या Ctrl + V दबाएं।
6. चयनित पाठ वांछित स्थान पर दिखाई देता है।

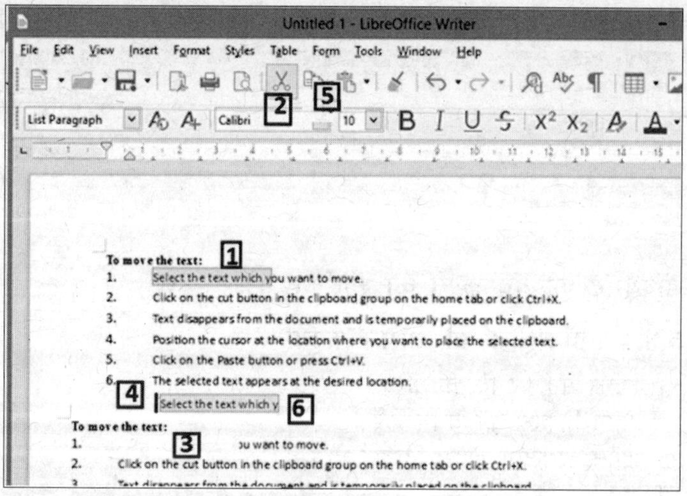

5.4.5 टेक्स्ट की प्रतिलिपि बनाना

टेक्स्ट की प्रतिलिपि का अर्थ है टेक्स्ट की नकल करना (यह टेक्स्ट को उसके मूल स्थान से नहीं हटाता है)।

टेक्स्ट की प्रतिलिपि बनाने के लिए:

1. उस टेक्स्ट का चयन करें जिसे आप कॉपी करना चाहते हैं।
2. होम टैब पर क्लिपबोर्ड समूह में कॉपी बटन पर क्लिक करें या Ctrl + C पर क्लिक करें।
3. टेक्स्ट की प्रतिलिपि क्लिपबोर्ड पर रखी गई है।
4. उस स्थान पर कर्सर रखें जहां आप चयनित टेक्स्ट को रखना चाहते हैं।

5. पेस्ट बटन पर क्लिक करें या Ctrl + V दबाएं।
6. चयनित टेक्स्ट वांछित स्थान पर दिखाई देता है।

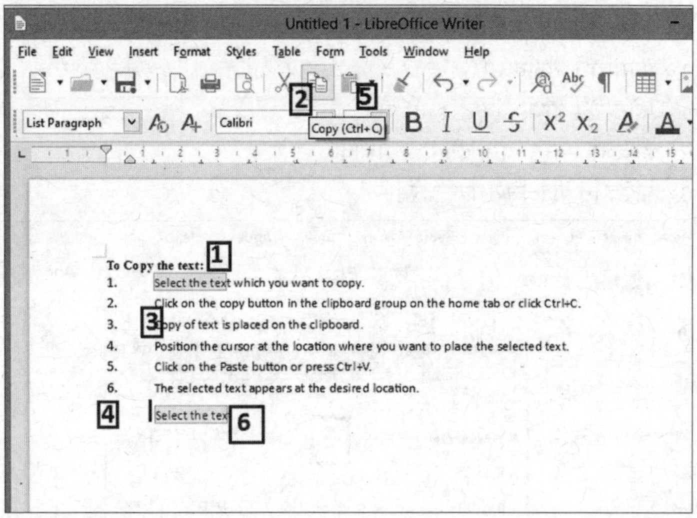

5.4.6 टेक्स्ट को पेस्ट करना

टेक्स्ट को पेस्ट करने का मतलब है, टेक्स्ट को एक स्थान से दूसरे स्थान पर किसी डॉक्यूमेंट में या किसी अन्य डॉक्यूमेंट में ले जाना।

5.4.7 टेक्स्ट को कट करना

टेक्स्ट को कट करने का अर्थ है टेक्स्ट को उसके मूल स्थान से हटाना।

5.4.8 टेक्स्ट को डिलीट करना

आप बैकस्पेस कुंजी का उपयोग करके टेक्स्ट को डिलीट कर सकते हैं। बैकस्पेस कुंजी कर्सर की स्थिति के बाईं ओर के चरित्र को हटा देती है। टेक्स्ट के एक ब्लॉक को डिलीट करने के लिए, बस टेक्स्ट का चयन करें और डिलीट कुंजी या बैकस्पेस कुंजी दबाएं।

5.4.9 पूर्ववत करें और फिर से करें

पूर्ववत करें: यह आदेश अंतिम कमांड के प्रभाव को उलट देता है।

फिर से करे: यह कमांड पूर्ववत कमांड की कार्रवाई को उलटने के लिए उपयोग किया जाता है।

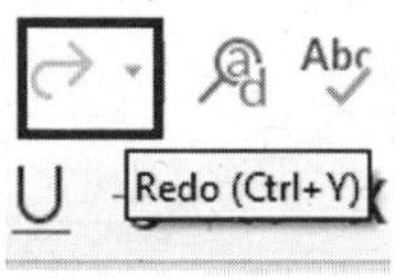

5.5 व्याकरण और वर्तनी को चेक करना

लिब्रे ऑफिस में टेक्स्ट डॉक्यूमेंट के वर्तनी और व्याकरण की जाँच करने के लिए व्याकरण नियमों का एक सेट है। गलत वर्तनी शब्दों को उनके नीचे एकल लाल लहराती रेखा के साथ प्रदर्शित किया जाता है। व्याकरण संबंधी त्रुटियों को हरी लहरदार रेखा के साथ इंगित किया जाता है। स्पेल चेक कर्सर की स्थिति का निर्माण शुरू करता है और डॉक्यूमेंट की जांच करता है।

किसी भी डॉक्यूमेंट की वर्तनी जाँचने के लिए:

1. लाल लहरदार रेखा वाले शब्द पर राइट क्लिक करें।
2. शॉर्टकट मेनू दिखाई देता है, जो विभिन्न सुझावों को प्रदर्शित करता है।
3. सुझाव सूची से सही वर्तनी का चयन करें।
4. लेखक स्वचालित रूप से चयनित विकल्प के साथ गलत वर्तनी को बदल देता है।

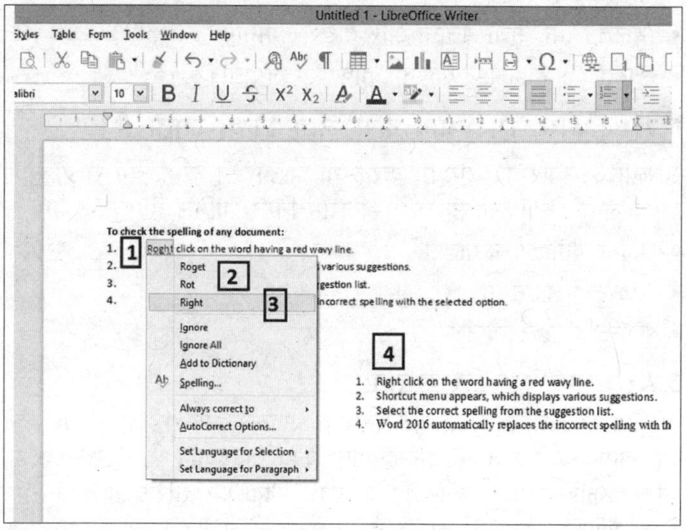

5.6 थिसॉरस

थिसॉरस किसी भी शब्द के लिए समान अर्थ के साथ शब्द की एक सूची प्रदान करके लेक्सिस को बेहतर बनाने में मदद करता है।

थिसॉरस का उपयोग करने के लिए:

1. उस शब्द का चयन करें जिसके लिए आप पर्यायवाची खोजना चाहते हैं।
2. टूल ऑप्शन पर क्लिक करें।
3. थिसॉरस विकल्प चुनें।
4. थिसॉरस टास्क पेन डॉक्यूमेंट विंडो के दाईं ओर खुलता है जो समानार्थक शब्द की सूची प्रदर्शित करता है।

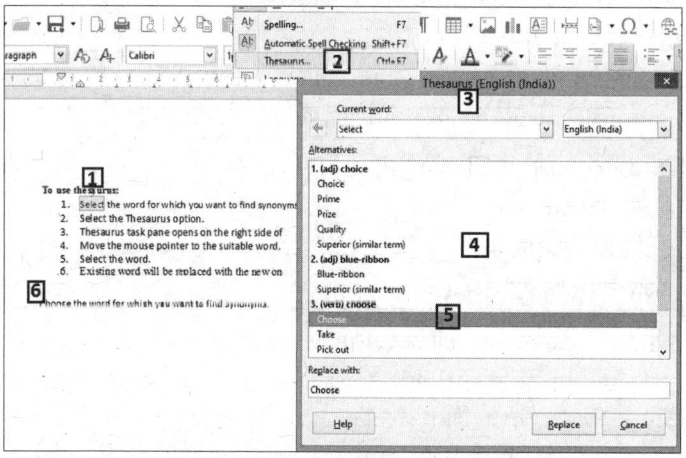

5. माउस पॉइंटर को उपयुक्त शब्द पर ले जाएं।
6. शब्द का चयन करें और बदलें पर क्लिक करें।
7. मौजूदा शब्द को नए के साथ बदल दिया जाएगा।

5.7 किसी डॉक्यूमेंट को फॉर्मेट करना

किसी डॉक्यूमेंट को स्वरूपित करने का अर्थ है, डॉक्यूमेंट की उपस्थिति को बदलनाः

- फॉन्ट और फॉन्ट आकार बदलना।
- मार्जिन और टैब सेट करना, लाइन रिक्ति।
- टेक्स्ट का केस बदलना, टेक्स्ट संरेखित करना, टेक्स्ट शैली बदलना, टेक्स्ट का रंग।
- बुलेट, नंबर सूची बनाना और बॉर्डर लगाना।
- शब्दों को हाइलाइट करना, ड्रॉप कैप लगाना।

5.7.1 फोर्मत्तिंग प्रभाव कैसे लागू किया जाता है।

स्वरूपण टूलबार का उपयोग करके या प्रारूप मेनू के माध्यम से प्रारूपण प्रभाव लागू किया जा सकता है, जिसमें निम्न शामिल हैं:

- फॉन्ट फर्मैटिंग कमांड्स
- टेक्स्ट एलाइनमेंट
- फॉन्ट स्टाइल कमांड

5.7.1.1 फॉन्ट प्रकार बदलना

टाइपिंग टेक्स्ट के लिए, हमें विशिष्ट आकार और डिजाइन के पत्रो की आवश्यकता होती है, जिन्हें फोंट कहा जाता है। डिफॉल्ट रूप से, फॉन्ट प्रकार फॉन्ट आकार 12 के साथ लिबरेशन सेरिफ है, जब आप लिबरऑफिस दस्तावेज खोलते हैं तो प्रकट होता है।

फॉन्ट प्रकार बदलने के लिए:

1. टेक्स्ट का चयन करें।
2. फॉन्ट नाम बॉक्स के बगल में स्थित ड्रॉप–डाउन तीर पर क्लिक करें।
3. फोर्मत्तिंग टूलबार।
4. फोंट की सूची प्रकट होती है।
5. इच्छित फॉन्ट चुनें दी गई सूची।
6. परिवर्तन का निरीक्षण करें।

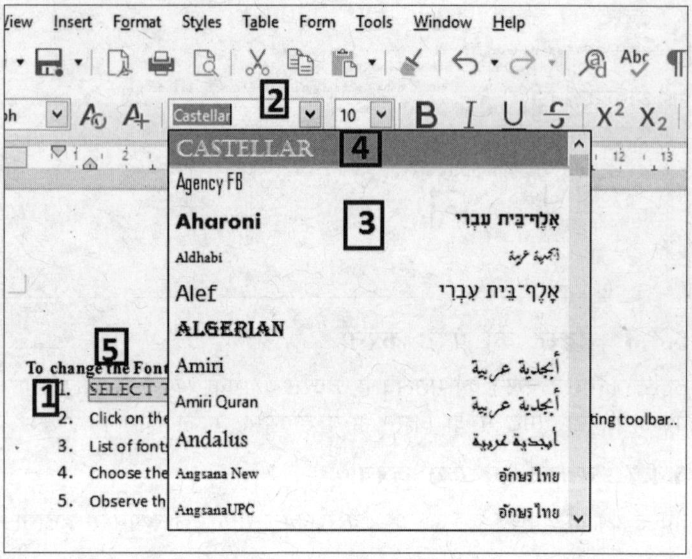

5.7.1.2 बोल्ड, इटैलिक और अंडरलाइन प्रभाव लागू करना

टेक्स्ट को बोल्ड करने के लिए टेक्स्ट पर इटैलिक और अंडरलाइन इफेक्ट लागू होते हैं।

फॉन्ट शैली	बोल्ड	इटैलिक	रेखांकन
चयनित टेक्स्ट पर प्रभाव उदाहरण	चयनित टेक्स्ट को बोल्ड बनाता है। Applying **Bold**, Italics and Underline effects	चयनित टेक्स्ट को इटैलिक कर देता है। Applying Bold, *Italics* and Underline effects	चयनित टेक्स्ट को रेखांकित करता है। Applying Bold, Italics and Underline effects

फॉन्ट स्टाइल प्रभाव लागू करने के लिए:

1. टेक्स्ट का चयन करें।
2. होम टैब पर मौजूद फॉन्ट समूह में बोल्ड के लिए **B** बटन अंडरलाइन के लिए, U बटन , और इटैलिक के लिए *I* बटन पर क्लिक करें।

शॉर्टकट लागू करने के लिए:
बोल्डः कण्ट्रोल + B
इटैलिकः कण्ट्रोल + I
अंडरलाइनः कण्ट्रोल + U

5.7.1.3 टेक्स्ट का रंग बदलना

टेक्स्ट का रंग बदलने का अर्थ है काले रंग के रंग के अलावा पसंद के विभिन्न टेक्स्ट रंग प्रदर्शित करना।

टेक्स्ट का रंग बदलने के लिए:

1. टेक्स्ट का चयन करें।
2. फॉन्ट रंग बटन के बगल में ड्रॉप–डाउन तीर पर क्लिक करें, स्वरूपण टूलबार पर मौजूद है।
3. फॉन्ट रंग मेनू से वांछित रंग का चयन करें।
4. टेक्स्ट का रंग बदलता है।

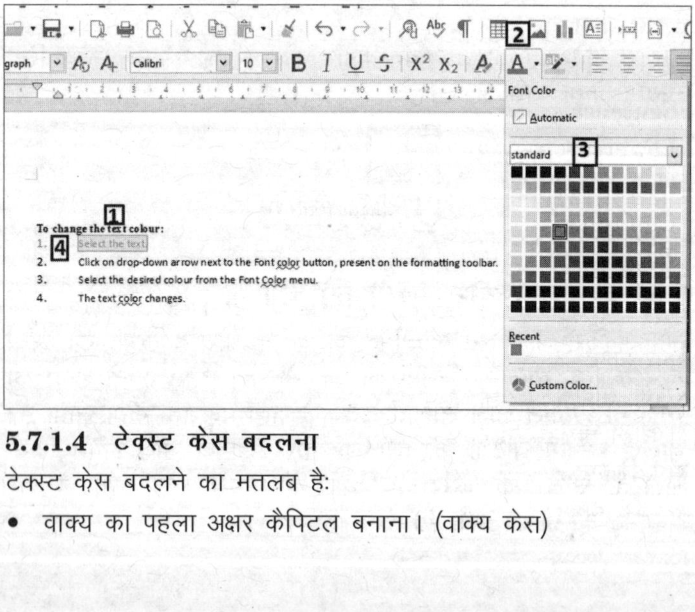

5.7.1.4 टेक्स्ट केस बदलना

टेक्स्ट केस बदलने का मतलब है:

- वाक्य का पहला अक्षर कैपिटल बनाना। (वाक्य केस)

- चयनित टेक्स्ट को लोअरकेस में बदलें। (लोअरकेस)
- चयनित टेक्स्ट को अपरकेस में बदलें। (अपरकेस)
- प्रत्येक चयनित शब्द के पहले अक्षर को अपरकेस में बदलना। (प्रत्येक शब्द को बड़ा करें)
- चयनित करैक्टर केस को रिवर्स तरीके से परिवर्तित करें। (टॉगल केस)

टेक्स्ट केस को बदलने के लिए:

1. टेक्स्ट का चयन करें।
2. फॉर्मेट पर क्लिक करें और फिर टेक्स्ट विकल्प चुनें।
3. आवश्यक टेक्स्ट केस का चयन करें।

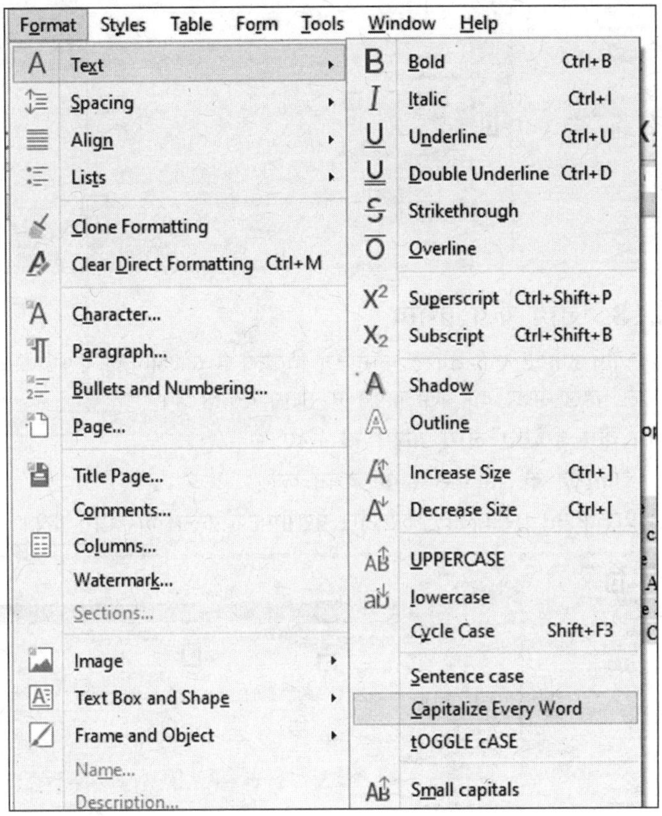

टेक्स्ट केस का उदाहरण

Text Case	Example
Sentence case	Sentence case
Lowercase	lowercase
Uppercase	UPPERCASE
Capitalize each word	Capitalize Each Word
Toggle case	tOGGLE CASE

5.8 सुपरस्क्रिप्ट और सबस्क्रिप्ट प्रभाव लागू करना

सुपरस्क्रिप्ट का अर्थ है चयनित टेक्सट को आधार रेखा से थोड़ा ऊपर रखना, जबकि सब्स्क्रिप्ट का अर्थ है कि चयनित पाठ को आधार रेखा से थोड़ा नीचे रखना।

सुपरस्क्रिप्ट/सबस्क्रिप्ट प्रभाव लागू करने के लिए:

1. X2 टाइप करें।
2. 2 का चयन करें।
3. फॉर्मेट मेनू पर क्लिक करें।
4. ड्रॉप–डाउन सूची के रूप में चरित्र विकल्प चुनें।
5. केरेक्टर संवाद बॉक्स प्रकट होता है।
6. पोजीशन टैब का चयन करें।
7. स्थिति अनुभाग के अंतर्गत सुपरस्क्रिप्ट/सबस्क्रिप्ट रेडियो बटन पर क्लिक करें।
8. Ok पर क्लिक करें।

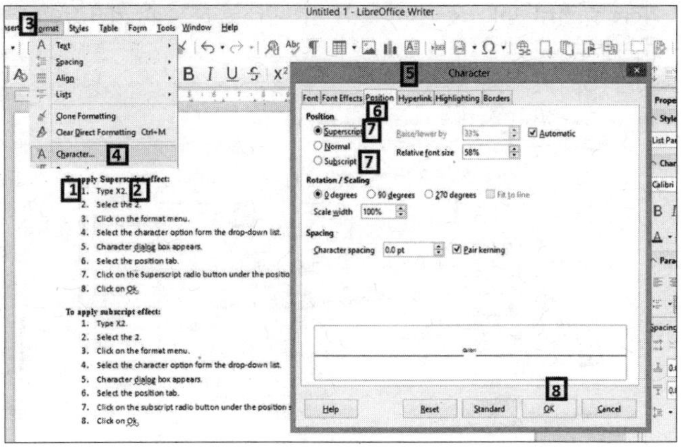

5.9 किसी अन्य चयन के लिए स्वरूपण की प्रतिलिपि बनाएँ

तालिका उपकरण का उपयोग चयनित पाठ या किसी वस्तु से स्वरूपण प्रभाव की प्रतिलिपि बनाने के लिए किया जाता है, और उसी स्वरूपण प्रभाव को किसी अन्य चयनित वस्तु पर लागू किया जाता है।

स्वरूपण को दूसरे चयन में कॉपी करने के लिए:

1. वह टेक्स्ट चुनें, जिसका स्वरूपण आप कॉपी करना चाहते हैं।
2. फॉर्मेट बटन पर क्लिक करें और क्लोन फॉर्मेटिंग चुनें।
3. पॉइंटर फील कलर बकेट में बदल जाता है ।
4. वांछित पाठ में क्लिक करके कॉपी किए गए प्रारूप को लागू करें।
5. पिछले टेक्स्ट के स्वरूपण गुण चयनित टेक्स्ट पर लागू होंगे।

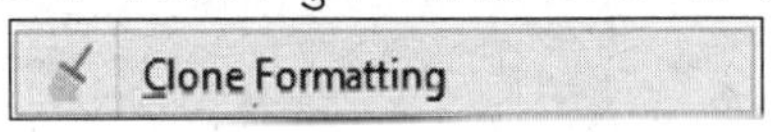

5.10 चेंजिंग लाइन स्पेसिंग

लाइन स्पेसिंग डॉक्यूमेंट के टेक्स्ट की क्रमिक लाइनरा के बीच की ऊर्ध्वाधर दूरी है। हम आवश्यकता के अनुसार लाइन के बीच की दूरी को बढ़ा या घटा सकते हैं।

लाइन स्पेसिंग को बदलने के लिए:

1. टेप्स्ट का चयन करें।
2. होम टैब पर पैरा ग्रुप में मौजूद लाइन स्पेसिंग बटन पर क्लिक करें।
3. ड्रॉप डाउन सूची से पंक्ति रिक्ति के वांछित विकल्प का चयन करें।
4. अधिक सटीक रिक्ति माप निर्धारित करने के लिए, पैराग्राफ डायलॉग बॉक्स लॉन्चर पर क्लिक करें।
5. इंडेंट एंड स्पेसिंग टैब चुनें और फिर स्पेसिंग सेक्शन के तहत आवश्यक लाइन स्पेसिंग विकल्प चुनें।
6. ठीक पर क्लिक करें।

5.11 बुलेटेड या नुम्बेरेद सूची बनाना

सूची को बुलेट्स का उपयोग करके स्वरूपित किया जा सकता है (छोटे ग्राफिक प्रतीक जो किसी सूची में एक आइटम सेट करते हैं) और संख्या (1, I, I, a, जो सूची में आइटम सेट करते हैं)।

टेक्स्ट पर बुलेट्स को लागू करने के लिए:

1. पाठ का चयन करें।
2. प्रारूप समूह में सूची पर क्लिक करें।
3. बुलेटेड सूची का चयन करें और चयनित टेक्स्ट को बुलेट आइकन मिलते हैं।

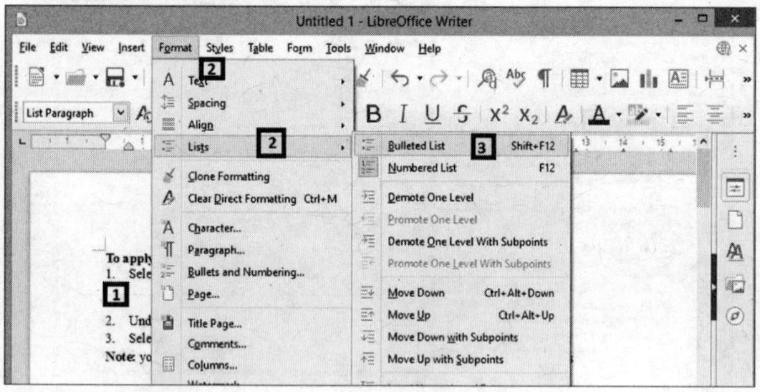

टेक्स्ट पर संख्या लागू करने के लिए:

1. टेक्स्ट का चयन करें।
2. प्रारूप समूह में सूची पर क्लिक करें।
3. क्रमांकित सूची का चयन करें और चयनित पाठ संख्या चिह्न प्राप्त करें।

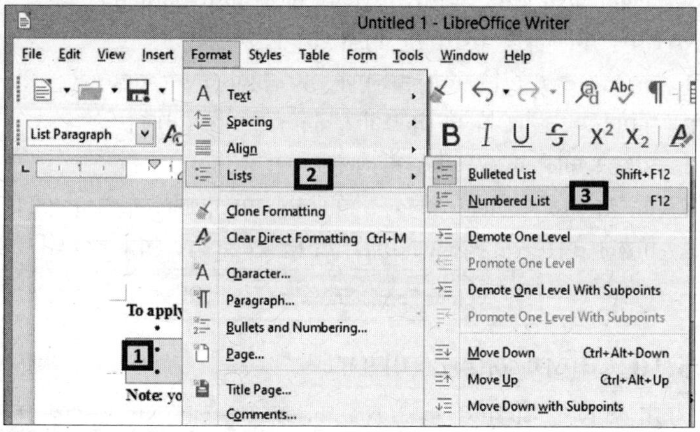

5.12 बॉर्डर और शेडिंग लागू करना

टेक्स्ट की उपस्थिति में सुधार करने के लिए बॉर्डर और शेडिंग प्रभाव लागू होते हैं। इन प्रभावों को या तो पैराग्राफ या पूरे डॉक्यूमेंट पर लागू किया जा सकता है।

बॉर्डर और शेडिंग लागू करने के लिए:

1. टेक्स्ट का चयन करें।
2. प्रारूप मेनू पर क्लिक करें और पैराग्राफ विकल्प का चयन करें।
3. पैरा डायलॉग बॉक्स दिखाई देता है।
4. बॉर्डर टैब चुनें।
5. आवश्यकता के अनुसार सेटिंग्स को परिभाषित करें।
6. स्पिन बॉक्स तीर पर क्लिक करके लाइन शैली और चौड़ाई का चयन करें।
7. रंग अनुभाग से रंग चुनें।
8. वांछित शेडिंग शैली का चयन करें।
9. ओके पर क्लिक करें।

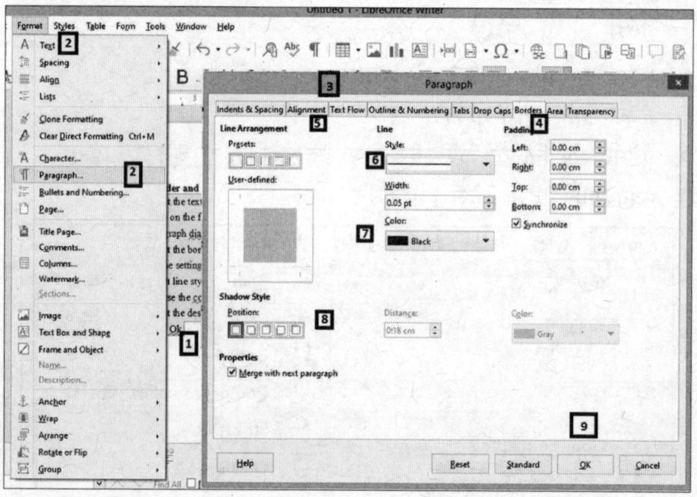

5.13 ड्रॉप कैप प्रभाव

ड्रॉप कैप इफेक्ट एक टेक्स्ट फॉर्मेटिंग विकल्प है जो आपको पैराग्राफ के केवल पहले अक्षर को बड़ा करने में सक्षम बनाता है।

ड्रॉप कैप इफेक्ट लागू करने के लिए:

1. डॉक्यूमेंट के पहले शब्द का चयन करें।
2. प्रारूप मेनू पर क्लिक करें और पैराग्राफ विकल्प का चयन करें।

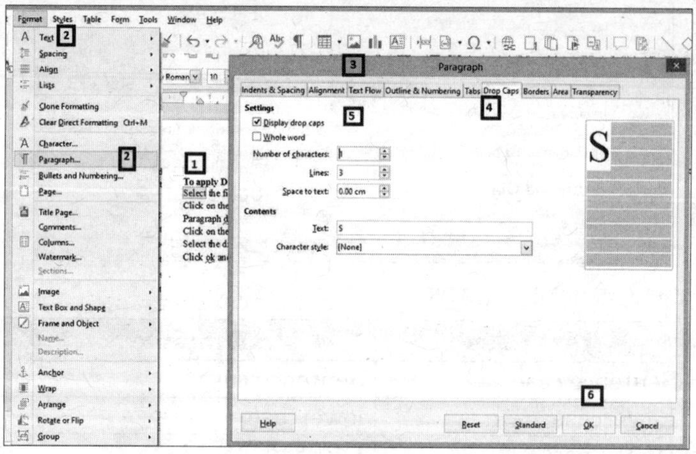

3. पैरा डायलॉग बॉक्स दिखाई देता है।
4. ड्रॉप कैप टैब पर क्लिक करें।
5. डिस्प्ले ड्रॉप कैप्स चेकबॉक्स का चयन करें।
6. ठीक पर क्लिक करें और परिवर्तन का निरीक्षण करें।

5.14 स्टाइल्स के साथ काम करना

स्टाइल टेक्स्ट की फॉन्ट स्टाइल, रंग, आकार को स्वरूपित करने का पूर्वनिर्धारित संयोजन है। स्टाइल को अपनी उपस्थिति को जल्दी से बदलने के लिए डॉक्यूमेंट में चयनित टेक्स्ट पर लागू किया जा सकता

है। स्टाइल लागू करने का अर्थ है कि एक साधारण कार्य में एक साथ स्वरूपों का समूह लागू करना।

स्टाइल का प्रकार:

क. **करैक्टर स्टाइल:** करैक्टर स्टाइल एक अनुच्छेद के भीतर चयनित पाठ को प्रभावित करती है।

ख. **पैराग्राफ स्टाइल:** पैराग्राफ स्टाइल पैराग्राफ की उपस्थिति के सभी पहलुओं (पाठ, संरेखण, टैब स्टॉप) को नियंत्रित करती है।

उदाहरण पर विचार करें:

किसी शीर्षक को प्रारूपित करने के लिए: "MY NAME IS TAARUSH", आप चाहते हैं कि इसका फॉन्ट आकार 18 pt हो, फॉन्ट फेस एरियल होना चाहिए, और इसे केंद्र में संरेखित किया जाना चाहिए। यदि हम उपर्युक्त फॉर्मेटिंग करते हैं, तो हमें थ्री स्टेप्स की आवश्यकता होती है, लेकिन टाइटल स्टाइल लागू करने से एक ही परिणाम प्राप्त किया जा सकता है।

डिफॉल्ट रूप से टाइप किया गया पाठ डिफॉल्ट स्टाइल पर आधारित होता है। लेखक विभिन्न इनबिल्ट शैली प्रदान करता है। आप अपनी खुद की शैली भी बना और संपादित कर सकते हैं।

5.14.1 बिल्ट–इन स्टाइल को लागू करना

टेक्स्ट की स्टाइल को बदलने के लिए, आप मौजूदा स्टाइल को अंतर्निर्मित स्टाइल के रूप में लागू कर सकते हैं। अंतर्निहित स्टाइल लागू करने के लिए:

1. उस टेक्स्ट का चयन करें, जिस पर आप एक स्टाइल लागू करना चाहते हैं।
2. फॉर्मेटिंग टूलबार पर, अप्लाई स्टाइल ड्रॉप–डाउन एरो पर क्लिक करें।
3. यह निर्मित स्टाइल की सूची प्रदर्शित करता है।
4. सूची से वांछित स्टाइल चुनें। (शीर्षक शैली का चयन करें)
5. टेक्स्ट के स्वरूप में परिवर्तन का निरीक्षण करें।

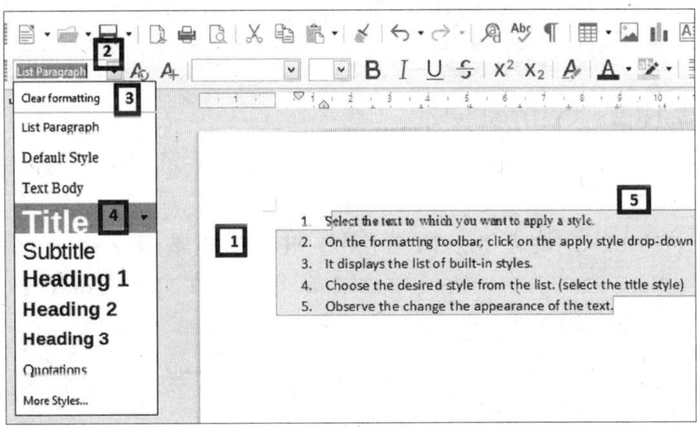

5.15 फाइंड और रेप्लस

फाइंड कमांड का उपयोग लेखक डॉक्यूमेंट में किसी विशेष शब्द या वाक्य को खोजने के लिए किया जाता है और इसे एक नए शब्द के साथ प्रतिस्थापित किया जाता है।

एक विशेष शब्द खोजने के लिए:

1. संपादन मेनू पर क्लिक करें।
2. फाइंड विकल्प चुनें।
3. फाइंड और रेप्लस संवाद बॉक्स प्रकट होता है।
4. टेक्स्ट बॉक्स की खोज में, वह टेक्स्ट टाइप करें जिसे आप डॉक्यूमेंट में खोजना चाहते हैं।
5. अन्य विकल्प बटन पर क्लिक करें।
6. उस विकल्प का चयन करें जिसकी आपको आवश्यकता है।
7. फाइंड या सभी बटन खोजें पर क्लिक करें।
8. खोजा गया टेक्स्ट हाइलाइट हो जाएगा। क्लोज बटन पर क्लिक करें।

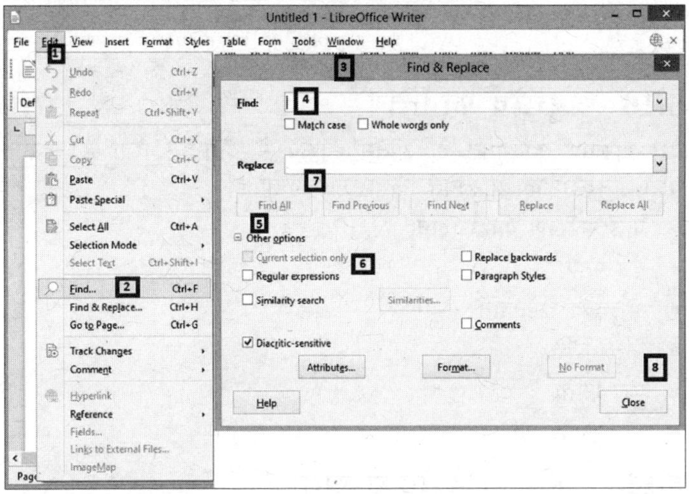

फाइंड और रिप्लेस के लिए शॉर्टकट: Ctrl + H; **फाइंड बॉक्स खोलने के लिए शॉर्टकट:** Ctrl + F

रिप्लेस

शब्द डॉक्यूमेंट में किसी विशेष शब्द या वाक्य को बदलने के लिए प्रतिस्थापित कमांड का उपयोग किया जाता है।

टेक्स्ट को बदलने के लिए:

1. संपादन मेनू पर क्लिक करें।
2. फाइंड एंड रिप्लेस विकल्प चुनें।
3. फाइंड एंड रिप्लेस संवाद बॉक्स प्रकट होता है।
4. टेक्स्ट बॉक्स की खोज में, वह टेक्स्ट टाइप करें जिसे आप डॉक्यूमेंट में खोजना चाहते हैं।
5. बदलें बॉक्स के साथ, वह पाठ लिखें जो खोजे गए पाठ को बदलना चाहिए।
6. सभी बटन बदलें पर क्लिक करें।
7. जब लेखक शब्द और खोज किए गए प्रतिस्थापन को पूरा करता है, तो एक संदेश बॉक्स खोज कुंजी को प्रतिस्थापित करने की संख्या की पुष्टि करता हुआ दिखाई देता है। ओके पर क्लिक करें।
8. फाइंड एंड रिप्लेस संवाद बॉक्स को बंद करने के लिए क्लोज बटन पर क्लिक करें।

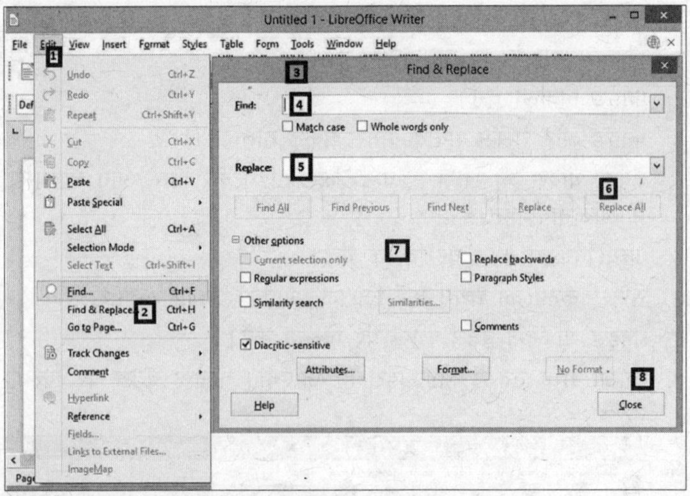

5.16 अनुच्छेद फोर्मत्तिंग

पैरा प्रारूपण डॉक्यूमेंट के अंतिम स्वरूप में योगदान देता है। इसके द्वारा अनुच्छेद को प्रारूपित किया जा सकता है:

- पाठ संरेखण को बदलना
- टैब स्टोप
- अनुच्छेद इंडेंटेशन
- पंक्ति रिक्ति
- पैरा रिक्ति
- बॉर्डर और शेडिंग प्रभाव

5.16.1 परिवर्तन टेक्स्ट संरेखण

संरेखण का अर्थ है पृष्ठ पर टेक्स्ट की नियुक्ति बाएं और दाएं मार्जिन के संबंध में। टाइपिंग शुरू करने से पहले आपको संरेखण सेट करने की आवश्यकता है, आप एक संपूर्ण दस्तावेज का चयन कर सकते हैं और फिर टेक्स्ट के संरेखण को बदल सकते हैं।

संरेखण के चार प्रकार हैं:

संरेखण	उदाहरण	स्पष्टीकरण
लेफ्ट		यह चयनित टेक्स्ट को बाएँ हाशिये की ओर रखता है।
सेंटर		यह चयनित टेक्स्ट को बाएँ और दाएँ मार्जिन के केंद्र में रखता है।
राइट		यह चयनित टेक्स्ट को सही मार्जिन की ओर रखता है।
जस्टिफाई		यह चयनित टेक्स्ट को दाएं और बाएं मार्जिन के बीच समान रूप से रखता है।

टेक्स्ट संरेखित करने के लिए:

1. टेक्स्ट का चयन करें।
2. स्वरूपण टूलबार में मौजूद वांछित संरेखण बटन पर क्लिक करें।
3. चयनित टेक्स्ट के संरेखण में परिवर्तन का निरीक्षण करें।

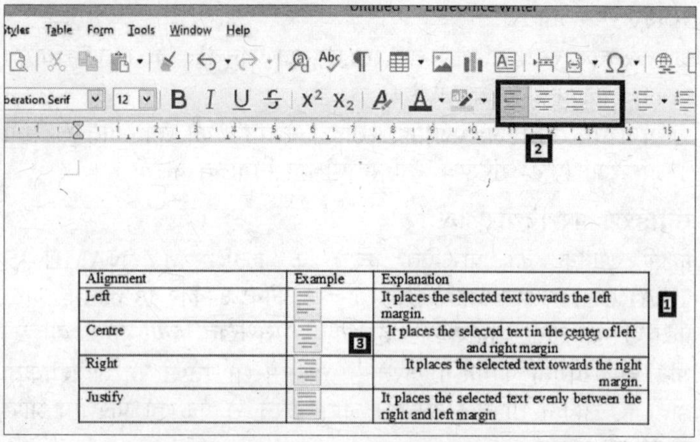

5.16.2 इंडेंटिंग टेक्स्ट

इंडेंटिंग टेक्स्ट और पेज मार्जिन के बीच रिक्ति की मात्रा निर्धारित करता है। इंडेंटिंग सुविधा का उपयोग पूर्ण पैराग्राफ या पहली पंक्ति को बाएं या दाएं मार्जिन से विशिष्ट स्थानों पर ले जाने के लिए किया जाता है।

टेक्स्ट को इंडेंट करने के लिए:

1. वह टेक्स्ट चुनें जिसे आप इंडेंट करना चाहते हैं।
2. फॉर्मिंग टूलबार में मौजूद इंडेंट बटन पर क्लिक करें।
3. चयनित टेक्स्ट बाएं मार्जिन से 1/2 इंच दूर जाएगा।
4. टेक्स्ट को बाएं मार्जिन के करीब ले जाने के लिए डिक्रीस इंडेंट बटन 1/2 इंच पर क्लिक करें।

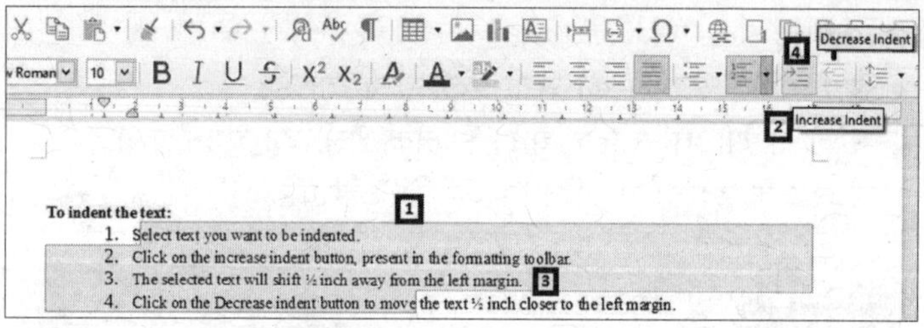

5.16.3 पेराग्राफ रिक्ति

पैराग्राफ रिक्ति पैराग्राफ के ऊपर या नीचे अंतरिक्ष की मात्रा निर्धारित करता है।

पैराग्राफ से पहले या बाद में रिक्ति सेट करने के लिए:

1. उस पैराग्राफ का चयन करें, जिसकी रिक्ति आप बदलना चाहते हैं।
2. प्रारूप मेनू पर मौजूद पैराग्राफ विकल्प पर क्लिक करें।
3. पैराग्राफ डायलॉग बॉक्स खुलेगा।
4. संकेतक और रिक्ति टैब चुनें।
5. रिक्ति के तहत, पहले या बाद में इच्छित स्पेसिंग दर्ज करें।
6. ओके पर क्लिक करें।

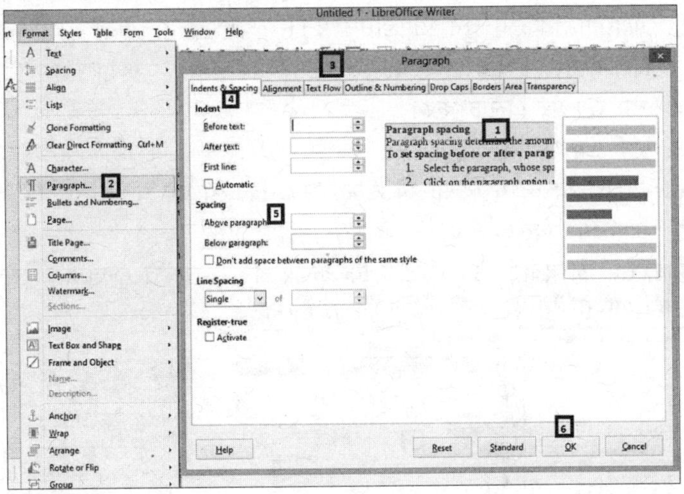

5.16.4 हेडर और फुटर सम्मिलित करना

हेडर और फुटर लेख में डॉक्यूमेंट के पृष्ठों के ऊपर या नीचे जानकारी होती है। लेखक के पास किसी डॉक्यूमेंट या अनुभाग के पहले पृष्ठ पर एक अलग हेडर या फुटर लेख को प्रिंट करने का विकल्प होता है।

हैडर डालने के लिए:

1. प्रारूप मेनू का चयन करें।
2. पेज विकल्प चुनें।
3. पृष्ठ शैली: डिफॉल्ट शैली संवाद बॉक्स प्रकट होता है।
4. शीर्ष लेख टैब पर क्लिक करें।
5. चेकबॉक्स पर हेडर पर क्लिक करके हेडर विकल्प को सक्रिय करें।
6. संबंधित क्षेत्रों में मार्जिन सेटिंग्स, रिक्ति और ऊंचाई को परिभाषित करें।
7. अप्लाई बटन पर क्लिक करें, और फिर ओके करें।

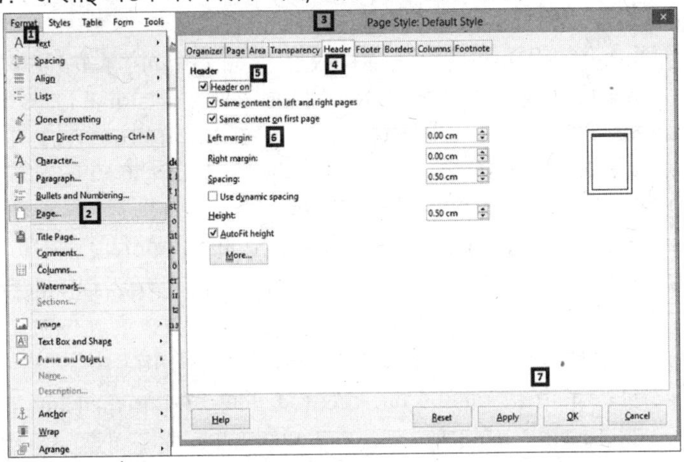

8. पेज के शीर्ष पर हैडर बॉक्स दिखाई देगा।
9. इसके अंदर क्लिक करें और फिर वह टेक्स्ट टाइप करें जिसे आप दिखाना चाहते हैं।
10. टैब कुंजी को दो बार दबाएं। सम्मिलन बिंदु दाईं ओर जाएगा।

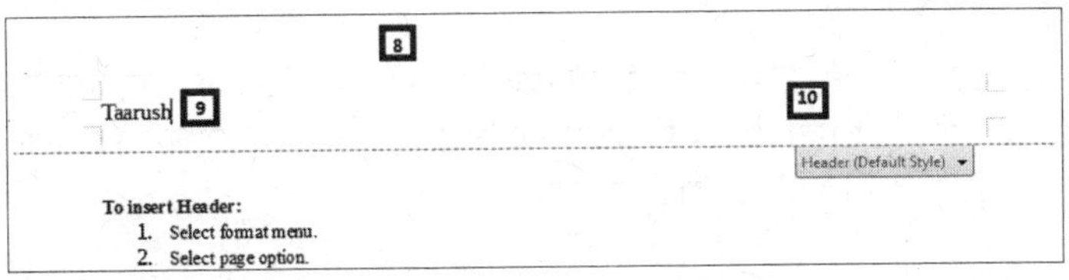

उसी तरह से आप दस्तावेज में फुटर जोड़ सकते हैं।

5.16.5 पृष्ठ संख्या सम्मिलित करना

लेखक में हम पृष्ठ पर किसी भी वांछित स्थान पर पृष्ठ संख्या सम्मिलित कर सकते हैं।

पृष्ठ संख्या डालने के लिए:

1. किसी डॉक्यूमेंट में पहले पृष्ठ की पहली पंक्ति में कर्सर लाओ।
2. एंटर की को दो बार दबाएं।
3. टेक्स्ट तीसरी लाइन में शिफ्ट होगा।
4. पॉइंटर को पेज की पहली लाइन पर लाएं।
5. इन्सर्ट मेनू पर क्लिक करें।
6. फील्ड विकल्प चुनें।
7. मेनू को फॉर्म करें, पेज नंबर विकल्प चुनें।
8. पेज नंबर कर्सर की स्थिति में दिखाई देगा।

उसी तरह आप डॉक्यूमेंट में वर्तमान तिथि, समय, पृष्ठ, गिनती, विषय, शीर्षक जोड़ सकते हैं।

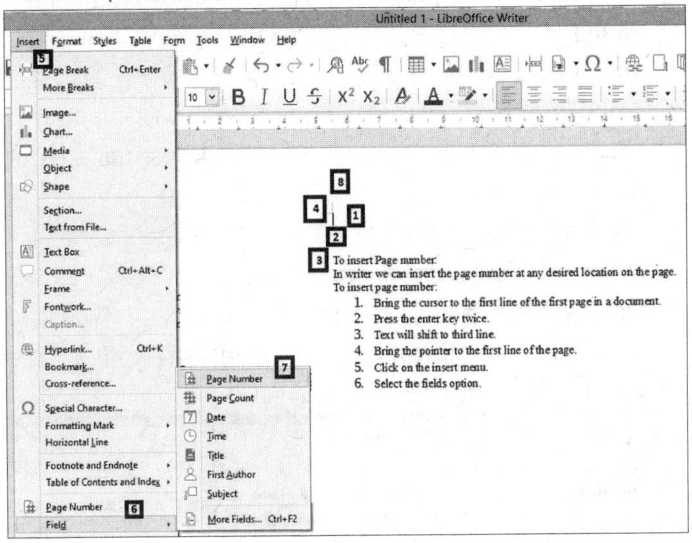

5.16.6 कॉलम और कॉलम ब्रेक सम्मिलित करना

जब आप डॉक्यूमेंट पर टाइप करते हैं, तो यह स्क्रीन पर या एक पैराग्राफ शैली में एकल कॉलम में प्रदर्शित होता है। लेखक आपको अपने डॉक्यूमेंट में दो या अधिक कॉलम बनाने में सक्षम बनाता है।

कॉलम बटन का उपयोग करना

एक बहु स्तंभ डॉक्यूमेंट बनाने के लिए, कॉलम बटन का उपयोग किया जाता है, जो पेज लेआउट टैब पर पेज सेटअप समूह में मौजूद होता है।

कॉलम बटन का उपयोग करने के लिए:

1. टेक्स्ट का चयन करें।
2. प्रारूप मेनू पर क्लिक करें, और कॉलम विकल्प चुनें।
3. कॉलम डायलॉग बॉक्स दिखाई देता है।
4. सेटिंग्स श्रेणी के तहत वांछित कॉलम शैली का चयन करें।
5. आप संबंधित स्पिन बाक्स का उपयोग करके चौड़ाई और रिक्ति को भी समायोजित कर सकते हैं।
6. यदि आप कॉलम्स के बीच की रेखाएँ जोड़ना चाहते हैं, तो आप विभाजक रेखा विकल्प का उपयोग कर सकते हैं।

7. ओके पर क्लिक करें।

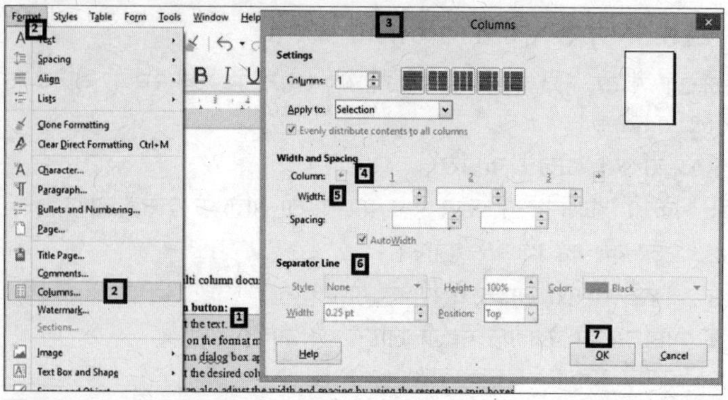

कॉलम ब्रेक लगाना

यदि आपने अपने लिब्रेऑफिस राइटर डॉक्यूमेंट में कॉलम जोड़े हैं, तो आपने देखा होगा कि कुछ कॉलम उतने संतुलित नहीं हैं जितने आप उन्हें पसंद करेंगे। समस्या को हल करने के लिए एक समाधान एक स्तंभ विराम जोड़ना है, यह चयनित टेक्स्ट को एक नए स्तंभ की शुरुआत में ले जाएगा।

कॉलम इन्सर्ट करने के लिए:

1. उस टेक्स्ट से पहले कर्सर रखें जहाँ आप कॉलम ब्रेक डालना चाहते हैं।
2. सम्मिलित करें मेनू पर क्लिक करें, और फिर मैनुअल ब्रेक का चयन करें।
3. इन्सर्ट ब्रेक डायलॉग बॉक्स दिखाई देता है।
4. कॉलम ब्रेक रेडियो बटन का चयन करें।
5. ओके पर क्लिक करें।
6. आपको वह टेक्स्ट दिखाई देगा जहां आपने कर्सर रखा है, अगले कॉलम में शिफ्ट हो जाएगा।

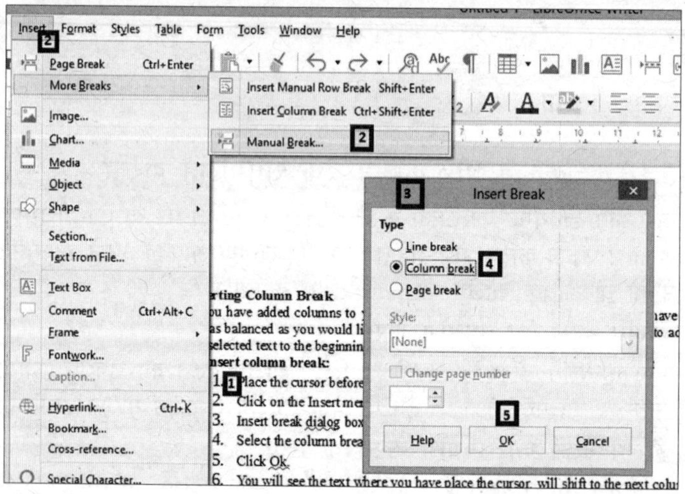

5.17 टैब के साथ काम करना

टैब कीस का उपयोग टेक्स्ट को इंडेंट करने के लिए किया जाता है, किसी डॉक्यूमेंट में कर्सर को कुछ स्थानों पर स्थानांतरित करने के लिए। डिफॉल्ट रूप से टैब स्टॉप्स को हर 0.5 इंच पर सेट किया जाता है।

टैब स्टॉप सेट करने के लिए:

1. फॉर्मेट मेनू पर क्लिक करें।
2. पैराग्राफ विकल्प चुनें ड्रॉपडाउन मेनू।
3. पैरा डायलॉग बॉक्स दिखाई देता है।
4. टैब टैब पर क्लिक करें।
5. एक टैब स्थिति टाइप करें।
6. टाइप सेक्शन में किसी भी अलाइनमेंट विकल्प को चुनें।
7. ओके पर क्लिक करें।

अब, टैब की दबाएं। आप देखेंगे कि कर्सर अगली स्थिति में जम्प करेगा जहां आपने टैब स्टॉप निर्धारित किया है।

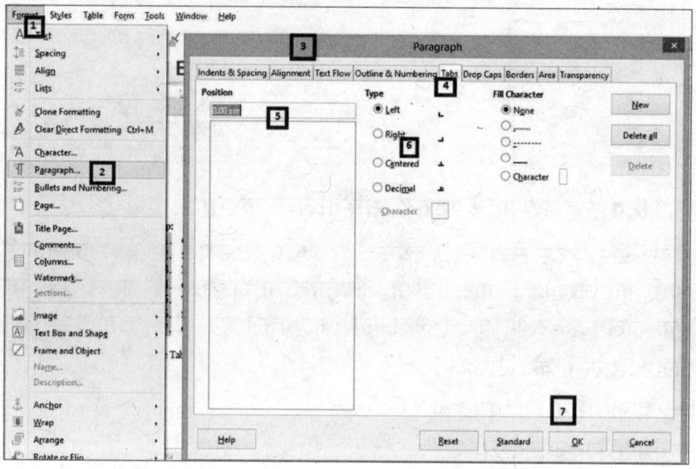

5.18 पृष्ठ स्वरूपण

लिब्रे ऑफिस लेखक पृष्ठ गुण, जैसे पेज मार्जिन, पेज ओरिएंटेशन सेट करने के लिए एक सुविधा प्रदान करता है। पृष्ठ का आकार, और इसी तरह।

5.18.1 मार्जिन सेट करना

मार्जिन स्पेस की मात्रा को संदर्भित करता है, जो एक कागज के किनारों से छोड़ दिया जाता है, जहां टेक्स्ट दिखाई देना शुरू होता है। लेखक आपको डॉक्यूमेंट के सभी चार पक्षों पर मार्जिन निर्धारित करने की अनुमति देता है। डिफॉल्ट मार्जिन 0.79 "ऊपर और नीचे के रूप में, और 0.79" फार्म बाएं और दाएं मार्जिन से होते हैं।

रूलर बार का उपयोग करके मार्जिन सेट करने के लिए:

- बाएं या दाएं मार्जिन को बदलने के लिए, क्षैतिज शासक पर मार्जिन सीमा को इंगित करें। जब पॉइंटर डबल–हेडेड एरो में बदलता है, तो अपनी आवश्यकता के अनुसार मार्जिन सीमा खींचें।
- शीर्ष या निचले मार्जिन को बदलने के लिए, ऊर्ध्वाधर शासक पर मार्जिन सीमा को इंगित करें। जब पॉइंटर एक डबल हेडेड एरो में बदलता है, तो मार्जिन सीमा को आवश्यकतानुसार खींचें।

पृष्ठ शैली संवाद बॉक्स का उपयोग करके मार्जिन सेट करने के लिए:

1. पृष्ठ शैली संवाद बॉक्स खोलें, प्रारूप मेनू में पृष्ठ विकल्प बनाएं।
2. पेज टैब चुनें।
3. मार्जिन सेक्शन में, या तो संबंधित बॉक्स में मार्जिन के लिए वांछित मानों में टाइप करें या बक्से के भीतर मूल्य को बदलने के लिए इंक्रीमेंट/डिक्रीमेंट तीर का उपयोग करें।

4. आप पूर्वावलोकन बॉक्स में प्रभाव देख सकते हैं।
5. अप्लाई ऑप्शन पर क्लिक करें और फिर ओके पर क्लिक करें।

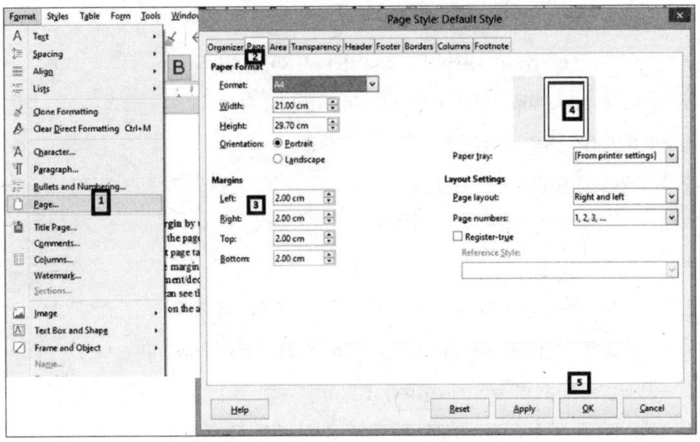

5.18.2 पेपर ओरिएंटेशन सेट करना

पृष्ठ अभिविन्यास टेक्स्ट की छपाई दिशा निर्धारित करता है। एक पेपर की डिफॉल्ट सेटिंग पोर्ट्रेट (ऊर्ध्वाधर) है। जब हम लैंडस्केप ओरिएंटेशन चुनते हैं, तब डॉक्यूमेंट को चौड़ाई वार प्रिंट किया जाता है।

पेपर ओरिएंटशन बदलने के लिए:

1. प्रारूप मेनू पर क्लिक करें, और पृष्ठ विकल्प चुनें।
2. PageStyle: DefaultStyle डायलॉग बॉक्स दिखाई देता है।
3. पेज टैब चुनें।
4. पेपर प्रारूप अनुभाग में, परिदृश्य रेडियो बटन का चयन करें।
5. अप्लाई एंड ओके पर क्लिक करें।

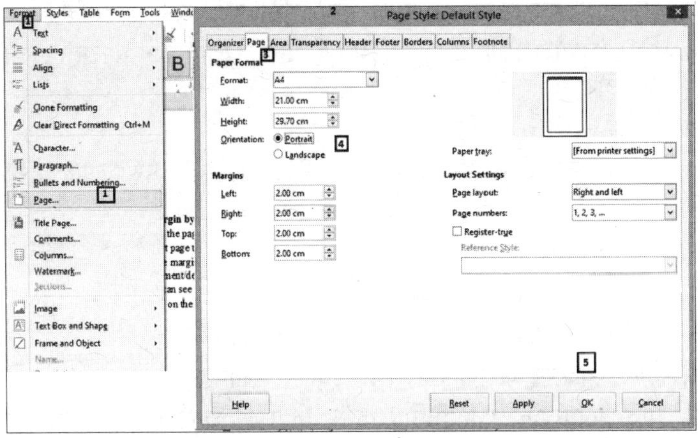

5.18.3 पृष्ठ प्रारूप सेट करना

राइटर में आप विभिन्न आकारों के कागज के साथ काम कर सकते हैं, लेकिन उपलब्ध चयन आपके द्वारा उपयोग किए जाने वाले प्रिंटर के प्रकार पर निर्भर करता है।

पृष्ठ प्रारूप सेट करने के लिए:

1. PageStyle में: डिफॉल्ट शैली संवाद बॉक्स, पृष्ठ टैब का चयन करें।
2. पेपर प्रारूप अनुभाग के तहत, प्रारूप बॉक्स में, वर्तमान पेपर का आकार हाइलाइट किया गया है।
3. प्रारूप ड्रॉप–डाउन तीर पर क्लिक करें और वांछित पेपर आकार विकल्प चुनें।
4. डॉक्यूमेंट का पेपर आकार तदनुसार बदलता है।
5. पूर्वावलोकन ब्लॉक में परिवर्तन का निरीक्षण करें और ओके पर क्लिक करें।

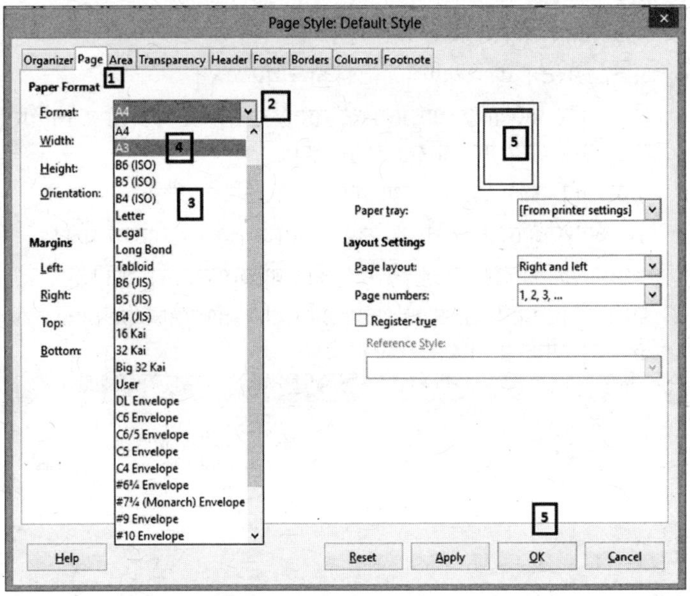

5.18.4 डॉक्युमेंट का पूर्वावलोकन करना

लिब्रे ऑफिस राइटर को प्रिंट के लिए भेजने से पहले, डॉक्यूमेंट का पूर्वावलोकन करने की सुविधा प्रदान करता है।

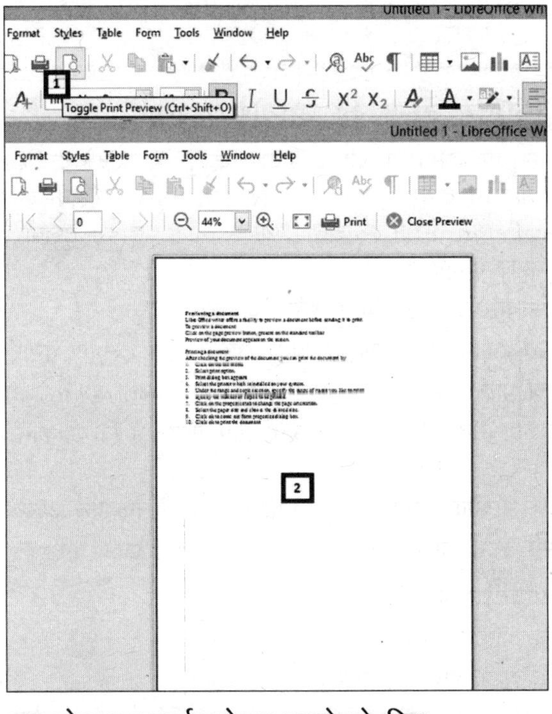

किसी दस्तावेज का पूर्वावलोकन करने के लिए:

1. मानक टूलबार पर मौजूद पृष्ठ पूर्वावलोकन बटन पर क्लिक करें।
2. आपके डॉक्यूमेंट का पूर्वावलोकन स्क्रीन पर दिखाई देता है।

5.18.5 डॉक्यूमेंट को प्रिंट करना

डॉक्यूमेंट के पूर्वावलोकन की जाँच करने के बाद आप डॉक्यूमेंट को प्रिंट कर सकते हैं:

1. फाइल मेनू पर क्लिक करें।
2. प्रिंट विकल्प का चयन करें।
3. प्रिंट संवाद बॉक्स प्रकट होता है।
4. अपने सिस्टम पर स्थापित प्रिंटर का चयन करें।
5. सीमा और प्रतियों के अनुभाग के तहत, उन पृष्ठों की सीमा निर्दिष्ट करें जिन्हें आप प्रिंट करना चाहते हैं।
6. मुद्रित की जाने वाली प्रतियों की संख्या निर्दिष्ट करें।
7. पेज ओरिएंटेशन बदलने के लिए प्रॉपर्टीज टैब पर क्लिक करें।
8. कागज के आकार का चयन करें और वांछित आकार चुनें।
9. प्रपत्र गुण संवाद बॉक्स से बाहर आने और डॉक्यूमेंट को प्रिंट करने के लिए ओके पर क्लिक करें।

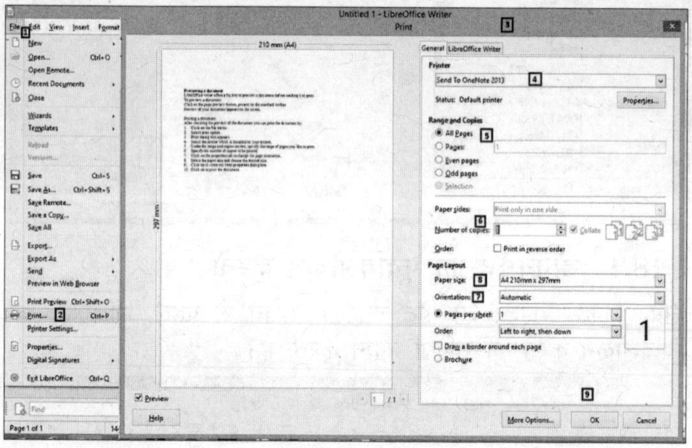

5.19 ड्रॉइंग टूल्स का उपयोग करना

ड्राइंग और ग्राफिक्स ऑब्जेक्ट को एक डॉक्यूमेंट में डालने के लिए ड्राइंग टूल का उपयोग करें। आरेखण टूलबार दृश्य मेनू पर क्लिक करके और टूलबार का चयन करके प्रदर्शित किया जाता है। ड्राइंग टूलबार स्टेटस बार के ऊपर मौजूद है।

ड्राइंग आकृतियाँ सम्मिलित करने के लिए:

1. वांछित आकार उपकरण का चयन करें, ड्राइंग टूलबार बनाएं।
2. माउस पॉइंटर + () क्रॉस–हेयर पॉइंटर में बदलता है।
3. उस डॉक्यूमेंट को + ले जाएँ जहाँ आप चाहते हैं कि आकृति दिखाई दे।
4. ड्राइंग ऑब्जेक्ट बनाने के लिए पॉइंटर को क्लिक करें और खींचें।
5. माउस बटन को एक बार जारी करने के बाद जारी करें।

ड्राइंग प्रॉपर्टीज बदलने के लिए:

1. ड्राइंग ऑब्जेक्ट का चयन करें।
2. इसके चारों ओर आठ हैंडल दिखाई देंगे।
3. जैसा कि आप ऑब्जेक्ट का चयन करते हैं, ड्रॉइंग ऑब्जेक्ट प्रोपरटिज टूलबार मानक टूलबार के ठीक नीचे दिखाई देता है।

टेक्स्ट को आकृतियों में रखना

किसी आकृति में टेक्स्ट जोड़ने के लिए:

1. अपनी पसंद के किसी भी आकार का चयन करें।
2. अपनी जरूरत के अनुसार चयनित आकार खींचें।
3. ड्राइंग ऑब्जेक्ट पर डबल–क्लिक करें।
4. सम्मिलन बिंदु वस्तु में प्रकट होता है।
5. टेक्स्ट टाइप करें।

छवि फॉर्म फाइल डालने के लिए:

1. इन्सर्ट मेनू पर क्लिक करें।
2. फाइल उप विकल्प से छवि विकल्प का चयन करें।
3. आरेखण टूलबार पर फाइल आइकन से क्लिक करें।
4. इन्सर्ट इमेज डायलॉग बॉक्स दिखाई देता है।
5. वह चित्र चुनें जिसे आप सम्मिलित करना चाहते हैं।
6. ओपन बटन पर क्लिक करें।
7. आप पाएंगे कि चयनित चित्र किसी डॉक्यूमेंट में कर्सर की स्थिति में डाला गया है।

गैलरी से चित्र सम्मिलित करने के लिए:

1. स्टैण्डर्ड टूलबार पर मौजूद गैलरी आइकन पर क्लिक करें।
2. गैली डॉक्यूमेंट क्षेत्र के ठीक ऊपर दिखाई देती है।
3. बाएं फलक में, उस विषय का चयन करें जिसमें वह छवि है जिसे आप सम्मिलित करना चाहते हैं।
4. आपको दाहिने फलक में चयनित विषय के लिए प्रासंगिक कई क्लिपआर्ट या चित्र मिलेंगे।
5. उस छवि का चयन करें जिसे आप सम्मिलित करना चाहते हैं।
6. चित्र को गैलरी के रूप में खींचें और इसे दस्तावेज में वांछित स्थान पर छोड़ दें।

फॉन्टवर्क डालने के लिए:

1. ड्राइंग टूलबार पर मौजूद फॉन्टवर्क गैलरी आइकन पर क्लिक करें।
2. फॉन्टवर्क गैलरी संवाद बॉक्स प्रकट होता है।
3. इच्छित फॉन्टवर्क शैली चुनें।
4. ओके पर क्लिक करें।
5. चयनित शैली कार्य क्षेत्र पर दिखाई देती है।
6. टेक्स्ट बदलने के लिए उस पर डबल–क्लिक करें।
7. पाठ "फॉन्टवर्क" एक निमिष कर्सर के साथ शैली के अंदर दिखाई देता है।
8. बैकस्पेस कुंजी का उपयोग करके इस पाठ को मिटा दें।
9. वांछित टेक्स्ट टाइप करें।
10. खाली कार्य क्षेत्र पर कहीं भी क्लिक करें या टेक्स्ट एडिट मोड से बाहर निकलने के लिए केवल एस्केप कुंजी दबाएं।
11. टेक्स्ट में परिवर्तन का निरीक्षण करें।

फॉन्टवर्क संपादित करने के लिए:

1. फॉन्टवर्क ऑब्जेक्ट पर क्लिक करें, यह चयनित हो जाएगा।
2. फॉन्टवर्क टूलबार ड्रॉइंग टूलबार से सटे हुए दिखाई देता है।

3. टूल पर माउस को हॉवर करने से उनके नाम और फंक्शंस प्रदर्शित होंगे।
4. किसी भी फॉन्टवर्क टूल का उपयोग करें और ऑब्जेक्ट पर लागू करें।
5. परिवर्तन का निरीक्षण करें।

फॉन्टवर्क ऑब्जेक्ट को डिलीट करने के लिए:

1. फॉन्टवर्क टेक्स्ट का चयन करें।
2. डिलीट की दबाएं।
3. चयनित फॉन्टवर्क पाठ

टेक्स्ट बॉक्स बनाने के लिए:

1. आरेखण टूलबार पर टेक्स्ट बटन का चयन करें।
2. सूचक + (क्रॉस प्रतीक) में बदलता है।
3. टेक्स्ट बॉक्स इसके अंदर सम्मिलन बिंदु के साथ खींचा जाएगा।
4. टेक्स्ट टाइप करें। यह स्वचालित रूप से बॉक्स क्षेत्र के संबंध में पाठ को अगली पंक्ति में समायोजित और स्थानांतरित कर देगा।
5. टेक्स्ट बॉक्स के बाहर कहीं भी क्लिक करें।

प्रतीकों और विशेष वर्णों को सम्मिलित करना

प्रतीक और विशेष वर्ण विराम चिह्न, रिक्ति या टंकण वर्ण हैं जो स्टैण्डर्ड कीबोर्ड पर उपलब्ध नहीं हैं।

किसी डॉक्यूमेंट में प्रतीकों और विशेष वर्णों को सम्मिलित करने के लिए:

1. उस स्थान पर कर्सर रखें जहां आप एक प्रतीक सम्मिलित करना चाहते हैं।
2. इन्सर्ट मेनू पर क्लिक करें।
3. विशेष वर्ण विकल्प का चयन करें।
4. विशेष वर्ण संवाद बॉक्स स्क्रीन पर दिखाई देता है।
5. विशेष वर्ण को विस्तृत सूची बनाने के लिए स्क्रॉल बार को नीचे खींचें।
6. वांछित प्रतीक चुनें और ओके पर क्लिक करें।

5.20 टेबल्स

टेबल में कई स्तंभ और पंक्तियाँ होती हैं, और एक कुशल तरीके से डेटा को व्यवस्थित और प्रतिनिधित्व करने के लिए उपयोग किया जाता है।

टेबल बनाने के लिए:

टेबल पंक्तियों और स्तंभों के रूप में पाठ की एक व्यवस्थित व्यवस्था है।

टेबल ग्रिड का उपयोग करके एक टेबल बनाने के लिए:

1. मानक टूलबार पर मौजूद टेबल बटन के ड्रॉप–डाउन एरो पर क्लिक करें।
2. ग्रिड के ऊपर माउस पॉइंटर को ले जाएँ और एक टेबल में जोड़ना चाहते हैं पंक्तियों और स्तंभों की संख्या को कवर करें।
3. कार्य क्षेत्र पर टेबल डाली जाएगी।

इन्सर्ट मेनू का उपयोग करके टेबल बनाने के लिए:

1. इन्सर्ट मेनू पर क्लिक करें।
2. ड्रॉप–डाउन मेनू से टेबल विकल्प चुनें।
3. सम्मिलित टेबल संवाद बॉक्स प्रकट होता है।
4. सामान्य अनुभाग में, नाम पाठ बॉक्स में अपनी टेबल में नाम निर्दिष्ट करें।
5. संबंधित बक्से में कॉलम और पंक्तियों की संख्या निर्दिष्ट करें।
6. इन्सर्ट टैब पर क्लिक करें।
7. जब आप एक टेबल सम्मिलित करते हैं, तो एक विशेष टेबल टूलबार आरेखण टूलबार से सटे दिखाई देती है। (इस टूलबार का उपयोग करके अपनी टेबल को प्रारूपित करें)

5.21 डेटा दर्ज करना

डेटा दर्ज करने के लिए:

1. सम्मिलन बिंदु को अगले बगल की सेल में रखें, या तो टैब कुंजी या सही तीर कुंजी दबाएं।
2. पिछली सेल में जाने के लिए, शिफ्ट + टैब कुंजी या बाएं तीर कुंजी दबाएं।
3. डेटा दर्ज करें:

नाम	क्लास	फोन नंबर	एड्रेस
तरुश	II	9875656435	ए–120
अनु	III	9999786777	बी–30
रोहित	IV	9654678988	डी–90

4. ऊपर और नीचे एरो कीज कर्सर को वर्तमान सेल के ऊपर या नीचे की कोशिकाओं में स्थानांतरित कर देंगी।

सेलेक्ट करना	एक्शन
रौ	पंक्ति मार्जिन के बाईं ओर माउस ले जाएँ और बाईं माउस बटन पर क्लिक करें।
कॉलम	माउस पॉइंटर को कॉलम के ऊपर रखें और बाईं माउस बटन पर क्लिक करें।
टेबल	माउस पॉइंटर को टेबल के ऊपरी बाएँ कोने पर रखें और क्लिक करें

माउस का उपयोग करके किसी एकल सेल के अंदर के टेक्स्ट का चयन करने के लिए:

सेलेक्ट करना	एक्शन
शब्द	शब्द पर डबल क्लिक करें
टेक्स्ट का ब्लॉक	टेक्स्ट पर माउस को ड्रैग करे
पैराग्राफ	पैराग्राफ पर ट्रिपल–क्लिक

5.22 टेबल को माडिफाई करना

किसी टेबल में डेटा दर्ज करने के बाद आप आवश्यकतानुसार डेटा में परिवर्तन कर सकते हैं। आप नए कंटेंट को समायोजित करने के लिए एक टेबल पर पंक्तियों, स्तंभों या कोशिकाओं को सम्मिलित कर सकते हैं। आप किसी टेबल से अवांछित पंक्तियों, स्तंभों या कक्षों को हटा भी सकते हैं।

एक टेबल में कॉलम/पंक्तियों को सम्मिलित करना

टेबल में प्रविष्टि बनाते समय, आपको बीच में कॉलम या पंक्तियाँ जोड़ने की आवश्यकता हो सकती है। राइटर मौजूदा कॉलम के दाएं या बाएं कॉलम को जोड़ने और चयनित पंक्ति के ऊपर या नीचे पंक्ति डालने की सुविधा प्रदान करता है।

नया कॉलम ऐड करने के लिए:

1. उस समीप के कॉलम का चयन करें, जिसमें आप एक नया कॉलम सम्मिलित करना चाहते हैं।
2. टेबल मेनू पर क्लिक करें।
3. इन्सर्ट ऑप्शन पर क्लिक करें और कॉलम ऑप्शन को चुनें और कैस्केडिंग मेनू बनाएं।
4. इन्सर्ट कॉलम डायलॉग बॉक्स आएगा ।
5. सम्मिलित अनुभाग में वांछित कॉलम की संख्या दर्ज करें।
6. विकल्प से पहले या बाद में चयन करके अपने नए कॉलम की स्थिति चुनें।
7. ओके पर क्लिक करें।

एक नई पंक्ति जोड़ने के लिए:

1. उस पंक्ति का चयन करें जिसमें आप एक नई पंक्ति सम्मिलित करना चाहते हैं।
2. टेबल मेनू पर क्लिक करें।
3. इंसर्ट विकल्प पर क्लिक करें और पंक्तियों के विकल्प का चयन करें कैस्केडिंग मेनू बनाएं।
4. पंक्तियाँ सम्मिलित करें, संवाद बॉक्स प्रकट होता है।
5. सम्मिलित अनुभाग में वांछित संख्या पंक्तियों को दर्ज करें।
6. विकल्प से पहले या बाद में चयन करके अपनी नई पंक्ति की स्थिति का चयन करें।
7. ओके पर क्लिक करें।

स्तंभ/पंक्ति हटाने के लिए:

1. उस कॉलम या पंक्ति का चयन करें जिसे आप हटाना चाहते हैं।
2. टेबल मेनू पर क्लिक करें।
3. डिलीट ऑप्शन को सेलेक्ट करें ड्रॉप–डाउन मेनू में से।
4. या तो कॉलम या पंक्तियों को चुनें विकल्प विलोपन के लिए कैस्केडिंग मेनू बनाते हैं।

टेबल डिलीट करने के लिए:

1. टेबल का चयन करें।
2. टेबल मेनू पर क्लिक करें।
3. डिलिट ऑप्शन चुनें ड्रॉप–डाउन मेनू में से।
4. टेबल विकल्प पर क्लिक करें।
5. चयनित टेबल हटा दी जाएगी।

5.23 टेबल को फॉर्मेट करना

स्वरूपण टेबल के समग्र स्वरूप को नियंत्रित करता है। टेबल बनाने के बाद, आप ऑटो स्वरूपण सुविधा का उपयोग करके पूरी टेबल को प्रारूपित कर सकते हैं।

टेबल प्रारूपित करने के लिए:

1. उस टेबल का चयन करें जिसे आप प्रारूपित करना चाहते हैं।
2. टेबल मेनू पर क्लिक करें।
3. ऑटोफॉर्मैट विकल्प चुनें।
4. ऑटोफॉर्मैट संवाद बॉक्स प्रकट होता है।
5. पूर्व–डिजाइन किए गए प्रारूपों की सूची बाएं पैनल पर दिखाई देती है।
6. अधिक विकल्प देखने के लिए नीचे स्क्रॉल करें।
7. किसी भी प्रारूप का चयन करें जिसे आप प्रारूप सूची का उपयोग करना चाहते हैं।
8. चयनित प्रारूप का पूर्वावलोकन ऑटोफॉर्मैट संवाद बॉक्स के केंद्र में दिखाई देता है।
9. ठीक क्लिक करें।
10. चयनित टेबल प्रारूप स्क्रीन पर दिखाई देता है,

पंक्ति/स्तंभ की चौड़ाई को बदलने के लिए:

1. दो स्तंभों या दो पंक्तियों के बीच की सीमा पर कर्सर रखें।
2. कर्सर एक दो सिरों वाले तीर में बदलता है।
3. आवश्यकता के अनुसार स्तंभ/पंक्ति की ऊँचाई या चौड़ाई को बढ़ाने या घटाने के लिए सूचक को बाएँ या दाएँ, ऊपर या नीचे की ओर खींचें।

सेल को विभाजित करने के लिए (विभाजन सेल का अर्थ है चयनित सेल को अलग–अलग सेल में विभाजित करना):

1. उस सेल को चुनें जिसे आप विभाजित करना चाहते हैं।
2. टेबल मेनू पर क्लिक करें।
3. ड्रॉप–डाउन मेनू से विभाजित कोशिकाओं के विकल्प का चयन करें।
4. स्प्लिट सेल्स डायलॉग बॉक्स दिखाई देता है।
5. चयनित सेल को विभाजित करने के लिए बॉक्स में विभाजित सेल में वांछित संख्या दर्ज करें।
6. आप दिशा अनुभाग में किसी भी विकल्प का चयन करके क्षैतिज या लंबवत रूप से कोशिकाओं को विभाजित कर सकते हैं।
7. ओके पर क्लिक करें।

विलय करने के लिए (एक सेल में कई कोशिकाओं को मिलाने के लिए) कोशिकाएं:

1. उस सेल का चयन करें जिसे आप मर्ज करना चाहते हैं।
2. टेबल मेनू पर क्लिक करें।
3. ड्रॉप–डाउन मेनू में मर्ज सेल विकल्प चुनें।
4. डेटा एक सेल में विलय हो जाता है।

बॉर्डर और शेडिंग लागू करने के लिए:

1. पूरी टेबल का चयन करें।
2. टेबल मेनू पर क्लिक करें।
3. टेबल प्रॉपर्टीज ऑप्शन पर क्लिक कर ड्रॉप–डाउन मेनू बनाएं।
4. टेबल प्रारूप संवाद बॉक्स प्रकट होता है।
5. बॉर्डर टैब चुनें।
6. उपयुक्त बॉर्डर शैली चुनें।
7. अपने संबंधित वर्गों में वांछित रेखा शैली, चौड़ाई और रंग चुनें।
8. शेडिंग शैली लागू करने के लिए, फिर स्थिति अनुभाग में शैली का चयन करें।
9. ओके पर क्लिक करें

पृष्ठभूमि का रंग जोड़ने के लिए:

1. टेबल का चयन करें।
2. टेबल मेनू पर क्लिक करें, फिर टेबल गुण विकल्प।

3. टेबल प्रारूप संवाद बॉक्स में, पृष्ठभूमि टैब का चयन करें।
4. अपनी पसंद का कोई भी बैकग्राउंड कलर चुनें।
5. ओके पर क्लिक करें।

5.24 टेबल में कैलकुलेशन करना

लिब्रे ऑफिस राइटर टेबल के भीतर मूल्यों के योग की गणना करने की सुविधा प्रदान करता है। मानों की गणना करने के लिए:

1. कुल कॉलम के तहत खाली सेल पर क्लिक करें।
2. टेबल टूलबार में स्थित सम फंक्शन बटन पर क्लिक करें।
3. आपको सूत्र इनपुट लाइन में **txt** = SUM लिखा दिखाई देगा जो स्वरूपण टूलबार के नीचे दिखाई देता है।
4. सूत्र में मान शामिल करने के लिए कक्षों की श्रेणी का चयन करें।
5. आपका फॉर्मूला ऐसा दिखेगाः =SUM(<C2:F2)
6. एंटर की दबाएं।
7. परिणाम सेल में दिखाई देगा।

5.25 मेल मर्ज

यह अक्सर व्यापार या आधिकारिक मामलों में आवश्यक होता है, विभिन्न लोगों को समान जानकारी वाले पत्र भेजने के लिए। पत्रों को शीर्ष पर मुद्रित होने वाले प्रत्येक प्राप्तकर्ता के नाम और पते की आवश्यकता होगी, जो कि बहुत लंबा, समय और प्रयास का अपव्यय होगा। कई पते पर पत्र भेजने के लिए समय और प्रयास को बचाने के लिए, मेल मर्ज सुविधा का उपयोग मुख्य डॉक्यूमेंट के साथ डेटा स्रोत को संयोजित करने के लिए किया जाता है।

डेटा स्रोत

डेटा स्रोत में मेलिंग सूची (नाम, पता, टेलीफोन नंबर) शामिल हैं। डेटा को फील्ड नाम के साथ एक सारणीबद्ध रूप में व्यवस्थित किया जाता है। डेटा स्रोत मुख्य डॉक्यूमेंट के साथ जुड़ा हुआ है। इसलिए इसका फील्ड नाम मुख्य डॉक्यूमेंट में उपयोग किया जा सकता है, और मुख्य डॉक्यूमेंट के साथ पते को मर्ज करना आसान हो जाता है।

मुख्य डॉक्यूमेंट

मुख्य डॉक्यूमेंट में वह टेक्स्ट है जो हम सभी प्राप्तकर्ताओं को भेजना चाहते हैं।

मर्ज फील्ड

मर्ज फील्ड एक डेटा आइटम (नाम, पता, शहर, पिन) है जो बताता है कि मुख्य डॉक्यूमेंट में डेटा स्रोत (नाम, पता) की जानकारी कहाँ डालनी है।

मेल मर्ज

मेल मर्ज में तीन मूल चरण शामिल हैं:

1. मुख्य डॉक्यूमेंट बनाना
2. डेटा स्रोत निर्दिष्ट करना
3. मुख्य स्रोत के साथ डेटा स्रोत को मर्ज करना

मेल मर्ज विजार्ड को फॉर्म, पत्र बनाने के लिए, या कई प्राप्तकर्ताओं को ई–मेल संदेश भेजने के लिए, चरणों का पालन करें:

टूल्स चुनें मेनू → मेल मर्ज विजार्ड विकल्प।

मेल मर्ज विजार्ड खुल जाता है

चरण 1:

प्रारंभिक डॉक्यूमेंट चुनें (वह डॉक्यूमेंट निर्दिष्ट करें जिसे आप मेल मर्ज डॉक्यूमेंट के लिए आधार के रूप में उपयोग करना चाहते हैं)

- 'वर्तमान डॉक्यूमेंट के रेडियो बटन का उपयोग करें।
- यह विकल्प वर्तमान राइटर डॉक्यूमेंट का उपयोग करता है और आधार डेटा स्रोत के साथ डॉक्यूमेंट को मर्ज करता है।
- अगले बटन पर क्लिक करें।

चरण 2:

डॉक्यूमेंट प्रकार चुनें (बनाने के लिए मेल मर्ज डॉक्यूमेंट का प्रकार निर्दिष्ट करें)

- सेलेक्ट पत्र 'रेडियो बटन चुनें।
- यह विकल्प प्रिंट करने योग्य मेल मर्ज डॉक्यूमेंट बनाएगा।

प्राप्तकर्ता सूची बनाना

चरण 3:

एड्रेस ब्लॉक डालें:

- इस चरण में हमें मेल मर्ज डॉक्यूमेंट के साथ–साथ एड्रेस ब्लॉक के लेआउट के लिए प्राप्तकर्ताओं को निर्दिष्ट करना होगा।
- एड्रेस सेलेक्ट डिफरेंट एड्रेस लिस्ट 'टैब पर क्लिक करें।
- पता सूची संवाद बॉक्स चुनें।
- नई पता सूची बनाने के लिए क्रिएट टैब पर क्लिक करें।
- नया पता सूची संवाद बॉक्स प्रकट होता है।
- फील्ड्स को जोड़ने या हटाने के लिए अनुकूलित टैब पर क्लिक करें।
- संबंधित क्षेत्रों में डेटा दर्ज करें।
- नए बटन पर क्लिक करें।
- अपने दोस्त और रिश्तेदारों के तीन रिकॉर्ड दर्ज करें।
- ओके पर क्लिक करें।
- सहेजें संवाद बॉक्स दिखाई देता है।
- नाम बॉक्स में नाम निर्दिष्ट करें और क्लिक करें बटन सहेजें।
- पता सूची संवाद बॉक्स चुनें।
- डायलॉग बॉक्स पता फाइल प्रदर्शित करता है।
- इसे चुनें और Ok पर क्लिक करें।
- नेक्स्ट पर क्लिक करें।

चरण 4:

एक सैल्यूटेशन बनाएं (मेल मर्ज डॉक्यूमेंट में जोड़े जाने वाले सामन के लिए गुण निर्दिष्ट करें)

- सम्मिलित वैयक्तिकृत सामन चेकबॉक्स अचयनित करें।
- सामान्य सलुटेशन के ड्रॉप–डाउन तीर पर क्लिक करें।
- उनमें से किसी एक का चयन करके प्रदर्शित सूची बनाते हैं।
- चयनित सलुटेशन को पूर्वावलोकन फलक में प्रदर्शित किया जाएगा।
- अगले बटन पर क्लिक करें।

चरण 5:

एड्रेस ब्लॉक और सैल्यूटेशन के लेआउट को एडजस्ट करें (एड्रेस ब्लॉक की स्थिति और डॉक्यूमेंट्स की सैल्यूटेसन निर्दिष्ट करें)।

- टेक्स्ट बॉडी चेकबॉक्स में संरेखित करें का चयन करें।
- पता ब्लॉक संरेखित किया जाएगा।
- सलुटेशन स्थिति अनुभाग में आवश्यकता के अनुसार ऊपर या नीचे बटन दबाएँ।
- जूम स्पिन बॉक्स का उपयोग करके, आप पृष्ठ पूर्वावलोकन के दृश्य को बढ़ा या घटा सकते हैं।
- अगले बटन पर क्लिक करें।

मर्ज किए गए डेटा देखें

चरण 6:

- डॉक्यूमेंट का पूर्वावलोकन करें और संपादित करें (डॉक्यूमेंट पूर्वावलोकन के माध्यम से ब्राउज करें और मुख्य डॉक्यूमेंट संपादित करें)

प्राप्त करने वाला

- विशेष प्राप्तकर्ता के लिए मेल मर्ज डॉक्यूमेंट का पूर्वावलोकन करने के लिए किसी प्राप्तकर्ता का पता रिकॉर्ड नंबर दर्ज करें।
- पता रिकॉर्ड के माध्यम से स्क्रॉल करने के लिए ब्राउज बटन का उपयोग करें।
- यदि आप वर्तमान प्राप्तकर्ता फॉर्म को इस मेल मर्ज से बाहर करना चाहते हैं, तो 'इस प्राप्तकर्ता को छोड़ें' चेकबॉक्स को चुनें।

डॉक्यूमेंट संपादित करें

- डॉक्यूमेंट को संपादित करें बटन पर क्लिक करना, यह विजार्ड को छोटा करता है, और आपको मुख्य डॉक्यूमेंट पर ले जाता है। यहां आप इसके कंटेन्ट को संपादित कर सकते हैं। जब आप एडिट कर देते है, तो विजार्ड पर लौटने के लिए रिटर्न टू मेल मर्ज विजार्ड बटन पर क्लिक करें।
- नेक्स्ट बटन पर क्लिक करें।

चरण 7:

मेल मर्ज डॉक्यूमेंट को वैयक्तिकृत करें

- इसमें, आप प्रत्येक प्राप्तकर्ता के लिए व्यक्तिगत रूप से डॉक्यूमेंट को संपादित कर सकते हैं। मेल मर्ज विजार्ड प्रत्येक प्राप्तकर्ता के बीच पृष्ठ विराम के साथ मर्ज किए गए डॉक्यूमेंट बनाता है। जब आप विजार्ड के इस पृष्ठ पर पहुंचते हैं, तो डॉक्यूमेंट में प्राप्तकर्ताओं के नाम और पता शामिल होते हैं।
- एडिट इंडिविजुअल डॉक्यूमेंट टैब पर क्लिक करें।
- यह विजार्ड को कम कर देगा, ताकि आप व्यक्तिगत प्राप्तकर्ताओं के लिए मेल मर्ज डॉक्यूमेंट को संपादित कर सकें।
- परिवर्तन हो जाने के बाद, मेल मर्ज विजार्ड बटन पर क्लिक करें।
- इस चरण में आप मर्ज किए गए डॉक्यूमेंट में टेक्स्ट की खोज कर सकते हैं।

चरण 8:

सहेजें, प्रिंट करें, या भेजें

- यह मेल मर्ज विजार्ड का अंतिम चरण है, दिए गए किसी भी विकल्प का उपयोग करके, आप मर्ज किए गए डॉक्यूमेंट को सहेज, मुद्रित या मेल कर सकते हैं, सेटिंग्स निर्दिष्ट करने के बाद, विजार्ड से बाहर निकलने के लिए फिनिश बटन पर क्लिक करें।

मर्ज किए गए डॉक्यूमेंट को मुद्रित करने के लिए:

- प्रिंट मर्ज किए गए डॉक्यूमेंट रेडियो बटन का चयन करें।
- प्रिंट सेटिंग्स पेन नीचे की ओर खुलता है।
- प्रिंटर का चयन करें और प्रिंट सेटिंग्स निर्दिष्ट करें।
- प्रिंट सभी डॉक्यूमेंट का चयन करते हुए रेडियो बटन सभी प्राप्तकर्ताओं के लिए पत्र प्रिंट करेगा।
- ऑप्शन में से, प्रिंटआउट लेने के लिए रेंज का चयन करें।
- प्रिंट डॉक्यूमेंट टैब पर क्लिक करें और फिनिश टैब चुनें।

सारांश

लिब्रे ऑफिस राइटर एक प्रोग्राम है जो आपको आसानी से और जल्दी से डॉक्यूमेंट बनाने में मदद करता है। अध्याय में लिबर ऑफिस राइटर की मदद से डॉक्यूमेंट को सर्च , सेव , संपादित करने, बंद करने और प्रिंट करने के तरीके पर चर्चा की गई। आप सीखेंगे कि टेक्स्ट कैसे बनाएं और उसका चयन कैसे करें। यह आपको टेक्स्ट की उपस्थिति को बदलने और दस्तावेज में जानकारी को व्यवस्थित तरीके से व्यवस्थित करने की अनुमति देता है। यह इस बात पर भी चर्चा करता है कि पाठ को कैसे संरेखित करें, इंडेंट पैराग्राफ; बुलेट और नंबरिंग को लागू करें। फॉन्ट आकार, शैलियों को बदलकर पाठ की उपस्थिति को बदला जा सकता है। अंत में, टेबल कैसे बनाएं और सेल की ऊँचाई और चौड़ाई के साथ–साथ बॉर्डर और शेडिंग को कैसे सरल तरीके से करे, यह समझाया जाए।

शॉर्टकट कीज

कीज	विवरण
फ2	फार्मूला बार
कण्ट्रोल + फ2	इन्सर्ट फील्ड्स
फ3	कम्पलीट ऑटोटेक्सट
कण्ट्रोल + फ3	एडिट ऑटोटेक्सट
फ4	ओपन डाटा सोर्स व्यू
शिफ्ट + फ4	नेक्स्ट फ्रेम को सेलेक्ट करता है।
फ5	नेविगेटर को ऑन/ऑफ करता है।
कण्ट्रोल + शिफ्ट + फ5	नेविगेटर पर, पृष्ठ संख्या पर जाएं।
फ7	स्पेलचेक
कण्ट्रोल + फ7	थिसॉरस
फ8	एक्सटेंशन मोड
कण्ट्रोल + फ8	फील्ड शेडिंग ऑन/ऑफ
शिफ्ट + फ8	अतिरिक्त चयन मोड
कण्ट्रोल+ शिफ्ट + फ8	ब्लॉक चयन मोड
फ9	अद्यतन फील्ड
कण्ट्रोल + फ9	शो फील्ड्स
शिफ्ट + फ9	कैलकुलेट टेबल
कण्ट्रोल + शिफ्ट + फ9	इनपुट फील्ड्स और इनपुट लिस्ट को अपडेट करता है।
कण्ट्रोल + फ10	नॉन–प्रिंटिंग केरेक्टर्स को ऑन/ऑफ करता है।

फ11	स्टाइल्स और फोर्मत्तिंग विंडो ऑन/ऑफ।
शिफ्ट + फ11	स्टाइल को क्रिएट करता है।
कण्ट्रोल + फ11	अप्लाई स्टाइल बॉक्स पर फोकस करता है।
कण्ट्रोल + शिफ्ट+फ11	स्टाइल को अपडेट करता है।
फ12	नंबरिंग को ऑन करता है।
कण्ट्रोल फ12	टेबल को इन्सर्ट और एडिट कर सकते है।
शिफ्ट + फ12	बुलेट्स ऑन करता है।
कण्ट्रोल + शिफ्ट+फ12	नंबरिंग/बुलेट्स को ऑन करता है।
कण्ट्रोल +A	सेलेक्ट आल करता है।
कण्ट्रोल +J	जस्टिफाई
कण्ट्रोल +D	डबल अंडरलाइन
कण्ट्रोल +E	केंद्रित
कण्ट्रोल +H	फाइंड एंड रिप्लेस
कण्ट्रोल + शिफ्ट+P	सुपरस्क्रिप्ट
कण्ट्रोल + L	अलाइन लेफ्ट
कण्ट्रोल + R	अलाइन राइट
कण्ट्रोल + शिफ्ट + B	सबस्क्रिप्ट
कण्ट्रोल + Y	पिछले एक्शन दुबारा से करे
कण्ट्रोल + 0	टेक्स्ट बॉडी पैराग्राफ स्टाइल लागू करें।
कण्ट्रोल + 1	शीर्ष 1 अनुच्छेद शैली लागू करें।
कण्ट्रोल + 2	शीर्ष 2 अनुच्छेद शैली लागू करें।
कण्ट्रोल + 3	शीर्ष 3 अनुच्छेद शैली लागू करें।
कण्ट्रोल + 4	शीर्ष 4 अनुच्छेद शैली लागू करें।
कण्ट्रोल + 5	शीर्ष 5 अनुच्छेद शैली लागू करें।
कण्ट्रोल + प्लस की (+)	चयनित टेक्स्ट की गणना करता है और परिणाम को क्लिपबोर्ड पर कॉपी करता है।
कण्ट्रोल + हायफन (-)	सॉफ्ट हाइफनय आपके द्वारा निर्धारित हायफनेशन।
कण्ट्रोल + शिफ्ट माइनस सिग्न (-)	नॉन –ब्रेकिंग हाइफन (हाइफनेशन के लिए उपयोग नहीं किया जाता है)।
कण्ट्रोल + मल्टिप्लिकेशन सिग्न * (सिर्फ नंबर के लिए)	मैक्रो फील्ड रन करता है।
कण्ट्रोल + शिफ्ट स्पेस	नॉन–ब्रेकिंग स्पेस। नॉन –ब्रेकिंग स्पेस का उपयोग हाइफनेशन के लिए नहीं किया जाता है और यदि टेक्स्ट उचित है तो इसका विस्तार नहीं किया जाता है।
शिफ्ट + एंटर	अनुच्छेद परिवर्तन के बिना लाइन ब्रेक।
कण्ट्रोल + एंटर	मैनुअल पेज ब्रेक।
कण्ट्रोल + शिफ्ट + एंटर	कॉलम ब्रेक इन मल्टीकलमनार टेक्स्ट्स।
ऑल्ट + एंटर	एक सूची के अंदर नंबरिंग के बिना एक नया पैराग्राफ सम्मिलित करना। जब सूची के अंत में कर्सर काम नहीं करता है।

ऑल्ट + एंटर	किसी अनुभाग के पहले या बाद में, या किसी तालिका से पहले एक नया अनुच्छेद सम्मिलित करना।
एरो लेफ्ट	कर्सर को बाईं ओर ले जाएं।
शिफ्ट + एरो लेफ्ट	बाईं ओर चयन के साथ कर्सर ले जाएँ।
कण्ट्रोल + एरो लेफ्ट	शब्द की शुरुआत में जाए।
कण्ट्रोल + शिफ्ट + एरो लेफ्ट	शब्द से बाएं शब्द का चयन करना।
एरो राइट	कर्सर को दाईं ओर ले जाएं।
शिफ्ट + एरो राइट	कर्सर को चयन के साथ दाईं ओर ले जाएं।
कण्ट्रोल + एरो राइट	अगले शब्द की शुरुआत मे जाएं।
कण्ट्रोल + शिफ्ट + एरो	शब्द द्वारा सही शब्द का चयन करना।
राइट एरो उप	कर्सर को एक पंक्ति ऊपर ले जाएं।
शिफ्ट + एरो उप	लाइन को ऊपर की दिशा मे सेलेक्ट करना।
कण्ट्रोल + एरो उप	पिछले पैराग्राफ की शुरुआत में कर्सर ले जाएँ।
कण्ट्रोल + शिफ्ट + एरो उप	पैराग्राफ की शुरुआत का चयन करें; अगला कीस्ट्रोक पिछले पैराग्राफ की शुरुआत के लिए चयन का विस्तार करता है।
एरो डाउन	कर्सर को एक रेखा नीचे ले जाएं।
शिफ्ट + एरो डाउन	नीचे की दिशा में लाइनों का चयन।
कण्ट्रोल + एरो डाउन	अगले पैराग्राफ की शुरुआत के लिए कर्सर ले जाएँ।
कण्ट्रोल + शिफ्ट + एरो डाउन	पैराग्राफ के अंत का चयन करें। अगला कीस्ट्रोक अगले पैराग्राफ के अंत में चयन का विस्तार करता है।
होम	लाइन की शुरुआत में ले जाए।
होम + शिफ्ट	पंक्ति की शुरुआत का चयन करें।
एन्ड	लाइन के अंत में जाएं।
एन्ड + शिफ्ट	लाइन के अंत का चयन करें।
कण्ट्रोल + होम	दस्तावेज की शुरुआत में जाए।
कण्ट्रोल +होम + शिफ्ट	दस्तावेज शुरू करने के लिए पाठ का चयन।
कण्ट्रोल + एन्ड	दस्तावेज के अंत में जाएं।
कण्ट्रोल + एन्ड + शिफ्ट	दस्तावेज के अंत में पाठ का चयन।
कण्ट्रोल + पेज उप	टेक्स्ट और हेडर के बीच कर्सर स्विच करें।
कण्ट्रोल + पेज डाउन	टेक्स्ट और फुटर के बीच कर्सर स्विच करें।
इन्सर्ट	मोड को ऑन/ऑफ करें।
पेज उप	स्क्रीन पेज।
शिफ्ट + पेज उप	चयन के साथ स्क्रीन पेज ऊपर ले जाएं।
पेज डाउन	स्क्रीन पेज पर नीचे जाएँ।
शिफ्ट + पेज डाउन	चयन के साथ स्क्रीन पृष्ठ को नीचे ले जाएं।
कण्ट्रोल + डिलीट	शब्द के अंत में पाठ हटाएं।

कण्ट्रोल + बैकस्पेस	शब्द की शुरुआत के लिए पाठ हटाएं। एक सूची मेंः वर्तमान पैराग्राफ के सामने एक खाली पैराग्राफ हटाएं।
कण्ट्रोल + डिलीट + शिफ्ट	वाक्य के अंत में पाठ हटाएं।
कण्ट्रोल + शिफ्ट + बैकस्पेस	वाक्य की शुरुआत के लिए पाठ हटाएं।
कण्ट्रोल + टैब	स्वचालित वर्ड समापन के साथ अगला सुझाव।
कण्ट्रोल + शिफ्ट + टैब	स्वचालित वर्ड समापन के साथ पिछले सुझाव का उपयोग करें।
कण्ट्रोल + ऑल्ट + शिफ्ट + V	क्लिपबोर्ड के कंटेंट को पेस्ट करता है, उन्फोर्मेटेड टेक्स्ट में।
कण्ट्रोल+डबल–क्लिक या कण्ट्रोल + शिफ्ट + F10	नाविक, शैलियाँ और स्वरूपण विंडो, या अन्य विंडो को जल्दी से डॉक या अनडॉक करने के लिए इस संयोजन का उपयोग करें।
कण्ट्रोल + ऑल्ट + उप एरो	सक्रिय पैराग्राफ या सेलेक्टेड पैराग्राफ को एक पैराग्राफ तक ले जाएं।
कण्ट्रोल + ऑल्ट + डाउन एरो	सक्रिय पैराग्राफ या चयनित पैराग्राफ को एक पैराग्राफ के नीचे ले जाएं।
टैब	"हेडिंग एक्स" (X = 1-9) प्रारूप में हेडिंग एक स्तर नीचे ले जाए।
शिफ्ट + टैब	"हेडिंग एक्स" (X = 2-10) प्रारूप में शीर्षक एक स्तर ऊपर ले जाया गया है।
कण्ट्रोल + टैब	शीर्षक के शुरू मेंः टैब डोप कर देता है। उपयोग में विंडो मैनेजर के आधार पर, इसके बजाय **Alt+Tab** का उपयोग किया जा सकता है कीबोर्ड के साथ हेडिंग स्तर को बदलने के लिए।
कण्ट्रोल +A	यदि सक्रिय सेल खाली हैः पूरी टेबल का चयन करता है। अन्यथाः सक्रिय सेल के कंटेंट का चयन करता है। फिर से की को दबाने से पूरी तालिका का चयन होता है।
कण्ट्रोल होम	यदि सक्रिय सेल खाली हैः टेबल की शुरुआत में जाता है। अन्यथा, पहला प्रेस सक्रिय सेल की शुरुआत में जाता है, दूसरा प्रेस वर्तमान टेबल की शुरुआत में जाता है, तीसरा प्रेस डॉक्यूमेंट की शुरुआत में जाता है।
कण्ट्रोल + एन्ड	यदि सक्रिय सेल खाली हैः टेबल के अंत में जाता है। अन्यथाः पहला प्रेस सक्रिय सेल के अंत में जाता है, दूसरा प्रेस वर्तमान टेबल के अंत में जाता है, तीसरा प्रेस डॉक्यूमेंट के अंत में जाता है।
कण्ट्रोल + टैब	एक टैब स्टॉप (केवल तालिकाओं में) सम्मिलित करता है। उपयोग में विंडो मैनेजर के आधार पर इसके बजाय **Alt+Tab** का उपयोग किया जा सकता है।

ऑल्ट + एरो कीस	दाएं/बाये सेल किनारे पर स्तंभ/पंक्ति के आकार को बढ़ाता/घटाता है।
ऑल्ट + शिफ्ट + एरो	बाएँ/दाएं सेल किनारे पर स्तंभ/पंक्ति के आकार को बढ़ाएँ/घटाएँ।
ऑल्ट + कण्ट्रोल + एरो कीस	ऑल्ट की तरह, केवल सक्रिय सेल को मॉडिफाइड करने के लिए।
कण्ट्रोल + ऑल्ट + शिफ्ट + एरो कीस	ऑल्ट की तरह, केवल सक्रिय सेल को मॉडिफाइड किया गया है।
ऑल्ट + इन्सर्ट	इन्सर्ट मोड में 3 सेकंड, एरो की इंसर्ट्स रो/कॉलम, **Ctrl**+एरो की इंसर्ट सेल।
ऑल्ट + डिलीट	डिलीट मोड में 3 सेकंड, एरो की डिलीट करते है रो/कॉलम, कण्ट्रोल + एरो की सेल्स को नेबोर सेल्स के साथ मर्ज करती है।
शिफ्ट + कण्ट्रोल + डिलीट	यदि संपूर्ण सेल चयनित नहीं है, तो कर्सर से वर्तमान वाक्य के अंत तक का टेक्स्ट हटा देता है। यदि कर्सर किसी सेल के अंत में है, और कोई पूरी सेल नहीं चुनी गई है, तो अगले सेल के कंटेंट को हटा देता है। यदि संपूर्ण सेल चयनित नहीं है और टेबल के अंत में टेबल है, तो टेबल के बाद वाला पैराग्राफ हटा दिया जाएगा, जब तक कि यह डॉक्यूमेंट का अंतिम पैराग्राफ न हो। यदि एक या अधिक सेल चयनित हैं, तो चयन वाली पूरी पंक्तियों को हटा दिया जाएगा। यदि सभी पंक्तियों को पूरी तरह या आंशिक रूप से चुना गया है, तो पूरी टेबल हटा दी जाएगी।
एस्केप	कर्सर टेक्स्ट फरेम के अंदर है और कोई टेक्स्ट चयनित नहीं हैः एस्केप टेक्स्ट फरेम का चयन करता है। टेक्स्ट फ्रेम का चयन किया जाता हैः एस्केप टेक्स्ट फ्रेम से कर्सर को क्लीयर करता है।
F2 और कोई भी की एंटर करे जो करैक्टर प्रोड्यूस करे स्क्रीन पर	यदि टेक्स्ट फरेम चुना गया हैः टेक्स्ट फरेम में टेक्स्ट के अंत में कर्सर को रखें। यदि आप स्क्रीन पर एक चरित्र का निर्माण करने वाली किसी भी की को दबाते हैं, और डॉक्यूमेंट एडिट मोड में है, तो करैक्टर को टेक्स्ट में जोड़ा देता है।
ऑल्ट + एरो कीस	ऑब्जेक्ट को मूव करता है।
ऑल्ट + कण्ट्रोल + एरो कीस	निचले दाएं कोने को घुमाकर आकार बदलता है।
ऑल्ट + कण्ट्रोल + शिफ्ट + एरो कीस	शीर्ष बाएं कोने से आकार बदलता है।
कण्ट्रोल + टैब	किसी ऑब्जेक्ट का एंकर चुनता है (एडिट पॉइंट्स मोड में)।

मॉडल प्रश्न और उत्तर

क. बहुविकल्पीय प्रश्न

1. .... विकल्प का उपयोग किसी दस्तावेज में किसी विशेष शब्द, शब्द वाक्यांश को खोजने के लिए किया जाता है।
   (क) फाइंड (ख) सर्च
   (ग) रिप्लेस (घ) उपर्युक्त में से कोई नहीं
2. .... विकल्प दो या दो से अधिक स्तंभों में एक डॉक्यूमेंट को विभाजित करता है।
   (क) टैब (ख) कॉलम
   (ग) हैडर (घ) उपर्युक्त से कोई नहीं
3. चयनित टेक्स्ट को .... बटनों का उपयोग करके बाएं मार्जिन से 1/2 इंच दूर स्थानांतरित किया जा सकता है।
   (क) डेक्रेयस इंडेंट (ख) इनक्रीस इंडेंट
   (ग) स्पेसिंग (घ) उपर्युक्त से कोई नहीं
4. किसी डॉक्यूमेंट के टॉप और बॉटम मार्जिन को .... का उपयोग करके बदला जा सकता है।
   (क) कार्यक्षेत्र शासक (ख) क्षैतिज शासक
   (ग) टैब स्टॉप (घ) उपर्युक्त से कोई नहीं
5. पैराग्राफ या लाइन को विशिष्ट स्थिति में ले जाने के लिए .... सुविधा का उपयोग किया जाता है।
   (क) लाइन रिक्ति (ख) पैरा रिक्ति
   (ग) इंडेंटिंग (घ) उपर्युक्त से कोई नहीं
6. डिफॉल्ट रूप से लिब्रे ऑफिस राइटर में लाइन स्पेसिंग .... है।
   (क) सिंगल (ख) डबल
   (ग) 1.5 (घ) उपर्युक्त से कोई नहीं
7. कौन सी विशेषताएं आपको डाक्यूमेंट्स में ग्राफिक्स सम्मिलित करने की अनुमति देती हैं?
   (क) फॉन्टवर्क (ख) टेक्स्ट बॉक्स
   (ग) गैलरी (घ) उपर्युक्त से कोई नहीं
8. जब आप एक आरेखण ऑब्जेक्ट सम्मिलित करते हैं, तो .... टूलबार स्टैण्डर्ड टूलबार के ठीक नीचे दिखाई देता है।
   (क) चित्रकारी (ख) आरेखण वस्तु गुण
   (ग) प्रारूपण (घ) उपर्युक्त से कोई नहीं
9. छवि को खींचते समय, एक आकार की ऊंचाई और चौड़ाई के अनुपात को बनाए रखने के लिए .... की को दबाए रखें।
   (क) कण्ट्रोल (ख) शिफ्ट
   (ग) ऑल्ट (घ) उपर्युक्त से कोई नहीं
10. फॉन्टवर्क बटन .... टूलबार पर दर्शाया गया है।
    (क) प्रारूपण (ख) स्टैंडर्ड
    (ग) ड्राइंग (घ) उपर्युक्त से कोई नहीं
11. एक स्तंभ और पंक्ति के प्रतिच्छेदन को .... कहा जाता है।
    (क) बॉर्डर (ख) टेबल
    (ग) सेल (घ) उपर्युक्त से कोई नहीं
12. टेबल आइकन .... टूलबार पर मौजूद है।
    (क) स्टैंडर्ड (ख) प्रारूपण
    (ग) स्टेटस (घ) उपर्युक्त से कोई नहीं
13. पिछली सेल में जाने के लिए किस कुंजी को दबाया जाना चाहिए?
    (क) टैब (बी) शिफ्ट + टैब
    (ग) राइट एरो (घ) उपर्युक्त से कोई नहीं
14. फोरमूला इनपुट लाइन को दिखाने या छिपाने के लिए किस फंक्शन कुंजी का उपयोग किया जाता है?
    (क) **F12** (ख) **F8**
    (ग) **F2** (घ) उपर्युक्त से कोई नहीं
15. .... एक डेटशीट पर एक पंक्ति है, जिसमें कई फील्ड शामिल हैं।
    (क) फील्ड (ख) रिकॉर्ड
    (ग) डेटाबेस (घ) उपर्युक्त से कोई नहीं
16. .... डेटा आइटम है, जो लिब्रे ऑफिस राइटर को निर्देश देता है कि मुख्य डॉक्यूमेंट में डेटा स्रोत की जानकारी कहाँ डालें।
    (क) डेटा स्रोत (ख) मर्ज फील्ड
    (ग) मुख्य दस्तावेज (घ) उपर्युक्त से कोई नहीं
17. एक नई पता सूची बनाने के लिए, ... टैब का चयन करें।
    (क) मौजूदा सूची का उपयोग करें (ख) संपर्क से चुनें
    (ग) पता सूची (घ) उपर्युक्त से कोई नहीं
18. लिब्रे ऑफिस राइटर आवेदन नाम के साथ एक खाली दस्तावेज खोलता है इसका नाम ....है ।
    (क) डॉक् 1 (ख) अनटाइटल्ड 1
    (ग) 1 अनटाइटल्ड (घ) उपर्युक्त से कोई नहीं
19. व्याकरणिक त्रुटियां एक .... लहराती रेखा के साथ इंगित की जाती हैं।
    (क) लाल (ख) ग्रीन
    (ग) ब्लू (घ) उपर्युक्त से कोई नहीं
20. संपूर्ण दस्तावेज का चयन करने के लिए आप किस प्रमुख कीज कॉम्बिनेशन का उपयोग करेंगे?
    (क) शिफ्ट + होम (ख) शिफ्ट + एन्ड
    (ग) कण्ट्रोल + A (घ) उपर्युक्त से कोई नहीं
21. पूर्ववत आदेश के लिए कौन सी शॉर्टकट कुंजी है?
    (क) कण्ट्रोल + Y (ख) कण्ट्रोल + U
    (ग) कण्ट्रोल + Z (घ) उपर्युक्त से कोई नहीं
22. कण्ट्रोल + डिलीट की कर्सर में एक शब्द .... से हटाता है।
    (क) लेफ्ट (ख) राइट
    (ग) टॉप (घ) उपर्युक्त से कोई नहीं
23. पाठ में तिरछा प्रभाव लागू करने के लिए निम्नलिखित में से किस विकल्प का उपयोग किया जाता है?
    (क) बोल्ड (ख) इटैलिक
    (ग) अंडरलाइन (घ) उपर्युक्त से कोई नहीं

24. फॉन्ट रंग विकल्प .... टूलबार पर उपलब्ध है:
(क) स्टैंडर्ड (ख) फोमत्तिंग
(ग) टाइटल बार (घ) उपर्युक्त से कोई नहीं

25. लिबर ऑफिस राइटर कितने प्रकार के केस रूपांतरण प्रदान करता है?
(क) 3 (ख) 4
(ग) 5 (घ) उपर्युक्त से कोई नहीं

26. ओपन सोर्स सॉफ्टवेयर, वह सॉफ्टवेयर है जिसका सोर्स कोड किसी के द्वारा संशोधन या वृद्धि के लिए उपलब्ध होता है। निम्नलिखित में से कौन सा ओपन सोर्स सॉफ्टवेयर का उदाहरण है?
(क) एमएस वर्ड (ख) एडोब फोटोशॉप
(ग) स्काइप (घ) लिब्रे ऑफिस

27. लिबर ऑफिस राइटर में टेक्स्ट को राइट अलाइन करने लिए कौन सी की इस्तेमाल होते है:
(क) कण्ट्रोल + R (ख) कण्ट्रोल + P
(ग) कण्ट्रोल + O (घ) कण्ट्रोल + M

28. लिबर ऑफिस राइटर में टेक्स्ट को लेफ्ट अलाइन करने लिए कौन सी की इस्तेमाल होते है:
(क) कण्ट्रोल + P (ख) कण्ट्रोल + M
(ग) कण्ट्रोल + O (घ) कण्ट्रोल + L

29. लिबर ऑफिस राइटर में टेक्स्ट को सेण्टर अलाइन करने लिए कौन सी की इस्तेमाल होते है:
(क) कण्ट्रोल + P (ख) कण्ट्रोल + E
(ग) कण्ट्रोल + O (घ) कण्ट्रोल + Z

30. लिबर ऑफिस राइटर में टेक्स्ट को राइट अलाइन करने लिए कौन सी की इस्तेमाल होते है:
(क) कण्ट्रोल + P (ख) कण्ट्रोल + H
(ग) कण्ट्रोल + O (घ) कण्ट्रोल + Z

31. लिबर ऑफिस राइटर में टेक्स्ट को जस्टिफाई करने लिए कौन सी शॉर्टकट की इस्तेमाल होते है:
(क) कण्ट्रोल + P (ख) कण्ट्रोल + J
(ग) कण्ट्रोल + O (घ) कण्ट्रोल + Z

32. निम्न में से किस शॉर्टकट की का उपयोग सेव एस के लिए किया जाता है?
(क) कण्ट्रोल + C (ख) एफ 7
(ग) कण्ट्रोल + एफ 7 (घ) शिफ्ट + कण्ट्रोल + S

33. .... लिब्रे ऑफिस लेखक में लाइन की शुरुआत में जाने के लिए कुंजी का उपयोग किया जाता है।
(क) होम (ख) कण्ट्रोल + होम
(ग) शिफ्ट + होम (घ) ऑल्ट + होम

34. स्पेल चेक किस फंक्शन की का उपयोग किया जाता है?
(क) कण्ट्रोल + C (ख) एफ 7
(ग) कण्ट्रोल + एफ 7 (घ) शिफ्ट + C

35. लिबर ऑफिस रइटर में लाइन की शुरुआत में जाने के लिए .... की का उपयोग किया जाता है।
(क) कण्ट्रोल + होम (ख) होम + शिफ्ट
(ग) शिफ्ट + C (घ) ऑल्ट + होम

36. लिब्रे ऑफिस लेखक कॉल्स और इम्प्रेस में एक डॉक्यूमेंट को सेव करने के लिए उपयोग की जाने वाली की है:
(क) कण्ट्रोल + T (ख) कण्ट्रोल + एफ 1
(ग) कण्ट्रोल + O (घ) कण्ट्रोल + S

37. संरेखण बटन .... टूलबार पर उपलब्ध हैं।
(क) स्टेटस बार (ख) फोमत्तिंग टूलबार
(ग) स्टैंडर्ड टूलबार (घ) उपरोक्त कोई नहीं

38. लिब्रे ऑफिस रइटर में लाइन ब्रेक के लिए प्रयुक्त शॉर्टकट की है :
(क) कण्ट्रोल + P (ख) कण्ट्रोल + M
(ग) कण्ट्रोल + O (घ) शिफ्ट + एंटर

39. लिबर ऑफिस राइतर में टेक्स्ट को सब्क्रिप्ट करने के लिए उपयोग की जाने वाली कुंजी है:
(क) कण्ट्रोल + P (ख) कण्ट्रोल + शिफ्ट + B
(ग) कण्ट्रोल + O (घ) कण्ट्रोल + M

40. लिब्रे ऑफिस राइटर में प्रिंट पूर्वावलोकन शॉर्टकट कुंजी कौन सी है?
(क) कण्ट्रोल + F2 (ख) कण्ट्रोल + शिफ्ट + P
(ग) कण्ट्रोल + P (घ) कण्ट्रोल + शिफ्ट + O

41. लिबर ऑफिस राइटर में हाइपरलिंक शॉर्टकट कुंजी कौन सी है?
(क) कण्ट्रोल + L (ख) कण्ट्रोल + H
(ग) कण्ट्रोल + शिफ्ट + एच (घ) कण्ट्रोल + K

42. लिबर ऑफिस राइटर में न्यूनतम फॉन्ट आकार क्या है ?
(क) 3 (ख) 2 (ग) 1 (घ) 0

43. अनुप्रयोग लिब्रे ऑफिस राइटर से बाहर निकलने के लिए उपयोग की जाने वाली ''की'' कौन सी है ?
(क) कण्ट्रोल + T (ख) कण्ट्रोल + O
(ग) कण्ट्रोल + Q (घ) कण्ट्रोल + एफ 1

44. एमएस वर्ड और राइटर विंडो के बॉटम में आप क्या देखते हैं?
(क) स्टेटस बार (ख) टाइटल बार
(ग) मेनू बार (घ) टास्क बार

45. लिब्रे ऑफिस राइटर में डॉक्यूमेंट के स्टार्ट में जाने के लिए किस शॉर्टकट की का उपयोग किया जाता है?
(क) कण्ट्रोल + P (ख) कण्ट्रोल + M
(ग) कण्ट्रोल + O (घ) कण्ट्रोल + होम

46. लिब्रे ऑफिस राइटर में एक डॉक्यूमेंट को खोलने के लिए इस्तेमाल की जाने वाली शॉर्टकट कुंजी कौन सी है ?
(क) कण्ट्रोल + P (ख) कण्ट्रोल + O
(ग) कण्ट्रोल + Q (घ) कण्ट्रोल + F

47. पेज ओरिएंटेशन का प्रकार कौन सा है?
(क) लैंडस्केप (ख) पोर्ट्रेट
(ग) दोनों (क) और (ख) (घ) उपर्युक्त कोई नहीं

48. लिबर ऑफिस राइटर में अधिकतम फॉन्ट आकार क्या है?
(क) 99 (ख) 22 (ग) 96 (घ) 100

49. टूलबार लिब्रे ऑफिस को सक्रिय करने के लिए उपयोग की जाने वाली कुंजी हैः
(क) कण्ट्रोल + T (ख) कण्ट्रोल + F
(ग) कण्ट्रोल + O (घ) कण्ट्रोल + एफ 1

50. पृष्ठ विराम को सम्मिलित करने के लिए निम्नलिखित में से कौन–सी शॉर्टकट कुंजी का उपयोग किया जाता है?
(क) कण्ट्रोल + T (ख) कण्ट्रोल + एफ 1
(ग) कण्ट्रोल + एंटर (घ) कण्ट्रोल + S

ख. बताएं कि निम्नलिखित कथन सही हैं या गलत

51. लिब्रे ऑफिस में शब्द वर्ड प्रोसेसिंग के लिए राइटर, स्प्रेडशीट के लिए कैल्क, प्रस्तुतियों के लिए इम्प्रेस का उपयोग करता है। वेक्टर ग्राफिक्स और फ्लोचार्ट्स, डेटाबेस के लिए बेस, और फॉर्मूला संपादन के लिए गणित।
52. लिब्रे ऑफिस राइटर टेम्पलेट में स्टाइल फॉर्मेटिंग शामिल नहीं है।
53. कण्ट्रोल + Z का उपयोग लास्ट एक्शन को पूर्ववत् करने के लिए किया जाता है, और लास्ट एक्शन को फिर से करने के लिए कण्ट्रोल + Y का उपयोग किया जाता है।
54. लिब्रे ऑफिस राइटर में कण्ट्रोल + X दस्तावेजों में चयनित तत्वों को काट करने के लिए उपयोग किया जाता है।
55. पेज ब्रेक डालने के लिए कण्ट्रोल + एंटर का उपयोग नहीं किया जाता है।
56. लिब्रे ऑफिस एक एप्लीकेशन सॉफ्टवेयर है।
57. लिब्रे ऑफिस राइटर और इम्प्रेस में कण्ट्रोल + V की टेक्स्ट को क्लिपबोर्ड से पेस्ट करने के लिए उपयोग किया जाता है।
58. लिब्रे ऑफिस एमएस वर्ड में राइटर के रूप में जाना जाता है।
59. लिब्रे ऑफिस राइटर में करंट फील्ड को पहले स्थान पर ले जाने के लिए कण्ट्रोल + होम का उपयोग किया जाता है।
60. लिब्रे ऑफिस राइटर में वर्तमान क्षेत्र को अंतिम स्थान पर ले जाने के लिए कण्ट्रोल + एन्ड का उपयोग किया जाता है।
61. लिब्रे ऑफिस राइटर में कण्ट्रोल + J का उपयोग दस्तावेज को जस्टिफाई के लिए नहीं किया जाता है।
62. लिब्रे ऑफिस एमएस ऑफिस को रेप्लस करता है, जैसे मस वर्ड एक्सेल और पॉवरपॉइंट को राइटर, कैल्क, इम्प्रेस से।
63. लिब्रे ऑफिस राइटर में कण्ट्रोल + शिफ्ट + B का उपयोग सबस्क्रिप्ट के लिए किया जाता है।
64. लिब्रे ऑफिस राइटर में स्टैण्डर्ड टूलबार में बुलेट और नंबरिंग दिखाई देती है।
65. लिब्रे ऑफिस राइटर में कट्रोल + S सभी दस्तावेजों का चयन करता था।
66. लिब्रे ऑफिस राइटर में फॉन्ट का आकार नहीं बदला जा सकता है।
67. लिब्रे ऑफिस राइटर में कण्ट्रोल + L का प्रयोग टेक्स्ट को लेफ्ट संरेखित करने के लिए किया जाता है।
68. एक ईमेल क्लाइंट लिब्रे ऑफिस का हिस्सा है।
69. लिब्रे ऑफिस राइटर में कण्ट्रोल + H को फाइंड एंड रेप्लस के लिए उपयोग नहीं किया जाता है।
70. लिब्रे ऑफिस राइटर में कण्ट्रोल + R का उपयोग टेक्स्ट को राइट अलाइन के लिए किया जाता है।
71. चयनित पाठ में 1 शैली शीर्षक के लिए शॉर्टकट कुंजी कण्ट्रोल + 1 का उपयोग किया जाता है।
72. लिब्रे ऑफिस में न्यूनतम जूम प्रतिशत 20% है।
73. लिब्रे ऑफिस राइटर में सीटीआर + 2, हेडिंग 2 पैराग्राफ शैली के लिए उपयोग किया गया है।
74. क्या लिब्रे ऑफिस में एक शॉर्टकट है कण्ट्रोल + F है जो एमएस ऑफिस में भी है?
75. लिब्रे ऑफिस वृत्तेर में अधिकतम जूम प्रतिशत 600% है।
76. लिब्रे ऑफिस राइटर में कण्ट्रोल + एंटर का उपयोग मैनुअल पेज ब्रेक के लिए किया जाता है।
77. लिब्रे ऑफिस लेखक में ग्यारह मेनू पाए जाते हैं।
78. लिब्रे ऑफिस राइटर में Shift + Enter का उपयोग लाइन ब्रेक में किया जाता करें बिना पैराग्राफ चेंज किये ।
79. शिफ्ट + एरो का उपयोग कर्सर को चयन के साथ दाईं ओर ले जाने के लिए किया जाता है।
80. लिब्रे ऑफिस में की कण्ट्रोल + W द्वारा विंडो को बंद किया जा सकता है।
81. किसी दस्तावेज को बंद करने की शॉर्टकट कुंजी कण्ट्रोल + C है।
82. सेव कमांड का उपयोग भविष्य के उपयोग के लिए एक डॉक्यूमेंट को सेव करने के लिए किया जाता है।
83. पहले से सेव किये गए राइटर दस्तावेज को खोलने के लिए, फाइल मेनू में नए विकल्प पर क्लिक करें।
84. आप शिफ्ट की दबाकर और वाक्य पर कहीं भी क्लिक करके एक वाक्य का चयन कर सकते हैं।
85. किसी पैराग्राफ का चयन करने के लिए, पैराग्राफ में कहीं भी डबल क्लिक करें।
86. क्लिपबोर्ड एक टेम्परेरी स्टोरेज एरिया है, जहा जानकारी जिसे एक स्थान से कॉपी या स्थानांतरित किया है और कहीं और उपयोग करना है।
87. डिफॉल्ट रूप से, लिब्रे ऑफिस फॉन्ट प्रकार लिबरेशन सेरिफ सेट करता है।
88. सुपरस्क्रिप्ट प्रारूप टेक्स्ट को आधार रेखा से थोड़ा ऊपर रखता है।
89. हम बुलेट बटन का चयन करके बुलेट्स को लागू कर सकते हैं।
90. फॉर्मेटिंग टूलबार में बोल्ड बटन का उपयोग टेक्स्ट को बाकी टेक्स्ट की तुलना में हल्का दिखाने के लिए किया जाता है।
91. ड्रॉप कैप्स प्रभाव एक पैराग्राफ के पहले अक्षर को कम कर देता है।
92. शब्द या वाक्य को रिक्त स्थान के साथ रेखांकित किया जा सकता है।
93. लिब्रे ऑफिस राइटर में एक डॉक्यूमेंट को .dto के साथ सेव किया जाता है।
94. इंडेंटेशन एक पैराग्राफ के ऊपर या नीचे रिक्ति की मात्रा निर्धारित करता है।
95. टैब का उपयोग किसी दस्तावेज में कुछ स्थानों पर कर्सर को स्थानांतरित करने के लिए किया जाता है।

96. पृष्ठ विराम विकल्प दो या अधिक कॉलम में दस्तावेज को विभाजित करता है।
97. लैंडसेकैप लिब्रे ऑफिस राइटर में डिफॉल्ट पेपर ओरिएंटेशन है।
98. जस्टीफाइड डॉक्यूमेंट का अर्थ है कि टेक्स्ट को लेफ्ट मार्जिन से संरेखित है।
99. ड्रॉइंग ऑब्जेक्ट को रंगने के लिए क्षेत्र आइकन का उपयोग किया जाता है।
100. ड्रॉइंग टूलबार मेनू बार के ठीक नीचे मौजूद है।

उत्तर

1.	(ग)	2.	(क)	3.	(ख)	4.	(ग)
5.	(क)	6.	(ग)	7.	(ख)	8.	(ग)
9.	(घ)	10.	(घ)	11.	(क)	12.	(ग)
13.	(ख)	14.	(क)	15.	(क)	16.	(क)
17.	(घ)	18.	(घ)	19.	(ख)	20.	(घ)
21.	(घ)	22.	(घ)	23.	(ग)	24.	(क)
25.	(क)	26.	(घ)	27.	(क)	28.	(घ)
29.	(ख)	30.	(ख)	31.	(ख)	32.	(घ)
33.	(क)	34.	(ख)	35.	(ख)	36.	(घ)
37.	(ख)	38.	(घ)	39.	(ख)	40.	(घ)
41.	(घ)	42.	(ख)	43.	(ग)	44.	(क)
45.	(घ)	46.	(ख)	47.	(ग)	48.	(ग)
49.	(ख)	50.	(ग)	51.	सही	52.	गलत
53.	सही	54.	सही	55.	गलत	56.	गलत
57.	सही	58.	सही	59.	सही	60.	सही
61	गलत	62.	सही	63.	सही	64.	गलत
65.	गलत	66.	गलत	67.	सही	68.	गलत
69.	गलत	70.	सही	71.	सही	72.	सही
73.	सही	74.	सही	75.	सही	76.	गलत
77.	सही	78.	सही	79.	सही	80.	गलत
81.	सही	82.	सही	83.	सही	84.	सही
85.	सही	86.	सही	87.	सही	88.	गलत
89.	गलत	90.	सही	91.	सही	92.	सही
93.	सही	94.	गलत	95.	सही	96.	सही
97.	सही	98.	सही	99.	सही	100.	गलत

To Control Computers

Peripherals are very important to people with disabilities as they allow them to use computers. **Stephen Hawking** (1942-2018), an English theoretical physicist suffered from motor neurone disease, which attacked his muscled and left him unable to speak or move. Engineers and software developers made it possible for him to communicate by attaching a sensor to his muscle which he could move on his cheek, by using **Speech-generating machine**.

अध्याय 6

एमएस एक्सेल

उद्देश्यः

पाठक समझने में सक्षम होगाः

❖ स्प्रैडशीट के तत्व ❖ एमएस–एक्सेल में फंक्शन्स और चार्ट ❖ एमएस–एक्सेल में सेल्स का मैनीपुलेशन

6.1 परिचय

स्प्रेडशीट एप्लिकेशन कंप्यूटर प्रोग्राम हैं, जो आपको इलेक्ट्रॉनिक रूप से स्प्रेडशीट बनाने और मैनिपुलेट करने देती हैं। स्प्रेडशीट एप्लिकेशन में, प्रत्येक वैल्यू सेल में होती है। आप यह परिभाषित कर सकते हैं कि प्रत्येक सेल में किस प्रकार का डेटा है और विभिन्न सेल एक दूसरे पर कैसे निर्भर करते हैं। कोशिकाओं के बीच संबंधों को फार्मूला कहा जाता है, और कोशिकाओं के नाम को लेबल कहा जाता है।

6.2 स्प्रेडशीट के तत्व

जब आप एक स्प्रेडशीट पैकेज के साथ काम कर रहे होते हैं, जैसे कि एमएस एक्सेल, तो आपको कुछ स्प्रेडशीट शब्दावली को जानना होगा। इस तरह के कुछ शब्द निम्नलिखित पैराग्राफ में दिए गए हैं।

- **वर्कबुकः** वर्कबुक कई वर्क–शीट का संग्रह है। एकल कार्यपुस्तिका में, आप सूचना को एक संगठित तरीके से संग्रहीत कर सकते हैं। डिफ़ॉल्ट रूप से, एक वर्कबुक तीन वर्कशीट के साथ खुलती है, और इसमें अधिकतम 255 वर्कशीट हो सकती हैं।
- **वर्कशीटः** वर्कशीट एक शीट है जो पंक्तियों और स्तंभों से बनी होती है। यह पंक्ति संख्या एक और कॉलम से शुरू होता है (ए) प्रत्येक कोशिका में एक संख्या, पाठ या सूत्र हो सकते हैं।
- **चार्टशीटः** चार्टशीट एक कार्यपुस्तिका में एक अलग शीट है जिसमें केवल ग्राफ़ या चार्ट होते हैं। यह तब उपयोगी होता है जब आप किसी चार्ट या सारणीबद्ध डेटा को अन्य प्रकार के डेटा से अलग करके देखना चाहते हैं।
- **रोः** एक पंक्ति कोशिकाओं का एक क्षैतिज खंड है जो वर्कशीट की संपूर्ण चौड़ाई से चलती है।
- **कॉलमः** एक स्तंभ कोशिकाओं का एक ऊर्ध्वाधर ब्लॉक होता है जो संपूर्ण वर्कशीट से चलता है।
- **सेलः** सेल एक पंक्ति और स्तंभ का प्रतिच्छेदन है।
- **फार्मूलाः** फार्मूला वे समीकरण हैं जो आपके वर्कशीट में कैलकुलेशन करता है।
- **फ़ंक्शनः** कार्य पूर्व–निर्धारित सूत्र या प्रोग्राम हैं जो एक्सेल में विशिष्ट मानों पर गणना करते हैं, जिन्हें तर्क कहा जाता है।

6.2.1 स्प्रेडशीट बनाना

एमएस एक्सेल को पीसी पर चलाने के लिए ऑपरेटिंग सिस्टम के रूप में विंडोज 8 और 10 की आवश्यकता होती है।

एक्सेल शुरू करने के लिएः

1. स्टार्ट बटन पर क्लिक करें, सभी प्रोग्राम और एप्लिकेशन दिखाई देते हैं, और मस –एक्सेल (चित्र 6.1) पर क्लिक करें।

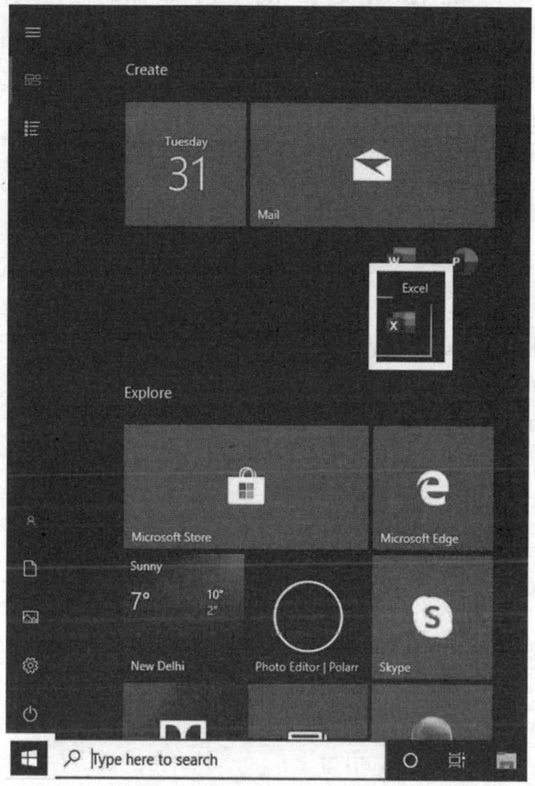

चित्र 6.1: एक्सेल शुरू करना

6.2.2 एक्सेल इंटरफ़ेस

- **टाइटल बारः** एक्सेल विंडो के शीर्ष पर, टाइटल बार होता है। इस पट्टी के बाएं किनारे पर कार्यालय बटन है जिसके आगे डॉक्यूमेंट का नाम प्रदर्शित है। शीर्षक पट्टी के दाहिने किनारे पर, न्यूनतम, पुनर्स्थापना/अधिकतम करें और बंद करें बटन होता है (चित्र 6.2)।
- **एप्लीकेशन विंडोः** इस विंडो के भीतर एक्सेल चलता है।
- **क्विक एक्सेस टूलबारः** क्विक एक्सेस टूलबार आपको सामान्य कमांड को एक्सेस करने देता है। आप अपनी पसंद के आधार पर आदेशों को अनुकूलित कर सकते हैं।

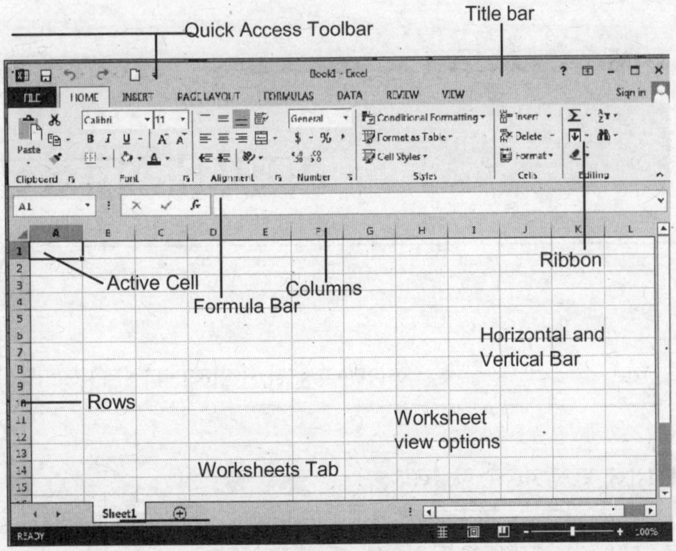

चित्र 6.2: एक्सेल विंडो के तत्व

- **वर्कबुक विंडो:** एक्सेल एप्लिकेशन विंडो के भीतर एक विंडो जिसमें वर्कशीट, चार्ट या डायलॉग बॉक्स होता है।
- **फ़ाइल टैब:** फ़ाइल टैब रंगीन टैब है जो माइक्रोसॉफ्ट ऑफिस प्रोग्राम्स के ऊपरी–बाएँ कोने में स्थित है और क्विक एक्सेस टूलबार के नीचे है।
- **रिबन:** रिबन को टाइटल बार के ठीक नीचे प्रदर्शित किया जाता है। रिबन में, तार्किक समूहों में कमांड आयोजित किए जाते हैं, जिन्हें टैब के तहत एक साथ एकत्र किया जाता है।
- **वर्कशीट टैब:** टैब एक वर्कबुक विंडो के नीचे होता है जो शीट का नाम प्रदर्शित करता है।
- **नाम बॉक्स:** नाम बॉक्स फॉर्मूला बार के बाईं ओर है। यह चयनित सेल का स्थान, या नाम प्रदर्शित करता है।
- **फॉर्मूला बार:** फॉर्मूला बार सक्रिय सेल में उपयोग किए जाने वाले निरंतर मान या सूत्र को प्रदर्शित करता है। इसका उपयोग सेल कंटेंट्स को संपादित करने के लिए भी किया जाता है।
- **स्टेटस बार:** एक्सेल विंडो के नीचे स्टेटस बार दिखाई देता है। यह चयनित कमांड या प्रगति के संचालन के बारे में जानकारी प्रदर्शित करता है।
- **टेल मी:** टेल मी बॉक्स आपको एक टूल बार या सर्च टूल की तरह काम करने में मदद करता है।
- **सेल:** किसी कार्यपुस्तिका में प्रत्येक आयत को सेल कहा जाता है। सेल पंक्ति और स्तंभ का प्रतिच्छेदन है। सेल का चयन करने के लिए बस क्लिक करें।
- **वर्कशीट देखें विकल्प:** वर्कशीट देखने के तीन तरीके हैं। बस वांछित दृश्य का चयन करने के लिए एक कमांड पर क्लिक करें।
- **जूम नियंत्रण:** जूम नियंत्रण का उपयोग करने के लिए स्लाइडर को क्लिक करें और खींचें। स्लाइडर के दाईं ओर संख्या जूम प्रतिशत को दर्शाती है।
- **वर्टिकल और हॉरिज़ॉन्टल स्क्रॉल बार्स:** स्क्रॉल बार आपको ऊपर और नीचे या बगल में स्क्रॉल करने की अनुमति देते हैं। ऐसा करने के लिए, ऊर्ध्वाधर या क्षैतिज स्क्रॉल पट्टी पर क्लिक करें और खींचें।

6.2.3 नई वर्कबुक बनाना

जब भी आप एक्सेल में एक नई परियोजना शुरू करते हैं, तो आपको एक नई वॉर्कबुक बनाने की आवश्यकता होगी। एक्सेल में वर्कबुक के साथ काम करना शुरू करने के कई तरीके हैं। आप किसी नई वॉर्कबुक को रिक्त कार्यपुस्तिका या पूर्वनिर्धारित टेम्पलेट बनाने के लिए चुन सकते हैं या मौजूदा वॉर्कबुक खोल सकते हैं।

एक नई वॉर्कबुक बनाने के लिए:

1. फाइल टैब पर क्लिक करें। यहां, नया चुनें। उपलब्ध टेम्पलेट्स के तहत, रिक्त वॉर्कबुक पर क्लिक करें। वैकल्पिक रूप से, कण्ट्रोल + N की एक साथ दबाएँ।
2. जैसा कि चित्र 6.3 में दिखाया गया है, एक नई रिक्त वॉर्कबुक दिखाई देगी।

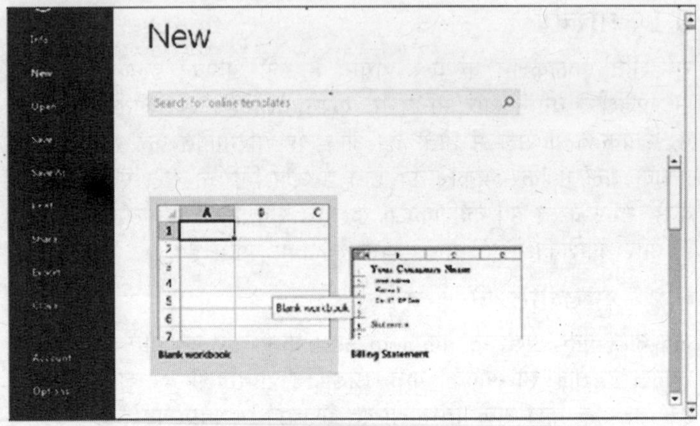

चित्र 6.3: रिक्त वॉर्कबुक का चयन करना

6.2.4 वर्कबुक खोलना और बंद करना

मौजूदा वर्कबुक खोलने के लिए:

1. बैकस्टेज दृश्य को खोलने के लिए फ़ाइल टैब पर क्लिक करें और फिर ओपन पर क्लिक करें।
2. कंप्यूटर आइकन पर क्लिक करें; करंट फोल्डर और रीसेंट फोल्डर्स की सूची दिखाई देती है। आप उस फ़ोल्डर से खोल सकते हैं या डायल बॉक्स खोलने के लिए चित्र 6.4 में दिखाए अनुसार ब्राउज़ बटन पर क्लिक कर सकते हैं।

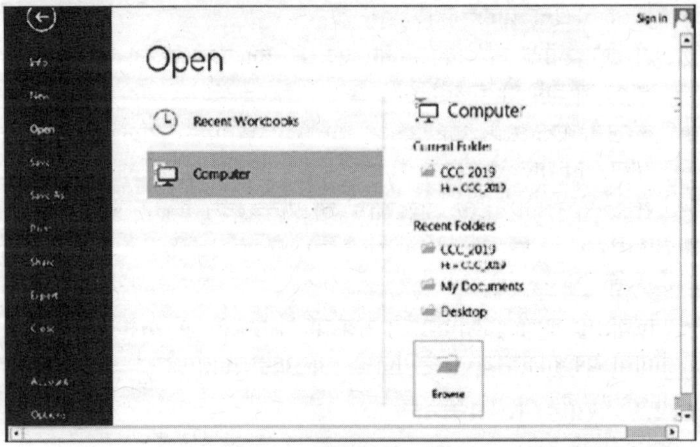

चित्र 6.4: ओपन बैकस्टेज दृश्य का चयन करना

3. ओपन डायलॉग बॉक्स दिखाई देगा।
4. एड्रेस बार में फ़ाइल या फ़ोल्डर का पता लगाएँ।
5. कंटेंट फलक में फ़ाइल का चयन करें।
6. इसके बाद ओपन बटन पर क्लिक करें।

यदि आपने हाल ही में वांछित वर्कबुक खोली है, तो आप फ़ाइल की खोज के बजाय अपनी हाल की वर्कबुक ब्राउज़ कर सकते हैं।

वर्कबुक को पिन करने के लिए:

1. यदि आप अक्सर एक ही वर्कबुक के साथ काम करते हैं, तो आप फ़ाइल का उपयोग करने के लिए इसे बैकस्टेज दृश्य पर पिन कर सकते हैं।
2. बैकस्टेज दृश्य पर नेविगेट करें और फिर ओपन पर क्लिक करें। आपकी हाल ही में संपादित वर्कबुक दिखाई देंगी।
3. आप जिस वर्कबुक को पिन करना चाहते हैं, उस पर माउस को घुमाएँ। वर्कबुक के आगे एक पुशपिन आइकन दिखाई देगा। पुशपिन आइकन पर क्लिक करें।
4. वर्कबुक हाल की वर्कबुक में रहेगी। किसी वर्कबुक को अनपिन करने के लिए, बस फिर से पुशपिन आइकन पर क्लिक करें।

6.2.5 वर्कबुक विंडो बंद करना

जब आप कार्यपत्रक या चार्ट का उपयोग कर समाप्त करते हैं, तो आप इसकी विंडो बंद कर देते हैं। यदि आपने पिछली बार वर्कबुक को सेव करने के बाद से कोई परिवर्तन किया है, तो एक्सेल एक चेतावनी संवाद बॉक्स प्रदर्शित करता है, जैसा कि चित्र 6.5 में दिखाया गया है, यह पूछते हुए कि क्या आप बंद करने से पहले अपने काम को सेव करना चाहते हैं।

वर्कबुक में किसी फ़ाइल को बंद करने के लिए:

1. फ़ाइल टैब पर क्लिक करें और क्लोज करें चुनें। विंडो बंद होने के कारण काम में कोई बदलाव नहीं किया गया है, क्योंकि यह आखिरी बचा था। वैकल्पिक रूप से, वर्कबुक को बंद करने के लिए एक साथ कण्ट्रोल + W की दबाएँ।
2. यदि आपने लास्ट सेव के बाद से वर्कबुक में परिवर्तन किया है, तो अलर्ट संवाद बॉक्स प्रकट होता है। संवाद बॉक्स में, यदि आप फ़ाइल के परिवर्तित संस्करण को सेव नहीं चाहते हैं, तो सेव चुनें या यदि आप परिवर्तनों को सेव करना चाहते हैं तो सेव चुनें। एक नया फ़ाइल नाम टाइप करें और सेव बटन चुनें।

चित्र 6.5: अलर्ट डायलॉग बॉक्स

6.2.6 वर्कबुक सेव करना

एक्सेल में वर्कबुक को सेव करने के लिए दो कमांड होते हैं। किसी मौजूदा वर्कबुक को सेव करने के लिए सेव एस कमांड का उपयोग किया जाता है; जब आप पहली बार इसे सेव करते हैं या किसी नए नाम के तहत वर्कबुक को सेव एस हैं, तो सेव एस कमांड का उपयोग वर्कबुक को सेव करने के लिए किया जाता है।

वर्कबुक को सेव करने के लिए:

1. यदि आप पहली बार फाइल सेव कर रहे हैं, तो बैकस्टेज व्यू को खोलने के लिए फाइल टैब पर क्लिक करें।
2. सेव एस पर क्लिक करें। बैकस्टेज में सेव एस पेन दिखाई देगा। आप कीबोर्ड पर कण्ट्रोल + S दबाकर सेव कमांड को भी एक्सेस कर सकते हैं।
3. ब्राउज़ पर क्लिक करें। सेव एस डायलॉग बॉक्स दिखाई देगा।
4. उस स्थान का चयन करें जहां आप एड्रेस बार में वर्कबुक को सेव करना चाहते हैं।
5. फ़ाइल नामः बॉक्स में, फ़ाइल का नाम दें।
6. इस प्रकार सेवः बॉक्स में, फ़ाइल का प्रकार दें।
7. सेव बटन पर क्लिक करें

6.3 सेल एड्रेस की अवधारणा (पंक्ति और स्तंभ) और सेल का चयन

स्प्रेडशीट में पंक्तियाँ और स्तंभ होते हैं जो कोशिकाओं को बनाते हैं। सेल एक बॉक्स होता है जहाँ आप डेटा दर्ज कर सकते हैं (ए) कॉलम कोशिकाओं की ऊर्ध्वाधर रेखाएँ बनाते हैं, जबकि पंक्तियाँ कोशिकाओं की क्षैतिज रेखाएँ बनाती हैं। सेल पंक्तियों और स्तंभों का एक प्रतिच्छेदन है। किसी कक्ष के स्थान या पते का वर्णन करने के लिए, हमें उस स्तंभ और पंक्ति के नाम लिखने होंगे, जिनके प्रतिच्छेदन ने यह सेल बनाया है। चित्र 6.6 में, स्तंभ C और पंक्ति 3 का प्रतिच्छेदन C3 है। यहां, C3 को सेल कहा जाता है और C3 इसका पता है।

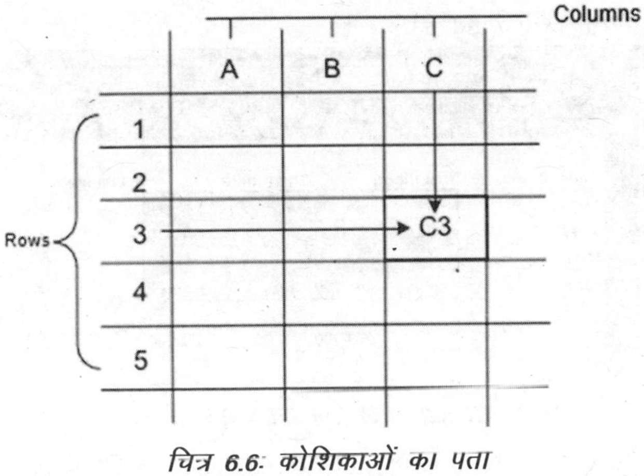

चित्र 6.6: कोशिकाओं का पता

वर्कशीट में सेल में दो प्रकार के डेटा हो सकते हैं:

- **कांस्टेंट वैल्यू:** एक निरंतर मूल्य वह डेटा है, जिसे आप सीधे सेल में टाइप करते हैं।
- **फार्मूला:** फार्मूला मूल्यों, सेल संदर्भों, नामों, कार्यों या ऑपरेटर का एक क्रम है जो मौजूदा मूल्यों से एक नया मूल्य पैदा करता है।

6.4 सेल एड्रेस का उपयोग करके फार्मूला

फार्मूला में मान या संख्या के बजाय सेल एड्रेस भी हो सकते हैं। उस स्थिति में, फार्मूला इसमें शामिल सेल पते के कंटेंट पर लागू होता है। सेल एड्रेस टाइप करके या उन्हें हाइलाइट करके फॉर्मूला में शामिल किया जा सकता है।

सेल का चयन करने के लिए:

1. सेल कंटेंट को इनपुट या संपादित करने के लिए, आपको पहले सेल का चयन करना होगा।
2. इसे चुनने के लिए सेल पर क्लिक करें। हमारे उदाहरण में, हमने सेल D25 का चयन किया है। चयनित सेल के चारों ओर एक बॉर्डर दिखाई देगा, और कॉलम हेडिंग और रो हेडिंग को हाइलाइट किया जाएगा। जब तक आप चित्र 6.7 में दिखाए गए कार्यपत्रक में किसी अन्य सेल पर क्लिक नहीं करेंगे तब तक सेल का चयन किया जाएगा।

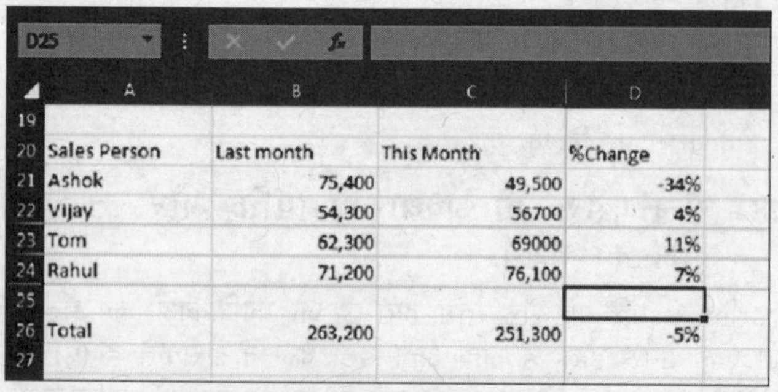

चित्र 6.7: सेल का चयन करना

3. आप अपने कीबोर्ड पर एरो कीज़ का उपयोग करके सेल का चयन भी कर सकते हैं।

सेल श्रेणी चुनने के लिए:

1. कभी–कभी, आप कोशिकाओं के एक बड़े समूह, या सेल श्रेणी का चयन करना चाहते हैं।

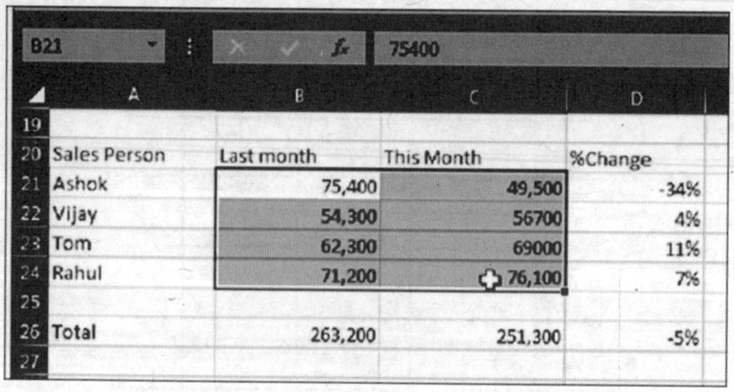

चित्र 6.8: सेल रेंज का चयन करना

2. क्लिक करें और माउस को तब तक खींचें जब तक कि आपके द्वारा चुने जाने वाले आस–पास के सभी सेल हाइलाइट नहीं हो जाते। हमारे उदाहरण में, हमने सेल रेंज B21:C24 का चयन किया है, जैसा कि चित्र 6.8 में दिखाया गया है।
3. वांछित सेल रेंज का चयन करने के लिए माउस को छोड़ दें। जब तक आप वर्कशीट में किसी अन्य सेल पर क्लिक नहीं करेंगे तब तक सेल चयनित रहेंगे।

6.5 सेल में डेटा (टेक्सट, संख्या, दिनांक) दर्ज करना

जब आप संदेश को स्थिति पट्टी में तैयार देखते हैं तो आप एक वर्कशीट में डेटा आइटम दर्ज कर सकते हैं। एक्सेल वर्कशीट में डेटा दर्ज करना वास्तव में तीन चरणों में शामिल है:

1. उस सेल को सक्रिय करें जिसमें आप डाटा दर्ज करना चाहते हैं।
2. वह डेटा टाइप करें जिसे आप दर्ज करना चाहते हैं।
3. एंटर की या टैब की दबाकर डेटा प्रविष्टि को अंतिम रूप दें।

एक्सेल आपको डेटा दर्ज करने और संपादित करने के लिए निम्नलिखित दो विकल्प प्रदान करता है:

- आप फॉर्मूला बार में डेटा दर्ज कर सकते हैं।
- आप सेल में सीधे डेटा भी दर्ज और संपादित कर सकते हैं।

सीधे सेल में डेटा दर्ज करने और संपादित करने के लिए, आपको इन–सेल संपादन विकल्प चालू करना होगा, यदि पहले से नहीं किया गया है।

6.5.1 टेक्स्ट दर्ज करना

टेक्स्ट प्रविष्टियों में वर्णमाला वर्ण, संख्या और प्रतीक शामिल हो सकते हैं।

सेल में टेक्स्ट दर्ज करने के लिए:

1. टेक्स्ट प्रविष्टि टाइप करने के लिए सेल का चयन करें, और फिर फॉर्मूला बार में एंटर बटन पर क्लिक करके या एंटर की दबाकर टेक्स्ट दर्ज करें।
2. संख्याओं को पाठ के रूप में दर्ज करने के लिए, एक apostrophe (') टाइप करें, उदाहरण के लिए संख्या, '45,000। वैकल्पिक रूप से, संख्याओं के सामने हस्ताक्षर करने के लिए एक बराबर जगह रखें और उद्धरण चिह्नों में संख्या को संलग्न करें। उदाहरण के लिए, पाठ के रूप में संख्या 45,000 दर्ज करने के लिए, = "45,000" टाइप करें।

नंबर एंटर करना

संख्याओं में निरंतर मान होते हैं, और तालिका 6.1 में वर्ण दिए जाते हैं।

Character	Function
0 through 9	Any combination of numerals.
+	Indicates exponents when used in conjunction with E, such as 3E+3 means $3x10^3$.
–	Indicates negative number.
()	Indicates negative number.
, (comma)	Thousands marker.
/	Fraction indicator (when fraction is preceded by a space) or date separator.
$	Currency indicator.
%	Percentage indicator.
. (period)	Decimal indicator.
E	Exponent indicator.
e	Exponent indicator.
:	Time separator.
(single space)	Separators of compound fractions (e.g 4 1 / 2); and date time entries (e.g 1/2/94 5:00).

तालिका 6.1: न्यूमेरिक प्रविष्टियों के लिए विशेष वर्ण

नंबर दर्ज करने के लिए:

1. सेल का चयन करें, नंबर टाइप करें और फिर एंटर की दबाएं। या, फॉर्मूला बार में एंटर बटन पर क्लिक करें।
2. आप पूर्णांकों में प्रवेश कर सकते हैं, जैसे कि 145; दशमलव अंश, जैसे 145.437; पूर्णांक भिन्न, जैसे कि 1 1/2; या वैज्ञानिक संकेतन, जैसे 1.45437E + 2।

निश्चित दशमलव विकल्प को नियंत्रित करने के लिए:

1. फ़ाइल टैब पर क्लिक करें और फिर विकल्प पर क्लिक करें। एक्सेल विकल्प संवाद बॉक्स प्रकट होता है। इस संवाद बॉक्स में, बाईं ओर उन्नत बटन पर क्लिक करें। एक्सेल विकल्प संवाद बॉक्स उन्नत गुणों के साथ दिखाई देता है।
2. स्वतः सम्मिलित दशमलव बिंदु पर क्लिक करें: संपादन विकल्प समूह के तहत चेकबॉक्स चुने, ताकि चेक मार्क दिखाई न दे।
3. ओके पर क्लिक करें।

6.6 एक कार्यपत्रक में दिनांक और समय दर्ज करना

एक्सेल स्वचालित रूप से दिनांक और समय को अधिकांश सामान्य तरीकों से टाइप करता है। जब आप कोई दिनांक या समय लिखते हैं, तो एक्सेल आपकी प्रविष्टि को क्रम संख्या में परिवर्तित करता है। सीरियल नंबर की शुरुआत से लेकर आपके द्वारा लिखे गए तारीख तक के दिनों की संख्या को दर्शाता है। समय को 24–घंटे के दशमलव अंश के रूप में दर्ज किया जाता है।

यदि आपकी प्रविष्टि को मान्य दिनांक या समय प्रारूप के रूप में पहचाना जाता है, तो आप स्क्रीन पर दिनांक या समय देखते हैं। सही तरीके से दर्ज की गई तिथियां फॉर्मूला बार में दिखाई देती हैं, जिसमें फॉर्मेट mm/ dd/ yyyy है, भले ही सेल कैसे तैयार की गई हो। यहाँ, मम महीने के लिए, दिन के लिए dd, और वर्ष के लिए yyyy है।

उदाहरण के लिए, यदि आप 6 जून 19 को एक अल्पविराम और दो दशमलव स्थानों (#,##0.00) के साथ दिखाने के लिए आप उस तिथि को 43,622.00 के रूप में देखेंगे।

सेल में वर्तमान तिथि/समय दर्ज करने के लिए:

- वर्तमान तिथि दर्ज करने के लिए, सेल का चयन करें और कण्ट्रोल + ; दबाएं ।
- वर्तमान समय दर्ज करने के लिए, सेल का चयन करें और कण्ट्रोल + शिफ्ट : की को एक साथ दबाएं।

6.7 टेक्स्ट, संख्या और डेटा श्रृंखला बनाना

सेल में टेक्स्ट बनाने के लिए, वांछित सेल पते पर सेल–पॉइंटर को रखें और फिर कीबोर्ड से प्रविष्टि टाइप करें। उदाहरण के लिए, सेल एड्रेस A1 में टेक्स्ट दर्ज करने के लिए, निम्न चरणों का पालन करें:

1. माउस–पॉइंटर को सेल एड्रेस पर ले जाएँ और बाईं माउस–बटन को सिर्फ एक बार क्लिक करें। तुरन्त, सेल सूचक सेल पते पर (जैसे, एक आयत आकार) में बदलता है।
2. अब, सेल में एंटरिंग टेक्स्ट टाइप करें।
3. फिर, कीबोर्ड से एंटर की दबाएं।
4. टेक्सट प्रविष्टियों को आगतौर पर फोन नंबर, एड्रेस , आदि दर्ज करने के लिए पंक्ति और स्तंभ शीर्ष के रूप में उपयोग किया जाता है। सभी ग्रंथों को संरेखित किया जाता है। और एक सूत्र पाठ प्रविष्टियों पर लागू नहीं किया जा सकता है।

6.8 पृष्ठ सेटअप

वर्कशीट को प्रिंट करने से पहले, बेहतर होगा कि आप उस पेज को प्रिंटर के सेटअप और पेपर के अनुसार बदल दें जो आप वर्कशीट को प्रिंट करने के लिए उपयोग करने जा रहे हैं। एक्सेल में पेज सेटअप फीचर में चार विकल्प होते हैं, जैसे, पेज, मार्जिन, हेडर/फूटर और शीट।

पृष्ठ सेटअप विकल्प सेट करने के लिए:

1. पृष्ठ लेआउट टैब के तहत, पृष्ठ सेटअप समूह में, पृष्ठ टैब के साथ पृष्ठ सेटअप संवाद बॉक्स प्रदर्शित करने के लिए डायलॉग बॉक्स लॉन्चर बटन पर क्लिक करें। पृष्ठ टैब पर उपलब्ध विकल्प।

6.9 वर्कशीट को प्रिंट करना

किसी भी ओपन वर्कशीट को प्रिंट करने का सबसे सरल तरीका बैकस्टेज दृश्य से प्रिंट विकल्प चुनना है। वैकल्पिक रूप से, क्विक एक्सेस टूल–बार से प्रिंट पूर्वावलोकन और प्रिंट बटन पर क्लिक करें। एक्सेल में, आप पूरे या आंशिक वर्कशीट और वर्कबुक को प्रिंट कर सकते हैं, एक समय में एक या कई बार। और यदि आप जो डेटा प्रिंट करना चाहते हैं, वह माइक्रोसॉफ्ट एक्सेल तालिका में है, तो आप प्रिंट को सेट करके केवल एक्सेल तालिका भी प्रिंट कर सकते हैं

स्प्रैडशीट प्रिंट करने के लिए:

1. उस वर्कशीट को खोलें जिसे आप प्रिंट करना चाहते हैं।
2. फ़ाइल टैब पर क्लिक करें और फिर प्रिंट कमांड चुनें। वैकल्पिक रूप से, कण्ट्रोल + शिफ्ट + फ12 की को एक साथ दबाएं।
3. प्रिंट बैकस्टेज दृश्य दिखाई देता है। यहां, प्रिंट आइकन पर क्लिक करें।
4. प्रिंट बैकस्टेज दृश्य बंद हो जाता है और स्थिति पट्टी में प्रिंट कार्य की प्रक्रिया प्रदर्शित होती है।

वर्कशीट के एक सेक्शन को प्रिंट करने के लिए:

1. प्रिंट करने के लिए सेल्स की श्रेणी का चयन करें।

   प्रिंट बैकस्टेज विंडो में, सेटिंग अनुभाग के तहत, प्रिंट की गई ड्रॉप–डाउन सूची में, चयनित सेल्स को प्रिंट करने के लिए प्रिंट का चयन करें। एक्सेल सेट किए गए किसी भी प्रिंट क्षेत्र को अनदेखा करता है और चयनित रेंज को प्रिंट करता है।

एक कमांड के साथ कई वर्कशीट प्रिंट करने के लिए:

1. सभी पत्रक (कार्यपत्रक उसी कार्यपुस्तिका के भीतर होना चाहिए) का चयन करें जिसे आप प्रिंट करना चाहते हैं।
2. प्रिंट बैकस्टेज विंडो में, सेटिंग अनुभाग के तहत, प्रिंट क्या ड्रॉप–डाउन सूची में, प्रिंट सक्रिय पत्रक चुनें।

6.10 सेल और वर्कशीट का मैनीपुलेशन

एक्सेल की शक्ति डेटा आइटम को स्टोर करने, मणिपुलटे करने और प्रदर्शित करने में निहित है। इससे पहले कि आप डेटा में हेरफेर और प्रदर्शन कर सकें, आपको इसे सही ढंग से दर्ज करना होगा।

6.10.1 सैल कंटेट को माडिफाई और एडिट करना

सेल प्रविष्टि को माडिफाई/एडिट करते समय, आप टेक्स्ट को फॉर्मूला बार या सेल में ही एडिट कर सकते हैं।

फार्मूला बार में सेल प्रविष्टि एडिट करने के लिए:

1. उस सेल का चयन करें जिसमें वह डेटा है जिसे आप एडिट करना चाहते हैं।

2. फार्मूला बार में टेक्स्ट में सम्मिलन बिंदु को स्थानांतरित करें। उस पॉइंटर को पॉजिशन में रखें जहाँ आप एडिट करना चाहते हैं और फिर क्लिक करें। एक चमकती प्रविष्टि बिंदु इंगित करता है कि टाइपिंग और एडिट कहां होता है।
3. सेल प्रविष्टि एडिट करें या नया टेक्स्ट लिखें।

सेल में सीधे एक प्रविष्टि एडिट करने के लिए:

1. चयनित सेल पर डबल–क्लिक करें या F2 की दबाएं।
2. I–बीम को स्थानांतरित करने के लिए तीर की को दबाएं जो प्रविष्टि बिंदु को चिह्नित करता है जहां आप एडिट करना चाहते हैं।
3. सेल प्रविष्टि में वांछित परिवर्तन करें।
4. टेक्स्ट बदलने के लिए एंटर की दबाएं। वैकल्पिक रूप से, जिसे कंटेट को आपने चेंज नही किया है, उस सेल से बाहर आने के लिए Esc की दबाएं।

6.10.2 सेल कंटेंट मे टेक्सट को एंटर, डिलीट या बदलें

- वर्ण सम्मिलित करने के लिए, उस सेल में क्लिक करें जहाँ आप उन्हें सम्मिलित करना चाहते हैं, और फिर नए वर्ण लिखें।
- करैक्टर को हटाने के लिए, उस सेल में क्लिक करें जहाँ आप उन्हें हटाना चाहते हैं, और फिर बैकस्पेस दबाएं। या, वर्णों का चयन करें और फिर डिलीट दबाएँ।
- विशिष्ट वर्णों को बदलने के लिए, उनका चयन करें और फिर नए वर्ण लिखें।
- ओवरटाइप मोड को चालू करने के लिए, ताकि आप टाइप करते समय मौजूदा पात्रों को नए अक्षरों से बदल दें, इन्सर्ट दबाएं।
- सेल में एक विशिष्ट बिंदु पर टेक्स्ट की एक नई लाइन शुरू करने के लिए, उस जगह पर क्लिक करें जहाँ आप लाइन को तोड़ना चाहते हैं, और फिर ऑल्ट + एंटर दबाएँ।

6.11 ड्रैग और ड्राप द्वारा सेल कंटेंट को मूव और कॉपी करना

सेल या कक्षों की श्रेणी को स्थानांतरित करने या उसकी प्रतिलिपि बनाने का सबसे आसान और सबसे सहज तरीका यह है कि सेल या कक्षों की श्रेणी को नए स्थान पर ड्रैग और ड्रॉप करें।

आप ड्रैग और ड्रॉप का उपयोग करके कोशिकाओं की श्रेणी कैसे आगे बढ़ाते हैं?

1. उस सेल या श्रेणी का चयन करें, जिसे आप स्थानांतरित करना चाहते हैं।
2. चयन सीमा पर माउस पॉइंटर को ले जाएं। सूचक एक तीर में बदल जाता है।
3. चयनकर्ता और चयन की ग्रे रूपरेखा को नए स्थान पर खींचें। विंडो स्क्रॉल करने के लिए एक विंडो के किनारे को पीछे खींचें। चित्र 6.9 विस्तृत ग्रे बॉर्डर को दर्शाता है जो स्थानांतरित होने वाले क्षेत्र को घेरता है। ध्यान दें कि जैसे–जैसे आप आगे बढ़ते हैं, आप रेंज संदर्भ देखते हैं जहां चयन पेस्ट किया जाएगा।
4. माउस बटन को छोड़ दें जब ग्रे रंग की रूपरेखा रखी जाती है, जहां आप चयनित रेंज रखना चाहते हैं।

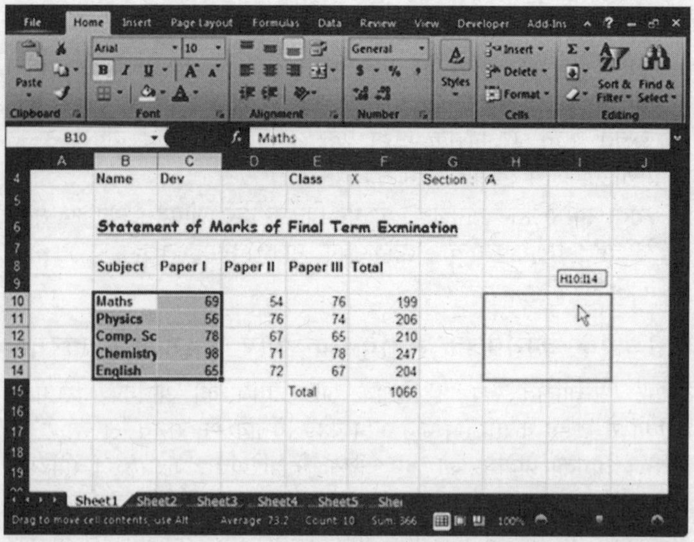

चित्र 6.9: वाइड ग्रे बॉर्डर को स्थानांतरित किए जाने वाले क्षेत्र को शामिल करना

6.12 रिबन के साथ सेल को मूव और कॉपी करना

आप ड्रैग–एंड–ड्रॉप तकनीक का उपयोग केवल तब कर सकते हैं, जब आप अलग–अलग वर्कशीट के बीच या एक स्प्लिट शीट में पैन के बीच डेटा को स्थानांतरित या कॉपी करना चाहते हैं।

रिबन कमांड का उपयोग करके सेल कंटेंट को स्थानांतरित करने के लिए:

1. उस सेल या श्रेणी का चयन करें जिसे आप स्थानांतरित करना चाहते हैं।
2. होम टैब पर क्लिक करें और फिर क्लिपबोर्ड समूह के तहत कट बटन पर क्लिक करें, या एक साथ कण्ट्रोल + X की दबाएं। आपके द्वारा चुनी गई कोशिकाएं एक मार्की, एक चलती हुई धराशायी रेखा से घिरी हुई दिखाई देती हैं। ऑफिस क्लिपबोर्ड किसी भी ऑफिस अनुप्रयोगों के साथ–साथ अन्य विंडो अनुप्रयोगों से 24 ऑब्जेक्ट तक संग्रहीत कर सकता है।

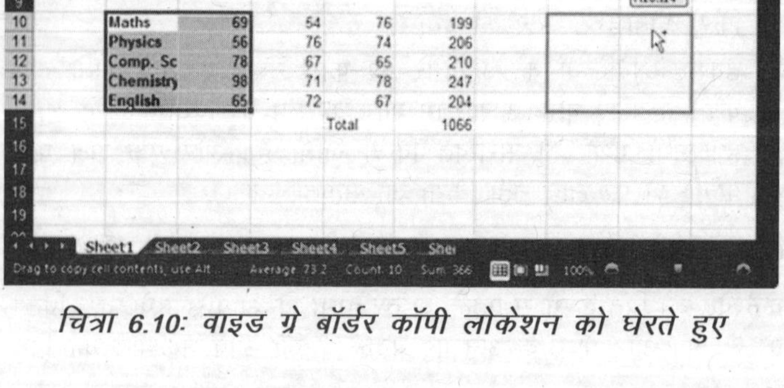

चित्रा 6.10: वाइड ग्रे बॉर्डर कॉपी लोकेशन को घेरते हुए

3. ऊपरी–बाएं कोने पर सेल का चयन करें, जहां आप चयनित कोशिकाओं को पेस्ट करना चाहते हैं।
4. क्लिपबोर्ड समूह के तहत पेस्ट बटन पर क्लिक करें, या कॉपी और मेमोरी में प्रतिलिपि बनाए रखने के लिए एक साथ कण्ट्रोल + V की दबाएं। केवल एक बार पेस्ट करने के लिए एंटर की दबाएँ।

6.13 फिलिंग या फील हैंडल के साथ सेल कंटेंट को कॉपी करना

आप एक्सेल कॉपी और भरण आदेश और कॉपी या भरने वाले कई अन्य शॉर्टकट के साथ डेटा–एंट्री समय का एक बड़ा सौदा बचा सकते हैं। किसी कार्यपत्रक में प्रत्येक फार्मुला को टाइप करने के बजाय, आप कुछ फार्मुला टाइप कर सकते हैं और उन्हें अन्य कक्षों में कॉपी या भर सकते हैं। आप एक ही समय में फार्मुला और प्रारूप की प्रतिलिपि भी बना सकते हैं।

6.13.1 फील हैंडल का उपयोग करना

यदि आप एक माउस का उपयोग करते हैं और आसन्न कोशिकाओं में डेटा या फ़ार्मुलों को भरने की आवश्यकता होती है, तो फील हैंडल का उपयोग करें जो चयनित सेल के निचले–दाएं कोने या कक्षों की श्रेणी में एक काला वर्ग है। फील हैंडल को कोशिकाओं में खींचकर कोशिकाओं को प्रतियों या डेटा आइटम्स की एक श्रृंखला भर सकते हैं।

आसन्न कोशिकाओं को भरने के लिए:

1. उन सेल या रेंज का चयन करें जिसमें डेटा या फ़ार्मुला शामिल हों।
2. भरने के हैंडल को खींचें ताकि विस्तृत ग्रे बॉर्डर सभी कोशिकाओं को भरने के लिए संलग्न हो।
3. माउस बटन छोड़ें।

किसी क्षेत्र में सूत्र भरने से प्रतिलिपि बनाने और चिपकाने के समान परिणाम उत्पन्न होते हैं। सापेक्ष संदर्भ सूत्र समायोजित किए जाते हैं जैसे कि वे कॉपी किए गए थे। यहां तक कि अगर सूत्र अन्य स्प्रेडशीट का संदर्भ देता है, तो एक्सेल द्वारा उचित समायोजन स्वचालित रूप से किया जाएगा।

6.14 स्वरूपण सेल (फ़ॉन्ट, संरेखण, शैली)

मूल स्वरूपण आपकी कार्यपुस्तिका के रूप और स्वरूप को अनुकूलित कर सकता है, जिससे आप विशिष्ट अनुभागों पर ध्यान आकर्षित कर सकते हैं और कंटेंट को देखने और समझने में आसान बना सकते हैं।

फ़ॉन्ट आकार बदलने के लिए:

1. वह सेल चुनें, जिसमें से आप फ़ॉन्ट आकार बदलना चाहते हैं।
2. होम टैब पर, फ़ॉन्ट आकार कमांड के बगल में स्थित ड्रॉप–डाउन तीर पर क्लिक करें; फिर इच्छित फ़ॉन्ट आकार का चयन करें। हमारे उदाहरण में, हमने टेक्स्ट को बड़ा बनाने के लिए 22 का चयन किया है। चित्र 6.11 में दिखाए गए अनुसार टेक्स्ट फ़ॉन्ट आकार परिवर्तन देखने के लिए फ़ॉन्ट आकार पर माउस पॉइंटर को घुमाएं।
3. टेक्स्ट चयनित फ़ॉन्ट आकार में बदल जाएगा।
4. आप फ़ॉन्ट आकार और कमी फ़ॉन्ट आकार बढ़ाएँ का उपयोग भी कर सकते हैं या अपने कीबोर्ड का उपयोग करके कस्टम फ़ॉन्ट आकार दर्ज कर सकते हैं।

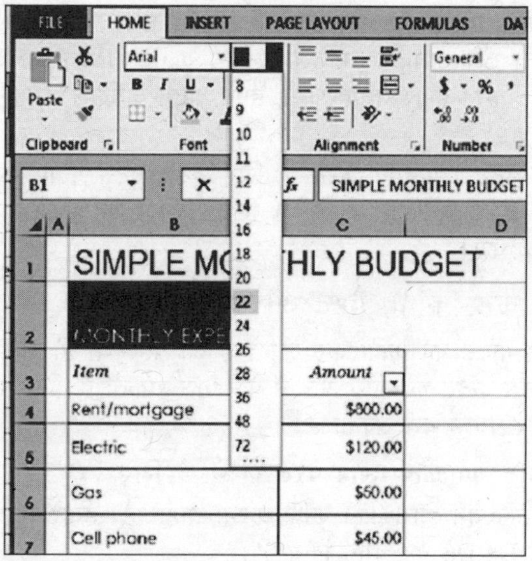

चित्र 6.11: फ़ॉन्ट आकार का चयन करना

फ़ॉन्ट बदलने के लिए:

डिफ़ॉल्ट रूप से, प्रत्येक नई कार्यपुस्तिका का फ़ॉन्ट कैलिब्री पर सेट होता है। हालाँकि, एक्सेल कई अन्य फ़ॉन्ट प्रदान करता है जिनका उपयोग आप अपने सेल टेक्स्ट को अनुकूलित करने के लिए कर सकते हैं।

1. वह सेल चुनें, जिसका आप फ़ॉन्ट बदलना चाहते हैं।
2. होम टैब पर, फ़ॉन्ट कमांड के बगल में स्थित ड्रॉप–डाउन तीर पर क्लिक करें; तब इच्छित फ़ॉन्ट का चयन करें। हमारे उदाहरण में, हमने एरियल फ़ॉन्ट प्रकार चुना है।

पाठ चयनित फ़ॉन्ट में बदल जाएगा।

सेल शैली लागू करने के लिए:

1. सेल (एस) का चयन करें, जिसमें से आप रोल स्टाइल लागू करना चाहते हैं।
2. शैलियाँ समूह में होम टैब पर सेल स्टाइल्स कमांड पर क्लिक करें; फिर ड्रॉप डाउन मेनू से वांछित शैली चुनें।
3. चयनित सेल शैली दिखाई देगी।
4. एक सेल शैली लागू करने से टेक्स्ट संरेखण को छोड़कर किसी भी मौजूदा सेल प्रारूप को बदल दिया जाएगा।

रिबन कमांड का उपयोग करके टेक्स्ट को संरेखित करना:

1. सेल या सेल रेंज का चयन करें, जिन के कंटेन्ट को आप संरेखित करना चाहते हैं।
2. क्षैतिज संरेखण बनाने के लिए, होम टैब के तहत संरेखण समूह से बाएं, केंद्र या दाएं संरेखित करें बटन पर क्लिक करें। हमारे उदाहरण में, हमने केंद्र क्षैतिज संरेखण का चयन किया है।

3. वर्टिकल अलाइनमेंट बनाने के लिए होम टैब के तहत एलिनिमेंट ग्रुप से टॉप अलाइन, मिडिल एलाइन या बॉटम अलाइन बटन पर क्लिक करें। हमारे उदाहरण में, हमने बॉटम वर्टिकल एलाइनमेंट को चुना है।
4. सेल कंटेंट को इंडेंट करने के लिए, इंडेंट बटन बढ़ाएं पर क्लिक करें। इंडेंट को कम करने के लिए, इंडीज बटन को घटाएं पर क्लिक करें।

6.15 कट, कॉपी, पेस्ट और पेस्ट विशेष

आप उस कंटेंट को कॉपी कर सकते हैं जो पहले से ही शीट में दर्ज है और उस कंटेंट को अन्य सेल में पेस्ट कर सकती है, जिससे आपका समय और प्रयास बच सकता है।

सेल कंटेंट को कॉपी और पेस्ट करने के लिए:

1. वह सेल चुनें जिसे आप कॉपी करना चाहते हैं। हमारे उदाहरण में, हमने D4:D6 का चयन किया है।
2. होम टैब पर कॉपी कमांड पर क्लिक करें, या कीबोर्ड पर कण्ट्रोल + C दबाएं।
3. उस सेल का चयन करें जहाँ आप कंटेंट को पेस्ट करना चाहते हैं। हमारे उदाहरण में, हमने D8:D10 का चयन किया है। कॉपी किए गए सेल में उनके चारों ओर एक धराशायी बॉक्स होगा।
4. होम टैब पर पेस्ट कमांड पर क्लिक करें, या अपने कीबोर्ड पर कण्ट्रोल + V दबाएं।
5. कंटेंट को चयनित कोशिकाओं में पेस्ट किया जाएगा।

सेल कंटेंट को कट और पेस्ट करने के लिए:

1. उस सेल का चयन करें जिसे आप कट करना चाहते हैं। हमारे उदाहरण में, हमने D9:D10 का चयन किया है।
2. माउस को राइट–क्लिक करें और कट कमांड चुनें। वैकल्पिक रूप से, आप होम टैब पर कमांड का उपयोग कर सकते हैं, या अपने कीबोर्ड पर कण्ट्रोल + X की दबा सकते हैं।
3. उन सेल्स का चयन करें जहाँ आप कंटेंट पेस्ट करना चाहते हैं। हमारे उदाहरण में, हमने E9:E10 का चयन किया है। कट कोशिकाओं में अब उनके चारों ओर एक धराशायी बॉक्स होगा।
4. कट कंटेंट को मूल कोशिकाओं से हटा दिया जाएगा और चयनित कोशिकाओं में चिपकाया जाएगा।

6.15.1 पेस्ट स्पेशल का उपयोग करना

पेस्ट स्पेशल एक सेल विशेषताओं के भाग को कॉपी और पेस्ट करने के लिए बहुत उपयोगी है, जैसे कि प्रारूप या मूल्य, लेकिन दोनों नहीं। इस कमांड के साथ, आप डेटाबेस लेआउट्स को वर्कशीट लेआउट्स में री–ओरिएंट कर सकते हैं और इसके विपरीत (a) यह कमांड आपको कोशिकाओं की विशेषताओं को एक साथ चिपकाकर संयोजित करने में भी सक्षम बनाता है।

पेस्ट विशेष का उपयोग करने के लिए:

1. सेल या सेल की श्रेणी का चयन करें।
2. होम टैब पर क्लिक करें और फिर क्लिपबोर्ड समूह के तहत कॉपी बटन पर क्लिक करें, या एक साथ कण्ट्रोल + C की दबाएं।
3. उस वर्कशीट के ऊपरी–बाएँ कोने का चयन करें जहाँ आप पेस्ट करना चाहते हैं। पंक्तियों और स्तंभों को चेज (फ़्लिपिंग) करते समय, इस बात पर विचार करना सुनिश्चित करें कि पेस्ट किया गया क्षेत्र 90 डिग्री पर घुमाए जाने पर कौन सी कोशिकाओं को कवर करता है।
4. क्लिपबोर्ड समूह के तहत पेस्ट बटन के बगल में स्थित तीर पर क्लिक करें और फिर पेस्ट चुनें।

6.16 पंक्तियाँ, कॉलम को इंसर्ट और डिलिट करना

एक्सेल के साथ, आप पूरी पंक्तियों या कॉलम को डिलिट या इंसर्ट कर सकते हैं। आप आसपास की पंक्तियों और कॉलम को अप्रभावित छोड़कर, आसानी से कोशिकाओं को डिलिट या कॉलम भी कर सकते हैं। यह तकनीक आपको संपूर्ण पंक्तियों या कॉलम को बदले बिना कोशिकाओं को जोड़ने या निकालने में सक्षम बनाती है।

सेल, पंक्तियों या कॉलम को इंसर्ट करना

सेल इंसर्ट करने के लिए:

1. उन सेल या सेल की श्रेणी का चयन करें जहां नई सेल डाली जानी हैं। या, उन पंक्तियों या कॉलम में कक्षों का चयन करें जहाँ आप नई पंक्तियाँ या कॉलम इंसर्ट करना चाहते हैं।
2. इंसर्ट सेल का चयन करें ... होम टैब के सेल्स ग्रुप की इंसर्ट ड्रॉप–डाउन सूची से विकल्प। वैकल्पिक रूप से, कण्ट्रोल ++ (प्लस) की दबाएं या सही माउस बटन पर क्लिक करें और इंसर्ट करें चुनें। इंसर्ट करें संवाद बॉक्स प्रकट होता है। सेल करने के लिए विभिन्न तालिका मे दिखाए गए है।

Option	Function
Shift cells right	Selected cells move right.
Shift cells down	Selected cells move down.
Entire row	Insert a row at each selected cell.
Entire column	Insert a column at each selected cell.

3. कोशिकाओं को इंसर्ट करने के लिए, उस दिशा का चयन करें जिसमें आप चयनित कक्षों को इंसर्ट करना चाहते हैं।
4. ओके पर क्लिक करें।

पंक्तियों या कॉलम को इंसर्ट करने के लिए:

1. उन पंक्तियों या कॉलम में कक्षों का चयन करें जहाँ आप नई पंक्तियाँ या कॉलम इंसर्ट करना चाहते हैं।
2. इंसर्ट ड्रॉप–डाउन सूची से इंसर्ट करें शीट पंक्तियों का चयन करें।
3. पंक्तियों को इंसर्ट करने के लिए होम टैब का सेल समूह चुने।
4. कॉलम डिलिट के लिए होम टैब के सेल समूह के इंसर्ट ड्रॉप–डाउन सूची से इंसर्ट शीट कॉलम चुनें।

6.16.1 सेल, पंक्तियों या कॉलम को हटाना

डिलीट कमांड वर्कशीट से सेल, रो या कॉलम को पूरी तरह से हटा देता है। एडिटिंग ग्रुप में क्लियर कमांड से अलग है। क्लियर कमांड एक सेल कंटेंट, फॉर्मेट या कमेंट्स को हटा देता है, लेकिन यह सेल को बरकरार रखता है।

कोशिकाओं, पंक्तियों या कॉलम को हटाने के लिए:

1. डिलीट की जाने वाली सेल का सेल या रेंज चुनें, या डिलीट की जाने वाली पंक्तियों और कॉलम में सेल का चयन करें।
2. होम टैब पर क्लिक करें, और फिर सेल समूह के अंतर्गत हटाएं बटन के बगल में तीर पर क्लिक करें। इसके बाद डिलीट सेल्स को सेलेक्ट करें ... या कण्ट्रोल + – (माइनस) की को एक साथ दबाएं, या राइट माउस बटन पर क्लिक करें और डिलीट ... ... डिलीट डायलॉग बॉक्स दिखाई देगा।
3. कोशिकाओं को हटाने के लिए, उस दिशा का चयन करें जिसमें आप शेष कोशिकाओं को स्थानांतरित करना चाहते हैं।
4. ओके पर क्लिक करें।

6.17 सेल की ऊँचाई और चौड़ाई बदलना

वर्कशीट या टेबल की उपस्थिति में सुधार करने के लिए, आप कॉलम की चौड़ाई और पंक्ति की ऊँचाई को समायोजित कर सकते हैं। इस प्रकार, आप एक पृष्ठ पर अधिक डेटा फिट कर सकते हैं। यदि आवश्यक हो, तो आप गोपनीय डेटा भी छिपा सकते हैं

कॉलम चौड़ाई को कैसे एडजस्ट करें?

वर्कशीट की उपस्थिति को बेहतर बनाने के लिए आप एक या अधिक कॉलम की चौड़ाई एडज्सट कर सकते हैं। यदि किसी संख्या, दिनांक, या समय को प्रदर्शित करने के लिए कोई स्तंभ पर्याप्त चौड़ा नहीं है, तो एक्सेल इसे सेल में # वर्णो का उपयोग करके प्रदर्शित करता है। इसलिए, आपको पूरी जानकारी दिखाने के लिए कॉलम की चौड़ाई को समायोजित करने की आवश्यकता हो सकती है।

माउस के साथ कॉलम की चौड़ाई एडजस्ट करने के लिए:

1. वह कॉलम चुनें, जिसमें आपको चौड़ाई बदलने की आवश्यकता है।
2. कॉलम शीर्ष पर सूचक को कॉलम शीर्ष पर दाईं ओर ले जाएं। सूचक दो–सिर वाले, क्षैतिज तीर में बदलता है।

कॉलम को बाएँ या दाएँ खींचें जब तक कि स्तंभ आवश्यक चौड़ाई का न हो। फिर माउस बटन को छोड़ दें। जैसे ही आप कॉलम को ड्रैग करते हैं चौड़ाई बॉक्स प्रकट होता है, कॉलम चौड़ाई के लिए संख्यात्मक मान प्रदर्शित करता है।

रो की ऊचाई को एडजरट करने के लिए:

1. उन पंक्तियों का चयन करें जिनकी आप ऊँचाई बदलना चाहते हैं।
2. माउस पॉइंटर को सीधे उस पंक्ति के हेडर के नीचे लाइन में ले जाएं जिसे आप बदलना चाहते हैं। माउस पॉइंटर दो सिरों वाले वर्टिकल एरो में बदल जाता है।
3. दो–सिर वाले तीर सूचक को तब तक ऊपर या नीचे खींचें जब तक कि पंक्ति आवश्यक ऊँचाई की न हो जाए। फिर गाउरा छोड़ें। स्क्रीन टिप पंक्ति ऊंचाई के लिए संख्यात्मक मान प्रदर्शित करता है।

6.18 ऑटोफिल

एक्सेल तारीखों, संख्या या टेक्स्ट की एक श्रृंखला को दर्ज करना बहुत आसान बनाता है। उदाहरण के लिए, आप कॉलम हेडिंग जैसे कि जनवरी, फ़रवरी, मार्च इत्यादि सम्मिलित कर सकते हैं या समान अंतराल पर संख्या दर्ज कर सकते हैं, जैसे कि 2, 4, 6, 8, आदि, बहुत आसानी से।

आप उपरोक्त प्रकार की श्रृंखला को दो तरीकों से दर्ज कर सकते हैं:

1. फील हैंडल को खींचने के लिए माउस का उपयोग करना।
2. एक कमांड का उपयोग करना जो आपको कई प्रकार की श्रृंखला बनाने की क्षमता देता है।

दिनांक सीरीज बनाने के लिए:

1. प्रारंभिक तिथि दर्ज करें और सेल को प्रारूपित करें।
2. सेल के निचले दाएं कोने पर माउस को तब तक घुमाएं जब तक कि आपको फील हैंडल दिखाई न दे।
3. दाएं माउस बटन दबाए हुए, ऑटोफिल विकल्पों का उपयोग करने के लिए कोशिकाओं का चयन करने के लिए खींचें।
4. माउस बटन जारी करें, और प्रदर्शित होने वाले मेनू से भरण माह चुनें।

6.19 सॉर्टिंग और फ़िल्टरिंग

आप अपने डेटा को सॉर्ट करके किसी कार्यपत्रक को जल्दी से पुनर्गठित कर सकते हैं।

1. उस कॉलम में एक सेल चुनें जिसे आप सॉर्ट करना चाहते हैं। उदाहरण के लिए, हमने सेल A1 चुना है।
2. रिबन पर डेटा टैब का चयन करें, और फिर A से Z को सॉर्ट करने के लिए ए–Z कमांड पर क्लिक करें, या Z को सॉर्ट करने के लिए A–Z कमांड को (ए) हमने A–Z जेड को चुना है।
3. वर्कशीट को आरोही क्रम में चयनित कॉलम द्वारा वर्णानुक्रम में क्रमबद्ध किया जाएगा।
4. एक से अधिक मानों को सॉर्ट करने के लिए, सॉर्ट संवाद बॉक्स खोलने के लिए सॉर्ट कमांड पर क्लिक करें। सॉर्ट करें संवाद बॉक्स प्रकट होता है।
5. उस कॉलम को चुनें जिसे आप सॉर्ट करना चाहते हैं। हमारे उदाहरण में, हम ग्रेड को क्रमबद्ध करना चाहते हैं।
6. सॉर्टिंग ऑर्डर (या तो आरोही या अवरोही) तय करें। हमारे उदाहरण में, हमने सबसे छोटे से सबसे बड़े को चुना है।
7. एक बार जब आप चयन से संतुष्ट हो जाते हैं, तो ओके बटन पर क्लिक करें।
8. चयनित ग्रेड कॉलम को सबसे छोटे से सबसे बड़े क्रम में क्रमबद्ध किया जाता है।

फिल्टर

आप प्रविष्टियों को छिपाने के लिए डेटा को फ़िल्टर कर सकते हैं जो तत्काल रुचि के नहीं हैं।

डेटा फिल्टर करने के लिए:

1. एक सेल पर क्लिक करें; डेटा टैब चुनें, और सॉर्ट और फ़िल्टर समूह में फ़िल्टर कॉम पर क्लिक करें।
2. एक फिल्टर आइकन पर क्लिक करें, उदा। "अंतिम नाम", इसका ऑटो–फ़िल्टर प्रदर्शित करने के लिए।
3. सभी प्रविष्टियों का चयन रद्द करने के लिए सभी बॉक्स का चयन अनचेक करें फिर इच्छित प्रविष्टि चुनें, उदाहरण के लिए, "कुमार" की जांच करें।

4. फ़िल्टर लागू करने के लिए ठीक क्लिक करें। फ़िल्टर अंतिम नाम से प्रदर्शित होता है जैसा कि नीचे दिखाया गया है।

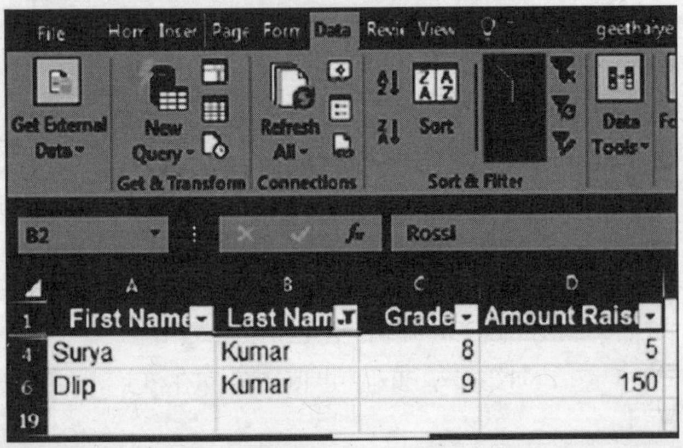

नंबर फ़िल्टर

नंबर फ़िल्टर आपको अलग–अलग तरीकों से गिने डेटा को हेरफेर करने की अनुमति देता है।

1. रिबन पर डेटा टैब का चयन करें, और फिर सॉर्ट और फ़िल्टर समूह में फ़िल्टर कमांड पर क्लिक करें। हेडर सेल में एक ड्रॉप–डाउन एरो दिखाई देगा।
2. जिस कॉलम को आप फ़िल्टर करना चाहते हैं, उसके लिए ड्रॉप–डाउन एरो पर क्लिक करें। हमारे उदाहरण में, हम कॉलम बी को फ़िल्टर करेंगे।
3. फ़िल्टर मेनू प्रकट होता है। नंबर फ़िल्टर पर माउस को होवर करें, और फिर ड्रॉप–डाउन मेनू से वांछित संख्या फ़िल्टर का चयन करें। हमारे उदाहरण में, हम एक विशिष्ट संख्या सीमा के बीच जनवरी –18 की बिक्री देखने के लिए ग्रेटर देन, या समान विकल्प चुनेंगे।
4. कस्टम ऑटोफिलटर संवाद बॉक्स प्रकट होता है। प्रत्येक फ़िल्टर के दाईं ओर वांछित संख्या दर्ज करें और फिर ठीक पर क्लिक करें। हमारे उदाहरण में, हम जनवरी –18 की बिक्री को फ़िल्टर करना चाहते हैं, अर्थात्, संख्या (ओं) को 10,000 से अधिक या उससे अधिक के बराबर।
5. डेटा चयनित नंबर फ़िल्टर द्वारा फ़िल्टर किया जाएगा।

6.20 फ्रीजिंग पैन्स

जब भी आप बहुत सारे डेटा के साथ काम कर रहे होते हैं, तो कार्यपुस्तिका में जानकारी की तुलना करना मुश्किल हो सकता है।

पंक्तियों को फ्रीज करने के लिए:

1. उस पंक्ति के नीचे की पंक्ति का चयन करें जिसे आप फ्रीज़ करना चाहते हैं। हमारे उदाहरण में, हम 1 और 2 पंक्तियों को फ्रीज करना चाहते हैं, इसलिए हमने पंक्ति 3 को चुना है।
2. दृश्य टैब पर, विंडो समूह में फ्रीज पैनस कमांड का चयन करें। फिर ड्रॉप–डाउन मेनू से फ्रीज़ पैन चुनें।
3. शेष वर्कशीट से स्क्रॉल करते समय शीर्ष पंक्ति को दृश्यमान रखने के लिए फ्रीज टॉप रो का चयन करें।
4. पंक्तियों को जगह–जगह जमेगा जैसा कि ग्रे लाइन द्वारा दर्शाया गया है। शीर्ष पर जमे हुए पंक्तियों को देखने के लिए जारी रखते हुए आप वर्कशीट को नीचे स्क्रॉल कर सकते हैं

कॉलम फ्रीज करने के लिए:

1. उस कॉलम के दाईं ओर कॉलम चुनें, जिसे आप फ्रीज करना चाहते हैं। हमारे उदाहरण में, हम कॉलम A को फ्रीज करना चाहते हैं, इसलिए हमने कॉलम B को चुना है।
2. दृश्य टैब पर, विंडो समूह में फ्रीज पैनस कमांड का चयन करें। फिर ड्रॉप–डाउन मेनू से फ्रीज फर्स्ट कॉलम चुनें।
3. ग्रे लाइन द्वारा इंगित किए गए कॉलम को जगह पर जमे हुए किया जाएगा। बाईं ओर जमे हुए कॉलम को देखते हुए आप वर्कशीट पर स्क्रॉल कर सकते हैं। हमारे उदाहरण में, हमने कॉलम K पर स्क्रॉल किया है।

पैन्स को अनफ्रीज करने के लिए:

1. पंक्तियों या कॉलम को अनफ़ॉर्म करने के लिए, फ़्रीज़ पैनस कमांड पर क्लिक करें और फिर ड्रॉप–डाउन मेनू से अनफ़्रीज़ पैन का चयन करें।

6.21 फॉर्मूलास, फंक्शन्स और चार्ट

एक्सेल में, आप फॉर्मूलास और फ़ंक्शन दर्ज कर सकते हैं और गणितीय गणना कर सकते हैं। आप डेटा का उपयोग करके चार्ट और ग्राफिक्स भी बना पाएंगे। आप फ़ॉर्मूलास का उपयोग करके संख्याओं के बीच गणितीय संबंध निर्दिष्ट कर सकते हैं। फ़ॉर्मूलास का उपयोग सरल जोड़, घटाव, गुणा और भाग के साथ–साथ जटिल गणना के लिए किया जाता है। फ़ार्मुलों में कार्य इनबिल्ट होते हैं। यूजर को केवल सेल संदर्भ और एड्रेस प्रदान करना है। इन्हें फ़ंक्शन के तर्क कहा जाता है और इसे कोष्ठक में दिया जाता है, अर्थात () फ़ंक्शन के नाम के बाद।

6.21.1 संख्याओं के लिए फ़ॉर्मूलास का उपयोग करना (जोड़, घटाव, गुणा और भाग)

फॉर्मूला बनाना

फॉर्मूला एक सेल में दर्ज किया गया है। यह कुछ प्रकार की गणना करता है या एक परिणाम देता है, जो सेल में प्रदर्शित होता है। यह हमेशा हस्ताक्षर (=) के बराबर से शुरू होता है और इसमें निम्नलिखित प्रकार के डेटा आइटम शामिल हो सकते हैं:

- संख्यात्मक और पाठ मूल्य (स्थिरांक)
- अंकगणितीय ऑपरेटर, तुलना ऑपरेटर (<, =>) पाठ ऑपरेटर (&), फ़ंक्शन (SUM), कोष्ठक
- सेल संदर्भ और नाम

इन घटकों को मिलाकर, आप कार्यपत्रक में जानकारी का उपयोग करके अपने इच्छित परिणाम की गणना कर सकते हैं। एक्सेल आपको कार्य–पत्रक, या सूत्रों के परिणामों पर सूत्र प्रदर्शित करने का विकल्प भी देता है।

एक्सेल में फ़ॉर्मूलास फार्मूला टैब में उपलब्ध होता है।

6.21.2 ऑटोसम फीचर

ऑटोसम फीचर सम कार्यपत्रक फ़ंक्शन का उपयोग करके पंक्तियों और कॉलम का टोटल करना बहुत आसान बनाती है। मानक टूलबार पर एक विशेष कमांड बटन है।

एक्सेल में ऑटोसम का उपयोग करने के लिए:

1. एक सेल का चयन करें जिसमें आप सम करना चाहते हैं।

2. ऑटोसम बटन का चयन करने के लिए फॉर्मूला टैब पर क्लिक करें। फ़ंक्शन लाइब्रेरी समूह में, सम विकल्प चुनने के लिए ऑटोसम ड्रॉप–डाउन तीर पर क्लिक करें। वैकल्पिक रूप से, + = साइन की को एक साथ दबाएँ।
3. एक्सेल स्वचालित रूप से उस कॉलम में डेटा की सीमा को खोज लेगा जहां आपने क्लिक किया था और एक सम फॉर्मूला बनाएं जो उन कोशिकाओं को जोड़ देगा।
4. एंटर दबाएं। वैकल्पिक रूप से, आप कक्ष E7 में SUM (E3:E6) लिख सकते हैं।

6.21.3 फंक्शन (सम, गणना, मैक्स, मीन, एवरेज)

- **सम()**: कई रेंजों को जोड़ने के लिए, सम फ़ंक्शन का उपयोग करके, उनमें से प्रत्येक को कॉमा द्वारा अलग किया जाता है। यह सभी संख्याओं को कोशिकाओं की श्रेणी में जोड़ता है। सिंटैक्स सम (संख्या 1, संख्या 2, ...) है
- **गणना ()**: गणना फ़ंक्शन उन कोशिकाओं की संख्या को गिनाता है, जिनमें तर्कों की सूची के भीतर संख्याएं होती हैं।

  दूसरे शब्दों में, यह उन मानों की गिनती लौटाता है जो संख्याएँ हैं, आम तौर पर कोशिकाएँ जिनमें संख्याएँ होती हैं। मानों को स्थिरांक, सेल संदर्भ या श्रेणी के रूप में आपूर्ति की जा सकती है। वाक्यविन्यास COUNT (मान 1, मान 2) है।
- **मैक्स ()**: मैक्स फ़ंक्शन एक सेल में संग्रहीत मानो के एक सेट में सबसे बड़ा मूल्य लौटाता है। वाक्यविन्यास मैक्स (संख्या 1, संख्या 2, ...)। तर्क की अधिकतम संख्या 255 हो सकती है यानी नंबर 1, संख्या 2, ...संख्या 255।
- **मीन ()**: मिन फ़ंक्शन एक सेल में संग्रहीत मानों के एक सेट में सबसे छोटा मान लौटाता है। वाक्य विन्यास मीन (संख्या 1, संख्या 2, ...) है। तर्कों की अधिकतम संख्या 255 हो सकती है यानी नंबर 1, संख्या 2, ...संख्या 255।
- **एवरेज ()**: एवरेज फ़ंक्शन, फ़ंक्शन में पारित होने वाले तर्कों का औसत (अंकगणितीय माध्य) लौटाता है। सिंटैक्स एवरेज (संख्या 1, संख्या 2, ।) है।

6.22 चार्ट (बार, पाई, लाइन)

आप एक्सेल का उपयोग करके विभिन्न प्रकार के चार्ट बना सकते हैं जो आपको एक वर्कशीट में डेटा का विश्लेषण करने और आपको परिण ामों की एक दृश्य प्रस्तुति देने में मदद करेगा। आप टेक्स्ट, तीर, शीर्षक, किंवदंतियों आदि को जोड़कर चार्ट को अनुकूलित भी कर सकते हैं। यदि आप लेजर प्रिंटर या प्लॉटर पर एक चार्ट प्रिंट करते हैं, तो चार्ट की गुणवत्ता एक पेशेवर कलाकार द्वारा बनाए गए चार्ट की तरह ही अच्छी है।

बार चार्ट

बार चार्ट व्यक्तिगत वस्तुओं के बीच तुलना का वर्णन करते हैं। एक बार चार्ट में, श्रेणियों को ऊर्ध्वाधर अक्ष के साथ आयोजित किया जाता है, और मूल्यों को क्षैतिज अक्ष के साथ आयोजित किया जाता है। बार चार्ट में निम्न उप–प्रकार होते हैं – क्लस्टर्ड बार स्टैक्ड बार 100%, स्टैक्ड बार 3–डी क्लस्टर्ड, बार 3–डी स्टैक्ड, बार 3–डी 100%, स्टैक्ड बार।

पाई चार्ट

पाई चार्ट एक डेटा श्रृंखला में वस्तुओं का आकार दिखाते हैं, सभी वस्तुओं के योग के अनुपात में। पाई चार्ट में डेटा बिंदु पूरे पाई के प्रतिशत के रूप में दिखाए जाते हैं। पाई चार्ट बनाने के लिए, कार्य–पत्रक पर डेटा को एक कॉलम या पंक्ति में व्यवस्थित करें। पाई चार्ट में निम्न उप–प्रकार हैं– 3–डी पाई, पाई का पाई, और बार ऑफ पाई।

लाइन चार्ट

एक लाइन चार्ट समय की अवधि में रुझानों की तुलना करता है। इसलिए, समान अंतराल पर डेटा के रुझान दिखाने के लिए आदर्श है, जैसे महीने, तिमाही या वर्ष।

सारांश

यह अध्याय एमएस एक्सेल नामक एक बहुत ही लोकप्रिय स्प्रेडशीट पैकेज की अवधारणाओं को प्रस्तुत करता है। यह सबसे बहुमुखी स्प्रेडशीट कार्यक्रम में से एक है। सबसे पहले, हमने इलेक्ट्रॉनिक स्प्रेडशीट के तत्वों पर चर्चा की है। हमने डॉक्यूमेंट बनाने, संपादित करने, सेव करने और प्रिंट करने के तरीकों पर भी चर्चा की। पाठ, संख्या और दिनांक दर्ज करने पर भी चर्चा की जाती है। अध्याय आगे वर्कशीट डाट (ए) में संपादन सेल पर चर्चा करता है और पंक्तियों और कॉलम को सम्मिलित करना और हटाना और सेल की ऊंचाई और चौड़ाई को बदलना बताया गया है। फार्मूला जो गणनाओं को बहुत आसान बनाते हैं, उन्हें भी समझाया गया है। अंत में, डेटा की बेहतर समझ और प्रतिनिधित्व के लिए, आप एक्सेल में चार्ट्स का उपयोग कर सकते हैं जिन्हें विस्तार से समझाया गया है।

शॉर्टकट कीज

कीज	विवरण
कण्ट्रोल + A	सेलेक्ट आल
कण्ट्रोल + B	बोल्ड
कण्ट्रोल + B	कॉपी
कण्ट्रोल + D	फिल डाउन
कण्ट्रोल + F	फाइंड
कण्ट्रोल + G	गोतो
कण्ट्रोल + H	रिप्लेस
कण्ट्रोल + I	इटैलिक
कण्ट्रोल + K	इन्सर्ट हाइपरलिंक
कण्ट्रोल + N	नई वर्कबुक
कण्ट्रोल + O	ओपन
कण्ट्रोल + P	प्रिंट
कण्ट्रोल + R	फिल राइट
कण्ट्रोल + S	सेव
कण्ट्रोल + U	अंडरलाइन
कण्ट्रोल + B	पेस्ट
कण्ट्रोल + W	क्लोज

कण्ट्रोल + X	कट
कण्ट्रोल + Y	रिपीट
कण्ट्रोल + Z	अनडू
फ1	हेल्प
फ2	एडिट
फ3	पेस्ट नाम
फ4	लास्ट एक्शन को रिपीट करना।
फ4	फॉर्मूल टाइप करते समय अब्सोलुटे/रिलेटिव रेफरन्स में स्विच करना।
फ5	गोटो
फ6	नेक्स्ट पाने
फ7	स्पेल चेक
फ8	एक्सटेंड मोड
फ9	रिकेलकुलेट आल वर्कबुक्स
फ10	एक्टिवटे मेनूबार
फ11	नई चार्ट
फ12	सेव अस
कण्ट्रोल + :	इन्सर्ट करंट टाइम
कण्ट्रोल + ;	इन्सर्ट करंट डेट
कण्ट्रोल + ”	कॉपी वैल्यू फ्रॉम सेल अबोव
कण्ट्रोल + ’	कॉपी फार्मूला फ्रॉम सेल अबोव
शिफ्ट	एक्सेल के मेनू में अतिरिक्त कार्यों के लिए शिफ़्ट डाउन होल्ड करें।
शिफ्ट + फ1	यह क्या है?
शिफ्ट + फ2	सेल टिप्पणी संपादित करें।
शिफ्ट + फ3	सूत्र में फ़ंक्शन चिपकाएँ।
शिफ्ट + फ4	अगला तलाशें
शिफ्ट + फ5	खोज
शिफ्ट + फ6	पिछला फलक
शिफ्ट + फ8	चयन में जोड़ेंन
शिफ्ट + फ9	सक्रिय वर्कशीट की गणना करें।
शिफ्ट + फ10	शॉर्टकट मेनू प्रदर्शित करें।
शिफ्ट + फ11	नई वर्कशीट
शिफ्ट + फ12	सेव
कण्ट्रोल + फ3	नाम परिभाषित करें
कण्ट्रोल + फ4	बंद करे
कण्ट्रोल + फ4	XLRestore विंडो का आकार।
कण्ट्रोल + फ6	अगली कार्यपुस्तिका विंडो।
शिफ्ट + कण्ट्रोल + फ6	पिछली कार्यपुस्तिका विंडो।
कण्ट्रोल + फ7	विंडो मूव करे।

कण्ट्रोल + फ8	विंडो का आकार बदलें।
कण्ट्रोल + फ9	कार्यपुस्तिका को छोटा करें।
कण्ट्रोल + फ10	विंडो को अधिकतम या पुनर्स्थापित करें।
कण्ट्रोल + फ11	इनसेट 4.0 मैक्रो शीट।
कण्ट्रोल + फ12	फ़ाइल ओपन।
ऑल्ट + फ1	चार्ट इन्सर्ट करे।
ऑल्ट + फ2	सेव करें
ऑल्ट + फ4	एग्जिट
ऑल्ट + फ8	मैक्रो संवाद बॉक्स
ऑल्ट + फ11	विजुअल बेसिक एडिटर
कण्ट्रोल + शिफ्ट + फ3	पंक्ति और कॉलम लेबल के नामों का उपयोग करके नाम बनाएँ।
कण्ट्रोल + शिफ्ट + फ6	पिछली विंडो
कण्ट्रोल + शिफ्ट + फ12	प्रिंट
ऑल्ट + शिफ्ट + फ1	नई वर्कशीट
ऑल्ट + शिफ्ट + फ2	सेव
ऑल्ट + =	ऑटोसम
कण्ट्रोल + `	टॉगल वैल्यू/फॉर्मूला डिस्प्ले
कण्ट्रोल + शिफ्ट + A	फार्मूला में तर्क नाम डालें
ऑल्ट + डाउन एरो	स्वतः पूर्ण सूची प्रदर्शित करें।
ऑल्ट + ’	प्रारूप शैली संवाद बॉक्स।
कण्ट्रोल + शिफ्ट + ~	सामान्य प्रारूप।
कण्ट्रोल + शिफ्ट + !	कॉमा स्वरूप
कण्ट्रोल + शिफ्ट + @	समय प्रारूप
कण्ट्रोल + शिफ्ट + #	डेटा प्रारूप
कण्ट्रोल + शिफ्ट + $	प्रिंट प्रारूप
कण्ट्रोल + शिफ्ट + %	प्रतिशत प्रारूप
कण्ट्रोल + शिफ्ट + ^	घातीय प्रारूप
कण्ट्रोल + शिफ्ट + &	चयनित सेल के चारों ओर आउटलाइन बॉर्डर रखें।
कण्ट्रोल + शिफ्ट + _	रूपरेखा सीमा निकालें।
कण्ट्रोल + शिफ्ट + *	वर्तमान क्षेत्र का चयन करें।
कण्ट्रोल + +	इन्स्ट करें
कण्ट्रोल + -	डिलीट
कण्ट्रोल + 1	फॉर्मेट सेल्स डायलॉग बॉक्स
कण्ट्रोल + 2	बोल्ड
कण्ट्रोल + 3	इटैलिक
कण्ट्रोल + 4	अंडरलाइन
कण्ट्रोल + 5	स्ट्रिकथ्रौघ

कण्ट्रोल + 6	शो/हाईड ऑब्जेक्ट्स
कण्ट्रोल + 7	शो/हाईड स्टैण्डर्ड टूलबार
कण्ट्रोल + 8	टॉगल आउटलाइन सिम्बल्स
कण्ट्रोल + 9	हाईड रौ
कण्ट्रोल +0	हाईड कलुमंस
कण्ट्रोल + शिफ्ट +(	उनहीदे रौस
कण्ट्रोल + शिफ्ट +)	उनहीदे कलुमंस
ऑल्ट or फ10	मेनू को एक्टिवटे करे।
कण्ट्रोल + टैब	टूलबार में: अगला टूलबार।
कण्ट्रोल + टैब	कार्यपुस्तिका में: अगली कार्यपुस्तिका सक्रिय करें।
शिफ्ट + कण्ट्रोल + टैब	टूलबार में: पिछले टूलबार।
शिफ्ट + कण्ट्रोल + टैब	वर्कबुक में: पिछली वर्कबुक को सक्रिय करें।
शिफ्ट + टैब	पिछला उपकरण
एंटर	आज्ञा करो
शिफ्ट + कण्ट्रोल + फ	फ़ॉन्ट ड्रॉप डाउन सूची।
शिफ्ट + कण्ट्रोल + फ + फ	फॉरमेट सेल डायलॉग बॉक्स का फ़ॉन्ट टैब।
शिफ्ट + कण्ट्रोल + प	बिंदु आकार ड्रॉप डाउन सूची।

मॉडल प्रश्न और उत्तर

क. बहुविकल्पीय प्रश्न

1. एक्सेल में, एक पंक्ति और कॉलम के प्रतिच्छेदन को कहा जाता है:
(क) स्क्वायर (ख) सेल (ग) कक्ष (घ) वर्कशीट

2. सेल में डेटा दर्ज करने के लिए निम्नलिखित में से किस विधि का उपयोग नहीं किया जा सकता है?
(क) एरो को दबाने
(ख) टैब की की को दबाना
(ग) Esc को दबाना
(घ) फॉर्मूला बार कुंजी पर क्लिक करना

3. एक्सेल फाइल का विस्तार .... है।
(क) .tmt (ख) .xxl
(ग) .xlsx (घ) उपरोक्त में से कोई नहीं

4. आप किसी कॉलम को कैसे हटाते हैं?
(क) उस कॉलम हेडिंग का चयन करें जिसे आप हटाना चाहते हैं, और मानक टूलबार पर डिलीट रो बटन चुनें।
(ख) उस कॉलम हेडिंग का चयन करें जिसे आप हटाना चाहते हैं, और मेनू से इन्सर्ट कॉलम चुनें।
(ग) उस पंक्ति शीर्ष का चयन करें जिसे आप हटाना चाहते हैं और मेनू से Edit> Delete चुनें।
(घ) जिस कॉलम हेडिंग को आप हटाना चाहते हैं, उस पर राइट क्लिक करें और शॉर्टकट मेनू से डिलीट को सेलेक्ट करें।

5. एक्सेल विंडो में कौन सा क्षेत्र मान और फॉर्मूला दर्ज करने की अनुमति देता है?
(क) होम टैब (ख) प्रारूप टैब
(ग) फॉर्मूला बार (घ) डिज़ाइन टैब

6. निम्नलिखित में से कौन सा एक्सेल में वैध डेटा प्रकार नहीं है?
(क) संख्या (ख) करैक्टर
(ग) लेबल (घ) दिनांक/समय

7. सेल संदर्भ B2:B9 को निरपेक्ष पंक्ति और कॉलम संदर्भ में बदलने के लिए, आप इसे इस रूप में दर्ज करेंगे।
(क) B2:B9 (ख) $B$2:$B$9
(ग) B$2:B$9 (घ) उपरोक्त में से कोई नहीं

8. आप दैनिक आधार पर शेयर बाजार की प्रगति को ट्रैक करना चाहते हैं। आपको किस प्रकार के चार्ट का उपयोग करना चाहिए?
(क) पाई चार्ट (ख) पंक्ति चार्ट
(ग) लाइन चार्ट (घ) कॉलम चार्ट

9. निम्नलिखित में से कौन एक वित्तीय कार्य नहीं है?
(क) FV () (ख) सम ()
(ग) एन पी वी () (घ) पी एम टी ()

10. आप ड्रैग एंड ड्रॉप मेथड का उपयोग कर सकते हैं:
(क) सेल कंटेन्ट की प्रतिलिपि बनाने मे
(ख) सेल कंटेंट मूव करे
(ग) सेल कंटेंट ऐड करे
(घ) दोनों (क) और (ख)

11. प्रत्येक कार्यपुस्तिका के नीचे दिखाई देने वाले टैब को क्या कहा जाता है?
(क) स्थान टैब (ख) शीट टैब
(ग) संदर्भ टैब (घ) उपरोक्त में से कोई नहीं

12. जब एक स्वरूपित संख्या एक सेल के भीतर फिट नहीं होती है तो वह प्रदर्शित होती है?
(क) ##### (ख) #DIV@
(ग) #DIV / 0 (ध) इनमें से कोई नही

13. टेक्स्ट के रूप में संख्या दर्ज करने के लिए किस प्रतीक का उपयोग किया जाता है?
(क) = (ख) ' (ग) " (घ) +

14. एक्सेल में सम फ़ंक्शन के संबंध में निम्नलिखित में से कौन सा वाक्यविन्यास सही है?
(क) = एसयूएम (ए 1, बी 1)
(ख) = एसयूएम (ए 1: बी 9)
(ग) = एसयूएम (ए 1: ए 9, बी 1: बी 9)
(घ) उपरोक्त सभी

15. एक वर्कशीट में कई नॉन–अदजासेंट कोशिकाओं का चयन करने के लिए, आप होल्ड करते समय कोशिकाओं पर क्लिक करेंगे:
(क) ऑल्ट की (ख) कण्ट्रोल + शिफ़्ट की
(ग) शिफ्ट की (घ) कण्ट्रोल की

16. स्क्रीन पर स्क्रॉल करने से विशिष्ट पंक्तियों और कॉलम को रखने के लिए, आपको पहले चयन करना होगाः
(क) आप स्क्रीन पर बने रहना चाहते हैं उस कॉलम के दाईं ओर
(ख) उस पंक्ति के नीचे जिसे आप स्क्रीन पर रखना चाहते हैं
(ग) उस पंक्ति पर जिसे आप स्क्रीन पर बने रहना चाहते हैं
(घ) आप स्क्रीन पर जिस पंक्ति में रहना चाहते हैं, उसके नीचे की दोनों पंक्तियाँ और कॉलम के दाईं ओर स्थित स्तंभ, जो आप स्क्रीन पर बने रहना चाहते हैं।

17. सेल में करंट डेट डालने के लिए शॉर्टकट की क्या है?
(क) कण्ट्रोल + डी (ख) कण्ट्रोल + टी
(ग) कण्ट्रोल +; (घ) कण्ट्रोल + /

18. एमएस–एक्सेल की .... सुविधा जल्दी से डेटा की एक श्रृंखला को पूरा करती हैः
(क) ऑटो कम्प्लीट (ख) ऑटोफिल
(ग) फील हैंडल (घ) सॉर्टिंग

19. यदि आप '#,##0.00' के रूप में 5436.8 वाले सेल को प्रारूपित करते हैं, तो आउटपुट क्या होगा?
(क) 5,430.00 (ख) 5,436.8 (ग) 5,436.80 (घ) 6.8

20. फॉर्मूला में, कौन सा प्रतीक निश्चित कॉलम या पंक्तियों को निर्दिष्ट करता है?
(क) $ (ख) % (ग) * (घ) @

21. एक्सेल में, डिफ़ॉल्ट रूप से, संख्यात्मक वैल्यूज इस प्रकार दिखाई देते हैं:
(क) लेफ्ट अलाइन (ख) राइट अलाइन
(ग) सेण्टर अलाइन (घ) संरेखित करें

22. एक्सेल वर्कबुक .... का एक संग्रह है।
(क) कार्यपुस्तिकाएं (ख) चार्ट
(ग) कार्यपत्रक (घ) वर्कशीट और चार्ट

23. एक्सेल में, आप सिम द्वारा एक बड़ी संख्या में डेटा जोड़ सकते हैं– जिसे टूल बटन कहा जाता हैः
(क) ऑटोफिल (ख) ऑटोफॉर्म
(ग) ऑटो करेक्ट (घ) ऑटोसम

24. मूल्यह्रास की गणना, वापसी की दरों, भविष्य के मूल्यों और ऋण भुगतान राशि का उपयोग किस फ़ंक्शन के लिए किया जाता है?
(क) तार्किक (ख) सांख्यिकीय
(ग) गणित और त्रिकोणमिति (घ) वित्तीय

25. निम्नलिखित में से कौन सा विकल्प पेस्ट विशेष संवाद बॉक्स में उपलब्ध नहीं है?
(क) जोड़े (ख) घटाना (ग) डिवाइड (घ) क्रमबद्ध करें

26. मार्जिन और पैराग्राफ की शुरुआत के बीच बचे स्थान को कहा जाता हैः
(क) रिक्ति (ख) गटर (ग) एलाइनमेंट (घ) इंडेंटेशन

27. .... पैराग्राफ की शुरुआत में एक बड़ा कैपिटल लेटर बनाता है।
(क) थिसॉरस (ख) पुल कोट्स
(ग) हाइफ़नेशन (घ) ड्रॉप कैप

28. एक्सेल एक्सप्रेशन = LEFT("MICROSOFT EXCEL", 10) का मान हैः
(क) ऑफसॉफ्ट एक्सेल (ख) माइक्रोसॉफ्ट इ
(ग) माइक्रोसॉफ्ट (घ) सॉफ्ट एक्सेल

29. एक्सेल एक्सप्रेशन = ROUND (20.945, 2) देता हैः
(क) 20 (ख) 20.95 (ग) 20.94 (घ) 20.90

30. निम्नलिखित में से कौन सा उनके आकार के अवरोही क्रम में सही व्यवस्था है?
(क) वर्कशीट, वर्कबुक, रेंज, सेल
(ख) वर्कबुक, वर्कशीट, रेंज, सेल
(ग) वर्कशीट, रेंज, वर्कबुक, सेल
(घ) वर्कबुक, रेंज, वर्कशीट, सेल

31. एक्सेल अभिव्यक्ति का वैल्यू = नहीं (10 > 11) हैः
(क) 0 (ख) 1 (ग) ट्रू (घ) फालसे

32. निम्नलिखित एक्सेल कार्यों में से कौन सा सही या गलत और इसके विपरीत बदल जाता है?
(क) और (ख) या (ग) नहीं (घ) यदि

33. बताएं कि क्या निम्नलिखित सही हैं या गलत हैः
1. मस –एक्सेल में सभी सूत्र एक (=) चिह्न के बराबर से शुरू होने चाहिए।
2. मस –एक्सेल दोनों "अब्सोलुटे " और "रिलेटिव " सेल संदर्भ का समर्थन करता है।
(क) 1–ट्रू, 2 –ट्रू (ख) 1–ट्रू, 2–फॉल्स
(ग) 1–फॉल्स, 2–ट्रू (घ) 1–फॉल्स, 2 –फॉल्स

34. निम्नलिखित को मिलाएं:

सूची –1	सूची –2
I. कण्ट्रोल + C	(a) कट
II. कण्ट्रोल + X	(b) पेस्ट करें
III. कण्ट्रोल + V	(c) कॉपी करें

(क) I-b, II-a, III-c (ख) I-b, II-c, III-a
(ग) I-a, II-c, III-b (ग) I-c, II-a, III-b

35. MS-Excel में, एक कार्यपुस्तिका में कम से कम .... वर्कशीट होना चाहिए।
(क) 1 (ख) 2 (ग) 3 (घ) 4

36. MS-Excel कार्यपत्रक में पाठ का डिफ़ॉल्ट ऊर्ध्वाधर संरेखण हैः
(क) जस्टिफाई (ख) शीर्ष (ग) केंद्र (घ) नीचे

37. एक चयनित सेल सीमा के निचले कोने पर एक छोटा सा काला वर्ग इस प्रकार हैः
(क) टूल टिप (ख) ड्रॉप कैप
(ग) फील हैंडल (घ) ऑटोसम

38. निम्नलिखित में से कौन सी एक्सेल सुविधाएँ आपको किसी श्रेणी में संख्याओं का योग जल्दी पता लगाने की अनुमति देती हैं?
(क) फील हैंडल (ख) ऑटोसम
(ग) ऑटोफिल (घ) क्या हुआ अगर विश्लेषण

39. Excel अभिव्यक्ति "=28/7-2^3" वाले सेल का प्रदर्शन मूल्य है:
(क) 4 (ख) –4 (ग) – 28 (घ) 28

40. Excel अभिव्यक्ति "=8/A" वाले सेल का प्रदर्शन मूल्य है:
(क) 0 (ख) #DIV/0!
(ग) #NAME? (घ) #N/A

41. सेल की कंटेंट, A1, A2, A3 और A4 को 12, 13 और 14 के रूप में मानते हुए, क्रमशः एक्सेल फंक्शन = COUNT (A1: A4) का मान है:
(क) 1 (ख) 2 (ग) 39 (घ) 3

42. त्रुटि मान #DIV/0! का प्रतिनिधित्व करता है:
(क) डिवीजन ऑपरेशन के भाजक एक सेल को संदर्भित करता है जिसमें 0 या रिक्त होता है।
(ख) डिविजन ऑपरेशन के हर का तात्पर्य एक सेल से है जिसमें ऋणात्मक मान होता है।
(ग) डिवीजन ऑपरेशन का नुमेरटर एक सेल को संदर्भित करता है जिसमें 0 या तो होता है या रिक्त होता है।
(घ) डिवीजन ऑपरेशन का नुमेरटर एक सेल को संदर्भित करता है जिसमें एक नकारात्मक मान होता है।

43. निम्नलिखित को मिलाएं:

सेट 1	सेट –2
(I) DELTA	(a) टेस्ट कि क्या दो नंबर बराबर हैं
(II) EXACT	(b) सेल वाले नंबरों की संख्या को गिनता है
(III) COUNT	(c) टेस्ट दो पाठ स्ट्रिंग समान हैं या नहीं

(क) I-a, II-b, III-c (ख) I-b, II-a, III-c
(ग) I-c, II-a, III-b (घ) I-a, II-c, III-b

44. एक्सेल अभिव्यक्ति का मान = LEN ("1 2 3 4 45 6") है:
(क) 11 (ख) 6 (ग) 0 (घ) 13

45. एक्सेल अभिव्यक्ति का मूल्य = LEN (5, 5, TRUE, FALSE, TRUE, FALSE):
(क) 10 (ख) 12 (ग) 11 (घ) 13

46. एक्सेल एक्सप्रेशन = CEILING (16, 5) का मान है:
(क) 14 (ख) 15 (घ) 16 (घ) 20

47. निम्नलिखित में से कौन सा एक्सेल फंक्शंस FALSE लौटाता है यदि इसके सभी तर्क FALSE हैं और अन्यथा TRUE लौटाता है?
(क) और (ख) या (ग) नहीं (घ) यदि

48. एक्सेल में आमतौर पर वाइल्डकार्ड निम्नलिखित में से किस प्रतीक को कहा जाता है?
(क) #, ! (ख) @, ! (ग) *, ? (घ) @. %

49. यह बताएं कि क्यां ट्रू है क्या फाल्स :
I. लेबल वाले कॉलम और पंक्तियों वाली एक ग्रिल को वर्कबुक कहा जाता है
I. गोएल सीक डेटा को जल्दी से पुनर्गठित करने, सारांशित करने, अन्वेषण, विश्लेषण और प्रस्तुत करने में मदद करता है।
(क) I–ट्रू, II–ट्रू (ख) I–ट्रू, II–फाल्स
(ग) I–फाल्स, II–ट्रू (घ) I–फाल्स, II–फाल्स

50. निम्नलिखित मिलान करें:

सेट 1	सेट 2
I. \$A\$3	(a) मिश्रित सेल संदर्भ
II. A3	(b) सापेक्ष सेल संदर्भ
III. A\$3	(c) निरपेक्ष सेल संदर्भ

(क) I-c, II-b, III-a (ख) I-b, II-c, III-a
(ग) I-c, II-a, III-b (घ) I-a, II-b, III-c

ख. बताएं कि निम्नलिखित कथन सही हैं या गलत

51. एक नई वर्कशीट बनाने के लिए, फ़ाइल मेनू से वर्कशीट चुनें।
52. कोशिकाओं को उनके पोसिशन्स के आधार पर पंक्ति–वार या स्तंभ–वार नाम दिया गया है।
53. यदि बोल्ड और अंडरलाइन बटन पहले की तुलना में हल्का दिखाई देते हैं, तो इसका मतलब है कि वे वर्तमान में उपयोग में हैं।
54. एक स्तंभ की मानक चौड़ाई 18.43 है।
55. ओपन डायलॉग बॉक्स से फ़ाइल को जल्दी खोलने के लिए, फ़ाइल आइकन पर डबल क्लिक करें।
56. आप एक चयनित सीमा के भीतर एक्टिव सेल को स्थानांतरित नहीं कर सकते।
57. आप एक साथ एक पूरी पंक्ति और एक संपूर्ण कॉलम चुन सकते हैं।
58. शीट को विभाजित करते समय शीट टैब प्रदर्शित किया जाता है।
59. वर्कशीट विंडो का अंतिम कॉलम XFD है।
60. पूर्ववत आदेश का उपयोग करके, आप कई क्रियाओं को पूर्ववत कर सकते हैं।
61. सेल जिसमे यूजर डाटा को एंटर करता है उसे एक्टिव सेल कहते है।
62. एक कार्यपुस्तिका लेबल वाले कॉलम और पंक्तियों के साथ एक ग्रिड है।
63. प्रत्येक कार्यपुस्तिका के निचले भाग में दिखाई देने वाले टैब को शीट टैब कहा जाता है।
64. एक्सेल वर्कशीट में पहली सेल को A0 के रूप में लेबल किया गया है।
65. एक्सेल एक शक्तिशाली संचार सॉफ्टवेयर पैक– आयु है।
66. बी 7: बी 9 के माध्यम से कोशिकाओं बी 7 को इंगित करता है।
67. रद्द करें और दर्ज करें बटन फॉर्मूला बार में दिखाई देते हैं।
68. A21 सेल एड्रेस का एक उदाहरण है।
69. चार्ट पर बॉक्स जिसमें प्रत्येक व्यक्तिगत रिकॉर्ड का नाम होता है, अक्ष कहलाता है।
70. करैक्टर प्रकार एक्सेल में मान्य डेटा प्रकार नहीं है।
71. स्प्रेडशीट एक प्रिंट डॉक्यूमेंट है।
72. वर्कशीट पंक्तियों और कॉलम से बनी होती है।
73. B6 सापेक्ष पता है।
74. \$ A2 पूर्ण पता है।
75. एमएस एक्सेल एमएस वर्ड का हिस्सा है।
76. फॉर्मूला बार एक्टिव सेल का नाम दिखाता है।
77. वर्कबुक में वर्कशीट का क्रम बदला जा सकता है।

78. सेल या कोशिकाओं की एक श्रृंखला को एक नाम दिया जा सकता है।
79. हम प्रिंट के लिए अपनी कार्यपत्रक का एक निश्चित क्षेत्र चुन सकते हैं।
80. एक्सेल वर्कबुक का डिफ़ॉल्ट विस्तार .xlsx है।
81. सेल में दर्ज किसी भी संख्या को तारीख के रूप में माना जाता है यदि सेल का प्रारूप तारीख है।
82. डिफ़ॉल्ट रूप से सभी कोशिकाओं में सामान्य डेटा प्रकार होता है।
83. एक सेल को स्वरूपण के लिए लॉक किया जा सकता है।
84. न्यूमेरिकल डेटा एक्सेल को लेबल कहा जाता है।
85. कक्षा परिणामों में छात्रों के नाम को भरने के लिए ऑटोफिल का उपयोग किया जाता है?
86. कोशिकाओं को खींचते समय, Ctrl दबाने से डेटा स्थानांतरित होने के बजाय कॉपी हो जाएगा।
87. सेल में डिलीट की को दबाने पर सेल का कंटेंट साफ हो जाएगा।
88. इन्सर्ट ड्रॉप डाउन मेनू कोशिकाओं के समूह होम टैब में मौजूद है।
89. जब हम किसी वर्कशीट में कॉलम इन्सर्ट करते हैं, तो पहले से मौजूद डेटा डिलीट हो जाता है।
90. एक्सेल में फंक्शन '=' से शुरू होता है।
91. '^' एक्सेल में एक गणितीय ऑपरेटर है।
92. हम टेक्स्ट डेटा में हेरफेर करने के लिए एक्सेल फ़ंक्शन का उपयोग नहीं कर सकते हैं।
93. फ़ंक्शन तर्क कार्य करने के लिए किसी फ़ंक्शन में दिया गया मान है।
94. दो टेक्स्ट स्ट्रिंग्स में शामिल होने के लिए कॉनसेनेट () का उपयोग किया जाता है।
95. और () एक तार्किक कार्य है।
96. स्ट्रिंग की लंबाई ज्ञात करने के लिए LENGTH () फ़ंक्शन का उपयोग किया जाता है।
97. फ्लोटिंग टेक्स्ट (चार्ट में ऑब्जेक्ट्स के साथ जुड़ा हुआ नहीं) चार्ट क्षेत्र में स्थानांतरित नहीं किया जा सकता है।
98. "वर्कशीट में हेडर या फूटर डालने के लिए, फाइल मेनू में हैडर और फूटर विकल्प चुनें।"
99. सेल/रेंज नाम केस संवेदी हैं।
100. एमएस–ऑफिस का एमएस–एक्सेल मुख्य रूप से लेखांकन उद्देश्य के लिए उपयोग किया जाता है।

उत्तर

1.	(ख)	2.	(ग)	3.	(ग)	4.	(घ)
5.	(ग)	6.	(ख)	7.	(ग)	8.	(ग)
9.	(ख)	10.	(घ)	11.	(ख)	12.	(क)
13.	(ख)	14.	(ग)	15.	(घ)	16.	(घ)
17.	(ग)	18.	(ख)	19.	(ग)	20.	(क)
21.	(ख)	22.	(ग)	23.	(घ)	24.	(घ)
25.	(घ)	26.	(क)	27.	(क)	28.	(ख)
29.	(क)	30.	(घ)	31.	(ग)	32.	(घ)
33.	(क)	34.	(क)	35.	(ग)	36.	(क)
37.	(क)	38.	(ग)	39.	(ख)	40.	(घ)
41.	(घ)	42.	(ख)	43.	(ग)	44.	(ख)
45.	(क)	46.	(घ)	47.	(घ)	48.	(घ)
49.	(क)	50.	(घ)	51.	गलत	52.	गलत
53.	गलत	54.	गलत	55.	सही	56.	गलत
57.	गलत	58.	सही	59.	सही	60.	सही
61	सही	62.	गलत	63.	सही	64.	गलत
65.	गलत	66.	सही	67.	सही	68.	सही
69.	गलत	70.	सही	71.	सही	72.	सही
73.	सही	74.	गलत	75.	गलत	76.	गलत
77.	सही	78.	सही	79.	सही	80.	सही
81.	सही	82.	सही	83.	सही	84.	सही
85.	गलत	86.	सही	87.	सही	88.	गलत
89.	गलत	90.	सही	91.	सही	92.	गलत
93.	सही	94.	सही	95.	सही	96.	सही
97.	गलत	98.	गलत	99.	गलत	100.	सही

Voice Navigation

Smartphones and tablets have become increasingly interactive and easier to use. A lot of the applications on a modem smartphones or tablet can understand voice commands and react to them in real time. This proof to be a huge help to disabled people who might not be able to use a touchscreen.

अध्याय 7

लिब्रे ऑफिस कैल्क

उद्देश्यः

पाठक समझने में सक्षम होगाः

❖ लिब्रे ऑफिस कैल्क के तत्व ❖ लिब्रे ऑफिस कैल्क में कोशिकाओं का मैनीपुलेशन ❖ लिब्रे ऑफिस कैल्क में फंक्शन्स और चार्ट)

7.1 परिचय

लिब्रेऑफिस कैल्क, उबुंटू का सबसे लोकप्रिय स्प्रेडशीट सॉफ्टवेयर है, जिसका उपयोग गणितीय गणना करने के लिए किया जाता है। डेटा पंक्तियों और स्तंभों से मिलकर एक सारणीबद्ध रूप में फैला हुआ है। यह कई इनबिल्ट फीचर्स और टूल प्रदान करता है, जैसे कि फ़ॉर्मूलास, फ़ंक्शन और डेटा विश्लेषण टूल जो बड़ी मात्रा में डेटा के साथ काम करना आसान बनाते हैं।

लिब्रे ऑफिस कैल्क की विशेषताएंः

लिब्रे ऑफिस कैल्क की विशेषताएं इस प्रकार हैं:

- फ़ंक्शंस बिल्ट–इन फ़ार्मुले हैं जो प्रतिशत, ब्याज, औसत की गणना के लिए उपयोग किए जाते हैं।
- सूत्र सरल और जटिल गणना करने के लिए उपयोग किए जाते हैं।
- डेटा पूरी तरह से पूरी शीट में पुनर्गणना हो जाता है, अगर किसी सेल में कोई बदलाव किया जाता है।
- डेटा सर्च और जल्दी से प्रतिस्थापित किया जा सकता है।
- ऑटोफिल फ़ंक्शन का उपयोग करके डेटा को श्रृंखला में दर्ज किया जा सकता है।
- डेटा को चार्ट के रूप में ग्राफिकल रूप में देखा जा सकता है, जो उपयोगकर्ता को प्रभावी तरीके से डेटा की तुलना करने, समझने, विश्लेषण करने में आसान बनाता है।

लिब्रे ऑफिस कैल्क को शुरू करना

1. डैश आइकन पर क्लिक करें।

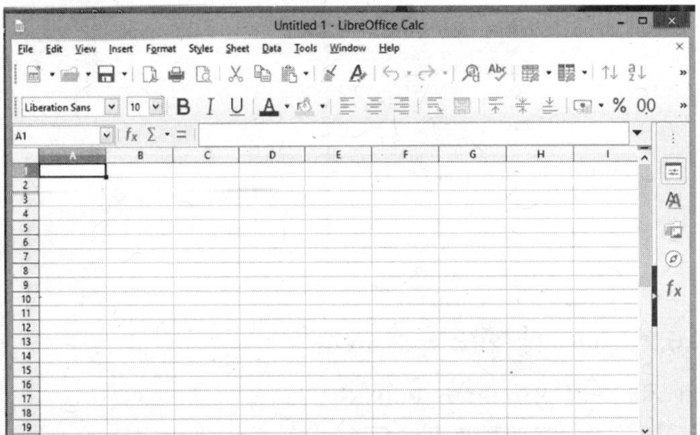

2. सर्च बार में लिब्रेऑफिस कैल्क में कैल्क टाइप करें।
3. लिब्रेऑफिस कैल्क आइकन पर क्लिक करें।
4. लिब्रे ऑफिस कैल्क प्रोग्राम खुलता है।

स्क्रीन में दिखाई देने वाली लिब्रे ऑफिस कैल्क विंडो को स्प्रेडशीट कहा जाता है, और डिफ़ॉल्ट रूप से इसे एक अस्थायी नाम दिया जाता है जिसे **अनटाइटल्ड 1** कहा जाता है। प्रत्येक स्प्रैडशीट में कई शीट (ग्रिड जैसे क्षेत्र जो पंक्तियों और स्तंभों से बने होते हैं, जहां आप डेटा दर्ज करते हैं और डेटा पर काम करते हैं (निश्चित परिणाम पाने के लिए)। डिफ़ॉल्ट रूप से, कैल्क स्प्रेडशीट केवल 1 शीट प्रदर्शित करती है, जिसे शीट 1 नाम दिया गया है। हम स्प्रेडशीट में किसी भी शीट शीट आइकन पर क्लिक करके जोड़ सकते हैं।

शीट में 1,048, 576 पंक्तियाँ (शीट के बाईं ओर की संख्याएँ) और 1024 कॉलम (शीर्ष पर वर्णमाला द्वारा दर्शाए गए) हैं।

7.2 स्प्रेडशीट के घटक

1. **फॉर्मूला बारः** यह शीट के शीर्ष पर स्थित है, और इसमें शामिल हैंः
   नाम बॉक्सः यह सूत्र पट्टी में बाईं ओर स्थित है, और क्षेत्र पत्र और संख्या के संयोजन को प्रदर्शित करके सेल पॉइंटर के स्थान को प्रदर्शित करता है। उदाहरणः A1 सेल में दी गई कंटेंट जोड़ें।
   फ़ंक्शन विज़ार्डः यह फ़ंक्शन विज़ार्ड संवाद बॉक्स खोलता है, जो आपको उपलब्ध फ़ंक्शन की सूची के माध्यम से खोज करने की अनुमति देता है।
   शूमः यह चयनित सेल में कुल की गणना करता है।
   फ़ंक्शनः यह चयनित सेल में साइन इन करने के लिए एक समान सम्मिलित करता है, और इनपुट लाइन में भी।
2. **कॉलम हेडिंगः** ए से जेड, एए से एएमजे तक प्रत्येक सेल की शीर्ष सीमा पर वर्णमाला
3. **पंक्ति शीर्षकः** शीट की बाईं सीमा के साथ अंकित संख्याएँ।
4. **सेलः** एक शीट में एक कॉलम और पंक्ति का अंतर।
5. **एक्टिव सेलः** जब आप सेल पर क्लिक करते हैं, तो एक मोटी काली सीमा इसे शेष सेल से अलग करती है, जो वर्तमान सेल को इंगित करती है।
6. **स्टेटस बारः** यह वर्तमान चयन के बारे में जानकारी देते हुए, कैल्क विंडो के नीचे स्थित है।

संवाद बॉक्स जो आपको उपलब्ध कार्यों की सूची के माध्यम से खोजने की अनुमति देता है।

7.3 डेटा दर्ज करना

स्प्रैडशीट में डेटा दर्ज करने के लिए, पहले इसे बनाएं।

शीट बनाने के लिए:

1. एक नई स्प्रेडशीट खोलें। (अनटाइटल्ड 1)
2. डिफ़ॉल्ट रूप से शीट 1 सक्रिय वर्कशीट है।
3. सेल D1 पर क्लिक करें।
4. 'महीनों का नाम' टाइप करें।
5. फॉर्मेटिंग टूलबार पर मौजूद एलाइन सेंटर सेल बटन पर क्लिक करें।

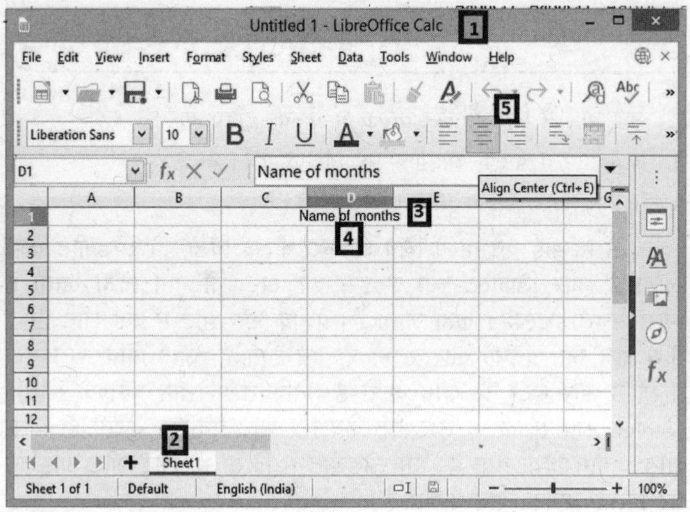

6. सेल A2 पर क्लिक करें।
7. 'ईयर' टाइप करें।
8. राइट एरो की दबाएं।
9. बी 2 में जनवरी 'टाइप करें और C2 में 'फेबयुररी'।
10. सेल A3 पर क्लिक करें। '2019' टाइप करें, और एंटर की दबाएँ।
11. सेल पॉइंटर सेल A4 में शिफ्ट हो जाता है।

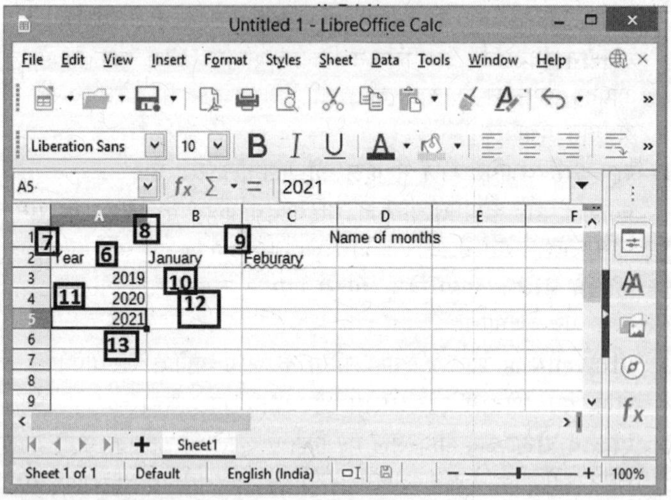

12. की 2020 टाइप करें, और फिर सेल A5 को स्थानांतरित करने के लिए तीर कुंजी दबाएं।
13. सेल A5 में '2021' टाइप करें।

7.4 डेटा के प्रकार

लिब्रे ऑफिस कैल्क शीट में, तीन प्रकार के डेटा हैं:

क. **संख्या:** संख्याएँ वे मान हैं जिनमें 0 से 9 तक अंक होते हैं, और *, @, $ जैसे अक्षर होते हैं। डिफ़ॉल्ट संख्या में सेल में सही संरेखित किया जाता है।

ख. **टेक्स्ट:** पाठ में संख्याएँ, अक्षर, स्थान, विशेष वर्ण होते हैं!

ग. **फार्मूला:** फॉर्मूला एक गणितीय समीकरण है जिसमें एक शीट पर गणना करने के लिए एक नंबर, ऑपरेटर और सेल एड्रेस शामिल होता है। सूत्र जटिल गणितीय गणना से जटिल गणना तक कर सकते हैं। फॉर्मूला '=' चिन्ह से शुरू होता है।

गणना करना

हम फार्मूला (सेल संदर्भ, संख्या, ऑपरेटर, एक्सेल फ़ंक्शन) या फ़ंक्शन के संयोजन का उपयोग करके जोड़, घटाव, गुणा और संख्याओं का विभाजन कर सकते हैं। गणना का परिणाम उस सेल में प्रदर्शित किया जाता है, जहां फार्मूला दर्ज किया गया है।

7.5 शीट में काम करना

7.5.1 शीट का नाम बदलना

एक शीट का नाम बदलने के लिए:

1. उस शीट टैब पर राइट क्लिक करें जिसका आप नाम बदलना चाहते हैं।
2. नाम बदलें शीट विकल्प शॉर्टकट मेनू का चयन करें।
3. रीनेम शीट डायलॉग बॉक्स दिखाई देता है।
4. शीट मे नया नाम टाइप करें।
5. ओके पर क्लिक करें।

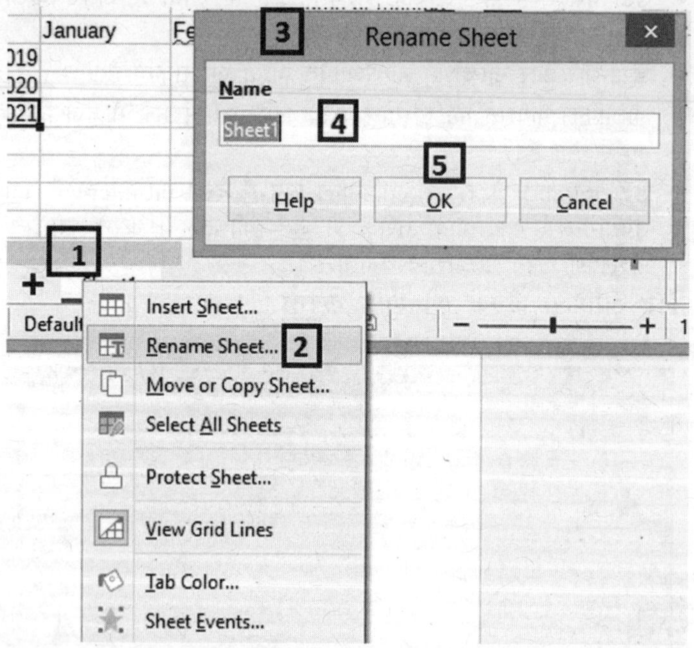

7.5.2 एक नई शीट ऐड करना

एक नई शीट ऐड करने के लिए:

1. ऐड शीट आइकन पर क्लिक करें।

2. आखिरी शीट के बाद एक नई शीट स्प्रेडशीट में डाली जाएगी।

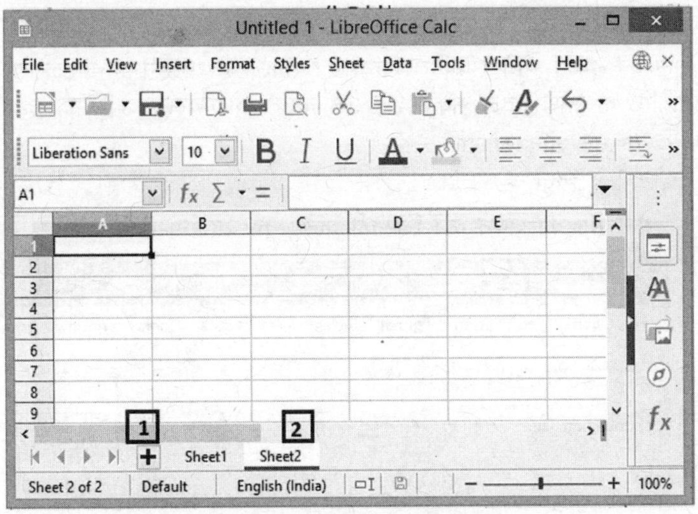

7.5.3 शीट्स के बीच स्विच करना

जब हम स्प्रेडशीट में शीट जोड़ते हैं, तो स्क्रीन पर केवल कुछ शीट देखी जा सकती हैं। शीट्स के बीच स्विच करने के लिए, शीट्स टैब के बाईं ओर मौजूद नेविगेशन बटन [|◀ ◀ ▶ ▶|] पर क्लिक करें।

7.5.4 शीट रिमूव करना

शीट रिमूव करने के लिए, दिए गए चरणों का पालन करें:

1. शीट टैब पर राइट क्लिक करें जिसे आप रिमूव करना चाहते हैं।
2. शॉर्टकट मेनू से डिलीट शीट विकल्प का चयन करें।
3. एक संदेश शीट को हटाने के लिए पुष्टिकरण पूछ रहा है।
4. डिलीट की पुष्टि के लिए यस बटन पर क्लिक करें।
5. चयनित शीट हटा दी जाएगी।

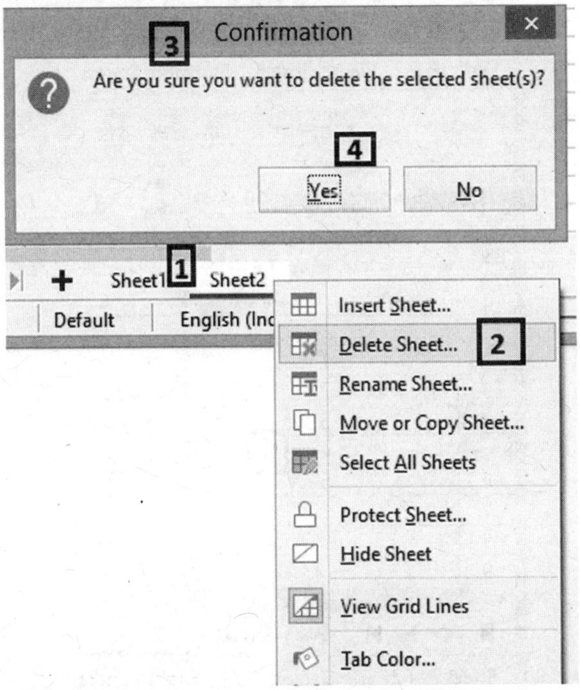

7.5.5 शीट को सेव करना

शीट को सेव करने के लिए:

1. फ़ाइल मेनू पर क्लिक करें।
2. ड्रॉप–डाउन सूची के रूप में सेव विकल्प चुनें।
3. डायलॉग बॉक्स के रूप में सेव दिखाई देता है।
4. नाम पाठ बॉक्स में नाम टाइप करें।
5. सेव बटन पर क्लिक करें।
6. फ़ाइल .ods एक्सटेंशन के साथ सेव हो जाएगी।

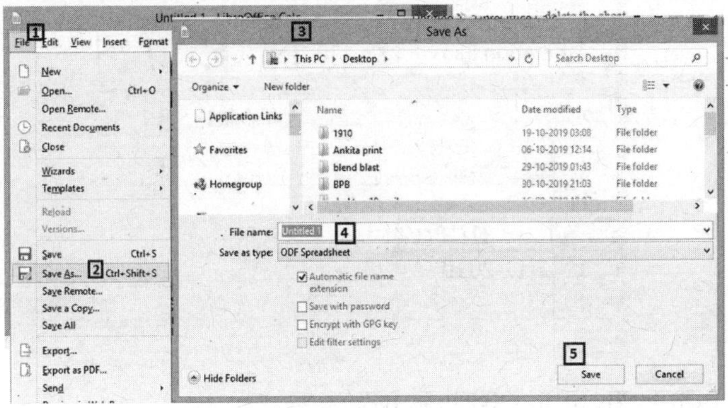

7.6 वर्कशीट का संपादन

लिब्रेऑफिस कैल्क एक एप्लिकेशन सॉफ्टवेयर है, जिसका उपयोग गणितीय गणना करने के लिए किया जाता है। आपको वर्कशीट में आपके द्वारा दर्ज किए गए डेटा को बदलने की आवश्यकता हो सकती है। आप वर्कशीट में डेटा को ऐड या एडिट कर सकते हैं।

एक वर्कशीट को संपादित करने में सेल कंटेंट को बदलना, डेटा को कॉपी करना और स्थानांतरित करना, पंक्तियों और स्तंभों को सम्मिलित करना या हटाना शामिल है।

7.6.1 सेल का चयन करना

सेल्स पर कार्रवाई करने के लिए कोशिकाओं का चयन किया जाता है, कोशिकाओं को चुनने के विभिन्न तरीके हैं:

चयन करने के लिए	एक्शन
पंक्ति / स्तंभ	पंक्ति / स्तंभ शीर्षक पर क्लिक करें
संपूर्ण वर्कशीट	कण्ट्रोल + A
अदजासेन्ट पंक्तियाँ / कॉलम	पहली पंक्ति / कॉलम का चयन करें, शिफ्ट की दबाए रखें और अंतिम पंक्ति / कॉलम चुनें
नॉन– अदजासेंट पंक्तियाँ / कॉलग	पहली पंक्ति / कॉलम चुनें, कण्ट्रोल की दबाए रखें और उस पंक्ति / कॉलम पर क्लिक करें जो आप सेलेक्ट करना चाहते हैं

7.6.2 शीट में डेटा दर्ज करना

टेक्स्ट के रूप में नंबर दर्ज करना

नंबर को टेक्स्ट के रूप में दर्ज करने के लिए, (number) एपोस्टपी को नंबर से पहले रखें। इस तरह से अंक को पाठ के रूप में माना जाता है।

दिनांक या समय दर्ज करने के लिए

सेल का चयन करें और उसमें दिनांक या समय लिखें। आप तिथि तत्व को स्लैश (/) या हाइफन (–) के साथ अलग कर सकते हैं, तिथि प्रारूप स्वचालित रूप से चयनित प्रारूप में बदल जाता है।

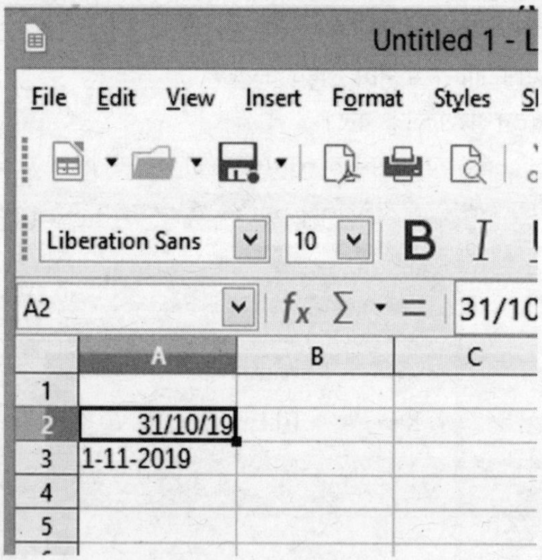

दिनांक या समय बदलने के लिए:

1. सेल का चयन करें और उस पर राइट क्लिक करें।
2. फॉर्मेट सेल्स ऑप्शन कंटेक्सट मेनू को सेलेक्ट करके।
3. संख्या टैब का चयन करें, और उसके बाद दिनांक और समय चुनें 'श्रेणी सूची' से।
4. उस दिनांक या समय प्रारूप का चयन करें जिसे आप प्रारूप सूची का उपयोग करना चाहते हैं।
5. ओके पर क्लिक करें।

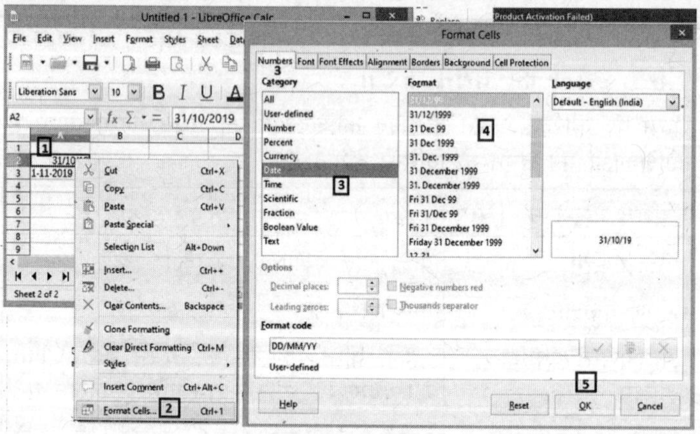

7.6.3 सेल कंटेंट को बदलना

शीट में टाइप किए गए वर्ण और संख्या, दोनों को सेल के साथ–साथ फॉर्मूला बार में भी देखा जा सकता है। जब आप सेल में टाइप करते हैं, तो फॉर्मूला बार के बाईं ओर कैंसिल और एक्सेप्ट बटन दिखाई देगा। सेल में सेल कंटेंट दर्ज करें और परिवर्तनों को स्वीकार करने के लिए फार्मूला पट्टी पर एंटर की या एक्सेप्ट बटन दबाएं।

सेल कंटेंट को दो तरीकों से संशोधित किया जा सकता है:

1. सेल कंटेंट को रेप्लस करके।
2. इन्सर्ट और ओवरराइट मोड का उपयोग करके।

सेल कंटेंट को रेप्लस करना

सेल कंटेंट को सीधे संपादित किया जा सकता है या हम उन्हें एक नई प्रविष्टि के साथ बदल सकते हैं। सेल कंटेंट को बदलने के लिए:

1. एक नई शीट खोलें।
2. डेटा में टाइप करें।
3. सेल B5 का चयन करें जिसकी कंटेंट को बदलना है।

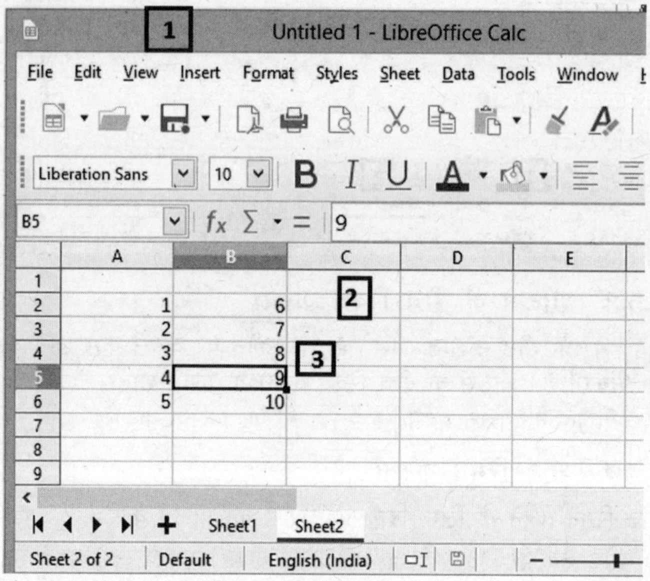

4. उस सेल में 50 टाइप करें।
5. एंटर की दबाएं या एक्सेप्ट करें बटन पर क्लिक करें।
6. पिछले मूल्य को 50 से बदल दिया जाएगा।

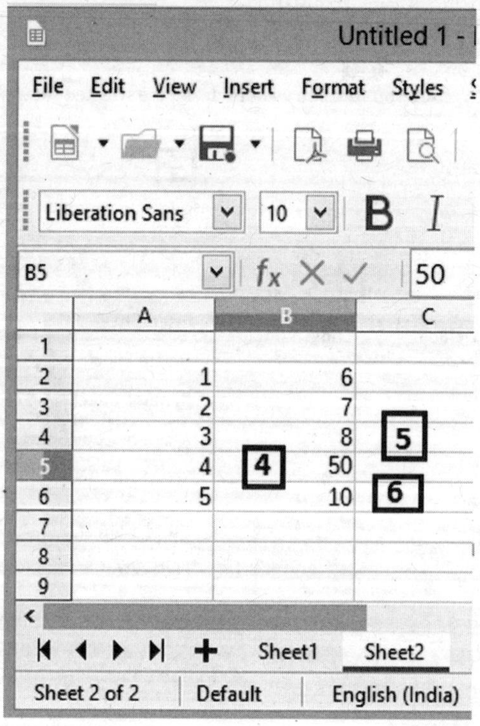

7.6.4 इन्सर्ट और ओवरराइट मोड का उपयोग करना

इन्सर्ट मोड

यह डिफ़ॉल्ट मोड है, जो यूजर को मौजूदा सेल कंटेंट में तत्व डालने या जोड़ने में सक्षम बनाता है।

इन्सर्ट मोड सक्षम करने के लिए:

1. उस सेल पर डबल–क्लिक करें जिसका कंटेंट आप संपादित करना चाहते हैं।
2. जहाँ आप क्लिक कर चुके हैं उस बिंदु पर कर्सर दिखाई देता है।
3. आवश्यक कंटेंट ऐड करे।
4. परिवर्तनों को लागू करने के लिए एंटर की दबाएँ।

ओवरराइट मोड

ओवरराइट मोड यूजर को चयनित कंटेंट को अधिलेखित करने में सक्षम बनाता है।

ओवरराइट मोड को सक्षम करने के लिए:

1. उस सेल पर डबल क्लिक करें जिसका कंटेंट आप अधिलेखित करना चाहते हैं।
2. अधिलेखित मोड पर स्विच करने के लिए कीबोर्ड पर सम्मिलित करें बटन दबाएं।
3. निरीक्षण करें कि स्थिति पट्टी पर ओवरराइट लिखा हुआ है।
4. हाइलाइट किए गए को बदलने के लिए सेल में नया कंटेंट दर्ज करें।

7.6.5 पूर्ववत करें और फिर से करें

किसी कक्ष में मॉडिफिकेशन करने के बाद, आप बदलावों को रद्द करना चाहते हैं और पिछली बार की गई क्रिया को पुनः प्राप्त कर सकते हैं, मानक टूलबार पर मौजूद पूर्ववत करें बटन का उपयोग कर सकते हैं। (कण्ट्रोल + Z पूर्ववत कार्रवाई का शॉर्टकट है)

रीडू कमांड का उपयोग पिछली कार्रवाई को दोहराने के लिए किया जाता है, जो कि अनडू कमांड का उपयोग करके किया जाता है। मानक टूलबार पर मौजूद रीडू बटन पर क्लिक करें। (कण्ट्रोल + Y, रीडू कार्रवाई का शॉर्टकट है)

सेल कंटेंट को हटाने के लिए:

1. उस सेल का चयन करें जिसकी कटेंट आप हटाना चाहते हैं।
2. संपादन मेनू पर क्लिक करें और फिर कंटेंट हटाएं विकल्प पर।
3. हटाएं कंटेंट संवाद बॉक्स प्रकट होता है।
4. सभी चेकबॉक्स को चिह्नित करें।
5. ओके पर क्लिक करें।
6. चयनित सेल के कंटेंट को हटा दिया जाएगा।

रिक्त कक्ष सम्मिलित करने के लिए दिए गए चरणों का पालन करें:

1. एक सेल का चयन करें।
2. इन्सर्ट मेनू पर क्लिक करें।
3. कक्षों का चयन करें विकल्प।
4. इन्सर्ट सेल संवाद बॉक्स प्रकट होता है।
5. इच्छित विकल्प का चयन करें।
6. ओके पर क्लिक करें।
7. नई सेल जोड़ी जाएगी।

एक खाली कॉलम इन्सर्ट करने के लिए:

1. कॉलम हेडर का चयन करें, जिसे आप एक नया कॉलम सम्मिलित करना चाहते हैं।
2. इन्सर्ट मेनू पर क्लिक करें।
3. कॉलम विकल्प चुनें।
4. चयनित कॉलम के बाईं ओर एक नया कॉलम जोड़ा जाएगा।

एक नई पंक्ति सम्मिलित करने के लिए दिए गए चरणों का पालन करें:

1. पंक्ति शीर्षलेख पर क्लिक करें, जिसके ऊपर आप एक नई पंक्ति सम्मिलित करना चाहते हैं।
2. इन्सर्ट मेनू पर क्लिक करें।
3. पंक्तियों के विकल्प का चयन करें।
4. नई पंक्ति को चयनित पंक्ति के ऊपर डाला जाएगा।

7.6.6 कोशिकाओं, स्तंभों और पंक्तियों को हटाना

सेल हटाने के लिए दिए गए चरणों का पालन करें:

1. सेल पर राइट क्लिक करें।
2. डिलीट ऑप्शन को सेलेक्ट करें कॉन्टेक्स्ट मेन्यू से।
3. डिलीट सेल्स संवाद बॉक्स प्रकट होता है।
4. इच्छित विकल्प का चयन करें।
5. ओके पर क्लिक करें।

किसी कॉलम को हटाने के लिए दिए गए चरणों का पालन करें:

1. कॉलम के कॉलम हेडर पर राइट क्लिक करें जिसे आप हटाना चाहते हैं।
2. संदर्भ मेनू से हटाए गए चयनित विकल्पों का चयन करें।
3. चयनित कॉलम हटा दिया जाएगा।

किसी पंक्ति को हटाने के लिए दिए गए चरणों का पालन करें:

1. उस पंक्ति के पंक्ति शीर्षलेख पर राइट–क्लिक करें जिसे आप हटाना चाहते हैं।
2. हटाए गए चयनित पंक्तियों के विकल्प का चयन करें कॉन्टेक्स्ट मेनू बनाएं।
3. चयनित पंक्ति हटा दी जाएगी।

7.7 ऑटो फील

डेटा स्वचालित रूप से भरण कमांड या श्रृंखला कमांड का उपयोग करके डेटा श्रृंखला के साथ कोशिकाओं में भरा जा सकता है। यह हमें कोशिकाओं में डेटा को स्वचालित रूप से भरने की सबसे आसान विधि है। जब भी आप चयनित सेल के दाएं कोने में छोटे वर्ग पर जगह सूचक रखते हैं, तो यह फील हैंडल के रूप में '+ 'प्रतीक में बदल जाता है। चयनित श्रृंखला को भरने के लिए, चयनित श्रेणी के भरण हैंडल को खींचें।

ऑटोफिल का उपयोग करके कॉलम बी में संख्या 1 से 5 भरने के लिए:

1. सेल C1 में 1 टाइप करें।
2. अगली सेल (C2) पर क्लिक करें, और फिर सेल C1 पर जाएं।
3. सेल के निचले दाएं कोने में पॉइंटर को रखें।
4. बाईं माउस बटन को दबाए रखें और सेल C5 तक फील हैंडल खींचें।

5. माउस बटन छोड़ें।
6. आप देखेंगे सेल में C2 से C5 तक की संख्या 2 से 5 दिखाई देती है

नोटः समान मान वाले सेल्स को भरने के लिए, कण्ट्रोल की दबाए रखें।

7.8 डेटा को कॉपी और मूव करना

कॉपी करने का अर्थ है डेटा, यानी टेक्स्ट, नंबर, फॉर्मूले को एक ही वर्कशीट में या किसी अलग वर्कशीट में कॉपी करना।

मूविंग से तात्पर्य डेटा की स्थिति को एक ही वर्कशीट या एक अलग वर्कशीट में बदलना है।

7.8.1 डेटा को कॉपी और पेस्ट करना

1. सेल या सेल की श्रेणी का चयन करें, जिसे आप कॉपी करना चाहते हैं।
2. मानक टूलबार पर मौजूद कॉपी बटन पर क्लिक करें।
3. चयनित कोशिकाओं के आसपास चलती धराशायी लाइनें दिखाई देंगी।
4. सेल एफ 6 का चयन करें और मानक टूलबार पर मौजूद पेस्ट बटन पर क्लिक करें।
5. पाठ को नए स्थान पर कॉपी किया जाएगा।

7.8.2 मूविंग डेटा

कभी-कभी, आप पाते हैं कि डेटा का प्लेसमेंट उचित नहीं है, आपको डेटा को हटाने और उसे पुनः टाइप करने की आवश्यकता है। कैल्क आपको शीट के चारों ओर डेटा स्थानांतरित करने की अनुमति देता है।

शीट के चारों ओर डेटा ले जाने के लिएः

1. वांछित रेंज का चयन करें।
2. स्टैण्डर्ड टूलबार पर मौजूद कट बटन पर क्लिक करें।
3. माउस पॉइंटर को इच्छित स्थान पर ले जाएं।
4. मानक टूलबार पर पेस्ट बटन पर क्लिक करें।

सारांश

यह अध्याय लिबर ऑफिस कैल्क नामक एक बहुत ही लोकप्रिय स्प्रेडशीट पैकेज की अवधारणाओं को प्रस्तुत करता है। सबसे पहले, हमने एक स्प्रेडशीट के तत्वों पर चर्चा की। हमने दस्तावेज़ बनाने, संपादित करने, सेव और प्रिंट करने के तरीकों पर भी चर्चा की। पाठ, संख्या और दिनांक दर्ज करने पर भी चर्चा की है। अध्याय आगे वर्कशीट डेटा में संपादन सेल पर चर्चा करता है। पंक्तियों और स्तंभों को सम्मिलित करना हटाना और सेल की ऊंचाई चौड़ाई को बदलना। सूत्र जो गणनाओं को बहुत आसान बनाते हैं, उन्हें भी समझाया गया है।

शॉर्टकट कीज

कीज	विवरण
शिफ्ट 1	दो दशमलव स्थान, हजार विभाजक।
शिफ्ट 2	मानक घातीय प्रारूप।
शिफ्ट 3	मानक तिथि प्रारूप।
शिफ्ट 4	मानक मुद्रा प्रारूप।
शिफ्ट 5	मानक प्रतिशत प्रारूप (दो दशमलव स्थान)।
शिफ्ट 6	मानक प्रारूप।
ऑल्ट + C	वर्तमान क्षेत्र को कॉपी या स्थानांतरित करता है।
ऑल्ट + D	वर्तमान फ़ील्ड को "डेटा" क्षेत्र में कॉपी या स्थानांतरित करता है।
डिलीट	क्षेत्र से वर्तमान क्षेत्र को निकालता है।
डाउन एरो	वर्तमान संवाद क्षेत्र में फ़ोकस को एक आइटम पर ले जाता है।
डाउन एरो	वर्तमान फ़ोल्ड को एक स्थान पर ले जाता है।
एन्ड	वर्तमान लेआउट क्षेत्र में अंतिम फ़ील्ड का चयन करता है।
एन्ड	वर्तमान फ़ील्ड को अंतिम स्थान पर ले जाएं।
होम	वर्तमान लेआउट क्षेत्र में पहले क्षेत्र का चयन करता है।
होम	वर्तमान फ़ील्ड को पहले स्थान पर ले जाता है।
लेफ्ट एरो	वर्तमान संवाद क्षेत्र में फ़ोकस एक आइटम को बाईं ओर ले जाता है।
लेफ्ट एरो	वर्तमान फ़ील्ड को बाईं ओर एक स्थान पर ले जाता है।
ऑल्ट + O	वर्तमान क्षेत्र के लिए विकल्प प्रदर्शित करता है।
ऑल्ट + R	वर्तमान क्षेत्र को "पंक्ति" क्षेत्र में कॉपी या स्थानांतरित करता है।
राइट एरो	वर्तमान संवाद क्षेत्र में फ़ोकस एक आइटम को दाईं ओर ले जाता है।
राइट एरो	वर्तमान फ़ील्ड को दाईं ओर ले जाता है।
टैब	संवाद के क्षेत्रों और बटन के माध्यम से आगे की ओर बढ़ते हुए ध्यान केंद्रित करता है।
शिफ्ट टैब	संवाद के क्षेत्रों और बटन के माध्यम से पीछे की ओर ले जाकर फोकस को बदलता है।
उप एरो	वर्तमान संवाद क्षेत्र में फ़ोकस को एक आइटम पर ले जाता है।
उप एरो	वर्तमान क्षेत्र को एक स्थान पर ले जाता है।
ऑल्ट	डाउन एरो वर्तमान पंक्ति की ऊंचाई बढ़ाता है।
फ1	हेल्प ब्राउज़र प्रदर्शित करता है। जब हेल्प ब्राउज़र पहले से ही खुला है F1 मुख्य हेल्प पृष्ठ पर आता है।
शिफ्ट + फ1	संदर्भ मदद प्रदर्शित करता है।
फ1	वह नोट प्रदर्शित करता है जो वर्तमान सेल से जुड़ा होता है।
फ11	उन शैलियों और स्वरूपण विंडो को खोलता है जहां आप सेल की कंटेंट या वर्तमान शीट पर एक प्रारूपण शैली लागू कर सकते हैं।
शिफ्ट + फ11	एक दस्तावेज़ टेम्पलेट बनाता है।
शिफ्ट + फ11	टेम्पलेट्स को अपडेट करता है।
फ12	चयनित डेटा श्रेणी को समूहित करता है।

फ12	चयनित डेटा श्रेणी को अनग्रुप करता है।
फ2	मोड को संपादित करने के लिए स्विच करता है और वर्तमान सेल के कंटेंट के अंत में कर्सर रखता है। यदि कर्सर संवाद बॉक्स में एक इनपुट बॉक्स में होता है जिसमें एक न्यूनतम बटन होता है, तो संवाद छिपा होता है और इनपुट बॉक्स दिखाई देता है। संपूर्ण संवाद दिखाने के लिए फिर से F2 दबाएँ।
फ2	फ़ंक्शन विज़ार्ड खोलता है।
शिफ्ट + फ2	कर्सर को इनपुट लाइन पर ले जाता है जहां आप वर्तमान सेल के लिए एक सूत्र दर्ज कर सकते हैं।
फ3	परिभाषित नाम संवाद खोलता है।
फ4	डेटाबेस स्रोत मेनू को दिखाता या छिपाता है।
शिफ्ट + फ4	इनपुट क्षेत्र में रिलेटिव या अब्सोलुटे संदर्भों (उदाहरण के लिए, a1, a1, $a1, a$1) का पुनर्भरण करता है।
फ5	नाविक को दिखाता या छिपाता है।
शिफ्ट + फ5	आश्रितों का पता लगाता है।
शिफ्ट + फ5	कर्सर को नाम बॉक्स में ले जाता है।
फ7	वर्तमान पत्रक में वर्तनी की जाँच करता है।
शिफ्ट + फ7	उदाहरणों से पता चलता है।
फ7	थिसॉरस को खोलता है यदि वर्तमान सेल में टेक्स्ट है।
फ8	अतिरिक्त चयन मोड चालू या बंद करता है। इस मोड में, आप चयन को बढ़ाने के लिए एरो की का उपयोग कर सकते हैं। चयन को बढ़ाने के लिए किसी अन्य सेल में भी क्लिक करें।
फ8	संख्यात्मक मानों वाले हाइलाइट्स सेल (टेक्स्ट नहीं)।
फ9	शीट में सभी फ़ार्मुलों को पुनः प्राप्त करता है।
फ9	चयनित चार्ट अद्यतन करता है।

मॉडल प्रश्न और उत्तर

क. बहुविकल्पीय प्रश्न

1. लिब्रे ऑफिस कैल्क स्प्रेडशीट में पंक्तियों की संख्या कितनी है?
(क) 1,048,576 (ख) 256 (ग) 2,048,571 (घ) 1111

2. लिब्रे ऑफिस कैल्क स्प्रेडशीट में कॉलम की संख्या क्या है?
(क) 256 (ख) 257 (ग) 1024 (घ) 210

3. सुपरस्क्रिप्ट लिब्रे ऑफिस कैल्क के लिए प्रयुक्त शॉर्टकट कुंजी है:
(क) कण्ट्रोल + शिफ्ट + P (ख) कण्ट्रोल + S
(ग) कण्ट्रोल + A (घ) कण्ट्रोल + शिफ्ट + B

4. मदद के लिए इस्तेमाल की जाने वाली शॉर्टकट कुंजी है:
(क) कण्ट्रोल + F1 (ख) कण्ट्रोल + F2
(ग) एफ 1 (घ) F7

5. लिबर ऑफिस कैल्क स्प्रेडशीट का विस्तार है:
(क) .ods (ख) .xlx (ग) .odp (घ) .odt

6. प्रिंट पूर्वावलोकन लिब्रे ऑफिस कैल्क के लिए उपयोग किया गया शॉर्टकट।
(क) कण्ट्रोल + शिफ्ट + O (ख) कण्ट्रोल + P
(ग) कण्ट्रोल + F (घ) कण्ट्रोल + O

7. डिफ़ॉल्ट रूप से लिब्रे ऑफिस कैल्क पर कितनी स्प्रेडशीट है?
(क) 2 (ख) 3 (ग) 1 (घ) 0

8. कैल्क में A1 + A2 जोड़ने से क्या होगा?
(क) ### (ख) 5 (ग) 1 (घ) 0

9. लिबर ऑफिस कैल्क में डेट और टाइम शॉर्टकट्स का क्या होता है?
(क) कण्ट्रोल + ; (ख) कण्ट्रोल + शिफ्ट + :
(ग) (क) और (ख) दोनों (घ)उपर्युक्त कोई नहीं

10. कैल्क में स्प्रेडशीट की अधिकतम संख्या क्या है?
(क) 10000 (ख) 1000 (ग) 5000 (घ) 255

11. कैल्क फॉर्मूला निम्नलिखित में से किस प्रतीक से शुरू होता है ....?
(क) @ (ख) = (ग) # (घ) एवं

12. कैल्क में प्रति स्प्रेडशीट की अधिकतम संख्या क्या है?
(क) +१०७३७४१८२४ (ख) 1000
(ग) 6000 (घ) 1,048,576

13. कैल्क स्प्रेडशीट में एक सेल में अधिकतम वर्ण क्या है?
(क) 32767 (ख) 1024 (ग) 6000 (घ) 255

14. लिबरेस्केल में शीट (A1) में कर्सर को पहली सेल में ले जाता है।
(क) कण्ट्रोल + होम (ख) कण्ट्रोल + F1
(ग) ऑल्ट + F1 (घ) कण्ट्रोल + O

15. कैल्क में न्यूनतम ज़ूम% है .....।
(क) 20% (ख) 0% (ग) 10% (घ) 15%

16. लिब्रे ऑफिस कैल्क में मैनेज टेम्प्लेट को खोलने के लिए उपयोग की जाने वाली कुंजी ...... है।
(क) कण्ट्रोल + शिफ्ट + N (ख) कण्ट्रोल + T
(ग) कण्ट्रोल + F1 (घ) कण्ट्रोल + O

17. लिबर ऑफिस कैल्क में प्रिंट करने के लिए उपयोग की जाने वाली कुंजी है:
(क) कण्ट्रोल + P (ख) कण्ट्रोल + T
(ग) कण्ट्रोल + F1 (घ) कण्ट्रोल + O

18. हम लिबर ऑफिस कैल्क को अधिकतम नहीं कर सकते हैं:
(क) 200 (ख) 300 (ग) 500 (घ) 400

19. फंक्शन विजार्ड को खोलने के लिए प्रयुक्त शॉर्टकट कुंजी लिब्रे ऑफिस कैल्क में है:
(क) ऑल्ट + F1 (ख) कण्ट्रोल + F6
(ग) F2 (घ) कण्ट्रोल + F2

20. लिब्रे ऑफिस कैल्क में वर्तमान सेल की चौड़ाई बढ़ाने के लिए उपयोग की जाने वाली शॉर्टकट कुंजी है:
(क) ऑल्ट + राइट एरो (ख) ऑल्ट + एंड
(ग) F2 (घ) कण्ट्रोल + फ2

21. वर्तमान सेल की सेल चौड़ाई कम करने के लिए .... की है:
(क) ऑल्ट + एन्ड (ख) ऑल्ट + लेफ्ट एरो की
(ग) फ२ (घ) कण्ट्रोल + फ२

22. लिब्रे ऑफिस कैल्क पर अंतिम एडिट सेल तक पहुंचने के लिए शॉर्टकट कुंजी?
(क) ऑल्ट + उप एरो (ख) ऑल्ट + एन्ड
(ग) फ2 (घ) कण्ट्रोल + फ2

23. लिब्रे ऑफिस कैल्क में अंतिम एडिट सेल तक पहुंचने के लिए शॉर्टकट कुंजी है:
(क) कण्ट्रोल + होम (ख) ऑल्ट + कण्ट्रोल + O
(ग) कण्ट्रोल + एन्ड (घ) कण्ट्रोल + H

24. कैल्क स्प्रेडशीट में एक सेल के लिए कॉलम पत्र और पंक्ति संख्या के संयोजन को .... कहा जाता है।
(क) सेल अक्रॉस (ख) सेल आइडेंटिफिकेशन नंबर
(ग) सेल संदर्भ (घ) सेल की पहचान

25. कैल्क अभिव्यक्ति का आउटपुट = 100/10/2 है।
(क) 25 (ख) 50 (ग) 5 (घ) 200

26. निम्नलिखित में से कौन सा कार्यक्रम ओपनऑफिस सूट का एक उदाहरण है?
(क) कैल्क (ख) लिखें (ग) प्रकाशक (घ) एक्सेल

27. कैल्क किस प्रकार का कार्यक्रम है?
(क) वर्ड प्रोसेसर (ख) स्प्रेडशीट
(ग) प्रस्तुति (घ) डाटाबेस

28. स्प्रेडशीट क्या है?
(क) दस्तावेज़ (ख) स्लाइड
(ग) सॉफ्टवेयर पैकेज (घ) टेबल

29. किस प्रोग्राम का उपयोग तेज़ और सटीक गणनाओं के साथ–साथ दस्तावेज़ में डेटा के प्रारूपण के लिए किया जाता है?
(क) कैल्क (ख) बेस (ग) लेखक (घ) प्रभावित

30. कैल्क द्वारा किस प्रकार की गणना की जाती है?
(क) फास्ट (ख) सटीक
(ग) दोनों (क) और (घ) (घ) इनमें से कोई नहीं

31. कैल्क के माध्यम से किस प्रकार की गतिविधियों को चिह्नित किया जा सकता है?
(क) वित्तीय विवरण और खाते का विवरण
(ख) दस्तावेज तैयार करना
(ग) सांख्यिकीय और वैज्ञानिक डेटा विश्लेषण
(घ) उपर्युक्त सभी

32. कैल्क इसके लिए सक्षम है:
(क) स्टोर डेटा
(ख) डेटा में हेरफेर
(ग) डेटा का चित्रमय प्रतिनिधित्व बनाएँ
(घ) उपर्युक्त सभी

33. स्प्रेडशीट इसकी जानकारी का प्रतिनिधित्व कैसे करती है?
(क) रेखा (ख) पिक्सेल
(ग) वेक्टर (घ) इनमें से कोई नहीं

34. किस प्रारूप में, स्प्रेडशीट इसमें डेटा दर्ज करने की अनुमति देता है?
(क) क्षैतिज (ख) कार्यक्षेत्र
(ग) दोनों (क) और (ख) (घ) इनमें से कोई नहीं

35. स्प्रेडशीट में क्षैतिज पंक्ति को क्या कहा जाता है?
(क) कॉलम (ख) पंक्ति (ग) सेल (घ) शीट

36. स्प्रेडशीट में बरटिकल पंक्ति को क्या कहा जाता है?
(क) स्तंभ (ख) पंक्ति (ग) सेल (घ) शीट

37. आंकड़ों के विश्लेषण और गणना के लिए, ऊर्ध्वाधर और क्षैतिज पंक्तियों के क्षेत्र को क्या कहा जाता है?
(क) स्तंभ (ख) पंक्ति (ग) सेल (घ) शीट

38. स्प्रेडशीट किस प्रकार की सुविधाएं देती है जिससे काम आसान हो जाता है?
(क) डेटा जोड़ने के लिए (ख) स्वरूपण
(ग) फार्मूला जोड़ने के लिए (घ) उपर्युक्त सभी

39. स्प्रेडशीट में किस प्रकार के सूत्र और कार्य मौजूद हैं?
(क) गणितीय (ख) वित्तीय
(ग) सांख्यिकीय, तार्किक (घ) उपर्युक्त सभी

40. कार्यपुस्तिका का मुख्य उद्देश्य क्या है?
(क) स्प्रेडशीट के संग्रह को प्रारूपित करना
(ख) स्प्रेडशीट का संग्रह सम्मिलित करना
(ग) स्प्रेडशीट का संग्रह दर्ज करना
(घ) स्प्रेडशीट के संग्रह का प्रबंधन करने के लिए

41. परिणाम विश्लेषण और योग्यता सूची तैयार करने के लिए कैल्स में क्या शामिल है?
(क) परिणाम की गणना (ख) परिणाम पर छंटनी
(ग) परिणाम पर फिल्टरिंग (घ) उपर्युक्त सभी

42. ऑर्डर में डेटा की व्यवस्था करने के लिए क्या कहा जाता है?
(क) सॉर्टिंग (ख) इन्स्रटिंग (ग) फ़िल्टरिंग (घ) डेलेटिंग

43. डेटा को फ़िल्टर करने के लिए क्या कहा जाता है?
(क) सॉर्टिंग (ख) इन्स्रटिंग (ग) फ़िल्टरिंग (घ) डेलेटिंग

44. सांख्यिकीय डेटा विश्लेषण में कौन सा शामिल है?
(क) मीन (ख) मीडियन
(ग) संभाव्यता (घ) उपर्युक्त सभी

45. डिफॉल्ट रूप से कितने स्प्रैडशीट हैं?
(क) 2 (ख) 3 (ग) 4 (घ) 5

46. "वर्कशीट को आवश्यकता के अनुसार जोड़ा या हटाया जा सकता है"। सही विकल्प चुनें।
(क) ट्रू (ख) फाल्स
(ग) कह नहीं सकते (घ) इनमें से कोई नहीं

47. स्प्रेडशीट दस्तावेज़ में अधिकतम कितने वर्कशीट हैं?
(क) 3 (ख) 24 (ग) 256 (घ) 65536

48. कैल्स प्रोग्राम में कौन–कौन शामिल हैं?
(क) शीर्षक बार, मेनू बार
(ख) स्टैंडर्ड टूलबार, फॉर्मेटिंग टूलबार, फॉर्मूला बार
(ग) क्षैतिज पंक्ति, लंबवत स्तंभ, सेल
(घ) उपर्युक्त सभी

49. कॉल्स मेनू बार में कौन सा मेनू उपलब्ध है?
(क) फ़ाइल, दृश्य संपादित करें
(ख) सम्मिलित करें, प्रारूप उपकरण
(ग) डेटा, विंडो, हेल्प
(घ) उपर्युक्त सभी

50. प्रिंट से पहले हम दस्तावेज़ को स्क्रीन पर देखते हैं, उसकि दस्तावेज के कहॉ जाता है:
(क) प्रिंट व्यू (ख) प्रिंट पूर्वावलोकन
(ग) प्रिंट स्क्रीन (घ) प्रिंट दस्तावेज़

ख. बताएं कि निम्नलिखित कथन सही हैं या गलत

51. फ़क्शंस अंतर्निहित फार्मूला हैं।
52. फार्मूला सूत्र सरल और जटिल गणना करने के लिए उपयोग किए जाते हैं।
53. डेटा पूरी शीट में स्वचालित रूप से पुनर्गणना हो जाता है।
54. डेटा को सर्च नहीं किया जा सकता और जल्दी से बदल दिया जाता है।
55. ऑटोफिल फ़क्शन का उपयोग करके श्रृंखला में डेटा दर्ज किया जा सकता है।
56. डेटा को ग्राफिकल रूप में चार्ट के रूप में देखा जा सकता है।
57. लिब्रे ऑफिरा कैल्क एक एप्लिकेशन सॉफ्टवेयर है, जिसका उपयोग गणितीय गणना करने के लिए किया जाता है।
58. कण्ट्रोल + A पूरी शीट का चयन करेगा।
59. कण्ट्रोल + Z सेल कंटेंट को कॉपी करेगा।
60. कण्ट्रोल + C सेल कंटेंट पेस्ट करेगा।
61. कॉपी का मतलब है डेटा की कॉपी करना।
62. मूविंग डेटा की स्थिति को बदलने के लिए संदर्भित करता है।
63. लिबर ऑफिस कैल्क, इदुबुन्टु का सबसे लोकप्रिय स्प्रेडशीट सॉफ्टवेयर है।
64. एक स्प्रेडशीट में यूजर की आवश्यकता के अनुसार किसी भी संख्या में शीट हो सकते हैं।
65. अक्षर A से Z, AA से AZ पंक्ति शीर्षक हैं।
66. स्टेटस बार में वर्तमान में चयनित कमांड या वर्तमान गतिविधि का नाम शामिल है।
67. डेटा को एक एक्टिव सेल में दर्ज नहीं किया जा सकता है।
68. शीट टैब के बाईं ओर मौजूद नेविगेशन बटन यूजर को शीट के बीच स्विच करने की अनुमति देता है।
69. कोपयिन्ग का मतलब है, डाटा को एक स्थान से दूसरे स्थान पर संदर्भित करता है।
70. एक पंक्ति को चुनने के लिए कण्ट्रोल + A कुंजी संयोजन का उपयोग किया जाता है।
71. ऑटोफिल एक ऐसी विशेषता है जो कंटेंट को कॉपी कर सेल्स मे भर देता है, सिर्फ डरेग करके।
72. ओवरराइट मोड को चालू करने के लिए, कीबोर्ड से इंसर्ट की दबाएं।
73. संपादन मेनू में कॉपी, कट और पेस्ट विकल्प मौजूद हैं।
74. शीट में नए कॉलम में सम्मिलित करने के लिए, शीट टैब से सटे शीट आइकन जोड़ें का चयन करें।
75. आप फॉर्मूला बार में किसी सेल के कंटेंट को संपादित नहीं कर सकते हैं।
76. कॉल्स, माइक्रोसॉफ्ट एक्सेल क्षमताओं में समान है।
77. लिबर ऑफिस कॉल्स स्प्रेडशीट में वर्तमान पंक्ति की ऊंचाई बढ़ाने के लिए ऑल्ट + डाउन एरो का उपयोग किया जाता है।
78. लिबरऑफिस कैल्क स्प्रेडशीट में शिफ्ट + एफ 1 संदर्भ मदद करता है।
79. लिबर ऑफिस कॉल्स स्प्रेडशीट में डॉक्यूमेंट टेम्पलेट बनाने के लिए शिफ्ट + फ11 का उपयोग किया जाता है।
80. लिब्रे ऑफिस में कैल्स को स्प्रेडशीट कहा जाता है।
81. लिबरऑफिस कैल्क में एक स्थान नीचे वर्तमान क्षेत्र को स्थानांतरित करने के लिए डाउन एरो का उपयोग किया जाता है।
82. लिबर ऑफिस कैल्स में डॉक्यूमेंट टेम्पलेट बनाने के लिए शिफ्ट + फ11 का उपयोग किया जाता है।
83. = A + 10 सेल A1 + 10 के कंटेंट को प्रदर्शित करता है।
84. कैल्स में किसी भी फॉर्मूले से पहले साइन = अनिवार्य है।
85. लिब्रेऑफिस में एडिट मेनू में फाइंड और प्रतिस्थापित विकल्प पाया जाता है।
86. कॉल्स में अधिकतम जूम% 400% है।
87. लिबर ऑफिस कैल्स में स्क्रीन मोड को प्रदर्शित करने के लिए कण्ट्रोल + शिफ्ट + J का उपयोग किया जाता है।
88. फंक्शन डालने के लिए कण्ट्रोल + फ2 शॉर्टकट की का उपयोग किया जाता है।
89. शॉर्टकट कुंजी कण्ट्रोल + ऑल्ट + C का उपयोग लिबरेऑफ़िस कैल्क टिप्पणी डालने के लिए किया जाता है।
90. लिबर ऑफिस कैल्क में नौ मेनू पाए जाते हैं।
91. आप मूल्य A1 और A2 को गुणा करने के लिए = A1 * A2 लिख सकते हैं।
92. कैल्स में न्यूनतम फॉन्ट का आकार 6 है।
93. होम का उपयोग कर्सर को पहले सेल में ले जाने के लिए किया जाता है और वर्तमान पंक्ति के अंतिम सेल को स्थानांतरित करने के लिए एंड की का उपयोग किया जाता है।

94. वर्तमान शीट में वर्तनी जांच के लिए F7 कुंजी का उपयोग किया जाता है

95. यदि वर्तमान सेल में टेक्स्ट है तो कण्ट्रोल + F7 का उपयोग थिसारस को खोलने के लिए किया जाता है।

96. कैल्स में शैलियों और स्वरूपण विंडो को खोलने के लिए F11 का उपयोग किया जाता है।

97. सेल को हाइलाइट करने के लिए कण्ट्रोल + F8 का उपयोग किया जाता है जिसमें संख्यात्मक मान होते हैं।

98. कण्ट्रोल + F1 का उपयोग उन टिप्पणियों को प्रदर्शित करने के लिए होता है जो वर्तमान सेल से जुड़ी होती हैं।

99. पेज अप की का उपयोग देखने योग्य पंक्ति को एक स्क्रीन पर ले जाने के लिए किया जाता है।

100. पृष्ठ नीचे का उपयोग एक स्क्रीन के नीचे देखने योग्य पंक्तियों को स्थानांतरित करने के लिए किया जाता है।

उत्तर

1.	(क)	2.	(ग)	3.	(क)	4.	(ग)
5.	(क)	6.	(क)	7.	(ग)	8.	(घ)
9.	(ग)	10.	(क)	11.	(ख)	12.	(क)
13.	(क)	14.	(क)	15.	(क)	16.	(क)
17.	(क)	18.	(घ)	19.	(घ)	20.	(क)
21.	(ख)	22.	(क)	23.	(ग)	24.	(ग)
25.	(ग)	26.	(क)	27.	(ख)	28.	(घ)
29.	(क)	30.	(ग)	31.	(घ)	32.	(घ)
33.	(क)	34.	(ग)	35.	(ख)	36.	(क)
37.	(ग)	38.	(घ)	39.	(घ)	40.	(घ)
41.	(घ)	42.	(क)	43.	(ग)	44.	(घ)
45.	(ख)	46.	(क)	47.	(क)	48.	(क)
49.	(क)	50.	(ख)	51.	सही	52.	सही
53.	सही	54.	गलत	55.	सही	56.	सही
57.	सही	58.	सही	59.	गलत	60.	गलत
61	सही	62.	सही	63.	सही	64.	गलत
65.	सही	66.	सही	67.	सही	68.	सही
69.	गलत	70.	सही	71.	सही	72.	सही
73.	गलत	74.	सही	75.	सही	76.	सही
77.	सही	78.	सही	79.	सही	80.	सही
81.	सही	82.	सही	83.	सही	84.	सही
85.	सही	86.	सही	87.	सही	88.	सही
89.	सही	90.	सही	91.	सही	92.	सही
93.	सही	94.	सही	95.	सही	96.	सही
97.	सही	98.	सही	99.	सही	100.	सही

Tilt and Twist

Smartphones and tablets detect changes in the orientation (position) of the phone.

- **Accelerometer,** is a tiny chip which senses the tilting motion of the device.
- **Gyroscope,** is a chip which adds more information to the accelerometer by measuring rotation or twists.

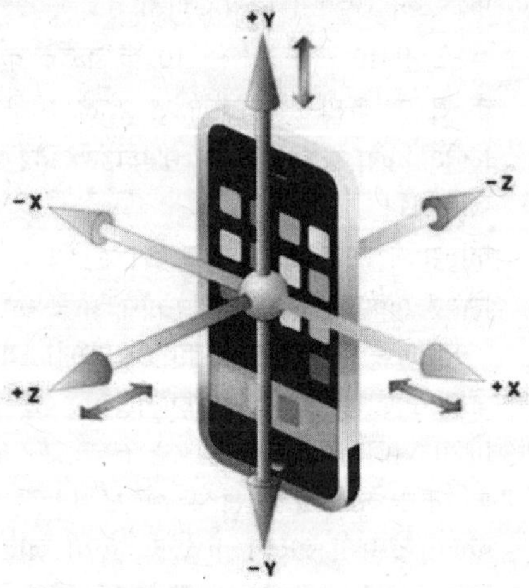

Accelerometer

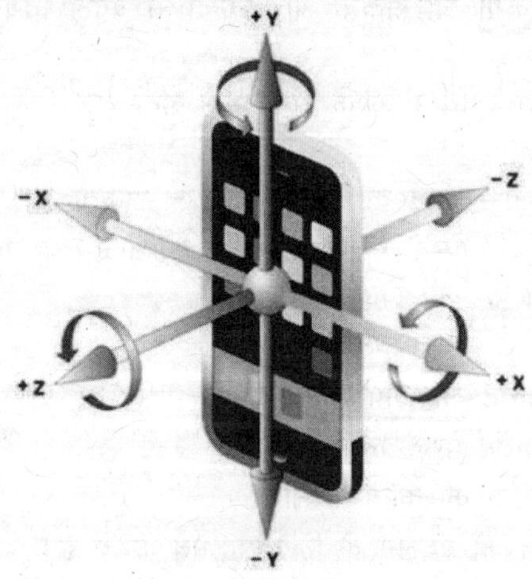

Gyroscope

So, Accelerometer and gyroscopes are useful for changing the display of the device depending on how it is held, such as showing images in the right orientation, or as an additional input when playing games.

अध्याय 8

एमएस पावरपॉइंट

उद्देश्य:

पाठक समझने में सक्षम होगा:

- ❖ प्रस्तुति का निर्माण
- ❖ सौंदर्यशास्त्र प्रदान करना
- ❖ स्लाइड्स की प्रस्तुति
- ❖ स्लाइड शो चलाना
- ❖ टेम्पलेट का उपयोग करके एक प्रस्तुति बनाना
- ❖ स्लाइड्स की बनाना, जैसे एमएस एक्सेल वर्कशीट में टेबल्स, क्लिप आर्ट ऐड करना

8.1 परिचय

पॉवरपॉइंट विंडोज और मैक ओएस कंप्यूटर ऑपरेटिंग सिस्टम के लिए विकसित एक प्रस्तुति कार्यक्रम है। यह माइक्रोसॉफ्ट ऑफिस सिस्टम का एक हिस्सा है जो व्यापक रूप से व्यापारिक लोगों, शिक्षकों, छात्रों और प्रशिक्षकों द्वारा उपयोग किया जाता है। यह अनुनय तकनीक के सबसे प्रचलित रूपों में से एक है। इसके विक्रेता, माइक्रोसॉफ्ट कारपोरेशन के अनुसार, हर दिन कुछ 30 मिलियन प्रस्तुतिकरण पॉवरपॉइंट के साथ किए जाते हैं।

प्रस्तुति के लिए पावरपॉइंट खोलना

पॉवरपॉइंट शुरू करने के लिए:

1. टास्कबार पर स्टार्ट बटन पर क्लिक करें।
2. सभी कार्यक्रमों को हाइलाइट करें। स्टार्ट मेन्यू का बायाँ फलक आपके कंप्यूटर पर स्थापित प्रोग्राम को प्रदर्शित करता है।
3. माइक्रोसॉफ्ट ऑफिस पर क्लिक करें, पॉवरपॉइंट चुनें। पॉवरपॉइंट स्क्रीन चित्र 8.1 में दिखाया गया है।

चित्र 8.1: पावरपॉइंट शुरू करना

4. प्रोग्राम लॉन्च करने के अन्य तरीके, स्टार्ट बटन पर क्लिक करें और सर्च बॉक्स में प्रोग्राम का नाम टाइप करें। सर्च में कार्यक्रम इसे लॉन्च करने का परिणाम देता है।

जब आप पहली बार पावर पॉइंट शुरू करते हैं, तो यह एकल स्लाइड शो के साथ एक खाली प्रस्तुति प्रदर्शित करता है। लेआउट सरल है, शीर्ष पर एक शीर्षक और नीचे एक उपशीर्षक (चित्र 8.2)।

8.1.1 स्क्रीन एलिमेंट्स

पॉवरपॉइंट विंडो के मुख्य तत्व चित्र 8.2 में दिखाए गए हैं।

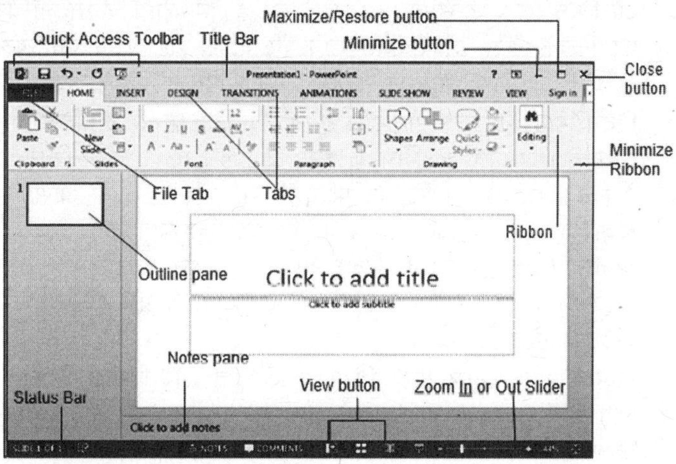

- **शीर्षक बार:** शीर्षक पट्टी स्क्रीन के शीर्ष पर है, यह शीर्षक पॉवरपॉइंट और प्रस्तुति के नाम से पता चलता है। अगर आपने अभी तक कोई प्रेजेंटेशन सेव नहीं किया है, तो यह प्रेजेंटेशन के लिए डिफॉल्ट नाम डिस्प्ले होता है जो Presentation1 है।
- **क्विक एक्सेस टूलबार:** यह टूलबार डिफ़ॉल्ट रूप से पॉवरपॉइंट विंडिस्प्ले डो के शीर्ष पर स्थित होता है। डिफ़ॉल्ट रूप से, यह टूलबार सेव, अनडू और रिपीट बटन प्रदर्शित करता है।

क्विक एक्सेस टूलबार में कमांड ऐड करने के लिए:

1. उस उपयुक्त कमांड पर राइट क्लिक करें जिसे आप क्विक एक्सेस टूलबार में ऐड करना चाहते हैं (चित्र 8.3)।

2. फिर संदर्भ मेनू से ऐड तो क्विक एक्सेस टूलबार पर क्लिक करें जैसा कि चित्र 8.3 में दिखाया गया है।

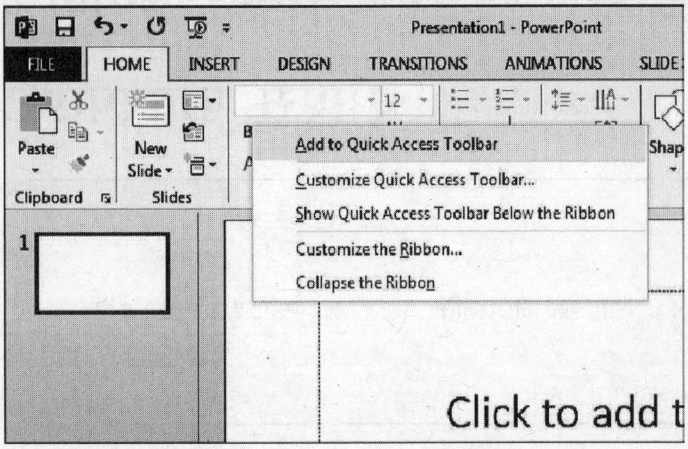

चित्र 8.3: क्विक एक्सेस टूलबार में कमांड ऐड करे

- **मिनीमाइज बटन:** एप्लिकेशन विंडो को टास्कबार पर एक बार में सिकोड़ें, आप इसे फिर से खोलने के लिए टास्कबार पर इसके बटन पर क्लिक कर सकते हैं।
- **रिस्टोर बटन:** टाइटल बार के दाईं ओर एक डबल बॉक्स जो किसी एप्लिकेशन या डॉक्यूमेंट को एक बड़े आकार की विंडो में पुनर्स्थापित करता है।
- **क्लोज बटन:** टाइटल बार (X) के दाईं ओर एक बॉक्स जो विंडो या डायलॉग बॉक्स को बंद करता है।
- **डायलॉग बॉक्स लॉन्चर्स:** डायलॉग बॉक्स लॉन्चर छोटे आइकन हैं, जो रिबन पर कुछ समूहों में दिखाई देते हैं। डायलॉग बॉक्स लॉन्चर पर क्लिक करने से संबंधित डायलॉग बॉक्स या टास्क पेन खुल जाता है, जो उस समूह से संबंधित अधिक विकल्प प्रदान करता है।
- **रिबन:** पावर–पॉइंट में मेनू और टूलबार के लिए प्राथमिक प्रतिस्थापन रिबन है। आसान ब्राउज़िंग के लिए डिज़ाइन किया गया, रिबन में ऐसे टैब होते हैं जो विशिष्ट परिदृश्यों या ऑब्जेक्ट्स के आसपास व्यवस्थित होते हैं। प्रत्येक टैब पर नियंत्रण को आगे कई समूहों में व्यवस्थित किया जाता है। रिबन मेनू और टूलबार की तुलना में रिच कंटेंट को होस्ट कर सकता है, जिसमें बटन, गैलरी और संवाद बॉक्स कंटेंट शामिल हैं
- **स्क्रॉल बार:** स्क्रॉल बार पॉवरपॉइंट के दाईं ओर दिखाई देती है। आप स्क्रॉल बार में मौजूद अप और डाउन एरो बटन का उपयोग करके विभिन्न स्लाइड्स के बीच स्क्रॉल कर सकते हैं।
- **कार्य क्षेत्र:** जहां सक्रिय PowerPoint स्लाइड दिखाई देती है। यह इसे सामान्य दृश्य में दिखाता है, लेकिन अन्य दृश्य उपलब्ध हैं जो कार्य क्षेत्र को अलग बनाते हैं।
- **स्टेटस बार:** यह वर्तमान स्लाइड की प्रस्तुति के बारे में जानकारी देता है, जैसे स्लाइड नंबर और थीम नाम। स्लाइड संख्या वर्तमान में चयनित स्लाइड को प्रस्तुतियों में मौजूद कुल संख्या के साथ प्रदर्शित करती है; जबकि, थीम नाम प्रस्तुति में लागू थीम के नाम का प्रतिनिधित्व करता है।
- **स्लाइड पेन:** ऊपरी–दाएं भाग में पॉवरपॉइंट विंडो, स्लाइड फलक वर्तमान स्लाइड का एक बड़ा दृश्य प्रदर्शित करता है। इस दृश्य में दिखाए गए वर्तमान स्लाइड के साथ, आप टेक्स्ट जोड़ सकते हैं और चित्र सम्मिलित कर सकते हैं।
- **नोट्स फलक:** स्लाइड फलक के नीचे नोट्स फलक में, आप उन नोट्स को टाइप कर सकते हैं जो वर्तमान स्लाइड पर लागू होते हैं। बाद में, आप अपने नोट्स प्रिंट कर सकते हैं और अपनी प्रस्तुति देने पर उन्हें संदर्भित कर सकते हैं।
- **जूम नियंत्रण:** जूम स्लाइडर को बाएँ से दाएँ खींचकर आप अपनी प्रस्तुति का बड़ा या छोटा दृश्य प्राप्त करने के लिए जूम नियंत्रण का उपयोग कर सकते हैं। आप प्रस्तुति का एक बड़ा दृश्य प्राप्त करने के लिए जूम (+ प्लस) बटन पर क्लिक कर सकते हैं और प्रस्तुति का एक छोटा दृश्य प्राप्त करने के लिए आउट (– माइनस) बटन।

8.2 क्रिएशन ऑफ़ प्रेजेंटेशन

मिक्रोसॉफ़्ट पॉवरपॉइंट, मिक्रोसॉफ़्ट द्वारा विकसित एक प्रस्तुति कार्यक्रम है। यह दुनिया का सबसे अधिक इस्तेमाल किया जाने वाला प्रस्तुति कार्यक्रम बन गया है।

8.2.1 टेम्पलेट का उपयोग करके प्रस्तुति बनाना

टेम्प्लेट एक फाइल होती है जिसमें कई तरह के डाक्यूमेंट होते हैं, जिनमें रिज्यूमे, कवर लेटर, बिजनेस प्लान और बिजनेस कार्ड आदि शामिल होते हैं। मिक्रोसॉफ़्ट ने टेम्प्लेट और प्रस्तुतियाँ प्रदान की हैं जो पॉवरपॉइंट के साथ पहले से इंस्टॉल आते हैं। ये टेम्पलेट प्रस्तुतियाँ बनाने के लिए विभिन्न लेआउट, विजुअल एलिमेंट्स और अन्य डिज़ाइन–संबंधित तत्व प्रदान करते हैं।

टेम्पलेट का उपयोग करके प्रस्तुति बनाने के लिए:

1. फ़ाइल टैब पर क्लिक करें। बैकस्टेज दृश्य दिखाई देता है।
2. बैकस्टेज दृश्य से नया विकल्प चुनें। यह मध्य फलक में सभी उपलब्ध टेम्पलेट्स की सूची प्रदर्शित करता है।
3. सैंपल टेम्प्लेट्स में, आप सभी फॉर्मेटिंग, जैसे बैकग्राउंड, थीम कलर्स, फॉन्ट आदि के साथ एक अलग प्रकार के टेम्प्लेट देख सकते हैं।
4. इच्छित टेम्पलेट का चयन करें जिसे आप लागू करना चाहते हैं।
5. क्रिएट बटन पर क्लिक करें।
6. आप चयनित टेम्पलेट को डिफ़ॉल्ट प्रस्तुति शीर्षक नाम के रूप में देख सकते हैं।

8.2.2 रिक्त प्रस्तुति बनाना

जब आप पॉवरपॉइंट शुरू करते हैं, तो प्रोग्राम डिफ़ॉल्ट रूप से एक रिक्त शीर्षक स्लाइड प्रदर्शित करता है। आप उस स्लाइड पर टेक्स्ट और चित्र जोड़ना शुरू कर सकते हैं, एक अलग स्लाइड लेआउट चुन सकते हैं, एक डिज़ाइन लागू कर सकते हैं, आदि।

रिक्त टेम्पलेट का उपयोग करके एक प्रस्तुति बनाने के लिए:

1. फ़ाइल टैब पर क्लिक करें। बैकस्टेज दृश्य विभिन्न विकल्पों को प्रदर्शित करता है।
2. बैकस्टेज दृश्य से नया विकल्प चुनें।
3. सभी उपलब्ध टेम्पलेट्स की सूची मध्य फलक में दिखाई देती है, रिक्त प्रस्तुति विकल्प का चयन करें।
4. क्रिएट बटन पर क्लिक करें।

5. नई प्रस्तुति प्रेजेंटेशन 2 नाम के साथ बनाई गई है जैसा कि चित्र 8.4 में दिखाया गया है।

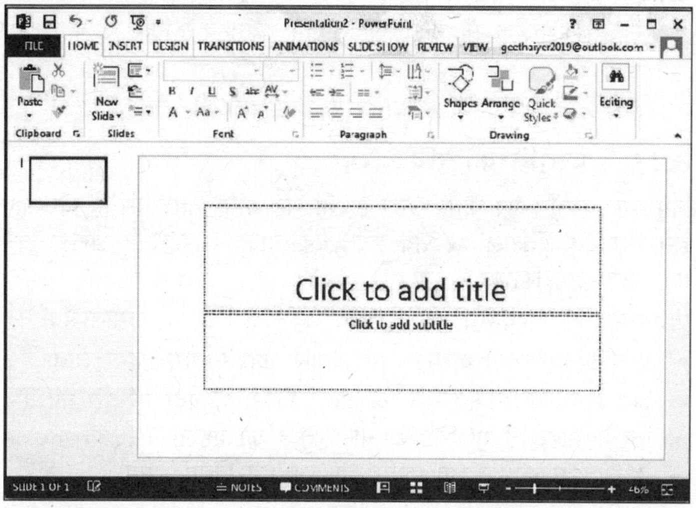

चित्र 8.4: डिफॉल्ट नाम प्रेसेंटेशन2 के साथ रिक्त प्रस्तुति

आप देख सकते हैं कि एक खाली प्रस्तुति में एक शीर्षक और एक उपशीर्षक दर्ज करने के लिए टेक्स्ट बॉक्स (प्लेसहोल्डर) के साथ एक एकल स्लाइड होती है। आप इसके लिए अलग–अलग स्टाइल और बैकग्राउंड भी लगा सकते हैं।

8.2.3 स्लाइड पर टेक्स्ट सम्मिलित करना और एडिट करना

पॉवरपॉइंट स्लाइड में हमेशा किसी प्रकार का टेक्स्ट होता है, भले ही यह केवल एक शीर्षक हो। पॉवरपॉइंट में टेक्स्ट दर्ज करना और संपादित करना वर्ड या एक्सेल में टेक्स्ट को दर्ज करने और संपादित करने के समान है।

स्लाइड में टेक्स्ट सम्मिलित करना

आप निम्नलिखित दो तरीकों से एक प्रस्तुति में टेक्स्ट दर्ज कर सकते हैं:

- टेक्स्ट स्थान धारक के साथ एक नई स्लाइड सम्मिलित करना।
- एक मौजूदा स्लाइड में टेक्स्ट सम्मिलित करना।

नई स्लाइड इन्सर्ट करने के लिए दिए गए चरणों का पालन करें:

1. होम टैब पर क्लिक करें, स्लाइड समूह में नई स्लाइड ड्रॉप–डाउन तीर का चयन करें।
2. ड्रॉप–डाउन मेनू से वांछित स्लाइड लेआउट चुनें।
3. नई स्लाइड दिखाई देगी। किसी भी प्लेसहोल्डर पर क्लिक करें और टेक्स्ट ऐड के लिए टाइप करना शुरू करें। आप अन्य प्रकार की कंटेंट, जैसे चित्र या चार्ट को जोड़ने के लिए एक आइकन पर भी क्लिक कर सकते हैं।
4. मौजूदा स्लाइड के लेआउट को बदलने के लिए, लेआउट कमांड पर क्लिक करें, फिर वांछित लेआउट चुनें।

प्लेसहोल्डर में टेक्स्ट जोड़ना

पॉवरपॉइंट पूर्वनिर्धारित लेआउट के साथ आता है जिसे आप उपयोग करना चाहते हैं, या आप एक खाली स्लाइड जोड़ सकते हैं और एक कस्टम लेआउट बना सकते हैं। इनमें से कई लेआउट में शीर्षक, निकाय और बुलेटेड सूची के लिए टेक्स्ट प्लेसहोल्डर हैं।

1. नई स्लाइड ऐड करने के बाद, इसे चुनने के लिए किसी भी जगह–धारक के भीतर कहीं भी क्लिक करें। बॉर्डर इंगित करता है कि वर्तमान प्लेसहोल्डर को चित्र 8.5 में दिखाया गया है।

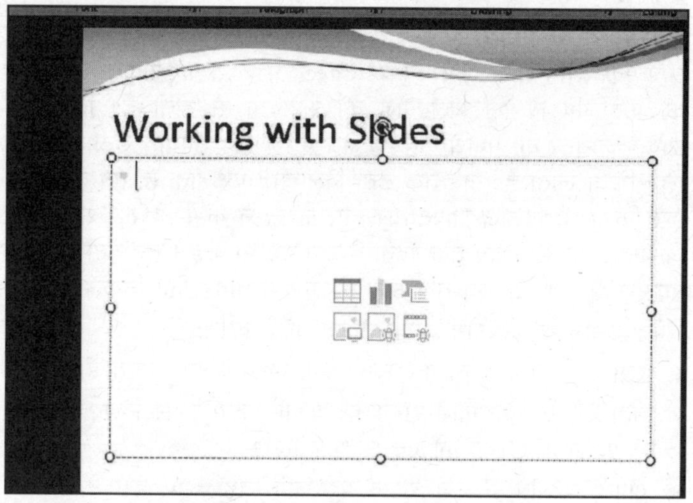

चित्र 8.5: प्लेसहोल्डर में टेक्स्ट जोड़ें

2. नमूना टेक्स्ट गायब हो जाता है, और प्लेसहोल्डर के अंदर एक सम्मिलन बिंदु दिखाई देता है, यह दर्शाता है कि आप टेक्स्ट दर्ज कर सकते हैं या टाइप कर सकते हैं।
3. यदि यह एक बुलेट–सूची प्लेसहोल्डर है, तो नमूना टेक्स्ट गायब हो जाता है और बुलेट उस प्रविष्टि बिंदु के साथ बना रहता है जहाँ टेक्स्ट शुरू होगा।
4. चयनित प्लेसहोल्डर के अंदर स्लाइड के लिए टेक्स्ट टाइप करें और एंटर की दबाएं।
5. गोलियों के मामले में, जब आप एक नया बुलेटेड आइटम शुरू करना चाहते हैं, तो एंटर की दबाएं। यदि बुलेटेड टेक्स्ट एक पंक्ति में फिट होने के लिए बहुत लंबा है, तो पावरपॉइंट स्वचालित रूप से अगली पंक्ति में टेक्स्ट को लपेटता है और टेक्स्ट को संरेखित करता है।
6. जब आप टेक्स्ट में प्रवेश करते हैं, तो ऑब्जेक्ट को क्लिच इंग द्वारा स्लाइड के चारों ओर ग्रे बॉर्डर के खाली क्षेत्र को हटा दें।

8.2.4 स्लाइड पर टेक्स्ट का संपादन

आप किसी भी टेक्स्ट ऑब्जेक्ट में टेक्स्ट में बदलाव कर सकते हैं, बस ऑब्जेक्ट को क्लिक करके। एक सम्मिलन बिंदु दिखाई देता है, यह दर्शाता है कि टेक्स्ट संपादन के लिए तैयार है। फिर आप टेक्स्ट में परिवर्तन करना शुरू कर सकते हैं। मौजूदा टेक्स्ट को बदलने से पहले, आपको निम्नलिखित तकनीकों का उपयोग करके इसे चुनना होगा:

- इसे डबल क्लिक करके एक व्यक्तिगत शब्द चुनें। शब्द और इसके बाद का स्थान चुना गया है।
- वैकल्पिक रूप से, आप जिस टेक्स्ट का चयन करना चाहते हैं उसकी शुरुआत में सम्मिलन बिंदु को स्थान दें, शिफ्ट की दबाए रखें, और या तो एक समय में वर्णों का चयन करने के लिए एक एरो की दबाएं या उस टेक्स्ट के अंत पर क्लिक करें जिसे आप चुनना चाहते हैं।
- आउटलाइन टैब पर उसके स्लाइड आइकन पर क्लिक करके संपूर्ण स्लाइड शीर्षक का चयन करें।

- प्लेसहोल्डर के अंदर क्लिक करके प्लेसहोल्डर के सभी टेक्स्ट को चुनें और फिर सेलेक्ट और फिर क्लिक करें होम टैब पर संपादन समूह में सभी का चयन करें।

टेक्स्ट कॉपी करना

आप एक स्थान से दूसरे स्थान पर टेक्स्ट को कॉपी कर सकते हैं। टेक्स्ट की प्रतिलिपि विंडोज क्लिपबोर्ड की सहायता से होती है। क्लिपबोर्ड आपके कंप्यूटर की मेमोरी का एक क्षेत्र है जिसका उपयोग डेटा रखने के लिए किया जाता है। जब तक डेटा क्लिपबोर्ड पर होता है, तब तक आप इसे किसी भी विंडोज सॉफ़्टवेयर एप्लिकेशन में कहीं भी रख सकते हैं। क्लिपबोर्ड पर डेटा तब तक रहता है जब तक आप इसे नए डेटा के साथ बदल नहीं देते, या जब तक आप विंडोज से बाहर नहीं निकल जाते।

रिबन कमांड का उपयोग करके टेक्स्ट कॉपी करनाः

1. उस टेक्स्ट का चयन करें जिसे आप कॉपी करना चाहते हैं।
2. होम टैब में, क्लिपबोर्ड समूह पर कॉपी आइकन पर क्लिक करें या (कण्ट्रोल + C की को एक साथ दबाएं)।
3. अपनी प्रस्तुति में उस स्थान पर जाएँ जहाँ आप इस टेक्स्ट को सम्मिलित करना चाहते हैं।
4. पेस्ट ड्रॉप पॉइंटिंग एरो पर क्लिक करें और क्लिपबोर्ड समूह पर पेस्ट कमांड चुनें (या कण्ट्रोल + V) की एक साथ दबाएँ।

टेक्स्ट को मूव करना

मूव ऑपरेशन कॉपी ऑपरेशन के समान है सिवाय इसके कि टेक्स्ट को स्थानांतरित किया जाता है, अर्थात, इसे मूल स्थान से हटा दिया जाता है और एक नए स्थान पर कॉपी किया जाता है।

रिबन कमांड का उपयोग करके टेक्स्ट को स्थानांतरित करने के लिएः

1. टेक्स्ट बॉक्स को एडिट मोड में रखने के लिए टेक्स्ट पर क्लिक करें।
2. उस टेक्स्ट का चयन करें जिसे आप स्थानांतरित करना चाहते हैं।
3. शॉर्टकट मेनू मे राइट–क्लिक करें और होम टैब पर कट बटन पर क्लिक करें (या कण्ट्रोल + X की को एक साथ दबाएं)
4. नए स्थान पर जाएं, राइट–क्लिक करें, और पेस्ट चुनें या होम टैब पर पेस्ट बटन पर क्लिक करें (या कण्ट्रोल + V की को एक साथ दबाएं)।

टेक्स्ट डिलीट करना

आप टेक्स्ट बॉक्स में वर्ण, शब्द, या सभी टेक्स्ट को हटा सकते हैं। निम्न विधियों में से एक का उपयोग करनाः

1. डिलीट कुंजी कर्सर के दाईं ओर के करैक्टर को डिलीट कर देती है।
2. बैकस्पेस की कर्सर के बाईं ओर वर्ण मिटाती है।

यदि आप गलती से टेक्स्ट हटा देते हैं, तो आप त्वरित पहुँच टूलबार पर पूर्ववत करें बटन पर क्लिक करके, अपनी कार्रवाई को पूर्ववत कर सकते हैं। (आप एक साथ कण्ट्रोल + Z की भी दबा सकते हैं)।

8.2.5 प्रस्तुति में स्लाइड्स को सम्मिलित करना और हटाना

स्लाइड इन्सर्ट करने के लिएः

1. स्लाइड दृश्य में, वह स्लाइड प्रदर्शित करें जिसके बाद आप स्लाइड सम्मिलित करना चाहते हैं।
2. होम टैब में नई स्लाइड ड्रॉप–डाउन तीर पर क्लिक करें और फिर लेआउट के साथ नई स्लाइड चुनें। नई स्लाइड सम्मिलित है।

स्लाइड्स को हटाना

स्लाइड हटाने के लिएः

1. स्लाइड्स फलक में, उस स्लाइड का चयन करें जिसे आप हटाना चाहते हैं।
2. डिलीट की दबाने पर। चयनित स्लाइड हटा दी जाती है।

8.2.6 प्रस्तुति को सेव करना

जब एक प्रस्तुति पर काम करते हैं, तो यह बहुत महत्वपूर्ण है कि आप इसे नियमित अंतराल पर सेव करते रहें, ताकि सिस्टम में खराबी होने पर, आप काम डिलिट ना हो।

पॉवरपॉइंट में आपकी फ़ाइल को सेव करने के लिए दो कमांड हैं

- प्रस्तुति को बचाने के लिए सेव कमांड का उपयोग किया जाता है।
- जब आप किसी नए नाम के तहत किसी मौजूदा प्रस्तुति को सेव करना चाहते हैं या आप अपनी प्रस्तुति को पहली बार सेव कर रहे हैं, तो इस रूप में सेव कमांड का उपयोग किया जाता है।

प्रस्तुति को सेव करने के लिएः

1. फ़ाइल टैब पर, और रिबन पर क्लिक करें। बैकस्टेज दृश्य दिखाई देगा। फ़ाइल टैब से सेव विकल्प चुनें। या क्विक एक्सेस टूलबार पर सेव बटन पर क्लिक करें या कीबोर्ड से कण्ट्रोल + S दबाएँ।
2. यदि आपने पहले से ही फाइल सेव कर रखी है तो पावरपॉइंट पहले सेव की गई फाइल को अपडेट कर देता है। यदि आपने पहले फ़ाइल सेव नहीं की है, तो सेव एस डायलॉग बॉक्स को सेव करें।
3. इस रूप में सहेजें में, सूची बॉक्स उस स्थान को निर्दिष्ट करें जहां आप फ़ाइल को सहेजें: ड्रॉप–डाउन सूची में सहेजना चाहते हैं। (PowerPoint टेम्पलेट चुनें)। यह आपके उपलब्ध टेम्पलेट की सूची में टेम्पलेट जोड़ता है।
4. इच्छित फ़ाइल नाम टाइप करें जिसके द्वारा आप सेव करना चाहते हैं **फ़ाइल नामः** सूची बॉक्स में प्रस्तुति।
5. सेव बटन पर क्लिक करें।

सेव एस कमांड का उपयोग कर एक प्रस्तुति को सेव करने के लिएः

1. फ़ाइल टैब पर क्लिक करें और सेव के रूप में सेव चुनें
   जैसे डायलॉग बॉक्स दिखाई देता है। अब, सेव प्रक्रिया में 5 के माध्यम से चरण 1 का पालन करें।

8.3 मैनुपलेटिंग स्लाइड

8.3.1 टेबल को इन्सर्ट करना

टेबल के साथ एक नई स्लाइड बनाने के लिएः

1. सम्मिलित करें टैब पर क्लिक करें, टेबल ड्रॉप–डाउन एरो पर क्लिक करें।
2. तालिका में कॉल्म और पंक्तियों की वांछित संख्या का चयन करने के लिए वर्गों की ग्रिड पर माउस को घुमाएं। हमारे उदाहरण में, हमने चार पंक्तियों और पाँच कॉल्म के साथ एक टेबल सम्मिलित की है।
   या, आप प्लेसहोल्डर में इन्सर्ट टेबल कमांड पर क्लिक करके एक टेबल भी डाल सकते हैं।

टेबल वर्तमान चयनित पक्ष पर दिखाई देगी।

टेबल में टेक्स्ट दर्ज करने के लिए:

जब आप एक नई टेबल बनाते हैं, तो स्लाइड पर एक खाली टेबल दिखाई देती है, जैसा कि चित्र 8.6 में दिखाया गया है। जब आप एक टेबल सम्मिलित करते हैं, तो सम्मिलन बिंदु टेबल के ऊपरी बाएं कोने में पहली सेल में चमकता है। आपके द्वारा लिखा गया टेक्स्ट, पर दिखाई देता है

सम्मिलन बिंदु टेबल में टेक्स्ट दर्ज करने और संपादन मोड से बाहर निकलने के बाद, टेबल के बाहर कहीं भी क्लिक करें। या

1. टेबल में कहीं भी क्लिक करें, और टेक्स्ट जोड़ने के लिए लिखना शुरू करें। आप स्लाइड के माध्यम से नेविगेट करने के लिए कीबोर्ड पर टैब की या एरो की का उपयोग कर सकते हैं।

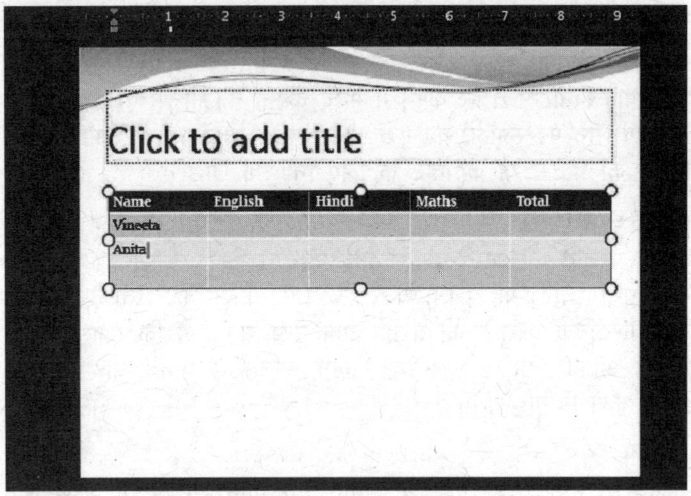

चित्र 8.6: टेबल में टेक्स्ट दर्ज करना

टेबल को एडिट करना

पावरपॉइंट में टेबल को कस्टमाइज़ करने के लिए कई विकल्प शामिल हैं, जिसमें मूव और आकार बदलना और साथ ही पंक्तियों और कॉल्म को जोड़ना शामिल है।

टेबल को स्थानांतरित करने के लिए:

एक स्लाइड पर एक नए स्थान पर ले जाने के लिए टेबल के किनारे पर क्लिक करें और खींचें।

टेबल का आकार बदलने के लिए:

जब तक टेबल वांछित आकार न हो, तब तक साइज़िंग हैंडल को क्लिक करें और खींचें।

8.3.2 क्लिप आर्ट पर पिक्चर्स ऐड करना

क्लिप आर्ट गैलरी पॉवरपॉइंट में ग्राफिक फाइल्स का एक संग्रह है जिसे आप प्रस्तुतियों में सम्मिलित कर सकते हैं। इसने क्लिप आर्ट गैलरी में क्लिप आर्ट छवियों की एक गैलरी बनाई है। लेकिन आपके पास कलाकृति का अपना संग्रह भी उपलब्ध है।

पॉवरपॉइंट आपकी प्रस्तुति में कीवर्ड देखकर, और मिलान करने के लिए चित्रों को खोजने की कोशिश करके आपकी स्लाइड के लिए एक उपयुक्त कला का चयन करने में आपकी सहायता कर सकता है।

1. वह स्लाइड चुनें जिसमें क्लिप आर्ट स्लाइड शामिल है।
2. रिबन पर इंसर्ट टैब पर क्लिक करें, और चित्र समूह में ऑनलाइन चित्र बटन पर क्लिक करें।
3. सम्मिलित चित्र संवाद बॉक्स प्रकट होता है।
4. जो आप ढूंढ रहे हैं उसका नाम टाइप करें, बिंग इमेज सर्च बॉक्स में। उदाहरण के लिए, रोजेज टाइप करें, खोज की दर्ज करने के लिए ग्लास आइकन पर क्लिक करें।
5. बिंग परिणामों की खोज करते हैं, वांछित तस्वीर का चयन करें, तस्वीर के किनारे दाईं ओर एक छोटा तीर। तीर पर क्लिक करें और फिर डालें।
6. चयनित चित्र स्लाइड में दिखाई देता है।

8.3.3 अन्य वस्तुओं को सम्मिलित करना

आप किसी प्रस्तुति में एक विशेष ग्राफिक जोड़ना चाहते हैं, लेकिन इसे क्लिप गैलरी में बनाए नहीं रख सकते है। आप किसी अन्य एप्लिकेशन से चित्र सम्मिलित कर सकते हैं।

फ़ाइल से चित्र सम्मिलित करने के लिए:

1. जहाँ आप चित्र सम्मिलित करना चाहते हैं, उस पर क्लिक करें।
2. चित्र समूह में, सम्मिलित करें टैब पर, चित्र पर क्लिक करें।
3. सम्मिलित चित्र संवाद बॉक्स प्रकट होता है।
4. एड्रेस बार में एक फ़ाइल खोजें।
5. करेंट स्लाइड पर ग्राफिक लगाने के लिए इंसर्ट बटन पर क्लिक करें।

8.3.4 ऑब्जेक्ट का आकार बदलना और स्केल करना

किसी ऑब्जेक्ट को आकार बदलने या फिर से आकार देने के लिए, इच्छित दिशा में ऑब्जेक्ट के हैंडल में से एक को खींचें। यदि आप ऑब्जेक्ट के अनुपात को बनाए रखना चाहते हैं, तो कोने के हैंडल को खींचते समय शिफ्ट की दबाए रखें। यदि आप चाहते हैं कि वस्तु अपने वर्तमान केंद्र से बाहर निकले, तो आप एक कोने के हैंडल को खींचते समय कण्ट्रोल की को दबाए रखें।

किसी वस्तु का आकार बदलने के लिए:

1. उस ऑब्जेक्ट का चयन करें जिसे आप आकार बदलना चाहते हैं।
2. आकार के हैंडल को तब तक खींचें जब तक कि ऑब्जेक्ट को वांछित आकार और आकार नहीं मिलता है।

ऑब्जेक्ट को स्केल करना

ऑब्जेक्ट्स को स्थिति में खींचने के बजाय, आप ऑब्जेक्ट पिक्चर्स और साइज़िंग को फॉर्मेट पिक्चर के आकार और स्थिति टैब पर सेट कर सकते है।

ऑब्जेक्ट को स्केल करने के लिए:

1. उस वस्तु का चयन करें जिसे आप स्केल करना चाहते हैं।
2. आकार समूह में चित्र उपकरण संदर्भ स्वरूप टैब पर क्लिक करें।
3. वह प्रतिशत दर्ज करें जो आप आकार ऊँचाई और चौड़ाई: बॉक्स में बदलना चाहते हैं। वैकल्पिक रूप से, आकार और स्थिति संवाद बॉक्स लॉन्चर संवाद बॉक्स पर क्लिक करें।
4. स्वरूप चित्र कार्य फलक विंडो के बाईं ओर दिखाई देता है।
5. आकार और गुण टैब पर क्लिक करें, उस स्केल को दर्ज करें जिसे आप स्केल ऊँचाई और स्केल चौड़ाई स्पिनर बॉक्स में बदलना चाहते हैं।

8.3.5 मास्टर स्लाइड बनाना और उपयोग करना

स्लाइड मास्टर दृश्य पॉवरपॉइंट में एक विशेष सुविधा है जो आपको अपनी प्रस्तुति में स्लाइड और स्लाइड लेआउट को जल्दी से संशोधित करने की अनुमति देता है। वहां से, आप स्लाइड मास्टर को संपादित कर सकते हैं, जो प्रस्तुति में हर स्लाइड को प्रभावित करेगा। आप व्यक्तिगत स्लाइड लेआउट को भी संशोधित कर सकते हैं, जो उन लेआउट का उपयोग करके किसी भी स्लाइड को बदल देगा।

मास्टर स्लाइड बनाने के लिए:

1. मास्टर दृश्य समूहों में दृश्य टैब पर क्लिक करें, स्लाइड मास्टर पर क्लिक करें।
2. प्रस्तुति स्लाइड मास्टर दृश्य पर जाएगी, और स्लाइड मास्टर टैब रिबन पर चुना जाएगा।
3. बाएं नेविगेशन फलक में, स्क्रॉल करें और पहली स्लाइड चुनें। यह स्लाइड मास्टर है।
4. स्लाइड मास्टर में वांछित परिवर्तन करें। उदाहरण के लिए, हम एक चित्र सम्मिलित करते हैं।
5. स्लाइड ऑब्जेक्ट्स को स्थानांतरित करें, उनका आकार बदलें या हटाएं, आवश्यकतानुसार। उदाहरण के लिए, हमने लोगो का आकार बदल दिया है और इसे निचले दाएं कोने में स्थानांतरित कर दिया है।
6. लोगो डालने के बाद, स्लाइड मास्टर टैब पर बंद मास्टर व्यू कमांड पर क्लिक करें।

प्रस्तुति की सभी स्लाइड्स पर परिवर्तन दिखाई देगा।

8.4 स्लाइड्स की प्रस्तुति

8.4.1 प्रस्तुति देखना

पॉवरपॉइंट आपकी प्रस्तुति को देखने के लिए पाँच तरीके (दृश्य) प्रदान करता है। प्रत्येक दृश्य आपको प्रस्तुति के एक अलग पहलू पर काम करने में सक्षम बनाता है। एक दृश्य में किए गए परिवर्तन अन्य सभी विचारों में भी परिलक्षित होते हैं।

निम्नलिखित अनुभाग में, आप वैचारिक रूप से दृश्य के बारे में जानेंगे।

नार्मल व्यू

नार्मल व्यू मुख्य संपादन दृश्य है, जहाँ आप अपनी प्रस्तुति लिखते और डिज़ाइन करते हैं। इस दृश्य में तीन कार्य क्षेत्र हैं:

- **थंबनेल:** यह आपकी प्रस्तुति में स्लाइड्स को थंबनेल–आकार के चित्रों के रूप में देखने के लिए एक शानदार जगह है, जब आप संपादित करते हैं। थंबनेल आपको अपनी प्रस्तुति के माध्यम से नेविगेट करने और किसी भी डिज़ाइन परिवर्तन के प्रभाव को देखने के लिए आसान बनाते हैं। आप स्लाइड्स को आसानी से जोड़, हटा या हटा भी सकते हैं।
- **स्लाइड पेन:** स्लाइड पेन में, आप देख सकते हैं कि प्रत्येक स्लाइड पर आपका टेक्स्ट कैसा दिखता है। आप स्मार्टआर्ट ग्राफ़िक्स, फिल्में और ध्वनियाँ जोड़ सकते हैं, हाइपरलिंक बना सकते हैं और व्यक्तिगत स्लाइड्स में एनिमेशन जोड़ सकते हैं।
- **नोट्स फलक:** नोट्स फलक आपको स्पीकर नोट्स या जानकारी जोड़ने देता है जिसे आप दर्शकों के साथ साझा करना चाहते हैं। यदि आप अपने नोट्स में ग्राफिक रखना चाहते हैं, तो आपको नोट्स को नोट्स पेज दृश्य में जोड़ना होगा।

जब आप किसी प्रस्तुति को वेब पेज के रूप में सेव करते हैं तो ये फलक भी दिखाए जाते हैं। एकमात्र अंतर यह है कि रूपरेखा फलक कंटेंट की एक टेबल प्रदर्शित करता है ताकि आप पूरी प्रस्तुति के माध्यम से नेविगेट कर सकें।

स्लाइड सॉर्टर व्यू

स्लाइड सॉर्टर व्यू थंबनेल फॉर्म में आपकी स्लाइड्स का एक व्यू है। इस व्यू में काम करना आपकी प्रस्तुति या रिपोर्ट के पन्नों को टेबल पर रखना जैसा है ताकि आप उन सभी को एक साथ देख सकें। इस दृश्य में, आप डिज़ाइन की संगति और अपनी प्रस्तुति के प्रवाह को देख सकते हैं और यह भी कि आप स्लाइड्स को आसानी से पुनः व्यवस्थित कर सकते हैं, स्लाइड्स को कॉपी या डिलीट कर सकते हैं।

नोट्स पेज व्यू

यह दृश्य आपको अपने दर्शकों के सामने प्रस्तुति के दौरान उपयोग किए गए स्पीकर नोट्स तैयार करने में मदद करता है। नोट्स पृष्ठ दृश्य पृष्ठ के शीर्ष भाग पर स्लाइड का एक छोटा वर्शन तैयार करता है और निचले हिस्से को नोट्स या कीपॉइंट के लिए निशुल्क छोड़ देता है।

स्लाइड शो व्यू

अपनी प्रस्तुति को अपने दर्शकों तक पहुँचाने के लिए स्लाइड शो दृश्य का उपयोग करें। यह पूर्ण कंप्यूटर स्क्रीन पर कब्जा कर लेता है, बिल्कुल एक वास्तविक प्रस्तुति की तरह। आप देख सकते हैं कि इस दृश्य के दौरान आपके ग्राफिक्स, समय, फिल्में, एनिमेटेड प्रभाव और टांस्शिन प्रभाव कैसे दिखाई देंगे।

रीडिंग व्यू

रीडिंग व्यू स्लाइड शो दृश्य के समान है क्योंकि दोनों दृश्य में, स्लाइड को पूर्ण स्क्रीन मोड में दिखाया गया है। हालाँकि, रीडिंग व्यू में आप इंटरफ़ेस के ऊपर और नीचे पावर पॉइंट टाइटल बार और स्टेटस बार भी देखते हैं।

8.4.2 प्रस्तुति के लिए सेट अप चुनना

सेट अप संवाद बॉक्स में विकल्पों के साथ, आप चलाने के लिए शो के प्रकार को चुन सकते हैं, और शो को कैसे आगे बढ़ना चाहिए। स्लाइड शो विकल्प सेट करने के लिए:

1. सेट अप समूह में स्लाइड शो टैब पर क्लिक करें, सेट अप स्लाइड शो आइकन चुनें। सेट अप शो संवाद बॉक्स प्रकट होता है।
2. अपनी प्रस्तुति में सभी स्लाइड दिखाने के लिए, सभी स्लाइड शो अनुभाग में क्लिक करें।
3. अपनी प्रस्तुति से स्टाइडस का एक विशिष्ट समूह दिखाने के लिए, इन और टूः एडिट बॉक्स से एक आरंभ और समाप्ति स्लाइड दर्ज करें।

एक अन्य प्रस्तुति से निकलने वाली कस्टम स्लाइड प्रस्तुति को शुरू करने के लिए, कस्टम शोः ड्रॉप–डाउन सूची पर क्लिक करें और फिर उस प्रस्तुति पर क्लिक करें जिसे आप कस्टम शो के रूप में देखना चाहते हैं।

8.4.3 हैडर, फुटर और नोट्स

हैडर या फुटर लेख वह टेक्स्ट है जो आपकी प्रस्तुति में प्रत्येक पृष्ठ के शीर्ष (शीर्ष लेख) या फुटर पर दिखाई देता है। यह एक मानक टेक्स्ट

या टेक्स्ट की पंक्ति है जिसमें कंपनी का नाम, कॉपीराइट या ट्रेडमार्क प्रतीक, समय और तारीख की जानकारी या यहां तक कि एक पेज नंबर शामिल हो सकता है।

यहाँ कुछ चीजें हैं जो आपको हेडर और फुटर्स के बारे में जाननी चाहिए:

1. सबसे पहले, हेडर और फुटर को फ़ॉन्ट रंग, प्रकार और आकार के साथ अनुकूलित किया जा सकता है।
2. आप शीर्षक की ओर से शीर्ष लेख और फुटर लेख को छोड़ना चुन सकते हैं।
3. केवल एक फुटर लेख स्लाइड में जोड़ा जा सकता है, लेकिन हेडर और फुटर दोनों को आपके हैंडआउट और आपके नोट्स पृष्ठों में जोड़ा जा सकता है।
4. अंत में, आपके हैंडआउट्स और नोट्स पृष्ठों के लिए स्लाइड नंबर या फुटर लेख की जानकारी अलग हो सकती है।

8.4.4 प्रिंटिंग स्लाइड और हैंडआउट

हैंडआउट आपको स्लाइड्स की दो, तीन, या छह छोटी छवियों को अपनी प्रस्तुति में शामिल करने देता है। जब आप उन्हें प्रिंट करते हैं तो आप प्रारूप का चयन कर सकते हैं।

हैंडआउट्स को निम्नलिखित दो तरीकों से बनाया जा सकता है:

- पेजपॉइंट फॉर्मेट पर स्टैंडर्ड पावरपॉइंट फॉर्मेट, यानी, दो, तीन या छह स्लाइड का उपयोग करके हैंडआउट प्रिंट करें।
- हैंडआउट प्रारूप को हैंडआउट मास्टर का उपयोग करके अपनी आवश्यकता के अनुसार अनुकूलित किया जा सकता है।

यदि आप हैंडआउट बनाते हैं, तो पॉवरपॉइंट आपके द्वारा बनाई गई स्लाइड्स को सिकोड़ देता है और उन्हें एक पृष्ठ पर फिट कर देता है, आपके द्वारा चुने गए बैकस्टेज दृश्य के विकल्प के अनुसार। मानक हैंडआउट प्रारूपों का उपयोग करने के लिए, आपको केवल उन पेजों की संख्या का चयन करना होगा, जिन्हें आप हैंडआउट्स के लिए प्रिंटआउट लेते समय किसी पृष्ठ पर प्रिंट करना चाहते हैं।

प्रिंटिंग स्लाइड्स

पॉवरपॉइंट में, आप सभी स्लाइड या किसी प्रस्तुति की वर्तमान स्लाइड को प्रिंट कर सकते हैं। इसके अलावा, आप यह तय कर सकते हैं कि आप एक पेज पर कितनी स्लाइड प्रिंट करना चाहते हैं।

स्लाइड प्रिंट करने के लिए:

1. वह प्रस्तुति खोलें जिसे आप प्रिंट करना चाहते हैं।
2. रिबन पर फ़ाइल टैब पर क्लिक करें, प्रिंट टैब पर क्लिक करें। प्रिंट बैकस्टेज दृश्य दिखाई देता है।
3. वर्तमान में चयनित प्रिंटर का नाम प्रिंटर ड्रॉप–डाउन एरो पर दिखाया गया है। एक अलग प्रिंटर पर प्रस्तुति को प्रिंट करने के लिए, प्रिंटर ड्रॉप–डाउन सूची से वांछित प्रिंटर का चयन करें।
4. उन प्रतियों की संख्या निर्दिष्ट करें, जिन्हें आप प्रिंट करना चाहते हैं, प्रत्येक स्लाइड के लिए कॉपियों में: स्पिनर बॉक्स।
5. सेटिंग ड्रॉप–डाउन सूची में वह विकल्प होता है जो आपको उन पृष्ठों का चयन करने की अनुमति देता है जिन्हें आप प्रिंट करना चाहते हैं।
6. **कोलेट:** निर्दिष्ट करें, यदि आप कई प्रतियों को प्रिंट करते समय व्यवस्था करना चाहते हैं। जब आप कोलाज विकल्प चुनते हैं, तो प्रत्येक सेट पहले पृष्ठ से अंतिम पृष्ठ तक पूरी तरह से मुद्रित होता है। फिर अगला सेट छपता है।
7. रंग बटन पर क्लिक करें, और प्रिंटआउट के लिए रंग सेटिंग चुनें:
   क. **रंग:** यह डिफ़ॉल्ट है। जब आप इस सेटिंग का उपयोग ब्लैक–एंड–व्हाइट प्रिंटर के साथ करते हैं, तो इसका परिणाम ग्रेस्केल या ब्लैक बैकग्राउंड के साथ होता है।
   ख. **ग्रेस्केल:** ग्रेस्केल में प्रिंट करने के लिए, ग्रेस्केल चेक बॉक्स का चयन करें।
   ग. **काला और सफेद विकल्प:** प्रस्तुति में सभी रंगों को या तो काले या सफेद में परिवर्तित करता है। यदि आपको ऐसे प्रिंटर पर प्रिंट करने की आवश्यकता है, जो ग्रे शेड्स प्रिंट नहीं कर सकता, तो इस विकल्प को प्राथमिकता दें।
8. वांछित विकल्प को लागू करने के बाद, ठीक पर क्लिक करें।

8.5 स्लाइड शो

8.5.1 स्लाइड शो चलाना

जब आप स्लाइड सॉर्टर व्यू में एक स्लाइड शो विकसित करते हैं, तो आप सभी स्लाइड के लिए ट्रांजीशन प्रभावों का पूर्वावलोकन प्राप्त कर सकते हैं। लेकिन ट्रांजीशन को पूर्ण–स्क्रीन देखने और एनिमेटेड या बुलेटेड टेक्स्ट स्लाइड देखने के लिए, आपको प्रस्तुति को स्लाइड शो के रूप में चुनना होगा।

स्लाइड शो शुरू करना

जब आप एक स्लाइड शो देखते हैं, तो आपके पास निम्नलिखित विकल्प हैं:

1. प्रारंभ स्लाइड शो समूह में स्लाइड शो टैब पर क्लिक करें, स्लाइड शो शुरुआत से चालू करें या वर्तमान स्लाइड प्रेस शिफ्ट + फ5 कुंजी एक साथ चुनें।
2. स्लाइड शो में, आप अगली स्लाइड पर जाते हैं, एन दबाते हैं या पिछली स्लाइड पर जाने के लिए बैकस्पेस कुंजी पर क्लिक करते हैं।

8.6 एस्थेटिक्स प्रदान करना

पॉवरपॉइंट को आपके स्लाइड प्रस्तुतियों को एक सुसंगत रूप देने के लिए डिज़ाइन किया गया है। ऐसे चार तरीके हैं जो पावरपॉइंट को डिज़ाइन स्लाइड, मास्टर्स, कलर स्कीम्स और स्लाइड्स के लेआउट के साथ आपकी स्लाइड्स के नियंत्रण को नियंत्रित करने में आपकी सहायता करते हैं।

8.6.1 टेक्स्ट प्रस्तुति को एन्हांस

टेक्सट प्रस्तुति को बढ़ाना अपनी प्रस्तुति को अधिक प्रस्तुत करने योग्य करता है, जैसे कि बोल्ड, इटैलिक, अंडरलाइन, टेक्सट का एलाइनमेंट , फ़ॉन्ट आकार, फ़ॉन्ट शैली, रंग और इतने पर।

स्लाइड में टेक्सट संरेखित करना

एलाइनमेंट एक तरह से टेक्स्ट को पेज के मार्जिन या स्लाइड पर टेक्स्ट बॉक्स के बीच रखा जाता है। एलाइनमेंट विकल्प हैं:

Alignment Effect	
Left Align	The left margin of each line is at the same place on the left, while the right edge of each line ends wherever appropriate (called a *ragged right edge*).
Right Align	The right margin of each line is at the same place on the right. The left edge of each line falls in a different place, depending on the contents of the line (called a *ragged left edge*).
Center	Each line is centered. The left and right edges of each line will differ.
Justified	Each line starts at the left margin and ends at the right margin. There are no ragged edges.

टेक्सट संरेखित करने के लिए:

1. टेक्सट का चयन करें, फिर स्वरूपण टूलबार पर वाम, केंद्र, या दाएं संरेखण बटन पर क्लिक करें। वैकल्पिक रूप से, पैरा लॉन्चर डायलॉग बॉक्स पर क्लिक करें और एलाइनमेंट अनुभाग में वांछित विकल्प चुनें।

फ़ॉन्ट बदलने के लिए

फोंट को कंप्यूटर प्रोग्राम में टाइपफेस भी कहा जाता है। टेक्स्ट के समूह हैं जो एक ही शैली या रूप साझा करते हैं।

किसी टेक्स्ट के फ़ॉन्ट को स्लाइड में बदलने के लिए:

1. उस टेक्स्ट का चयन करें जिसे आप बदलना चाहते हैं।

   होम टैब चुनें फ़ॉन्ट समूह पर क्लिक करें। या टेक्स्ट का चयन करें, एक मिनी टूलबार दिखाई देता है। इच्छित फ़ॉन्ट थीम चुनें जिसे आप लागू करना चाहते हैं।

   या, माउस बटन पर राइट क्लिक करें और शॉर्टकट मेनू से फ़ॉन्ट ... चुनें। फ़ॉन्ट संवाद बॉक्स।

   फ़ॉन्ट ड्रॉप–डाउन सूची पर क्लिक करें और आवश्यक फ़ॉन्ट का चयन करें। वैकल्पिक रूप से, रिबन कमांड पर फ़ॉन्ट बॉक्स के दाईं ओर नीचे तीर पर क्लिक करें। उपलब्ध फॉन्ट की एक ड्रॉप–डाउन सूची दिखाई देती है।

2. उस फ़ॉन्ट पर क्लिक करें जिसका आप उपयोग करना चाहते हैं। चयनित टेक्स्ट चयनित फ़ॉन्ट में बदलता है।

टेक्स्ट का आकार बदलना

फ़ॉन्ट आकार को बिंदुओं में मापा जाता है, जो एक ऊंचाई माप है– प्रत्येक बिंदु, एक इंच का 1/72 है।

टेक्स्ट का आकार बदलने के लिए:

1. उस टेक्स्ट का चयन करें जिसे आप बदलना चाहते हैं।
2. होम टैब पर क्लिक करें और फ़ॉन्ट समूह चुनें, या टेक्स्ट का चयन करें। एक मिनी टूलबार दिखाई देता है। इच्छित फ़ॉन्ट आकार चुनें जिसे आप लागू करना चाहते हैं। या सही माउस बटन पर क्लिक करें और फ़ॉन्ट चुनें। दिखाई देने वाले फ़ॉन्ट संवाद बॉक्स में, आकार ड्रॉप–डाउन सूची पर क्लिक करें और इच्छित आकार चुनें या आकार लिखें। वैकल्पिक रूप से, उपलब्ध आकारों की सूची देखने के लिए रिबन कमांड पर फ़ॉन्ट आकार बॉक्स के दाईं ओर स्थित तीर पर क्लिक करें।
3. नए आकार का चयन करें। या रिबन आदेश पर वृद्धि और कमी फ़ॉन्ट आकार पर क्लिक करें।

टेक्स्ट में विशेष प्रभाव जोड़ना

टेक्स्ट को बाकि टेक्स्ट से अलग दिखने का सबसे आसान तरीकों में से एक है वर्णों, वाक्यों या अनुच्छेदों में विशेष स्वरूपण प्रभाव जोड़ना। पॉवरपॉइंट इन कार्यों को बहुत आसान बनाता है।

विशेष प्रभाव जोड़ने के लिए:

1. उस टेक्स्ट का चयन करें, जिस पर आप विशेष प्रभाव लागू करना चाहते हैं।
2. फ़ॉन्ट संवाद बॉक्स में, विकल्प फ़ॉन्ट शैली: बॉक्स में निम्नलिखित हैं:
   - **नियमित:** टेक्स्ट नियमित रूप से प्रकट होता है।
   - **बोल्ड:** टेक्स्ट बोल्ड या हाइलाइट दिखाई देता है।
   - **इटैलिक:** टेक्स्ट इटैलिक दिखाई देता है।
   - **बोल्ड इटैलिक:** टेक्स्ट बोल्ड और इटैलिक दिखाई देता है।

सभी टेक्स्ट में यह विकल्प है:

- **फ़ॉन्ट रंग:** चयनित टेक्स्ट का रंग निर्दिष्ट करता है। बॉक्स में, रंग का चयन करें।
- **रेखांकित शैली:** निर्दिष्ट करता है कि चयनित टेक्स्ट रेखांकित है या नहीं। अंडरलाइनिंग हटाने के लिए कोई नहीं क्लिक करें।
- **रेखांकित रंग:** रेखांकित पाठ का रंग निर्दिष्ट करता है। यह विकल्प तब तक अनुपलब्ध रहता है जब तक आप एक अंडरलाइन शैली लागू नहीं करते।

प्रभाव क्षेत्रों में निम्नलिखित विकल्प हैं:

- o **स्ट्राइकथ्रू:** चयनित टेक्स्ट के माध्यम से एक रेखा खींचता है।
- o **सुपरस्क्रिप्ट:** टेक्स्ट x^2y की तरह उभरा हुआ दिखाई देता है
- o **सबस्क्रिप्ट:** टेक्स्ट H_20 की तरह कम दिखाई देता है
- o **छोटे कैप:** चयनित टेक्स्टआकार को कम करता है। यह संख्या, विराम चिह्न, गैर–अक्षर वर्णों पर प्रभाव नहीं डालता है।
- o **सभी कैप्स:** यह लोअरकेस को केपिटल केस में परिवर्तित करता है।

टेक्स्ट का रंग बदलना

टेक्स्ट का रंग बदलने के लिए:

1. उस टेक्स्ट का चयन करें जिसे आप बदलना चाहते हैं।
2. होम टैब में, फ़ॉन्ट समूह पर क्लिक करें। एरो के पॉइंट को इंगित करके फ़ॉन्ट रंग पर क्लिक करें। फ़ॉन्ट रंग थीम पैलेट दिखाई देता है।
3. माउस पॉइंटर को रंग के ऊपर ले जाएं, आप टेक्स्ट में प्रभाव परिवर्तन देख सकते हैं। इच्छित रंग चुनें जिसे आप टेस्ट पर लागू करना चाहते हैं।

8.6.2 कलर और लाइन स्टाइल के साथ काम करना

पहले के संस्करण के रंग और रेखा शैलियों में, एक रंग योजना शामिल होती है जो प्रस्तुति के विभिन्न हिस्सों को आठ डिफ़ॉल्ट रंगों के समन्वित सेट के साथ प्रदान करती है। प्रस्तुति का सबसे विशिष्ट डिजाइन तत्व पृष्ठभूमि है, इसलिए रंग योजना में पहला रंग पृष्ठभूमि रंग है। अन्य सात रंग प्रभावी रूप से पृष्ठभूमि के रंग को पूरक करते हैं और टेस्ट, चार्ट और अन्य वस्तुओं पर लागू होते हैं जो पृष्ठभूमि के खिलाफ दिखाई देते हैं।

लेआउट यह निर्धारित करता है कि टेक्स्ट, ग्राफिक्स, चार्ट और अन्य तत्व एक व्यक्तिगत स्लाइड पर कहां दिखाई देते हैं। एक थीम संपूर्ण प्रस्तुतियों

के रंग, फोंट और समग्र स्वरूप को निर्धारित करती है। लेआउट एक स्लाइड के लिए है कि एक विषय पूरी प्रस्तुति के लिए क्या है। दोनों एक स्लाइड या content प्रस्तुति के तरीके को निर्दिष्ट करते हैं।

विषय–वस्तु में एकीकृत डिज़ाइन तत्व का एक सेट होता है जो रंग, फ़ॉन्ट और ग्राफिक्स का उपयोग करके आपके डॉक्यूमेंट के लिए एक नज़र प्रदान करता है। आप पूर्वनिर्धारित विषयों का उपयोग कर सकते हैं जो पॉवरपॉइंट के साथ आते हैं, या आप अपने स्वयं को परिभाषित कर सकते हैं।

नई स्लाइड का चयन करने और थीम प्रभाव लागू करने के लिए:

1. होम टैब पर, स्लाइड समूह में क्लिक करें। न्यू स्लाइड डाउन पॉइंटिंग एरो पर क्लिक करें। पॉवरपॉइंट एक लेआउट सूची खोलता है जिसमें से आप चयन कर सकते हैं।
2. जब आप किसी लेआउट को चुनने के लिए क्लिक करते हैं, तो पॉवरपॉइंट उस लेआउट में आपकी प्रस्तुति में उस स्थान पर एक नई स्लाइड सम्मिलित करता है।
3. थीम्स समूह में डिज़ाइन टैब पर क्लिक करें। थीम्स समूह में निचले दाएं कोने में अधिक बटन पर क्लिक करें। विषयों की एक सूची दिखाई देती है।
4. अपनी प्रस्तुति के लिए इच्छित शैली का चयन करें।
5. यदि आप थीम को संशोधित करना चाहते हैं, तो थीम समूह के दाईं ओर फ़ॉन्ट, रंग और प्रभाव बटन से चयन करें।
6. जब आप अपनी पसंद के अनुसार किसी विषय को संशोधित कर लेते हैं, तो रिबन के विषयों के बगल में स्थित एरो पर क्लिक करें और करेंट थीम को चुनें।
7. करेंट थीम डायलॉग बॉक्स दिखाई देता है।
8. सेव इनः ड्रॉप–डाउन सूची में एक डिफ़ॉल्ट फोल्डर (डाक्यूमेंट विषय–वस्तु) है।
9. फ़ाइल नाम में नाम दें: ड्रॉप–डाउन सूची में।
10. सेव बटन पर क्लिक करें।
11. विषय को एक नाम देने के बाद, PowerPoint उस विषय को थीम्स सूची में उपलब्ध कराता है।

पंक्ति में एक त्वरित शैली जोड़ें

लाइनों के लिए त्वरित शैलियों में डॉक्यूमेंट विषय, छाया, रेखा शैलियों और त्रि–आयामी दृष्टिकोण से थीम रंग शामिल हैं।

1. उस पंक्ति का चयन करें जिसे आप बदलना चाहते हैं। यदि आप कई लाइंन्स बदलना चाहते हैं, तो पहली पंक्ति का चयन करें, और फिर अन्य लाइंन्स चुनते समय कण्ट्रोल की दबाए रखें।
2. आकृति शैलियाँ समूह में प्रारूप टैब पर आरेखण उपकरण के तहत, अपनी इच्छित त्वरित शैली पर क्लिक करें।
3. अधिक त्वरित शैलियाँ देखने के लिए, मोर बटन पर क्लिक करें।

लाइन का रंग बदलें

1. उस पंक्ति का चयन करें जिसे आप बदलना चाहते हैं।
2. आरेखण उपकरण के तहत, आकृति टैब पर, आकृति शैलियाँ समूह में, आकृति आउट–पंक्ति के बगल में स्थित तीर पर क्लिक करें और फिर इच्छित रंग पर क्लिक करें।
3. ऐसे रंग में बदलने के लिए जो थीम रंगों में नहीं है, क्लिक करें। अधिक रूपरेखा रंग, और फिर मानक टैब पर इच्छित रंग क्लिक करें, या कस्टम टैब पर अपना रंग मिलाएं। यदि आप बाद में डाक्यूमेंट थीम बदलते हैं, तो मानक टैब पर कस्टम रंग और रंग अपडेट नहीं किए जाते हैं।

8.6.3 मूवी वीडियो और साउंड जोड़ना

आप स्लाइड पर संगीत, ध्वनि, या वीडियो क्लिप डालें, जहाँ आप चाहते हैं कि जो स्लाइड शो के दौरान बजें। आप या तो ध्वनि या वीडियो प्रारंभ करने के लिए चुन सकते हैं जब आप स्लाइड पर जाते हैं, या ध्वनि या वीडियो को केवल तभी शुरू करते हैं जब आप स्लाइड शो के दौरान उसके आइकन पर क्लिक करते हैं।

क्लिप आर्ट वीडियो से वीडियो डालने के लिए:

1. नई स्लाइड डालें या उस स्लाइड को प्रदर्शित करें जिसमें मीडिया क्लिप आर्ट होगा।
2. इन्सर्ट टैब पर क्लिक करें।
3. मीडिया समूह के तहत वीडियो बटन पर क्लिक करें। एक ड्रॉप–डाउन सूची दिखाई देती है।
4. सूची से फ़ाइल विकल्प से वीडियो का चयन करें।
5. इन्सर्ट वीडियो संवाद बॉक्स प्रकट होता है।
6. उस स्थान को ब्राउज़ करें जहां वीडियो आपके कंप्यूटर पर सहेजा गया है।
7. इच्छित वीडियो फ़ाइल का चयन करें। इसके बाद इंसर्ट बटन पर क्लिक करें।
8. स्लाइड में वांछित वीडियो डाला जाता है।
9. अपने वीडियो का आकार सेट करने के लिए छवि के आकार के हैंडल को खींचें, और फिर उसे उस स्थान पर खींचें जिसे आप चाहते हैं।
10. प्ले बटन पर क्लिक करके वीडियो चलाएं।

8.6.4 साउंड फ़ाइल ऐड करना

पॉवरपॉइंट में, आप आसानी से व्यक्तिगत स्लाइड में ध्वनि प्रभाव, ध्वनि–ओवर और संगीत जोड़ सकते हैं। आप प्रस्तुति में ध्वनि और ट्रैक भी जोड़ सकते हैं। ध्वनि प्रभाव, जैसे संगीत और वॉयस रिकॉर्डिंग प्रस्तुति को रलाइड करने के लिए व्यावसायिकता का एक और स्तर जोड़ सकते हैं। प्रस्तुति प्रस्तुत करने या समाप्त करने के लिए संगीत एक प्रभावी तरीका है और यह आपके दर्शकों को प्रस्तुति कक्ष में प्रवेश करने और छोड़ने के लिए कुछ सुनने के लिए देता है। आप कई स्लाइड्स के लिए मूवी थीम सॉन्ग को बैकग्राउंड म्यूजिक के रूप में चला सकते हैं, या एक वॉयस रिकॉर्डिंग चला सकते हैं, जिसमें एक ही स्लाइड पर विज्ञापन स्लोगन हैं, उदाहरण के लिए।

कई ध्वनि फ़ाइल स्वरूप हैं। दो सामान्य प्रकार तरंग फाइलें (.wav फ़ाइल नाम एक्सटेंशन के साथ) और संगीत वाद्ययंत्र डिजिटल इंटरफ़ेस (MIDI) फाइल्स (.mid, .midi, या .rmi फ़ाइल नाम एक्सटेंशन के साथ) हैं।

स्लाइड में ध्वनि सम्मिलित करने के लिए:

1. वह स्लाइड चुनें जिसमें आप इच्छित ध्वनि सम्मिलित करना चाहते हैं।
2. इन्सर्ट टैब पर क्लिक करें।
3. मीडिया समूह के तहत ऑडियो बटन पर क्लिक करें।

4. एक ड्रॉप–डाउन सूची दिखाई देती है।
5. ड्रॉप–डाउन सूची से फ़ाइल विकल्प से ऑडियो का चयन करें।
6. सम्मिलित करें ऑडियो संवाद बॉक्स प्रकट होता है।
7. उस स्थान को ब्राउज़ करें जहां ध्वनि क्लिप आपके कंप्यूटर पर सहेजी गई है। उदाहरण के लिए, हमने नमूना संगीत फ़ोल्डर का चयन किया है।
8. वांछित ध्वनि क्लिप का चयन करें और फिर ठीक बटन पर क्लिक करें।

ऑडियो फाइल स्लाइड में डाली गई है।

सारांश

यह अध्याय एमएस पॉवरपॉइंट में प्रस्तुति देने का विवरण प्रस्तुत करता है। इस पैकेज, यानी, एमएस पॉवरपॉइंट में प्रेजेंटेशन ग्राफिक्स के साथ काम करने के नए तरीके हैं। इसका उपयोग सूचना को सरल और प्रभावी तरीके से प्रस्तुत करने के लिए किया जाता है। सबसे पहले, हमने एक प्रस्तुति को खोलने और सेव करने के तरीके पर चर्चा की। बाद में, हमने एक टेम्पलेट बनाने के बारे में चर्चा की। फॉर्मेटिंग फीचर्स, टेक्स्ट को अलाइन करना, फॉन्ट बदलना, टेक्स्ट साइज़, बुलेट जोड़ना, नंबरिंग और टेक्स्ट के लिए स्पेशल इफेक्ट्स का भी वर्णन किया गया है। क्लिप आर्ट को जोड़ने का उपयोग ग्राफिक ऑब्जेक्ट्स को स्लाइड में जोड़ने के लिए किया जाता है। वस्तुओं को संशोधित करना, जैसे कि वस्तुओं का आकार बदलना और स्केल करना चर्चा है। यह एक प्रस्तुति पर विभिन्न विचारों का भी वर्णन करता है, जैसे सामान्य, स्लाइड, रूपरेखा और स्लाइड सॉर्टर दृश्य। प्रत्येक दृश्य प्रस्तुति के एक अलग पहलू पर आपके काम की सुविधा देता है। इसमें प्रीसेट एनीमेशन शामिल है, जो स्लाइड शो के दौरान टेक्स्ट ऑब्जेक्ट को प्रदर्शित करने के लिए उपयोग किया जाने वाला प्रभाव है। अंत में, स्क्रीन पर एक स्लाइड डिस्प्ले टाइम को रिहर्सल टाइमिंग सुविधा का उपयोग करके, एक स्लाइड शो के दौरान स्वचालित रूप से सेट किया जा सकता है।

शॉर्टकट कीज

कीज	विवरण
ऑल्ट + Q ऑल्ट + W, Q, टैब की प्रेस करे जो वैल्यू चाहिए उसके लिए	"मुझे बताएं कि आप क्या करना चाहते हैं" जूम पर जाएं।
कण्ट्रोल + शिफ्ट + टैब	रूपरेखा और थंबनेल फलक के बीच स्विच करें।
कण्ट्रोल + एंटर	अगले प्लेसहोल्डर पर जाएं (यदि स्लाइड के अंतिम प्लेसहोल्डर पर, यह एक नई स्लाइड सम्मिलित करता है)।
कण्ट्रोल + M	एक नई स्लाइड डालें।
कण्ट्रोल + D	वर्तमान पक्ष को डुप्लिकेट करें।
कण्ट्रोल + शिफ्ट + >	फ़ॉन्ट आकार बढ़ाएँ।
कण्ट्रोल + शिफ्ट + <	फ़ॉन्ट आकार घटाएं।
कण्ट्रोल + T or कण्ट्रोल + शिफ्ट + F	फ़ॉन्ट संवाद बॉक्स प्रदर्शित करें।
शिफ्ट + F3	केस बदलें।
कण्ट्रोल + इक्वल सिग्न	सुपरस्क्रिप्ट प्रारूपण लागू करें।
कण्ट्रोल + शिफ्ट + प्लस सिग्न	सबस्क्रिप्ट प्रारूपण लागू करें।
कण्ट्रोल + स्पेसबार	मैन्युअल वर्ण स्वरूपण निकालें।
कण्ट्रोल + E	पैराग्राफ केंद्र करे।
कण्ट्रोल + J	एक अनुच्छेद का औचित्य सिद्ध कीजिए।
कण्ट्रोल + L	बाएँ ओर पैरा संरेखित करें।
कण्ट्रोल + R	एक अनुच्छेद संरेखित करें।
ऑल्ट + शिफ्ट + लेफ्ट एरो	एक पैराग्राफ को एक रूपरेखा में बढ़ावा दें।
ऑल्ट + शिफ्ट + राइट एरो	एक रूपरेखा में एक पैराग्राफ का प्रदर्शन करें।
ऑल्ट + शिफ्ट + उप एरो	चयनित रूपरेखा पैराग्राफ ऊपर ले जाएँ।
ऑल्ट + शिफ्ट + डाउन एरो	चयनित रूपरेखा पैराग्राफ नीचे ले जाएँ।
ऑल्ट + शिफ्ट + 1	शीर्ष स्तर 1 को प्रदर्शित करें।
ऑल्ट + शिफ्ट + +	एक शीर्षक के नीचे रूपरेखा पाठ का विस्तार करें।
ऑल्ट + शिफ्ट + –	एक शीर्षक के नीचे रूपरेखा पाठ को संक्षिप्त करें।
ऑल्ट + शिफ्ट + A	सभी टेक्स्ट या हेडिंग को संक्षिप्त करें या दिखाएं।
शिफ्ट + F9	ग्रिड दिखाएं या छिपाएँ।
ऑल्ट + F9	गाइड्स को दिखाना या छिपाना।
कण्ट्रोल + P	स्लाइड शो के दौरान पेन टूल को सक्रिय करें।
E	स्लाइड शो के दौरान पेन टूल ड्राइंग मिटाएँ।
एस्केप	स्लाइड शो के दौरान पेन टूल को बंद कर दें।
कण्ट्रोल + A	स्लाइड शो के दौरान पेन को पॉइंटर में बदल दें।
कण्ट्रोल + H	स्लाइड शो के दौरान पॉइंटर या पेन छिपाएं।
टैब	स्लाइड शो के दौरान अगले हाइपरलिंक पर जाएं।
B	स्लाइड शो के दौरान स्क्रीन को काला कर दें।
W	स्लाइड शो के दौरान स्क्रीन को सफेद बनाते हैं।
S	स्वचालित शो को रोकें या पुनरारंभ करें।
1 + एंटर	स्लाइड शो के दौरान पहली स्लाइड पर लौटें।
कण्ट्रोल + G	समूह आइटम (चयनित आइटम के साथ)।
कण्ट्रोल + शिफ्ट + G	असमूहीकृत।

स्लाइड नंबर + एंटर	प्रस्तुति के दौरान, स्लाइड नंबर पर जाएं।
कण्ट्रोल + शिफ्ट + C	चयनित आकार की प्रतिलिपि स्वरूपण।
कण्ट्रोल + शिफ्ट + V	केवल दूसरे आकार में स्वरूपण पेस्ट करे।
कण्ट्रोल + K	हाइपरलिंक डालें।
S	शो बंद करो। शो को पुनः आरंभ करने के लिए फिर से S दबाएँ।
एस्केप	स्लाइड शो समाप्त करें।
कण्ट्रोल + शिफ्ट + राइट एरो	किसी शब्द के अंत का चयन करें।
कण्ट्रोल + शिफ्ट + लेफ्ट एरो	किसी शब्द की शुरुआत के लिए चयन करें।
कण्ट्रोल + A (स्लाइड्स टैब पर)	सभी ऑब्जेक्ट का चयन करें।
कण्ट्रोल + A (स्लाइड सॉर्टर व्यू में)	सभी स्लाइड का चयन करें।
कण्ट्रोल + A (आउटलाइन टैब पर)	सभी टेक्स्ट का चयन करें।
कण्ट्रोल + बैकस्पेस	बाईं ओर एक शब्द हटाएं।
कण्ट्रोल + डिलीट	एक शब्द को दाईं ओर हटाएं।
कण्ट्रोल + X	चयनित वस्तु या टेक्स्ट को काटें।
कण्ट्रोल + C	चयनित वस्तु या टेक्स्ट की प्रतिलिपि बनाएँ।
कण्ट्रोल + V	कट या कॉपी की हुई वस्तु या पाठ को चिपकाएँ।
कण्ट्रोल + Z	पूर्ववत करें।
कण्ट्रोल + Y	फिर से करें।
कण्ट्रोल + F	डायलॉग बॉक्स खोलें।
एस्केप	रद्द करना।
ऑल्ट + F	होम टैब रिबन पर जाएं।
ऑल्ट + H, नेविगेट करने के लिए शब्दों का इस्तेमाल करे	टैब रिबन सम्मिलित करने के लिए ले जाएं।
ऑल्ट + N, नेविगेट करने के लिए शब्दों का इस्तेमाल करे	इर्न्स्ट टैब रिबन पर जाए।
ऑल्ट + G, नेविगेट करने के लिए शब्दों का इस्तेमाल करे	डिज़ाइन टैब रिबन पर जाएं।
ऑल्ट + K, नेविगेट करने के लिए शब्दों का इस्तेमाल करे	बदलाव टैब रिबन पर जाएं।
ऑल्ट + A, नेविगेट करने के लिए शब्दों का इस्तेमाल करे	एनिमेशन टैब रिबन पर जाएं।

ऑल्ट + S, नेविगेट करने के लिए शब्दों का इस्तेमाल करे	स्लाइड शो टैब रिबन पर जाएं।
ऑल्ट + R, नेविगेट करने के लिए शब्दों का इस्तेमाल करे	रिव्यू टैब रिबन पर जाएं।
ऑल्ट + W, नेविगेट करने के लिए शब्दों का इस्तेमाल करे	टैब रिबन देखें पर ले जाएं।
टैब और शिफ्ट –टैब	रिबन पर, आदेशों के बीच स्थानांतरित करने के लिए।
कण्ट्रोल + राइट एरो और कण्ट्रोल + लेफ्ट एरो	एक रिबन पर समूहों के बीच स्थानांतरित करने के लिए।
स्पेसबार और एंटर की	रिबन पर चयनित कमांड को सक्रिय करें।
स्पेसबार और एंटर की	रिबन पर एक गैलरी खोलें।
एंटर की	रिबन पर नियंत्रण के साथ समाप्त करें और डॉक्यूमेंट पर वापस जाएं।
कण्ट्रोल + फ1	रिबन का विस्तार या पतन।
फ1	मदद।
फ2	चयनित प्लेसहोल्डर में संपादित करें।
फ4	दोहराना।
फ5	एक प्रस्तुति चलाएँ।
शिफ्ट + फ5	आगे के स्लाइड से आगे का स्लाइड शो देखें।
फ5	सामान्य दृश्य में पैन के बीच घड़ी की दिशा में ले जाएं।
शिफ्ट + फ6	सामान्य दृश्य में पैन के बीच वामावर्त ले जाएँ।
फ7	अक्षर जाँच लें।
फ10	रिबन कुंजी टिप अक्षर प्रदर्शित करें।
फ12	सेव अस डायलॉग बॉक्स में खोलें।
कण्ट्रोल + शिफ्ट + टैब	रूपरेखा और थंबनेल फलक के बीच स्विच करें।
कण्ट्रोल + एंटर	अगले प्लेसहोल्डर पर जाएं (यदि स्लाइड के अंतिम प्लेसहोल्डर पर, यह एक नई स्लाइड सम्मिलित करता है)।
कण्ट्रोल + M	एक नई स्लाइड डालें।
कण्ट्रोल + D	वर्तमान पक्ष को डुप्लिकेट करें।
कण्ट्रोल + शिफ्ट + >	फ़ॉन्ट आकार बढ़ाएँ।
कण्ट्रोल + शिफ्ट + <	फ़ॉन्ट आकार घटाएं।
कण्ट्रोल + T वत कण्ट्रोल + शिफ्ट + F	फ़ॉन्ट संवाद बॉक्स प्रदर्शित करें।
शिफ्ट + F3	केस बदलें।

कण्ट्रोल + इक्वल सिग्न	सुपरस्क्रिप्ट प्रारूपण लागू करें।
कण्ट्रोल + शिफ्ट + प्लस सिग्न	सबस्क्रिप्ट प्रारूपण लागू करें।
कण्ट्रोल + स्पेसबार	मैन्युअल वर्ण स्वरूपण निकालें।
कण्ट्रोल + E	केंद्र एक पैराग्राफ।
कण्ट्रोल + J	एक अनुच्छेद का औचित्य सिद्ध कीजिए।
कण्ट्रोल + L	बाएँ एक पैरा संरेखित करें।
कण्ट्रोल + R	एक अनुच्छेद संरेखित करें।
ऑल्ट + शिफ्ट + लेफ्ट एरो	एक पैराग्राफ को एक रूपरेखा में बढ़ावा दें।
ऑल्ट + शिफ्ट + राइट एरो	एक रूपरेखा में एक पैराग्राफ का प्रदर्शन करें।
ऑल्ट + शिफ्ट + उप एरो	चयनित रूपरेखा पैराग्राफ ऊपर ले जाएँ।
ऑल्ट + शिफ्ट + डाउन एरो	चयनित रूपरेखा पैराग्राफ नीचे ले जाएँ।
ऑल्ट + शिफ्ट + 1	प्रदर्शन का शीर्ष स्तर 1 देखें।
ऑल्ट + शिफ्ट + +	एक शीर्षक के नीचे रूपरेखा टेक्स्ट का विस्तार करें।
ऑल्ट + शिफ्ट + –	एक शीर्षक के नीचे रूपरेखा टेक्स्ट को संक्षिप्त करें।
ऑल्ट + शिफ्ट + A	सभी टेक्स्ट या हेडिंग को संक्षिप्त करें या दिखाएं।
शिफ्ट + फ9	ग्रिड दिखाएं या छिपाएँ।
ऑल्ट + फ9	गाइडों को दिखाना या छिपाना।
फ5	एक प्रस्तुति चलाएँ।
कण्ट्रोल + P	शो के दौरान पेन टूल को सक्रिय करें।
E	शो के दौरान पेन टूल ड्राइंग मिटाएँ।
एस्केप	शो के दौरान पेन टूल को बंद कर दें।
कण्ट्रोल + A	शो के दौरान पेन को पॉइंटर में बदल दें।
कण्ट्रोल + H	शो के दौरान पॉइंटर या पेन छिपाएं।
टैब	शो के दौरान अगले हाइपरलिंक पर जाएं।
B	शो के दौरान स्क्रीन को काला कर दें।
W	शो के दौरान स्क्रीन को सफेद बनाते हैं।
S	वचालित शो को रोकें या पुनरारंभ करें।
1 + एंटर	शो के दौरान पहली स्लाइड पर लौटें।
कण्ट्रोल + G	समूह आइटम (चयनित आइटम के साथ)।
कण्ट्रोल + शिफ्ट + G	असमूहीकृत।
स्लाइड नंबर + एंटर	प्रस्तुति के दौरान, स्लाइड नंबर पर जाएं।
फ6	सामान्य दृश्य में पैन के बीच घड़ी की दिशा में ले जाएं।
शिफ्ट + फ6	सामान्य दृश्य में पैन के बीच वामावर्त ले जाएँ।
कण्ट्रोल + शिफ्ट + C	चयनित आकार की प्रतिलिपि स्वरूपण।
कण्ट्रोल + शिफ्ट + V	केवल दूसरे आकार में स्वरूपण पेस्ट करे।
फ1	मदद।
फ5	पूरा स्लाइड शो देखें।
शिफ्ट + फ5	आगे के स्लाइड से आगे का स्लाइड शो देखें।
फ7	अक्षर जाँच लें।
फ12	सेव ऐस को डायलॉग बॉक्स में खोलें।
S	शो बंद करो। शो को पुनः आरंभ करने के लिए फिर से S दबाएँ।
एस्केप	स्लाइड शो समाप्त करें।
कण्ट्रोल + शिफ्ट + राइट एरो	किसी शब्द के अंत का चयन करें।
कण्ट्रोल + शिफ्ट + लेफ्ट एरो	किसी शब्द की शुरुआत के लिए चयन करें।
कण्ट्रोल + A (स्लाइड्स टैब पर)	सभी ऑब्जेक्ट का चयन करें।
कण्ट्रोल + A (स्लाइड सॉर्टर व्यू में)	सभी स्लाइड का चयन करें।
कण्ट्रोल + A (आउटलाइन टैब पर)	सभी टेक्स्ट का चयन करें।
कण्ट्रोल + बैकस्पेस	बाईं ओर से एक शब्द हटाएं।
कण्ट्रोल + डिलीट	एक शब्द को दाईं ओर हटाएं।
कण्ट्रोल + X	चयनित वस्तु या टेक्स्ट को कट करे।
कण्ट्रोल + C	चयनित वस्तु या टेक्स्ट की प्रतिलिपि बनाएँ।
कण्ट्रोल + V	कट या कॉपी की हुई वस्तु या टेक्स्ट को पेस्ट करे।
कण्ट्रोल + Z	पूर्ववत करें।
कण्ट्रोल + Y	फिर से करें।
कण्ट्रोल + F	डायलॉग बॉक्स खोलें।
कण्ट्रोल + शिफ्ट + टैब	रूपरेखा और स्लाइड दृश्य के बीच स्विच करें।
कण्ट्रोल + M	एक नई स्लाइड इन्सर्ट करे।
कण्ट्रोल + D	वर्तमान पक्ष को डुप्लिकेट करें।
कण्ट्रोल + शिफ्ट + >	फ़ॉन्ट आकार बढ़ाएँ।
कण्ट्रोल + शिफ्ट + <	फ़ॉन्ट आकार घटाएं।
कण्ट्रोल + T	फ़ॉन्ट संवाद बॉक्स प्रदर्शित करें।
शिफ्ट + F3	केस बदलें।
ऑल्ट + शिफ्ट + लेफ्ट एरो	एक पैराग्राफ को एक रूपरेखा में बढ़ावा दें।
ऑल्ट + शिफ्ट + राइट एरो	एक रूपरेखा में एक पैराग्राफ का प्रदर्शन करें।

ऑल्ट + शिफ्ट + उप एरो	चयनित रूपरेखा पैराग्राफ ऊपर ले जाएँ।
ऑल्ट + शिफ्ट + डाउन एरो	चयनित रूपरेखा पैराग्राफ नीचे ले जाएँ।
ऑल्ट + शिफ्ट + 1	प्रदर्शन का शीर्ष स्तर 1 देखें।
ऑल्ट + शिफ्ट + +	एक शीर्षक के नीचे रूपरेखा टेक्स्ट का विस्तार करें।
ऑल्ट + शिफ्ट + –	एक शीर्षक के नीचे रूपरेखा पाठ को संक्षिप्त करें।
ऑल्ट + शिफ्ट + A	सभी टेक्स्ट या हेडिंग को संक्षिप्त करें या दिखाएं।
शिफ्ट + F9	ग्रिड दिखाएं या छिपाएँ।
ऑल्ट + F9	गाइडों को दिखाना या छिपाना।
फ5	एक प्रस्तुति चलाएँ।
कण्ट्रोल + P	एक शो के दौरान पेन टूल को सक्रिय करें।
E	एक शो के दौरान पेन टूल ड्राइंग मिटाएँ।
एस्केप	पेन टूल को बंद कर दें।
कण्ट्रोल + A	पेन को पॉइंटर में बदलें।
कण्ट्रोल + H	सूचक या कलम छिपाएँ।
टैब	अगली हाइपरलिंक पर जाएं।
B	एक शो के दौरान स्क्रीन को काला कर दें।
W	एक शो के दौरान स्क्रीन को सफेद बनाते हैं।
S	स्वचालित शो को रोकें या पुनरारंभ करें।
1 + एंटर	पहली स्लाइड पर लौटें।
कण्ट्रोल + ळ	समूह आइटम (चयनित आइटम के साथ)।
कण्ट्रोल + शिफ्ट + G	असमूहीकृत।
स्लाइड नंबर + एंटर	प्रस्तुति के दौरान, स्लाइड नंबर पर जाएं।
फ6	सामान्य दृश्य में पैन के बीच घड़ी की दिशा में ले जाएं।
शिफ्ट । फ6	सामान्य दृश्य में गैनकेक के बीच नामानर्त ले जाएँ।
कण्ट्रोल + शिफ्ट + C	चयनित आकार की प्रतिलिपि स्वरूपण।
कण्ट्रोल + शिफ्ट + V	केवल दूसरे आकार में स्वरूपण चिपकाएँ।
कण्ट्रोल + K	हाइपरलिंक डालें।
फ1	मदद।
फ5	पूरा स्लाइड शो देखें।
शिफ्ट + फ5	आगे के स्लाइड से आगे का स्लाइड शो देखें।
फ7	अक्षर जाँच लें।
फ12	सेव एस को डायलॉग बॉक्स में खोलें।
S	शो बंद करो। शो को पुनः आरंभ करने के लिए फिर से S दबाएँ।

एस्केप	स्लाइड शो समाप्त करें।
कण्ट्रोल + शिफ्ट + टैब	रूपरेखा और स्लाइड दृश्य के बीच स्विच करें।
कण्ट्रोल + M	एक नई स्लाइड डालें।
कण्ट्रोल + D	वर्तमान पक्ष को डुप्लिकेट करें।
कण्ट्रोल + शिफ्ट + >	फ़ॉन्ट आकार बढ़ाएँ।
कण्ट्रोल + शिफ्ट + <	फ़ॉन्ट आकार घटाएं।
कण्ट्रोल + T	फ़ॉन्ट संवाद बॉक्स प्रदर्शित करें।
शिफ्ट + फ3	केस बदलें।
ऑल्ट + शिफ्ट + लेफ्ट एरो	एक पैराग्राफ को एक रूपरेखा में बढ़ावा दें।
ऑल्ट + शिफ्ट + राइट एरो	एक रूपरेखा में एक पैराग्राफ का प्रदर्शन करें।
ऑल्ट + शिफ्ट + उप एरो	चयनित रूपरेखा पैराग्राफ ऊपर ले जाएँ।
ऑल्ट + शिफ्ट + डाउन एरो	चयनित रूपरेखा पैराग्राफ नीचे ले जाएँ।
ऑल्ट + शिफ्ट + 1	प्रदर्शन का शीर्ष स्तर 1 देखें।
ऑल्ट + शिफ्ट + +	एक शीर्षक के नीचे रूपरेखा पाठ का विस्तार करें।
ऑल्ट + शिफ्ट + –	एक शीर्षक के नीचे रूपरेखा पाठ को संक्षिप्त करें।
ऑल्ट + शिफ्ट +A	सभी टेक्स्ट या हेडिंग को संक्षिप्त करें या दिखाएं।
शिफ्ट + फ9	ग्रिड दिखाएं या छिपाएँ।
ऑल्ट + फ9	गाइडों को दिखाना या छिपाना।
फ5	एक प्रस्तुति चलाएँ।
कण्ट्रोल + P	शो के दौरान पेन टूल को सक्रिय करें।
E	शो के दौरान पेन टूल ड्राइंग मिटाएँ।
एस्केप	पेन टूल को बंद कर दें।
कण्ट्रोल + A	पेन को पॉइंटर में बदलें।
कण्ट्रोल + H	सूचक या कलम छिपाएँ।
टैब	अगली हाइपरलिंक पर जाएं।
B	शो के दौरान स्क्रीन को काला कर दें।
W	शो के दौरान स्क्रीन को सफेद बनाते हैं।
S	स्वचालित शो को रोकें या पुनरारंभ करें।
1 + एंटर	पहली स्लाइड पर लौटें।
कण्ट्रोल + G	समूह आइटम (चयनित आइटम के साथ)।
कण्ट्रोल + शिफ्ट + G	असमूहीकृत।
स्लाइड नंबर + एंटर	प्रस्तुति के दौरान, स्लाइड नंबर पर जाएं।

फ6	सामान्य दृश्य में पैन के बीच घड़ी की दिशा में ले जाएं।
शिफ्ट + फ6	सामान्य दृश्य में पैनकेक के बीच वामावर्त ले जाएँ।
कण्ट्रोल + शिफ्ट + C	चयनित आकार की प्रतिलिपिं स्वरूपण।
कण्ट्रोल + शिफ्ट + V	केवल दूसरे आकार में स्वरूपण चिपकाएँ।
कण्ट्रोल + K	हाइपरलिंक डालें।
कण्ट्रोल + शिफ्ट + टैब	आउटलाइन और साइड व्यू के बीच स्विच करें।
कण्ट्रोल + M	एक नई स्लाइड डालें।
कण्ट्रोल + D	वर्तमान पक्ष को डुप्लिकेट करें।
कण्ट्रोल + शिफ्ट + >	फ़ॉन्ट आकार बढ़ाएँ।
कण्ट्रोल + शिफ्ट + <	फ़ॉन्ट आकार घटाएं।
कण्ट्रोल + T	फ़ॉन्ट संवाद बॉक्स प्रदर्शित करें।
डबल क्लिक	किसी ऑब्जेक्ट के लिए गुण खोलें।
ऑल्ट + शिफ्ट + लेफ्ट एरो	एक पैराग्राफ को एक रूपरेखा में बढ़ावा दें।
ऑल्ट + शिफ्ट + राइट एरो	एक रूपरेखा में एक पैराग्राफ का प्रदर्शन करें।
ऑल्ट + शिफ्ट + उप एरो	चयनित रूपरेखा पैराग्राफ ऊपर ले जाएँ।
ऑल्ट + शिफ्ट + डाउन एरो	चयनित रूपरेखा पैराग्राफ नीचे ले जाएँ।
ऑल्ट + शिफ्ट + 1	प्रदर्शन का शीर्ष स्तर 1 देखें।
ऑल्ट + शिफ्ट + +	एक शीर्षक के नीचे रूपरेखा टेक्स्ट का विस्तार करें।
ऑल्ट + शिफ्ट + –	एक शीर्षक के नीचे रूपरेखा टेक्स्ट को संक्षिप्त करें।
ऑल्ट + शिफ्ट + A	सभी टेक्स्ट या हेडिंग को संक्षिप्त करें या दिखाएं।
शिफ्ट + फ9	ग्रिड दिखाएं या छिपाएँ।
ऑल्ट + फ9	गाइडों को दिखाना या छिपाना।
कण्ट्रोल + G	ग्रिड और गाइड सेटिंग्स बदलें।
कण्ट्रोल + P	शो के दौरान पेन टूल को सक्रिय करें।
E	शो के दौरान पेन टूल ड्राइंग मिटाएँ।
एस्केप	पेन टूल को बंद कर दें।
कण्ट्रोल + A	पेन को पॉइंटर में बदलें।
कण्ट्रोल + H	सूचक या कलम छिपाएँ।
टैब	अगली हाइपरलिंक पर जाएं।
B	शो के दौरान स्क्रीन को काला कर दें।
W	शो के दौरान स्क्रीन को सफेद बनाते हैं।
S	शो को रोकना या फिर से शुरू करना।
1 + एंटर	पहली स्लाइड पर लौटें।

मॉडल प्रश्न और उत्तर

क. बहुविकल्पीय प्रश्न

1. पॉवरपॉइंट के व्यूज में से कौन सा व्यू नहीं है?
   (क) स्लाइड सॉर्टर व्यू (ख) स्लाइड व्यू
   (ग) स्लाइड शो व्यू (घ) सॉर्टर व्यू
2. इस रूप में सेव करे संवाद बॉक्स का उपयोग किया जा सकता है:
   (क) पहली बार फ़ाइल को सेव करने के लिए
   (ख) कुछ वैकल्पिक नाम से फ़ाइल को सेव करने के लिए
   (ग) फ़ाइल को किसी अन्य प्रारूप में सेव करने के लिए
   (घ) उपरोक्त सभी
3. हमें किस टैब में पॉवरपॉइंट में फ़ाइल से वीडियो डालने की आवश्यकता है?
   (क) मीडिया समूह (ख) प्रतीक समूह
   (ग) संपादन समूह (घ) इमेजेज ग्रुप
4. एक प्रस्तुति में एक इलेक्ट्रॉनिक पेज .... कहलाता है।
   (क) स्लाइड (ख) डब्ल्यू–स्लाइड
   (ग) ई–पेज (घ) पेज
5. निम्नलिखित में से किस शॉर्टकट का उपयोग नई स्लाइड इन्सर्ट करने के लिए किया जाता है।
   (क) कंण्ट्रोल + M (ख) कंण्ट्रोल + N
   (ग) कंण्ट्रोल + O (घ) कंण्ट्रोल + Z
6. डिफॉल्ट रूप से पॉवरपॉइंट डॉक्यूमेंट को कौन सा एक्सटेंशन दिया जाता है?
   (क) .EXT (ख) .COM (ग) .PPT (घ) .XLS
7. निम्न में से किस मेनू में पृष्ठभूमि है?
   (क) स्वरूप (ख) देखें (ग) इन्सर्ट (घ) स्लाइड शो
8. क्लिप आर्ट के संबंध में निम्नलिखित में से कौन सा सत्य है?
   (क) पावर क्लिप आर्ट गैलरी में उपलब्ध चित्रों को प्रदर्शित करता है।
   (ख) क्लिप आर्ट को सम्मिलित करने के लिए आप एक टूलबार बटन या एक प्लेसहोल्डर का उपयोग कर सकते हैं।
   (ग) आप क्लिप आर्ट को फिर से रंग सकते हैं।
   (घ) उपरोक्त सभी
9. किस व्यू में, नोट पैन दिखाई देता है ....
   (क) सामान्य व्यू (ग) दोनों (क) और (ख)
   (ख) रूपरेखा व्यू (घ) उपरोक्त में से कोई नहीं
10. हैंडआउट मास्टर में, फुटर लेख क्षेत्र दिखाई देता है
    (क) पृष्ठ का शीर्ष (ख) पृष्ठ का केंद्र
    (ग) पृष्ठ के नीचे (घ) उपरोक्त में से कोई नहीं
11. आपके द्वारा स्लाइड शो के दौरान शॉर्टकट मेनू दिखा सकते हैं:
    (क) रिबन पर शॉर्टकट बटन पर क्लिक करना
    (ख) करंट स्लाइड पर राइट क्लिक करें
    (ग) करंट स्लाइड पर आइकन पर क्लिक करना
    (घ) (क) और (ख) दोनों

12. निम्नलिखित में से कौन आपको एक प्रस्तुति में एक से अधिक स्लाइड का चयन करने की अनुमति देता है?
(क) ऑल्ट + प्रत्येक स्लाइड पर क्लिक करें
(ख) प्रत्येक स्लाइड को शिफ्ट + क्लिक करें
(ग) प्रत्येक स्लाइड को शिफ्ट + खींचें
(घ) कंटरोल + प्रत्येक स्लाइड पर क्लिक करें

13. **PowerPoint** का व्यू जो केवल टेक्स (शीर्षक और बुलेट) प्रदर्शित करता है वह है ....।
(क) स्लाइड शो (ख) नोट्स पृष्ठ व्यू
(ग) स्लाइड सॉर्टर व्यू (घ) बाह्यरेखा व्यू

14. अपने हैंडआउट में हेडर या फुटर ऐड करने के लिए, आप .... का उपयोग कर सकते हैं।
(क) टाइटल मास्टर (ख) हैंडआउट मास्टर
(ग) स्लाइड मास्टर (घ) उपरोक्त सभी

15. स्लाइड्स पर परीक्षण करने के लिए विभिन्न एनिमेशन लागू करने का आसान तरीका क्या है?
(क) कस्टम एनीमेशन टेक्स्ट पैन फलक में प्रभाव लागू करें
(ख) एनीमेशन योजना लागू करें
(ग) एनिमेटेड क्लिपआर्ट के साथ बुलेट कस्टमाइज़ करें
(घ) उपरोक्त सभी

16. सभी स्लाइड्स में बैकग्राउंड इमेज को जोड़कर आप एक समान उपस्थिति कैसे बना सकते हैं?
(क) पृष्ठभूमि समूह का डिजाइन टैब
(ख) दृष्टांत समूह का टैब डालें
(ग) थीम्स समूह का डिज़ाइन टैब
(घ) उपरोक्त में से कोई नहीं

17. पॉवरपॉइंट में स्लाइड का डिफ़ॉल्ट पृष्ठ सेटअप ओरिएंटेशन निम्नलिखित में से कौन सा है?
(क) कार्यक्षेत्र (ग) पोर्ट्रेट
(ख) लैंडस्केप (घ) उपरोक्त में से कोई नहीं

18. हैंडआउट मास्टर द्वारा क्या परिभाषित किया गया है?
(क) स्लाइड स्वरूपण
(ख) दर्शकों के लेआउट को नोट करगा
(ग) वर्ड एक्सपोर्ट के लिए हैंडआउट कंटेंट फॉर्मेटिंग
(घ) उपरोक्त सभी

19. आपकी प्रस्तुति में कौन सी कमांड आपको पहली स्लाइड में लाती है?
(क) अगला स्लाइड बटन (ख) पेज अप
(ग) कंटरोल + होम (घ) कंटरोल + एन्ड

20. प्रेजेंटेशन खोलते समय कौन सा टैब बाएं पैनल पर उपलब्ध नहीं है?
(क) आउटलाइन (ख) स्लाइड्स
(ग) नोट्स (घ) स्लाइड पेन

21. निम्नलिखित में से कौन सा कथन सत्य नहीं है?
(क) आप टेक्स्ट को सीधे पॉवरपॉइंट स्लाइड में टाइप कर सकते हैं लेकिन टेक्स्ट बॉक्स में टाइप करना अधिक सुविधाजनक है।
(ख) इन्सर्ट मेनू से पिक्चर चुनें और फिर स्लाइड्स में अपनी इमेज डालने के लिए फाइल करें।
(ग) आप सामान्य, स्लाइड सॉर्टर या स्लाइड शो दृश्य में एक पॉवरपॉइंट प्रस्तुति देख सकते हैं।
(घ) आप कार्य फलक को व्यू >> टूलबार से दिखा या छिपा सकते हैं

22. माइक्रोसॉफ्ट पॉवरपॉइंट अनुप्रयोग शुरू करने के लिए:
(क) स्टार्ट >> प्रोग्राम >> ऑल प्रोग्राम >> माइक्रोसॉफ्ट पावरपॉइंट पर क्लिक करें
(ख) कंटरोल + R दबाएं और फिर point.exe टाइप करें और एंटर करें
(ग) स्टार्ट >> रन पर क्लिक करें, पावरपॉइंट टाइप करें फिर एंटर दबाएं
(घ) उपरोक्त सभी

23. निम्नलिखित में से कौन सा अनुभाग स्लाइड लेआउट में मौजूद नहीं है?
(क) टाइटल (ख) सूचियाँ (ग) चार्ट (घ) एनिमेशन

24. पॉवरपॉइंट प्रस्तुतियों का व्यापक रूप से उपयोग किया जाता है:
(क) शिक्षकों के लिए नोट की रूपरेखा
(ख) छात्रों द्वारा परियोजना प्रस्तुतियों
(ग) नियोजन का संचार
(घ) उपरोक्त सभी

25. अपनी प्रस्तुति के लिए सभी मुख्य स्लाइड कार्यों को नियंत्रित करता है।
(क) टास्क पेन (ख) टास्क बार
(ग) कंट्रोल पैनल (घ) उपरोक्त में से कोई नहीं

26. निम्नलिखित में से किसको व्यू टूलबार से प्राप्त नहीं किया जा सकता है?
(क) नियंत्रण टूलबॉक्स (ख) स्लाइड
(ग) संशोधन (घ) रिव्यूइंग

27. कार्य फलक में निम्नलिखित में से कौन सा फलक उपलब्ध नहीं है?
(क) प्रारंभ करना (ख) क्लिप आर्ट
(ग) वर्ड आर्ट (घ) सर्च रिजल्ट्स

28. कार्य फलक में निम्नलिखित में से कौन सा फलक उपलब्ध नहीं है?
(क) स्लाइड डिजाइन (ख) मास्टर स्लाइड
(ग) स्लाइड लेआउट (घ) स्लाइड ट्रांस्शिन

29. एक नई प्रस्तुति .... से बनाई जा सकती है।
(क) खाली प्रस्तुति (ख) मौजूदा प्रस्तुति
(ग) डिजाइन टेम्प्लेट (घ) उपरोक्त सभी

30. स्लाइड लेआउट पैनल में डिफ़ॉल्ट रूप से टेक्स्ट लेआउट के लिए कितने लेआउट उपलब्ध हैं?
(क) 4 (ख) 7
(ग) 12 (घ) उपरोक्त में से कोई नहीं

31. निम्नलिखित में से कौन सा कथन गलत है?
(क) यदि आप पूर्व–निर्मित स्लाइड लेआउट में से किसी एक का चयन करना चाहते हैं, तो आप स्थिति बदल सकते हैं।

(ख) यदि आप पूर्व–निर्मित स्लाइड लेआउट में से चयन करना चाहते हैं, तो आप लेआउट में वस्तुओं को हटा नहीं सकते।
(ग) ब्लैंक स्लाइड स्लाइड लेआउट पैनल में 'कंटेंट लेआउट' क्षेत्र में सबसे ऊपर है।
(घ) उपरोक्त में से कोई नहीं

32. क्या आप तैयार फ़ॉन्ट रंग और ग्राफिक्स प्रभाव का चयन करके नई प्रस्तुति बनाने की अनुमति देता है?
(क) प्रस्तुति टेम्पलेट (ख) मास्टर स्लाइड
(ग) डिज़ाइन टेम्पलेट (घ) एनिमेशन स्कीम

33. यदि आप कंटेंट को बदले बिना विभिन्न वस्तुओं का रंग बदलने की आवश्यकता है, तो आप पॉवरपॉइंट में किस कमांड का उपयोग करेंगे?
(क) डिजाइन टेम्पलेट (ख) रंग योजना
(ग) फॉन्ट कलर (घ) ऑब्जेक्ट कलर

34. स्लाइड के विभिन्न ऑब्जेक्ट्स पर मोशन इफेक्ट्स को लागू करने के लिए आप किस पावरपॉइंट फीचर का उपयोग करेंगे?
(क) स्लाइड ट्रांस्शिन (ख) स्लाइड डिजाइन
(ग) एनिमेशन ऑब्जेक्ट्स (घ) एनिमेशन स्कीम

35. स्लाइड आउट और किसी अन्य प्रवेश के बीच गति प्रभाव को लागू करने के लिए आप किस सुविधा का उपयोग करेंगे?
(क) स्लाइड ट्रांस्शिन (ख) स्लाइड डिज़ाइन
(ग) एनिमेशन ऑब्जेक्ट्स (घ) एनिमेशन स्कीम

36. चयनित डिजाइन टेम्पलेट लागू किया जा सकता है:
(क) केवल वर्तमान स्लाइड के लिए
(ख) सभी स्लाइड्स को
(ग) आपके द्वारा बनाई गई सभी नई प्रस्तुति के लिए
(घ) उपरोक्त सभी

37. स्लाइड डिजाइन और ऑटो कंटेंट विज़ार्ड के बीच अंतर है?
(क) दोनों समान हैं।
(ख) ऑटोकंटेंट विज़ार्ड स्लाइड डिज़ाइन का केवल विज़ार्ड संस्करण है।
(ग) स्लाइड डिज़ाइन नमूना कंटेंट प्रदान नहीं करता है लेकिन ऑटो कंटेंट विज़ार्ड नमूना कंटेंट भी प्रदान करता है।
(घ) स्लाइड डिजाइन चरणों में अपनी पसंद का दावा करता है लेकिन ऑटो कंटेंट विज़ार्ड आपको विकल्प नहीं बनाने देता है।

38. किस मेनू में आप स्लाइड डिज़ाइन, स्लाइड लेआउट आदि जैसी सुविधाएँ पा सकते हैं?
(क) मेनू डालें (ख) प्रारूप मेनू
(ग) टूल मेनू (घ) स्लाइड शो मेनू

39. कौन सा मेनू आपको एनीमेशन योजना, कस्टम एनीमेशन, स्लाइड संक्रमण जैसे विकल्प प्रदान करता है?
(क) मेनू डालें (ख) प्रारूप मेनू
(ग) टूल मेनू (घ) स्लाइड शो मेनू

40. ऑटोकॉन्टेंट विज़ार्ड में स्टार्ट और फिनिश के बीच कितने चरण हैं?
(क) 3 (ख) 4 (ग) 5 (घ) 6

41. वर्तमान प्रस्तुति में कौन सी शॉर्टकट कुंजी एक नई स्लाइड सम्मिलित करती है?
(क) कण्ट्रोल + N (ख) कण्ट्रोल + M
(ग) कण्ट्रोल + S (घ) उपरोक्त सभी

42. यदि आप पहली और दूसरी स्लाइड का चयन करते हैं और तब टूलबार पर नई स्लाइड बटन पर क्लिक करते हैं तो क्या होता है?
(क) प्रस्तुति में पहली स्लाइड के रूप में एक नई स्लाइड डाली गई है।
(ख) प्रस्तुति में दूसरी स्लाइड के रूप में एक नई स्लाइड डाली गई है।
(ग) प्रस्तुति में तीसरी स्लाइड के रूप में एक नई स्लाइड डाली गई है।
(घ) उपरोक्त में से कोई नहीं।

43. वर्तमान प्रस्तुति में निम्नलिखित में से कौन सी विधि एक नई स्लाइड सम्मिलित कर सकती है?
(क) स्लाइड पैनल पर राइट क्लिक करें और नई स्लाइड चुनें
(ख) इन्सर्ट मेनू से न्यू स्लाइड चुनें
(ग) टूलबार पर न्यू स्लाइड बटन पर क्लिक करें
(घ) उपरोक्त सभी

44. निम्नलिखित में से कौन स्लाइड डिज़ाइन का हिस्सा नहीं है:
(क) डिजाइन टेम्पलेट (ख) रंग योजना
(ग) एनिमेशन स्कीम (घ) स्लाइड लेआउट

45. स्लाइड की दूसरी प्रति बनाने का सबसे अच्छा तरीका क्या है?
(क) स्लाइड पर क्लिक करें फिर कण्ट्रोल + A दबाएं और नई स्लाइड में पेस्ट करें।
(ख) इन्सर्ट मेनू से डुप्लिकेट स्लाइड चुनें।
(ग) एक नई स्लाइड पर सब कुछ फिर से करें जो आपने पिछली स्लाइड पर किया था।
(घ) उपरोक्त में से कोई नहीं।

46. किस मेनू से आप चित्र, टेस्ट बॉक्स, चार्ट आदि का उपयोग कर सकते हैं?
(क) फाइल (ख) संपादित करें
(ग) सम्मिलित करें (घ) देखें

47. यदि आप वर्तमान प्रस्तुति में अन्य प्रस्तुति से कुछ स्लाइड सम्मिलित करना चाहते हैं:
(क) इन्सर्ट मेनू से फाइल्स से स्लाइड्स चुनें
(ख) इन्सर्ट मेनू से प्रस्तुतिकरण से स्लाइड चुनें
(ग) इन्सर्ट मेनू से स्लाइड्स चुनें
(घ) उपरोक्त में से कोई नहीं

48. इन्सर्ट >> पिक्चर मेन्यू में कौन से तीन विकल्प उपलब्ध हैं?
(क) क्लिपआर्ट, चित्र, आकृतियाँ
(ख) क्लिपआर्ट, फाइल से, आकृतियाँ
(ग) क्लिपआर्ट, फाइल्स, ऑटोशॉप्स से
(घ) क्लिपआर्ट, पिक्चर्स, ऑटोशैप्स

49. स्लाइड नंबर डालने के लिए:
(क) टेक्स्ट बॉक्स डालें और इन्सर्ट >> पेज नंबर चुनें
(ख) एक टेक्स्टबॉक्स डालें और इन्सर्ट >> नंबर >> पेजनंबर चुनें

(ग) इन्सर्ट >> स्लाइड नंबर चुनें
(घ) एक नया टेक्स्ट बॉक्स डालें और इन्सर्ट >> स्लाइड नंबर चुनें

50. एक पॉवरपॉइंट प्रस्तुति में:
(क) साउंड क्लिप डाली जा सकती है लेकिन मूवी क्लिप नहीं।
(ख) मूवी क्लिप डाली जा सकती है लेकिन साउंड क्लिप नहीं।
(ग) साउंड क्लिप और मस्जिद क्लिप दोनों नहीं डाले जा सकते हैं।
(घ) दोनों सम्मिलित किए जा सकते हैं।

ख. बताएं कि निम्नलिखित कथन सही हैं या गलत

51. आप पॉवरपॉइंट द्वारा प्रदान किए गए दस में से एक व्यू का उपयोग करके एक प्रस्तुति देख सकते हैं।
52. स्लाइड सॉर्टर व्यू बटन स्वचालित रूप से स्लाइड को वर्णानुक्रम से सॉर्ट करता है।
53. आउटलाइन व्यू, स्लाइड व्यू और स्लाइड शो स्लाइड के एक ही सेट को देखने के विभिन्न तरीके हैं।
54. एक प्रस्तुति को बंद करना और पॉवरपॉइंट को बाहर करना एक ही बात है।
55. आप क्लोज बटन का उपयोग करके पॉवरपॉइंट 2010 को बंद कर देते हैं।
56. पहली बार जब आप किसी प्रेजेंटेशन को सेव करते हैं तो आपको उसका नाम देना चाहिए।
57. एक टेक्स्टबॉक्स को स्लाइड पर किसी भी स्थान पर रखा जा सकता है।
58. बैकस्टेज व्यू में प्रिंट सेटिंग और प्रिंट प्रीव्यू साथ–साथ दिखाई देते हैं।
59. एमएस वर्ड इंस्टॉल होने पर ही पॉवरपॉइंट स्लाइड में एक टेबल डाली जा सकती है।
60. एनीमेशन प्रभाव डिज़ाइन टैब में दिखाई देता है।
61. दोनों .wav और .mid फाइल्स दो तरह के साउंड इफेक्ट्स फाइल्स हैं, जिन्हें प्रेजेंटेशन में जोड़ा जा सकता है।
62. प्लेसहोल्डर आपके द्वारा दर्ज किए गए किसी भी टेक्स्ट को समायोजित करने के लिए इनक्रीस और डिक्रीसे होता हैं।
63. रोटेट शब्द का उपयोग तब किया जाता है जब एक क्लिप आर्ट छवि चेहरे की दिशा बदल देती है।
64. जब आप किसी मौजूदा प्रेजेंटेशन में स्लाइड जोड़ना चाहते हैं तो एक नई स्लाइड डालने का उपयोग किया जाता है।
65. किसी प्रस्तुति में सभी स्लाइड के लिए ट्रॅान्शिन प्रभाव सेट करते समय स्लाइड सॉर्टर व्यू का उपयोग करना सबसे अच्छा व्यू है।
66. होम टैब में एनिमेशन प्रभाव दिखाई देते हैं।
67. आप वर्तमान स्लाइड में या अपनी प्रस्तुति में सभी स्लाइड के लिए एक रंग योजना लागू कर सकते हैं।
68. पॉवरपॉइंट आपको अपने स्वयं के एनीमेशन प्रभाव बनाने की अनुमति देता है।
69. स्लाइड सॉर्टर व्यू बटन स्वचालित रूप से स्लाइड को वर्णानुक्रम से सॉर्ट करता है।
70. यदि आपका टेक्स्ट प्लेसहोल्डर के आकार से अधिक है, तो माइक्रोसॉफ्ट पॉवरपॉइंट टेक्स्ट को फिट बनाने के लिए फ़ॉन्ट आकार और पंक्ति के समान दूरी को कम कर देता है।
71. स्लाइड शो व्यू पर जाने के लिए **F5** कुंजी दबाएं
72. जब आप किसी स्लाइड को छिपाते हैं तो यह आपकी फ़ाइल में बनी रहती है, भले ही यह प्रेजेंटेशन चलाने के दौरान छिपी हो।
73. ऑटोकॉन्टेंट विज़ार्ड आपके द्वारा चुने गए विकल्पों के आधार पर संरचना और कंटेंट बनाता है।
74. आप ओवरहेड प्रोजेक्टर पारदर्शिता के लिए स्लाइड प्रिंट कर सकते हैं।
75. आप हैंडआउट मास्टर पर स्लाइड छवियों की स्थिति को बदल नहीं सकते हैं।
76. आप डिज़ाइन टैब का उपयोग करके किसी प्रस्तुति में ऑब्जेक्ट आकर्षित कर सकते हैं।
77. एसएस–पॉवरपॉइंट में पेज ओरिएंटेशन पोर्ट्रेट (चौड़ाई से अधिक) या लैंडस्केप (ऊँचाई से अधिक) पर सेट किया जा सकता है।
78. पॉवरपॉइंट प्रेजेंटेशन में एक या नौ या पंद्रह हैंडआउट प्रिंट कर सकते हैं।
79. एक फ़ाइल जिसमें रेडीमेड शैलियाँ होती हैं, जिन्हें आप अपनी प्रस्तुतियों के लिए उपयोग कर सकते हैं, उन्हें टेम्प्लेट कहा जाता है।
80. आप पॉवरपॉइंट स्लाइड शो के विवरण को फिर से रिकॉर्ड कर सकते हैं।
81. आप पॉवरपॉइंट द्वारा प्रदान किए गए दस में से एक दृश्य का उपयोग करके एक प्रस्तुति देख सकते हैं।
82. प्रस्तुति को बंद करना और पॉवरपॉइंट से बाहर आना एक ही बात है।
83. बंद बटन का उपयोग करके आपने पॉवरपॉइंट को बंद कर दिया।
84. पहली बार जब आप किसी प्रेजेंटेशन को सेव करते हैं तो आपको उसका नाम देना चाहिए।
85. एक टेक्स्ट बॉक्स स्लाइड पर कहीं भी रखा जा सकता है।
86. इन्सर्ट टैब में बुलेट और नंबरिंग दिखाई देती है।
87. एनीमेशन प्रभाव डिज़ाइन टैब में दिखाई देते हैं।
88. .Wav फाइलें और .mid फाइलें दो प्रकार की ध्वनि प्रभाव फाइल्स हैं जो प्रस्तुति में जोड़ी जा सकती हैं।
89. चार्ट को संपादित करने के लिए, आप चार्ट ऑब्जेक्ट पर क्लिक कर सकते हैं।
90. रोटेट शब्द का उपयोग तब किया जाता है जब कोई क्लिप आर्ट छवि चेहरों की दिशा बदल देती है।
91. जब आप किसी मौजूदा प्रस्तुति में स्लाइड जोड़ना चाहते हैं तो एक नई स्लाइड का उपयोग किया जाता है।
92. किसी प्रस्तुति में सभी स्लाइड के लिए ट्रांशिन प्रभाव सेट करते समय स्लाइड छोटा दृश्य उपयोग करने के लिए सबसे अच्छा दृश्य है।
93. पावरपॉइंट प्रस्तुति के सभी पृष्ठों को स्लाइड के रूप में भी कहा जाता है।
94. भविष्य में संदर्भ के लिए स्पीकर नोट का उपयोग नहीं किया जा सकता है।

95. आप अपना स्वयं का एनीमेशन बना सकते हैं और स्लाइड में जोड़ सकते हैं।

96. पावरपॉइंट को स्टार्ट बटन नहीं बनाया जा सकता है।

97. उपयोगकर्ता प्रत्येक स्लाइड के लिए समय निर्धारित नहीं कर सकता है।

98. स्लाइड ट्रांसिशन प्रभाव की तरह एनीमेशन हैं।

99. स्लाइड शो दृश्य पूरी तरह से एकल स्लाइड द्वारा भरा गया है।

100. स्लाइड के बाएं हिस्से में दो टैन शीट हैं– रूपरेखा और स्लाइड।

उत्तर

1.	(क)	2.	(घ)	3.	(क)	4.	(क)
5.	(क)	6.	(ग)	7.	(क)	8.	(घ)
9.	(ग)	10.	(ख)	11.	(क)	12.	(ग)
13.	(घ)	14.	(ग)	15.	(ख)	16.	(क)
17.	(ख)	18.	(ख)	19.	(ग)	20.	(ग)
21.	(क)	22.	(ग)	23.	(घ)	24.	(घ)
25.	(क)	26.	(ख)	27.	(ग)	28.	(ख)
29.	(घ)	30.	(क)	31.	(ख)	32.	(ग)
33.	(ख)	34.	(घ)	35.	(क)	36.	(घ)
37.	(ग)	38.	(ख)	39.	(घ)	40.	(क)
41.	(ख)	42.	(ग)	43.	(घ)	44.	(घ)
45.	(ख)	46.	(ग)	47.	(क)	48.	(ग)
49.	(घ)	50.	(घ)	51.	गलत	52.	सही
53.	सही	54.	सही	55.	सही	56.	सही
57.	सही	58.	सही	59.	सही	60.	गलत
61	सही	62.	सही	63.	सही	64.	सही
65.	सही	66.	गलत	67.	सही	68.	गलत
69.	गलत	70.	सही	71.	सही	72.	सही
73.	सही	74.	सही	75.	सही	76.	गलत
77.	सही	78.	गलत	79.	सही	80.	सही
81.	गलत	82.	गलत	83.	सही	84.	सही
85.	सही	86.	गलत	87.	गलत	88.	सही
89.	गलत	90.	सही	91.	सही	92.	सही
93.	सही	94.	गलत	95.	सही	96.	गलत
97.	गलत	98.	सही	99.	सही	100.	सही

Criminal Justice

Many countries employ an electronic tagging system that uses devices worn on the ankle to restrict people convicted of crimes to their homes or another area. The devices use GPS signal to track the convicted person and signal to police if they leave the designated area. There are even electronic tagging systems that are able to detect whether the user has consumed alcohol or drugs.

अध्याय 9

लिब्रे ऑफिस इम्प्रेस

उद्देश्यः

पाठक समझने में सक्षम होगाः

- ❖ प्रस्तुति का निर्माण
- ❖ स्लाइड्स को प्रिपेयर
- ❖ सौंदर्यशास्त्र प्रदान करना
- ❖ स्लाइड शो चलाना
- ❖ टेम्पलेट का उपयोग करके एक प्रस्तुति बनाना

9.1 परिचय

लिब्रे ऑफिस इम्प्रेस एक प्रस्तुति ग्राफिक्स सॉफ्टवेयर है, जो कि लिब्रे ऑफिस ओपन के एक अभिन्न अंग के रूप में आता है। लिब्रे ऑफिस प्रभाव का उपयोग प्रस्तुतियों को बनाने और प्रदर्शित करने के लिए किया जाता है; जिसमें टेस्ट, चित्र, चार्ट, आरेख, ऑडियो, वीडियो और एनिमेटेड प्रभाव शामिल होते हैं।

9.2 प्रस्तुति क्या है?

प्रस्तुति एक व्यवस्थित क्रम में व्यवस्थित स्लाइड का एक संग्रह है; और ग्राफिक, ध्वनि और एनीमेशन के साथ जानकारी प्रदर्शित करता है।

प्रस्तुति सहायक हैः

- इसे व्यापक रूप से विचारों को प्रस्तुत करने के लिए उपयोग किया जाता है।
- इसका उपयोग व्यापार में लोगों द्वारा उत्पादों के बारे में जानकारी प्रस्तुत करने के लिए किया जाता है।
- शिक्षक अपने पाठ को तैयार करने के लिए प्रस्तुति का उपयोग करते हैं।

स्लाइड क्या है?

स्लाइड इम्प्रेस प्रस्तुति का एक पृष्ठ है जो विषय के बारे में कुछ संक्षिप्त जानकारी प्रदर्शित करता है।

9.3 लिब्रे ऑफिस इम्प्रेस शुरू करना

1. डैश आइकन पर क्लिक करें।
2. सर्च बार में टाइप करे इंम्प्रेस।
3. लिबरऑफिस इम्प्रेस आइकन सर्च बार के नीचे दिखाई देता है।
4. लिबरऑफिस इम्प्रेस के आइकन पर क्लिक करें।
5. बिना शीर्षक के निम्नलिखित रिक्त प्रस्तुति नाम 2– लिब्रे ऑफिस प्रभाव दिखाई देता है।

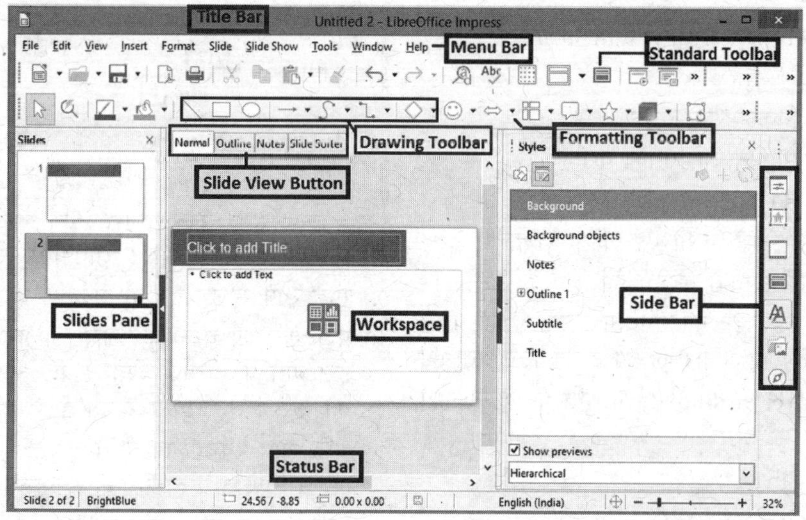

9.3.1 इम्प्रेस विंडो के घटक

1. **स्लाइड पेनः** स्लाइड पैन में प्रस्तुति में स्लाइड के थंबनेल चित्र शामिल हैं। उन्हें उसी क्रम में दिया जाता है जैसे उन्हें एक स्लाइड शो में दिखाया जाएगा। किसी भी थंबनेल का बडा व्यू देखने के लिए, उस पर क्लिक करें और चयनित स्लाइड कार्यक्षेत्र में दिखाई देगी।
2. **वर्कस्पेसः** यह विंडो के बीच में मौजूद एक खाली क्षेत्र है जहां एक स्लाइड प्रदर्शित की जाती है। वर्कस्पेस के शीर्ष दाईं ओर पाँच टैब (दृश्य बटन) प्रदर्शित होते हैंः

क. नार्मल ख. आउटलाइन ग. नोट्स
घ. हैंडआउट ङ. स्लाइड सॉर्टर

3. **साइड बारः** इसमें ऐसी विशेषताएं हैं जो स्लाइड को मास्टर स्लाइड लेआउट, टेबल डिज़ाइन, एनीमेशन प्रभाव और स्लाइड संक्रमण जैसे प्रारूपित करने के लिए उपयोग की जाती हैं।
4. **शीर्षक बारः** यह इम्प्रेस विंडो के शीर्ष पर स्थित है, और वर्तमान प्रस्तुति को प्रदर्शित करती है, जिसे खोला जाता है और एप्लिकेशन का नाम भी प्रर्दर्शित करती है।
5. **मेनू बारः** यह तब दिखाया जाता है जब माउस पॉइंटर को टाइटल बार पर रखा जाता है। इसमें इम्प्रेस एप्लिकेशन में मौजूद सभी मेनू विकल्प शामिल हैं जैसे कि फाइल, एडिट, व्यू, इंसर्ट। मेनू बार के चरम बाईं ओर न्यूनतम, अधिकतम और करीबी बटन मौजूद हैं।
6. **मानक टूलबारः** यह मेनू बार के नीचे स्थित है, और इसमें इम्प्रेस में सबसे अधिक उपयोग किए जाने वाले कमांड के लिए शॉर्टकट आइकन शामिल हैं।
7. **स्वरूपण टूलबारः** इसे मानक टूलबार के नीचे रखा जाता है, और इसमें स्लाइड को प्रारूपित करने के लिए आमतौर पर उपयोग किए जाने वाले आइकन होते हैं।
8. **स्टेटस बारः** यह इम्प्रेस विंडो के निचले भाग में स्थित है और कर्सर की स्थिति, बिना सेव किए गए परिवर्तन, डिजिटल हस्ताक्षर, स्लाइड संख्या, स्लाइड शैली और जूम स्लाइडर जैसी जानकारी प्रदर्शित करता है।
9. **ड्राइंग टूलबारः** इसमें सबसे अधिक उपयोग किए जाने वाले ड्राइंग टूल जैसे कि आकार, टेक्स्ट, चित्र और इसी तरह स्लाइड्स को सुशोभित करने के लिए आइकन का उपयोग किया जाता है।
10. **स्लाइड व्यू बटनः** इसका उपयोग विभिन्न मोड में स्लाइड्स को देखने के लिए किया जाता है।

9.4 विज़ार्ड का उपयोग करके एक नई प्रस्तुति बनाना

प्रस्तुति विज़ार्ड सुविधा का उपयोग कर प्रस्तुति बनाने के लिए:

1. फ़ाइल मेनू पर क्लिक करें।
2. ड्रॉप–डाउन मेनू में विज़ार्ड विकल्पों का चयन करें।
3. प्रस्तुति विकल्प चुनें कैस्केडिंग मेनू का निर्माण करें।
4. प्रस्तुति विज़ार्ड प्रकट होता है।
5. प्रकार के तहत, निम्नलिखित में से किसी एक फॉर्म को चुनें:
   क. खाली प्रस्तुतिः एक खाली प्रस्तुति बनाता है।
   ख. टेम्पलेट सेः एक टेम्पलेट डिज़ाइन का उपयोग करता है जो पहले से ही एक नई प्रस्तुति के लिए आधार के रूप में इनबिल्ट होता है।
   ग. मौजूदा प्रस्तुति खोलें: पहले से बनाई गई प्रस्तुति पर काम जारी रखने के लिए।
6. एक खाली प्रस्तुति विकल्प चुनें।

9.4.1 एक खाली प्रस्तुति बनाने के लिएः

खाली प्रस्तुति बनाने के लिए दिए गए चरणों का पालन करें:

1. प्रकार अनुभाग के तहत, खाली प्रस्तुति का चयन करें।
2. अगले बटन पर क्लिक करें।

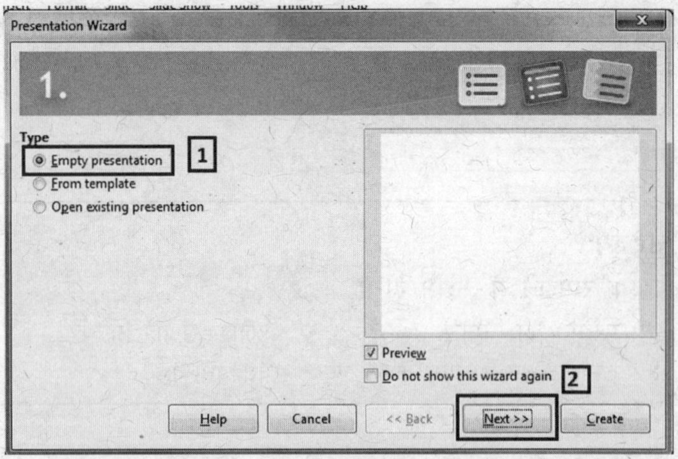

3. एक स्लाइड डिजाइन और एक आउटपुट माध्यम का चयन करें।
4. प्रस्तुति पृष्ठभूमि के तहत, स्लाइड डिजाइन के लिए पृष्ठभूमि की एक सूची दिखाई देती है, <मूल> चुनें।
5. पूर्वावलोकन बॉक्स में एक सफेद पृष्ठभूमि प्रदर्शित की जाएगी।
6. प्रस्तुति का उपयोग कैसे किया जाएगा यह परिभाषित करने के लिए, आउटपुट माध्यम का चयन करें। आउटपुट माध्यम के रूप में स्क्रीन का चयन करें।
7. अगले और प्रस्तुति विज़ार्ड चरण 3 खुलता है, उस पर क्लिक करें।

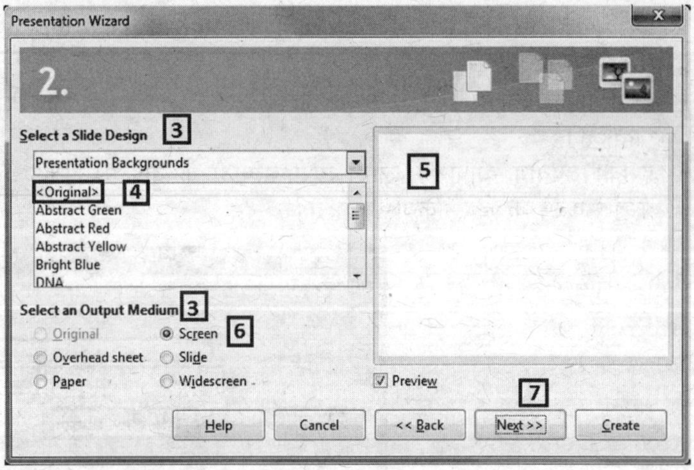

8. प्रभाव ड्रॉप–डाउन और प्रस्तुति प्रकार से स्लाइड संक्रमण का चयन करें।
9. गति ड्रॉप डाउन मेनू से संक्रमण के लिए गति निर्धारित करें।
10. प्रेजेंटेशन का चयन करें और डिफॉल्ट या ऑटोमैटिक टाइप करें, यह इस बात पर निर्भर करता है कि आप अपनी प्रेजेंटेशन में स्लाइड्स को कैसे आगे बढ़ाना चाहते हैं।
11. यदि आप स्वचालित चुनते हैं, तो पृष्ठ की अवधि और ठहराव की अवधि निर्दिष्ट करें, जो एक स्लाइड के समय को परिभाषित करते हैं।
12. क्रिएट बटन पर क्लिक करें।

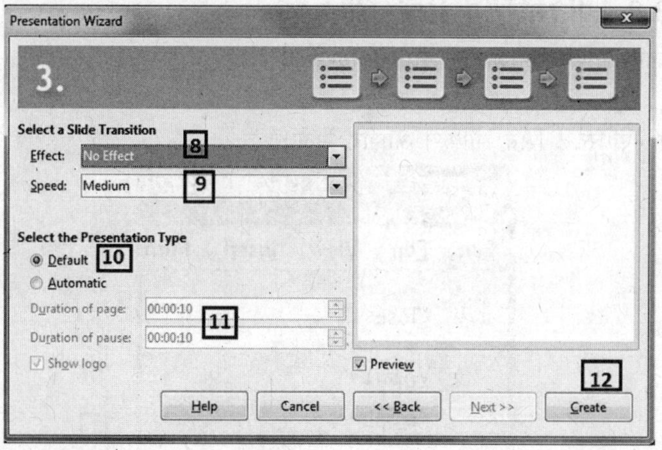

13. इम्प्रेस विडो प्रस्तुत होती है।

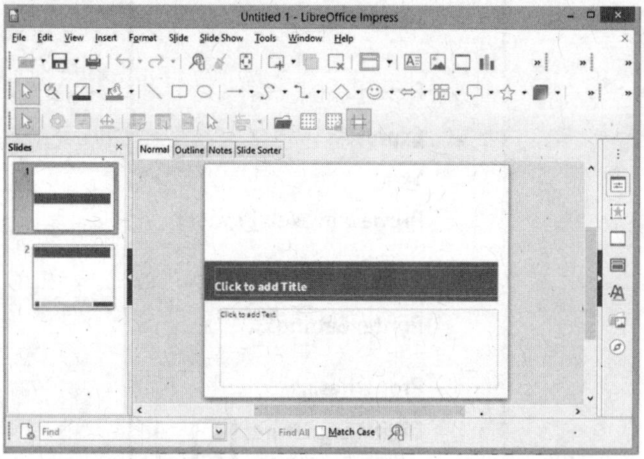

9.5 स्लाइड में टेक्स्ट ऐड करना

डिफ़ॉल्ट रूप से, शीर्षक स्लाइड दो प्लेसहोल्डर्स को प्रदर्शित करती है। ऊपरी स्थान धारक एक स्लाइड के लिए शीर्षक रखता है, जबकि नीचे वाला व्यक्ति विषय के बारे में संक्षिप्त जानकारी रखता है।

स्लाइड में टेक्स्ट ऐड करने के लिए:

स्लाइड में टेक्स्ट ऐड के लिए दिए गए चरणों का पालन करें:

1. शीर्षक प्लेसहोल्डर जोड़ने के लिए क्लिक करें का चयन करें।

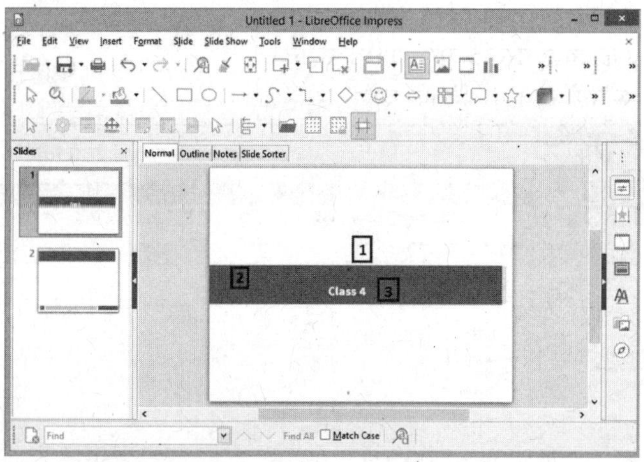

2. एक टेक्स्ट बॉक्स दिखाई देता है।
3. केंद्र में कर्सर दिखाई देता है। प्रकार: कक्षा 4
4. टेक्स्ट प्लेसहोल्डर जोड़ने के लिए क्लिक पर क्लिक करें।
5. टेक्स्ट टाइप करें: प्लेसहोल्डर के अंदर: मेरा नाम तारुष है।

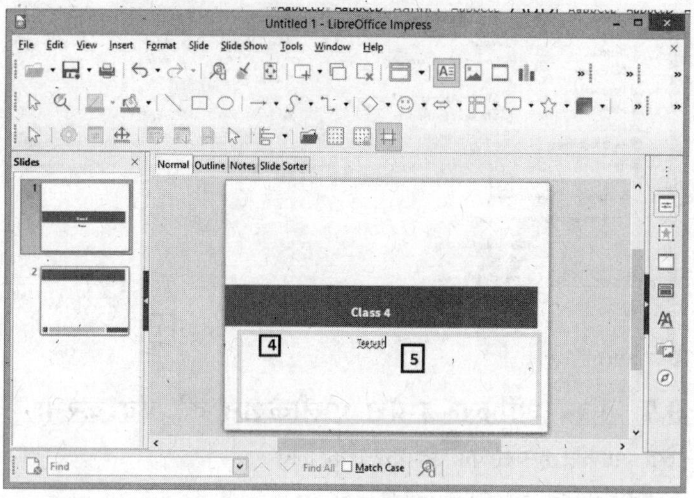

6. प्रस्तुति पर कहीं भी क्लिक करें, आप देखेंगे कि टाइप किया हुआ टेक्स्ट दिखाई देगा।

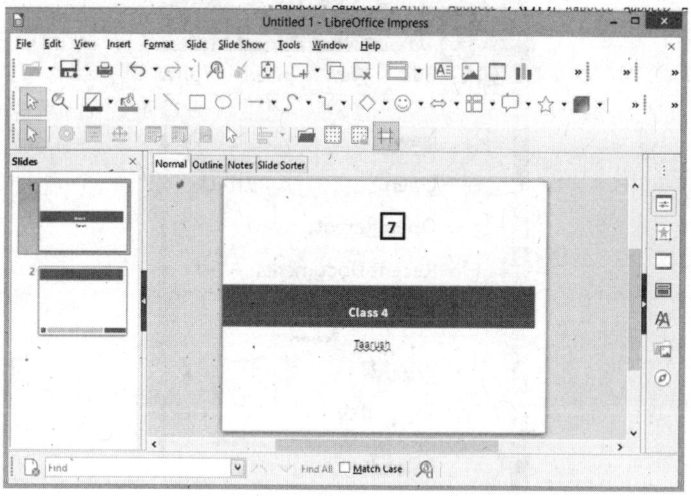

9.6 प्रस्तुति को सेव करना

किसी भी हार्डवेयर या बिजली की विफलता के कारण डेटा हानि से बचने के लिए, समय के नियमित अंतराल पर काम को सेव करना महत्वपूर्ण है।

एक प्रस्तुति को सेव करने के लिए:

किसी प्रस्तुति को सेव करने के लिए दिए गए चरणों का पालन करें:

1. मानक टूलबार पर मौजूद सेव बटन पर क्लिक करें।
2. सेव डायलॉग बॉक्स दिखाई देता है।
3. नाम पाठ बॉक्स में "तारुश" नाम निर्दिष्ट करें।
4. सेव बटन पर क्लिक करें। प्रस्तुति को .odp एक्यटेशन के साथ सहेजा सेव किया जाएगा।

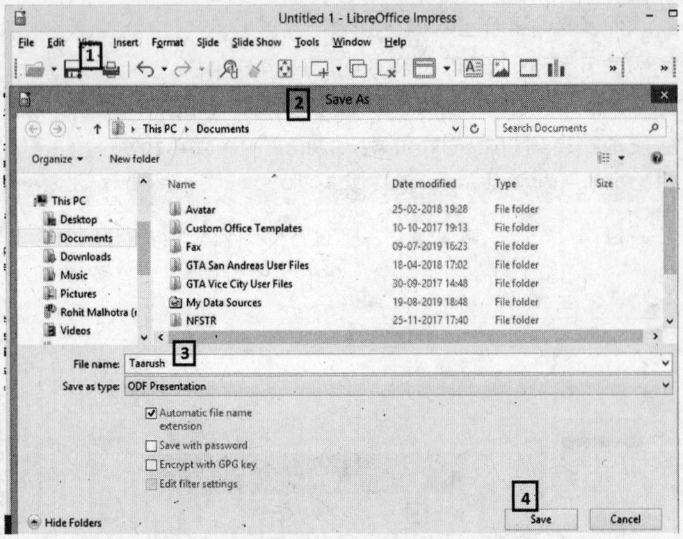

9.7 लिब्रे ऑफिस इम्प्रेस एप्लीकेशन को बंद करना

लिब्रे ऑफिस इम्प्रेस को बंद करने के लिए:

1. फ़ाइल मेनू का चयन करें।
2. क्लोज ऑप्शन पर क्लिक करें।

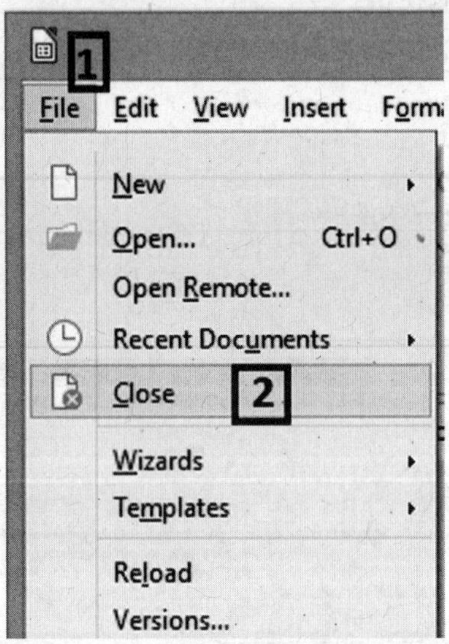

यदि अंतिम संशोधन के बाद प्रस्तुति को सेव नहीं किया गया है, तो एक संदेश बॉक्स दिखाई देगा, जिसमें निम्न विकल्प दिखाई देंगे:

क. **सेव:** सेव ऑप्शन पर क्लिक करने पर डॉक्यूमेंट सेव हो जाएगा और फिर उसे बंद कर दें।

ख. **सेव न करें:** यह डॉक्यूमेंट को सेव किए बिना बंद कर देता है।

ग. **रद्द करें:** इस विकल्प पर क्लिक करने से आप डॉक्यूमेंट पर पुनर्निर्देशित हो जाएंगे।

9.8 एक्सिस्टिंग लिब्रे ऑफिस

लिबरऑफिस इंप्रेशन से एग्जिट करने के लिए:

1. फ़ाइल मेनू पर क्लिक करें।
2. एक्स्टिट लिब्रे ऑफिस ऑप्शन सेलेक्ट करें।

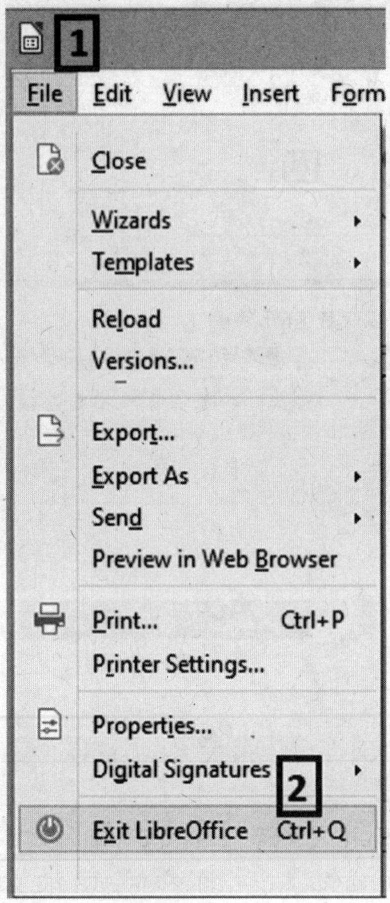

9.9 प्रस्तुति ओपन करना

मौजूदा प्रस्तुति ओपन करने के लिए:

1. फ़ाइल मेनू पर क्लिक करें।
2. ड्रॉप–डाउन सूची का चयन करें विकल्प खोलें।
3. ओपन डायलॉग बॉक्स दिखाई देगा।
4. आवश्यक प्रस्तुति चुनें वांछित स्थान।
5. ओपन बटन पर क्लिक करें।

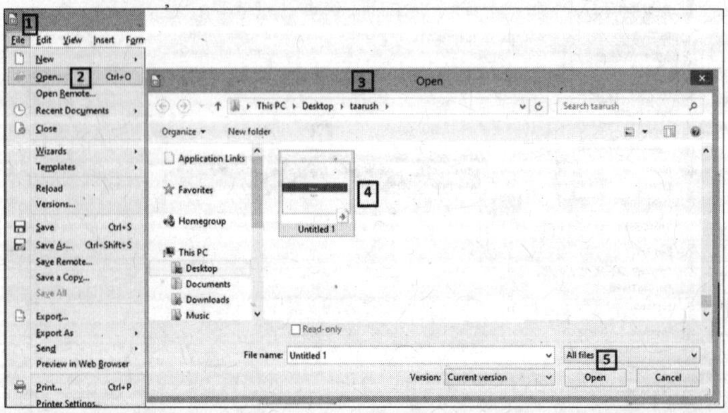

9.10 नई स्लाइड को ऐड करना

जब हम एक प्रस्तुति बनाते हैं, तो हमें एक नई स्लाइड ऐड करने की आवश्यकता हो सकती है, इसके लिए हमें एक लेआउट (एक स्लाइड पर विभिन्न घटकों की सामान्य व्यवस्था) का चयन करना होगा जो हमारी आवश्यकता से मेल खाता हो।

लेआउट में प्लेसहोल्डर होते हैं जो बदले में टेक्स्ट (शीर्षक, बुलेटेड सूची, स्लाइड कंटेंट) को पकड़ते हैं। मौजूदा स्लाइड के लेआउट को सामान्य दृश्य या स्लाइड सॉर्टर दृश्य में बदला या संशोधित किया जा सकता है।

नई स्लाइड ऐड करने के लिएः

1. स्टेंडड इलबार पट्टी पर मौजूद स्लाइड ड्रॉप–डाउन बटन पर क्लिक करें।
2. उपलब्ध स्लाइड लेआउट की सूची प्रदर्शित की जाती है।
3. इच्छित लेआउट पर क्लिक करें।
4. बाईं ओर 'स्लाइड फलक' पर नई स्लाइड देखी जा सकती है।

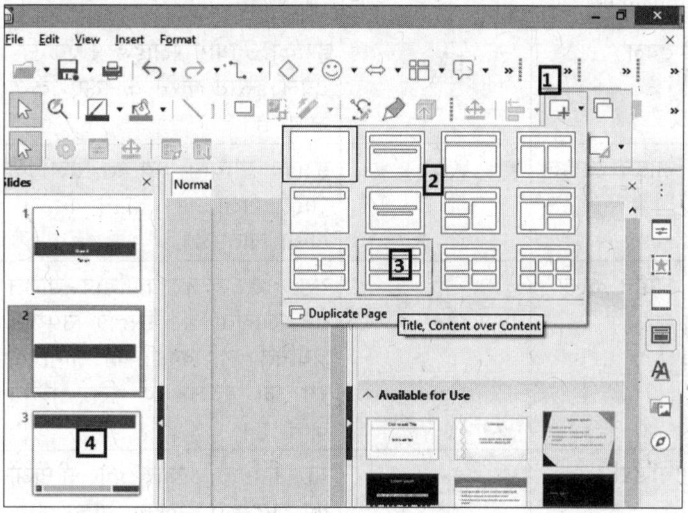

9.11 स्लाइड में इमेज ऐड करने के लिए

स्लाइड में इमेज ऐड करने के लिएः

1. इन्सर्ट मेनू पर क्लिक करें।
2. छवि विकल्प का चयन करें।
3. सम्मिलित छवि संवाद बॉक्स प्रकट होता है।
4. वांछित स्थान पर चित्र का चयन करें।
5. ओपन बटन पर क्लिक करें।
6. स्लाइड पर चित्र दिखाई देगा।

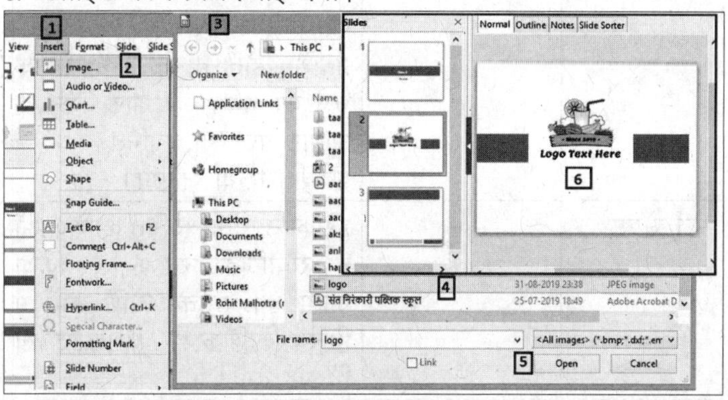

9.12 स्लाइड शो

लिब्रे ऑफिस इम्प्रेस एक प्रस्तुति के सभी स्लाइड को स्लाइड शो में संयोजित करने का विकल्प प्रदान करता है। यह स्क्रीन पर एक–एक करके एक प्रस्तुति में सभी स्लाइड्स को प्रदर्शित करता है।

स्लाइड शो चलाने के लिएः

- स्टेंडड टूलबार पर मौजूद स्लाइड बटन से शुरू पर क्लिक करें।

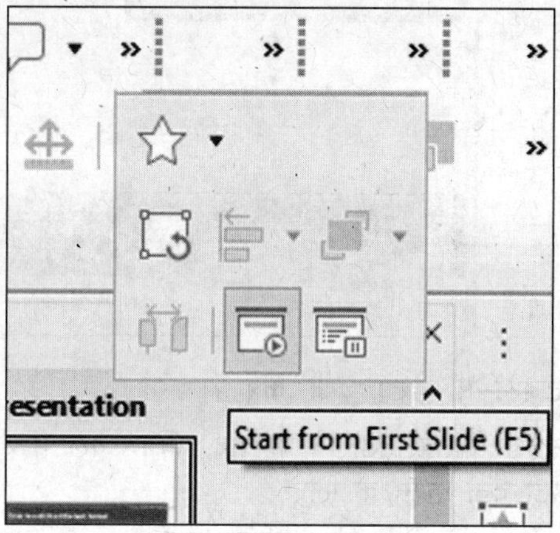

या

- स्लाइड शो पर क्लिक करें और ड्रॉप–डाउन मेनू से पहले स्लाइड विकल्प से शुरुआत चुनें।

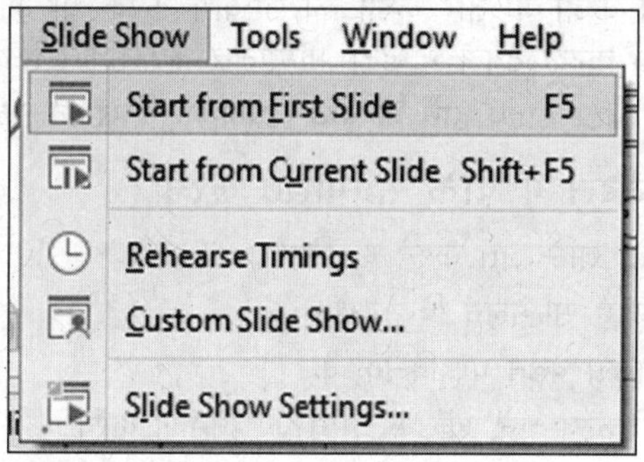

या

- फ5 की या कण्ट्रोल + फ2 की दबाएं।

9.13 टेबल और चार्ट इम्प्रेस में

लिब्रे ऑफिस इम्प्रेस एक शक्तिशाली उपकरण है जो हमें आरेख, फोटो, क्लिप आर्ट का उपयोग करके हमारे विचारों और विचारों को संवाद करने में मदद करता है। इम्प्रेस सारणीबद्ध प्रारूप में जानकारी को व्यवस्थित करने के लिए अतिरिक्त सुविधाएँ प्रदान करता है। टेबल कोशिकाओं का एक ग्रिड है जो पंक्तियों और कॉल्म में व्यवस्थित होती है।

9.13.1 टेबल सम्मिलित करना

टेबल सम्मिलित करने के लिएः

1. इन्सर्ट मेनू पर क्लिक करें।
2. ड्रॉप–डाउन मेनू के रूप में टेबल विकल्प चुनें।
3. सम्मिलित टेबल संवाद बॉक्स प्रकट होता है।
4. कॉल्म और पंक्तियों की संख्या को परिभाषित करें।
5. ओके पर क्लिक करें।

6. परिभाषित कॉलम और पंक्तियों के अनुसार टेबल प्रदर्शित की जाएगी।

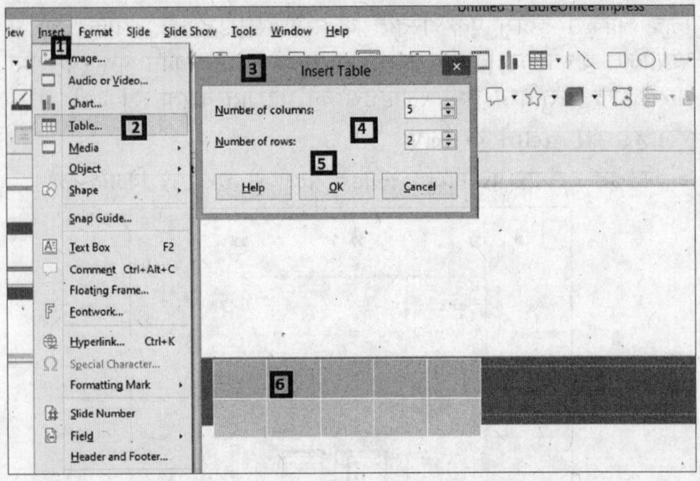

9.13.2 टेबल में डेटा दर्ज करना

एक बार स्लाइड में टेबल डालने के बाद, आप टेबल में डेटा दर्ज कर सकते हैं। डेटा दर्ज करने के लिए:

1. टेबल के पहले सेल में माउस पॉइंटर रखें।
2. हेडिंग टाइप करें।
3. सम्मिलन बिंदु को अगले सेल पर ले जाने के लिए टैब की दबाएं।
4. आप टैब कुंजी या तीर कुंजी का उपयोग करके या आवश्यक सेल में क्लिक करके टेबल में डेटा सम्मिलित कर सकते हैं।
5. टेबल में डेटा टाइप होने के बाद, टेबल के बाहर क्लिक करें।

9.13.3 टेबल में पंक्ति सम्मिलित करना

क नई पंक्ति सम्मिलित करने के लिए:

एक सेल में सम्मिलन बिंदु रखें।

राइट माउस बटन पर क्लिक करें।

इन्सर्ट विकल्प चुनें, शॉर्टकट मेनू का निर्माण करें।

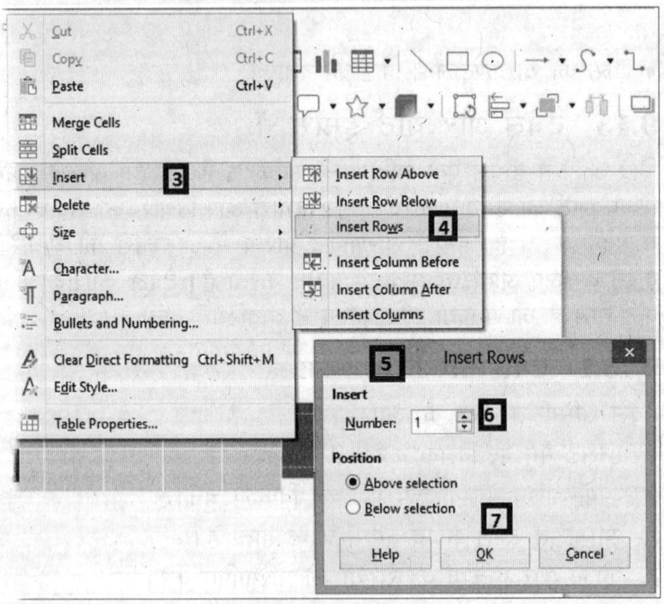

4. सम्मिलित पंक्तियों का चयन करें विकल्प कैस्केडिंग मेनू का निर्माण करें।
5. सम्मिलित पंक्ति संवाद बॉक्स प्रकट होता है।
6. संख्या फ़ील्ड में सम्मिलित की जाने वाली पंक्तियों की संख्या निर्दिष्ट करें और पंक्तियों के रखने को परिभाषित करें पहले या बाद में रेडियो बटन का उपयोग करके डाला जाए।
7. ओके पर क्लिक करें।

उसी तरह आप एक टेबल में कॉलम सम्मिलित कर सकते हैं।

9.14 टेबल टूलबार

टेबल इन्सर्ट करने के बाद, एक टेबल टूलबार ड्राइंग टूलबार पर दिखाई देता है। इसमें विभिन्न प्रकार के उपकरण शामिल हैं जिनका उपयोग टेबल को प्रारूपित करने के लिए किया जाता है (एक टेबल सम्मिलित करें, सीमाएँ, रेखा शैली, रेखा रंग, क्षेत्र शैली, मर्ज कोशिकाएँ, विभाजित कोशिकाएँ)

टेबल		इसका उपयोग स्लाइड में एक नई टेबल इन्सर्ट करने के लिए किया जाता है।
लाइन स्टाइल		इसका उपयोग चयनित सेल की लाइन शैली को बदलने के लिए किया जाता है।
लाइन कलर		यह बॉर्डर कलर का ड्रॉप–डाउन मेनू खोलता है। इसका उपयोग चयनित कोशिकाओं की सीमा के रंग को बदलने के लिए किया जाता है।
बॉर्डर्स		यह विभिन्न प्रकार की सीमाओं को प्रदर्शित करने वाला एक ड्रॉप–डाउन मेनू खोलता है जिसे एक टेबल पर लागू किया जा सकता है।
एरिया स्टाइल/फिलिंग	Color	यह आपको चयनित कोशिकाओं के लिए क्षेत्र शैली/भरने के विकल्प का चयन करने की अनुमति देता है। क्षेत्र शैली बटन के स्पिन तीर पर क्लिक करें, यह सूची प्रदर्शित करेगा। आसन्न कॉम्बो बॉक्स पर क्लिक करने पर, रंग सूची प्रदर्शित होती है, किसी भी रंग के रूप का चयन करें और चयन के आधार पर रंग चयनित कक्षों में प्रदर्शित किया जाएगा।
मर्ज सेल्स		इसका उपयोग चयनित कोशिकाओं को संयोजित करने के लिए किया जाता है। संयुक्त कोशिकाओं में विलय कोशिकाओं का कंटेंट भी दिखाई देगी।

स्प्लिट सेल्स		यह चयनित कोशिकाओं को अलग–अलग कोशिकाओं में विभाजित करने के लिए संदर्भित करता है। इस आइकन पर क्लिक करने से स्प्लिट सेल डायलॉग बॉक्स खुल जाएगा। आपको उन सेल की संख्या निर्दिष्ट करने की आवश्यकता है जिन्हें आप चाहते हैं कि चयनित सेल को विभाजित किया जाए। अब, दिशा खंड के अंतर्गत क्षैतिज या लंबवत विकल्प चुनें। क्लिक करें ठीक है और चयनित सेल विनिर्देश के अनुसार विभाजित किया जाएगा।
ऑप्टिमाइज़		यह समान रूप से उपयोग किया जाता है।क्षैतिज और लंबवत रूप से चयनित कोशिकाओं को अंतरिक्ष की मात्रा वितरित करें।
एलाइनमेंट		टेबल टूलबार तीन प्रकार के संरेखण प्रदान करता है: क. ऊपर ख. केंद्र ग. तल सेल का कंटेंट चयन के अनुसार संरेखित की जाती है।
इन्सर्ट रौ, इन्सर्ट कॉलम		इंसर्ट पंक्ति या इन्सर्ट कॉलम आइकन पर क्लिक करने से टेबल में एक पंक्ति या एक कॉलम सम्मिलित होगा। वर्तमान पंक्ति के नीचे एक पंक्ति आवेषण और चयनित कक्ष के दाईं ओर स्तंभ आवेषण है।
डिलीट रौ, डिलीट कॉलम		चयनित पंक्ति या कॉलम को हटाने के लिए बस संबंधित आइकन पर क्लिक करें।
टेबल डिज़ाइन		यह विभिन्न निर्मित टेबल शैलियों को प्रदर्शित करता है जिन्हें एक टेबल पर लागू किया जा सकता है।

9.15 लिब्रे ऑफिस इम्प्रेस में चार्ट

चार्ट चित्रात्मक रूप में डेटा प्रदर्शित करने का एक प्रभावी तरीका है। चार्ट हमारे लिए तुलना करना आसान बनाते हैं और डेटा में मूल्य और रुझानों के बीच विकास का परिणाम देखते हैं।

चार्ट के घटक:

1	चार्ट टाइल	यह लक्ष्य और चार्ट के कंटेंट का वर्णन करता है।
2	चार्ट एरिया	इसमें पूरा क्षेत्र और एक चार्ट में सभी ऑब्जेक्ट शामिल हैं।
3	केटेगरी एक्सिस/X – एक्सिस/हॉरिजॉन्टल एक्सिस	चार्ट में तुलना और प्रस्तुत किया जाने वाला पदार्थ इस श्रेणी में आता है।
4	वैल्यू एक्सिस/ Y– एक्सिस/वर्टीकल एक्सिस	यह वैल्यूज प्लाट करने के लिए किया जाता है।
5	डाटा सीरीज	बार्स, स्लाइस या अन्य तत्व जो डेटा मान दिखाते हैं।
6	ग्रिडलाईन्स	ये चयनित चार्ट प्रकार के आधार पर क्षैतिज या ऊर्ध्वाधर हो सकते हैं। यह चार्ट की वाल के पार तक फैला हुआ है। चार्ट हमें पढ़ना और समझना आसान बनाता है।
7	केटेगरी नाम	ये एक्स–एक्सिस और वाई–एक्सिस पर प्रदर्शित लेबल हैं।
8	चार्ट वाल	यह चार्ट क्षेत्र के भीतर की विंडो है, जिसमें वास्तविक चार्ट ही शामिल है और इसमें प्लॉट किए गए डेटा, डेटा श्रृंखला, श्रेणी और मूल्य अक्ष शामिल हैं।
9	लेजेंड्स	इसमें रंग, पैटर्न या प्रतीकों को दर्शाया गया है जो डेटा श्रृंखला को सौंपा गया है।

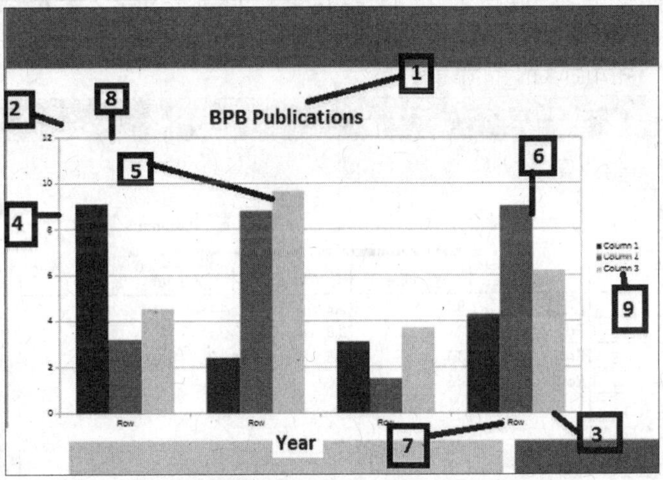

9.15.1 चार्ट सम्मिलित करना

स्लाइड पर एक चार्ट सम्मिलित करने के लिए:

1. इन्सर्ट मेनू पर क्लिक करें।
2. चार्ट विकल्प का चयन करें।
3. इंप्रेशन डिफ़ॉल्ट चार्ट प्रकार प्रदर्शित करता है।
4. यहां, आप स्लाइड में शीर्षक जोड़ सकते हैं।
5. सामान्य दृश्य पर वापस जाने के लिए शीर्षक प्लेसहोल्डर को जोड़ने के लिए क्लिक; पर क्लिक करें।

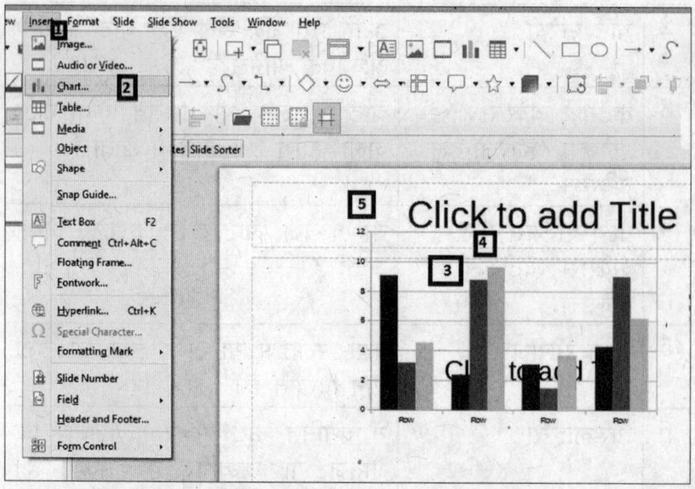

9.15.2 चार्ट डेटा दर्ज करना

आप एम्बेडेड चार्ट का डेटा बदल सकते हैं। चार्ट मे डेटा दर्ज करने के लिए:

1. जब आप चार्ट को स्लाइड में डालते हैं, तो चार्ट टूलबार स्लाइड के ऊपर दिखाई देता है।
2. टूलबार में चार्ट डेटा टेबल आइकन पर क्लिक करें।
3. डेटा टेबल संवाद बॉक्स खुलता है, चयनित तालिका का डेटा प्रदर्शित होता है।
4. आवश्यकता के अनुसार डेटा दर्ज करें।
5. डेटा टेबल संवाद बॉक्स आपको श्रेणी का नाम और किंवदंती नाम बदलने की अनुमति देता है।
6. आप नई पंक्ति/कॉलम भी इन्सर्ट कर सकते हैं, पंक्ति/कॉलम को हटा सकते हैं, श्रृंखला को दाईं ओर ले जा सकते हैं और पंक्ति को नीचे ले जा सकते हैं।

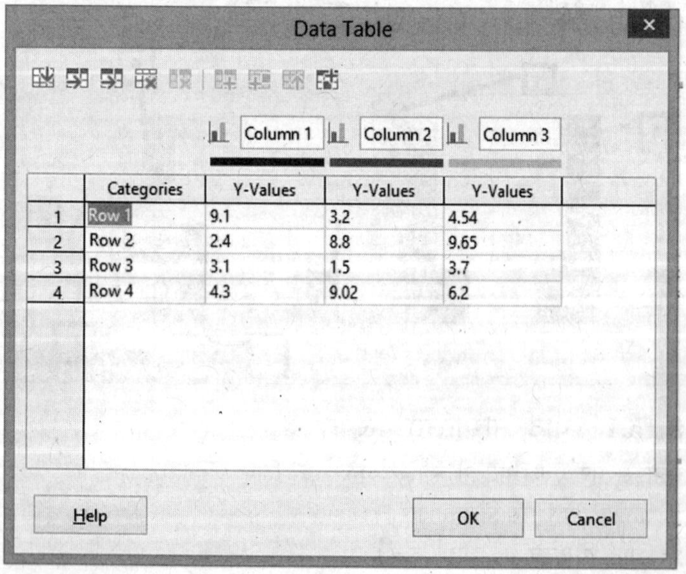

	Categories	Y-Values	Y-Values	Y-Values
1	Row 1	9.1	3.2	4.54
2	Row 2	2.4	8.8	9.65
3	Row 3	3.1	1.5	3.7
4	Row 4	4.3	9.02	6.2

9.15.3 चार्ट प्रकार बदलना

चार प्रकार बदलने के लिए:

1. चार्ट पर राइट क्लिक करें।
2. चार्ट टूलबार में से चार्ट प्रकार आइकन चुनें।
3. चार्ट प्रकार संवाद बॉक्स प्रकट होता है।
4. वांछित चार्ट प्रकार चुनें, बाएं फलक से।
5. दाहिने फलक से चयनित चार्ट प्रकार के उप्र प्रकार का चयन करें।
6. ओके पर क्लिक करें।
7. चार्ट चयनित चार्ट प्रकार में बदल जाएगा।

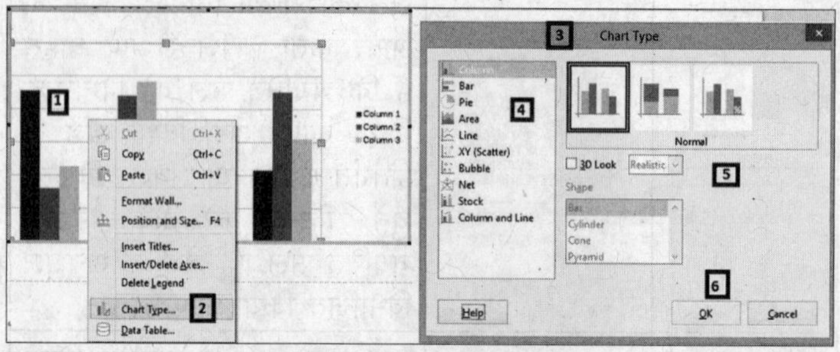

9.15.4 चार्ट को फारमेट करना

स्वरूपण एक चार्ट की उपस्थिति में सुधार करता है। फॉमेट मेनू का उपयोग करके, हम शीर्षक, किंवदंती, अक्ष, ग्रिड, चार्ट दीवार, चार्ट क्षेत्र का प्रारूप बदल सकते हैं। चार्ट के किसी भी भाग को प्रारूपित करने के लिए, पहले उस पर डबल–क्लिक करके चार्ट का चयन करें।

लेजेंड प्रोपटिज को बदलने के लिए:

1. फॉर्मेट मेनू पर क्लिक करें।
2. लेजेंड विकल्प चुनें।
3. किंवदंती संवाद बॉक्स प्रकट होता है।
4. अपनी पसंद के अनुसार गुणों को परिभाषित करें।
5. ओके पर क्लिक करें और परिवर्तन का निरीक्षण करें।

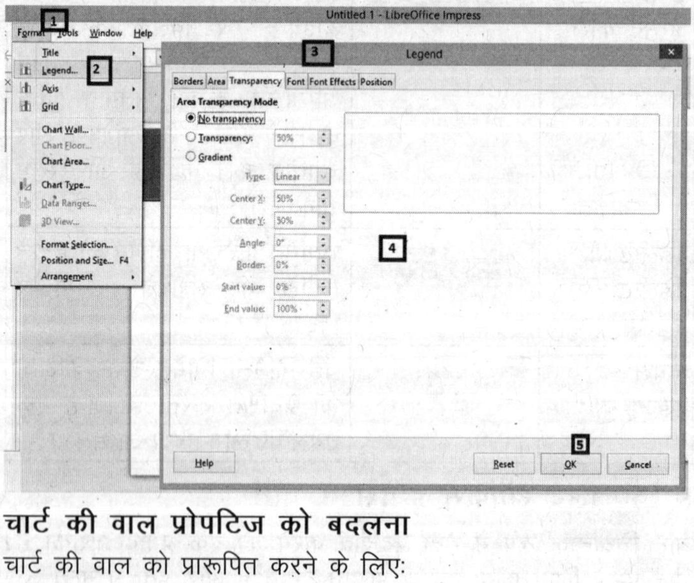

चार्ट की वाल प्रोपटिज को बदलना

चार्ट की वाल को प्रारुपित करने के लिए:

1. फॉर्मेट मेनू पर क्लिक करें।
2. चार्ट वाल विकल्पों का चयन करें।
3. चार्ट वॉल डायलॉग बॉक्स दिखाई देता है।
4. एरिया टैब पर क्लिक करें।
5. ड्रॉप–डाउन सूची से वांछित विकल्प का चयन करें।

6. वांछित रंग सूची बॉक्स चुनें।
7. Ok पर क्लिक करें और परिवर्तन का निरीक्षण करें।

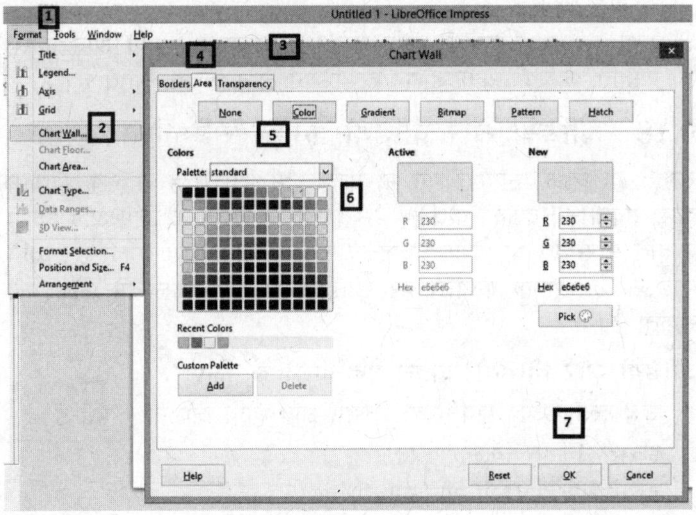

9.16 एनिमेशन प्रभाव लागू करना

स्लाइड के किसी भी दिशा में टेक्स्ट, ग्राफिक्स, चार्ट जैसी वस्तुओं को स्थानांतरित करने की क्षमता को एनीमेशन कहा जाता है। एनिमेशन महत्वपूर्ण बिंदुओं पर ध्यान केंद्रित करता है, सूचना के प्रवाह के क्रम को नियंत्रित करता है। आप ध्वनि प्रभाव, दृश्य प्रभाव लागू करके टेक्स्ट, चित्र, आकार, टेबल, ग्राफिक्स को एनिमेट कर सकते हैं।

टेक्स्ट और ऑब्जेक्ट में विशिष्ट परिवर्तन करने के लिए:

1. सामान्य दृश्य में, उस स्लाइड का चयन करें जिसे आप चेतन करना चाहते हैं।
2. साइडबार पर जाएं, कस्टम एनीमेशन आइकन पर क्लिक करें।
3. स्लाइड पर ऑब्जेक्ट का चयन करें।
4. कस्टम एनीमेशन फलक में मौजूद AddEffect बटन पर क्लिक करें।

   स्क्रीन पर लिब्रे ऑफिस 4.2 डायलॉग बॉक्स दिखाई देता है।

   प्रदर्शित:

   क. एंट्रेंस: यह तय करता है कि स्लाइड शो के दौरान एनिमेटेड वस्तुएं स्लाइड में कैसे प्रवेश करती हैं।

   ख. एम्फेसिस: यह दिखाता है कि स्लाइड शो के दौरान एक एनिमेटेड वस्तु पर कैसे जोर दिया जाता है।

   ग. एग्जिट: यह उस तरीके को नियंत्रित करता है जिसमें ऑब्जेक्ट स्लाइड शो को छोड़ देता है।

   घ. मोशन पाथ्स: यह निर्धारित करता है कि एक एनीमेशन के दौरान स्लाइड पर एक वस्तु दूसरे स्थान पर कैसे चलती है।

   ङ. मिस्क प्रभाव: यह आपको मीडिया प्रभाव लागू करने की अनुमति देता है विविध प्रभाव बनाते हैं।

5. टेक्स्ट प्लेसहोल्डर का चयन करें।
6. एमपसाइज टैब पर क्लिक करें।
7. मूल प्रभाव का चयन करें (फ़ॉन्ट रंग बदलें)

8. संवाद बॉक्स में गति बॉक्स पर क्लिक करके प्रभावों की गति को समायोजित करें।
9. प्रभाव को सेव करने के लिए ठीक पर क्लिक करें।
10. सूची में ऊपर और नीचे आइटम के क्रम को व्यवस्थित करने के लिए कस्टम ऐनिमेशन पेन में एरो अप और डाउन डाउन एरो का उपयोग करें।
11. एनीमेशन, प्रभाव की दिशा शुरू करने के लिए चयन करें, चयनित प्रभाव के लिए गति बदलें।

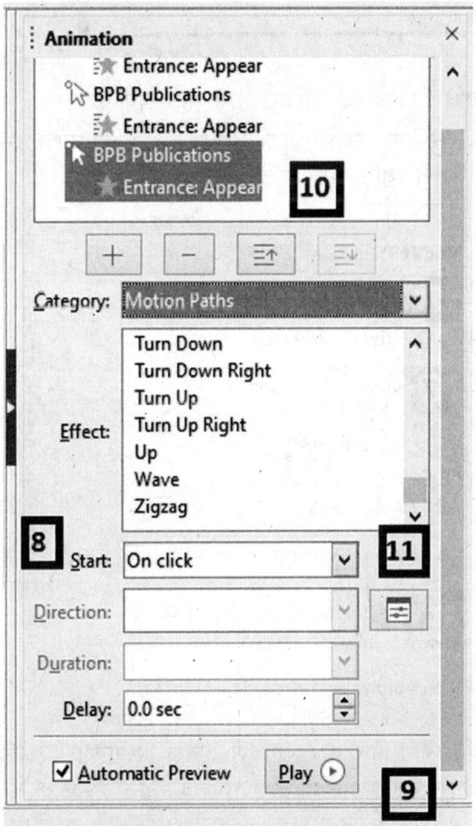

9.17 एक स्लाइड में ट्रासिस्शन प्रभाव लागू करना

ट्रासस्शिन स्लाइड तब दिखाई देती है जब स्लाइड शो के दौरान एक स्लाइड दूसरे में बदल जाती है। आप एकल स्लाइड के साथ–साथ राभी स्लाइड पर ट्रासस्शिन प्रभाव लागू कर सकते हैं।

ट्रासस्शिन प्रभाव जोड़ने के लिए:

1. उस स्लाइड का चयन करें जिस पर आप ट्रासस्शिन प्रभाव लागू करना चाहते हैं।
2. स्लाइड शो मेनू पर और फिर स्लाइड ट्रासस्शिन पर क्लिक करें।
3. स्लाइड ट्रासस्शिन फलक दिखाई देता है।
4. स्लाइड ट्रासस्शिन फलक में चयनित स्लाइड अनुभाग पर लागू होने वाले किसी भी ट्रासस्शिन प्रभाव पर क्लिक करें।
5. वर्तमान स्लाइड चयनित स्लाइड प्रभाव का पूर्वावलोकन प्रदर्शित करेगी।
6. संशोधित संक्रमण अनुभाग के तहत गति बॉक्स की ड्रॉप–डाउन सूची से ट्रासस्शिन प्रभाव की गति का चयन करें।
7. एक ट्रासस्शिन ध्वनि जोड़ने के लिए, ध्वनि बॉक्स के ड्रॉप–डाउन सूची का उपयोग करके किसी भी ध्वनि प्रभाव का चयन करें।

8. अगले ध्वनि विकल्प के सक्रिय होने तक लूप करें।
9. ध्वनि को बार–बार चलाने के लिए इस चेकबॉक्स का चयन करें, जब तक कि दूसरी ध्वनि शुरू न हो जाए।

नोटः यदि आप मैन्युअल रूप से अगली स्लाइड पर जाना चाहते हैं, तो अग्रिम स्लाइड सेक्शन में उपलब्ध माउस क्लिक रेडियो बटन को चुनें, अन्यथा स्लाइड्स की स्वचालित उन्नति के लिए स्वचालित रूप से चयन करें और फिर उस अवधि को निर्दिष्ट करें जिसके लिए एक विशेष स्लाइड चालू रहना चाहिए और फिर स्विच करें अगली स्लाइड पर।

10. सभी स्लाइड बटन पर लागू करें पर क्लिक करें यदि आप किसी प्रस्तुति के सभी स्लाइड पर ट्रासस्शिन लागू करना चाहते हैं।

9.18 ऑडियो और वीडियो फ़ाइल सम्मिलित करना

संगीत या ध्वनि प्रभाव किसी भी प्रस्तुति में पूरी तरह से नया आयाम जोड़ सकते हैं। दर्शकों के लिए इसे दिलचस्प बनाने के लिए आप किसी प्रस्तुति में संगीत या विशेष प्रभाव के रूप में ध्वनि जोड़ सकते हैं। ध्वनि फाइल्स को आपके कंप्यूटर पर संग्रहीत फ़ाइलों के रूप में जोड़ा जा सकता है।

ऑडियो और वीडियो फ़ाइल ऐड करने के लिए:

1. उस स्लाइड का चयन करें जिसमें आप ध्वनि जोड़ना चाहते हैं।
2. इन्सर्ट मेनू पर क्लिक करें।
3. इसके बाद ऑडियो और वीडियो पर।
4. ऑडियो और वीडियो डालें संवाद बॉक्स प्रकट होता है।
5. वांछित ऑडियो/वीडियो फ़ाइल का चयन करें।
6. ओपन बटन पर क्लिक करें।

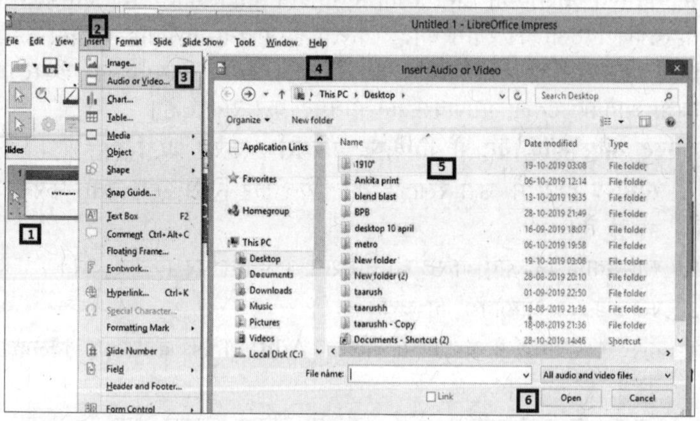

9.19 हाइपरलिंक सम्मिलित करना

हाइपरलिंक एक कनेक्शन फॉर्म है जो किसी अन्य प्रस्तुति या किसी अन्य फ़ाइल या किसी अन्य वेबसाइट या किसी अन्य वेबपेज पर एक स्लाइड के रूप में होता है। इसे टेक्स्ट या ऑब्जेक्ट जैसे चित्रों, आकृ तियों पर लागू किया जा सकता है। लिब्रे ऑफिस इम्प्रेस आपको किसी भी प्रेजेंटेशन या वेबसाइट को प्रेजेंटेशन के दौरान खोलने की अनुमति देता है।

हाइपरलिंक सम्मिलित करने के लिए:

1. इन्सर्ट मेनू का चयन करें।
2. हाइपरलिंक पर क्लिक करें।
3. हाइपरलिंक संवाद बॉक्स प्रकट होता है।
4. बाएँ फलक में हाइपरलिंक सम्मिलित करने के लिए चार प्रकारों में से किसी एक का चयन करें।
5. हाइपरलिंक के चयन के अनुसार दाएँ फलक में विकल्प बदलता है। विकल्प हैं:

- **इंटरनेटः** किसी भी वेबसाइट पर हाइपरलिंक बनाने के लिए विकल्प का उपयोग किया जाता है। (लक्ष्य पाठ बॉक्स में वेब पता दर्ज करें)
- **मेल या समाचारः** विकल्प का उपयोग किसी भी मेल या समाचार के लिए हाइपरलिंक बनाने के लिए किया जाता है। आपको प्राप्तकर्ता का विवरण दर्ज करना होगा और उसके अनुसार विषय करना होगा।
- **डॉक्यूमेंटः** विकल्प का उपयोग किसी अन्य डॉक्यूमेंट के लिए हाइपरलिंक बनाने के लिए किया जाता है। (बुकमार्क)
- **नई डॉक्यूमेंटः** विकल्प का उपयोग किसी अन्य डॉक्यूमेंट के लिए हाइपरलिंक बनाने के लिए किया जाता है जिसे आप उस समय बना सकते हैं और संपादित कर सकते हैं।

6. ओके पर क्लिक करें।

हाइपरलिंक बनाने के लिएः

1. हाइपरलिंक संवाद बॉक्स के बाएं पैनल में डॉक्यूमेंट का चयन करें।
2. ओपन फाइल बटन पर क्लिक करें।
3. ओपन डायलॉग बॉक्स दिखाई देता है।
4. अपने डाक्यूमेंट के साथ लिंक की जाने वाली फ़ाइल चुनें।
5. लक्ष्य बॉक्स में वह स्लाइड चुनें जिसमें आप हाइपरलिंक सम्मिलित करना चाहते हैं।
6. टेक्स्ट बॉक्स में, वह टेक्स्ट दर्ज करें जिसे आप स्लाइड पर प्रदर्शित करना चाहते हैं।
7. इस पर क्लिक करने से आप लिंक किए गए डॉक्यूमेंट में पहुंच जाएंगे।
8. अपनी सेटिंग्स को बचाने के लिए लागू करें बटन पर क्लिक करें।

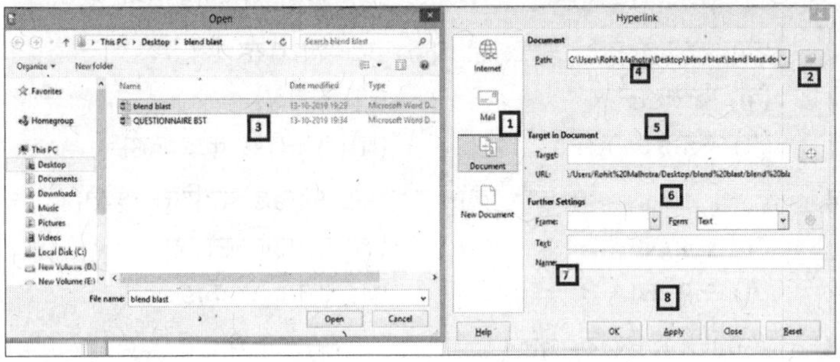

सारांश

यह अध्याय लिब्रे ऑफिस इम्प्रेस में प्रस्तुति देने का विवरण प्रस्तुत करता है। सबसे पहले, हमने एक प्रस्तुति को ओपन और सेव करने के तरीके पर चर्चा की। बाद में, हमने एक टेम्पलेट बनाने के बारे में चर्चा की। यह एक प्रस्तुति पर विभिन्न विचारों का भी वर्णन करता है, जैसे सामान्य, स्लाइड, रूपरेखा और स्लाइड सॉर्टर दृश्य। प्रत्येक दृश्य प्रस्तुति के एक अलग पहलू पर आपके काम की सुविधा देता है। इसमें प्रीसेट एनीमेशन शामिल है, जो स्लाइड शो के दौरान टेक्स्ट ऑब्जेक्ट को प्रदर्शित करने के लिए उपयोग किया जाने वाला प्रभाव है। अंत में, स्क्रीन पर एक स्लाइड डिस्प्ले टाइम रिहर्सल टाइमिंग सुविधा का उपयोग करके, एक स्लाइड शो के दौरान स्वचालित रूप से सेट किया जा सकता है।

शॉर्टकट कीज

कीज	विवरण
फ2	एडिट टेक्स्ट
फ3	एडिट ग्रुप
कण्ट्रोल + फ3	एग्जिट ग्रुप
शिफ्ट + फ3	डुप्लिकेट
फ4	स्थिति और आकार
फ5	स्लाइड प्रदर्शन देखें
कण्ट्रोल + शिफ्ट + फ5	नेविगेटर
फ7	अक्षर जाँच लें
कण्ट्रोल + फ7	कोश
फ8	एडिट पोआइंटस
कण्ट्रोल + शिफ्ट + फ8	टेक्स्ट को फ्रेम मे फिट करने के लिए।
फ11	शैलियाँ और स्वरूपण
एस्केप	प्रस्तुति समाप्त करें
स्पेसबार और राइट एरो और डाउन एरो और पेज डाउन और एंटर और रेतुर्न और N	अगला प्रभाव खेलें (यदि कोई हो, तो अगली स्लाइड पर जाएं)।
ऑल्ट + पेज डाउन	अगली स्लाइड में जाए बिना प्रभाव के।
(नंबर) + एंटर	स्लाइड का नंबर टाइप करें और स्लाइड पर जाने के लिए एंटर दबाएं।
लेफ्ट एरो और उप एरो और पेज उप और बैकस्पेस और P	पिछले प्रभाव को फिर से प्ले करे। यदि इस स्लाइड पर कोई पिछला प्रभाव मौजूद नहीं है, तो पिछली स्लाइड दिखाएं।
ऑल्ट + पेज उप	पिछली स्लाइड पर जाएं बिना प्रभाव प्ले करे।
होम	स्लाइड शो में पहली स्लाइड पर जाएं।
एन्ड	स्लाइड शो में अंतिग स्लाइड पर जाएं।
कण्ट्रोल + पेज उप	पिछली स्लाइड पर जाएं।
कण्ट्रोल + पेज डाउन	अगली स्लाइड पर जाएं।
B और .	अगली कुंजी या माउस व्हील इवेंट तक काली स्क्रीन दिखाएं।
W और ,	अगली कुंजी या माउस व्हील इवेंट तक सफेद स्क्रीन दिखाएं।
प्लस (+) की	जूम इन
माइनस (–) की	जूम आउट
टाइम्स (×) की (नंबर पैड)	खिड़की में फिट पृष्ठ
डिवाइड (÷) की (नंबर पैड)	वर्तमान चयन पर जूम इन करें

शिफ्ट + कण्ट्रोल + G	समूह चयनित ऑब्जेक्ट्स
शिफ्ट + कण्ट्रोल + ऑल्ट + A	अनग्रुप चयनित समूह
कण्ट्रोल + क्लिक	एक समूह दर्ज करें, ताकि आप समूह की अलग–अलग वस्तुओं को संपादित कर सकें। सामान्य दृश्य पर लौटने के लिए समूह के बाहर क्लिक करें।
शिफ्ट + कण्ट्रोल + K	चयनित वस्तुओं को मिलाएं।
शिफ्ट + स्टर्ल + K	स्प्लिट चयनित वस्तु। यह संयोजन केवल एक वस्तु पर काम करता है जिसे दो या अधिक वस्तुओं के संयोजन द्वारा बनाया गया था।
कण्ट्रोल + प्लस की	सामने लाना।
शिफ्ट + कण्ट्रोल + प्लस की	आगे लाना।
कण्ट्रोल + माइनस की	पीछे भेजा।
शिफ्ट + कण्ट्रोल + माइनस की	पीछे भेजें।
एरो की	तीर की दिशा में चयनित ऑब्जेक्ट या पृष्ठ दृश्य को ले जाता है।
कण्ट्रोल + एरो की	पृष्ठ दृश्य में घूमें।
शिफ्ट + ड्रैग	क्षैतिज या लंबवत रूप से चयनित वस्तु की गति को रोकता है।
कण्ट्रोल + ड्रैग (कॉपी के साथ जब मूविंग ऑप्शन एक्टिव हो)	कण्ट्रोल दबाए रखें और ऑब्जेक्ट की कॉपी बनाने के लिए किसी ऑब्जेक्ट को खींचें।
ऑल्ट की	ऑब्जेक्ट के केंद्र से बाहर की ओर खींचकर ऑब्जेक्ट को खींचने या आकार बदलने के लिए ऑल्ट की को दबाए रखें।
ऑल्ट की + क्लिक	वर्तमान में चयनित ऑब्जेक्ट के पीछे की वस्तु का चयन करें।
ऑल्ट + शिफ्ट + क्लिक	वर्तमान में चयनित ऑब्जेक्ट के सामने ऑब्जेक्ट का चयन करें।
शिफ्ट + क्लिक	ऐडपेसन्ट आइटम या एक पाठ मार्ग चुनें। चयन की शुरुआत में क्लिक करें, चयन के अंत में जाएँ और फिर क्लिक करते ही शिफ्ट दबाए रखें।
शिफ्ट + ड्रैग (रेसिज़िंग)	ऑब्जेक्ट के अनुपात को बनाए रखने के लिए ऑब्जेक्ट का आकार बदलने के लिए ड्रैग करते हुए शिफ्ट की दबाए रखें।
टैब की	उस ऑब्जेक्ट का चयन करें जिस क्रम में वे बनाए गए थे।
शिफ्ट + टैब	उन वस्तुओं को उल्टे क्रम में चुनें, जिनमें वे बनाए गए थे।

एस्केप	वर्तमान मोड से बाहर निकलें।
एंटर	एक नई प्रस्तुति में एक प्लेसहोल्डर ऑब्जेक्ट को सक्रिय करें (केवल अगर फ्रेम चुना गया है)।
कण्ट्रोल + एंटर	स्लाइड पर अगले टेक्स्ट ऑब्जेक्ट पर ले जाता है।
पेज उप	पिछली स्लाइड पर स्विच करे। अगली स्लाइड पर कोई कार्य नही है।
पेज डाउन	अगली स्लाइड पर स्विच करें। पिछली स्लाइड पर कोई कार्य नहीं।
एस्केप	फोकस को पहली स्लाइड पर सेट करे।
एरो की	फ़ोकस को अगली स्लाइड पर सेट करता है।
स्पेसबार	फोकस को करंट स्लाइट पर सेट करे।

मॉडल प्रश्न और उत्तर

क. बहुविकल्पीय प्रश्न

1. स्लाइड शो को प्रदर्शित करने के लिए .... फंक्शन कुंजी का उपयोग किया जाता है।
   (क) F9 (ख) F5
   (ग) F10 (घ) इनमें से कोई नहीं
2. किस व्यू में, आप मुद्रित लैंडआउट के लिए स्लाइड के लेआउट का चयन करते हैं?
   (क) सामान्य दृश्य (ख) स्लाइड सॉर्टर दृश्य
   (ग) हैंडआउट दृश्य (घ) इनमें से कोई नहीं
3. एक प्रस्तुति में .... एक पृष्ठ की तरह है।
   (क) प्लेसहोल्डर (ख) स्लाइड
   (ग) स्लाइड फलक (घ) इनमें से कोई नहीं
4. .... व्यू पूर्ण स्क्रीन मोड में स्लाइड प्रदर्शित करता है।
   (क) स्लाइड शो (ख) स्लाइड सॉर्टर
   (ग) रूपरेखा (घ) इनमें से कोई नहीं
5. स्लाइड सॉर्टर व्यू बटन .... मेनू पर मौजूद है।
   (क) स्लाइड शो (ख) फाइल
   (ग) व्यू (घ) इनमें से कोई नहीं
6. .... टूलबार पर रोटेट बटन मौजूद है।
   (क) ड्राइंग (ख) ड्राइंग गुण
   (ग) लाइन और फिलिंग (घ) इनमें से कोई नहीं
7. .... टूलबार में टेक्स्ट टूल होता है।
   (क) स्टैंडर्ड (ख) प्रारूपण
   (ग) ड्राइंग (घ) इनमें से कोई नहीं
8. .... बटन का उपयोग स्लाइड लेआउट को बदलने के लिए किया जाता है।
   (क) स्लाइड लेआउट (ख) स्लाइड
   (ग) नया लेआउट (घ) इनमें से कोई नहीं

9. .... किसी वस्तु के आयाम को फैलाना या सिकोडता है।
(क) शैली (ख) आवर्ती
(ग) आकार बदलना (घ) इनमें से कोई नहीं

10. किस मेनू पर, स्लाइड मास्टर बटन उपलब्ध है?
(क) व्यू (ख) सम्मिलित करें
(ग) ऐडिट (घ) उपर्यूक्त कोई नही

11. किस टूलबार पर, एलिनिमेंट्स बटन उपलब्ध हैं?
(क) मेनू (ख) स्टैंडर्ड
(ग) पाठ प्रारूपण (घ) इनमें से कोई नहीं

12. कौन सा बटन आपको पाठ प्रविष्टि को उच्च शीर्ष स्तर पर ले जाने की अनुमति देता है?
(क) व्यय (ख) अवनति
(ग) बढ़ावा देना (घ) इनमें से कोई नहीं

13. एक पंक्ति और एक कॉलम के बीच का अंतर .... कहलाता है।
(क) सेल बोर्डर (ख) तालिका
(ग) सेल (घ) इनमें से कोई नहीं

14. .... में पैटर्न, रंग या प्रतीकों को दर्शाया गया है, जो डेटा श्रृंखला में दिए गए हैं।
(क) चार्ट क्षेत्र (ख) लेजेंड
(ग) चार्ट वॉल (घ) इनमें से कोई नहीं

15. .... एक टेबल सेल में टेक्सट की स्थिति को संदर्भित करता है।
(क) संरेखण (ख) प्रारूपण
(ग) टेबल शैली (घ) इनमें से कोई नहीं

16. इंप्रेशन में एक टेबल डालने के बाद, ... टूलबार स्वचालित रूप से या ड्रॉइंग टूलबार दिखाई देता है।
(क) टेबल (ख) चार्ट
(ग) टेबल प्रारूपण (घ) इनमें से कोई नहीं

17. इंप्रेस, चार्ट बटन .... टूलबार पर मौजूद है।
(क) मेनू (ख) स्टैंडर्ड
(ग) प्रारूपण (घ) इनमें से कोई नहीं

18. लेआउट टैब पर .... संरेखण बटन हैं।
(क) एक (ख) दो
(ग) तीन (घ) इनमें से कोई नहीं

19. ट्रासस्शिन प्रभाव को .... में देखा जा सकता है।
(क) स्लाइड सॉर्टर (ख) नोट्स पेज
(ग) स्लाइड शो (घ) इनमें से कोई नहीं

20. .... प्रभाव एक स्लाइड पर वस्तुओं में जोड़ा जा सकता है।
(क) एनीमेशन (ख) ट्रासस्शिन
(ग) ध्वनि (घ) इनमें से कोई नहीं

21. .... प्रभाव यह तय करता है कि एक स्लाइड शो के दौरान एक एनीमेशन ऑब्जेक्ट एक स्लाइड में कैसे प्रवेश करता है।
(क) प्रवेश (ख) बाहर निकलें
(ग) ऐन्टरेन्स (घ) इनमें से कोई नहीं

22. कस्टम एनीमेशन आइकन .... पर उपलब्ध है।
(क) मेनू बार (ख) स्लाइड बार
(ग) स्टेटस बार (घ) इनमें से कोई नहीं

23. किसी प्रस्तुति की पहली स्लाइड को डिफ़ॉल्ट रूप से .... चुना जाता है।
(क) शीर्षक स्लाइड (ख) केवल शीर्षक
(ग) शीर्षक और सामग्री (घ) इनमें से कोई नहीं

24. एक प्लेसहोल्डर में, ... से टेक्स्ट दर्ज किया जाता है ।
(क) क्लिक (ख) डबल क्लिक करें
(ग) ट्रिपल क्लिक (घ) इनमें से कोई नहीं

25. .... टूलबार में सबसे अधिक उपयोग की जाने वाली कमांड के लिए शॉर्टकट आइकन हैं।
(क) प्रारूपण (ख) स्टैंडर्ड
(ग) ड्राइंग (घ) इनमें से कोई नहीं

26. लिब्रे ऑफिस के किस मेनू में स्लाइड ट्रांजिशन कमांड मिला है?
(क) स्लाइड (ख) फ़ाइल
(ग) एफ 7 (घ) स्वरूप

27. लिब्रे ऑफिस इम्प्रेस में, कॉपी और पेस्ट के लिए कमांड के कौन से संयोजन का उपयोग किया जाता है?
(क) डायलॉग बॉक्स ढूंढें
(ख) कण्ट्रोल + X और कण्ट्रोल + P
(ग) कण्ट्रोल + C और कण्ट्रोल + V
(घ) कण्ट्रोल + S और कण्ट्रोल + S

28. लिब्रे ऑफिस इम्प्रेस में निम्नलिखित में से कौन सा पाया जाता है?
(क) सिंगल टूलबार (ख) स्टैंडड टूलबार
(ग) टैब्ड (घ) उपरोक्त सभी

29. इम्प्रेस में अधिकतम जूम है:
(क) 3000% (ख) 300% (ग) 500% (घ) 450%

30. लिब्रे ऑफिस में इस्तेमाल की जाने वाली शॉर्टकट कीज है?
(क) एफ 7 (ख) F2 (ग) F8 (घ) एफ 1

31. लिबर ऑफिस में निम्नलिखित में से कौन सा एक्सटेंशन संबंधित नहीं है?
(क) .ods (ख) .odt (ग) .rtf (घ) .odp

32. लिब्रे ऑफिस इम्प्रेस में .... मेनू पाए जाते हैं।
(क) 12 (ख) 10 (ग) 7 (घ) 9

33. मास्टर स्लाइड फक्शॅन जिसमें लिब्रे ऑफिस प्रभाव मेनू:
(क) स्लाइड (ख) स्लाइड शो
(ग) उपकरण (घ) स्वरूप

34. लिब्रे ऑफिस में एक प्रस्तुति क्या है?
(क) Impress (ख) कैल्क
(ग) लेखक (घ) उपर्युक्त कोई नहीं

35. लिब्रे ऑफिस इम्प्रेस में न्यूनतम जूम आकार क्या है?
(क) 6% (ख) 5% (ग) 100% (घ) 30%

36. प्रस्तुति फाइल खोलने के लिए कीबोर्ड की का उपयोग किया जा सकता है।
(क) ऑल्ट + P (ख) कण्ट्रोल + F
(ग) कण्ट्रोल + O (घ) एफ 1

37. कौन सा आदेश आपको अपनी प्रस्तुति में पहली स्लाइड में लाता है?
(क) पेज अप (ख) अगली स्लाइड बटन
(ग) कण्ट्रोल + एन्ड (घ) कण्ट्रोल + होम

38. इंप्रेशन प्रस्तुति का डिफ़ॉल्ट नाम .... है।
(क) अनटाइटल्ड 1–लिब्रेऑफिस इम्प्रेस
(ख) कैल्क
(ग) लेखक
(घ) स्लाइड 1

39. लिबर ऑफिस इम्प्रेस में टेम्प्लेट्स और डॉक्यूमेंट्स डायलॉग खोलने के लिए इस्तेमाल की जाने वाली की।
(क) कण्ट्रोल + T (ख) कण्ट्रोल+ शिफ्ट + एन
(ग) कण्ट्रोल + O (घ) कण्ट्रोल+ एफ 1

40. आप निम्नलिखित को छोड़कर सभी का उपयोग करके एक नई प्रस्तुति बना सकते हैं:
(क) न्यू आइकन पर क्लिक करें (ख) कण्ट्रोल + N
(ग) फ़ाइल मेनूझ > नई प्रस्तुति (घ) कण्ट्रोल + O

41. लिब्रे ऑफिस इम्प्रेस में निम्न में से किसका उपयोग एंड प्रेजेंटेशन के लिए किया जाता है।
(क) कण्ट्रोल+ होम (ख) कण्ट्रोल+ X
(ग) शिफ्ट + एन्ड (घ) एस्केप

42. लिब्रे ऑफिस इम्प्रेस में डॉक्यूमेंट को प्रिंट करने के लिए उपयोग की जाने वाली कुंजी है:
(क) कण्ट्रोल+ T (ख) कण्ट्रोल+ P
(ग) कण्ट्रोल+ O (घ) कण्ट्रोल+ एफ 1

43. A4 आकार के पेज पर अधिकतम कितनी स्लाइड प्रिंट की जा सकती है:
(क) 5 (ख) 1 (ग) 4 (घ) 9

44. लिब्रे ऑफिस इम्प्रेस निम्नलिखित में से किस एक्सटेंशन से संबंधित है?
(क) .ods (ख) .odt (ग) .odp (घ) .rtf

45. लिब्रे ऑफिस इम्प्रेस स्लाइड सॉर्टर कमांड में किस मेनू के तहत पाया जाता है।
(क) उपकरण (ख) फ़ाइल
(ग) संपादित करें (घ) देखें

46. लिब्रे ऑफिस इम्प्रेस में नई स्लाइड डालने के लिए की का प्रयोग किया जाता है।
(क) कण्ट्रोल+ T (ख) कण्ट्रोल+ O
(ग) कण्ट्रोल+ M (घ) कण्ट्रोल+ एफ 1

47. वर्तमान शॉर्टकट से स्लाइड शो शुरू करने के लिए निम्न में से किस शॉर्टकट कुंजी का उपयोग किया जाता है।
(क) कण्ट्रोल+ S (ख) एफएस
(ग) शिफ्ट + O (घ) शिफ्ट + फ5

48. एक स्क्रीन के उपयोग पर सभी स्लाइड्स को देखने के लिए लिबर ऑफिस इम्प्रेस में इस्तेमाल किजिए:
(क) देखें, स्लाइड (ख) देखें, स्लाइड सॉर्टर
(ग) व्यू, स्लाइड शो (घ) व्यू, मास्टर

49. एक स्लाइड पर टेक्स्ट बॉक्स बनाने के लिए मेनू कमांड है:
(क) व्यू / टेक्स्ट (ख) उपकरण / टेक्स्त बॉक्स
(ग) फॉर्मेट / टेक्स्ट बॉक्स (घ) इन्सर्ट / टेक्स्ट बॉक्स

50. आप अपनी स्लाइड में टेक्स्ट, क्लिप आर्ट और चार्ट्स को होल्ड करने के लिए उपयोग करते हैं।
(क) ड्राइंग बॉक्स (ख) टेक्स्ट बॉक्स
(ग) विंडो (घ) प्लेसहोल्डर

ख. बताएं कि निम्नलिखित कथन सही हैं या गलत

51. स्लाइड्स का क्रम स्लाइड फलक में नहीं बदला जा सकता है।
52. एक साथ कई स्लाइड्स के लिए स्लाइड डिज़ाइन या लेआउट को बदला जा सकता है।
53. किसी प्रस्तुति में हर स्लाइड में एक स्लाइड मास्टर होता है।
54. एक बार लागू होने वाले एनिमेशन को बदला जा सकता है लेकिन हटाया नहीं जा सकता।
55. स्लाइड के नाम आउटलाइन व्यू में शामिल हैं।
56. स्लाइड में जोड़े गए नोटस को प्रस्तुति के दौरान देखा जा सकता है।
57. एक प्रस्तुति में कई स्लाइड मास्टर हो सकते हैं।
58. एक उपयोगकर्ता अपनी स्लाइड मास्टर बना सकता है।
59. एक बार पूर्व–निर्धारित स्लाइड मास्टर चुने जाने के बाद, स्लाइड की पृष्ठभूमि को बदला नहीं जा सकता है।
60. शीर्ष लेख में जोड़ा गया टेक्स्ट केवल पहली स्लाइड पर प्रदर्शित होता है।
61. फुटर लेख में जोड़ा गया टेक्स्ट केवल अंतिम स्लाइड पर प्रदर्शित होता है।
62. उपयोगकर्ता अपना स्वयं का टेम्प्लेट बना सकता है और इसे प्रस्तुति विज़ार्ड में उपयोग कर सकता है।
63. दर्शकों के लिए नोट्स व्यू का उपयोग किया जाता है।
64. प्रस्तुति में ऑडियो या वीडियो क्लिप डालना संभव नहीं है?
65. प्रस्तुति में हेडर और फुटर डाला जा सकता है।
66. लिब्रे ऑफिस इम्प्रेस एक प्रस्तुति सॉफ्टवेयर प्रोग्राम है।
67. लिब्रे ऑफिस इम्प्रेस शुरू करने पर, स्क्रीन पर 'स्लाइड 1' नाम की एक रिक्त प्रस्तुति दिखाई देती है।
68. आप कण्ट्रोल + S कुंजी संयोजन का उपयोग करके अपनी प्रस्तुति को बचा सकते हैं।
69. लिब्रे ऑफिस इम्प्रेस एप्लिकेशन को बंद करने के लिए, फ़ाइल मेनू > एक्जिट विकल्प पर क्लिक करें।

70. एक नई प्रस्तुति बनाने का शॉर्टकट कण्ट्रोल + N कुंजी संयोजन है।
71. स्लाइड के लेआउट को केवल स्लाइड सॉर्टर व्यू द्वारा संशोधित किया जा सकता है।
72. किसी प्रस्तुति की स्लाइड्स को प्रिंट करने के लिए **Ctrl + P** कुंजी संयोजन का उपयोग किया जाता है।
73. एक प्रस्तुति में विशेष टेक्स्ट प्रभाव बनाने के लिए फ़ॉन्टवर्क गैलरी सुविधा का उपयोग किया जाता है।
74. सामान्य दृश्य में, छोटा बॉक्स एक स्लाइड के नए स्थान को इंगित करता है।
75. प्रतीक आकार उपकरण मेनू पट्टी पर मौजूद है।
76. एनीमेशन के लिए प्रभाव प्रस्तुति में हम स्लाइड का चयन करते हैं और प्रारूप मेनू > एनीमेशन पर क्लिक करते हैं
77. एक ऊपर की दिशा में लाइनों का चयन करने के लिए शिफ्ट + एरो उप का उपयोग किया जाता है।
78. इंप्रेस में स्लाइड को रीमेक किया जा सकता है।
79. एरो लेफ्ट का उपयोग कर्सर को लेफ्ट में ले जाने के लिए किया जाता है।
80. आप लिब्रे ऑफिस इम्प्रेस में कस्टम स्लाइड शो सेट कर सकते हैं।
81. आप लिब्रे ऑफिस में म.स. ऑफिस फॉर्मेट जैसे **docx, pptx, xlsx** को ओपन कर सकते हैं।
82. शिफ्ट + एरो लेफ्ट का उपयोग कर्सर को बाईं ओर चयन के साथ ले जाने के लिए किया जाता है।
83. स्लाइड शो के लिए कण्ट्रोल + **F5** का उपयोग किया जाता है।
84. आप लैंडस्केप चाल में ही पावरपॉइंट प्रेजेंटेशन प्रिंट कर सकते हैं।
85. एरो अप का उपयोग कर्सर को एक लाइन में ले जाने के लिए किया जाता है।
86. लिब्रे ऑफिस इम्प्रैस में अगला प्रभाव खेलने के लिए स्पेसबार या राइट एरो या पेज डाउन या एंटर या एन का उपयोग किया जाता है।
87. लाइन के अंत में जाने के लिए एंड की का उपयोग किया जाता है।
88. जब भी आप एक लिब्रे ऑफिस इम्प्रेस प्रेजेंटेशन में नई स्लाइड डालते हैं, तो इसे हमेशा स्लाइड ऑर्डर में सक्रिय स्लाइड के बाद डाला जाता है।
89. लिब्रे ऑफिस इंप्रेशन में ऑल्ट + पेज डाउन का उपयोग बिना किसी प्रभाव के अगली स्लाइड पर जाने के लिए किया जाता है
90. अंतिम क्रिया को पूर्ववत करने के लिए कण्ट्रोल + **Z** का उपयोग नहीं किया जाता है।
91. आप केवल लैंडस्केप मोड में एक प्रभावशाली प्रस्तुति प्रिंट कर सकते हैं।
92. लिब्रे ऑफिस इम्प्रैशन में लेफ्ट एरो या अप एरो या पेज अप या बैकस्पेस या पी का इस्तेमाल पिछले इफ़ेक्ट को फिर से खेलने के लिए किया जाता है, अगर इस स्लाइड पर कोई पिछला इफ़ेक्ट मौजूद नहीं है, तो पिछली स्लाइड दिखाएं।
93. लिब्रे ऑफिस इम्प्रेस में अंतिम स्लाइड पर जाने के लिए एंड की का उपयोग किया जाता है।
94. इम्प्रैस प्रस्तुति पर टिप्पणी लिखने के लिए शॉर्टकट कुंजी कण्ट्रोल + ऑल्ट + **C** का उपयोग किया जाता है।
95. जब फ़ाइल खुली हो, तो कोई इम्प्रैस प्रस्तुति फ़ाइल का नाम बदल सकता है।
96. शॉर्टकट कुंजी कण्ट्रोल + शिफ्ट + **S** का उपयोग किसी अन्य स्थान पर प्रभाव प्रस्तुति को बचाने या प्रतिलिपि बनाने के लिए किया जाता है।
97. लिबर ऑफिस इम्प्रेस में पिछली स्लाइड पर जाने के लिए कण्ट्रोल + पेज उप का उपयोग किया जाता है।
98. टेम्पलेट रेडीमेड शैलियाँ हैं जिनका उपयोग आप अपने लिब्रे ऑफिस इम्प्रेस प्रस्तुतियों के लिए कर सकते हैं।
99. वर्तनी कुंजी के लिए फ़ंक्शन कुंजी **F7** का उपयोग नहीं किया जाता है।
100. आप शॉर्टकट कुंजी कण्ट्रोल + **H** का उपयोग करके किसी भी वेब दस्तावेज़ या अपनी स्लाइड को हाइपरलिंक कर सकते हैं।

उत्तर

1.	(ग)	2.	(क)	3.	(ख)	4.	(ग)
5.	(क)	6.	(ग)	7.	(ख)	8.	(ग)
9.	(घ)	10.	(घ)	11.	(क)	12.	(ग)
13.	(ख)	14.	(क)	15.	(क)	16.	(क)
17.	(घ)	18.	(घ)	19.	(ख)	20.	(घ)
21.	(घ)	22.	(घ)	23.	(ग)	24.	(क)
25.	(ग)	26.	(क)	27.	(ख)	28.	(घ)
29.	(क)	30.	(घ)	31.	(ग)	32.	(ख)
33.	(क)	34.	(क)	35.	(ख)	36.	(ग)
37.	(घ)	38.	(क)	39.	(ख)	40.	(घ)
41.	(घ)	42.	(ख)	43.	(घ)	44.	(ग)
45.	(घ)	46.	(ग)	47.	(घ)	48.	(ख)
49.	(घ)	50.	(घ)	51.	सही	52.	सही
53.	सही	54.	गलत	55.	सही	56.	सही
57.	गलत	58.	सही	59.	गलत	60.	गलत
61.	सही	62.	सही	63.	गलत	64.	गलत
65.	सही	66.	सही	67.	सही	68.	सही
69.	सही	70.	सही	71.	सही	72.	सही
73.	गलत	74.	गलत	75.	सही	76.	सही
77.	सही	78.	सही	79.	सही	80.	सही
81.	सही	82.	सही	83.	गलत	84.	गलत
85.	सही	86.	सही	87.	सही	88.	सही
89.	सही	90.	गलत	91.	गलत	92.	सही
93.	सही	94.	सही	95.	सही	96.	सही
97.	सही	98.	सही	99.	गलत	100.	सही

Computational thinking

Computational thinking is a thought process which teaches us to solve a complex problem by dividing it into small number of steps in such a way that one can carry out the task effectively and efficiently.

Components of Computational thinking

a. **Analysis:** It is the process of understanding the problem and condition and then defining the goals.
b. **Decomposition:** It is the process of breaking down of large number of problems into smaller parts which get easier to understand.
c. **Pattern recognition:** It involves observing the pattern, trends, and similarities in the data.
d. **Abstraction:** It is the process of filtering out the details and components of problem, so that one can only focus on relevant one.
e. **Algorithm Design:** It is the process of developing a list of steps to follow in order to finish the task.

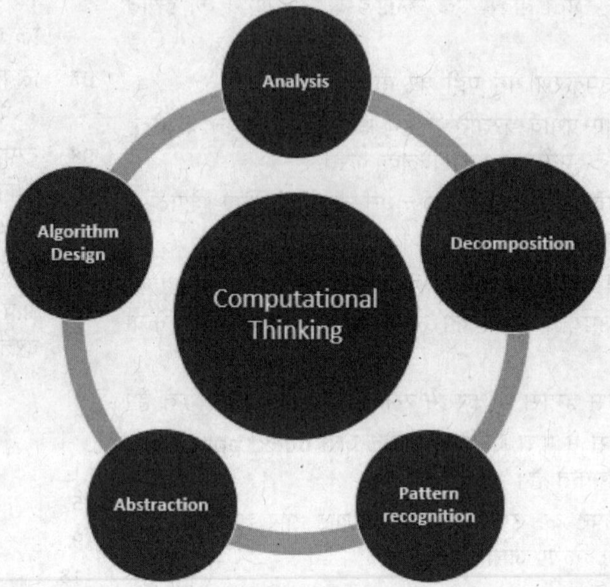

अध्याय 10

इंटरनेट, डब्ल्यू डब्ल्यू डब्ल्यू और वेब का परिचय

उद्देश्यः

पाठक समझने में सक्षम होगाः

- ❖ कंप्यूटर नेटवर्क की मूल बातें
- ❖ इंटरनेट की अवधारणा
- ❖ इंटरनेट पर सेवाएं
- ❖ इंटरनेट एक्सेस के लिए कंप्यूटर तैयार करना

10.1 परिचय

संचार इंटरनेट का सबसे लोकप्रिय उपयोग में से एक है। इंटरनेट लोगों के लिए कंप्यूटर का उपयोग करके एक दूसरे के साथ संवाद करना आसान बना रहा है। इंटरनेट पर संचार का सबसे लोकप्रिय तरीका इलेक्ट्रॉनिक मेल (ई–मेल) है। उपयोग की गई सभी तकनीकों की सूची में ई–मेल टॉपिंग के साथ, कुछ प्रकार की संचार तकनीकों में ई–मेल चर्चा समूह, यूज़नेट समाचार, चैट समूह आदि शामिल हैं। ये नेटवर्क कंप्यूटर वातावरण के लिए अद्वितीय हैं और इंटरनेट के कारण ही, व्यापक लोकप्रियता मे आए हैं।

10.2 कंप्यूटर नेटवर्क के मूल बातें

नेटवर्क, कंप्यूटर का एक समूह है जो संसाधनों को साझा करने के लिए जुड़ा हुआ है। नेटवर्क में कंप्यूटरों का एक समूह स्टैंड–अलोन स्वतंत्र मशीन की तुलना में अधिक भंडारण क्षमता और प्रसंस्करण शक्ति प्रदान करता है।

1. लोकल एरिया नेटवर्क (LAN)

LAN एक निजी स्वामित्व वाला कंप्यूटर नेटवर्क है जो छोटे भौगोलिक क्षेत्र जैसे घर, कार्यालय या इमारतों के समूह को कवर करता है। उदाहरण के लिए, स्कूल में एक LAN लागू किया गया। LAN का आकार आमतौर पर छोटा होता है, जो 0–10 किमी तक हो सकता है। LAN में विभिन्न डिवाइस, एक केबल का उपयोग करके हब या स्विच नामक केंद्रीय उपकरणों से जुड़े होते हैं। LAN 4 से 16 मेगाबिट्स प्रति सेकंड (एमबीपीएस) की डेटा दरों का उच्च गति संचार प्रदान करता है। (चित्र 10.1)

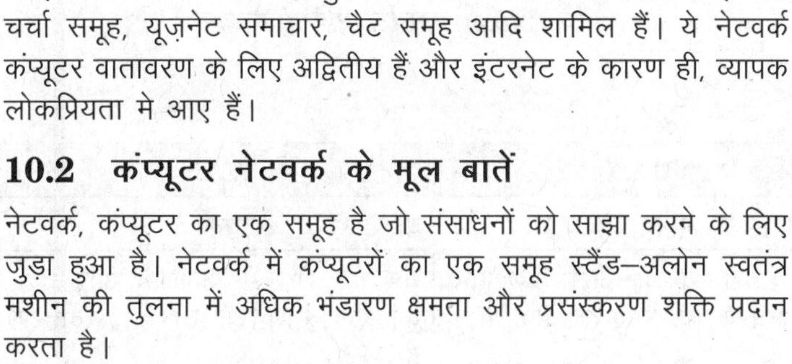

चित्र 10.1: लोकल एरिया नेटवर्क

2. मेट्रोपोलिटन एरिया नेटवर्क (MAN)

LAN की तुलना में MAN एक बड़े भौगोलिक क्षेत्र को कवर करता है। उदाहरण के लिए, यह किसी एक शहर के क्षेत्र को कवर करता है। यह 0–100 किमी तक है। MAN को एकल नेटवर्क के रूप में बनाया जा सकता है जैसे केबल टीवी नेटवर्क, पूरे शहर को कवर करने या कई स्थानीय क्षेत्र नेटवर्क (LAN) के समूह को। इस तरह से संसाधन को लैन से लैन और कंप्यूटर से कंप्यूटर पर भी साझा किया जा सकता है। MAN आमतौर पर बड़े संगठनों द्वारा एक शहर में अपनी विभिन्न शाखाओं को जोड़ने के लिए स्वामित्व में होता है। इस प्रकार के नेटवर्क में जुड़े कंप्यूटर ज्यादातर वायरलेस कनेक्शन के माध्यम से होते हैं। (चित्र 10.2)

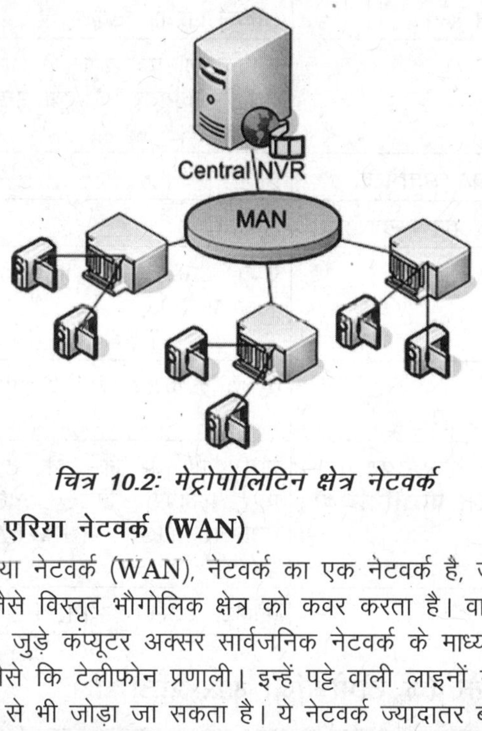

चित्र 10.2: मेट्रोपोलिटिन क्षेत्र नेटवर्क

3. वाइड एरिया नेटवर्क (WAN)

वाइड एरिया नेटवर्क (WAN), नेटवर्क का एक नेटवर्क है, जो देश या महाद्वीप जैसे विस्तृत भौगोलिक क्षेत्र को कवर करता है। वाइड एरिया नेटवर्क से जुड़े कंप्यूटर अक्सर सार्वजनिक नेटवर्क के माध्यम से जुड़े होते हैं, जैसे कि टेलीफोन प्रणाली। इन्हें पट्टे वाली लाइनों या उपग्रहों के माध्यम से भी जोड़ा जा सकता है। ये नेटवर्क ज्यादातर बड़े संगठन द्वारा बनाए जाते हैं जिनके कार्यालय देश या महाद्वीप में फैले होते हैं। इंटरनेट सबसे बड़े वान में से एक है। (चित्र 10.3)

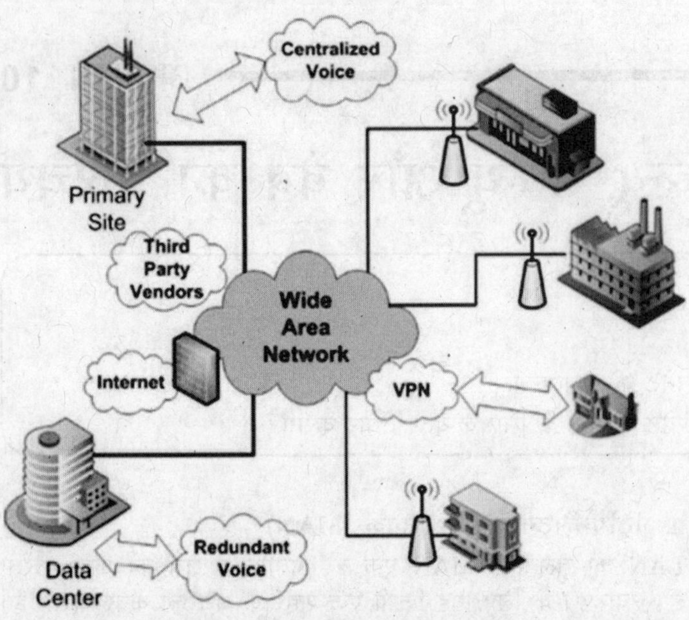

चित्र 10.3: वाइड एरिया नेटवर्क

4. पर्सनल एरिया नेटवर्क (PAN)

पर्सनल एरिया नेटवर्क एक कंप्यूटर नेटवर्क है, जो व्यक्ति के आसपास आयोजित किया जाता है। उदाहरण के लिए, मोबाइल डिवाइस को प्रिंटर से कनेक्ट करना एक पर्सनल एरिया नेटवर्क बनाता है। पर्सनल एरिया नेटवर्क एक वायर्ड नेटवर्क या वायरलेस नेटवर्क हो सकता है। निजी क्षेत्र के नेटवर्क आमतौर पर 10 मीटर से कम की नेटवर्क रेंज को कवर करते हैं। (चित्र 10.4)

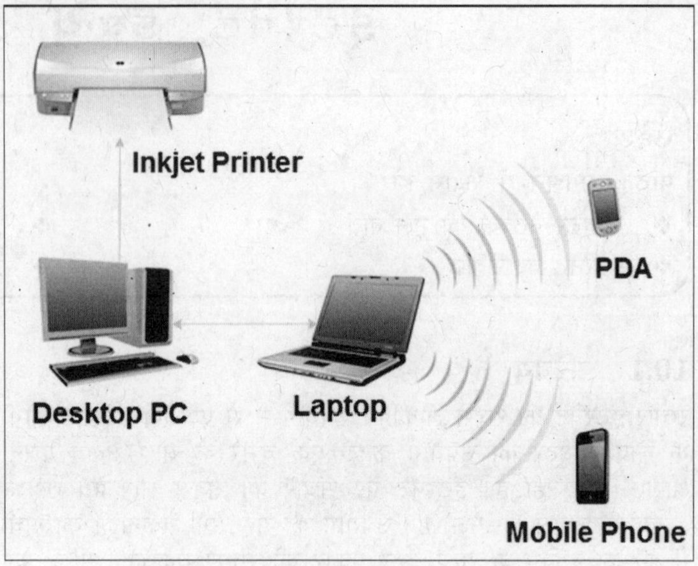

चित्र 10.4: पर्सनल एरिया नेटवर्क

LAN, MAN और WAN के बीच अंतर

पैरामीटर	LAN	MAN	WAN
विस्तारित रूप	लोकल एरिया नेटवर्क	मेट्रोपॉलिटन एरिया नेटवर्क	वाइड एरिया नेटवर्क
अर्थ	नेटवर्क जो एक छोटे से भौगोलिक क्षेत्र में कंप्यूटर के एक समूह को जोड़ता है।	यह शहरों, कस्बों जैसे अपेक्षाकृत बड़े क्षेत्र को कवर करता है।	यह बड़े क्षेत्र में फैला है और देशों को एक साथ जोड़ता है। उदाहरण इंटरनेट।
नेटवर्क का स्वामित्व	निजी	निजी या सार्वजनिक	निजी या सार्वजनिक
डिजाइन और रखरखाव	आसान	कठिन	कठिन
गति	उच्च, आम तौर पर 10, 100 और 1000 एमबीपीएस	उच्च, आमतौर पर 100 एमबीपीएस	धीमी गति से, लगभग 1.5 एमबीपीएस (प्रयुक्त वायरलेस तकनीकों के आधार पर भिन्न हो सकते हैं)
कवरेज	0–10 किमी तक का क्षेत्र शामिल है।	0–100 किमी तक का क्षेत्र शामिल है।	100 किमी से अधिक क्षेत्र को कवर करता है।
माध्यम के लिए उपयोग की जाने वाली प्रौद्योगिकियाँ	वायर्ड मीडिया जैसे कि टविस्टिड पेएर, फाइबर ऑप्टिक केबल और वायरलेस मीडिया, जैसे WLAN।	स्थानीय रूप से स्थापित और सामान्य वाहक के आधार पर डेटा केरी करता है, एविस्टिड पेएर, फाइबर ऑप्टिक केबल आदि।	स्थानीय रूप से स्थापित और सामान्य वाहक के आधार, जैसे: टिविस्टिड पेएर, फाइबर, कोएस्किल केबल, वायरलेस और सेलुलर आधारित नेटवर्क सहित
उपयोग	कॉलेज, स्कूल, अस्पताल।	छोटे शहर, शहर।	देश / महाद्वीप।

10.3 नेटवर्क टोपोलॉजी और प्रोटोकॉल

नेटवर्क टोपोलॉजी, नेटवर्क व्यवस्था का योजनाबद्ध विवरण है, कनेक्शन की लाइनों के माध्यम से विभिन्न नोड्स (सेंडर और रिसीवर) को जोड़ता है।

बस टोपोलॉजी

बस टोपोलॉजी, एक नेटवर्क का प्रकार है जिसमें हर कंप्यूटर और नेटवर्क डिवाइस सिंगल केबल से जुड़ा होता है। जब इसके पास दो अंत बिंदु होते हैं, तो इसे रैखिक बस टोपोलॉजी कहा जाता है।

बस टोपोलॉजी की विशेषताएं

- डेटा सिग्नल बस से जुड़े सभी कंप्यूटरों के लिए उपलब्ध है।
- यह गंतव्य कंप्यूटर का पता रखता है।
- 15–20 कंप्यूटर को जोड़ने के लिए बस टोपोलॉजी अच्छी है।
- नेटवर्क पर प्रत्येक कंप्यूटर गंतव्य पते की जांच करता है, क्योंकि डेटा सिग्नल बस के माध्यम से यात्रा करता है।
- ईथरनेट बस टोपोलॉजी द्वारा जुड़े नेटवर्क में आमतौर पर इस्तेमाल किया जाने वाला प्रोटोकॉल है।

बस टोपोलॉजी के लाभ

1. यह लागत प्रभावी है।
2. अन्य नेटवर्क टोपोलॉजी की तुलना में केबल की आवश्यकता कम है।
3. छोटे नेटवर्क में उपयोग किया जाता है।
4. दो केबल को एक साथ जोड़कर विस्तार करना आसान है।

बस टोपोलॉजी के नुकसान

1. यदि नेटवर्क केबल टूट जाता है, तो पूरा नेटवर्क डाउन हो जाएगा।
2. आवश्यक अन्य नेटवर्क टोपोलॉजी की तुलना में कम से कम आवश्यक है।
3. केबल की सीमित लंबाई होती है।
4. यह रिंग टोपोलॉजी की तुलना में धीमा है।

रिंग टोपोलॉजी

इसे रिंग टोपोलॉजी कहा जाता है क्योंकि यह एक रिंग बनाता है; और प्रत्येक कंप्यूटर दूसरे कंप्यूटर से जुड़ा होता है, और आरिकरी वाला कंप्यूटर पहला वाले से जुड़ा होता है। वास्तव में प्रत्येक डिवाइस के लिए दो पड़ोसी हैं।

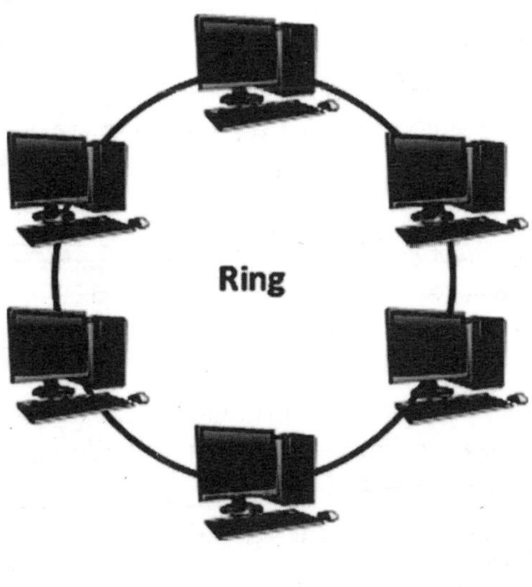

रिंग टोपोलॉजी की विशेषताएं

- रिंग नेटवर्क में समाप्त छोर नहीं हैं; इस प्रकार, डेटा सिग्नल एक सर्कल में यात्रा करते हैं।
- रिंग टोपोलॉजी नेटवर्क में उपकरणों तक पहुंच प्रदान करने के लिए टोकन पासिंग विधि का उपयोग करती है।
- कंप्यूटर या उपकरण टिविस्टिड केबल, कोएजिकल केबल या ऑप्टिक फाइबर का उपयोग करके रिंग में जुड़े हुए हैं।
- रिंग टोपोलॉजी को लागू करने के लिए इस्तेमाल किए जाने वाले प्रोटोकॉल टोकन रिंग और फाइबर डिस्ट्रिब्यूटेड डेटा इंटरफेस (एफडीडीआई) हैं।
- डेटा को अनुक्रमिक तरीके से स्थानांतरित किया जाता है, जो कि बिट–बाय–बिट है। प्रेषित डेटा को गंतव्य नोड तक नेटवर्क के प्रत्येक नोड से गुजरना पड़ता है।

रिंग टोपोलॉजी के फायदे

1. संचारण नेटवर्क भारी यातायात या अधिक नोड्स को जोड़ने से प्रभावित नहीं होता है, क्योंकि केवल टोकन वाले नोड्स डेटा संचारित कर सकते हैं।
2. स्थापित करने और विस्तार करने के लिए सस्ता है।

रिंग टोपोलॉजी के नुकसान

1. रिंग टोपोलॉजी में समस्या निवारण मुश्किल है।
2. कंप्यूटर को जोड़ना या हटाना नेटवर्क गतिविधि को परेशान करता है।
3. एक कंप्यूटर की विफलता पूरे नेटवर्क को परेशान करती है।

स्टार टोपोलॉजी

इस प्रकार की टोपोलॉजी में, सभी कंप्यूटर एक केबल के माध्यम से एक ही हब से जुड़े होते हैं। यह हब केंद्रीय नोड है, और अन्य सभी नोड्स केंद्रीय नोड से जुड़े हैं।

स्टार टोपोलॉजी की विशेषताएं

- हर नोड का हब के लिए अपना समर्पित कनेक्शन है।
- हब डेटा प्रवाह के लिए पुनरावर्तक के रूप में कार्य करता है।
- टिविस्टिड पेएर ऑप्टिकल फाइबर या कोएगजियल केबल के साथ इस्तेमाल किया जा सकता है।
- डेटा सिग्नल को स्रोत कंप्यूटर से गंतव्य कंप्यूटर पर हब या स्विच के माध्यम से प्रेषित किया जाता है।

- स्टार टोपोलॉजी में उपयोग किए जाने वाले सामान्य प्रोटोकॉल ईथरनेट, टोकन रिंग और लोकलटॉक हैं।

स्टार टोपोलॉजी के लाभ

1. कुछ नोड्स और कम नेटवर्क ट्रैफ़िक के साथ तेज़ प्रदर्शन।
2. हब को आसानी से अपग्रेड किया जा सकता है।
3. सेटअप और संशोधित करने के लिए आसान है।
4. समस्या निवारण के लिए आसान है।
5. केवल नोड जो विफल हो गया है; बाकी नोड्स आसानी से काम कर सकते हैं।

स्टार टोपोलॉजी के नुकसान

1. स्थापना की लागत अधिक है।
2. उपयोग करने के लिए महंगा है।
3. यदि हब विफल हो जाता है तो पूरा नेटवर्क बंद हो जाता है, क्योंकि सभी नोड हब पर निर्भर करते हैं।
4. प्रदर्शन हब पर आधारित है, अर्थात यह उसकी क्षमता पर निर्भर करता है।

मेष टोपोलॉजी

यह अन्य नोड्स या उपकरणों के लिए पॉइंट–टू–पॉइंट कनेक्शन है। सभी नेटवर्क नोड एक दूसरे से जुड़े हुए हैं। मेष में $n(n-1)/2$ भौतिक चैनल हैं जो n उपकरणों को जोड़ने के लिए हैं।

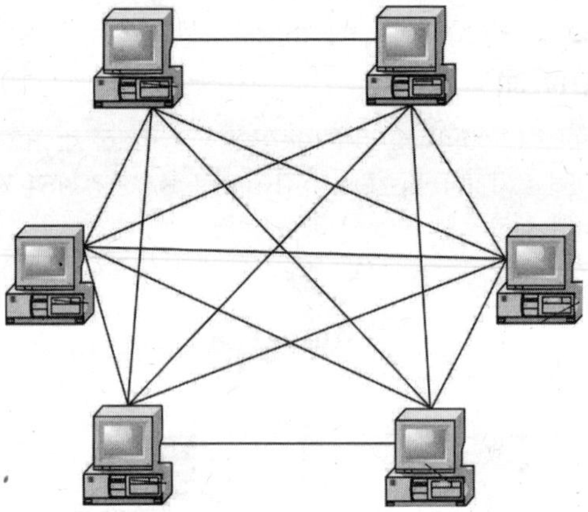

मेष टोपोलॉजी की विशेषताएं

- पूरी तरह से जुड़ा हुआ है।
- मजबूत।
- लचीला नहीं है।

मेष टोपोलॉजी के लाभ

1. प्रत्येक कनेक्शन अपना स्वयं का डेटा लोड ले जा सकता है।
2. यह मजबूत है।
3. दोष का आसानी से निदान किया जाता है।
4. यह सुरक्षा और गोपनीयता प्रदान करता है।

मेष टोपोलॉजी के नुकसान

1. स्थापना और विन्यास मुश्किल है।
2. केबल बिछाने की लागत अधिक है।
3. बहूत सारी तारों की आवश्यकता है।

ट्री टोपोलॉजी

इसकी एक रूट नोड है, और अन्य सभी नोड्स इसे पदानुक्रम बनाने से जुड़े हुए हैं। इसे पदानुक्रमित टोपोलॉजी भी कहा जाता है। यह पदानुक्रम में कम से कम तीन स्तर होना चाहिए।

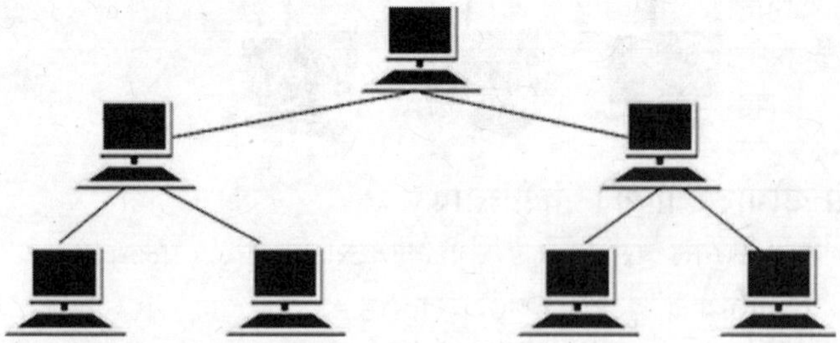

ट्री टोपोलॉजी की विशेषताएं

- यदि कार्यस्थान समूहों में स्थित हों तो आदर्श।
- वाइड एरिया नेटवर्क में उपयोग किया जाता है।

ट्री टोपोलॉजी के लाभ

1. बस और स्टार टोपोलॉजी का विस्तार।
2. नोड्स का विस्तार संभव और आसान है।
3. आसानी से प्रबंधित कर सकते है।
4. एरर डिटेक्शन आसानी से हो जाता है।

ट्री टोपोलॉजी के नुकसान

1. बहुत सारी केबल का इस्तेमाल होता है।

10.4 प्रोटोकॉल

प्रोटोकॉल नियमों का एक सेट है जो एक नेटवर्क पर कंप्यूटर के बीच संचार को नियंत्रित करता है। कई प्रोटोकॉल हैं, प्रत्येक एक निश्चित तकनीक के काम करने के तरीके को नियंत्रित करता है।

विभिन्न प्रकार के प्रोटोकॉल हैं:

- **टीसीपी:** एक नेटवर्क पर संचार के लिए ट्रांसमिशन कंट्रोल प्रोटोकॉल का उपयोग किया जाता है। यह एक कनेक्शन आधारित प्रोटोकॉल है। डेटा को छोटे पैकेट में तोड़ दिया जाता है और फिर गंतव्य पर भेज दिया जाता है। यह सबसे महत्वपूर्ण प्रोटोकॉल में से एक है जो ओएसआई मॉडल के परिवहन स्तर पर कार्य करता है।
- **HTTP:** हाइपरटेक्स्ट ट्रांसफर प्रोटोकॉल का उपयोग ब्राउज़रों पर वेब पेज के रूप में सूचना प्रसारित करने और प्रदर्शित करने के लिए किया जाता है। यह मूल रूप से सर्वर से फाइल, मीडिया, टेक्स्ट और विभिन्न अन्य रूपों को सुरक्षित तरीके से डाउनलोड करने के लिए उपयोग किया जाता है। यह नेटवर्क में सुरक्षा की एक अतिरिक्त सुविधा को जोड़ने के लिए सिक्योर सॉकेट लेयर का उपयोग करता है।
- **एफ़टीपी:** फ़ाइल ट्रांसफर प्रोटोकॉल का उपयोग इंटरनेट पर फ़ाइल ट्रांसफ़र (अपलोड और डाउनलोड करने) के लिए किया जाता है। यह OSI मॉडल के एप्लिकेशन लेयर पर काम करता है।
- **पीओपी:** मेल प्राप्त करने के लिए सबसे आम प्रोटोकॉल पोस्ट ऑफिस प्रोटोकॉल (पीओपी) है। यह पॉप 3 कहा जाता है, 3 संस्करण में है। POP2 एक ऐपलिकेशन लेयर प्रोटोकॉल है, जो ग्राहक सर्वर से ईमेल डाउनलोड करने की अनुमति देता है। ईमेल डाउनलोड करने के लिए सर्वर से जुड़ना बहुत सरल है।

- **SMTP:** ईमेल के लिए सिंपल मेल ट्रांसफर प्रोटोकॉल का उपयोग किया जाता है। इसका उपयोग नेटवर्क पर ईमेल के प्रसारण के उद्देश्य से किया जाता है। यह न केवल नेटवर्क के भीतर ईमेल को स्थानांतरित कर सकता है, बल्कि विभिन्न नेटवर्क के बीच भी स्थानांतरित कर सकता है।
- **ईथरनेटः** यह सबसे लोकप्रिय लैन संचार के लिए इस्तेमाल प्रोटोकॉल है। यह डिजिटल पैकेट में जानकारी को स्थानांतरित करता है। कंप्यूटर का इस प्रोटोकॉल का उपयोग करने के लिए ईथरनेट नेटवर्क इंटरफेस कार्ड होना चाहिए। यह कार्ड माइक्रोचिप में तय किया गया एक यूनिक एड्रेस कोड है।
- **वाई–फाईः** वायरलेस प्रोटोकॉल है।
- **आईपीः** इंटरनेट प्रोटोकॉल को टीसीपी के रूप में भी जाना जाता है। यह एक संबोधित प्रोटोकॉल है। पैकेट में IP पते नेटवर्क में विभिन्न नोड्स के माध्यम से उन्हें रूट करने में मदद करते हैं जब तक कि वे अपने सही गंतव्य तक नहीं पहुंचते।
- **यूडीपीः** इसे आमतौर पर उपयोगकर्ता डेटाग्राम प्रोटोकॉल के रूप में जाना जाता है। यह OSI मॉडल की ट्रांसपोर्ट लेयर पर स्थित है। यह एक कनेक्शन रहित प्रोटोकॉल है जो नेटवर्क पर डेटा के हस्तांतरण को सक्षम करता है।
- **गोफरः** गोफर, खोज को लागू किए गए नियमों का एक संग्रह है, जिसे पुनर्प्राप्त करने के साथ–साथ साइट से डाक्युमेंट भी दिखाए जाते हैं। यह क्लाइंट/सर्वर सिद्धांत पर भी काम करता है।
- **टेलनेटः** यह एक प्रणाली को दूसरे के साथ जोड़ने के लिए नियमों का एक समूह है। कनेक्ट करने की प्रक्रिया को रिमोट लॉगिन कहा जाता है। प्रणाली है जो कनेक्शन के लिए अनुरोध करता है स्थानीय कंप्यूटर है, और प्रणाली है जो कनेक्शन स्वीकार करता है दूरस्थ कंप्यूटर से।

10.5 इंटरनेट

इंटरनेट 1960 के दशक के उत्तरार्ध से निरंतर विकास की स्थिति में है। इंटरनेट के कुछ सरलीकृत विवरण, "एक बड़ा कंप्यूटर नेटवर्क" या "नेटवर्क के नेटवर्क" "एक तात्कालिक और वैश्विक संदेश प्रणाली" हैं। इंटरनेट हर दिन दुनिया भर के लाखों लोगों द्वारा उपयोग की जाने वाली हजारों तकनीकों और दर्जनों सेवाओं का एक बेहद जटिल संयोजन है। इस प्रकार, इंटरनेट नेटवर्क का एक नेटवर्क है। इंटरनेट हजारों कंप्यूटर नेटवर्क का एक नेटवर्क है। इन नेटवर्कों में हर नेटवर्क और हर कंप्यूटर प्रोटोकॉल नामक कुछ नियमों के अनुसार सूचनाओं का आदान–प्रदान करता है। ये अलग–अलग कंप्यूटर और अलग–अलग नेटवर्क दो प्रोटोकॉल के सामान्य धागे, यानी, इंटरनेट प्रोटोकॉल (IP) और ट्रांसमिशन कंट्रोल प्रोटोकॉल (TCP) के साथ एकजुट होते हैं।

10.5.1 इंटरनेट और डब्ल्यू डब्ल्यू डब्ल्यू की अवधारणा

इंटरनेट कई नेटवर्क का एक अंतर्संबंध है। इंटरनेट (लोअरकेस i) शब्द इंटरनेट से अलग है (अपरकेस I)। जबकि इंटरनेट का अर्थ नेटवर्क का नेटवर्क है, इंटरनेट एक विशिष्ट विश्वव्यापी नेटवर्क, वर्ल्ड वाइड वेब (डब्ल्यू डब्ल्यू डब्ल्यू) को संदर्भित करने के लिए उपयोग किया जाने वाला शब्द है।

इंटरनेट सूचना संसाधनों और सेवाओं का एक विशाल सरणी रखता है, विशेष रूप से वर्ल्ड वाइड वेब (डब्ल्यूडब्ल्यूडब्ल्यू) और इलेक्ट्रॉनिक मेल का समर्थन करने के लिए बुनियादी ढांचे के परस्पर संबंधित हाइपरटेक्स्ट दस्तावेज है।

कई इंटरनेट उपयोगकर्ताओं के लिए, इलेक्ट्रॉनिक मेल (ई–मेल) ने व्यावहारिक रूप से डाक सेवा को छोटे लिखित लेनदेन के लिए बदल दिया है। इलेक्ट्रॉनिक मेल नेट पर सबसे अधिक उपयोग किया जाने वाला अनुप्रयोग है। आप इंटरनेट रिले चैट (आईआरसी) का उपयोग करके अन्य कंप्यूटर उपयोगकर्ताओं के साथ लाइव "वार्तालाप" भी कर सकते हैं। हाल ही में, इंटरनेट टेलीफोनी हार्डवेयर और सॉफ्टवेयर वास्तविक समय में आवाज वार्तालाप की अनुमति देते हैं।

इंटरनेट का सबसे अधिक इस्तेमाल किया जाने वाला हिस्सा वर्ल्ड वाइड वेब है। इसकी उत्कृष्ट विशेषता हाइपरटेक्स्ट, क्रॉस रेफरेंसिंग की एक विधि है। अधिकांश वेबसाइट में, कुछ शब्द या वाक्यांश बाकी की तुलना में अलग रंग में दिखाई देते हैं। अक्सर इस पाठ को रेखांकित भी किया जाता है।

डब्ल्यू डब्ल्यू डब्ल्यू

वर्ल्ड वाइड वेब इंटरनेट का वह हिस्सा है जिसमें वेबसाइट और वेबपेज शामिल हैं। इसका आविष्कार 1989 में टिम बर्नर्स–ली ने सर्न, जिनेवा, स्विट्जरलैंड में किया था। यह मूल रूप से इंटरनेट सर्वर की एक प्रणाली है जो विशेष रूप से स्वरूपित डाक्यूमेंट का समर्थन करता है। डाक्यूमेंट HTML (हाइपरटेक्स्ट मार्कअप लैंग्वेज) नामक एक मार्कअप भाषा में प्रारूपित किए जाते हैं जो अन्य डाक्यूमेंट के साथ–साथ ग्राफिक्स, ऑडियो और वीडियो फाइल्स के लिंक का समर्थन करता है।

WWW मूल रूप से दुनिया भर में वितरित लाखों सर्वर वाला एक विशाल क्लाइंट–सर्वर सिस्टम है। प्रत्येक सर्वर डाक्यूमेंट का एक संग्रह रखता है; प्रत्येक डाक्यूमेंट को एक फ़ाइल के रूप में संग्रहीत किया जाता है (हालांकि डाक्यूमेंट अनुरोध पर भी उत्पन्न किया जा सकता है)। सर्वर एक दस्तावेज़ लाने के लिए अनुरोधों को स्वीकार करता है और इसे ग्राहक को स्थानांतरित करता है। इसके अलावा, यह नए डाक्यूमेंट को संग्रहीत करने के अनुरोधों को भी स्वीकार कर सकता है। किसी डाक्यूमेंट को संदर्भित करने का सबसे सरल तरीका एक संदर्भ के माध्यम से है जिसे यूनिफ़ॉर्म रिसोर्स लोकेटर (URL) कहा जाता है।

10.5.2 वेबसाइट एड्रेस और URL

वेबसाइट एक विशेष व्यक्ति, व्यवसाय, सरकार, स्कूल और संगठन से जुड़े वेब पृष्ठों का एक संग्रह है। वेबसाइटें एक वेब सर्वर पर संग्रहीत की जाती हैं, एक विशेष कंप्यूटर जो वेब पेज को ब्राउजर के लोगों के लिए उपलब्ध कराता है।

वेबसाइट को वेब पृष्ठों के रूप में संग्रहीत जानकारी के संग्रह के रूप में परिभाषित किया जा सकता है, जो एक या एक से अधिक कंप्यूटर पर हो सकता है। एक वेब पेज एक इलेक्ट्रॉनिक डाक्यूमेंट है जिसे कंप्यूटर भाषा में HTML कहा जाता है।

वेबसाइट में केवल कुछ वेब पेज या कई सैकड़ों वेब पेज शामिल हो सकते हैं। उदाहरण के लिए, Microsoft वेबसाइट वर्तमान में 250,000 से अधिक वेब पेज प्रदान करती है।

वेब पृष्ठ

एक वेब पेज एक इलेक्ट्रॉनिक डाक्यूमेंट है जिसे कंप्यूटर भाषा में हाइपरटेक्स्ट मार्कअप लैंग्वेज (HTML) लिखा जाता है। इसमें टेक्स्ट, लिंक या टैग शामिल हैं जो ग्राफिक्स, वीडियो, ऑडियो और डाउनलोड

की गई फाइल्स और अन्य वेब पेज प्रदर्शित करेंगे। प्रत्येक वेब पेज का एक अनूठा पता होता है, जिसे URL (यूनिफ़ॉर्म रिसोर्स लोकेटर) कहा जाता है जो नेटवर्क पर उसके स्थान की पहचान करता है।

वेबसाइट एड्रेस

वेबसाइट का पता एक यूआरएल के रूप में जाना जाता है। यह एक इंटरनेट नाम है जो एक ऐसे स्थान की ओर इशारा करता है, जहाँ फ़ाइल, निर्देशिका या वेबसाइट पृष्ठ होस्ट किया जाता है। वेबसाइट के पहले पेज को होम पेज कहा जाता है। मुख पृष्ठ छवि, फोटो, फिल्म या अन्य फ़ाइल का अवलोकन प्रदान करता है जो सर्वर पर उपलब्ध देखने, प्रसंस्करण या डाउनलोड करने के लिए उपलब्ध है। उन्हें इंटरनेट पर अन्य स्थानों पर उपयोगकर्ता को निर्देशित करने के लिए हाइपरलिंक्स के रूप में वेब पेज के कोड में भी एम्बेड किया जा सकता है।

वेब पेज एड्रेस दर्ज करें

यदि आप किसी विशिष्ट वेब पेज का पता जानते हैं, तो आप वेब ब्राउज़र में पता टाइप कर सकते हैं, और कार्यक्रम पृष्ठ प्रदर्शित करेगा। इंटरनेट एक्सप्लोरर एड्रेस बार उन वेब पेज पते को सूचीबद्ध करता है जिन्हें आपने हाल ही में दर्ज किया है। सूची को नीचे खींचकर, आप इन हाल के पते देख सकते हैं और उस साइट पर वापस जाने के लिए चयन कर सकते हैं।

वेब पेज एड्रेस टाइप करने के लिए:

1. एड्रेस बार में क्लिक करें।
2. वेब पेज का पता टाइप करें। उदाहरण के लिए, हमने http://gmail.com टाइप किया है और एंटर की (चित्र 10.5) दबाए।

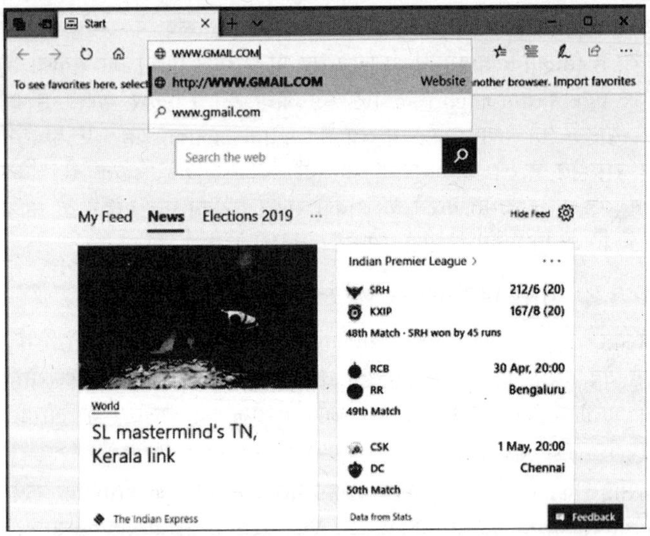

चित्र 10.5: एड्रेस बार में एड्रेस टाइप करना

3. वेब पेज चित्र 10.6 में दिखाया गया है।

10.6 इंटरनेट एड्रेसिंग स्कीम

इंटरनेट में एक मिलियन से अधिक कंप्यूटर जुड़े हुए हैं। संवाद करने के लिए, इंटरनेट से जुड़े प्रत्येक कंप्यूटर का एक अनूठा पता होता है जिसका प्रारूप आईपी एड्रेसिंग प्रणाली द्वारा परिभाषित किया जाता है। IP पता एक संख्या है जो इंटरनेट पर एकल अद्वितीय कंप्यूटर का प्रतिनिधित्व करता है। आईपी पते टेलीफोन नंबर के समान हैं जिसमें

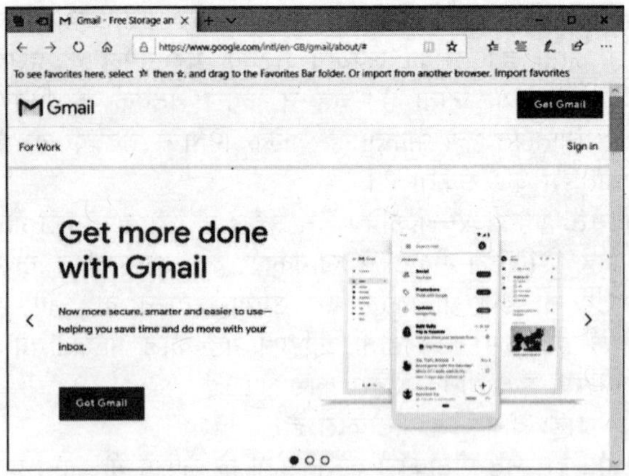

चित्र 10.6: जीमेल वेब पेज प्रकट होता है

प्रत्येक कंप्यूटर (या टेलीफोन) का अपना विशिष्ट आईपी पता (टेलीफोन नंबर) होना चाहिए। टेलीफोन की तरह, एक निर्देशिका प्रणाली है जिसे डोमेन नाग प्रणाली या डीएनएस कहा जाता है जो "www. Microsoft. com" जैसे नाम को परिवर्तित कर सकता है। एक संबंधित संख्यात्मक आईपी पते में।

डोमेन नाम

अधिकांश संगठन डोमेन नाम का उपयोग करते हैं जो याद रखना आसान है। प्रत्येक डोमेन नाम एक पहचानकर्ता के साथ समाप्त होता है जो आपको बताता है कि यह किस प्रकार की वेबसाइट है। टेबल 10.1 आमतौर पर आज पहचाने जाने वाले पहचानकर्ताओं और भविष्य में उपयोग के लिए प्रस्तावित पहचानकर्ताओं को दिखाती है।

Current Domain Identifiers	
.com	Commercial business
.edu	Educational institutions
.gov	Government entities
.net	Internet service providers
.mil	Military sites
.org	Organizations that do not fit any other category
Proposed Domain Identifiers	
.arts	Cultural and entertainment-related organizations
.firm	Businesses
.info	Information services
.nom	Websites of individuals
.rec	Recreation-related organizations
.store	Stores and shops
.web	World Wide Web-related organizations

टेबल 10.1 वर्तमान और प्रस्तावित डोमेन नाम पहचानकर्ता

10.7 URL (यूनिफ़ॉर्म रिसोर्स लोकेटर)

यूनिफ़ॉर्म रिसोर्स लोकेटर या URL, इंटरनेट संसाधनों के अद्वितीय पते हैं। URL में उपयोग की विधि के बारे में जानकारी होती है और संसाधन के बारे में भी। वे वेब ब्राउज़र द्वारा उपयोग किए जाते हैं जो आपको सीधे एक विशिष्ट डाक्यूमेंट या WWW पर पेज से कनेक्ट करने के लिए करते हैं।

आपको यह जानने की जरूरत नहीं है कि वह संसाधन भौतिक रूप से कहां स्थित है।

URL निर्दिष्ट करने का सिंटैक्स यह है:

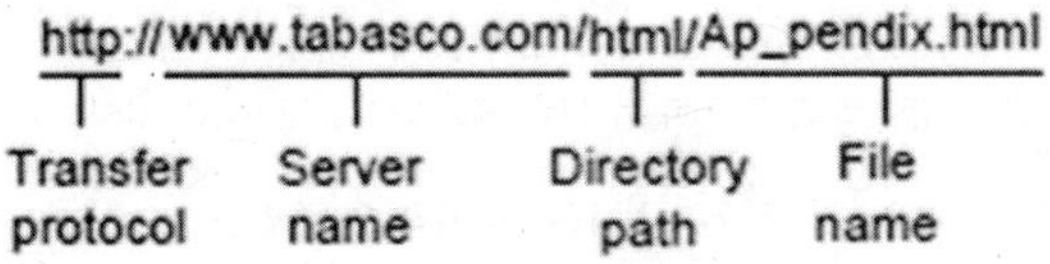

बृहदान्त्र से पहले URL का पहला भाग पहुंच विधि को निर्दिष्ट करता है। वेब पर, यह आमतौर पर http (हाइपरटेक्स्ट ट्रांसफर प्रोटोकॉल के लिए) है। लेकिन ftp या गोफर भी निर्दिष्ट किया जा सकता है। बृहदान्त्र के बाद न्त्स का दूसरा भाग संसाधन को निर्दिष्ट करता है। दो स्लैश (/ /) के बाद का पाठ एक सर्वर नाम को इंगित करता है, और एकल स्लैश के बाद का पाठ उस निर्देशिका या व्यक्तिगत फ़ाइल को परिभाषित करता है जिसे आप से कनेक्ट किया जाएगा। यदि आप किसी दस्तावेज़ से लिंक कर रहे हैं, तो इसमें आमतौर पर फ़ाइल नाम एक्सटेंशन .html होगा, हाइपरटेक्स्ट मार्कअप लैंग्वेज का संक्षिप्त नाम।

स्टेटिक वेबसाइट और डायनामिक वेबसाइट

स्टेटिक वेबसाइट में निश्चित कंटेंट के साथ वेब पेज होते हैं। प्रत्येक पृष्ठ HTML में कोडित है और प्रत्येक आगंतुक के लिए समान जानकारी प्रदर्शित करता है। स्थैतिक साइट, सबसे बुनियादी प्रकार की वेबसाइट हैं और बनाने में सबसे आसान हैं। डायनामिक वेबसाइट के विपरीत, उन्हें किसी वेब प्रोग्रामिंग या डेटाबेस डिज़ाइन की आवश्यकता नहीं होती है।

डायनामिक वेबसाइट में वे वेब पृष्ठ होते हैं जो वास्तविक समय में उत्पन्न होते हैं। इन पृष्ठों में PHP या ASP, जैसे वेब स्क्रिप्टिंग कोड शामिल हैं। जब एक डायनामिक पेज एक्सेस किया जाता है, तो पेज के भीतर कोड वेब सर्वर पर पार्स किया जाता है, और परिणामस्वरूप HTML क्लाइंट के वेब ब्राउजर पर भेजा जाता है। अधिकांश बड़ी वेबसाइटें गतिशील हैं, क्योंकि वे स्टेटिक वेबसाइट की तुलना मे बनाए रखना आसान हैं।

ऐसा इसलिए है क्योंकि प्रत्येक स्थिर पृष्ठ में अद्वितीय कंटेंट होती है, अर्थात, जब भी कोई बदलाव किया जाता है, तो उन्हें मैन्युअल रूप से खोला, संपादित और प्रकाशित किया जाना चाहिए। दूसरी ओर, डायनेमिक पृष्ठ, डेटाबेस से जानकारी तक पहुँचते हैं।

अब्सोलुट यूआरएल

एक पूरी तरह से योग्य URL, जो इंटरनेट पर रहने वाले संसाधन के स्थान को निर्दिष्ट करता है। एक पूर्ण URL कहलाता है। यह डोमेन फ़ाइलनाम सहित संपूर्ण पथ है। उदाहरण के लिए, http://www.ibdhost.com/images/logo.gif छवियों की निर्देशिका में स्थित एक छवि फ़ाइल (logo.gif) को www.ibdhost.com डोमेन के लिए निर्दिष्ट करता है। इस प्रकार का URL, वह होता है जिसका उपयोग आपको तब करना चाहिए जब आप किसी अन्य सर्वर पर मौजूद फ़ाइल को लिंक (या लोड) करना चाहते हैं।

रिलेटिव यूआरएल

आंशिक रूप से योग्य URL वह है जो इंटरनेट पर एक संसाधन निर्दिष्ट करता है जिसका स्थान निरपेक्ष URL द्वारा निर्दिष्ट प्रारंभिक बिंदु के सापेक्ष है। वास्तव में, संक्षिप्त पूर्ण और सापेक्ष URL, एक पूर्ण URL बनाते हैं।

एक बार जब आप नेटवर्क पर कहीं स्थित डाक्यूमेंट (कहते हैं, तो डाक्यूमेंट http://www.domain.com/default.html) देखें, तो आप उसी निर्देशिका में किसी अन्य फ़ाइल को इंगित करने के लिए एक आंशिक या रिश्तेदार न्त्स का उपयोग कर सकते हैं, एक ही मशीन एक ही सर्वर सॉफ्टवेयर द्वारा सेवा की जा रही है। उदाहरण के लिए, यदि कोई दूसरी फ़ाइल उसी निर्देशिका में मौजूद है जिसे file सेकंड कहा जाता है। html ', तो दूसरा .html उस समय एक मान्य सापेक्ष URL है।

इंटरनेट के अनुप्रयोग

इंटरनेट की मदद से आप कर सकते हैं:

- ई–मेल (इलेक्ट्रॉनिक मेल) का उपयोग करके संदेशों का आदान–प्रदान कर सकते है।
- फाइल के साथ–साथ सॉफ्टवेयर भी ट्रांसफर कर सकते है।
- वेब पर किसी भी विषय पर जानकारी के माध्यम से ब्राउज़ कर सकते है।
- इंटरनेट से जुड़े अन्य लोगों के साथ वास्तविक समय में बातचीत कर सकते है।
- सरकार, व्यक्तियों और संगठनों के डेटाबेस को खोज कर सकते है।
- प्रमुख समाचार समूहों से उपलब्ध समाचार पढ सकते है।
- दूर स्थानों से एनीमेशन और चित्र फ़ाइलों को भेजें या प्राप्त कर सकते है।
- अपनी कंपनी के उत्पादों और सेवाओं के बारे में जानकारी के साथ एक साइट सेट कर सकते है।

10.8 आईएसपी और आईएसपी की भूमिका

इंटरनेट सेवा प्रदाता एक कंपनी है जो आपको इंटरनेट से जुड़ने की अनुमति देती है। यह इंटरनेट पर काम करने के लिए प्रवेश द्वार प्रदान करता है। आप एक मानक टेलीफोन लाइन पर ISP मोडेम में डायल करने के लिए एक पीसी मॉडेम का उपयोग करके एक ISP से कनेक्ट होते हैं। आपका मोडेम आपके ISP पर बैंक ऑफ मॉडेम के बीच एक एकल मॉडेम से जुड़ता है। इसे डायल–अप कनेक्शन कहा जाता है। निगमों और बड़े संगठनों के भीतर उपयोगकर्ता ज्यादातर हाई–स्पीड लिंक (आमतौर पर फाइबर ऑप्टिक केबलिंग पर नहीं बल्कि फोन लाइन) के माध्यम से आईएसपी से जुड़ते हैं, और इस तरह के कनेक्शन को प्रत्यक्ष कनेक्शन कहा जाता है।

किसी भी उत्पाद या सेवा के साथ, आईएसपी द्वारा प्रदान की जाने वाली सेवाओं की गुणवत्ता और विश्वसनीयता अत्यधिक परिवर्तनशील है। ऐसे कई मुद्दे हैं जिन पर आपको एक विशेष आईएसपी का चयन करने से पहले विचार करना चाहिए। उपभोक्ताओं और व्यवसायों के लिए समान रूप से, ISP के साथ साइन अप करना महत्वपूर्ण है जो कि स्थानीय कॉलिंग दूरी के भीतर है और इसमें कोई भी मानक ट्रंक डायलिंग

(STD) चार्ज शामिल नहीं है जो कि प्रदाता को टेलीफोन पर कॉल करने के लिए पहुंचता है।

भारत में लोकप्रिय आईएसपी में से कुछ हैं:

- **बीएसएनएल:** यह अपने लैंडलाइन टेलीफोन सेवाओं के लिए ग्राहकों के लिए ब्रॉडबैंड असीमित योजना प्रदान करता है।
- **एमटीएनएल (महानगर टेलीफोन निगम लिमिटेड):** यह वायर–लाइन ब्रॉडबैंड प्रदान करता है। यह मुंबई में बेहद लोकप्रिय है, खासकर वित्तीय क्षेत्र में व्यापार क्षेत्र के बीच।
- **हैथवे:** यह फाइबर ऑप्टिक केबल नेटवर्क के माध्यम से हाई स्पीड वायर–लाइन ब्रॉडबैंड इंटरनेट सेवा प्रदान करता है।
- **भारती एयरटेल:** यह ब्रांड Vfiber के तहत ब्रॉडबैंड वायर–लाइन इंटरनेट सेवा प्रदान करता है।

आईपी एड्रेस

आईपी एड्रेसिंग स्कीम, आईपी इंटरनेट प्रोटोकॉल के लिए है। आईपी एक संख्या या मूल्य है जिसका उपयोग इंटरनेट पर कंप्यूटर की विशिष्ट पहचान के लिए किया जाता है। यह एक 32–बिट मान है, और इस संख्या/मान को चार अलग–अलग वर्गों में विभाजित किया जा सकता है। इन सभी वर्गों को एक अवधि के द्वारा अलग किया जाता है। जैसा कि प्रत्येक खंड 8 बिट्स का है, यह 0 से 255 की सीमा में एक मूल्य का प्रतिनिधित्व कर सकता है।

प्रत्येक अनुभाग को एक ओकटेट के रूप में जाना जाता है। हर बार जब कोई कंप्यूटर इंटरनेट से जुड़ा होता है, तो उसे ISP द्वारा गतिशील रूप से एक विशिष्ट IP पता सौंपा जाता है।

32–बिट IP पते को डॉट्स द्वारा अलग–अलग आठ बिट्स में समूहीकृत किया गया है, और दशमलव प्रारूप (जिसे डॉटेड दशमलव संकेतन के रूप में जाना जाता है) में दर्शाया गया है। ऑक्टेट में प्रत्येक बिट में एक बाइनरी वजन (128, 64, 32, 16, 8, 4, 2, 1) है। ओकटेट के लिए न्यूनतम मान 0 है, और ऑक्टेट के लिए अधिकतम मूल्य 255 है। आईपी पते का मूल प्रारूप है:

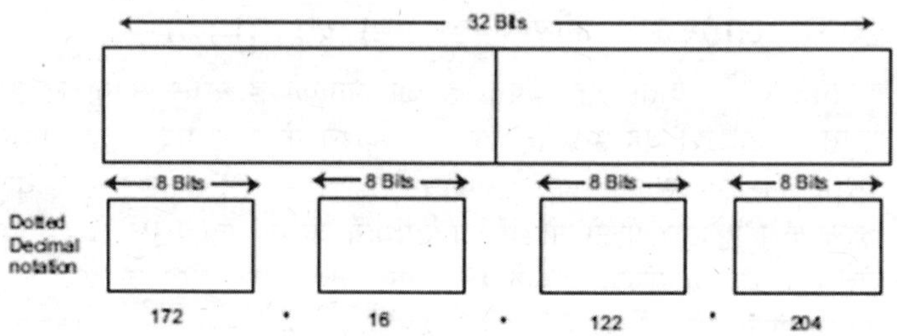

10.9 इंटरनेट कनेक्ट करने के मोड

हॉटस्पॉट, वायरलेस फ़िडेलिटी (वाई–फाई), लैन केबल, ब्रॉडबैंड और यूएसबी टेथरिंग जैसी विभिन्न प्रकार की इंटरनेट एक्सेस तकनीकें हैं। इन्हें नीचे वर्णित किया गया है।

10.9.1 हॉटस्पॉट

हॉटस्पॉट एक भौतिक स्थान है जहां लोग इंटरनेट सेवा प्रदाता से जुड़े राउटर का उपयोग करके वायरलेस स्थानीय क्षेत्र नेटवर्क के माध्यम से वाई–फाई तकनीक का उपयोग करके इंटरनेट का उपयोग करते हैं। कई जगह ग्राहकों को आकर्षित करने के लिए हवाई सेवा, रेस्तरां और होटल सहित सार्वजनिक सेवा के रूप में मुफ्त वाई–फाई हॉटस्पॉट प्रदान करते हैं।

हॉटस्पॉट से कनेक्ट करना

विंडोज 10 में हॉटस्पॉट सेट करना आसान है। शुरू करने के लिए, (विंडोज) की दबाएं और सेटिंग्स पर क्लिक करें। जब विंडो सेटिंग्स दिखाई देती है, तो नेटवर्क और इंटरनेट पर क्लिक करें और फिर मोबाइल हॉटस्पॉट टैब चुनें।

हॉटस्पॉट को बंद करना

जब आप अपने मोबाइल हॉटस्पॉट का उपयोग कर रहे हैं, तो आप इसे अक्षम कर सकते हैं। इसे बंद करने के लिए मोबाइल हॉटस्पॉट टॉगल पर क्लिक करें। आप देख सकते हैं कि मोबाइल हॉटस्पॉट अक्षम हो जाएगा।

10.9.2 इंटरनेट लैन केबल कनेक्ट करना

LAN का उपयोग इंटरनेट कनेक्शन विधि के साथ दो डेस्कटॉप पीसी को जोड़ने के लिए किया जाता है। LAN इंटरनेट कनेक्शन का उपयोग इंटरनेट और फाइल्स/फोल्डरस को साझा करने के लिए एक स्थानीय क्षेत्र नेटवर्क बनाने के लिए किया जाता है।

LAN इंटरनेट कनेक्शन का उपयोग करके अपने पीसी को दूसरे पीसी से कनेक्ट करने के लिए चरण:

1. अपने पीसी पर ईथरनेट पोर्ट का पता लगाएं। आप इसे आमतौर पर अपने डेस्कटॉप के पीछे या लैपटॉप के किनारे या पीछे पा सकते हैं।
2. ईथरनेट केबल के एक सिरे को अपने कंप्यूटर में प्लग करें। सुनिश्चित करें कि आप ईथरनेट केबल का उपयोग कर रहे हैं, टेलीफोन केबल का नहीं।
3. केबल के दूसरे छोर को एक खुले लैन पोर्ट में प्लग करें। यह आपके LAN सेटअप के आधार पर, राउटर या स्विच पर कोई भी खुला LAN पोर्ट हो सकता है।
4. अपने नेटवर्क का परीक्षण करें। एक बार जब सभी कंप्यूटर एक लैन पोर्ट से जुड़े होते हैं, तो उन्हें स्वचालित रूप से आईपी सौंपा जाएगा और नेटवर्क पर दिखाई देगा।
5. इसके अलावा, सुनिश्चित करें कि आपके पास अपने पीसी पर एक इंटरनेट कनेक्शन और एकाउन्ट है।
6. स्टार्ट मेनू पर जाएं और कंट्रोल पैनल खोजें। एक बार जब आप इसे देख लेते हैं, तो इस पर क्लिक करें।
7. कंट्रोल पैनल विंडो खुलती है; नेटवर्क और इंटरनेट पर क्लिक करें।
8. एक डायलॉग बॉक्स दिखाई देता है; ओपन नेटवर्किंग और शेयरिंग सेंटर। वैकल्पिक रूप से, आप कंट्रोल पैनल? नेटवर्क और इंटरनेट? नेटवर्क और शेयरिंग सेंटर भी टाइप कर सकते हैं और एंटर की दबाए। यह आपको कंट्रोल पैनल से नेटवर्क और शेयरिंग सेंटर तक रीडायरेक्ट करेगा।
9. नेटवर्क और साझाकरण केंद्र विंडो के बाईं ओर, एडॉप्टर सेटिंग्स बदलें पर क्लिक करें।
10. यह विभिन्न कनेक्शन प्रदर्शित करेगा। अपने LAN के लिए उपयुक्त कनेक्शन का चयन करें। ईथरनेट का चयन करें और वर्णन नेटवर्क केबल अनप्लग्ड है।
11. कनेक्शन पर राइट–क्लिक करें और गुण चुनें। स्थानीय क्षेत्र कनेक्शन गुण दिखाई देंगे।

12. साझाकरण टैब पर क्लिक करें, और जांचें कि अन्य नेटवर्क उपयोगकर्ताओं को इंटरनेट कनेक्शन साझाकरण के तहत इस कंप्यूटर के इंटरनेट कनेक्शन के माध्यम से कनेक्ट करने की अनुमति दें।
13. ओके दबाएं।
14. अब, आपने दोनों पीसी पर नेटवर्क साझाकरण सक्षम किया है ताकि दोनों पीसी एक भौतिक LAN केबल के साथ जुड़े रहें।
15. नेटवर्किंग टैब पर क्लिक करें। इंटरनेट प्रोटोकॉल संस्करण 4 (टीसीपी/आईपीवी 4) का चयन करें, और फिर प्रोपटिज बटन पर क्लिक करें।
16. यहां, आपको दो पीसी को अलग–अलग आईपी सेटिंग्स के साथ कॉन्फ़िगर करने की आवश्यकता है। सामान्य टैब में, पहले कंप्यूटर का आईपी पता और सबनेट मास्क सेट करें, जैसे:
    - पहले कंप्यूटर के लिए (कहते हैं, कंप्यूटर 1):

      आईपी पता: 192.168.0.1

      सबनेट मास्क: 255.255.255.0
    - दूसरे कंप्यूटर के लिए (कहते हैं, कंप्यूटर 2):

      आईपी पता: 192.168.0.2

      सबनेट मास्क: 255.255.255.0

    यह सुनिश्चित करना महत्वपूर्ण है कि दोनों कंप्यूटरों के लिए आईपी पते के अंतिम मूल्य अलग–अलग हैं।
17. ओके बटन पर क्लिक करें।
18. सर्वर पीसी (वास्तव में इंटरनेट से जुड़ी) पर इंटरनेट से कनेक्ट करें और फिर अन्य पीसी (ओं) पर इंटरनेट तक पहुंचने का प्रयास करें।

10.9.3 वायरलेस फिडेलिटी (वाई–फाई) कनेक्शन

वायरलेस इंटरनेट का उपयोग, जिसे कभी–कभी "हॉट स्पॉट" के रूप में संदर्भित किया जाता है, तारों के बजाय रेडियो तरंगों द्वारा चलाया जाने वाला एक स्थानीय क्षेत्र नेटवर्क है। यह एक केंद्रीय हब से प्रसारित होता है, जो एक हार्ड–वायर्ड डिवाइस है जो वास्तव में इंटरनेट कनेक्शन में लाता है। मुख्य कंप्यूटर सिस्टम या सर्वर पर स्थित हब, ग्राहकों के लिए इंटरनेट कनेक्टिविटी प्रसारित करता है, जिसमें मूल रूप से वायरलेस लैन कार्ड से लैस रेंज प्राप्त करने के लिए किसी को भी शामिल किया जाता है।

वायरलेस इंटरनेट का उपयोग घर में बहुत सुविधाजनक है; यह कार्यस्थल में और भी अधिक हो सकता है। वायर्ड नेटवर्क, एक इमारत में स्थापित करने के लिए न केवल बहुत समय लेने वाला है, बल्कि बहुत महंगा भी है। क्लाइंट मशीनों को जोड़ने के लिए उपयोग किए जाने वाले ईथरनेट केबल को दीवारों, छत और फर्श के माध्यम से रूट करने की आवश्यकता हो सकती है। अतीत में, ईथरनेट केबल द्वारा प्रदान की जाने वाली अधिक सुरक्षा और तेज डेटा ट्रांसफर गति के फायदे के कारण इस नुकसान को कभी–कभी अनदेखा कर दिया जाता था।

वायरलेस LAN को लगभग किसी के भी द्वारा मिनटों में स्थापित किया जा सकता है। वे बहुत सस्ती हैं, और डेटा ट्रांसफर दर हो सकती हैं, जो कि हार्ड–वायर्ड ईथरनेट LANs को प्रतिद्वंद्वी करती हैं। इसके अलावा, वाई–फाई संरक्षित एक्सेस II (WPA2) लैन पर सभी ट्रैफ़िक को एन्क्रिप्ट करता है, जो कि ईवेस्ट्रोइंग की समस्या को संबोधित करता है।

10.9.4 ब्रॉडबैंड कनेक्शन

कम से कम 256 केबीपीएस की गति के साथ एक हाई स्पीड इंटरनेट कनेक्शन को ब्रॉडबैंड कनेक्शन कहा जाता है। एक चैनल ब्रॉडबैंड हो सकता है अगर यह एक वाहक पर मॉड्यूलेशन के बिना एक संकेत भेजता है। सिग्नल आवृत्ति की पूरी रेंज को कवर करता है जो मध्यम ले जा सकता है। ब्रॉडबैंड शब्द अब इंटरनेट सेवा प्रदाता द्वारा हाई जेक कर लिया गया है। इसलिए, ब्रॉडबैंड शब्द का उपयोग हाई स्पीड इंटरनेट एक्सेस के लिए किया जाता है। यह न्यूनतम 512 केबीपीएस की उच्च गति वाली इंटरनेट एक्सेस और अधिकतम 100 एमबीपीएस तक की सुविधा देता है।

ग्राहक मूल रूप से इस सेवा को प्रदान करने के लिए लैंडलाइन फोन का उपयोग करता है। वह अपने टेलीफोन का उपयोग सामान्य टेलीफोन कॉल के लिए कर सकता है, जब वह इंटरनेट ब्राउज़ कर रहा हो। इंटरनेट से कनेक्शन के लिए कोई अलग टेलीफोन शुल्क नहीं है। इंटरनेट की पहुंच सामान्य डायल अप एक्सेस की तुलना में लगभग 8 गुना तेज होगी। लाभ हैं:

क. लागत कम है।

ख. स्पीड कनेक्शन उच्च है। (2 एमबीपीएस)

ग. कोई सेटअप समय नहीं लगता।

घ. हमेशा ऑन रहता है।

कनेक्ट करने के लिए आप वायरलेस ब्रॉडबैंड एरिया नेटवर्क (WWAN) नामक मोबाइल ब्रॉडबैंड तकनीक का भी उपयोग कर सकते हैं।

इंटरनेट, मोबाइल ब्रॉडबैंड का उपयोग करने के लिए, आपको मोबाइल ब्रॉडबैंड प्रदाता के साथ डेटा कार्ड और डेटा प्लान की आवश्यकता होती है।

डिवाइस और डेटा प्लान प्राप्त करने के बाद, सुनिश्चित करें कि आपने अपने सब्सक्राइबर पहचान मॉड्यूल (सिम) और सिम के लिए मोबाइल ब्रॉडबैंड सेवा को सक्रिय कर दिया है। आपका मोबाइल ऑपरेटर या डिवाइस रिटेलर आपको ऐसा करने की जानकारी देगा।

यदि आपके पास एक बाहरी डेटा कार्ड है, तो सुनिश्चित करें कि यह सही ढंग से लैपटॉप में डाला गया है।

10.9.5 USB टेथरिंग से कनेक्ट करें

आप टेथरिंग के माध्यम से अपने लैपटॉप की तरह अन्य डिवाइस के साथ इंटरनेट एक्सेस करने के लिए अपने फोन मोबाइल डेटा साझा कर सकते हैं। आप ब्लूटूथ या वाई–फाई कनेक्शन का उपगोग करके टेदर कर सकते हैं; हालाँकि USB टेथरिंग में आपके फ़ोन के डेटा को अन्य उपकरणों के साथ साझा करने की सबसे तेज़ गति है।

10.10 विभिन्न उपकरणों और उनके उपयोग के आईपी/मैक/आईएमईआई की पहचान करना

इंटरनेट प्रोटोकॉल एड्रेस (आईपी एड्रेस) एक संख्यात्मक लेबल है जो कंप्यूटर नेटवर्क से जुड़े प्रत्येक डिवाइस को सौंपा जाता है, जो संचार के लिए इंटरनेट प्रोटोकॉल का उपयोग करता है। एक आईपी एड्रेस दो प्रमुख कार्य करता है: होस्ट या नेटवर्क इंटरफ़ेस पहचान और स्थान पता करना।

वर्तमान में चल रहे आईपी पते के दो संस्करण आईपी संस्करण 4 (आईपीवी 4) और आईपी संस्करण 6 (आईपीवी 6) हैं। इन दो संस्करणों के साथ कई विशेषताएं हैं।

- **IPv4:** IPv4 32–बिट प्च पते का उपयोग करता है। तो, आईपी पते की अधिकतम संख्या 232 या 4,294,967,296 है। 32 बिट्स को 4 बाइट्स में विभाजित किया जाता है, और प्रत्येक बाइट को एक एकल डॉट (।) द्वारा अलग किया जाता है। ये चार नंबर 0 से 255 तक हो सकते हैं।

  IPv4 के बाइट्स को आगे दो में वर्गीकृत किया गया हैः नेटवर्क भाग और होस्ट भाग।
- **नेटवर्क पार्टः** यह हिस्सा आपके नेटवर्क को निर्दिष्ट अद्वितीय संख्या को निर्दिष्ट करता है। यह असाइन किए गए नेटवर्क के वर्ग की भी पहचान करता है। नेटवर्क हिस्सा आईपी पते के दो बाइट्स लेता है।
- **होस्ट पार्टः** यह आईपी एड्रेस का हिस्सा है जिसे आप प्रत्येक होस्ट को असाइन करते हैं। यह विशिष्ट रूप से आपके नेटवर्क पर मशीन की पहचान करता है। आपके नेटवर्क पर सभी मेजबानों के लिए, आईपी पते का नेटवर्क हिस्सा समान होगा, और होस्ट हिस्सा बदल जाएगा।
- **आईपी एड्रेस और कक्षाएंः** आईपीवी 4 एड्रेसिंग सिस्टम को आईपी पते के पांच वर्गों में विभाजित किया गया है। सभी पांच वर्गों की पहचान आईपी पते के पहले ऑक्टेट द्वारा की जाती है।

  IPv4 पते की विभिन्न कक्षाएं निम्नलिखित हैंः
  - o **क्लास A पताः** "क्लास A" आईपीवी 4 पते बहुत बड़े नेटवर्क के लिए उपयोग किए जाते हैं। पहला ऑक्टेट का पहला बिट हमेशा शून्य पर सेट होता है। तो, पहला ऑक्टेट 1–127 से लेकर है। क्लास ए पते में केवल 1.x.x.x से 126.x.x.x तक का आईपी शामिल है। IP रेंज 127.x.x.x लूप बैक IP पतों के लिए आरक्षित है। कक्षा A IP पते के लिए डिफ़ॉल्ट सबनेट मास्क 255.0.0.0 है।
  - o **क्लास B पताः** "क्लास B" IPv4 पते मध्यम आकार के नेटवर्क के लिए उपयोग किए जाते हैं। यहां, पहले ऑक्टेट में पहले दो बिट्स को दस पर सेट किया गया है। क्लास B आईपी एड्रेस 128.0.x.x से 191.255.x.x तक होता है। क्लास B के लिए डिफ़ॉल्ट सबनेट मास्क 255.255.x.x है। क्लास B में 16384 (214 नेटवर्क पते और 65534 (216–2) होस्ट एड्रेस हैं।
  - o **क्लास C पताः** क्लास C "IPv4 पते आमतौर पर छोटे से छोटे व्यवसायों के लिए उपयोग किए जाते हैं। इस वर्ग के पहले ऑक्टेट में इसके पहले 3 बिट्स 110 पर सेट होते हैं। क्लास सी आईपी पते 192.0.0.x से 223.255.255 तक होते हैं। क्लास C के लिए डिफ़ॉल्ट सबनेट मास्क 255.255.255.x है। क्लास C 2097152 देता है (221) नेटवर्क पते और 254 (28–2) होस्ट पते।
  - o **क्लास D पताः** क्लास D आईपीवी 4 एड्रेस मल्टीकास्ट आईपीवी 4 एड्रेस के रूप में जाना जाता है। क्लास D आईपी पते में पहले ऑक्टेट के पहले चार बिट्स 1110 पर सेट हैं। क्लास D में आईपी एड्रेस रेंज है 224.0.0.0 से 239.255.255.255। क्लास D मल्टीकास्टिंग के लिए आरक्षित है।
  - o **क्लास E पताः** क्लास E का उपयोग केवल प्रयोगात्मक उद्देश्यों के लिए किया जाता है, और आप इन IPv4 पतों को अपने उपकरणों पर निर्दिष्ट नहीं कर सकते। क्लास E में IP पता 240.0.0.0 से 255.255.255.254 तक होता है। यह वर्ग भी किसी सबनेट मास्क से सुसज्जित नहीं है।
- **मैक एड्रेसः** मैक मीडिया एक्सेस कंट्रोल के लिए है। यह निर्माता द्वारा नेटवर्क इंटरफेस कार्ड (एनआईसी) को सौंपा गया एक विशिष्ट पहचानकर्ता है। इसका उपयोग ईथरनेट नेटवर्क से कनेक्ट करने के लिए किया जाता है, और इसका अपना विशिष्ट मैक पता है। मैक पते स्थायी रूप से एडेप्टर को सौंपे जाते हैं और इन्हें बदला नहीं जा सकता क्योंकि वे नेटवर्क के हार्डवेयर इंटरफ़ेस की एक विशिष्ट पहचान हैं। वे भौतिक पते हैं।
- **IMEI:** IMEI (अंतर्राष्ट्रीय मोबाइल उपकरण पहचान) संख्या एक विश्व स्तर पर विशिष्ट पहचान या सीरियल नंबर है जो सभी मोबाइल फोन और स्मार्ट फोन को दिया जाता है। यह सभी सेलुलर डिवाइस को सौंपा गया 15–अंकीय संख्या है, जो मोबाइल नेटवर्क के भीतर आपके डिवाइस की पहचान करता है। हम इस नंबर का उपयोग किसी अन्य व्यक्ति या फोन कंपनी द्वारा उपयोग किए जाने वाले मोबाइल फोन को पेश करने के लिए कर सकते हैं यदि वह खो या चोरी हो गया है।

10.11 लोकप्रिय वेब ब्राउज़र

एक वेब ब्राउज़र एक सॉफ्टवेयर अनुप्रयोग है जो उपयोगकर्ता को वेब पेज जैसे चित्र, वीडियो, संगीत और अन्य जानकारी प्रदर्शित करने और देखने में सक्षम बनाता है। वेब पेज पर टेक्स्ट और छवियों में हाइपरलिंक हो सकते हैं जो एक उपयोगकर्ता को कई वेबसाइट पर कई वेब पेजों पर दी गई जानकारी को जल्दी और आसानी से एक्सेस करने की अनुमति देता है। कुछ लोकप्रिय वेब ब्राउज़रों को संक्षेप में नीचे वर्णित किया गया है।

- **Microsoft इंटरनेट एक्सप्लोररः** यह ब्राउज़र Microsoft कारपोरेशन द्वारा बनाया गया था और एक साथ विंडोज ऑपरेटिंग सिस्टम में बंडल किया गया था। नवीनतम ऑपरेटिंग सिस्टम, विंडोज इंटरनेट एक्सप्लोरर 11 नामक माइक्रोसॉफ्ट के नवीनतम वेब ब्राउज़र के साथ आता है। इंटरनेट एक्सप्लोरर एचटीएमएल 4.01, सीएसएस लेवल 1, एक्सएमएल 1.0 और डोम स्तर का समर्थन करता है।
- **Microsoft Edge:** Microsoft Edge विंडोज 10 में निर्मित नया ब्राउज़र है। संगतता के लिए Windows 10 पर Internet Explorer 11 एज के साथ–साथ उपलब्ध है। ब्राउज़र में एक एकीकृत एडोब फ्लैश प्लेयर और एक पीडीएफ रीडर शामिल है। यह एड्रेस बार के भीतर वॉयस कंट्रोल, सर्च फंक्शनालिटी और सर्च से संबंधित डायनामिक जानकारी देने के लिए ऑनलाइन प्लेटफॉर्म के साथ इंटीग्रेट करता है।
- **मोज़िला फ़ायरफ़ॉक्सः** मोज़िला फ़ायरफ़ॉक्स लोकप्रिय हो गया है क्योंकि यह तेज़, पूर्ण विशेषताओं वाला वेब ब्राउज़र है और ब्राउज़िंग को बहुत कुशल बनाता है। यह एक स्वतंत्र और खुला स्रोत वेब ब्राउज़र है जो मोज़िला फाउंडेशन द्वारा बनाया गया है। फ़ायरफ़ॉक्स की कुछ विशेषताओं में पॉप–अप अवरोधन, टैब–ब्राउज़िंग, लाइव बुकमार्किंग, एक डाउनलोड प्रबंधक और एक एकीकृत खोज प्रणाली शामिल है जो उपयोगकर्ता के खोज इंजन का उपयोग करती है।
- **ओपेराः** ओपेरा सॉफ्टवेयर कंपनी द्वारा बनाया गया एक अन्य लोकप्रिय वेब ब्राउज़र है। इसमें टैब ब्राउजिंग, पेज ज़ूमिंग, माउस जेस्चर और एक इंटीग्रेटेड डाउनलोड मैनेजर जैसे फीचर्स शामिल हैं। इसकी सुरक्षा विशेषताएं फ़िशिंग और मालवेयर सुरक्षा, सुरक्षित वेबसाइट को ब्राउज़ करते समय मजबूत एन्क्रिप्शन, और कुकीज़ और

ब्राउज़िंग इतिहास जैसे निजी डेटा को आसानी से हटाने की क्षमता है। यह विंडोज, ओएस एक्स, और लिनक्स पर चलता है।

- **Google Chrome**: Google ने वेब ब्राउज़ करने के लिए किसी भी प्रकार के उपयोगकर्ता द्वारा उपयोग की जाने वाली गति के लिए Google Chrome का निर्माण किया। यह अपनी तेज लोडिंग गति के कारण लोकप्रिय हो गया है। Google Chrome को न्यूनतम उपयोगकर्ता इंटरफ़ेस के साथ डिज़ाइन किया गया है। इसे फास्ट ब्राउजिंग इंजन के साथ बनाया गया है।

10.12 इंटरनेट की खोज

इंटरनेट एक विशाल नेटवर्क है जो कंप्यूटर और विदेशों के छोटे नेटवर्क को जोड़ता है। यह कंप्यूटर संसाधनों, अनुसंधान, समूहों या व्यक्तियों के साथ संचार साझा करने के लिए एक प्रमुख उपकरण है।

10.12.1 वेब सर्फिंग

वेब सर्फिंग में इंटरनेट ब्राउज़र में हाइपरलिंक्स का उपयोग करके एक वेब पेज से दूसरे वेब पेज पर इंटरनेट ब्राउज़ करने का कार्य शामिल है। सर्फिंग शब्द को पहली बार मार्क मैकहिल ने परिभाषित किया था। जब कोई व्यक्ति इंटरनेट पर सर्फिंग करता है, तो उन्हें सर्फर या नेट सर्फर के रूप में संदर्भित किया जा सकता है। सर्फिंग को विभिन्न वेबसाइटस पर विभिन्न विषयों पर जानकारी के माध्यम से जाने के रूप में भी परिभाषित किया गया है।

वेब ब्राउज़र तक पहुँचने के लिए:

1. टास्कबार में, Microsoft एज ब्राउज़र खोलें।
2. शुरुआती पृष्ठ को ब्राउज़र होम पेज कहा जाता है, और इसे इंटरनेट पर किसी भी पृष्ठ पर सेट किया जा सकता है।

वेब पेज पता टाइप करने के लिए:

1. एड्रेस बार में क्लिक करें।
2. वेब पेज का पता टाइप करें। उदाहरण के लिए, हमने http://gmail.com टाइप किया है
3. वेब पेज दिखाई देता है।

वेब पेज को फिर से खोलने के लिए:

1. एड्रेस बार में ड्रॉप–डाउन एरो पर क्लिक करें।
2. आपके द्वारा टाइप किए गए पतों की एक सूची दिखाई देती है।
3. इच्छित साइट पता चुनें जिसे आप प्रदर्शित करना चाहते हैं। वह वेब पेज दिखाई देता है।

10.12.2 टैब में एक वेब पेज खोलें

आप अपने टैब में प्रत्येक पृष्ठ खोलकर एक साथ कई वेब पेज के साथ काम करना आसान बना सकते हैं। जब आप सामान्य रूप से एक वेब ब्राउज़र का उपयोग करते हैं, तो प्रत्येक पृष्ठ ब्राउज़र विंडो के मुख्य भाग में दिखाई देता है, जिसे आमतौर पर कंटेंट क्षेत्र कहा जाता है। एक टैब दूसरी कंटेंट क्षेत्र की तरह है, और यह पहले एक के पीछे दिखाई देता है, जिसमें केवल एक छोटा टैब दिखाई देता है। टैब पर क्लिक करें, और आपको दूसरा कंटेंट एरिया और उसका लोडेड वेब पेज दिखाई देगा। आप अपने स्वयं के टैब में जितने चाहें उतने पृष्ठ खोल सकते हैं।

1. उस लिंक पर राइट–क्लिक करें जिसे आप खोलना चाहते हैं।
2. न्यू टैब में ओपन पर क्लिक करें।
3. पृष्ठ शीर्षक के साथ एक नया टैब दिखाई देता है।
4. पृष्ठ प्रदर्शित करने के लिए टैब पर क्लिक करें।

टैब नेविगेट करने के लिए:

1. आपको टैब प्रदर्शित करने के लिए स्क्रॉल टैब सूची बैकवर्ड बटन या स्क्रॉल टैब सूची आगे बटन पर क्लिक करें।
2. टैब पर क्लिक करें। टैब में लोड किया गया वेब पेज दिखाई देता है।

10.12.3 वेब पेज नेविगेट

जब आप वेब पृष्ठों को नेविगेट करते हैं, तो आप वर्तमान ब्राउज़र में आपके द्वारा देखे गए पृष्ठ पर वापस जा सकते हैं। आपके द्वारा ऐसा करने के बाद, आप पृष्ठों के माध्यम से फिर से आगे और पीछे जा सकते हैं।

एक पृष्ठ पर वापस जाएं

1. Back (ऑल्ट + लेफ्ट एरो) बटन पर क्लिक करें। आपके द्वारा देखा गया पिछला पृष्ठ प्रकट होता है।

एक पृष्ठ आगे जाने के लिए

1. फॉरवर्ड (ऑल्ट + राइट एरो) बटन पर क्लिक करें। अगला पृष्ठ दिखाई देता है।

मुख पृष्ठ सेट करना

ब्राउज़ करते समय, वेब पर घूमते हुए हैरान होना आसान है। इसलिए, आपको एक पृष्ठ या कई पृष्ठों को अपने होम पेज के रूप में नामित करना चाहिए। होम पेज पहला पेज है जो वेब ब्राउजर खोलने के बाद दिखाई देता है। इसे अलग–अलग नामों से भी जाना जाता है, जैसे 'फ्रंट पेज' 'स्टार्ट पेज' या 'वेब पेज'।

मुख पृष्ठ सेट करने के लिए:

1. ओपन सेटिंग और अधिक (यानी) (ऑल्ट + X) ब्राउज़र विंडो के दाहिने कोने पर क्लिक करे।
2. सेटिंग विकल्प पर क्लिक करें। सामान्य फलक प्रकट होता है।
3. होम बटन दिखाने के लिए स्लाइडर को खींचें।
4. अपना होम पेज बटन सेट करें के, इच्छित विकल्प का चयन करने के लिए ड्रॉप–डाउन तीर पर क्लिक करें।
5. होम पेज सेट करने के लिए वेबसाइट को बचाने के लिए वेबसाइट का पता टाइप करें।

10.13 लोकप्रिय सर्च इंजन

इंटरनेट पर जानकारी खोजने के लिए एक वेब सर्च इंजन का उपयोग किया जाता है। खोज परिणाम आम तौर पर एक सूची में प्रस्तुत किए जाते हैं और अक्सर हिट कहलाते हैं। जानकारी में वेब पेज, चित्र, पाठ और अन्य प्रकार की फाइल्स शामिल हो सकती हैं।

अनुक्रमणिका डाक्यूमेंट के लिए कंटेंट विवरण या शर्तों को निर्दिष्ट करके एक डाक्यूमेंट प्रतिनिधित्व का प्रसंस्करण है। इंडेक्सिंग में, वेब दस्तावेजों की विशेषता है

पुनःप्राप्त (प्रासंगिक डाक्यूमेंट की संख्या का अनुपात)

प्राप्त डाक्यूमेंट की कुल संख्या)। यह फ़ंक्शन मैन्युअल रूप से या स्वचालित रूप से किया जा सकता है। लेकिन कई वेबसाइटं मैनुअल इंडेक्सिंग को काफी अव्यवहारिक बनाती हैं।

खोज इंजन एक सॉफ्टवेयर है जो विशिष्ट जानकारी के लिए वेब पेजों के डेटाबेस के माध्यम से खोज करता है।

10.13.1 सर्च इंजन की श्रेणियाँ

वेब पर कई सर्च इंजन उपलब्ध हैं। ज्यादातर सर्च इंजन कीवर्ड सर्च के अलावा वेबसाइट रिव्यू और होमपेज सेवाएं प्रदान करते हैं। कुछ लोकप्रिय खोज इंजन इस प्रकार हैं:

याहू!

यह मूल रूप से एक खोज निर्देशिका है। यह श्रेणीबद्ध रूप से वेब की विषय सूची या निर्देशिका के साथ व्यवस्थित है जो कि ब्राउज़ करने योग्य और खोज योग्य है (विभिन्न सेवाओं के लिंक दो तरह से पूरे किए जाते हैं:

क. यूजर के प्रस्तुतिकरण द्वारा

ख. रोबोट के माध्यम से जो ज्ञात पृष्ठों से नए लिंक प्राप्त करते हैं।

याहू! वेब पेज, यूज़नेट और ई–मेल पता को अनुक्रमित करता है। इस खोज इंजन में अपने होम पेज पर सूचीबद्ध 14 श्रेणियां हैं। इन श्रेणियों में से प्रत्येक को कई उप–श्रेणियों में विभाजित किया गया है।

बिंग

बिंग माइक्रोसॉफ्ट का एक सर्च इंजन है। यह एक प्रारूप में खोज परिणामों को वापस करने के लिए डिज़ाइन किया गया है जो आपकी आवश्यकताओं को संबोधित करने के लिए उत्तर आयोजित करता है। जब आप बिंग पर खोज करते हैं, तो प्रासंगिक खोज परिणाम प्रदान करने के अलावा, खोज इंजन, खोज इंजन परिणाम पृष्ठ (SERP) के बाईं ओर संबंधित खोजों की एक सूची भी दिखाता है।

हाल ही के खोज इतिहास को देखने के लिए आप एक त्वरित लिंक भी एक्सेस कर सकते हैं। बिंग को कई विशेषताओं के साथ लॉन्च किया गया था जो खोज बाजार में अद्वितीय हैं।

ओपेरा

ओपन पीएलसी यूरोपियन रिसर्च अलायंस (ओपीईआरए) ओपेरा सॉफ्टवेयर द्वारा विकसित एक वेब ब्राउज़र है। नवीनतम संस्करण माइक्रोसॉफ्ट विंडोज, ओएस एक्स और लिनक्स ऑपरेटिंग सिस्टम के लिए उपलब्ध है। यह टैब, आरएसएस सपोर्ट और बिल्ट–इन बिटटोरेंट क्लाइंट और टैब थंबनेल के साथ पहला ब्राउज़र है। यह टैब के दोहराव की अनुमति देता है, वेब पते के लिए Goto URL सुविधा जो हाइपरलिंक नहीं है, खिड़की के आकार की फिटिंग, रिवाइंडिंग, क्रैश रिकवरी, पेज ज़ूम, इंस्टेंट बैक, टैब क्लोजिंग आदि।

एमएसएन

यह Microsoft नेटवर्क के लिए एक संक्षिप्त नाम है। नेटवर्क में Microsoft Corporation द्वारा प्रस्तुत वेब–आधारित कार्यक्रम और सेवाएँ शामिल हैं। यह इंटरनेट से जुड़ने के लिए समाचार, खोज इंजन, उपयोगकर्ता–संचालित फ़ोरम, इंस्टेंट मैसेजिंग, ई–मेल और सेवाएँ सहित कई सेवाएँ प्रदान करता है। Microsoft Windows उपयोगकर्ता अपने कंप्यूटर सिस्टम को ऑनलाइन सेवाओं के साथ केंद्रीय व्यवस्थित करने और कार्यों को प्रबंधित करने की विधि के साथ सिंक्रनाइज़ करने में सक्षम हैं।

Ask.com

Ask.com (मूल रूप से आस्क जिव्स के रूप में जाना जाता है) एक सवाल है जिसका जवाब 1996 में कैलिफोर्निया के बर्कले में गैरेट ग्रुएनर और डेविड वॉर्थन द्वारा स्थापित ई–बिजनेस और वेब सर्च इंजन पर केंद्रित है। ब्राउज़र टूलबार से पूछें एक एक्सटेंशन है जो ब्राउज़र विंडो में जोड़े गए अतिरिक्त बार के रूप में दिखाई दे सकता है।

यह अक्सर अनपेक्षित रूप से पार्टनर सॉफ्टवेयर की स्थापना के दौरान स्थापित किया गया था, जिसमें ओरेकल जावा भी शामिल है, अर्थात्, उपयोगकर्ता के तकनीकी अनुभव की कमी का लाभ उठाता है।

गूगल

गूगल एक सर्च इंजन है जिसका कई अनूठी विशेषताएं हैं। उदाहरण के लिए, आप कंपनी की जानकारी खोजना चाहते हैं। यह कंपनी की खोजों के लिए उपयोगी है क्योंकि यह असामान्य तरीके से वेबसाइटस को रैंक करता है। पता बार में http://www.google.com टाइप करें, और गूगल मुखपृष्ठ पर जाने के लिए एंटर दबाएँ। जब आप वहां हों, तो खोज बॉक्स में कंपनी का नाम लिखें और गूगल खोज बटन पर क्लिक करें। गूगल एक खोज में सर्वश्रेष्ठ वेबसाइट को खोजने में बहुत अच्छा है; यह स्वचालित रूप से सर्वोत्तम संभावित मैच देखने और उसे लोड करने की सुविधा प्रदान करता है। इस सुविधा का उपयोग करने के लिए, खोज बॉक्स में कंपनी का नाम लिखें और **I'm Feeling Lucky** बटन पर क्लिक करें। यह संबंधित कंपनी की जानकारी देता है।

Google वेबसाइट पर जानकारी खोजने के लिए:

1. www.google.com खोलें।
2. खोज बॉक्स में एक या अधिक खोज शब्द टाइप करें जो आपके इच्छित जानकारी का सबसे अच्छा वर्णन करता है।
3. फिर, एंटर की दबाएं या गूगल खोज बटन पर क्लिक करें।
4. गूगल आपके खोज शब्दों से संबंधित वेब पृष्ठों की एक सूची तैयार करता है।

गूगल खोज की मूल बातें

1. सही खोज शब्द चुनना आपके लिए आवश्यक जानकारी खोजने की कुंजी है। कई खोज शब्दों का उपयोग करना उचित है। अपने खोज शब्दों को सावधानी से चुनें क्योंकि गूगल आपके द्वारा चुने गए खोज शब्दों को देखता है।
2. गूगल खोजें केस–संवेदी नहीं हैं। सभी पत्र, चाहे आप उन्हें कैसे लिखें, यह समझा जाएगा जैसे कि लोअर केस में लिखा गया है।
3. डिफ़ॉल्ट रूप से, गूगल केवल ऐसे पृष्ठ लौटाता है जिसमें आपके सभी खोज शब्द शामिल होते हैं। शर्तों के बीच "और" को शामिल करने की कोई आवश्यकता नहीं है। ध्यान रखें कि जिस क्रम में शब्द टाइप किए गए हैं, वह खोज परिणामों को प्रभावित करेगा। आगे की खोज को प्रतिबंधित करने के लिए, बस अधिक शर्तें शामिल करें।
4. गूगल सामान्य शब्दों और वर्णों, जैसे "कहाँ" और "कैसे", साथ ही कुछ एकल अंकों और एकल अक्षरों को अनदेखा करता है, क्योंकि वे परिणामों को सुधारने के बिना आपकी खोज को धीमा कर देते हैं।

5. जब आप उन शब्दों के लिए परिणाम चाहते हैं जिनमें एक सटीक वाक्यांश शामिल है, तो बस ऐसे वाक्यांशों के आसपास उद्धरण चिह्न डालें। उदाहरण के लिए "मदर टेरेसा"।
6. यदि आपके खोज शब्द का एक से अधिक अर्थ है, तो आप जिस अर्थ से बचना चाहते हैं, उससे संबंधित शब्दों के सामने ऋण चिह्न ("–") लगाकर अपनी खोज को केंद्रित कर सकते हैं।

10.14 इंटरनेट पर सर्च करना

वेब पर कई सर्च इंजन उपलब्ध हैं। ऐसे सर्च इंजन के लिए सर्च प्रक्रिया समान है। हम याहू के लिए सर्च प्रक्रिया का वर्णन करते हैं!

एक विशेष जानकारी से संबंधित वेब पृष्ठों की खोज करने के लिए:

1. याहू पर जाएं! होम पेज www.yahoo.com पर लॉग इन करे।
2. बॉक्स में सर्च की जाने वाली जानकारी टाइप करें। उदाहरण के लिए, हमने मनीकंट्रोल टाइप किया है और फिर सर्च वेब बटन पर क्लिक किया है।
3. यह विभिन्न वेबसाइट के लिंक प्रदर्शित करेगा। लिंक को चुनें और एक नया टैब खोलने के लिए उस पर राइट क्लिक करें।
4. यदि आप सर्च बॉक्स में उन्नत क्वेरी टाइप करते हैं, तो यह उन्नत खोज लिंक खोलेगा जैसे कि Google और याहू।
5. उन्नत वेब खोज पृष्ठ क्वेरी फॉर्म के साथ खुलता है।
6. कुछ सेकंड के भीतर, सर्च इंजन उस जानकारी की सर्च करेगा और वेब पेजों के लिंक प्रदर्शित करेगा, जो किसी तरह से आपकी वांछित जानकारी से जुड़े हैं।

10.15 वेब पेज डाउनलोड करना

अपलोडिंग एक कंप्यूटर सिस्टम से दूसरे कंप्यूटर में, आमतौर पर बड़े कंप्यूटर सिस्टम में एक फाइल का संचरण है। नेटवर्क उपयोगकर्ता के दृष्टिकोण से, फ़ाइल अपलोड करने के लिए इसे दूसरे कंप्यूटर पर भेजना है जो इसे प्राप्त करने के लिए स्थापित है। बुलेटिन बोर्ड सर्विसेज (BBS) पर दूसरों के साथ चित्र साझा करने वाले लोग BBS में फ़ाइलें अपलोड करते हैं।

दूसरी दिशा में ट्रांसमिशन डाउनलोड हो रहा है यानी आम तौर पर बड़े कंप्यूटर से लेकर छोटे कंप्यूटर।

इंटरनेट उपयोगकर्ता के दृष्टिकोण से, डाउनलोडिंग दूसरे कंप्यूटर से एक फ़ाइल प्राप्त कर रहा है।

फाइल्स को डाउनलोड करने और अपलोड करने के लिए एफ़टीपी इंटरनेट की सुविधा है। (यदि आप किसी अन्य साइट पर फ़ाइल अपलोड कर रहे हैं, तो आमतौर पर उस साइट और निर्देशिका को एक्सेस करने के लिए पहले से अनुमति होनी चाहिए जहां फ़ाइल रखी जानी है।

जब आप ई–मेल नोट के साथ संलग्न फ़ाइल भेजते या प्राप्त करते हैं, तो यह केवल एक अनुलग्नक होता है, डाउनलोड या अपलोड नहीं।

हालाँकि, व्यवहार में, बहुत से लोग "अपलोड" का उपयोग "सेंड" और "डाउनलोड" से मतलब प्राप्त करने के लिए करते हैं।

वेब पेज में टेक्स्ट, ग्राफिक्स, एनीमेशन, साउंड और कभी–कभी फिल्में भी शामिल होती हैं। समृद्ध कंटेंट, लिंक का उपयोग करके एक पृष्ठ से दूसरे पृष्ठ पर जाने की क्षमता के साथ, वेब की विस्फोटक वृद्धि में योगदान दिया है।

वेब पेज डाउनलोड करने के लिए:

1. फ़ाइल मेनू पर क्लिक करें और सेव चुनें। सेव अस डायलॉग बॉक्स दिखाई देता है।
2. ध्यान दें कि फ़ाइल नाम में एक डिफ़ॉल्ट मान है: पाठ बॉक्स। या तो इस नाम को स्वीकार करें या इसे बदल दें।
3. उस ड्राइव लोकेशन फ़ोल्डर को चुनें जहाँ आप एड्रेस बार में फाइल को सेव करना चाहते हैं।
4. फिर, फाइल को सेव करने के लिए सेव बटन पर क्लिक करें।

10.16 प्रिंटिंग वेब पेज

जैसा कि आप ब्राउज़ करते हैं, आप उन पृष्ठों पर आ सकते हैं जिनमें आप हार्ड कॉपी के रूप में रखना चाहते हैं। इंटरनेट एक्सप्लोरर कई प्रिंट विकल्प प्रदान करता है। ये क्षेत्र

- वर्तमान पृष्ठ से जुड़े सभी डाक्यूमेंट को प्रिंट करना।
- वर्तमान पृष्ठ पर सम्मिलित कड़ियों की सूची छापना।
- एक पृष्ठ के चयनित भागों को प्रिंट करना जो फ़्रेम का उपयोग करके बनाया गया है। यह विकल्प केवल तभी उपलब्ध होता है जब वर्तमान पृष्ठ में फ़्रेम होते हैं।

प्रिंट संवाद बॉक्स का उपयोग करके वेब पेज प्रिंट करने के लिए:

1. फ़ाइल मेनू पर क्लिक करें और प्रिंट चुनें।
2. इसके बाद प्रिंट ऑप्शन चुनें।
3. एक प्रिंट संवाद बॉक्स प्रकट होता है। इस संवाद बॉक्स में, प्रिंटर, पृष्ठ और इच्छित प्रतियों की संख्या का चयन करें।

सारांश

यह अध्याय इंटरनेट, डब्ल्यू डब्ल्यू डब्ल्यू और वेब के परिचय पर जानकारी प्रस्तुत करता है। हमने कंप्यूटर नेटवर्क की मूल अवधारणा पर चर्चा की, जैसे कि LAN, WAN और नेटवर्क टोपोलॉजी। इसके बाद, हमने इंटरनेट तक पहुंचने और आईपी पते खोजने के लिए इंटरनेट की अवधारणा, इसके अनुप्रयोग और विभिन्न ब्राउज़र पर चर्चा की। इसके बाद, हमने हॉटस्पॉट, वाई–फाई और लैन केबल जैसे विभिन्न तरीकों का उपयोग करके इंटरनेट को जोड़ने के तरीके पर चर्चा की। और यह भी कि डेस्कटॉप और मोबाइल दोनों के लिए स्थानीय और इंटरनेट नेटवर्क पर डिवाइस पहचाने का ज्ञान कैसे प्राप्त करें। खोज इंजन जैसे याहू, और गूगल, आदि पर भी चर्चा की गयी है। यह भी बताता है कि खोज इंजन का उपयोग करके इंटरनेट पर कैसे खोजा जाए। अंत में, एक वेब पेज को प्रिंट करने और डाउनलोड करने के लिए वह जानकारी जिसे आप हार्ड कॉपी के रूप में रखना चाहते हैं, को भी समझाया गया है।

शॉर्टकट कीज

कीज	विवरण
फ5	रिफ्रेश करना।
कण्ट्रोल + फ5	वर्तमान पृष्ठ के लिए ब्राउज़र कैश को रिफ्रेश करें और रीसेट करें।
ऑल्ट + लेफ्ट एरो	बेक
ऑल्ट + राइट एरो	फॉरवर्ड
ऑल्ट + होम	होमपेज पर वापस आएं।

एस्केप	रुकें
फ6	एड्रेस बार का चयन करें (ऑल्ट + D और कण्ट्रोल + L भी यहां काम करता है)।
फ11	फुलस्क्रीन मोड, फुलस्क्रीन मोड से बाहर निकलें।
होम	पृष्ठ के शीर्ष पर स्क्रॉल करें।
एन्ड	पृष्ठ के नीचे स्क्रॉल करें।
स्पेसबार	नीचे स्क्रॉल करें।
शिफ्ट + स्पेसबार	ऊपर स्क्रॉल करें।
पेज डाउन/उप	नीचे/ऊपर स्क्रॉल करें।
कण्ट्रोल + C	चयनित पाठ कॉपी करें।
कण्ट्रोल + X	कट (ओरिजनल टेक्स्ट कॉपी करें और हटाएं) टेक्स्ट।
कण्ट्रोल + V	कॉपी किया हुआ टेक्स्ट चिपकाएँ।
कण्ट्रोल + D	वर्तमान पृष्ठ को बुकमार्क करें।
फ1	अधिकतर खोले गए सहायता पृष्ठ खोलें।
फ3	वर्तमान पृष्ठ पर एक टेक्स्ट खोज करें, अगला टेक्स्ट परिणाम ढूंढें।
शिफ्ट + फ3	पिछले टेक्स्ट खोज परिणाम खोजें।
कण्ट्रोल + F	वर्तमान पृष्ठ पर एक टेक्स्ट खोज करें।
कण्ट्रोल + G	अगला टेक्स्ट परिणाम खोजें।
कण्ट्रोल + शिफ्ट + G	पिछले टेक्स्ट परिणाम का पता लगाएं।
कण्ट्रोल + H	ब्राउज़िंग हिस्ट्री खोलें।
कण्ट्रोल + J	डाउनलोड फ़ोल्डर और/या हिस्ट्री खोलें।
कण्ट्रोल + O	ब्राउज़र में एक स्थानीय फ़ाइल खोलें।
कण्ट्रोल + S	डाउनलोड करें और वर्तमान पृष्ठ को सेव कर।
कण्ट्रोल + P	वर्तमान पृष्ठ को प्रिंट करें।
कण्ट्रोल + E	खोज बॉक्स या ऑम्निबार का चयन करें। (कण्ट्रोल + K भी काम करता है)।
कण्ट्रोल + शिफ्ट + डिलीट	स्पष्ट ब्राउज़र इतिहास संवाद या सेटिंग्स खोलता है।
ऑल्ट + एंटर	एक नए टैब में खोज खोलें।
कण्ट्रोल + एंटर	वेबसाइट के रूप में खुला खोज शब्द।
फ12	डेवलपर टूल या फायरबग खोलें।
कण्ट्रोल + U	स्रोत देखें।
ऑल्ट + F	मेनू बार दिखाई देता है (यदि छिपा हुआ है)।
कण्ट्रोल + N	एक नई विंडो खोलता है (यह विंडोज में भी काम करता है)।
कण्ट्रोल + टैब	अगले टैब पर साइकिल आगे बढ़ाएं।
कण्ट्रोल + शिफ्ट + टैब	पिछले टैब पर साइकिल चलाएं।
कण्ट्रोल + फ4	करंट टैब को बंद करता है।
कण्ट्रोल + T	एक नया टैब खोलता है।
कण्ट्रोल + शिफ्ट + T	हाल ही में बंद किए गए टैब को खोलता है।
ऑल्ट + फ4	संपूर्ण विंडो बंद करें (हर ऐप के लिए वास्तव में सार्वभौमिक)।
कण्ट्रोल + # की (1 से 8)	चुने गए टैब नंबर पर दृश्य बदलता है।
कण्ट्रोल + 9	अंतिम टैब पर दृश्य बदलता है।
कण्ट्रोल + माउसव्हिल	जूम इन आडट करें।
कण्ट्रोल + 0	100% (डिफ़ॉल्ट) जूम पर रीसेट करें।
माउसव्हिल प्रेस	टैब पर क्लिक करने पर टैब बंद हो जाता है, नए टैब में लिंक खोलता है, स्क्रॉल करें।
कण्ट्रोल + लेफ्ट क्लिक	एक नए टैब में लिंक खोलें।
शिफ्ट + लेफ्ट क्लिक	एक नई विंडो में लिंक खोलें।
शिफ्ट + कण्ट्रोल + लेफ्ट क्लिक	एक नई पृष्ठभूमि टैब में लिंक खोलें।

मॉडल प्रश्न और उत्तर

क. बहुविकल्पीय प्रश्न

1. दुनिया भर में लाखों लोगों को जोड़ने वाले कंप्यूटर का विशाल नेटवर्क कहा जाता है:
   (क) लैन (ख) वेब
   (ग) हाइपरटेक्स्ट (घ) इंटरनेट
2. ब्राउज़र एक सॉफ्टवेयर अनुप्रयोग है, जानकारी प्राप्त करता है:
   (क) WWW (ख) वेबसाइट
   (ग) वेब पेज (घ) यूआरएल
3. जानकारी साझा करने के लिए एक दूसरे से जुड़े दो या अधिक कंप्यूटर को .... कहा जाता है:
   (क) नेटवर्क (ख) रूटर (ग) सर्वर (घ) सुरंग
4. कंप्यूटर नेटवर्क है:
   (क) हार्डवेयर घटकों और कंप्यूटरों का संग्रह
   (ख) संचार चैनल द्वारा परस्पर जुड़ा हुआ
   (ग) संसाधनों और सूचनाओं को साझा करना
   (घ) उपरोक्त सभी
5. नियमों के एक सेट कहा जाता है:
   (क) संसाधन (ख) प्रोटोकॉल
   (ग) सर्वर (घ) क्लाइंट
6. भौतिक परत पर काम करने वाला एक उपकरण कहलाता है:
   (क) ब्रिज (ख) राउटर (ग) रिपीटर (घ) उपयुक्त सभी
7. LAN का लाभ है:
   (क) बाह्य उपकरणों को साझा करना
   (ख) अपने डेटा का बैकअप लेना
   (ग) आपके सभी डेटा को सेव करना
   (घ) वेब एक्सेस करना

8. केबल टीवी नेटवर्क इसका एक उदाहरण है:
(क) लैन (ख) मैन (ग) वैन (घ) पैन

9. किस प्रकार के नेटवर्क फोन लाइनों का उपयोग करते हैं?
(क) वैन (ख) लैन
(ग) विवैन (घ) वायरलेस

10. नेटवर्क पर उपकरणों की ज्यामितीय व्यवस्था को कहा जाता है:
(क) टोपोलॉजी (ख) प्रोटोकॉल (ग) मीडिया (घ) लैन

11. .... टोपोलॉजी में नेटवर्क घटक एक ही केबल से जुड़े होते हैं।
(क) स्टार (ख) रिंग (ग) बस (घ) मेष

12. स्टार टोपोलॉजी में केंद्रीय उपकरण क्या है?
(क) एसटीपी सर्वर (ख) हब/स्विच
(ग) पीडीसी (घ) रूटर

13. निम्न में से कौन–सी टोपोलॉजी, नोड को जोड़ने/हटाने से कम से कम प्रभावित होती है?
(क) रिंग (ख) स्टार (ग) बस (घ) ट्री

14. टोपोलॉजी डेटा के पदानुक्रमित प्रवाह का अनुकरण करता है।
(क) स्टार (ख) रिंग (ग) ट्री (घ) मेष

15. .... से अधिक उपकरण एकल हब से जुड़े होंगे।
(क) स्टार टोपोलॉजी (ख) रिंग टोपोलॉजी
(ग) ट्री टोपोलॉजी (घ) मेष टोपोलॉजी

16. ट्रांसमिशन मीडिया विभाजित किया जा सकता है:
(क) निर्देशित मीडिया/(वायर्ड)
(ख) अनवांटेड मीडिया/(वायरलेस)
(ग) वाई–फाई
(घ) दोनों (क) और (ख)

17. निम्नलिखित में से कौन एक बंधे हुए माध्यम का उदाहरण है?
(क) केएजियल केबल (ख) ट्विस्टेड केबल
(ग) फाइबर ऑप्टिकल केबल (घ) उपरोक्त सभी

18. निम्नलिखित में से कौन सा एक संचारित चैनल माना जाता है?
(क) राड़ीओवावे (ख) सैटलाइट्
(ग) माइक्रोवेव (घ) उपर्युक्त सभी

19. यह एक नेटवर्क आर्किटेक्चर है जो क्लाइंट को सर्वर से अलग करता है।
(क) क्लाइंट सर्वर नेटवर्क (ख) पीयर टू पीयर नेटवर्क
(ग) ब्लूटूथ (घ) माइक्रोवेव

20. यह एक नेटवर्क का नेटवर्क है जो लाखों कंप्यूटरों को जोड़ता है।
(क) लैन (ख) मौन (ग) इंटरनेट (घ) नेटवर्क

21. अर्पानेट का मतलब है
(क) एडवांस रिसर्च प्रोजेक्ट एजेंट नेटवर्क
(ख) एडवांस रिसर्च प्रोजेक्ट एजेंसी नोड्स
(ग) वास्तविक अनुसंधान परियोजना एजेंसी नेटवर्क
(घ) उन्नत अनुसंधान परियोजना एजेंसी नेटवर्क

22. दुनिया का पहला कंप्यूटर है:
(क) आई–नेट (ख) सफनेट (ग) अरपानेट (घ) वि–नेट

23. निम्नलिखित में से कौन सी परत उपयोगकर्ता अनुप्रयोगों के लिए इंटरफेस का समर्थन करती है?
(क) सेवा प्रदाता प्रोटोकॉल
(ख) एप्लिकेशन सेवा परत
(ग) सबनेटवर्क परत
(घ) इंटर्नेट नेटवर्क लेयर

24. WWW आपस में जुड़े .... के सेट से बना है जो इंटरनेट पर एक साथ जुड़े हुए हैं।
(क) इलेक्ट्रॉनिक दस्तावेज़ (ख) वेब पेज
(ग) फाइल्स (घ) उपर्युक्त सभी

25. वेब पेज भाषा के उपयोग से बनाया गया है:
(क) एक्स एम एल (ख) जावा
(ग) सी (घ) एच टी एम एल

26. वेबसाइट एक संग्रह है:
(क) वेब सर्वर (ख) वेब पेज
(ग) वेब ब्राउजर (घ) WWW

27. ब्राउजर देखने में मददगार हैं:
(क) होम पेज (ख) वेब पेज
(ग) सूचकांक पेज (घ) व्यक्तिगत पेज

28. ब्राउज़र
(क) इंटरनेट से जुड़ने का कार्यक्रम है।
(ख) वेबसाइट बनाने का कार्यक्रम है।
(ग) प्रोग्राम वेब पर साइटों को देखने के लिए उपयोग किया जाता है।
(घ) उपरोक्त सभी

29. URL का अर्थ है:
(क) यूनिफ़ॉर्म रिसोर्स लोकेटर (ख) संयुक्त संसाधन लिंक
(ग) यूनीकास्ट पुनः प्राप्त स्थान (घ) यूनिफ़ॉर्म रेसिडेंस लिंक

30. .... किसी वेबसाइट या वेब पेज का वेब एड्रेस है।
(क) डोमेन नाम (ख) ई–मेल खाता
(ग) होम पेज (घ) URL

31. URL का मूल उद्देश्य पता लगाना है:
(क) वेब सर्वर (ख) आईपी पते (ग) वेब पेज (घ) नोड

32. एक शैक्षणिक संस्थान में आमतौर पर इसके डोमेन नाम में निम्नलिखित होते हैं।
(क) .org (ख) .edu (ग) .inst (घ) .com

33. इंटरनेट की संचार सुविधा कौन सी नहीं है?
(क) ई–मेल (ख) समाचार समूह
(ग) चैट (घ) डिजाइनिंग

34. वीडियो कॉन्फ्रेंसिंग .... के लिए उपयोग किया जाता है:
(क) एक दूसरे से बात करना (ख) संचार का उद्देश्य
(ग) लाइव बातचीत (घ) उपरोक्त सभी

35. .... में टेली कम्युनिकेशन नेटवर्क के माध्यम से व्यापार जानकारी बनाए रखना, व्यापारिक संबंध बनाए रखना और व्यापार लेनदेन का संचालन करना शामिल है।
(क) ई–कॉमर्स (ख) ई–मार्केटिंग
(ग) ई–प्रोक्योरमेंट (घ) ई–बिजनेस

36. एम–कॉमर्स क्या है?
(क) मशीन वाणिज्य (ख) मोबाइल वाणिज्य
(ग) मनी कॉमर्स (घ) मार्केटिंग कॉमर्स

37. .... उस कंपनी को संदर्भित करता है, जो यूजर को आमतौर पर शुल्क के लिए इंटनेट कनेक्शन प्रदान करता है।
(क) ब्रॉडबैंक कनेक्शन
(ख) डायल–अप कनेक्शन
(ग) आईएसपी (इंटरनेट सेवा प्रदाता)
(घ) वायरलेस कनेक्शन

38. निम्नलिखित में से कौन एक प्रकार का ब्रॉडबैंड इंटरनेट कनेक्शन नहीं है?
(क) केबल (ख) डीएसएल (ग) डायल–अप (घ) सैटलाइट

39. डीएसएल किस कनेक्शन का एक उदाहरण है?
(क) नेटवर्क (ख) वायरलेस
(ग) धीरे (घ) ब्रॉडबैंड

40. निम्नलिखित में से कौन केबल या तारों के उपयोग के बिना उच्च गति के इंटरनेट कनेक्शन की अनुमति देता है?
(क) वायरलेस फिडेलिटी (वाई–फाई)
(ख) फाइबर ऑप्टिक
(ग) केबल मॉडम
(घ) डायल–अप कनेक्शन

41. ब्राउज़र के रूप में निम्नलिखित में से कौन सा शब्द है?
(क) नेटस्केप (ख) WWW (ग) लांचर (घ) ई–मेल

42. निम्नलिखित में से कौन सा पहले वेब ब्राउज़र सॉफ्टवेयर मोज़ेक पर आधारित है?
(क) ओपेरा (ख) नेटस्केप नेविगेटर
(ग) इंटरनेट एक्सप्लोरर (घ) गूगल क्रोम

43. एप्पल निगमन द्वारा निम्नलिखित में से कौन सा विकसित किया गया है?
(क) Lynux (ख) ओपेरा (ग) सफारी (घ) मोज़िला

44. निम्नलिखित में से कौन सा टेक्स्ट आधारित वेब ब्राउज़र है?
(क) ओपेरा (ख) Lynux
(ग) सफारी (घ) मोज़िला फ़ायरफ़ॉक्स

45. वेबसाइट जो विशिष्ट विषयों पर आवश्यक डेटा प्रदान करती है, वह है:
(क) डोमेन (ख) ई–मेल क्लाइंट
(ग) मोडेम (घ) सर्च इंजन

46. निम्नलिखित में से कौन एक सर्च इंजन है?
(क) मैक्रोमेडिया मांस
(ख) गूगल
(ग) नेटस्केप
(घ) लाइब्रेरियन की अनुक्रमणिका को सूचकांक

47. कई वेबसाइट हैं, जो कंटेंट को खोजने के लिए खोज सुविधा प्रदान करती हैं:
(क) इंटरनेट (ख) वेबसाइट (ग) वेब पेज (घ) लैन

48. .... पसंदीदा वेब पेज का एक लिंक है, जिसे एक सूची या फ़ोल्डर में रखा जाता है:
(क) सूची फ़ोल्डर (ख) फ़ाइल फ़ोल्डर
(ग) निर्देशिका फ़ोल्डर (घ) पसंदीदा फ़ोल्डर

49. .... डेटा को इंटरनेट से अपने कंप्यूटर में सेव करने की प्रक्रिया है।
(क) कान्फ्रेंसिंग (ख) डाउनलोड है
(ग) अपलोडिंग (घ) उपर्युक्त कोई नहीं

50. वेब पेज को प्रिंट करने के लिए निम्न में से किस कमांड का उपयोग किया जाता है?
(क) फ़ाइल (ख) संपादित करें
(ग) इन्सर्ट (घ) दोनों (क) और (ख)

ख. बताएं कि निम्नलिखित कथन सही हैं या गलत

51. ई–मेल एड्रेस से, कोई व्यक्ति डोमेन नाम का पता लगा सकता है, जहाँ यह ई–मेल पता होस्ट किया गया है।
52. वेब ब्राउज़र आपको इंटरनेट पर सर्फिंग करते समय केवल डाउनलोड करने की सुविधा देता है।
53. आप जितनी बार चाहें मेल के लिए चेक करने के लिए अधिकांश ई–मेल अनुप्रयोगों को कॉन्फ़िगर कर सकते हैं।
54. ई–मेल का उपयोग प्रसारण संदेश भेजने के लिए किया जा सकता है, लेकिन केवल आपकी ही कंपनी के भीतर।
55. इंटरनेट एक वाणिज्यिक सूचना सेवा नहीं है।
56. इंटरनेट पर कोई भी कंप्यूटर इंटरनेट पर किसी भी अन्य कंप्यूटर से जुड़ सकता है।
57. इंटरनेट एक एकल, बहुत बड़ा नेटवर्क है।
58. हाइपरटेक्स्ट को हाइपरलिंक के रूप में भी जाना जाता है।
59. नियमों का एक सेट प्रोटोकॉल के रूप में जाना जाता है।
60. इंटरनेट नेटवर्क का एक नेटवर्क है।
61. इंटरनेट फाइल्स का एक संग्रह है।
62. इंटरनेट और वर्ल्ड वाइड वेब एक ही हैं।
63. एक LAN एक बड़े क्षेत्र का नेटवर्क है।
64. DNS डोमेन नाम के साथ आईपी की मैपिंग प्रदान करता है।
65. डीएनएस एक वितरित डेटाबेस है जो मजबूत स्थिरता और स्वचालितता की गारंटी देता है।
66. प्राप्त ई–मेल इनबॉक्स में संग्रहीत हैं।
67. क्लाइंट पीसी से सर्वर कंप्यूटर पर जानकारी भेजना अपलोडिंग कहलाता है।

68. प्लग–इन प्रोग्राम स्वचालित रूप से लोड होते हैं और ब्राउज़र के एक भाग के रूप में संचालित होते हैं।
69. सॉफ्टवेयर जो उपयोगकर्ता को वेबपृष्ठों को देखने की अनुमति देता है उसे इंटरनेट ब्राउज़र कहा जाता है।
70. आप अपने ब्राउज़र के फ़ॉरवर्ड और बैकवर्ड बटन का उपयोग करके आसानी से वेब पेज के बीच नेविगेट कर सकते हैं।
71. इंटरनेट के लिए उच्च गति वाले प्रत्यक्ष डिजिटल कनेक्शन का उदाहरण एक आईएसपी है।
72. वेब ब्राउज़र उन डाक्यूमेंट को संदर्भित करता है जो HTTP का उपयोग करते हैं।
73. डायलअप कनेक्शन में, आप मॉडेम की मदद से अपने कंप्यूटर को आईएसपी सर्वर से जोड़ सकते हैं।
74. टीसीपी/आईपी इंटरनेट द्वारा उपयोग किया जाने वाला संचार प्रोटोकॉल है।
75. वेब ब्राउज़र को वेब क्लाइंट के रूप में भी जाना जाता है।
76. रिफ्रेश बटन आपको मुख पृष्ठ पर ले जाता है।
77. स्टॉप बटन वेब पेज को डाउनलोड करने में बाधा डालता है।
78. सर्च इंजन सभी प्रकार की जानकारी खोजने में सक्षम हैं।
79. यदि आप किसी वेब पेज या पूर्ण वेब साइट को फिर से देखना चाहते हैं, तो सबसे अच्छा तरीका है कि उन्हें पसंदीदा साइटों की सूची में जोड़ें।
80. सर्च इंजन खोजशब्दों और यूआरएल के भारी डेटाबेस को बनाए रखता है।
81. कंप्यूटर की नेटवर्किंग उपयोगकर्ताओं को डेटा साझा करने में मदद करती है।
82. हब को प्रोटोकॉल कनवर्टर के रूप में भी जाना जाता है।
83. LAN बड़े एरिया नेटवर्क के लिए है।
84. नेटवर्क डिवाइस जिसे राउटर कहा जाता है, LAN को WAN से जोड़ता है।
85. सैटलाईट् एक प्रकार का वायर्ड संचार माध्यम है।
86. इंटरनेट संचार प्रोटोकॉल टीसीपी/आईपी का उपयोग करता है।
87. इंटरनेट की वास्तुकला प्रकृति में पदानुक्रमित है।
88. WWW की शुरुआत 13 मार्च, 1869 को हुई थी।
89. वेब पेज को पुनः लोड करने के लिए, रिफ्रेश बटन दबाएं।
90. किसी वेबसाइट के पहले पेज को होम पेज कहा जाता है।
91. वेब सर्वर एक कंप्यूटर प्रोग्राम है जो अनुरोधित XML पेज पर कार्य करता है।
92. एड्रेस बार वर्तमान वेब पेज का URL प्रदर्शित करता है।
93. चैटिंग व्यापक रूप से इंटरेक्टिव टेक्स्ट बेस संचार प्रक्रिया है जो इंटरनेट पर होती है।
94. ई–ट्रेडिंग इंटरनेट पर वस्तुओं और वस्तुओं के व्यापार की प्रक्रिया है।
95. वीएचडीएसएल बहुत उच्च डेटा दर डिजिटल सेवा लाइन के लिए है।
96. ब्राउज़र एक वेब पेज प्रदर्शित करता है, लेकिन इसके HTML कोड की व्याख्या नहीं करता है।
97. इंटरनेट पर जानकारी देखने के लिए ब्राउज़र का उपयोग करने की प्रक्रिया को सर्फिंग के रूप में जाना जाता है।
98. इंटरनेट एक्सप्लोरर को यूएसए के कैनसस विश्वविद्यालय द्वारा विकसित किया गया था।
99. सबसे लोकप्रिय सोशल नेटवर्किंग साइट मोज़िला फ़ायरफ़ॉक्स है।
100. आप उपकरण मेनू से इंटरनेट विकल्प संवाद बॉक्स प्राप्त कर सकते हैं।

उत्तर

1.	(घ)	2.	(क)	3.	(क)	4.	(घ)
5.	(ख)	6.	(ग)	7.	(क)	8.	(ख)
9.	(क)	10.	(क)	11.	(ग)	12.	(ख)
13.	(ख)	14.	(ग)	15.	(ग)	16.	(घ)
17.	(ख)	18.	(घ)	19.	(क)	20.	(ग)
21.	(घ)	22.	(ग)	23.	(ख)	24.	(ख)
25.	(घ)	26.	(ख)	27.	(ख)	28.	(घ)
29.	(क)	30.	(घ)	31.	(ख)	32.	(ख)
33.	(घ)	34.	(घ)	35.	(क)	36.	(ख)
37.	(ग)	38.	(ग)	39.	(घ)	40.	(क)
41.	(क)	42.	(ग)	43.	(ग)	44.	(ख)
45.	(घ)	46.	(ख)	47.	(क)	48.	(घ)
49.	(ख)	50.	(क)	51.	सही	52.	सही
53.	सही	54.	गलत	55.	सही	56.	सही
57.	गलत	58.	गलत	59.	सही	60.	सही
61	गलत	62.	गलत	63.	गलत	64.	सही
65.	सही	66.	सही	67.	सही	68.	सही
69.	सही	70.	सही	71.	गलत	72.	गलत
73.	सही	74.	सही	75.	सही	76.	गलत
77.	सही	78.	सही	79.	सही	80.	सही
81.	सही	82.	गलत	83.	गलत	84.	सही
85.	गलत	86.	सही	87.	सही	88.	गलत
89.	सही	90.	सही	91.	गलत	92.	सही
93.	सही	94.	सही	95.	गलत	96.	गलत
97.	सही	98.	गलत	99.	गलत	100.	सही

Static and Dynamic Web pages

Static Web pages are very simple. These pages are written in languages such as HTML, JavaScript, CSS, etc. For static web pages when a server receives a request for a web page, then the server sends the response to the client without doing any modification. These pages are fixed and display the same content for every user.

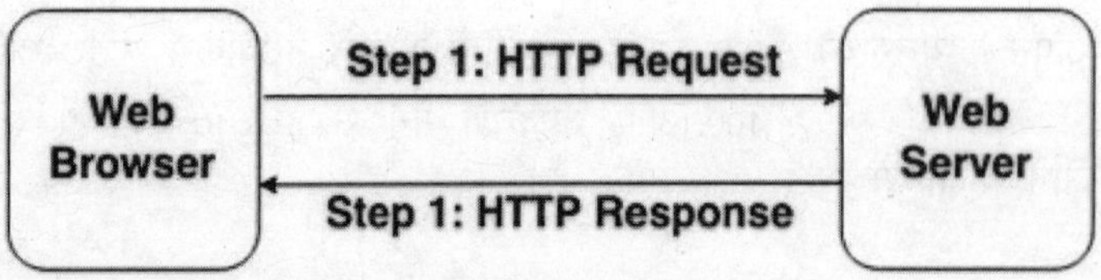

Static Web Page

Dynamic Web Pages are written in languages such as CGI, ASP, ASP.NET, etc. In dynamic web pages, the Content of pages is different for different visitors. It takes more time to load than the static web page. Dynamic web pages are used where the information is changed frequently, for example, stock prices, weather information, admission criteria in schools, examination dates etc. Dynamic websites are ultimately based on HTML and CSS as well, but server-side scripting is required to make it functional.

अध्याय 11

ई–मेल, सोशल नेटवर्किंग और ई–गवर्नेंस सर्विसेज

उद्देश्य:

पाठक समझने में सक्षम होगा:

- ❖ ई–मेल की संरचना
- ❖ ई–मेल का उपयोग
- ❖ सोशल नेटवर्किंग और ई–कॉमर्स
- ❖ ई–गवर्नेंस सेवाओं का कार्य (ORS)
- ❖ "UMANG APP" का उपयोग करके मोबाइल पर ई–गवर्नेंस सेवाएं

11.1 परिचय

इंटरनेट पर संचार का सबसे लोकप्रिय तरीका इलेक्ट्रॉनिक मेल (ई–मेल) है। ई–मेल डिजिटल संचार लिंक पर संदेश, आवाज, वीडियो और ग्राफिक्स इंटरनेट भेजने की एक विधि है, दुनिया में कहीं भी और बहुत ही लागत प्रभावी दर पर। तकनीकी रूप से, यह एक प्रकार का क्लाइंट/सर्वर एप्लिकेशन है जो किसी भी दो ई–मेल खातों के बीच एक रूटिंग, संग्रहित संदेश सेवा प्रदान करता है। चूंकि सभी आधुनिक कंप्यूटर इंटरनेट से जुड़े हो सकते हैं, उपयोगकर्ता किसी भी स्थान पर ई–मेल भेज सकते हैं, जिसमें टेलीफोन या वायरलेस डिजिटल सेवा हो।

11.2 ई–मेल संदेश की संरचना

ई–मेल संदेश बाइनरी डेटा से बना है, आमतौर पर अमेरिकन स्टैंडर्ड कोड फॉर इंफॉर्मेशन इंटरचेंज (एएससीआईआई) टेक्स्ट फॉर्मेट में। एएससीआईआई एक मानक है जो किसी भी कंप्यूटर को, उसके सिस्टम या हार्डवेयर की परवाह किए बिना, टेक्स्ट को पढ़ने में सक्षम बनाता है। ASCII कोड आपके कंप्यूटर स्क्रीन पर आपके द्वारा देखे गए वर्णों का वर्णन करता है।

चित्र 11.1, में ई–मेल संदेश और डाक संदेश के बीच समानता को दर्शाता है। टू लाइन में, आप उस व्यक्ति का ई–मेल पता टाइप करते हैं, जिसे आप संदेश भेज रहे हैं। एड्रेस बहुत ही सख्त नियमों के एक सेट के अनुसार टाइप किया जाना चाहिए। यदि आप एक अक्षर लिखते हैं या वाक्य रचना गलत है, तो आपका संदेश इच्छित प्राप्तकर्ता को नहीं मिलेगा। आपका ई–मेल पता **From** लाइन पर दिखाई देगा। इस एड्रेस का उपयोग करते हुए, आपके संदेश का प्राप्तकर्ता आपको जवाब देने में सक्षम होगा।

विषय पंक्ति पर, आप अपने संदेश या बहुत संक्षिप्त सारांश का विषय लिख सकते हैं। संदेश के निचले भाग में एक "हस्ताक्षर" क्षेत्र है जिसमें आपके बारे में व्यक्तिगत जानकारी हो सकती है। कुछ मेल प्रोग्राम

Mr. Ram Singh 18, Gandhi Lane Ramesh Nagar, New Delhi - 110051	To: bpb@vsnl.com
United Diamonds 180, Main Street, Connaught Place New Delhi - 110051 June 2, 2016 Subject:Interview for Programmers Dear Mr. Singh You will be pleased to know that the company has selected you for the post of Senior programmer. Please send your confirmation of the acceptance of our offer. Yours Truly (S. Jain) M.D. (a)	From: "Sales@bpbonline.com Subject: Interview for Programmers Date: Thu, 2 Jun 2016 11.47:10+0530 Dear Mr.Singh, You will be pleased to know that the company has selected you for the post of Senior programmer. Please send your confirmation of the acceptance of our offer. Yours Truly (S. Jain) M.D. (b)

चित्र 11.1 (क): डाक मेल प्रारूप (ख) ई–मेल प्रारूप

स्वचालित रूप से आपके द्वारा भेजे जाने वाले प्रत्येक संदेश के नीचे इस हस्ताक्षर को जोड़ देंगे। हस्ताक्षर क्षेत्रों की आवश्यकता नहीं होती है और इसका उपयोग उस व्यक्ति के विवेक पर किया जाता है जो ई–मेल संदेश बनाता है। हस्ताक्षर का हिस्सा पांच पंक्तियों से अधिक नहीं होना चाहिए।

ई–मेल संदेश के पाँच भाग हैं:

क. ईमेल एड्रेस ख. हैडर ग. बॉडी

घ. हस्ताक्षर (वैकल्पिक) ङ. अनुलग्नक (वैकल्पिक)

11.2.1 ई–मेल एड्रेसिंग

ई–मेल पता दो अलग–अलग हिस्सों से बना होता है।

- मेल सर्वर कंप्यूटर का डोमेन नाम जिस पर आपका ई–मेल खाता है।
- उस मेल सर्वर पर आपकी व्यक्तिगत पहचान या खाता नाम (यूजर नाम)।

उदाहरण के लिए, 100 लोगों के पास एक ही इंटरनेट सेवा प्रदाता (ISP) या संगठनों के साथ ई–मेल खाते हैं। सभी 100 उपयोगकर्ता एक ही डोमेन नाम (हॉटमेल. कॉम) कहेंगे, लेकिन प्रत्येक व्यक्ति के पास एक अद्वितीय उपयोगकर्ता नाम होगा, जैसे "राकेश" या "अपर्णा।" उपयोगकर्ता नाम और डोमेन नाम एक @ ("पर") प्रतीक द्वारा अलग किए जाते हैं। साथ में, वे एक पूर्ण ई–मेल पता बनाते हैं। ई–मेल पते का सिंटैक्स:

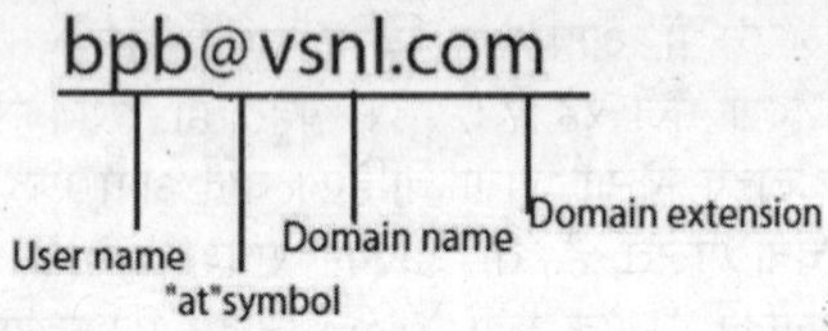

हैडर

ई–मेल संदेश का हेडर ऊपरी–सबसे अनुभाग है। यह संदेश की स्थिति के बारे में जानकारी प्रदर्शित करता है। यह संदेश की जानकारी को रिकॉर्ड करता है और संदेश के प्राप्तकर्ता (ओं) को प्रदान करता है। हेडर दोनों आउटगोइंग (भेजे गए) और इनकमिंग (प्राप्त) संदेशों में मौजूद हैं। प्रेषित संदेश से संबंधित प्रमुख हेडर फ़ील्ड टेबल 11.1 में सूचीबद्ध हैं। इंटरनेट पर ई–मेल सुविधाओं का उपयोग करने वाले सभी लोगों द्वारा इनका उपयोग किया जाना अनिवार्य है।

टेबल 11.1 में दिए गए हेडर फील्ड के अतिरिक्त, अतिरिक्त हेडर हैं जो अनिवार्य नहीं हैं, लेकिन यदि आवश्यक हो तो टेबल 11.2 में दिखाया गया है।

Name	Function
To:	E-mail address/addresses of primary recipient (s).
Cc:	E-mail address/addresses of secondary recipient (s) to whom copy needs to be sent.
Bcc:	E-mail address/addresses of secondary recipient (s) to whom copy needs to be sent, but the primary recipient does not know about the dispatch of mail to these addressees.
From:	The originator or the creater of the e-mail.
Sender:	E-mail address of the actual sender.
Received:	Line added by each transfer agent along the route containing the agent's identity, the date and time the message was received.
Return Path:	May be used to identify the path back to the sender.

टेबल 11.1: ई–मेल में हेडर फील्ड्स

Name	Function
Date:	Date and time the message was sent.
Reply-to:	E-mail address to which replies should be sent.
In-Reply-to:	Message-identification number of the message to which this is a reply.
Message-ID:	A unique number identifying the message that may be used to refer to the message.
References:	Other relevant message identification numbers.
Keywords:	Keywords that are selected by the user.
Subject:	A summary of the message for the one-line display.

टेबल 11.2: ई–मेल में अतिरिक्त हैडर फील्ड

बॉडी

ई–मेल संदेश का मुख्य भाग प्राथमिक फोकस होता है क्योंकि इसमें वास्तविक संदेश होता है। हालाँकि ई–मेल संदेश के आकार (वर्णों की संख्या) की कोई सीमा नहीं है, लेकिन कई ISPs एक ई–मेल संदेश के आकार को सीमित करते हैं।

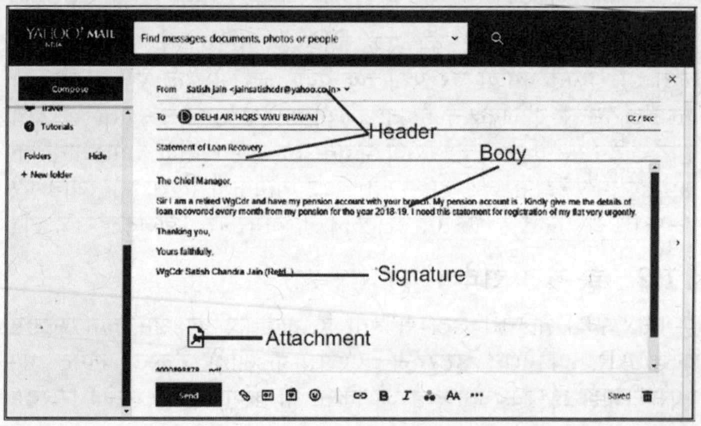

संलग्नक

ई–मेल व्यवसायों के लिए सभी अधिक आकर्षक हो गया है क्योंकि अब यह यूजर को किसी भी ई–मेल संदेश में फ़ाइल संलग्न करने की अनुमति देता है। किसी भी फ़ाइल प्रारूप जैसे शब्द संसाधन डॉक्यूमेंट, स्प्रेडशीट, चित्र, या वीडियो फाइल्स ई–मेल संदेश से जुड़ी हो सकती हैं। ई–मेल जटिल डेटा को अनुलग्नकों के रूप में अनुमति देता है लेकिन बॉडी में नहीं।

हस्ताक्षर

ई–मेल संदेश के लिए हस्ताक्षर व्यक्तिगत जानकारी है जो स्वचालित रूप से आउटगोइंग संदेश के नीचे दिखाई देती है।

कार्बन कॉपी (Cc)

यह सुविधा आपको एक कॉपी, यानी मेल की कार्बन कॉपी दूसरे प्राप्तकर्ता को भेजने की सुविधा देती है। इस मामले में, मुख्य प्राप्तकर्ता को अन्य लोगों के बारे में सूचित किया जाता है जो समान संदेश प्राप्त करते हैं।

ब्लाइंड कार्बन कॉपी (Bcc)

इस विकल्प में, पहली ई–मेल कॉपी प्राप्त करने वाले को अन्य प्राप्तकर्ता का नाम नहीं पता होता है, जो उसी संदेश की कार्बन प्रतियां प्राप्त करते हैं।

बाउंस किया हुआ मेल

बाउंस मेल, एक ई–मेल संदेश है जो अपने गंतव्य तक पहुंचने में विफल रहा है और इसलिए ऐसे ई–मेल संदेश प्रेषक को वापस कर दिए जाते हैं। संदेश प्राप्तकर्ता के पते (या प्राप्तकर्ता के इंटरनेट सेवा प्रदाता) को खोजने में विफल होने के बाद मेल सर्वर से अपने प्रेषक को वापस "बाउंस" करता है।

11.3 आउटलुक

आउटलुक माइक्रोसॉफ्ट ई–मेल प्रोग्राम है जो विंडोज के साथ और इंटरनेट एक्सप्लोरर के साथ शामिल है। यह आपके कंप्यूटर डेस्कटॉप पर ऑनलाइन संचार की दुनिया डालता है। यदि आप सहकर्मियों और दोस्तों के साथ ई–मेल का आदान–प्रदान करना चाहते हैं या विचारों और सूचनाओं के व्यापार के लिए समाचार समूह में शामिल होना चाहते हैं, तो आपको आउटलुक के विभिन्न उपकरणों का उपयोग करना होगा। आप आउटलुक की सहायता से निम्नलिखित कार्य कर सकते हैं।

- **कई मेल प्रबंधित करें:** यदि आपके पास कई मेल या समाचार खाते हैं, तो आप उन सभी को एक विडो से दूसरे के साथ उपयोग कर सकते हैं।
- **आउटलुक की मदद:** आप एक ही कंप्यूटर के लिए कई उपयोगकर्ता या पहचान बना सकते हैं।
- **संदेश जल्दी से ब्राउज़ करें:** संदेश सूची का उपयोग करके, आप संदेशों की एक सूची देख सकते हैं और एक ही समय में व्यक्तिगत संदेश पढ़ सकते हैं। फ़ोल्डर सूची में मेल फ़ोल्डर, समाचार सर्वर और समाचार समूह शामिल हैं, और आप आसानी से उनके बीच स्विच कर सकते हैं।
- **सर्वर पर मेल रखें:** यदि आपका आईएसपी आने वाले मेल के लिए IMAP मेल सर्वर का उपयोग करता है, तो आप अपने संदेशों को रख सकते हैं।
- आपके कंप्यूटर पर संदेशों को डाउनलोड किए बिना सर्वर पर मे रख सकते है, फ़ोल्डर ताकि आप किसी अन्य कंप्यूटर से संदेशों को देख सकें।
- **एड्रेस पुस्तिका:** आप अपनी एड्रेस पुस्तिका में नाम और पते को केवल एक संदेश का जवाब देकर या अन्य कार्यक्रमों से आयात करके एड्रेस सकते हैं।
- **सुरक्षित संदेश भेजें और प्राप्त करें:** आप डिजिटल आईडी का उपयोग करके संदेशों को डिजिटल रूप से हस्ताक्षरित और एन्क्रिप्ट कर सकते हैं, ताकि आप सुरक्षित संदेश भेज और प्राप्त कर सकें।
- **ऑफ़लाइन पठन के लिए समाचार समूह संदेश डाउनलोड करें:** आप अपने ऑनलाइन समय का उपयोग कुशलतापूर्वक संदेश या संपूर्ण समाचार समूह डाउनलोड करके भी कर सकते हैं, ताकि आप ऑफ़लाइन पढने के लिए समाचार समूह संदेश पढ़ सकें।

11.4 वेब आधारित ई–मेल

प्रत्येक ई–मेल सेवा चाहे वह ऑनलाइन सेवा हो या वाणिज्यिक ई–मेल सेवा का मेल संभालने का अपना तरीका है। ई–मेल सेवाओं में से अधिकांश इंटरनेट का उपयोग उनके प्रवेश द्वार के रूप में करते हैं, अर्थात्, एक सेवा से दूसरी सेवा में संदेशों को कैसे पारित कियां जाता है, इसका वर्णन करता है। इंटरनेट दुनिया भर के कंप्यूटरों को जोड़ता है ताकि लोग एक दूसरे के साथ जानकारी साझा कर सकें।

जब हम किसी के सिस्टम में ई–मेल सेवा का उपयोग करके संदेश भेजते हैं, तो संदेश पूरे गंतव्य तक पहुंचने के लिए इंटरनेट पर यात्रा करेगा। हमें संदेश का पता ठीक से लिखना चाहिए ताकि इंटरनेट को पता चल सके कि संदेश कहां पहुंचाना है। यहाँ कुछ वेब–आधारित मुफ्त ई–मेल खाते हैं, जैसे याहू! मेल, जीमेल, हॉटमेल और एओएल, जो वेब आधारित ई–मेल एक्सेस प्रदान करते हैं।

11.5 ई–मेल

ई–मेल या इलेक्ट्रॉनिक मेल किसी भी व्यक्ति के ई–मेल पते पर इंटरनेट पर भेजा जा सकता है। ई–मेल का उपयोग करने के लिए, आपको इसे संभालने के लिए ई–मेल पता और प्रोग्राम दोनों की आवश्यकता होती है। इंटरनेट या आउटलुक एक्सप्रेस द्वारा एक मुफ्त ई–मेल खाता बनाने के लिए निम्नलिखित वर्गों पर विचार करें।

11.5.1 ई–मेल खाता खोलना

इससे पहले कि आप वास्तव में एक मेल भेजना है, आपको सबसे पहले एक ई–मेल अकाउंट बनाना होगा। इंटरनेट में विभिन्न साइटस हैं जिनके द्वारा आप मुफ्त ई–मेल खाता बना सकते हैं। कुछ साइटस नीचे दी गई हैं:

(क) www.yahoo.com
(ख) www.rediffmail.com
(ग) www.msn.com
(घ) www.hotmail.com

यहां, आप Gmail.com के साथ एक ई–मेल खाता बनाते हैं।

ई–मेल खाता बनाने के लिए:

1. साइट www.google.com पर लॉग ऑन करें। www.gmail.com टाइप करें एड्रेस बार में।
2. Google विंडो से Gmail में एक खाता बनाएँ बटन पर क्लिक करें।
3. जीमेल अकाउंट्स विंडो दिखाई देती है।
4. नाम बॉक्स में पहला और अंतिम नाम टाइप करें।
5. एक वांछित लॉगिन आईडी टाइप करें जिसे आप अपना उपयोगकर्ता नाम टेक्स्टबॉक्स चुनें।

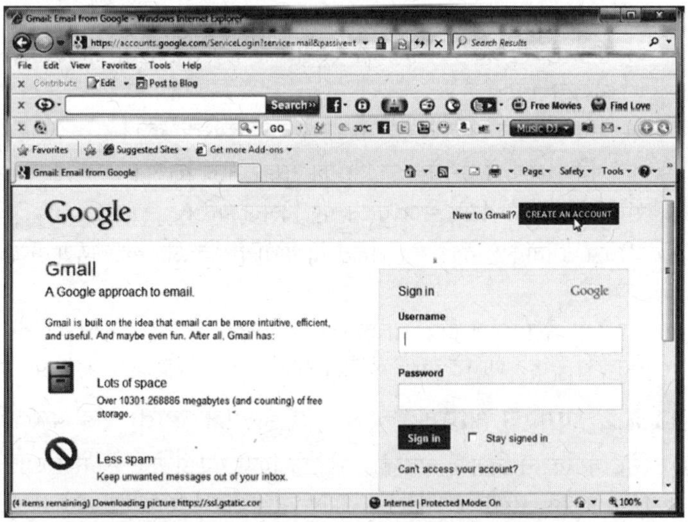

6. Create a password टेक्स्टबॉक्स में पासवर्ड टाइप करें।

7. फिर से, अपने पासवर्ड टेक्स्ट बॉक्स की पुष्टि करें में पासवर्ड टाइप करें।
8. बर्थडे टेक्स्टबॉक्स में जन्म की तारीख टाइप करें।
9. जेंडर ड्रॉप–डाउन सूची में लिंग के प्रकार का चयन करें।
10. मोबाइल फोन टेक्स्टबॉक्स में मोबाइल नंबर टाइप करें।
11. अपने खाते को सुरक्षित रखने के लिए अपने वर्तमान ई–मेल पते के टेक्स्टबॉक्स में एक ई–मेल पता टाइप करें।
12. टेक्स्ट बॉक्स में नीचे दिए गए चित्र को टेक्स्ट के दो टुकड़े टाइप करें: बॉक्स में टाइप करें।
13. स्थान ड्रॉप–डाउन सूची में जगह का चयन करें।
14. अगले पेज पर जाने के लिए नेक्स्ट स्टेप पर क्लिक करें।
15. सत्यापित करें कि आपका खाता पृष्ठ प्रकट होता है।
16. अपने खाता पृष्ठ को सत्यापित करने के लिए वांछित विकल्प का चयन करें अर्थात्, हमें आपके कोड कैसे भेजने चाहिए? टेक्स्ट मैसेज (एसएमएस) या वॉयस कॉल पर क्लिक करें। उदाहरण के लिए, यदि आप टेक्स्ट संदेश (एसएमएस) का चयन करते हैं, तो आपको Google से आपके मोबाइल नंबर पर एक सत्यापन कोड प्राप्त होगा, जिसे आपने अपने खाता पृष्ठ में सत्यापित किया है।
17. कंटिन्यू बटन पर क्लिक करें।
18. अपने अकाउंट पेज को वेरिफाई करने पर वेरिफिकेशन कोड टेक्स्टबॉक्स में अपने मोबाइल नंबर में जो कोड मिला है, उसे टाइप करें।
19. कंटिन्यू बटन पर क्लिक करें।
20. गूगल वेलकम! पृष्ठ प्रकट होता है और दिखाता है, कि आपने एक नया ई–मेल एड्रेस बनाया है। जीमेल बटन को जारी रखें पर क्लिक करें जो उपयोग करने के लिए तैयार है। जीमेल इनबॉक्स उन ई–मेल संदेशों को दिखाता है जो आपको मिले हैं। आप संदेश देखने के लिए ई–मेल पर क्लिक कर सकते हैं।
21. ई–मेल जो आपको जीमेल टीम से मिली है, उस पर क्लिक करें। आपको जीमेल विंडो पर ई–मेल संदेश दिखाई देगा।
22. ई–मेल संदेश लिखने के लिए, जीमेल विंडो के बाईं ओर स्थित कंपोज मेल बटन पर क्लिक करें। कम्पोज़ मेल विंडो दिखाई देती है।
23. कंपोज़ मैसेज विंडो में, आपको विभिन्न फ़ील्ड दिखाई देंगे, जिन्हें भरना है।
    क. To: टेक्स्टबॉक्स में ई–मेल एड्रेस टाइप करें, जिसमें आप संदेश भेजना चाहते हैं।
    ख. संदेश का शीर्षक विषय में टाइप करें: टेक्स्टबॉक्स।
    ग. संदेश क्षेत्र में ई–मेल संदेश का मुख्य भाग लिखें।
24. संदेश भेजने के लिए भेजें बटन पर क्लिक करें।
25. जीमेल इनबॉक्स विंडो यह संदेश दिखाती है कि आपका संदेश भेजा गया है।
26. अपने ई–मेल एड्रेस ड्रॉप–डाउन तीर पर क्लिक करें और फिर Google खाते से साइन आउट करने के लिए साइन आउट बटन का चयन करें।

11.5.2 एमएस आउटलुक में एक ई–मेल खाता एड करना

इंटरनेट कनेक्शन विज़ार्ड आपके द्वारा सेट किए गए प्रत्येक ई–मेल खाते के लिए प्रत्येक चरण पर चलकर आपके ऑनलाइन मेलबॉक्स को छोटा करने का काम करता है।

इससे पहले कि आप जा रहे हैं, सुनिश्चित करें कि आप निम्नलिखित जानकारी के साथ ई–मेल एड्रेस जानते हैं। (इसे प्राप्त करने के लिए आपको अपने आईएसपी से संपर्क करना पड़ सकता है।

सबसे पहले, ई–मेल सर्वर के बारे में जानकारी:

क. आपके द्वारा उपयोग किए जाने वाले ई–मेल सर्वर का प्रकार: POP3 (पोस्ट ऑफिस प्रोटोकॉल 3), हाइपरटेक्स्ट ट्रांसफर प्रोटोकॉल (HTTP) (जैसे हॉटमेल), या IMAP है।

ख. आने वाले ई–मेल सर्वर का नाम: POP3 और IMAP सर्वरों के लिए, आउटगोइंग ई–मेल सर्वर (आमतौर पर सिंपल मेल ट्रांसफर प्रोटोकॉल (SMTP) का नाम है।

दूसरा, आपके खाते की जानकारी:

क. आपका खाता नाम और पासवर्ड।

ख. पता लगाएँ कि क्या आपके आईएसपी को आपको सुरक्षित पासवर्ड का उपयोग करने की आवश्यकता है, आपके ई–मेल खाते तक पहुँचने के लिए प्रमाणीकरण (एसपीए)।

आइए हम उन चरणों को देखें जिन्हें हमें आउटलुक में ई–मेल खाता स्थापित करने के लिए अनुसरण करने की आवश्यकता है।

Outlook में ई–मेल खाता सेट करने के लिए:

1. फ़ाइल टैब पर क्लिक करें और फिर जानकारी टैब चुनें।
2. अकाउंट जानकारी के तहत, अकाउंट ऐड करे या खाता सेटिंग ड्रॉप–डाउन तीर पर क्लिक करें।
3. खाता सेटिंग्स संवाद बॉक्स प्रकट होता है।
4. इस डायलॉग बॉक्स में, न्यू ... बटन पर क्लिक करें। यह खाता जोड़ें संवाद बॉक्स प्रदर्शित करेगा।
5. इस डायलॉग बॉक्स में, Your Name: टेक्स्ट बॉक्स में नाम टाइप करें और E-mail एड्रेस: टेक्स्ट बॉक्स में ई–मेल एड्रेस टाइप करें। उसके बाद, पासवर्ड: टेक्स्टबॉक्स और रिटाइप पासवर्ड में पासवर्ड टाइप करें: टेक्स्टबॉक्स पासवर्ड की पुष्टि करता है। फिर, नेक्स्ट> बटन पर क्लिक करें।
6. जैसे ही आप नेक्स्ट> बटन पर क्लिक करते हैं, यह एक अन्य डायलॉग बॉक्स प्रदर्शित करेगा जो प्रगति संकेतक को प्रदर्शित करेगा आपका खाता कॉन्फ़िगर किया जा रहा है। इसमें कई मिनट लग सकते हैं।
7. अकाउंट सफलतापूर्वक ऐड हो जाने के बाद, आप एक और अकाउंट ऐड करे ... बटन पर क्लिक करके अधिक खाते जोड़ सकते हैं।
8. खाता जोड़ें संवाद बॉक्स से बाहर निकलने के लिए, अपने ई–मेल खाते को हमें तैयार करने के लिए समाप्त करें बटन पर क्लिक करें।

11.5.3 मेलबॉक्स: इनबॉक्स और आउटबॉक्स

इलेक्ट्रॉनिक मेल प्राप्त करने के लिए, उपयोगकर्ता के पास एक मेलबॉक्स, एक भंडारण क्षेत्र होना चाहिए जो आने वाले ई–मेल संदेशों को रखता है जब तक कि उपयोगकर्ता के पास उन्हें पढ़ने का समय न हो। जब कोई संदेश आता है, तो ई–मेल सॉफ़्टवेयर स्वचालित रूप से उपयोगकर्ता के मेलबॉक्स में संग्रहीत करता है।

इनबॉक्स

आउटलुक इनबॉक्स में, संदेश अवरोही क्रम में प्राप्त दिनांक और समय के अनुसार क्रमबद्ध किए जाते हैं, जिसका अर्थ है कि सबसे हाल का

संदेश इनबॉक्स के शीर्ष पर है और सबसे पुराना तल पर। आप किसी भी फील्ड हेडर पर क्लिक कर सकते हैं।

(उस क्षेत्र द्वारा संदेश सूची को सॉर्ट करने के लिए, विषय, प्राप्त आदि) से। दूसरी बार क्लिक करने पर सूची को आरोही और अवरोही क्रम के बीच बदल दिया जाता है।

आउटबॉक्स

नया संदेश विंडो बंद हो गया है, और आपका संदेश अब आउटबॉक्स में है। यह वास्तव में अभी तक नहीं भेजा गया है। आप अभी भी ऑफ़लाइन हैं। आप कई लोगों को संदेश लिख सकते हैं और उन्हें आउटबॉक्स में संग्रहीत कर सकते हैं। जब आप तैयार हों, तो आप उन्हें एक ही बार में भेज सकते हैं। यह ऑनलाइन समय के केवल कुछ सेकंड का उपयोग करता है। आप आउटबॉक्स के कंटेंट को देख सकते हैं और संदेश भेजने से पहले उसे संपादित कर सकते हैं।

आउटबॉक्स में एक संदेश को एडिट करने के लिए:

1. इसे चुनने के लिए फ़ोल्डर फलक में आउटबॉक्स पर क्लिक करें।
2. संदेश सूची फलक में संदेश शीर्षलेख पर डबल–क्लिक करें।
3. एक संपादन विंडो प्रकट होती है, और आप संदेश को संपादित कर सकते हैं।
4. आउटबॉक्स में वापस लाने के लिए सेंड पर क्लिक करें।
5. यदि कनेक्ट करने के लिए कहा जाए, तो रद्द करें पर क्लिक करें।

आउटबॉक्स से एक संदेश भेजने के लिए:

1. Send/Receive टैब पर क्लिक करें। उस संदेश का चयन करें जिसे आप संपादित करना चाहते हैं।
2. यदि आप ऑफ़लाइन हैं, तो आपको ऑनलाइन जाने के लिए प्रेरित किया जाएगा।
3. हाँ पर क्लिक करें, और फिर अगले प्रॉम्प्ट पर कनेक्ट करें।
4. कनेक्ट बटन पर क्लिक करने के बाद, संदेश प्राप्तकर्ता पते पर भेजा जाएगा।
5. संदेश को संपादित करें, और फिर भेजें बटन पर क्लिक करें।

11.5.4 ई–मेल खाते में लॉगिन करना

हर बार जब आप अपना ईमेल देखना चाहते हैं, तो आपको निम्नलिखित कार्य करने होंगे:

1. इंटरनेट एक्सेस वाले कंप्यूटर का इस्तेमाल करें।
2. वह वेबसाइट खोलें जो आपके ईमेल खाते को होस्ट करती है।
3. उदाहरण के लिए, यहां हम Google के लिए www.gmail.com खोलते हैं।
4. Google में प्रवेश करने के लिए अपने क्रेडेंशियल (ईमेल पता और पासवर्ड) दर्ज करें।

11.5.5 नया ई–मेल बनाना और भेजना

अपने मित्रों और रिश्तेदारों को भेजे जाने के लिए एक नया ई–मेल संदेश बनाने के लिए, आपको पहले अपने ई–मेल खाते में लॉग इन करना होगा और फिर इन चरणों का पालन करना होगा:

1. अपने ई–मेल खाते में लॉग इन करने के बाद, अपने जीमेल इनबॉक्स के ऊपरी बाईं ओर कम्पोज बटन पर क्लिक करें। यह पृष्ठ के निचले–दाएं कोने में एक "नया संदेश" विंडो खोलता है।
2. विभिन्न में दूसरे व्यक्ति का ईमेल पता दर्ज करें फ़ील्ड जैसे:
   (क) ई–मेल पते को To: टेक्स्टबॉक्स, यानी प्राप्तकर्ता का मेल–आईडी पता टाइप करें।
   (ख) Cc का चयन करें: टेक्स्टबॉक्स, प्राप्तकर्ताओं के मेल–आईडी दर्ज करें जिनकी प्रतिलिपि भेजी जानी है। यह फ़ील्ड आपको एक ही समय में एक ही मेल संदेश कई प्राप्तकर्ताओं को भेजने की अनुमति देती है।
   (ग) Bcc का चयन करें: टेक्स्टबॉक्स। ब्लाइंड कार्बन कॉपी प्राप्त करने वालों के मेल–आईडी दर्ज करें। यह फ़ील्ड प्रेषक को एक ही मेल संदेश कई प्राप्तकर्ताओं को बिना यह बताए भेजने की अनुमति देता है कि किसी अन्य व्यक्ति को भी यही संदेश प्राप्त हुआ है।
   (घ) सब्जेक्ट टेक्स्ट फील्ड पर क्लिक करें। फिर ईमेल के विषय में जो कुछ भी आप चाहते हैं वह टाइप करें। यह फ़ील्ड संदेश का संक्षिप्त विवरण है।
   (ङ) संदेश क्षेत्र में ई–मेल संदेश का मुख्य भाग लिखें।
3. प्राप्तकर्ता के इनबॉक्स के पते पर संदेश भेजने के लिए भेजें बटन पर क्लिक करें।

जीमेल इनबॉक्स विंडो यह दिखाती है कि आपके संदेश को भेज दिया गया है।

11.5.6 ई–मेल संदेश का जवाब देना

जब आप ई–मेल संदेश पढ़ रहे होते हैं, तो आप किसी ऐसे व्यक्ति से संदेश प्राप्त करते हैं जो आपका ई–मेल पता जानता है। आप रिप्लाई बटन पर क्लिक करके इस संदेश के भेजने वाले को तुरंत जवाब दे सकते हैं। जब आप रिप्लाई बटन पर क्लिक करते हैं, तो यह आपको छोटी विंडो में ले जाता है। प्राप्तकर्ता का ईमेल पता स्वचालित रूप से To: फ़ील्ड में दिखाई देगा। यदि संदेश कई प्राप्तकर्ताओं को भेजा गया था, तो आपके पास सभी को उत्तर देने का विकल्प भी होगा।

अब, आप उत्तर मेल संदेश लिख सकते हैं और फिर वह भेजें बटन पर क्लिक करें।

11.5.7 ई–मेल संदेश फॉरवर्ड करना

यदि आपको कुछ महत्वपूर्ण जानकारी मिली है, तो आप उसी जानकारी को किसी और को भेजना चाहते हैं। यह फॉरवर्ड बटन पर क्लिक करके किया जा सकता है। आगे बटन पर क्लिक करने के बाद, आपको ई–मेल पते निर्दिष्ट करने की आवश्यकता है।

To फ़ील्ड में प्राप्तकर्ताओं के लिए या अपने संपर्कों से एक प्राप्तकर्ता चुनें, जिसे आप इसे अग्रेषित करने का इरादा रखते हैं। अपना संदेश बॉडी फ़ील्ड में लिखें और फिर भेजें पर क्लिक करें।

11.5.8 ई–मेल को सॉर्ट करना और खोजना

जीमेल में अन्य ईमेल सेवाओं की तुलना में एक बेहतर खोज सुविधा है, और यह आपको ईमेल संदेशों को फ़िल्टर और सॉर्ट करने की भी अनुमति देता है। आप जीमेल को फ़िल्टर करने और सॉर्ट करने के कई तरीके पाएंगे, यानी, इनबॉक्स खोज तकनीकों का उपयोग करके प्रेषक नाम या ईमेल पते से।

प्रेषक नाम से जीमेल छाँटना

डिफ़ॉल्ट रूप से, जीमेल में ईमेल इनबॉक्स में आने की तारीख से व्यवस्थित होते हैं, जिसके परिणामस्वरूप कई प्रेषकों के ईमेल इनबॉक्स में डंप हो जाते हैं।

सर्च फ़ंक्शन का उपयोग करके जीमेल को क्रमबद्ध करना

1. अपने जीमेल अकाउंट में लॉगिन करें।
2. आगे बढ़ने से पहले अपना ईमेल पता और पासवर्ड दर्ज करें।
3. सर्च बार में नाम (या ईमेल पता) से टाइप करें, और सर्च बटन पर क्लिक करें।

यह तुरंत प्राप्त किए गए सभी ई–मेलों को सूचीबद्ध करेगा और आपके इस विशेष संपर्क में भेज दिया जाएगा।

प्रेषक के नाम पर माउस को होवर कर जीमेल छाँटना

1. अपने जीमेल अकाउंट में लॉगिन करें।
2. जिस मैसेज को आप सॉर्ट करना चाहते हैं, उससे एक ईमेल खोलें। अपने माउस कर्सर को ईमेल के ऊपरी–बाएँ पक्ष में उनके नाम पर रखें, और फिर दिखाई देने वाली पॉप–अप विंडो के नीचे ईमेल पते की तलाश करें।
3. पूरे ईमेल पते पर अपने माउस को क्लिक करें और खींचें। माउस को राइट–क्लिक करें, और फिर संदर्भ मेनू से ईमेल पते की प्रतिलिपि बनाएँ।
4. इनबॉक्स में सबसे ऊपर जीमेल सर्च बार पर क्लिक करें। कॉपी किए गए ईमेल पते को टेक्स्टबॉक्स में पेस्ट करें।
5. ईमेल पते के अपने इनबॉक्स को खोजने के लिए एंटर दबाएं। आपको अपनी चयनित प्रेषक सूची से ई–मेल की एक सूची दिखेगी।

अपने संदेशों को विषय या फ़िल्टर का उपयोग करके सॉर्ट करें

लेबल और फिल्टर का उपयोग करना भी जीमेल संदेशों को सॉर्ट करने का एक तरीका है। यह विधि आपको प्रेषक का नाम, ईमेल पता, दिनांक और अन्य मानदंडों के आधार पर जीमेल को सॉर्ट करने की अनुमति देती है।

1. अपने जीमेल अकाउंट में लॉगिन करें।
2. जीमेल सर्च फॉर्म को लाने के लिए सर्च बार के दाईं ओर स्थित ड्रॉप डाउन आइकन पर क्लिक करें।
3. प्रेषक के क्षेत्र का नाम या ईमेल पता टाइप करें, और क्रिएट फ़िल्टर विकल्प पर क्लिक करें।
4. अगली स्क्रीन पर, अप्लाई द लेबलः विकल्प चुनें। चुनें लेबल पर क्लिक करें, और ड्रॉप–डाउन सूची में नए लेबल विकल्प का चयन करें।
5. नया लेबल संवाद बॉक्स प्रकट होता है। नए लेबल के लिए एक नाम टाइप करें, और क्रिएट पर क्लिक करें।
6. लेबल बन जाने के बाद, मिलान संदेशों के लिए फ़िल्टर लागू करें विकल्प चुनें और बनाएँ फ़िल्टर बटन पर क्लिक करें।
7. आपके द्वारा अभी बनाया गया नया लेबल श्रेणियाँ के अंतर्गत साइड मेनू में दिखाई देगा।
8. न्यू लेबल पर क्लिक करें, और आप इस विशेष संपर्क से सभी संदेशों को देख पाएंगे।

11.5.9 ई–मेल के साथ फाइल्स आटैच करना

एक ईमेल को एक फ़ाइल में संलग्न करना महत्वपूर्ण डॉक्यूमेंट या चित्र भेजने का एक आसान तरीका है।

1. जीमेल पर जाएं।
2. कंपोज़ पर क्लिक करें।
3. अटैच बटन (यानी, पेपर क्लिप आइकन) पर क्लिक करें।
4. एक बार जब आप अटैच बटन पर क्लिक करते हैं, तो ओपन डायलॉग बॉक्स दिखाई देता है। उन फाइल्स को चुनें जिन्हें आप अपलोड करना चाहते हैं।
5. फ़ाइल का चयन करें, और ओपन बटन पर क्लिक करें। यह फ़ाइल को आपके आउटगोइंग ईमेल संदेश में संलग्न करने की प्रक्रिया शुरू करेगा।
6. सेंड बटन पर क्लिक करें।

11.6 ईमेल हस्ताक्षर

एक ईमेल हस्ताक्षर टेक्स्ट या सूचना का एक ब्लॉक है जो स्वचालित रूप से भेजे गए मेल के नीचे जोड़ा जाता है। इसमें प्रेषक के बारे में जानकारी होगी, जिसमें नाम और संपर्क जानकारी शामिल है।

हस्ताक्षर ब्लॉक में जानकारी में निम्नलिखित शामिल हो सकते हैं:

- पूरा नाम
- नौकरी का शीर्षक/स्थिति
- संगठन का नाम और विभाजन
- फोन और फैक्स नंबर
- भौतिक (घोंघा मेल) पता
- ईमेल पता
- वेबसाइट का पता यूनिफॉर्म रिसोर्स लोकेटर (URL)

एक हस्ताक्षर इस भाग में जानकारी को प्रेषक के प्रत्येक स्वचालित संदेश और संदेश भेजने वाले के लिए बचत के तरीके के साथ शामिल करने की अनुमति देता है।

ईमेल हस्ताक्षर शिष्टाचार के लिए यहाँ कुछ बुनियादी नियम दिए गए हैं:

1. आपके हस्ताक्षर को स्कैन करना आसान होना चाहिए।
2. यह जल्दी से आपको और व्यवसाय को पहचानना चाहिए।
3. आपकी कंपनी की छाप को आसानी से पहचाना जाना चाहिए और जल्दी से लोड करना चाहिए।
4. जब आप किसी मौजूदा ईमेल का जवाब देते हैं तो आपको अपना हस्ताक्षर शामिल करने की आवश्यकता नहीं होती है। हालाँकि, जब आप संदेश भेजते हैं, तो आप अपना हस्ताक्षर शामिल करना चाहते हैं।

11.7 सोशल नेटवर्किंग और ई–कॉमर्स

एक सामाजिक नेटवर्किंग सेवा, एक ऑनलाइन सेवा, प्लेटफ़ॉर्म, या साइट है जो लोगों के बीच सामाजिक नेटवर्क या सामाजिक संबंध को बनाने और प्रतिबिंबित करने पर ध्यान केंद्रित करती है, जैसे, जो सामान्य हितों और/या गतिविधियों को साझा करते हैं। एक सामाजिक नेटवर्क सेवा में अनिवार्य रूप से प्रत्येक उपयोगकर्ता (अक्सर एक प्रोफ़ाइल), उसके/उसके सामाजिक लिंक, और विभिन्न अतिरिक्त सेवाओं का प्रतिनिधित्व

होता है। अधिकांश सामाजिक नेटवर्क सेवाएं वेब आधारित हैं और उपयोगकर्ताओं को इंटरनेट पर बातचीत करने के लिए साधन प्रदान करती हैं, जैसे ई–मेल और इंस्टेंट मैसेजिंग, वीडियो कॉलिंग, चैट, फ़ाइल साझाकरण, चर्चा समूह, वॉइस चैट, ई–मेल, ब्लॉगिंग ।

सोशल नेटवर्किंग साइट्स के उदाहरणः

(क) फेसबुक

(ख) लिंक्डइन

(ग) ट्विटर

इलेक्ट्रॉनिक कॉमर्स या ई–कॉमर्स उत्पादों और सेवाओं के लिए ऑनलाइन व्यावसायिक गतिविधियों की एक विस्तृत श्रृंखला को संदर्भित करता है। यह किसी भी प्रकार के व्यावसायिक लेनदेन से संबंधित है जिसमें पार्टियां भौतिक आदान–प्रदान या प्रत्यक्ष भौतिक संपर्क के बजाय इलेक्ट्रॉनिक रूप से संपर्क करती हैं।

ई–कॉमर्स आम तौर पर इंटरनेट पर खरीदने और बेचने से संबंधित होता है, या कंप्यूटर–मध्यस्थ नेटवर्क के माध्यम से माल या सेवाओं का उपयोग करने के लिए स्वामित्व या अधिकारों के हस्तांतरण सहित किसी भी लेनदेन का संचालन करता है। एक अधिक पूर्ण परिभाषा यह हैः ई–कॉमर्स व्यावसायिक लेन–देन में इलेक्ट्रॉनिक संचार और डिजिटल सूचना प्रसंस्करण प्रौद्योगिकी का उपयोग संगठनों के बीच या बीच में और संगठनों के बीच और निर्माण के लिए, मूल्य निर्माण के लिए, परिवर्तन, और रिश्तों को फिर से परिभाषित करने के लिए है।

इलेक्ट्रॉनिक कॉमर्स से संबंधित कुछ सामान्य अनुप्रयोग हैं:

- उद्यम कंटेंट प्रबंधन
- ईमेल
- स्वचालित ऑनलाइन सहायक
- तात्कालिक संदेशन
- समाचार समूह
- ऑनलाइन शॉपिंग और ऑर्डर ट्रैकिंग
- इलेक्ट्रॉनिक टिकट
- टेलीकांफ्रेंसिंग

11.7.1 फेसबुक

फेसबुक एक सोशल नेटवर्किंग वेबसाइट है जिसका उद्देश्य दोस्तों, परिवार और व्यावसायिक सहयोगियों को जोड़ना है। यह सबसे बड़ी नेटवर्किंग साइट है। फेसबुक प्रोफाइल बनाकर, उपयोगकर्ता अपने बारे में विभिन्न जानकारी भर सकता है और कंटेंट जैसे कि टेक्स्ट, चित्र, संगीत, वीडियो आदि को दूसरों के साथ साझा कर सकता है।

अकाउंट बनाना

फेसबुक अकाउंट बनाने के लिए:

1. www.facebook.com पर जाएं।
2. अपना नाम (पहला नाम और अंतिम प्रारंभिक), ई–मेल एड्रेस और उनके लिए दिए गए टेक्स्टबॉक्स में एक पासवर्ड दर्ज करें।
3. फिर, साइन अप पर क्लिक करें।
4. उसके बाद एक सुरक्षा कोड दिखाई देता है, और आपको उस कोड को दर्ज करना होगा।
5. एक पुष्टिकरण लिंक आपके ई–मेल पते पर भेजा जाएगा।

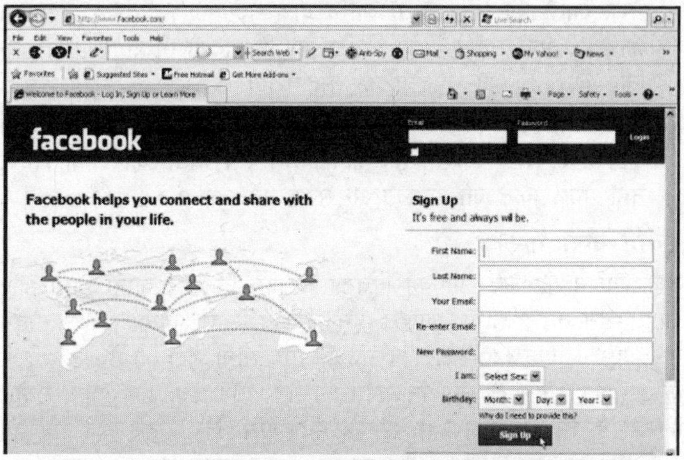

आपको उस लिंक पर क्लिक करना होगा और एक बार जब आप ऐसा कर लेंगे, तो आपको फेसबुक के **Facebook** गेटिंग स्टार्ट 'पेज पर निर्देशित किया जाएगा। यदि कोई आपके लिए सर्च करता है, तो उनके नाम दिखाई देंगे, और आप उन्हें अपने मित्र सूची में शामिल करने का विकल्प चुन सकते हैं।

11.7.2 ट्विटर

ट्विटर एक मुफ्त सामाजिक नेटवर्किंग और माइक्रो–ब्लॉगिंग सेवा है जिसने लोगों को एक–दूसरे के साथ संवाद करने का तरीका बदल दिया है। यह एक संदेश सेवा है जो लोगों को छोटे संदेश भेजने (प्राप्त करने और ट्वीट करने) की अनुमति देती है

ट्विटर समुदाय में निम्न शामिल हैं:

1. आप जिन लोगों का अनुसरण करते हैं: आप अन्य ट्विटर उपयोगकर्ताओं का अनुसरण करके अपने समुदाय को परिभाषित करते हैं। आप अपने द्वारा अनुसरण किए गए ट्वीट्स देखते हैं। किसी का अनुसरण करने का अर्थ है कि आप उनके ट्वीट की सदस्यता लेते हैं।
2. लोग जो आपको फॉलो करते हैं: अन्य लोग आपके ट्वीट्स को पढ़ते हैं और आपका अनुसरण करने का निर्णय लेते हैं। आपके अनुयायी आपके द्वारा भेजे गए ट्वीट को देखते हैं।

ट्विटर एक सॉफ्टवेयर विकास टीम द्वारा बनाया गया था, अपने स्वयं के संचार चुनौतियों का समाधान करने के लिए। उन्होंने ई–मेल, चैट और इंस्टेंट मैसेजिंग जैसे अन्य संचार साधनों से फीचर लिया और ट्विटर बनाने के लिए उन्हें एक साथ मैश किया।

ट्विटर पर लोग कैसे पाएं

ट्विटर पर लोगों को खोजने के लिए कई तरीके हैं।

ये निम्नानुसार हैं:

1. नाम खोज 2. ई–मेल खोज 3. कीवर्ड खोज

ट्वीट्स के प्रकार

तीन प्रकार के ट्वीट हैं:

1. **सामान्य ट्वीटः** एक सार्वजनिक ट्वीट हर किसी को भेजा जाता है, जो आपका अनुसरण करता है।

2. **@रिप्ले:** ट्विटर पर एक विशिष्ट व्यक्ति को एक सार्वजनिक ट्वीट भेजा जाता है। आप किसी व्यक्ति द्वारा भेजे गए ट्वीट के जवाब में **@reply** भेज सकते हैं या ट्विटर पर किसी को भी संदेश भेजने के लिए **@reply** का उपयोग कर सकते हैं।
3. **प्रत्यक्ष संदेश:** एक निजी ट्वीट उस व्यक्ति को भेजा जाता है जो आपका अनुसरण करता है। आप किसी ऐसे व्यक्ति को सीधा संदेश नहीं भेज सकते जो आपका अनुसरण नहीं करता है।

ट्वीट कैसे करें?

ट्वीट करने के लिए, आपको ट्विटर के होम पेज पर जाना होगा और साइन–इन करना होगा। साइन–इन के बाद, आप अपना 'ट्वीट' टाइप कर पाएंगे – एक 140 अक्षर का संदेश। (यह सीमा सेवा को टेक्स्ट संदेशों के अनुकूल बनाने के लिए निर्धारित की गई थी)। जब आप अपना ट्वीट लिखते हैं, तो इंटरफ़ेस स्वयं आपको दिखाएगा कि कितने वर्ण शेष हैं।

ट्विटर पर एक ट्वीट कैसे भेजें?

ट्विटर एक अत्यंत रोचक और बहुमुखी अनुप्रयोग है जिसका उपयोग आप दोस्तों के साथ बातचीत करने, व्यवसाय करने के लिए कर सकते हैं।

यहां तक कि एक ब्लॉग या अन्य प्रकार की वेबसाइट को बढ़ावा देना। ट्विटर में आपके द्वारा दर्ज किया गया प्रत्येक अपडेट "ट्वीट" के रूप में जाना जाता है। एक ट्वीट 140 अक्षरों से अधिक का नहीं हो सकता है, और आप सभी को एक सामान्य ट्वीट भेज सकते हैं, किसी विशिष्ट व्यक्ति को जवाब दे सकते हैं, या केवल किसी व्यक्ति को एक ट्वीट निर्देशित कर सकते हैं।

ट्विटर पर एक ट्वीट भेजने के लिए:

1. ट्विटर होम पेज के माध्यम से ट्विटर पर लॉग इन करें, या ट्विहल जैसे ट्विटर एपीआई एप्लिकेशन के माध्यम से। आप फेसबुक और कई अन्य अनुप्रयोगों के माध्यम से ट्विटर को अपडेट कर सकते हैं जो ट्विटर एपीआई (एप्लिकेशन प्रोग्रामिंग इंटरफ़ेस) का उपयोग करते हैं
2. "आप क्या कर रहे हैं" लेबल के साथ बॉक्स में अपना संदेश दर्ज करें? ध्यान रखें कि आपका ट्वीट अधिकतम 140 अक्षरों से अधिक नहीं हो सकता है। यह सीमा मौजूद है क्योंकि ट्विटर एसएमएस (लघु संदेश सेवा) नेटवर्क का उपयोग उन लोगों को सेल फोन के माध्यम से सूचनाएं भेजने के लिए करता है जो इसकी इच्छा रखते हैं।
   क. ट्विटर पर सभी को ट्वीट भेजने के लिए "अपडेट" पर क्लिक करें।
   ख. किसी विशेष उपयोगकर्ता को सीधा संदेश भेजने के लिए अपने ट्वीट से पहले "@USERNAME" टाइप करें। केवल उस उपयोगकर्ता को संदेश दिखाई देगा।
3. किसी विशेष उपयोगकर्ता को जवाब भेजने के लिए अपने ट्वीट की शुरुआत में "@USERNAME" डालें। वह उपयोगकर्ता, आपके अनुयायी, और उस उपयोगकर्ता के अनुयायी सभी ट्वीट को देख पाएंगे, लेकिन यह सार्वजनिक समय पर दिखाई नहीं देगा।

नाम से लोगों को खोजना

1. अपने ट्विटर होम पेज के शीर्ष पर खोज बॉक्स में व्यक्ति का नाम लिखें।
2. आपकी खोज के परिणाम सर्च पृष्ठ पर लोग टैब के नीचे दिखाई देंगे। या,

   आप कनेक्ट पृष्ठ पर सर्च बॉक्स में व्यक्ति का नाम लिखकर भी सर्च सकते हैं।

   सचिन तेंदुलकर के लिए लोगों के परिणामों की सूची दिखाई देती है।

वेब के माध्यम से एक सीधा संदेश भेजने के लिए:

1. ट्विटर अकाउंट में साइन इन करें।
2. टॉप राइट नेविगेशन बार में लिफ़ाफ़ा आइकन पर क्लिक करें।
3. आप अपने प्रत्यक्ष संदेश इतिहास दिखा एक पॉप अप देखेंगे। न्यू मैसेज बटन पर क्लिक करें।
4. एड्रेस बॉक्स में, जिस व्यक्ति को आप संदेश भेजना चाहते हैं उसका नाम या उपयोगकर्ता नाम लिखें।
5. अपना संदेश दर्ज करें, और संदेश भेजें पर क्लिक करें।

वेब के माध्यम से संदेश हटाने के लिए:

1. टॉप राइट नेविगेशन बार में लिफ़ाफ़ा आइकन पर क्लिक करें।
2. आप अपने प्रत्यक्ष संदेश इतिहास दिखा एक पॉप अप देखेंगे।

   उस संदेश पर क्लिक करें जिसमें वह संदेश है, जिसे आप हटाना चाहते हैं।
3. इच्छित संदेश का पता लगाएँ और उस पर अपना माउस घुमाएँ। एक ट्रैश आइकन दिखाई देगा। इसे क्लिक करें।
4. डीएम इनबॉक्स के निचले भाग पर एक संदेश दिखाई देगा जिसमें पूछा जाएगा कि क्या आप इस संदेश को हटाना चाहते हैं?

संदेश हटाएँ पर क्लिक करें।

11.7.3 लिंक्डइन

लिंक्डइन सोशल मीडिया की बड़ी दुनिया के भीतर एक सामाजिक नेटवर्क है जो व्यापार की ओर अग्रसर है। यह उन लोगों के साथ बहुत लोकप्रिय है जो काम की तलाश कर रहे हैं और अपने संपर्कों के नेटवर्क का निर्माण करने की कोशिश कर रहे हैं ताकि वे नियोक्ताओं तक पहुंच सकें। यह एक व्यवसाय के विपणन के तरीके के रूप में भी लोकप्रिय है, क्योंकि व्यवसाय के स्वामी उन लोगों के साथ बातचीत कर सकते हैं जो सवालों का जवाब देकर, चर्चाओं में भाग लेते हुए और उनकी सेवाओं में रुचि रखते हैं।

लिंक्डइन का उपयोग कैसे करें?

लिंक्डइन नेटवर्क के लिए पेशेवरों के लिए एक लोकप्रिय वेबसाइट है, और कॉलेज के छात्र इसका उपयोग किसी कंपनी में किसी से मिलने के लिए भी करते हैं, जिसके लिए वे काम करना चाहते हैं। लिंक्डइन खाता होना लाभप्रद है, और यहां ऑनलाइन नेटवर्किंग अनुभव का अधिकतम लाभ उठाने के कुछ तरीके दिए गए हैं।

1. **उन लोगों के साथ नेटवर्क जिन्हें आप पहले से जानते हैं:** यदि आप लिंक्डइन के लिए नए हैं, तो आपके कनेक्शन को बढ़ाने का सबसे अच्छा और आसान तरीका उन लोगों को जोड़ना है जिन्हें आप पहले से ही जानते हैं। लिंक्डइन आपको अपने ईमेल खातों जैसे जीमेल, याहू, एओएल (अमेरिकी ऑनलाइन) और विंडोज लाइव से दोस्तों को आयात करने की अनुमति देता है।
2. **ऑनलाइन पहचान:** लिंक्डइन आपको एक ऑनलाइन प्रोफ़ाइल बनाने या एक पेशेवर पहचान बनाने में मदद करता है। यह आमतौर पर Google पर शीर्ष रैंकिंग प्राप्त करता है; जब कोई सर्च इंजन में आपका नाम प्लग करता है, तो आपका पेशेवर प्रोफ़ाइल पहले आता है। यह फायदेमंद है जब आप यह स्थापित करना चाहते हैं कि आप पेशेवर पहचान हैं क्योंकि वे लिंक्डइन पर जो देखते हैं वह एक मिनी रिज्यूम है।
3. **नौकरियां:** हालांकि लिंक्डइन एक नेटवर्किंग टूल के रूप में अधिक लोकप्रिय है जो आपको लोगों और कंपनियों से संपर्क करने की अनुमति देता है, पृष्ठ पर एक नौकरी अनुभाग भी है। आप न केवल जॉब्स पेज के माध्यम से इन नौकरियों के लिए आवेदन कर सकते हैं, बल्कि संपर्क व्यक्ति के अपने ज्ञान का उपयोग अधिक मुखर होकर कर सकते हैं और स्थिति के बारे में उनसे सीधे संपर्क कर सकते हैं।
4. **लोगों को ढूंढें:** लिंक्डइन तब भी उपयोगी होता है जब आप किसी विशेष कंपनी में किसी की तलाश करना चाहते हैं या यह पता लगाना चाहते हैं कि लोग किसी विशेष संगठन में क्या स्थिति रखते हैं। लिंक्डइन में एक सुविधा है जो आपको किसी को "एप्रोच" करने में मदद करती है और उन्हें एक संदेश या ई–मेल भेजती है।
5. **सिफारिशें:** लिंक्डइन में सिफारिशों के लिए एक अंतर्निहित पेज है। आप सहकर्मियों से सिफारिशें प्राप्त कर सकते हैं, और आप उन लोगों के लिए सिफारिशें भी दे सकते हैं जो आपके लिए काम करते हैं। ये सिफारिशें सहायक हैं क्योंकि आप अपनी उपलब्धियों का प्रदर्शन कर सकते हैं और विश्वसनीयता हासिल कर सकते हैं।

लिंक्डइन लॉगिन कैसे बनाएं?

आप जॉब खोजने के लिए लिंक्डइन का उपयोग कर सकते हैं, अपने आप को या अपने व्यवसाय को बढ़ावा दे सकते हैं और बहुत कुछ। लेकिन पहले, आपको लिंक्डइन का उपयोग शुरू करने के लिए एक लिंक्डइन लॉगिन (खाता) बनाना होगा।

लिंक्डइन अकाउंट कैसे बनाएं?

लिंक्डइन के साथ शुरुआत करने के लिए, आपको एक खाता बनाना होगा। एक बार जब आपका अकाउंट सेट हो जाता है, तो आप दूसरों को अपने नेटवर्क में जोड़ना शुरू कर सकते हैं और एक शक्तिशाली उपकरण का निर्माण कर सकते हैं।

अपना लिंक्डइन लॉगिन बनाना शुरू करें

1. अपना वेब ब्राउजर खोलें और LinkedIn.com पर जाएं।
2. पेज के ज्वाइन लिंक्ड (दाएं) क्षेत्र में जानकारी पूरी करें।
3. पहले नाम में अपना पहला नाम टाइप करें: बॉक्स।
4. अंतिम नाम में अपना अंतिम नाम टाइप करें: बॉक्स।
5. ईमेल: बॉक्स में ई–मेल प्राप्त करने के लिए एक वैध ईमेल पता टाइप करें।
6. पासवर्ड: बॉक्स में अपने खाते के लिए एक पासवर्ड टाइप करें।
7. Join Now बटन पर क्लिक करें। यह आपको अगली लिंक्डइन स्क्रीन पर ले जाएगा।

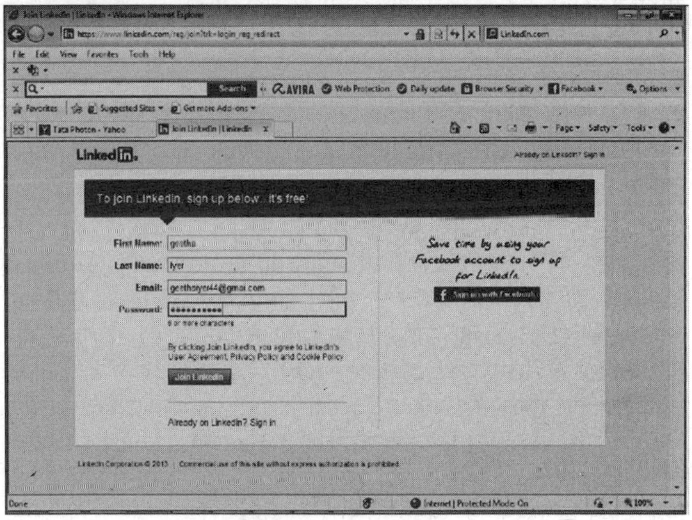

8. लिंक्डइन लॉगिन बनाने में अगला कदम आपके रोजगार की स्थिति और स्थान की जानकारी प्रदान करना है।
9. मैं वर्तमान में निम्नलिखित विकल्पों में से एक का चयन करता हूं: ड्रॉप–डाउन सूची। ये हैं: नौकरीपेशा नौकरीपेशा और विद्यार्थी।
10. मेरा प्रोफाइल बटन बनाएं पर क्लिक करे ।

ई–मेल संपर्क (वैकल्पिक) आयात करना

संपर्कों का निर्माण शुरू करने के लिए, आपके पास लिंक्डइन लॉगिन सेटअप प्रक्रिया के दौरान ईमेल पते आयात करने का विकल्प है। यदि आप यह वैकल्पिक कदम उठाना चुनते हैं, तो लिंक्डइन यह देखने के लिए जाँच करेगा कि आपकी एड्रेस बुक में कोई ई–मेल पता मौजूदा लिंक्डइन सदस्य का है या नहीं।

याद रखोः

- यदि आप इस सुविधा का उपयोग नहीं करना चाहते हैं, तो स्क्रीन के नीचे स्थित इस चरण लिंक को छोड़ें पर क्लिक करें।
- एक बार जब आप या तो ई–मेल पते के माध्यम से चले गए हैं या उस पर छोड़ दिया गया है, तो एक पुष्टिकरण स्क्रीन आपको बताती है कि आपके द्वारा अभी लिंक किए गए ई–मेल खाते में एक पुष्टिकरण ई–मेल भेजा गया है। यदि लिंक्डइन ने आपके ई–मेल प्रदाता को मान्यता दी है, तो एक बटन उपलब्ध होगा, जिसे आप सीधे अपने (वेबमेल) ई–मेल प्रदाता पर जाने के लिए क्लिक कर सकते हैं, जहाँ आप लॉग इन कर सकते हैं और लिंक्डइन द्वारा भेजे गए पुष्टिकरण संदेश को प्राप्त कर सकते हैं।

आपको तुरंत लिंक्डइन पुष्टि मिल सकती है, या इसमें कई मिनट लग सकते हैं। एक बार जब आप संदेश प्राप्त करते हैं, तो आपको निम्नलिखित कार्य करने होंगेः

1. लिंक्डइन पुष्टि संदेश में लिंक पर क्लिक करें।
2. आपके द्वारा अभी बनाए गए लॉगिन के साथ लिंक्डइन में लॉग इन करें।
3. लिंक्डइन का उपयोग शुरू करें!

11.7.4 इंस्टाग्राम

इंस्टाग्राम एक ऑनलाइन फोटो साझा करने वाली सामाजिक वेब सेवा है, जो आपको मोबाइल डिवाइस के साथ कैप्चर की गई तस्वीरों की एक श्रृंखला के माध्यम से अपने जीवन और अनुभवों को दोस्तों और अन्य लोगों के साथ साझा करने की सुविधा देती है। यह वीडियो अपलोड का भी समर्थन करता है और उपयोगकर्ताओं को ट्विटर और फेसबुक सहित कई सामाजिक साइटों पर तुरंत फोटो साझा करने देता है।

यह केविन सिस्ट्रॉम और माइक क्राइगर द्वारा बनाया गया था, और आईओएस पर अक्टूबर 2010 में लॉन्च किया गया था। Android उपकरणों के लिए एक संस्करण अप्रैल 2012 में जारी किया गया था, और क्रमशः अप्रैल 2016 और अक्टूबर 2016 में विंडोज 10 मोबाइल और विंडोज 10 के लिए ऐप। इंस्टाग्राम iOS, एंड्रॉइड और विंडोज फोन उपकरणों पर मुफ्त में उपलब्ध है। इसे कंप्यूटर से वेब पर भी एक्सेस किया जा सकता है, लेकिन उपयोगकर्ता केवल अपने डिवाइस से फोटो या वीडियो अपलोड और साझा कर सकते हैं। यह उपयोगकर्ताओं को कुछ कैप्शन जोड़ने की अनुमति देता है, चित्र और वीडियो का वर्णन करने के लिए # प्रतीक का उपयोग करके हैशटैग, और पोस्ट करने से पहले @ प्रतीक का उपयोग करके अन्य उपयोगकर्ताओं का टैग या उल्लेख करें। उपयोगकर्ता A अनुसरण करता है तो B को B की आवश्यकता नहीं है। यूजर अपनी पसंद के अनुसार अपनी गोपनीयता सेटिंग्स चुन सकते हैं, जैसे कि उनके पोस्ट किए गए फ़ोटो और वीडियो केवल उनके अनुयायियों के लिए उपलब्ध हों, अन्य को उपयोगकर्ता से उनके अनुयायी होने के लिए अनुमोदन की आवश्यकता हो। डिफ़ॉल्ट रूप से, उनकी छवियां और वीडियो सार्वजनिक हैं, जिसका अर्थ है कि वे इंस्टाग्राम ऐप या इंस्टाग्राम वेबसाइट का उपयोग करते हुए किसी को भी दिखाई दे रहे हैं।

11.7.5 इंस्टेंट मैसेजिंग (व्हाट्सएप, फेसबुक मैसेंजर और टेलीग्राम)

इंस्टैंट मैसेजिंग (IM) वास्तविक ग्राहकों के साथ व्यक्तिगत कंप्यूटर या अन्य उपकरणों का उपयोग करते हुए दो या दो से अधिक लोगों के बीच वास्तविक समय के प्रत्यक्ष टेक्स्ट आधारित संचार का एक रूप है। उपयोगकर्ता के टेक्स्ट को इंटरनेट जैसे नेटवर्क पर पहुंचाया जाता है।

अधिक उन्नत इंस्टेंट मैसेजिंग सॉफ़्टवेयर क्लाइंट भी संचार के उन्नत मोड, जैसे लाइव वॉइस या वीडियो कॉलिंग की अनुमति देते हैं।

कई इंस्टेंट मैसेजिंग सेवाएं वॉयस ओवर इंटरनेट प्रोटोकॉल (वीओआईपी) और वेब कॉन्फ्रेंसिंग सेवाओं जैसी वीडियो कॉलिंग सुविधाएँ प्रदान करती हैं। वेब कॉन्फ्रेंसिंग सेवाएं वीडियो कॉलिंग और इंस्टेंट मैसेजिंग क्षमताओं दोनों को एकीकृत कर सकती हैं।

अधिकांश त्वरित संदेश सेवा प्रदाता आपको निम्नलिखित सुविधाएं देते हैंः

- **त्वरित संदेशः** एक दोस्त के साथ आगे और पीछे नोट्स भेजें जो ऑनलाइन है।
- **चैटः** दोस्तों या सहकर्मियों के साथ एक चैट रूम बनाएं।
- **वेब लिंकः** अपने पसंदीदा वेबसाइट के लिए लिंक साझा करें।
- **वीडियोः** वीडियो भेजें और देखें, और दोस्तों के साथ आमने–सामने चैट करें।
- **छवियांः** अपने मित्र के कंप्यूटर पर संग्रहीत छवि को देखें।
- **साउंडः** अपने दोस्तों के लिए साउंड चलाए ।
- **फाइल्सः** फाइल्स को सीधे अपने दोस्तों को भेजकर साझा करें।
- **बात करेंः** वास्तव में दोस्तों के साथ बात करने के लिए फोन के बजाय इंटरनेट का उपयोग करें।
- **स्ट्रीमिंग सामग्रीः** वास्तविक समय या निकट–वास्तविक समय स्टॉक उद्धरण और समाचार।
- **मोबाइल कंटेंटः** अपने सेल फोन से त्वरित संदेश भेजें।

व्हाट्सप्प

अब कई मुफ्त इंस्टैंट मैसेंजर उपलब्ध हैं जो टेक्स्ट, फोन कॉल, वीडियो, फाइल्स को साझा करने, समूह या व्यक्तिगत रूप से उपयोग करने वाले दोस्तों के साथ संवाद करने की अनुमति देते हैं, और अंतरराष्ट्रीय स्तर

पर भी उनके साथ संपर्क बनाए रखते हैं। अब, स्मार्टफोन का उपयोग बढ़ रहा है और इंस्टेंट मैसेजिंग एप्लिकेशन उपयोगकर्ताओं के लिए एक आवश्यकता बन गए हैं। हाल ही में, व्हाट्सएप 1 बिलियन से अधिक उपयोगकर्ताओं के साथ सबसे लोकप्रिय मैसेंजर बन गया है। 2014 में, फेसबुक ने अपने उपयोगकर्ताओं की भारी संख्या के कारण व्हाट्सएप का अधिग्रहण किया। व्हाट्सएप एक फ्रीवेयर, क्रॉस–प्लेटफॉर्म मैसेजिंग और वॉयस ओवर आईपी (वीओआईपी) सेवा है। यह टेक्स्ट और ऑडियो संदेश, मुफ्त वॉयस कॉल और फ़ोटो या वीडियो का आदान–प्रदान करने और यहां तक कि सीमित प्रकार के डॉक्यूमेंट को साझा करने के लिए सेवाएं प्रदान करता है।

व्हाट्सएप क्लाइंट एप्लिकेशन मोबाइल उपकरणों पर चलता है लेकिन मोबाइल रहते हुए भी डेस्कटॉप कंप्यूटर से सुलभ है।

डिवाइस इंटरनेट से जुड़ा है। अन्य मैसेंजर पर व्हाट्सएप का मुख्य लाभ यह है कि व्हाट्सएप आधिकारिक वेब–आधारित एप्लिकेशन प्रदान करता है, जो विंडोज डेस्कटॉप वातावरण पर चलता है। इसके अतिरिक्त, इसका उपयोग वेब–आधारित क्रोम के साथ भी किया जा सकता है

मोबाइल फोन के लिए व्हाट्सएप के साथ अपने संपर्क स्क्रीन से संदेश भेजना।

1. अपने होम स्क्रीन से व्हाट्सएप लॉन्च करें। यह एक आइकन है जो हरे रंग के टेलिफ़ोन बुलबुले के साथ एक सफेद टेलीफोन के अंदर दिखता है।
2. उस संपर्क टैब पर क्लिक करें जो आपको स्क्रीन के ऊपर या नीचे मिलेगा।
3. जिस पर आप एक संदेश भेजना चाहते हैं, उससे संपर्क पर क्लिक करें।

   आप बता सकते हैं कि उनके फोन में व्हाट्सएप है या नहीं, यह उनके नाम के तहत एक ग्रीटिंग पर निर्भर करता है।

   उदाहरण के लिए, डिफ़ॉल्ट संदेश "हे वहाँ! मैं व्हाट्सएप का उपयोग कर रहा हूं", या "उपलब्ध" जैसा कुछ कहें।
4. भेजें संदेश पर क्लिक करें।
5. टेक्स्ट फ़ील्ड पर क्लिक करें और अपना संदेश लिखें।
6. अपना संदेश भेजने के लिए भेजें पर क्लिक करें।

व्हाट्सएप में टेक्स्ट मैसेज कैसे भेजें?

1. व्हाट्सएप में टेक्स्ट भेजना उतना ही आसान है जितना कि मैसेज के जरिए टेक्स्ट भेजना।
2. कीबोर्ड लाने के लिए चैट विंडो में टेक्स्ट फील्ड पर क्लिक करें।
3. अपना संदेश लिखें।
4. टेक्स्ट भेजने के लिए भेजें पर क्लिक करें।
5. नीचे–बाएं कोने के पास इमोजी आइकन पर क्लिक करें।
6. इमोजी स्क्रीन के माध्यम से स्वाइप करें जब तक कि आप उपयुक्त इमोजी नहीं ढूंढ लेते।

7. टेक्स्ट फ़ील्ड में इमोजी जोड़ने के लिए क्लिक करें, और अपना संदेश भेजने के लिए भेजें पर क्लिक करें।

व्हाट्सएप का उपयोग करके संदेशों और मीडिया को कैसे अग्रेषित करें?

1. उस संदेश या मीडिया पर क्लिक करें, जिसे आप अग्रेषित करना चाहते हैं। यह नीला हो जाएगा। भेजने के लिए आप अन्य संदेश या मीडिया पर क्लिक कर सकते हैं।
2. अपनी स्क्रीन के ऊपरी दाईं ओर आगे के आइकन पर क्लिक करें। यह सफेद तीर है जैसा कि नीचे दिखाया गया है।
3. प्राप्तकर्ता चुनें। आप किसी संदेश को अग्रेषित करने के लिए वांछित विकल्प चुन सकते हैं।

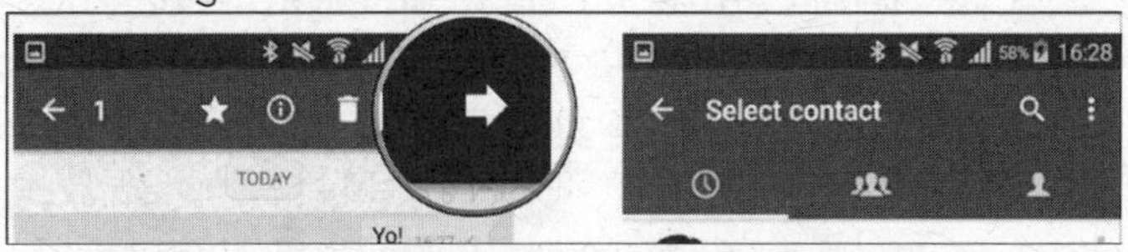

- जिस व्यक्ति के साथ आप हाल ही में चैट कर रहे थे, उसे संदेश भेजने के लिए हाल के चैट आइकन पर क्लिक करें। यह ऊपर बाईं ओर क्लॉक आइकन है।
- समूह चैट में भेजने के लिए समूह आइकन पर क्लिक करें। यह आपकी स्क्रीन के शीर्ष मध्य में तीन सिर का संयोजन है।
- एक विशिष्ट संपर्क भेजने के लिए संपर्क आइकन पर क्लिक करें। यह स्क्रीन के शीर्ष दाईं ओर एकल शीर्ष है।

कंप्यूटर से WhatsApp का उपयोग कैसे करें?

WhatsApp ने आपके ब्राउज़र विंडो में आपके कंप्यूटर से व्हाट्सएप इंटरफ़ेस तक पहुंचने के लिए एक वेब क्लाइंट प्रदान किया है। यह मैक ओएस एक्स 10.9 और उच्चतर संस्करण के लिए और विंडोज 8 से विंडोज के नए संस्करणों के लिए उपलब्ध है। आप वेबसाइट के माध्यम से, या व्हाट्सएप डेस्कटॉप ऐप के माध्यम से व्हाट्सएप का उपयोग कर सकते हैं।

यदि आपके पास मोबाइल ऐप नहीं है, तो आपको अपने कंप्यूटर पर उपयोग करने के लिए व्हाट्सएप स्थापित करने से पहले इसे डाउनलोड करना होगा।

ब्राउज़र संस्करण के लिए व्हाट्सएप वेब पर जाएं, या डाउनलोड व्हाट्सएप पेज के माध्यम से डेस्कटॉप प्रोग्राम डाउनलोड करें। यदि आप डेस्कटॉप संस्करण का उपयोग कर रहे हैं, तो डाउनलोड लिंक का चयन करें जो आपके कंप्यूटर के संचालन के साथ मेल खाता है

विंडोज या मैक जैसी प्रणाली।

आपके द्वारा खोले जाने के बाद, डेस्कटॉप प्रोग्राम और वेब क्लाइंट एक बड़ा क्यूआर कोड दिखाएगा।

1. अपने फोन से व्हाट्सएप खोलें।
2. सेटिंग पर जाएं। इसके बाद व्हाट्सएप वेब / डेस्कटॉप पर क्लिक करें।
3. नीचे स्क्रॉल करें और स्कैन क्यूआर कोड चुनें। आपका फोन कैमरे का उपयोग करने की अनुमति मांग सकता है। इसे अनुमति दें।
4. QR कोड को स्कैन करने के लिए अपने फोन को कंप्यूटर स्क्रीन पर रखें। यह सब कुछ स्वचालित रूप से करेगा; आपको बस उस दिशा में कैमरे को इंगित करना है।
5. वह व्हाट्सएप क्लाइंट तुरंत खुल जाएगा और आपको आपके फोन पर पहले से मौजूद कोई भी संदेश दिखाएगा। अब, आप अपने कंप्यूटर पर व्हाट्सएप भेज और प्राप्त कर सकेंगे।
6. एक बार जब आप इसे सेट कर लेते हैं, तो व्हाट्सएप स्वचालित रूप से किसी भी समय आपके पास डेस्कटॉप या वेब ऐप खोल देगा। यदि आप लॉग आउट करना चाहते हैं, तो मेनू सेटिंग्स ड्रॉप–डाउन आइकन पर क्लिक करें और लॉग आउट चुनें।

आप व्हाट्सएप वेब स्क्रीन पर जाकर "सभी कंप्यूटरों रो लॉग आउट" टैप करके अपने सभी कंप्यूटरों को मोबाइल ऐप से लॉग आउट कर सकते हैं।

फेसबुक मैसेंजर

फेसबुक मैसेंजर– मैसेंजर के रूप में जाना जाता है। ऐसा नहीं है कि सोशल मीडिया साइट के वेब–आधारित संदेश और स्मार्टफोन के बीच बातचीत, ध्वनि और वीडियो संचार सक्षम बनाता है, एक संदेश सेवा ऐप्लिकेशन है। यह आईओएस, एंड्रॉइड, विंडोज 10 उपकरणों के लिए भी उपलब्ध है और वाई–फाई या मोबाइल डेटा प्लान के माध्यम से जुड़ सकता है। उपयोगकर्ता संदेश भेज सकते हैं और फ़ोटो, वीडियो, स्टिकर, ऑडियो और फाइल्स भेज सकते हैं, साथ ही अन्य उपयोगकर्ताओं के संदेशों पर प्रतिक्रिया कर सकते हैं और बॉट्स के साथ बातचीत कर सकते हैं। सेवा आवाज और वीडियो कॉलिंग का भी समर्थन करती है। स्टैंडअलोन ऐप कई खातों का उपयोग करते हुए समर्थन करते हैं, वैकल्पिक एंड–टू–एंड एन्क्रिप्शन के साथ बातचीत।

1. अपने कंप्यूटर वेब ब्राउज़र में फेसबुक खोलें। इससे आपका न्यूज़ फीड पेज खुल जाएगा।
2. पेज के ऊपरी–दाएं कोने में एक लाइटनिंग बोल्ट आइकन के साथ संदेश आइकन पर क्लिक करें। एक ड्रॉप–डाउन मेनू दिखाई देगा।
3. नया संदेश पर क्लिक करें; यह पृष्ठ के निचले भाग में एक नई चैट विंडो खोलता है।
4. ड्रॉप–डाउन मेनू में प्रदर्शित होने वाले नामों की सूची को संकेत देने के लिए किसी मित्र के नाम के पहले कुछ अक्षर दर्ज करें।
5. उस दोस्त के नाम पर क्लिक करें, जिसके साथ आप बात करना चाहते हैं। यह उन्हें चैट में जोड़ देगा।
6. "एक संदेश लिखें" टेक्स्ट फ़ील्ड पर क्लिक करें। यह चैट विंडो के निचले भाग में स्थित है।
7. एंटर दबाकर खुद ही अपना मैसेज भेज देंगे।
8. अगर आपको फ़ेसबुक, स्टिकर या फ़ेसबुक के माध्यम से अन्य सामग्री पसंद है तो अपने संदेशों में आइटम जोड़ें।

- तस्वीरें चैट विंडो के निचले–बाएँ कोने में फ़ोटो आइकन पर क्लिक करें, और फिर अपने कंप्यूटर से एक तस्वीर का चयन करें और फ़ोटो भेजने के लिए एंटर दबाएं।
- स्टिकर एक स्टिकर श्रेणी का चयन करें, और इसे भेजने के लिए एक स्टिकर पर क्लिक करें।
- GIF चैट विंडो के निचले भाग पर GIF बटन पर क्लिक करें; भेजने के लिए GIF की खोज करें।
- इमोजी चैट विंडो के निचले भाग में स्माइली फेस आइकन पर क्लिक करें; एक इमोजी खोजें जिसे आप उपयोग करना चाहते हैं।
- फ़ाइलें चैट विंडो के नीचे स्थित पेपरक्लिप आइकन पर क्लिक करें। अपने कंप्यूटर से एक फ़ाइल का चयन करें, और फ़ाइल भेजने के लिए एंटर दबाएं।

टेलीग्राम

टेलीग्राम क्लाउड आधारित इंस्टेंट मैसेजिंग और वॉइस ओवर आईपी सेवा है जिसे रूसी उद्यमी पावेल ड्यूरोव और उनके भाई निकोलाई ने विकसित किया है। इसका उपयोग स्मार्टफोन, टैबलेट, लैपटॉप और डेस्कटॉप कंप्यूटर पर किया जा सकता है। यह एंड्रॉइड, आईओएस, विंडोज फोन, विंडोज एनटी, मैकओएस और लिनक्स के लिए भी उपलब्ध है। उपयोगकर्ता 1.5 जीबी तक संदेश और फोटो, वीडियो, स्टिकर, ऑडियो और अन्य प्रकार की फाइलें भेज सकते हैं।

डिफ़ॉल्ट रूप से, टेलीग्राम में संदेश और मीडिया क्लाइंट–सर्वर एन्क्रिप्टेड और सर्वर पर संग्रहीत होते हैं। यह सेवा दो ऑनलाइन उपयोगकर्ताओं के बीच वॉयस कॉल और वैकल्पिक एंड–टू–एंड एन्क्रिप्टेड "गुप्त" चैट के लिए एंड–टू–एंड एन्क्रिप्शन प्रदान करती है।

आपके कंप्यूटर पर टेलीग्राम का उपयोग करने के विभिन्न तरीके हैं

- विंडोज / मैक ओएसएक्स / लिनक्स एप्लिकेशन का उपयोग करना।
- क्रोम वेब स्टोर से ऐप का उपयोग करना।
- वेब क्लाइंट का उपयोग करना।

टेलीग्राम विंडोज एप्लीकेशन का उपयोग करना

1. यदि आपके पास ऐप नहीं है, तो इसे https://desktop.telegram.org/ से मुक्त करें।
2. टेलीग्राम ऐप खोलें।
3. स्टार्ट मैसेजिंग आइकन पर क्लिक करें। यह विंडो के निचले भाग में नीला बटन है।
4. अपना मोबाइल नंबर टाइप करें, ताकि आप टेलीग्राम सेट कर सकें।
5. Next पर क्लिक करें। टेलीग्राम आपको एक एसएमएस संदेश भेजेगा जिसमें 5 अंकों का कोड होगा।
6. एसएमएस संदेश से कोड दर्ज करें। पहुँच पाने में कई मिनट लगेंगे।
7. अगला क्लिक करें। अब आप टेलीग्राम में साइन इन हैं।

वेब स्टोर का उपयोग करना

1. एक ब्राउजर में https://web.telegram.org पर जाएं। यह टेलीग्राम के वर्जन को क्रोम, सफारी या एज जैसे किसी भी वेब ब्राउजर से एक्सेस करेगा।

2. टेलीग्राम सेट करने के लिए अपना मोबाइल फोन नंबर टाइप करें।
3. **Next** पर क्लिक करें। अब यह फोन नंबर पर 5 अंकों का पुष्टिकरण कोड भेजेगा।
4. एसएमएस संदेश के माध्यम से आपको प्राप्त पुष्टि कोड दर्ज करें।
5. **Next** पर क्लिक करें। अब आप टेलीग्राम में साइन इन हैं।

11.8 ब्लॉग का परिचय

ब्लॉग एक प्रकार की वेबसाइट है, जिसे नई कंटेंट के साथ नियमित रूप से अपडेट किया जाता है। यह एक ऑनलाइन जर्नल या सूचनात्मक वेबसाइट है, जो पहले के दिखने वाले नवीनतम पोस्ट के साथ रिवर्स कालानुक्रमिक क्रम में जानकारी प्रदर्शित करती है। एक ब्लॉग की कंटेंट में आमतौर पर टेक्स्ट, चित्र, वीडियो, एनिमेटेड जीआईएफ और हार्ड कॉपी डॉक्यूमेंट की पत्रिकाएं शामिल होती हैं। चूँकि एक ब्लॉग व्यक्तिगत उपयोग के लिए मौजूद हो सकता है, एक विशेष समूह के साथ जानकारी साझा करने या जनता को जोड़ने के लिए, एक ब्लॉग स्वामी निजी या सार्वजनिक उपयोग के लिए अपना ब्लॉग सेट कर सकता है।

आज बहुत से लोग ब्लॉगिंग क्यों कर रहे हैं?

आज ज्यादातर लोग विभिन्न कारणों से एक ब्लॉग बना रहे हैं। हर इंसान की अपनी कहानी होती है। इसलिए, इंटरनेट के माध्यम से, ब्लॉगर्स लोगों के एक बड़े समूह से संवाद कर सकते हैं। यह इतना लोकप्रिय क्यों है? यह आपको किसी भी विषय पर बात करने और अपनी राय व्यक्त करने की अनुमति देता है। आपको दिन के दौरान होने वाली हर गतिविधि पर कुछ ब्लॉगर्स लिखने होंगे। ये छोटे मुद्दों से लेकर जैसे मानवाधिकार और जलवायु परिवर्तन जैसे बड़े मुद्दों तक जा सकते हैं।

ब्लॉग बनाने के कई कारण हैं। यहाँ, कुछ सबसे सामान्य कारण:

1. अपने अनुभवों और विशेषज्ञता को साझा करने के लिए
2. एक ऐसे मुद्दे के बारे में बोलने के लिए जिसकी वे परवाह करते हैं
3. शौक और जुनून के साथ और अधिक शामिल होने के लिए
4. एक समुदाय का हिस्सा बनना
5. अपने जीवन के बारे में परिवार और दोस्तों को अपडेट रखने के लिए

11.9 ई–कॉमर्स की मूल बातें

ई–कॉमर्स उपभोक्ताओं को समय और दूरी की बाधाओं के साथ इलेक्ट्रॉनिक रूप से वस्तुओं और सेवाओं का आदान–प्रदान करने की अनुमति देता है। पिछले पांच वर्षों में इसका तेजी से विस्तार हुआ है और इस दर को जारी रखने या यहां तक कि तेजी लाने की भविष्यवाणी की गई है। निकट भविष्य में, "पारंपरिक" और "इलेक्ट्रॉनिक" वाणिज्य के बीच की सीमाएं तेजी से धुंधली हो जाएंगी क्योंकि अधिक से अधिक व्यवसाय इंटरनेट पर अपने संचालन के वर्गों को आगे बढ़ाते हैं।

इलेक्ट्रॉनिक कॉमर्स इलेक्ट्रॉनिक फंड ट्रांसफर, सप्लाई चेन मैनेजमेंट, इंटरनेट मार्केटिंग, ऑनलाइन ट्रांजेक्शन प्रोसेसिंग, इलेक्ट्रॉनिक डेटा इंटरचेंज (EDI), इन्वेंट्री मैनेजमेंट सिस्टम और ऑटोमेटेड डेटा कलेक्शन सिस्टम जैसी तकनीकों पर अपनी पकड़ बनाता है। आधुनिक इलेक्ट्रॉनिक कॉमर्स आमतौर पर लेन–देन जीवन–चक्र में कम से कम एक बिंदु पर वर्ल्ड वाइड वेब (डब्ल्यू डब्ल्यू डब्ल्यू) का उपयोग करता है, हालांकि यह ई–मेल, मोबाइल उपकरणों और टेलीफोन जैसी प्रौद्योगिकियों की एक विस्तृत श्रृंखला को शामिल कर सकता है।

सूचना प्रौद्योगिकी अधिनियम, 2000, भारत में ई–कॉमर्स की गतिविधियों को नियंत्रित करता है।

इलेक्ट्रॉनिक कॉमर्स से संबंधित कुछ सामान्य एप्लिकेशन इस प्रकार हैं:

- उद्यम सामग्री प्रबंधन
- ईमेल
- स्वचालित ऑनलाइन सहायक
- तात्कालिक संदेशन
- समाचार समूह
- ऑनलाइन शॉपिंग और ऑर्डर ट्रैकिंग
- इलेक्ट्रॉनिक टिकट
- टेलीकांफ्रेंसिंग

11.10 नेतिकेट्टे

नेटिकेट्स इंटरनेट पर सही व्यवहार के नियम हैं। वे इंटरनेट को संचार के पारंपरिक रूपों, जैसे टेलीफोनिक वार्तालाप, आमने–सामने की बैठकों और कागज आधारित पत्रों से अलग करते हैं। यह आपको गलतफहमी से बचने में मदद करता है, जो किसी भी इंटरनेट सेवाओं, विशेष रूप से ई–मेल, चैट और मेलिंग सूचियों, आदि के माध्यम से संपन्न संचार के दौरान उत्पन्न हो सकती है।

पुअर नेटिकट की प्रकृति

पुअर नेटिकेट में निम्नलिखित शामिल हैं:

- खराब व्याकरण और वर्तनी की त्रुटियां
- जंक मेल
- हर्ष भाषा

इंटरनेट शिष्टाचार के नियम

- संक्षिप्त रखें; उपयुक्त भाषा का उपयोग करें।
- कोई स्पैम नहीं है, और एक विषय पंक्ति शामिल है।

अच्छे नेटिकेट के लक्षण

संचार जो उपयोगकर्ताओं के समय को बर्बाद नहीं करते हैं उन्हें अच्छा नेटिकट माना जाता है।

11.11 रेलवे रिजर्वेशन, पासपोर्ट और ईहॉर्स (ओआरएस) जैसी ई–गवर्नेंस सेवाओं का अवलोकन

ई–गवर्नेंस से तात्पर्य नागरिकों को सरकारी सूचना और सेवाएँ देने के लिए इंटरनेट और वर्ल्ड वाइड वेब के उपयोग से है। अतीत में, भारत सरकार द्वारा प्रदान की जाने वाली सभी सेवाएँ, जैसे डाक सेवाएँ, रेलवे टिकट बुकिंग, पासपोर्ट के लिए आवेदन करना, आदि ऑफ़लाइन प्लेटफ़ॉर्म पर थीं और सूचना प्रौद्योगिकी के समर्थन के बिना मैन्युअल रूप से किया गया था। अब, सरकार ने सूचना प्रौद्योगिकी मंच पर कई सेवाएं ली हैं, जिन्हें ई–गवर्नेंस के रूप में जाना जाता है।

इंटरनेट का उपयोग न केवल सेवाओं को तेजी से बचाता है, बल्कि सरकार और नागरिकों के बीच अधिक पारदर्शिता भी लाता है। रेलवे आरक्षण प्रणाली में ई–गवर्नेंस भी बहुत महत्वपूर्ण भूमिका निभा रहा है। यह यात्रियों को स्रोत और गंतव्य के आधार पर उपलब्ध ट्रेनों के बारे में पूछताछ करने, बुकिंग करने और बुक किए गए टिकट की स्थिति को रद्द करने आदि की सुविधा प्रदान करता है।

ऑनलाइन आरक्षण प्रणाली का उपयोग करने के विभिन्न लाभ इस प्रकार हैं:

- सुविधाजनक
- टाइम एंड एफर्ट बचाता है।
- हरे ग्रह की ओर ले जाता है।

IRCTC (इंडियन रेलवे कैटरिंग एंड टूरिज्म कॉर्पोरेशन लिमिटेड) की आधिकारिक वेबसाइट www.irctc.co.in का उपयोग करके ट्रेन टिकटों का आरक्षण और रद्द किया जा सकता है।

पासपोर्ट

भारत सरकार ने सार्वजनिक सेवाओं के वितरण में सुधार करने के लिए, ई–गवर्नेंस के युग में नेतृत्व करने के लिए कई पहल की हैं। राष्ट्रीय ई–गवर्नेंस योजना (NeGP) में कई उच्च प्रभाव वाली ई–गवर्नेंस परियोजनाएं शामिल हैं जो भारत में पासपोर्ट सेवाओं में सुधार पर ध्यान केंद्रित करती हैं।

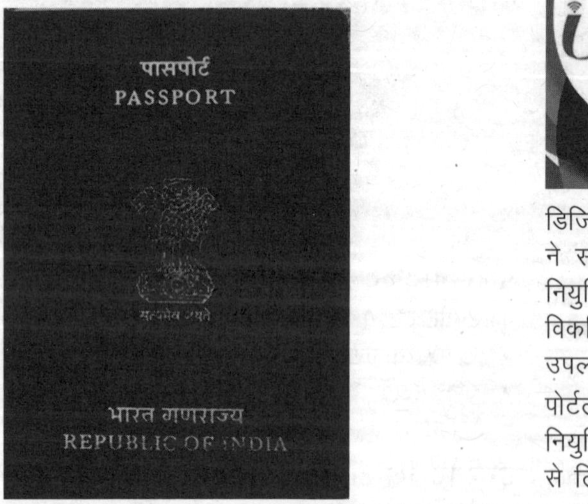

विदेश मंत्रालय 37 पासपोर्ट कार्यालयों और 180 भारतीय दूतावासों और विदेश में वाणिज्य दूतावास के नेटवर्क के माध्यम से भारतीय नागरिकों को पासपोर्ट जारी करने के लिए जिम्मेदार है।

पासपोर्ट उन लोगों के लिए आवश्यक है जो शिक्षा, पर्यटन, तीर्थयात्रा, चिकित्सा उपस्थिति, व्यावसायिक उद्देश्यों के लिए विदेश यात्रा कर रहे हैं। पासपोर्ट सेवा परियोजना भारत में पासपोर्ट सेवा और संबंधित सेवाओं को एक विश्वसनीय, सुविधाजनक और पारदर्शी तरीके से परिभाषित सेवाओं के स्तर पर वितरित करने के लिए बदल रही है।

PSP द्वारा प्राप्त सेवा परिवर्तन के मुख्य पहलू इस प्रकार हैं:

1. **कहीं भी कभी भी पहुंच:** नागरिक पासपोर्ट आवेदन जमा कर सकते हैं, और अपनी सुविधानुसार PSP पोर्टल (www.passportindia.gov.in) के माध्यम से पासपोर्ट शुल्क का भुगतान ऑनलाइन कर सकते हैं। यह पासपोर्ट संबंधी सभी सेवाओं की नवीनतम जानकारी भी प्रदान करता है।
2. **बढ़ा हुआ नेटवर्क:** इसने 37 पासपोर्ट कार्यालयों का विस्तार किया है।
3. **स्टेट ऑफ द आर्ट टेक्नोलॉजी इंफ्रास्ट्रक्चर:** यह अत्याधुनिक प्रौद्योगिकी इन्फ्रास्ट्रक्चर द्वारा भी समर्थित है, जो एन्ड–टू–एंड पासपोर्ट सेवाओं को बढ़ाया सुरक्षा के साथ वितरित करने में सक्षम बनाता है।
4. **कॉल सेंटर और हेल्पडेस्क:** नेशनल कॉल सेंटर का संचालन करने वाली भारतीय भाषाएं नागरिकों को पासपोर्ट सेवा से संबंधित जानकारी प्राप्त करने और सभी सात कार्य दिवसों में उनके पासपोर्ट आवेदन के बारे में अपडेट प्राप्त करने में सक्षम बनाती हैं।

ई–अस्पताल (ओआरएस)

अस्पतालों में मरीजों को दी जाने वाली सुविधाओं को बेहतर बनाने में सूचना प्रौद्योगिकी की महत्वपूर्ण भूमिका रही है। आज भी, बड़े सरकारी अस्पतालों में, मरीजों को डॉक्टर की सलाह लेने में सक्षम होने से पहले पंजीकरण कराने और आउट–पेशेंट डिपार्टमेंट (ओपीडी) स्लिप प्राप्त करने के लिए लंबी कतारों में खड़ा होना पड़ता है।

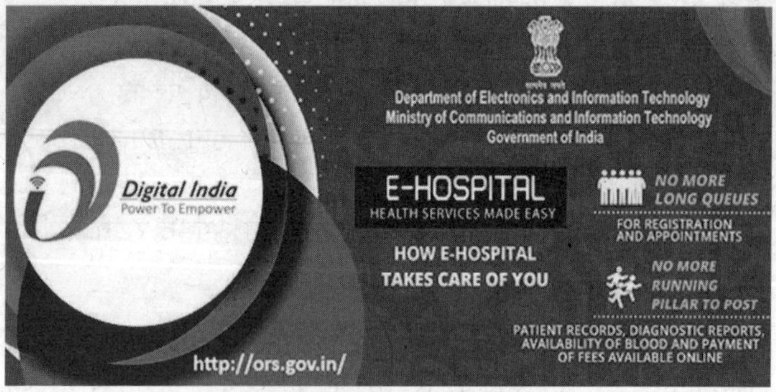

डिजिटल इंडिया पहल के तहत, राष्ट्रीय सूचना विज्ञान केंद्र (एनआईसी) ने सरकारी अस्पताल में विभिन्न विभागों के लिए ऑनलाइन ओपीडी नियुक्ति बुक करने के लिए एक ऑनलाइन पंजीकरण प्रणाली (ओआरएस) विकसित की है। पेशेंट पोर्टल http://orsgov.in. पर इंटरनेट पर उपलब्ध है।

पोर्टल विभिन्न अस्पतालों के विभिन्न विभागों के साथ ऑनलाइन नियुक्तियों की सुविधा प्रदान करता है। नियुक्ति को निम्नलिखित तरीकों से लिया जा सकता है:

- आधार नंबर के ई–नो योर कस्टमर (eKYC) डेटा का उपयोग करना, अगर मरीज का मोबाइल नंबर भारतीय विशिष्ट पहचान प्राधिकरण (UIDAI) के साथ पंजीकृत है।
- यदि मोबाइल नंबर UIDAI के साथ पंजीकृत नहीं है, तो यह रोगी के नाम का उपयोग करता है।

- नए रोगी को अप्वाइंटमेंट के साथ–साथ यूनीक हेल्थ आइडेंटिफिकेशन (UHID) नंबर मिलेगा। अगर आधार नंबर पहले से ही UHID नंबर के साथ जुड़ा हुआ है, तो नियुक्ति नंबर दिया जाएगा और UHID वही रहेगा।

विशेषताएं

- **सरल नियुक्ति प्रक्रिया:** अस्पताल में पहली यात्रा के लिए, पंजीकरण और डॉक्टर के साथ नियुक्ति के लिए, आपको बस इतना करना होगा कि आधार नंबर, अस्पताल, विभाग और नियुक्ति की तारीख का चयन करके खुद को सत्यापित करें, और नियुक्ति के लिए एसएमएस प्राप्त करें।
- **डैशबोर्ड रिपोर्ट:** वे सभी अस्पताल जिनके लिए नियुक्ति वेब के माध्यम से ली जा सकती है, उनके विभागों के साथ जिनके लिए ऑनलाइन नियुक्ति ली जा सकती है, रिपोर्ट में दिखाए गए हैं। आप इस पोर्टल के माध्यम से नियुक्ति लेने वाले नए और पुराने रोगियों के बारे में जानकारी दिखाने वाली विस्तृत रिपोर्ट देख सकते हैं।
- **हॉस्पिटल ऑन बोर्डिंग:** अस्पताल इस प्लेटफॉर्म पर आ सकते हैं और रोगियों द्वारा ऑनलाइन बुकिंग के लिए अपनी नियुक्ति स्लॉट प्रदान कर सकते हैं। प्रणाली अस्पतालों को आसानी से उनके पंजीकरण और नियुक्ति प्रक्रिया का प्रबंधन करने और उनकी निगरानी करने की सुविधा देती है।

नए पेशेंट के लिए नियुक्ति लेने की प्रक्रिया:

- पोर्टल http://ors.gov.in/copp/appointment.jsp पर जाएं।
- यदि आपके पास रोगी का आधार नंबर है, और मोबाइल नंबर यूआईडीएआई के पास पंजीकृत है, तो यूआईडीएआई द्वारा एसएमएस के माध्यम से वन टाइम पिन (ओटीपी) भेजा जाएगा। आधार धारक को ओपीडी नियुक्ति लेने के उद्देश्य से अस्पताल में यूआईडीएआई में संग्रहीत केवाईसी डेटा को साझा करने के लिए सहमति देने की आवश्यकता होगी।
- यदि रोगी के पास मोबाइल नंबर नहीं है और वह यूआईडीएआई के पास पंजीकृत नहीं है, तो आधार में मरीज का नाम दिया जाना चाहिए। UIDAI के साथ जनसांख्यिकीय प्रमाणीकरण करने के बाद, रोगी को एक मोबाइल नंबर और अन्य विवरण जैसे पता, आयु आदि देने का अनुरोध किया जाएगा।
- यदि उपयोगकर्ता के पास आधार नंबर नहीं है, तो वह ऑनलाइन अपॉइंटमेंट ले सकता है, लेकिन मरीज की पहचान प्रदान करने के बाद उसे अस्पताल से ओपीडी कार्ड इकट्ठा करना होगा।
- उपयोगकर्ता एक सरकारी अस्पताल में विभाग का चयन कर सकता है जहां रोगी को चेक–अप के लिए जाना पड़ता है।
- इसके बाद, उपयोगकर्ता को ओपीडी नियुक्ति का विवरण एसएमएस के माध्यम से एक पुष्टिकरण भेजा जाएगा।

11.12 "उमंग ऐप" का उपयोग करके मोबाइल पर ई–गवर्नेंस सेवाओं तक पहुँच

UMANG का फुल फॉर्म Unified Mobile Application वित New&age Governance है। इस ऐप को राष्ट्रीय ई–गवर्नेंस डिवीजन (NeGD) और इलेक्ट्रॉनिक्स और सूचना प्रौद्योगिकी मंत्रालय (MeitY) द्वारा विकसित किया गया है। भारत में मोबाइल शासन चलाने का उद्देश्य। इसे केवल एक ही प्लेटफॉर्म का उपयोग करके केंद्रीय, राज्य और स्थानीय सरकारी सेवाओं की एक श्रृंखला तक पहुंच प्रदान करने के लिए डिज़ाइन किया गया है।

भारत सरकार एंड्रॉइड, आईओएस, विंडोज पर विभिन्न भारतीय भाषाओं में 1,200 से अधिक केंद्रीय और राज्य सरकार की सेवाओं तक पहुंचने के लिए सभी में एक एकीकृत सुरक्षित मल्टी–चैनल फ्रीवेयर मोबाइल ऐप प्रदान कर रही है। यह आधार , डिजिलॉकर , भारत बिल पेमेंट सिस्टम , पैन , एपफओ सेवाओं, PMKVY सेवाओं, AICTE, CBSE, टैक्स और शुल्क या उपयोगिताओं बिल भुगतान, शिक्षा, नौकरी खोज, कर, व्यापार, स्वास्थ्य, कृषि, यात्रा, जन्म जैसी सेवाओं का समर्थन करता है प्रमाण पत्र, ई–जिला, पासपोर्ट आदि।

इस ई–गवर्नेंस सेवा को कई चैनलों, जैसे मोबाइल ऐप, आईवीआर, वेबसाइट, आदि के माध्यम से एक्सेस किया जा सकता है। आप वेब साइट https://web.umang.gov.in/web/#/ के लिए निम्नलिखित साइटों के माध्यम से UMANG पर पंजीकरण कर सकते हैं। और मोबाइल ऐप https://web.umang.gov.in/uaw/appdown.html

अपने मोबाइल फोन पर UMANG ऐप कैसे डाउनलोड करें

- आधिकारिक उमंग ऐप वेबसाइट पर प्रदान किए गए QR कोड को स्कैन करें।
- 97183–97183 पर मिस्ड कॉल करके अपने फोन पर UMANG ऐप लिंक प्राप्त करें।
- UMANG वेबसाइट पर आपके द्वारा प्रदान किए गए फोन नंबर पर एसएमएस द्वारा ऐप के लिए एक डाउनलोड लिंक प्राप्त करें।

UMANG App पर कैसे रजिस्टर करें?

निम्नलिखित कदम आपको UMANG ऐप पर एक नए उपयोगकर्ता पंजीकरण के लिए मार्गदर्शन करते हैं:

1. UMANG ऐप लॉन्च करें और रजिस्टर विकल्प पर क्लिक करें।
2. एक बार जब आप पंजीकरण विकल्प पर क्लिक करते हैं, तो आपको मोबाइल नंबर सत्यापन पृष्ठ पर भेज दिया जाएगा। इस पृष्ठ पर आपको UMANG ऐप पंजीकरण प्रक्रिया को पूरा करने के लिए OTP जनरेट करने के लिए अपना मोबाइल नंबर प्रदान करना होगा।
3. एक बार जब आप ओटीपी उत्पन्न कर लेते हैं और इनपुट करते हैं, तो आपको एक एमपीआईएन बनाने के लिए कहा जाएगा और एक बार एमपीआईएन सेट करने के बाद, पंजीकरण पूरा हो गया है और आप UMANG ऐप होम पेज देख सकते हैं। यह पृष्ठ UMANG ऐप के माध्यम से हाल ही में खोली गई सेवाओं की एक छोटी सूची दिखाता है।

UMANG App पर लॉगिन करें

आप विभिन्न तरीकों का उपयोग करके UMANG ऐप में लॉग इन कर सकते हैं:

1. UMANG ऐप और m-PIN के साथ पंजीकृत मोबाइल नंबर।
2. UMANG ऐप और OTP के साथ पंजीकृत मोबाइल नंबर।

3. यदि आपने ऐप के साथ अपने सोशल मीडिया अकाउंट का विवरण अपडेट किया है, तो आप अपने फेसबुक का उपयोग करके लॉगिन कर सकते हैं, Google+ या ट्विटर क्रेडेंशियल्स।

UMANG ऐप की मुख्य विशेषताएं और लाभ

इस सरकारी योजना ऐप की कुछ प्रमुख विशेषताएं निम्नलिखित हैं:

- इन–ऐप फिल्टर का उपयोग करके एक विशिष्ट राज्य या केंद्र सरकार सेवा की खोज करने में मदद करता है।
- कई क्षेत्रीय भाषाओं के साथ–साथ अंग्रेजी में भी उपलब्ध है।
- आप ऐप का उपयोग करके 150 से अधिक विभिन्न केंद्र और राज्य सरकार की सेवाओं का लाभ उठा सकते हैं।
- विभिन्न उपयोगिता बिल, गैस, पानी, बिजली, आदि के आसान ऑनलाइन भुगतान का विकल्प।
- UMANG ऐप के माध्यम से प्रस्ताव पर प्रमुख एकीकरण सेवाओं में डिजिलॉकर और आधार शामिल हैं।

मोबाइल के लिए UMANG एप्लिकेशन के माध्यम से उपलब्ध सेवाएं इस प्रकार हैं:

- **डिजिलॉकर**: डॉक्यूमेंट/प्रमाणपत्रों को संग्रहीत करने, साझा करने और सत्यापित करने के लिए एक सुरक्षित क्लाउड–आधारित प्लेटफ़ॉर्म।
- **आधार कार्ड**: यह आपको डिजीलॉकर खाते से अपना आधार कार्ड डाउनलोड करने के साथ–साथ देखने की अनुमति देता है।
- **ईपीएफओ**: यह आपको पंजीकृत मोबाइल नंबर पर यूएएन और ओटीपी का उपयोग करके अपने ईपीएफ (कर्मचारी भविष्य निधि) खाता शेष, ईपीएफ पेंशन खाता शेष आदि की निगरानी करने की अनुमति देता है।
- **एनपीएस**: UMANG ऐप के माध्यम से राष्ट्रीय पेंशन प्रणाली लॉगिन आपको PRAN और पासवर्ड के माध्यम से अपने टियर 1 और टियर 2 अकाउंट बैलेंस आदि की जांच करने की अनुमति देता है।
- **आयकर का भुगतान करें**: UMANG आवेदन कर दाताओं को अपने अग्रिम कर, सेल्फ असेसमेंट टैक्स का भुगतान करने की अनुमति देता है।
- **e-RaktKosh**: यह देश भर में ब्लड बैंकों के अधिक डिजिटलीकरण और कनेक्टिविटी के माध्यम से रक्त बैंकों तक पहुंच प्रदान करने के लिए बनाया गया है।
- **जीवन प्रचार**: यह सेवा केवल पेंशनभोगियों के लिए उपलब्ध है। यह पेंशनभोगियों को बाहरी बॉयोमीट्रिक डिवाइस से जुड़े मोबाइल हैंडसेट का उपयोग करके लाइफ सर्टिफिकेट जेनरेट करने की अनुमति देता है।
- **सीबीएसई**: आप अपने सभी सीबीएसई बोर्ड और प्रतियोगी परीक्षाओं के लिए परीक्षा परिणाम देख सकते हैं और परीक्षा केंद्र का पता लगा सकते हैं।
- **पासपोर्ट सेवा**: यह विदेश मंत्रालय, भारत सरकार की एक पहल है। यह पासपोर्ट और संबंधित सेवाओं के वितरण के लिए सरल प्रक्रियाओं को सक्षम बनाता है।

11.13 डिजिटल लॉकर

डिजिलॉकर एक "डिजिटल लॉकर" सेवा है जो इलेक्ट्रॉनिक्स और सूचना प्रौद्योगिकी विभाग (DeitY) भारत सरकार द्वारा संचालित है। यह भारतीय नागरिकों को क्लाउड पर कुछ आधिकारिक दस्तावेजों को संग्रहीत करने में सक्षम बनाता है। सेवा का उद्देश्य भौतिक दस्तावेजों को ले जाने की आवश्यकता को कम करना है। आप सरकारी एजेंसियों, शिक्षा प्रमाणपत्र, पैन कार्ड, ड्राइविंग लाइसेंस, वाहन दस्तावेज़ आदि द्वारा जारी किए गए पहचान पत्र को संग्रहीत करने के लिए 1 जीबी स्थान तक स्टोर कर सकते हैं।

डिजिटल लॉकर पोर्टल

इस पोर्टल का उपयोग करने के लिए, **digitallocker.gov.in** पर जाएं। आधार कार्ड नंबर का उपयोग करके डिजिटल लॉकर के लिए साइन अप करें। आधार से जुड़े मोबाइल नंबर पर भेजे गए वन टाइम पासवर्ड को दर्ज करना होगा।

डिजिटल लॉकर प्रणाली के निम्नलिखित उद्देश्य हैं:

- यह क्लाउड पर डिजिटल लॉकर प्रदान करके निवासियों के डिजिटल सशक्तिकरण को सक्षम बनाता है।
- यह दस्तावेजों के ई–हस्ताक्षर को सक्षम बनाता है और उन्हें इलेक्ट्रॉनिक और ऑनलाइन उपलब्ध कराता है। यह भौतिक दस्तावेजों के उपयोग को कम करता है।
- ई–दस्तावेजों की प्रामाणिकता सुनिश्चित करता है, जिससे नकली दस्तावेजों का उपयोग समाप्त हो जाता है।
- सरकार के लिए सुरक्षित पहुँच प्रदान करता है। निवासियों के लिए एक वेब पोर्टल और मोबाइल एप्लिकेशन के माध्यम से दस्तावेज जारी किए।
- कभी भी, निवासी द्वारा दस्तावेजों तक कहीं भी पहुँच।
- एक अच्छी तरह से संरचित मानक दस्तावेज़ प्रारूप और विभागों और एजेंसियों के दस्तावेजों के आसान साझाकरण का समर्थन करने के लिए खुला और अंतर–मानक मानकों पर आधारित है।
- निवासियों के डेटा की गोपनीयता और अधिकृत पहुंच सुनिश्चित करता है।

डिजिटल लॉकर सिस्टम के घटक

- रिपॉजिटरी ई–दस्तावेजों का एक संग्रह है, जो एक मानक प्रारूप में जारीकर्ताओं द्वारा अपलोड किए जाते हैं। यह उजागर करता है

सुरक्षित वास्तविक समय की खोज और पहुंच के लिए मानक एपीआई का एक सेट।

- एक्सेस गेटवे ई–दस्तावेज़ यूआरआई (यूनिफ़ॉर्म रिसोर्स इंडिकेटर) का उपयोग करके वास्तविक समय में विभिन्न रिपॉजिटरी से ई–दस्तावेजों तक पहुंचने के लिए अनुरोधकर्ताओं के लिए एक सुरक्षित ऑनलाइन तंत्र प्रदान करता है। यूआरआई रिपॉजिटरी में एक जारीकर्ता द्व ारा अपलोड किए गए ई–दस्तावेज़ का एक लिंक है। प्रवेश द्वार रिपॉजिटरी के पते की पहचान करेगा जहां ई–दस्तावेज़ यूआरआई के आधार पर संग्रहीत है और ई–दस्तावेज़ को उस रिपॉजिटरी से प्राप्त करेगा।

सारांश

यह अध्याय ई–मेल, सोशल नेटवर्किंग और ई–गवर्नेंस सेवाओं के बारे में जानकारी प्रस्तुत करता है। हमने ईमेल की बुनियादी संरचना और ईमेल खाता खोलने के तरीके पर चर्चा की है । आगे हमने बताया कि कैसे ईमेल अटैचमेंट के साथ–साथ एक ईमेल संदेश बनाएं और भेजें और ईमेल संदेश को अग्रेषित करना, खोजना और सॉर्ट कैसे करे। इसके बाद, हमने फेसबुक, ट्विटर, लिंक्डइन और इंस्टाग्राम जैसे सोशल नेटवर्किंग और फेसबुक मैसेंजर, व्हाट्सएप और टेलीग्राम में इंस्टेंट मैसेजिंग का उपयोग करने के बारे में चर्चा की है। हमने ई–गवर्नेंस सेवाओं, जैसे रेलवे आरक्षण, पासपोर्ट और ई–अस्पताल की बुनियादी बातों पर चर्चा की और UMANG का उपयोग करते हुए मोबाइल फोन पर सेवाओं का उपयोग कैसे करें यह समझाया है।

मॉडल प्रश्न और उत्तर

क. बहुविकल्पीय प्रश्न

1. निम्नलिखित में से कौन सा प्रतीक ई–मेल पते के दो भागों को अलग करता है?
(क) – (ख) और
(ग) @ (घ) इनमें से कोई नहीं

2. आमतौर पर, ई–मेल पता .... में होता है।
(क) लोअरकेस (ख) प्रोपेरकासे
(ग) अपरकेस (घ) उपर्युक्त सभी

3. निम्नलिखित में से कौन संचार का सबसे आसान तरीका है?
(क) ई–मेल (ख) टेलीफोन (ग) फैक्स (घ) लेटर

4. अपने इनबॉक्स से कोई संदेश हटाने से पहले आपको क्या करने की आवश्यकता है?
(क) संदेश मिटाओ
(ख) संदेश का चयन करें
(ग) संदेश का चयन रद्द करें
(घ) संदेश को बैकस्पेस करें

5. संदेश मूव करने के लिए एक संदेश को स्थानांतरित करे और उसके बाद :
(क) उस फ़ोल्डर को इंगित करें जिसे आप स्थानांतरित करना चाहते हैं
(ख) माउस पर क्लिक करें और उसे खींचें
(ग) संदेश को डबल–क्लिक करें
(घ) उपरोक्त में से कोई नहीं

6. मेल एक्सेस क्लाइंट से शुरू होता है जब उपयोगकर्ता को ई–मेल से डाउनलोड करने की आवश्यकता होती है।
(क) मेलबॉक्स (ख) मेल सर्वर
(ग) मेल होस्ट (घ) इंटरनेट

7. डिजिटल इंडिया पहल के तहत, ऑनलाइन पंजीकरण प्रणाली .... ने विकसित की थी।
(क) राष्ट्रीयता इनफार्मेशन केंद्र (ख) राष्ट्र सूचना केंद्र
(ग) राष्ट्रीय सूचना विज्ञान केंद्र (घ) राष्ट्रवाद सूचना विज्ञान केंद्र

8. निम्न में से कौन इंटरनेट पर सबसे लोकप्रिय सोशल नेटवर्किंग साइट है?
(क) माइस्पेस (ख) ऑर्कुट (ग) फेसबुक (घ) मित्र

9. UMANG पर कौन सी सेवाएं उपलब्ध हैं?
(क) ईपीएफओ (ख) पेंशन पोर्टल
(ग) CBSE (घ) उपरोक्त सभी

10. .... दूरसंचार द्वारा कंप्यूटर–संग्रहीत संदेशों का आदान–प्रदान है।
(क) ई–वेब (ख) ई–मेल (ग) ई–नेट (घ) ई–चार्ट

11. UMANG का पूर्ण रूप है।
(क) नए युग के शासन के लिए एकीकृत मोबाइल अनुप्रयोग
(ख) नई–सरकार के लिए यूनी मोबाइल ऐप
(ग) नए जमाने की सरकारों के लिए उनिफिए मोबाइल अप्प्स
(घ) नई–आयु शासन के लिए यूनी मॉब ऐप एप्लिकेशन

12. जी–मेल संबंधित है:
(क) गोफर मेल (ख) याहू मेल
(ग) ग्रेट मेल (घ) गूगल मेल

13. उनमें से कौन ईमेल सुरक्षा के लिए एक उचित तरीका नहीं है?
(क) स्ट्रांग पासवर्ड का उपयोग करें।
(ख) ईमेल एन्क्रिप्शन का उपयोग करें।
(ग) स्पैम फिल्टर और मैलवेयर स्कैनर।
(घ) अनजान लिंक पर क्लिक करें।

14. इलेक्ट्रॉनिक मेल भेजने और प्राप्त करने के लिए उपयोग किया जाता है।
(क) सिंपल मेल संक्रमण प्रोटोकॉल
(ख) सिंपल मेल ट्रांसपोर्ट प्रोटोकॉल
(ग) सिंपल मेल टर्मिनल प्रोटोकॉल
(घ) सिंपल मेल ट्रांसफर प्रोटोकॉल

15. ब्लॉग में निम्न शामिल हैं:
(क) टेक्स्ट और हाइपरटेक्स्ट (ख) एनिमेटेड जीआईएफ
(ग) चित्र (घ) उपरोक्त सभी

16. आप ईमेल में फ़ाइल क्यों संलग्न करेंगे?
(क) वायरस के बिना ई–मेल भेजने के लिए
(ख) ईमेल को एकाधिक सुनिश्चित करने के लिए

(ग) अपने कंप्यूटर पर ईमेल संदेश को बचाने में मदद करने के लिए
(घ) एक दस्तावेज या संदेश भेजने के लिए

17. स्पैम क्या है?
(क) एक खतरनाक वायरस (ख) सेवा प्रदाता
(ग) एक वेब ब्राउज़र (घ) अवांछित ईमेल

18. मान्य ई–मेल पता है:
(क) VMLA @ India-com (ख) @ VRM @ india-com
(ग) Vrm.india.com (घ) vrm@india-com

19. निम्नलिखित में से कौन सा प्रोटोकॉल इलेक्ट्रॉनिक मेल द्वारा उपयोग किया जाता है?
(क) टेलनेट (ख) एफ़टीपी (ग) SMTP (घ) RDP

20. ई–मेल संदेश द्वारा संरक्षित किया जा सकता है।
(क) एन्क्रिप्शन (ख) कैशिंग (ग) मिररिंग (घ) पीछा

21. पहला ईमेल किस वर्ष भेजा गया था?
(क) 1982 (ख) 1992 (ग) 1977 (घ) 1971

22. ईमेल के साथ हम फ़ाइल संलग्न कर सकते हैं:
(क) एक से अधिक नहीं (ख) दो से अधिक नहीं
(ग) वन (घ) इनमें से कोई नहीं

23. निम्नलिखित में से कौन सा प्रोटोकॉल इंटरनेट मेल द्वारा उपयोग किया जाता है?
(क) HTTP (ख) टीसीपी/आईपी
(ग) FTP (घ) इनमें से कोई नहीं

24. निम्नलिखित में से कौन एक ई–मेल सर्वर नहीं है।
(क) रेडिफ (ख) आउटलुक
(ग) दोनों (क) और (ख) (घ) लिंकडेन

25. अमान्य ई–मेल पता है:
(क) VMLA @ India-com (ख) @ VRM @ india-com
(ग) Vrm.india.com (घ) vrm@india-com

26. एक URL में डोमेन नाम निम्न को संदर्भित करता है:
(क) प्रोटोकॉल (ख) सर्वर
(ग) फ़ाइल नाम (घ) डायरेक्टरी

27. इंटरनेट एक्सप्लोरर का ई–मेल घटक कहा जाता है:
(क) संदेश बॉक्स (ख) आउटलुक एक्सप्रेस
(ग) मैसेंजर मेलबॉक्स (घ) उपरोक्त में से कोई नहीं

28. त्वरित पुनर्प्राप्ति के लिए संपर्क जानकारी संग्रहीत करने के लिए सुविधाजनक स्थान .... है।
(क) पता बॉक्स (ख) संदेश बॉक्स
(ग) पता पुस्तिका (घ) उपर्युक्त कोई नहीं

29. स्माइल को किस स्माइली द्वारा प्रस्तुत किया जाता है?
(क) भ्रमित चेहरा (ख) हंसता हुआ चेहरा
(ग) हैरान चेहरा (घ) उदास चेहरा

30. शोक्ड किस स्माइली द्वारा प्रदर्शित किया जाता है:
(क) भ्रमित चेहरा (ख) हंसता हुआ चेहरा
(ग) हैरान चेहरा (घ) हैरान चेहरा

31. एक मेलबॉक्स से ई–मेल लाने के लिए उपयोग किया जाने वाला एक सरल प्रोटोकॉल .... है।
(क) POP2 (ख) पॉप 3
(ग) IMAP (घ) कोई नहीं

32. ई–मेल में इनमें से किससे बचना चाहिए?
(क) गलत ई–मेल पता (ख) विषय रेखा
(ग) स्माइलीज (घ) फिर से पढ़ने

33. मैसेंजर मेलबॉक्स .... में मौजूद है।
(क) इंटरनेट एक्सप्लोरर (ख) नेटस्केप कम्युनिकेटर
(ग) दोनों (क) और (ख) (घ) उपरोक्त में से कोई नहीं

34. ई–मेल संदेश .... द्वारा संरक्षित किया जा सकता है:
(क) मिररिंग (ख) कैशिंग
(ग) एन्क्रिप्शन (घ) फिर से भेजने

35. आईआरसी का मतलब .... के लिए खड़ा है।
(क) इंटरनेट संसाधन चैनल (ख) इंटरनेट रूटिंग चैनल
(ग) इंटरनेट राइट काउंसिल (घ) इंटरनेट रिले चैट

36. इनमें से कौन सा मुफ्त ई–मेल प्रदान नहीं करता है?
(क) हॉटमेल (ख) रेडिफ (ग) व्हाट्सप्प (घ) याहू

37. इनमें से कौन सा संचार का सबसे आसान तरीका है?
(क) ई–मेल (ख) टेलीफोन (ग) फैक्स (घ) पत्र

38. SMTP .... से संबद्ध है।
(क) टीसीपी/आईपी (ख) इलेक्ट्रॉनिक मेल
(ग) इंटरनेट एक्सप्लोरर (घ) डब्ल्यू डब्ल्यू डब्ल्यू

39. संदेश की प्रतियां अतिरिक्त लोगों को भेजी गईं बताता है।
(क) यूआरएल (ख) प्रतिलिपि
(ग) अंत (घ) गुप्त प्रतिलिपि

40. टाइप किए गए टेक्स्ट की सहायता से नेट पर बात करने के लिए किस शब्द का उपयोग किया जाता है?
(क) नया समूह (ख) ई–मेल
(ग) चैट करना (घ) कोई नहीं

41. यदि कोई अज्ञात व्यक्ति द्वारा ईमेल प्राप्त किया गया तो:
(क) एक बार इसे खोलें और उनकी व्यक्तिगत जानकारी पूछें।
(ख) एक को इसे खोलना चाहिए और यह कहना चाहिए कि आप उन्हें नहीं जानते।
(ग) इसे खोले बिना इसे हटा दिया जाना चाहिए।
(घ) इसे पुलिस को भेज दिया जाना चाहिए।

42. ईमेल पते में, ISP पते के साथ उपयोगकर्ता नाम को अलग करने के लिए उपयोग किया जाने वाला प्रतीक है:
(क) # (ख) और (ग) @ (घ) %

43. MIME स्टैंड फॉर ....।
(क) बहुउद्देशीय इंटरनेट मेल एक्सटेंशन
(ख) मल्टीपल इंटरनेट मेल एक्सटेंशन
(ग) मल्टीपल इंटरनेशनल मेल एक्सटेंशन
(घ) उपरोक्त में से कोई नहीं

44. ई–मेल पता .... से बना है।
(क) @ (ख) डोमेन नाम
(ग) उपयोक्ता नाम (घ) उपरोक्त सभी

45. इंटरनेट मानक .... है।
(क) MIME (ख) बिन हेक्स
(ग) उन–एन्कोडिंग (घ) उपर्युक्त सभी

46. नेटवर्क के माध्यम से अन्य लोगों को पत्र जैसे कुछ संदेश भेजना कहा जाता है:
(क) ई–मेल (ख) एफ़टीपी
(ग) ब्राउजिंग (घ) इनमें से कोई नहीं

47. ई–मेल को विभिन्न ई–मेल खातों में भेजा जाता है:
(क) वेब सर्वर (ख) ई–मेल सर्वर
(ग) ब्राउज़र (घ) इनमें से कोई नहीं

48. .... एक ई–मेल के साथ संलग्न आपके कंप्यूटर को गंभीरता से प्रभावित कर सकता है।
(क) संदेश (ख) वायरस (ग) कृमि (घ) ट्रोजन हॉर्स

49. एक ई–मेल पता उन भागों से बना होता है, जो '@' चिह्न से जुड़ते हैं।
(क) दो (ख) तीन
(ग) फोर (घ) इनमें से कोई नहीं

50. गैर–लाभकारी संगठन के लिए निम्न में से किस डोमेन का उपयोग किया जाता है?
(क) .com (ख) .edu (ग) .mil (घ) .org

ख. बताएं कि निम्नलिखित कथन सही हैं या गलत

51. ईमेल एक कंप्यूटर पर संग्रहीत जानकारी है जिसे दूरसंचार पर दो उपयोगकर्ताओं के बीच आदान–प्रदान किया जाता है।
52. ई–मेल का जिक्र करते समय, अटैचमेंट एक फाइल होती है जो ई–मेल संदेश के साथ भेजी जाती है।
53. ई–मेल पर भेजे जा रहे टेक्स्ट संदेश के अलावा, ई–मेल में फ़ाइल या अन्य डेटा को संलग्न करना संभव नहीं है।
54. आपका ई–मेल पता अद्वितीय होना चाहिए।
55. आप वेब–आधारित ई–मेल खाते से ई–मेल नहीं हटा सकते।
56. आप ऑनलाइन फ़ोल्डर में वेब–आधारित ई–मेल संदेशों को संग्रहीत नहीं कर सकते।
57. आप प्रति ई–मेल संदेश केवल एक अनुलग्नक भेज सकते हैं।
58. जब आप किसी संदेश का उत्तर देते हैं, तो आपको विषयः फ़ील्ड में टेक्स्ट दर्ज करना होगा।
59. यदि आप किसी संदेश के प्रेषक को जवाब देना चाहते हैं, तो प्रतिसाद बटन पर क्लिक करें।
60. आप ई–मेल संदेश में टेक्स्ट को प्रारूपित नहीं कर सकते हैं।
61. जब आप एक संदेश में कई पते शामिल करते हैं, तो आपको प्रत्येक पते को एक अवधि (?) के साथ अलग करना चाहिए।
62. UMANG को मोबाइल एप्लिकेशन, वेब, आईवीआर और एसएमएस जैसे कई चैनल्स पर एक्सेस किया जा सकता है, स्मार्टफोन के माध्यम से।
63. यदि आपके पास यूआईडीएआई के साथ पंजीकृत मोबाइल नंबर के साथ रोगी का आधार नंबर है, तो आप ओपीडी नियुक्ति ले सकते हैं।
64. डिजिटल लॉकर का उपयोग करके, आप क्लाउड पर कुछ आधिकारिक डॉक्यूमेंट संग्रहीत कर सकते हैं।
65. शिक्षा, पर्यटन और पारिवारिक यात्राओं के लिए विदेश जाने वालों के लिए पासपोर्ट आवश्यक है।
66. एक बाउंस किए गए संदेश अलर्ट ने संदेश दिया कि आपका ई–मेल पूर्ववत हो गया है, ताकि आपको फिर से सही पते के साथ संदेश भेजना पड़े ताकि यह सुनिश्चित हो सके कि आपका संदेश उसके प्राप्तकर्ता तक पहुँच गया है।
67. ई–मेल संदेश बनाने के लिए, अपने जीमेल इनबॉक्स के ऊपरी बाईं ओर स्थित मेल बटन पर क्लिक करें।
68. ई–मेल टेक्स्ट आधारित संदेशों तक सीमित है।
69. ई–मेल संदेश में, Cc फ़ील्ड के उपयोगकर्ता अन्य प्राप्तकर्ताओं को नहीं देख सकते हैं जबकि Bcc फ़ील्ड के उपयोगकर्ता संदेश प्राप्त करने वाले सभी लोगों को देख सकते हैं।
70. सोशल नेटवर्किंग में कंप्यूटर और राउटर के बीच संचार शामिल है।
71. ई–मेल आमतौर पर इंटरनेट या नेटवर्क पर डिजिटल संदेशों के आदान–प्रदान की एक विधि है।
72. ई–मेल पढ़ने के लिए, आपको ई–मेल सेवा के साथ साइन इन करना होगा।
73. ई–मेल में CC कार्बन कॉपी के लिए है।
74. MDA का मतलब मेल डिलीवरी एजेंट है।
75. आईआरसी का मतलब इंटरनेट रिले चैट है।
76. यूज़नेट समाचार का प्रदाता है?
77. IMAP पोर्ट 143 का उपयोग करता है, लेकिन SSL / TLS एन्क्रिप्टेड IMAP पोर्ट 993 का उपयोग करता है।
78. POP पोर्ट 110 का उपयोग करता है, लेकिन SSL / TLS एन्क्रिप्टेड POP पोर्ट 995 का उपयोग करता है।
79. SMTP पोर्ट 25 का उपयोग करता है, लेकिन SSL / TLS एन्क्रिप्टेड SMTP पोर्ट 465 का उपयोग करता है।
80. डिजिलॉकर फरवरी २०१५ में भारत सरकार द्वारा शुरू की गई एक सेवा है, जो निवासी भारतीय नागरिकों के दस्तावेज के भंडारण के लिए एक समर्पित व्यक्तिगत इलेक्ट्रॉनिक स्थान प्रदान करती है।
81. वाईफाई का उपयोग बिना किसी केबल के दो मशीन को जोड़ने के लिए किया जा सकता है।
82. नेटवर्क पता आमतौर पर आईपी पते के उपसर्ग के रूप में एन्कोडेड होता है।
83. इंटरनेट पर वेब ट्रैफ़िक को एफ़टीपी का उपयोग करके स्थानांतरित किया जाता है।
84. त्रुटि संदेश की रिपोर्ट करने के लिए ICMP प्रोटोकॉल का उपयोग किया जाता है।
85. याहू मैसेंजर चैटिंग एप्लीकेशन है।
86. एफ़टीपी प्रोटोकॉल क्लाइंट/सर्वर प्रोग्राम है, जिसका उपयोग डॉक्यूमेंट को पुनः प्राप्त करने के लिए किया जाता है।

87. मेटा सर्च इंजन अपने डेटाबेस की जानकारी रखता है।
88. ई–मेल संदेश में, Cc फ़ील्ड के उपयोगकर्ता अन्य प्राप्तकर्ता को नहीं देख सकते हैं, जबकि Bcc फ़ील्ड के उपयोगकर्ता संदेश के सभी प्राप्तकर्ता देख सकते हैं।
89. आप संदेश भेजने के लिए ईमेल का उपयोग कर सकते हैं लेकिन इंटरनेट पर फाइल नहीं भेज सकते
90. ई–मेल पता केस–सेंसिटिव हैं।
91. ई–मेल टेक्स्ट आधारित संदेश तक सीमित है।
92. प्रसारण संदेश भेजने के लिए ई–मेल का उपयोग किया जा सकता है, लेकिन केवल आपकी अपनी कंपनी के भीतर।
93. ई–मेल पते के दो भागों को @ प्रतीक द्वारा अलग किया जाता है।
94. बाउंस किए गए ई–मेल हमेशा संदेश भेजने वाले को वापस भेजते हैं।
95. ई–मेल पते के लिए केवल उपयोगकर्ता नाम की आवश्यकता होती है।
96. ई–मेल संदेश, डेटा, वीडियो, आवाज और ग्राफिक भेजने की एक विधि है।
97. हम आपके ई–मेल विन इंटरनेट पढ़ सकते हैं।
98. ई–मेल संदेश आमतौर पर केवल एक या दो लोगों को संबोधित और वितरित किए जाते हैं।
99. एक ई–मेल पते में, '@' चिह्न के बाद वाले अक्षर डोमेन के नाम का प्रतिनिधित्व करते हैं।
100. ई–मेल के दो भागों को @ से अलग किया गया है।

उत्तर

1.	(ग)	2.	(क)	3.	(क)	4.	(ख)
5.	(ख)	6.	(क)	7.	(ग)	8.	(ग)
9.	(घ)	10.	(क)	11.	(क)	12.	(घ)
13.	(घ)	14.	(ख)	15.	(घ)	16.	(घ)
17.	(घ)	18.	(घ)	19.	(ग)	20.	(क)
21.	(घ)	22.	(घ)	23.	(घ)	24.	(घ)
25.	(घ)	26.	(ख)	27.	(ख)	28.	(ग)
29.	(ख)	30.	(क)	31.	(ख)	32.	(क)
33.	(ख)	34.	(ग)	35.	(घ)	36.	(ग)
37.	(क)	38.	(ख)	39.	(घ)	40.	(ग)
41.	(ग)	42.	(ग)	43.	(क)	44.	(घ)
45.	(क)	46.	(क)	47.	(ख)	48.	(ख)
49.	(क)	50.	(घ)	51.	सही	52.	सही
53.	गलत	54.	सही	55.	गलत	56.	गलत
57.	गलत	58.	गलत	59.	गलत	60.	गलत
61	गलत	62.	सही	63.	सही	64.	सही
65.	सही	66.	सही	67.	गलत	68.	गलत
69.	गलत	70.	गलत	71.	सही	72.	सही
73.	सही	74.	सही	75.	सही	76.	सही
77.	सही	78.	सही	79.	सही	80.	सही
81.	सही	82.	सही	83.	गलत	84.	सही
85.	गलत	86.	सही	87.	गलत	88.	गलत
89.	गलत	90.	गलत	91.	गलत	92.	गलत
93.	सही	94.	सही	95.	गलत	96.	सही
97.	सही	98.	गलत	99.	सही	100.	सही

To know about the Strong Password

Keep a **strong password,** use at least 8 characters and make it a mix of small letters, cap, numbers and special characters. Think of a phrase and use the first letters to build your password. This will also help you remember it. For example - "I walk 5 km every day" and your password could beiW5kmeday@@. If you are wondering how to memorize the special characters you can think of @, @ as your shoes!

- Write your passwords in a notebook and keep it in a safe place.
- Don't store passwords on any device.
- Don't keep dictionary words as passwords as they can be cracked quite easily, even if the word has a very difficult spelling.
- Passwords, like '1234' or a blank or 'password' or your name, dob, your dog's name etc., are not difficult to guess.

Make sure you do not share your password with anyone at all. Don't have *the* same password for all your accounts, otherwise, if one password gets leaked all your accounts can be hacked into.

अध्याय 12

डिजिटल वित्तीय उपकरण और अनुप्रयोग

उद्देश्यः
पाठक समझने में सक्षम होगाः

- ❖ डिजिटल वित्तीय उपकरण
- ❖ इंटरनेट बैंकिंग
- ❖ ऑनलाइन बिल भुगतान

12.1 परिचय

डिजिटल वित्तीय उपकरण इंटरनेट, मोबाइल फोन और नई डिजिटल चैनल्स के माध्यम से धन के हस्तांतरण के माध्यम से लोगों को बुनियादी वित्तीय सेवाओं की डिलीवरी का विस्तार करते हैं। इन चैनल्स ने ग्राहकों और सेवा प्रदाताओं के लिए लागत को काफी कम कर दिया है, जिससे 365 दिन (चित्र 12.1) के लिए 24 घंटे सेवा प्रदान करने के लिए दरवाजा खोल दिया गया है।

चित्र 12.1: डिजिटल वित्तीय सेवा

डिजिटल वित्तीय सेवाओं के घटकः

क. **डिजिटल ट्रांसेक्शनल प्लेटफॉर्मः** यह एक ग्राहक को भुगतान और ट्रांसफ़र करने या बैंक के साथ इलेक्ट्रॉनिक रूप से वैल्यू स्टोर करने के लिए डिवाइस का उपयोग करने में सक्षम बनाता है।

ख. **रिटेल एजेंटः** यह लेन देन के विवरण को प्रेषित करने और प्राप्त करने के लिए संचार बुनियादी ढांचे से जुड़े एक डिजिटल उपकरण का उपयोग करता है। यह ग्राहकों को नकदी को इलेक्ट्रॉनिक रूप से संग्रहीत मूल्य में परिवर्तित करने और फिर उस मूल्य को नकदी में बदलने में सक्षम बनाता है।

ग. **डिवाइसः** ग्राहक के डिवाइस डिजिटल हो सकते हैं जैसे कि मोबाइल फोन डेटा और सूचना प्रसारित करने के लिए या कोई भी कार्ड मशीन जो पीओएस टर्मिनल जैसे डिजिटल उपकरणों से जुड़ती है।

12.2 डिजिटल वित्तीय उपकरण

हम डिजिटल वित्त को डिजिटल बुनियादी ढाँचे पर वितरित वित्तीय सेवाओं के रूप में परिभाषित करते हैं, जिसमें मोबाइल और इंटरनेट शामिल हैं। प्वाइंट–ऑफ–सेल (पीओएस) उपकरणों पर उपयोग किए जाने वाले मोबाइल फोन, कंप्यूटर या कार्ड सभी व्यक्तियों और व्यवसायों को एक डिजीटल राष्ट्रीय भुगतान अवसंरचना से जोड़ते हैं, जो सभी पक्षों में निर्बाध लेनदेन को सक्षम करते हैं।

उसमे समाविष्ट हैं:

- सभी प्रकार की वित्तीय सेवाएँ, जैसे भुगतान, बचत खाते, क्रेडिट, बीमा, और अन्य वित्तीय उत्पाद।
- सभी प्रकार के उपयोगकर्ता, जिसमें सभी आय स्तर पर व्यक्ति, सभी आकार के व्यवसाय और सभी स्तरों पर सरकारी संस्थाएँ शामिल हैं।
- वित्तीय सेवाओं के सभी प्रकार के प्रदाता, जिनमें बैंक, भुगतान प्रदाता, अन्य वित्तीय संस्थान, दूरसंचार कंपनियां, वित्तीय प्रौद्योगिकी (फिनटेक) स्टार्ट–अप, रिटेलर और अन्य व्यवसाय शामिल हैं।

12.2.1 ओटीपी (वन टाइम पासवर्ड) और क्यूआर (क्विक रिस्पांस) कोड

वन–टाइम पासवर्ड (ओटीपी) को वन–टाइम पिन के रूप में भी जाना जाता है। यह स्वचालित रूप से उत्पन्न वर्णों या संख्याओं की एक स्ट्रिंग है जो केवल एक कंप्यूटर सिस्टम या अन्य डिजिटल डिवाइस पर एक लॉगिन सत्र या लेनदेन के लिए मान्य है। यह पहचान की चोरी के कुछ रूपों को सुनिश्चित करता है कि एक कैप्चर किए गए उपयोगकर्ता नाम/पासवर्ड जोड़ी को दूसरी बार उपयोग नहीं किया जा सकता है।

वन टाइम पासवर्ड एसएमएस या पुश मैसेजिंग के माध्यम से उपयोगकर्ता के फोन पर भेजे जा सकते हैं और इसका उपयोग वेब आधारित सेवाओं, निजी क्रेडेंशियल्स और डेटा की सुरक्षा के लिए किया जाता है। OTP की वजह से धोखाधड़ी वाले लॉगिन प्रयासों का जोखिम कम हो जाएगा और इस प्रकार, चोरी हुए डेटा का जोखिम कम होगा।

जब उपयोगकर्ता एक डिजिटल संपत्ति या एक खाता बनाते हैं, तो उन्हें उपयोगकर्ता नाम और पासवर्ड जैसे दो–कारक प्रमाणीकरण प्रणाली को सक्षम करने के लिए कहा जाता है। अगली बार, जब उपयोगकर्ता लॉगिन करने की कोशिश करता है, तो सिस्टम अस्थायी पासवर्ड (या तो चार या छह अंक) पंजीकृत मोबाइल हैंडसेट को भेजता है, और उपयोगकर्ता सिस्टम में कोड को छिद्रित करता है। कोड संख्यात्मक और अल्फ़ान्यूमेरिक वर्णों की एक यादृच्छिक श्रृंखला है। ये OTP आमतौर पर कुछ मिनटों के लिए मान्य होते हैं। सूचना प्रवाह इस तरह काम करता हैः

- उपयोगकर्ता उपयोगकर्ता नाम और पासवर्ड दर्ज करता है।
- अनुरोध बैकएंड पर भेजा जाता है।
- उपयोगकर्ता नाम और पासवर्ड मेल खाते हैं।

- उपयोगकर्ता एसएमएस के माध्यम से ओटीपी प्राप्त करता है।
- उपयोगकर्ता ओटीपी में प्रवेश करता है और साइट पर लॉगिन करता है।

OTP यादृच्छिकता एल्गोरिदम के माध्यम से काम करता है जो हर बार उपयोग किए जाने पर एक नया और यादृच्छिक पासवर्ड उत्पन्न करता है। एल्गोरिदम हमेशा पासवर्ड बनाने के लिए यादृच्छिक अक्षरों और प्रतीकों का उपयोग करता है ताकि एक हैकर/क्रैकर पासवर्ड का अनुमान न लगा सके।

यह पासवर्ड बनाने के लिए कई तकनीकों का उपयोग करता है, जिसमें शामिल हैं:

- **समय–तुल्यकालन:** ओटीपी केवल थोड़े समय के लिए ही मान्य होता है।
- **गणितीय एल्गोरिथ्म:** पासवर्ड एक एल्गोरिदम के भीतर संसाधित यादृच्छिक संख्याओं का उपयोग करके उत्पन्न होता है।

लाभ:

- यह आम नुकसान से बचाता है जो आईटी प्रशासक और सुरक्षा प्रबंधक पासवर्ड सुरक्षा के साथ सामना करते हैं।
- ओटीपी मिनटों में अमान्य हो जाता है जो हमलावरों को गुप्त कोड प्राप्त करने और उनका पुनः उपयोग करने से रोकता है।

क्विक रिस्पांस कोड (QR)

क्यूआर कोड प्रणाली का आविष्कार 1994 में जापानी कंपनी डेंसो वेव ने किया था। यह एक दो–आयामी बारकोड है जो एक मुद्रित पृष्ठ पर वेब लिंक जोड़ने के लिए उपयोग किया जाता है। जब आप वेब कैमरा या मोबाइल फोन कैमरे का उपयोग करके ऐसे क्यूआर बारकोड को स्कैन करते हैं, तो क्यूआर एप्लिकेशन आपको वेबसाइट, यूट्यूब वीडियो या कुछ अन्य वेब सामग्री पर ले जाता है। यह URL टाइप किए बिना लोगों को साइट पर भेजने का एक आसान तरीका है।

कोड में क्षैतिज और ऊर्ध्वाधर अक्ष दोनों में जानकारी होती है। नियमित बारकोड की तुलना में, यह बहुत बड़ी मात्रा में रॉ डेटा को एम्बेड करने की अनुमति देता है। ये संख्यात्मक, अल्फान्यूमेरिक या बाइनरी डेटा हो सकते हैं जिनमें से 2953 बाइट्स को संग्रहीत किया जा सकता है।

क्यूआर कोड का सबसे छोटा तत्व (काला या सफेद वर्ग ग्रिड) एक मॉड्यूल कहा जाता है। एक QR कोड काले और सफेद मॉड्यूल, स्थिति का पता लगाने के पैटर्न, समय के पैटर्न, प्रारूप जानकारी के संयोजन से बना होता है जिसमें त्रुटि सुधार स्तर होता है, जिसमें रीड– सोलोमन त्रुटि सुधार शामिल होता है। चित्र 12.2 क्यूआर कोड तत्वों की संरचना को दर्शाता है।

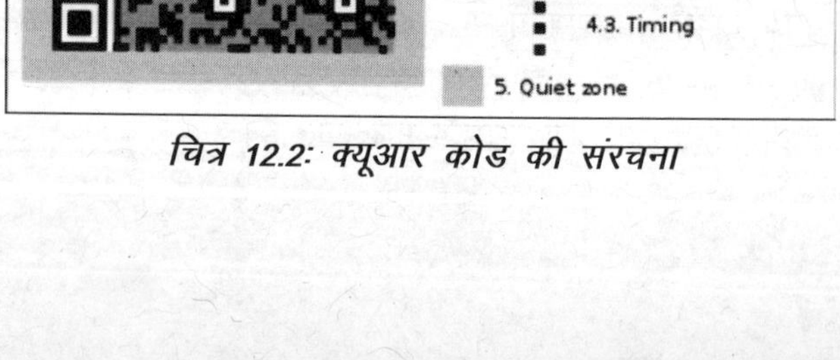

चित्र 12.2: क्यूआर कोड की संरचना

- **पोजिशन डिटेक्शन पैटर्न:** पोजिशन डिटेक्शन पैटर्न क्यूआर कोड्स के तीन कोनों पर व्यवस्थित होते हैं। (माइक्रो क्यूआर में एक है।) क्यूआर कोड की स्थिति का पता लगाने वाले पैटर्न के साथ पता लगाया जाता है जो उच्च गति पढ़ने की अनुमति देता है। इसे किसी भी दिशा से पढ़ा जा सकता है, जो कार्य कुशलता में काफी सुधार करता है। A, B, C की किसी भी स्थिति से काले और सफेद मॉड्यूल की दर कोड के रोटेशन को निर्दिष्ट करने के लिए 1: 1: 3: 1: 1 है।
- **संरेखण पैटर्न:** विकृति के कारण मॉड्यूल के विस्थापन होने पर स्थिति का पता लगाने के लिए संरेखण पैटर्न का उपयोग किया जाता है।
- **मार्जिन:** मार्जिन क्यूआर कोड के आसपास एक खाली क्षेत्र है। मॉडल 1 और 2 में चार मॉड्यूल और माइक्रो के मार्जिन की आवश्यकता होती है

  QR कोड के लिए दो मॉड्यूल की आवश्यकता होती है।
- **समय का पैटर्न:** समन्वय को निर्धारित करने के लिए सफेद और काले मॉड्यूल को वैकल्पिक रूप से व्यवस्थित किया जाता है।
- **प्रारूप जानकारी:** इसमें कोड की त्रुटि सुधार दर और मुखौटा पैटर्न होता है। कोड डिकोड होने पर प्रारूप जानकारी पहले पढ़ी जाती है।
- **त्रुटि–सुधार कोड (रीड–सोलोमन कोड):** क्यूआर कोड का एक हिस्सा गायब या क्षतिग्रस्त होने पर डेटा को पुनर्स्थापित करने के लिए रीड–सोलोमन कोड लागू किया जाता है। बहाली दर 4 अलग–अलग त्रुटि सुधार स्तरों पर भिन्न होती है।

QR कोड में अन्य प्रकार की जानकारी होती है:

- बिजनेस कार्ड में संपर्क जानकारी का एक इलेक्ट्रॉनिक संस्करण हो सकता है। कोड को स्कैन करें, और रीडर एप्लिकेशन आपकी पता सूची में संपर्क जोड़ता है।
- इसमें एक विषय और संदेश पाठ के साथ एक ई–मेल संदेश हो सकता है। वह संदेश सूचना के लिए एक अनुरोध हो सकता है ताकि बदले में आपको अतिरिक्त जानकारी और संलग्न फाइलों के साथ एक उत्तर ईमेल मिल सके।
- इसमें एक भौगोलिक स्थान हो सकता है। एक रेस्तरां के लिए पोस्टर विज्ञापन पर कोड को स्कैन करें, और इसका स्थान आपके नेविगेशन सॉफ़्टवेयर के लिए उपलब्ध हो जाता है, आपको यह बताता है कि उस स्थान पर कैसे जाना है। अब, हम कुछ व्यवसाय–संबंधित परिदृश्यों पर नज़र डालते हैं जहाँ आप QR कोड का उपयोग करेंगे।
- किसी ग्राहक को अपनी वेबसाइट, फेसबुक, ट्विटर या अन्य सोशल मीडिया पेज के URL पर निर्देशित करने के लिए एक QR कोड का उपयोग करें।
- कोड के अंदर अपने संपर्क विवरण के साथ अपने व्यवसाय कार्ड पर इसका उपयोग करें।
- अपने नए स्टोर के स्थान के लिए Google मानचित्र स्थान से लिंक करने के लिए इसका उपयोग करें।

12.2.2 यूनीफाइड पेमेंट इंटरफेस (UPI)

यूनीफाइड पेमेंट इंटरफेस (UPI) एक स्मार्टफोन एप्लीकेशन है जो उपयोगकर्ताओं को किन्हीं भी दो पार्टियों के बैंक खातों के बीच धन हस्तांतरित करने की अनुमति देता है। यह राष्ट्रीय भुगतानों द्वारा

विकसित एक त्वरित वास्तविक समय भुगतान प्रणाली है ।अंतर–बैंक लेनदेन को सुविधाजनक बनाने वाला भारत का निगम एक उपयोगकर्ता को केवल एक वर्चुअल एड्रेस का उपयोग करना होगा, जिसे किसी भी लेनदेन को करने के लिए वर्चुअल पेमेंट एड्रेस (वीपीए) के रूप में जाना जाता है। UPI को नेशनल पेमेंट्स कॉरपोरेशन ऑफ इंडिया (NPCI) द्वारा विकसित किया गया है और इसे भारतीय रिजर्व बैंक (RBI) द्वारा विनियमित किया जाता है।

अब, UPI डिजिटल भुगतान का सबसे पसंदीदा रूप बनता जा रहा है। UPI इंटरफ़ेस अधिकांश बैंकों, और कई डिजिटल वॉलेट और भुगतान अनुप्रयोगों के साथ संगत है। कुछ ऐप में गूगल तेज़, एयरटेल पेमेंट्स बैंक, पेटम और फोनपे शामिल हैं।

UPI का उपयोग क्यों करें?

- मोबाइल डिवाइस के माध्यम से तत्काल धन हस्तांतरण 24X7 और 365 दिन चौबीसों घंटे होता है।
- विभिन्न खातों तक पहुँचने के लिए एकल मोबाइल एप्लिकेशन।
- दोस्तों के साथ बिल साझा करना।
- कैश ऑन डिलीवरी की परेशानी का सबसे अच्छा जवाब, एटीएम तक दौड़ना या सटीक राशि का रेंडर करना।
- सीधे मोबाइल ऐप से शिकायतें उठाना।
- एकल आवेदन या इन–ऐप भुगतान के साथ व्यापारी भुगतान।

लेन–देन की सीमा

यूपीआई में प्रति दिन एक लाख रुपये तक के लेनदेन पर एक निश्चित प्रति दिन और प्रति लेनदेन सीमा है।

लेनदेन के प्रकार निम्नलिखित हैं, जिन्हें UPI के माध्यम से आयोजित किया जा सकता है:

- **प्रेषण:** यदि आपको अपने मित्र या परिवार को जल्दी से धन भेजने या स्थानांतरित करने की आवश्यकता है, या किसी व्यक्ति को तत्काल धन की आवश्यकता है, तो इस ऐप में व्यक्ति के लिए क्लिक करें या टैप करें।
- **बिल भुगतान:** उपयोगिता बिल से लेकर आपके संचार बिल भुगतान तक किए जा सकते हैं।
- **मर्चेंट ट्रांजेक्शन:** ऑनलाइन मूवी पर किराने का सामान खरीदने के लिए ऑनलाइन मूवी टिकट बुक करने से कुछ भी हो सकता है।

UPI के साथ रजिस्टर करें

यहां आपके बैंक के UPI ऐप पर पंजीकरण के लिए आवश्यक कदम हैं:

1. सबसे पहले गूगल प्ले अप्प स्टोर या बैंक की वेबसाइट से UPI एप्लिकेशन डाउनलोड करें।
2. एक बार जब आप ऐप डाउनलोड करना समाप्त कर लें, तो ऐप खोलें और एक प्रोफ़ाइल बनाएं। आपको अपना नाम, एक वर्चुअल आईडी या भुगतान पता, एक उपयुक्त पासवर्ड और खाता विवरण जैसे पंजीकरण के लिए विवरण दर्ज करना होगा।
3. एक विकल्प होगा, जैसे कि ऐड या लिंक या मैनेज बैंक अकाउंट जो आपको अपने बैंक अकाउंट नंबर को नए बनाए गए वर्चुअल आईडी से लिंक करने की अनुमति देता है।
4. यूपीआई का उपयोग करने के लिए आपको एम–पिन का भी उपयोग करना होगा। ऐसा करने के लिए, आपको इसे निम्न चरणों के माध्यम से उत्पन्न करना होगा:
    - वह बैंक खाता चुनें जिसमें से आप UPI और मोबाइल बैंकिंग पंजीकरण/जनरेट MPIN का उपयोग करके भुगतान करना चाहते हैं।
    - यदि आप MPIN पर क्लिक करते हैं, तो आपको अपने पंजीकृत मोबाइल नंबर पर बैंक से वन टाइम पासवर्ड (OTP) प्राप्त होगा।
    - यह तब आपसे डेबिट कार्ड नंबर के अंतिम 6 अंक और आपके कार्ड की समाप्ति तिथि पूछेगा।
    - बस ओटीपी के 6 अंक और अपनी पसंद के एमपीआईएन दर्ज करें, इसके बाद एक टैप करें या सबमिट बटन पर क्लिक करें।
    - फिर आपको अपने नए MPIN के लिए एक पुष्टिकरण पाठ मिलेगा।

UPI का उपयोग करके भुगतान कैसे करें?

1. आपको सबसे पहले अपने बैंक के UPI एप्लिकेशन पर लॉग इन करना होगा।
2. एक बार लॉग इन करने के बाद, पैसे या भुगतान भेजने का विकल्प चुनें।
3. इसके बाद आपको लाभार्थी की वर्चुअल आईडी और खाता संख्या के बाद आपके द्वारा भेजी जाने वाली राशि दर्ज करनी होगी।
4. पुष्टि संदेश मिलने के बाद, भुगतान की पुष्टि करने के लिए भुगतान विवरण की जांच करें।
5. आपको तब MPIN में की–इन करना होगा।
6. आपको एक सूचना मिलेगी जो भुगतान को सफल या विफलता संदेश दिखाएगी।

UPI का उपयोग करके भुगतान कैसे प्राप्त करें?

इससे आपको यह समझने में मदद मिलेगी कि अगर कोई आपको UPI भुगतान भेजता है तो उसे कैसे स्वीकार या अस्वीकार किया जा सकता है।

1. जब आप सफलतापूर्वक लॉग इन हो जाते हैं, तो भुगतान के लिए अनुरोध को प्रदर्शित करने वाले एकत्रित धन विकल्प पर क्लिक करें।
2. फिर आपको भुगतानकर्ता या धन भेजने वाले की वर्चुअल आईडी, राशि के साथ–साथ उस खाते में प्रवेश करना होगा जिसे जमा करने की आवश्यकता है।
3. अगली स्क्रीन पर, आपको भुगतान विवरणों की समीक्षा और जांच करनी होगी और फिर पुष्टि करने के लिए क्लिक करना होगा।
4. इसके बाद रिक्वेस्ट मनी नोटिफिकेशन भेजा जाएगा।
5. अब, भुगतानकर्ता को भेजे गए अधिसूचना पर क्लिक करना होगा।
6. वह आपके भुगतान अनुरोध की समीक्षा करते हुए अपने बैंक के UPI ऐप को खोलता है।
7. भुगतानकर्ता तब आपके खाते का भुगतान करने के उनके निर्णय के आधार पर स्वीकार या अस्वीकार पर क्लिक कर सकता है।
8. लेन–देन को अधिकृत करने के लिए उसे और MPIN दर्ज करना होगा।
9. एक बार जब आप जानते हैं कि लेन–देन पूरा हो गया है, भुगतान करने वाला मिलता है लेन–देन सफल या अस्वीकृत होने पर अधिसूचित किया गया।

10. प्राप्तकर्ता के रूप में, आपको एक बार बैंक से पाठ के साथ–साथ आपके खाते में पैसे जमा होने की सूचना भी मिल जाती है

लाभः
- निर्बाध निधि संग्रह।
- ई–कॉम और एम–कॉम लेनदेन के लिए उपयुक्त।
- कैश ऑन डिलीवरी कलेक्शन की समस्या का समाधान करें।
- ऐप–भुगतान में।

12.2.3 आधार सक्षम भुगतान प्रणाली

आधार सक्षम भुगतान प्रणाली (AePS) विशिष्ट पहचान संख्या के आधार पर वित्तीय लेनदेन के लिए एक सुरक्षित भुगतान मंच है जो उपयोगकर्ता को कैशलेस लेनदेन के लिए सक्षम बनाता है।

नेशनल पेमेंट्स कॉरपोरेशन ऑफ इंडिया द्वारा विकसित यह प्रणाली उपयोगकर्ता को एक बिजनेस कॉरेस्पॉन्डेंट के माध्यम से बैलेंस पूछताछ, नकद जमा, नकद निकासी और प्रेषण जैसे आवश्यक बैंकिंग लेनदेन करने की अनुमति देती है।

RBI ने AePS के माध्यम से किए गए लेन–देन की कोई सीमा निर्धारित नहीं की है। कुछ बैंकों ने अधिकतम रुपये की दैनिक सीमा निर्धारित की है। लेनदेन पर 50,000 रु।

AePS द्वारा दी जाने वाली निम्नलिखित सेवाएं अंतर–बैंक और इंट्रा–बैंक मोड दोनों में उपलब्ध हैं।

- नकद निकासी
- नकद जमा
- शेषराशी पूछताछ
- आधार फंड ट्रांसफर के लिए आधार
- मिनी स्टेटमेंट

आधार सक्षम भुगतान प्रणाली की विशेषताएं

1. डेबिट कार्ड, चुंबकीय पट्टी कार्ड, वर्चुअल कार्ड और कार्डलेस लेनदेन का समर्थन करता है।
2. आधार बायोमेट्रिक आधारित लेनदेन।
3. विभिन्न नेटवर्क प्रोटोकॉल (सीडीएमए / जीपीआरएस / पीएसटीएन / आईपी) का समर्थन करता है।
4. बैंक द्वारा कई तकनीकी सेवा प्रदाताओं (टीएसपी) का प्रबंधन किया जाता है।
5. निष्क्रिय होने पर ऑटो माइक्रो एटीएम को बंद कर देता है।

AePS के लाभ इस प्रकार हैं:

एईपीएस के कई लाभ हैं। उनमें से कुछ नीचे उल्लिखित हैं:

1. कोई पैसे का भुगतान कर सकता है, राशि जमा कर सकता है, एक मिनी स्टेटमेंट प्राप्त कर सकता है और शेष राशि की जांच कर सकता है।
2. किसी भी बैंक का बैंकिंग संवाददाता किसी भी बैंक का निर्दिष्ट लेनदेन कर सकता है।
3. डेबिट कार्ड की कोई आवश्यकता नहीं है।
4. यह तेज और सुरक्षित है।
5. बैंकिंग संवाददाता माइक्रो पीओएस के साथ दूर के ग्रामीण स्थान तक पहुंच सकते हैं।
6. दुकानदार भुगतान लेने के लिए एईपीएस का भी उपयोग कर सकते हैं।

AePS का उपयोग कैसे करें?

AePS का उपयोग करने की प्रक्रिया काफी आसान है।

1. अपने क्षेत्र में एक बैंकिंग संवाददाता पर जाएँ।
2. PoS मशीन में अपना 12 अंकों का आधार नंबर दर्ज करें।
3. लेनदेन प्रकार का चयन करें जैसे कि नकद जमा, निकासी, मिनी स्टेटमेंट, फंड ट्रांसफर, बैलेंस पूछताछ या ईकेवाईसी।
4. बैंक का नाम चुनें।
5. लेन–देन के लिए राशि दर्ज करें।
6. अपने बायोमेट्रिक (फिंगरप्रिंट या आईरिस स्कैन) का उपयोग करके लेन–देन को प्रमाणित करें।
7. लेन–देन पूरा हो जाता है।
8. बैंकिंग संवाददाता द्वारा आपको एक रसीद दी जाएगी।

12.2.4 अनुपूरक अनुपूरक सेवा डेटा

अनस्ट्रक्चर्ड सप्लीमेंट्री सर्विस डेटा (USSD) को "क्विक कोड्स" या "फ़ीचर कोड्स" के रूप में भी जाना जाता है। यह एक संचार प्रोटोकॉल है जिसका उपयोग GSM सेलुलर टेलीफोन द्वारा मोबाइल नेटवर्क ऑपरेटर के कंप्यूटर (चित्र 12.3) के साथ संचार करने के लिए किया जाता है। यह एक प्रौद्योगिकी मंच है जिसके माध्यम से एक बेसिक फोन पर जीएसएम नेटवर्क के माध्यम से सूचना प्रसारित की जा सकती है और यह सभी मोबाइल फोन पर एसएमएस सुविधा के साथ उपलब्ध होगी। यूएसएसडी का उपयोग करने के लिए, उपयोगकर्ताओं को मोबाइल बैलेंस प्राप्त करने के लिए * 99 # डायल करना होगा। आपने देखा होगा कि यह कोड * (तारांकन) से शुरू होता है और # (हैश) के साथ समाप्त होता है। ये यूएसएसडी कोड हैं। ये कोड USSD नामक टेलीकॉम कंपनी के सर्वर से सीधे संवाद करते हैं।

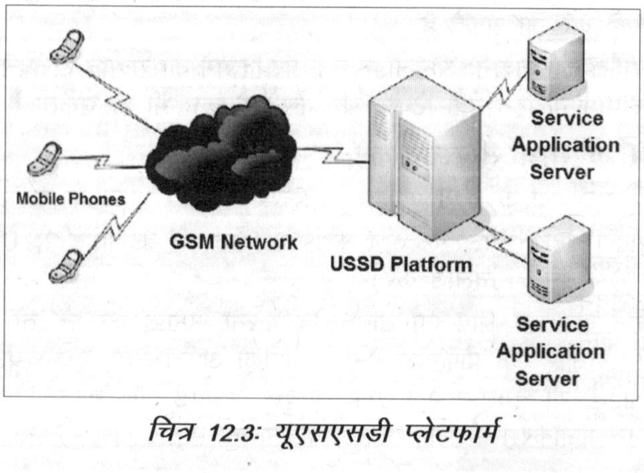

चित्र 12.3: यूएसएसडी प्लेटफार्म

यूएसएसडी * 99 #, IFSC कोड और बैंक अकाउंट नंबर का उपयोग करके पैसे कैसे भेजें?

1. अपने पंजीकृत मोबाइल नंबर से * 99 # डायल करें।
2. अपने बैंक के संक्षिप्त नाम के 3 अक्षरों या बैंक IFSC के पहले अक्षरों या 2–अंकीय बैंक संख्यात्मक कोड की कुंजी पर आगे बढ़ें।
3. IFSC कोड और मोबाइल नंबर का उपयोग करके फंड ट्रांसफर करने का विकल्प चुनें।
4. लाभार्थी/भुगतानकर्ता खाता संख्या, IFSC कोड और लेनदेन राशि दर्ज करें।
5. MPIN में कुंजी दर्ज करें और अपने बैंक खाता संख्या के अंतिम 4 अंक। एक पुष्टिकरण संदेश स्क्रीन पर प्रदर्शित किया जाएगा।

इसे कैसे प्राप्त करें:

- एक नया खाता खोलने के लिए केवाईसी (अपने ग्राहक को जानें) की जानकारी दें।
- मोबाइल नंबर को बैंक/ए के साथ जोड़ा जाना चाहिए।
- यूएसएसडी/मोबाइल बैंकिंग के लिए पंजीकरण करें।
- एमएमआईडी प्राप्त करें (मोबाइल मनी आइडेंटिफ़ायर)
- MPIN (मोबाइल पिन) प्राप्त करें

लेन–देन करते समय याद रखने योग्य बातें:

- MMID याद रखें
- MPIN और डायल याद रखें * 99 #
- किसी भी फोन के साथ पंजीकृत मोबाइल नंबर।

प्रदान की जाने वाली सेवाएं:

- शेषराशी पूछताछ
- MMID को जानें
- MPIN बदलें और OTP जनरेट करें

Fund limits:

- Rs 5,000 per day
- Rs 50,000 per annum

निधि सीमा:

- प्रति दिन 5,000 रु
- प्रति वर्ष 50,000 रु

12.2.5 कार्ड (क्रेडिट/डेबिट)

यह प्लास्टिक कार्ड होता है जिसमें मशीन में पढ़ने योग्य रूप में व्यक्तिगत डेटा होता है और इसका उपयोग नकद प्राप्त करने के लिए किया जाता है।

क्रेडिट कार्ड

क्रेडिट कार्ड से आप खरीदारी करने के लिए बैंक से पैसे का उपयोग कर सकते हैं। कार्ड जारीकर्ता खरीद के लिए भुगतान करता है, और कार्डधारक बाद की तारीख में जारीकर्ता को भुगतान करता है। यह चीजों को खरीदने का एक सुविधाजनक तरीका है, खासकर यदि आपके पास नकदी काम नहीं है। कार्ड जारीकर्ता एक परिक्रामी खाता बनाता है और कार्डधारक को क्रेडिट की एक पंक्ति प्रदान करता है। ग्राहक चीजों को खरीदने के लिए इस लाइन ऑफ क्रेडिट से पैसे उधार ले सकता है।

क्रेडिट कार्ड तीन तरीकों से पैसा बनाता है:

क. जब भी आप अपने क्रेडिट कार्ड का उपयोग करते हैं, तो व्यापारी को हर बार शुल्क वसूला जाता है।

ख. ब्याज भुगतान जब आप अपने ऋण का भुगतान नहीं करते हैं।

ग. शुल्क, देर से भुगतान या वार्षिक शुल्क की तरह।

क्रेडिट कार्ड चार श्रेणियों में जारी किए जाते हैं:

क. **मानक कार्ड:** अपने उपयोगकर्ताओं को क्रेडिट की एक पंक्ति प्रदान करता है।

ख. **रिवॉर्ड कार्ड:** ग्राहकों को कैश बैक, ट्रैवल पॉइंट, ऑर्थर बेनिफिट्स देते हैं।

ग. **सुरक्षित क्रेडिट कार्ड:** एक प्रारंभिक नकद जमा की आवश्यकता होती है।

घ. **चार्ज कार्ड:** कोई पूर्व निर्धारित खर्च सीमा नहीं है, और महीने–दर–महीने कैरीओवर के लिए अवैतनिक शेष राशि की अनुमति नहीं देता है।

लाभ:

- खरीदने की क्षमता
- पुरस्कार
- सुविधा
- ट्रासबिलिटी

डेबिट कार्ड

डेबिट कार्ड एक प्लास्टिक कार्ड या चेकिंग कार्ड या बैंक कार्ड होता है जिसका उपयोग खरीदारी करते समय नकदी के बजाय किया जा सकता है। डेबिट कार्ड चेकबुक के डिजीटल संस्करण की तरह हैं; वे आपके बैंक खाते से जुड़े हुए हैं। किसी भी समय आप का उपयोग करें। डेबिट कार्ड कुछ खरीदने के लिए, लेन–देन होते ही आपके खाते से पैसे काट लिए जाते हैं। डेबिट कार्ड के साथ, आप केवल आपके पास उपलब्ध धन खर्च कर सकते हैं। इसका उपयोग एटीएम से नकदी को आसानी से निकालने के लिए भी किया जाता है।

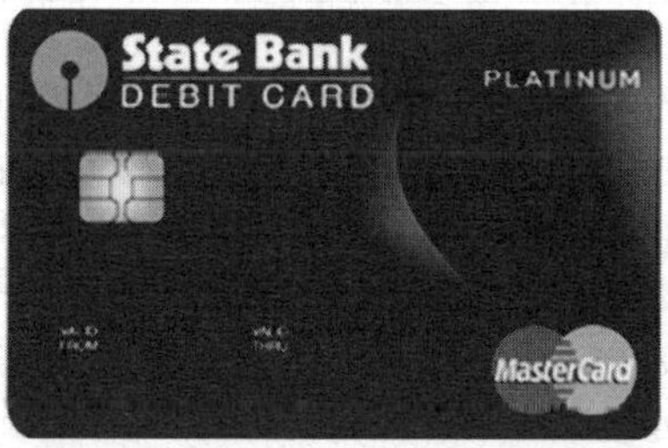

डेबिट कार्ड के प्रकार:

- मानक डेबिट कार्ड: यह आपके बैंक खाते में आता है।
- इलेक्ट्रॉनिक लाभ अंतरण (ईबीटी) कार्ड: ये राज्य और संघीय एजेंसियों द्वारा खरीद करने के लिए जारी किए जाते हैं।
- प्रीपेड डेबिट कार्ड: यह बैंक खाते तक पहुंच प्रदान करता है और कार्ड पर पूर्व–लोड की गई राशि तक इलेक्ट्रॉनिक खरीदारी करने का एक तरीका है।

लाभः

- आसान से प्राप्त कर सकते है।
- कन्वीनिएंस।
- सुरक्षा।
- राडिल्य एक्सेप्टेड।

क्रेडिट कार्ड और डेबिट कार्ड के बीच अंतर

Credit Card	Debit Card
• The payment is made by the bank on the customer's behalf	• The payment is made directly through the customer's account linked to the card.
• Pay later.	• Pay now
• The bank account is not pre-requisite for issuing a credit card.	• The bank account is a must for issuing a debit card.
• The maximum limit of withdrawing money is determined according to the credit rating of the holder.	• The maximum limit of withdrawing money will be less than the money lying in the saving bank account.
• The card holder has to pay the credit card bill within 30 days of every month.	• The is no bill; the amount is directly deducted from the customer's account.
• Interest is charged when payment is not made to the bank within a specified time period.	• No interest is charged.

12.2.6 ई–वॉलेट

ई–वॉलेट एक डिजिटल प्रणाली है जो किसी व्यक्ति के भुगतान की जानकारी संग्रहीत करता है। यह इलेक्ट्रॉनिक वॉलेट के लिए संक्षिप्त रूप है, यानी, इलेक्ट्रॉनिक के लिए ई–वॉलेट का 'ई' है। हम इसे डिजिटल वॉलेट भी कहते हैं। ई–वॉलेट उपयोगकर्ताओं के कार्ड को डिजिटल रूप से संग्रहीत करता है ताकि वे इलेक्ट्रॉनिक रूप से चीजें खरीद सकें। यह एक प्रणाली है जो भुगतान विधियों के लिए उपयोगकर्ताओं की भुगतान जानकारी और पासवर्ड को सुरक्षित रूप से संग्रहीत करता है, और उपयोगकर्ता निकट–क्षेत्र संचार तकनीक के साथ आसानी से और जल्दी से खरीदारी पूरी कर सकते हैं। इसका उपयोग कंप्यूटर या स्मार्टफोन के माध्यम से ऑनलाइन किए गए लेनदेन के लिए किया जाता है। भुगतान करने के लिए इसे व्यक्ति के बैंक खाते से जोड़ा जाना चाहिए।

ई–वॉलेट का मुख्य उद्देश्य पेपरलेस मनी ट्रांजेक्शन करना है।

ई–वॉलेट में मुख्य रूप से दो घटक होते हैं, सॉफ्टवेयर और सूचना। सॉफ़्टवेयर घटक व्यक्तिगत जानकारी संग्रहीत करते हैं और डेटा की सुरक्षा और एन्क्रिप्शन प्रदान करते हैं जबकि सूचना घटक उपयोगकर्ता द्वारा प्रदान किए गए विवरणों का एक डेटाबेस है जिसमें उनका नाम, शिपिंग पता, भुगतान की जाने वाली भुगतान राशि, क्रेडिट और डेबिट कार्ड विवरण आदि शामिल हैं।

ई–वॉलेट के फायदे

- दुनिया में कहीं भी भुगतान भेजें और प्राप्त करें।
- असीमित स्थानान्तरण।
- हर ऑनलाइन लेनदेन के लिए अपने डेबिट/क्रेडिट कार्ड के विवरण दर्ज किए बिना उपयोग में आसानी।
- अपने मोबाइल फोन से अपना खाता प्रबंधित करें।
- आपके बैंक खाते और क्रेडिट कार्ड नंबरों की सुरक्षा।
- अपने संचार तेजी से पहुँचें।
- वायर्ड फंड प्राप्त करें/सीधे अपने ई–वॉलेट में स्थानांतरित करें।

ई–वॉलेट का उपयोग क्यों करें?

ई–वॉलेट आपको समय बचाता है क्योंकि आपको हर बार भुगतान करते समय अपने क्रेडिट कार्ड या बैंक खाते की जानकारी देखने की आवश्यकता नहीं होती है। आप निम्नलिखित भुगतानों के लिए ई–वॉलेट का उपयोग कर सकते हैं:

- उपयोगिता भुगतान
- ऑनलाइन खरीदना
- मोबाइल फोन को रिचार्ज करना

भुगतान की प्रक्रियाः

भुगतान प्रक्रिया के दौरान दुकानदार प्रमाणित होता है, और दुकानदार के पास ई–वॉलेट खाते (मुद्रा रूपांतरण, टॉप–अप) की पूरी सुविधाओं और कार्यों तक पहुंच होती है। भुगतान प्रक्रिया के दौरान दुकानदार एक अ–एकीकृत ई–वॉलेट खाता बनाते हैं।

सुरक्षा और जोखिमः

- डेटा/जानकारी को एन्क्रिप्ट किया गया है और सुरक्षित रूप से संग्रहीत किया गया है।
- उपयोगकर्ता नाम/पासवर्ड, ईमेल/मोबाइल फोन सत्यापन eWallet खाता बनाते समय उपयोग किया जाता है।
- केवाईसी के दौरान संदर्भ के लिए फोटो आईड़ी और पते के प्रमाण का उपयोग किया जाता है।

Examples of eWallet:

1. **पेटीएमः** पेटीएम सबसे बड़ा डिजिटल वॉलेट ऐप है और भारत में सबसे ज्यादा इस्तेमाल किया जाने वाला ई–वॉलेट है। भारत में PayTMs डिजिटल वॉलेट के माध्यम से किए गए भुगतान को पूरे देश में लगभग हर जगह स्वीकार किया जाता है। एक ग्राहक के रूप में पेटीएम आपको अपने डिजिटल वॉलेट सिस्टम के माध्यम से विभिन्न सेवाएं प्रदान करता है। आप कई ऑनलाइन व्यापारियों को भुगतान करने के लिए उनके ई–वॉलेट का उपयोग कर सकते हैं। इस डिजिटल वॉलेट के बारे में सबसे अच्छी बातों में से एक यह है कि यह आपको अपने ई–कॉमर्स लेनदेन को पूरा करने की अनुमति देता है। इसी प्रकार, भारत में उनके डिजिटल वॉलेट्स के माध्यम से, आप PayTM के माध्यम से पैसे, यात्रा, दुकान, और कई अन्य लेनदेन कर सकते हैं।

2. **Google पे:** Google पे UPI का उपयोग करके अपने बैंक खाते में तुरंत पैसे भेजें और प्राप्त करें। आप आसानी से अपने दोस्तों को पैसे भेज सकते हैं, अपने फोन को रिचार्ज कर सकते हैं, बिल का भुगतान कर सकते हैं और Google पे के माध्यम से बहुत कुछ कर सकते हैं। Google पे सीधे आपके बैंक खाते और आपके पंजीकृत फोन नंबर से जुड़ा हुआ है। यह आपको समय बचाने में मदद करता है कि आप न केवल पर्स को फिर से लोड करने और अतिरिक्त केवाईसी करने में खर्च करेंगे, जो आमतौर पर भारत में अन्य डिजिटल वॉलेट के लिए आवश्यक है।

3. **अमेजन पे:** ग्लोबल जाइंट यानी अमेज़न ने पेमेंट करने के लिए अमेज़न पे नाम से अपना डिजिटल वॉलेट विकसित किया है जब आप अमेज़न से कुछ खरीदते हैं। अब अमेज़न आपको चुनिंदा व्यापारियों के साथ लेनदेन करते समय अमेज़न पे के माध्यम से भुगतान करने देता है। अमेज़न पे पर डिस्काउंट और कैशबैक जैसे कई फायदे भी मिलते हैं।

4. **फोनपे:** फोनपे एक ऑल–इन–वन UPI– आधारित डिजिटल भुगतान ऐप है। यह भारत में सबसे लोकप्रिय डिजिटल वॉलेट में से एक है। आप इस ऐप के माध्यम से, UPI भुगतान से लेकर फोनपे ई–वॉलेट के माध्यम से भुगतान, QR कोड भुगतान से लेकर अपने डेबिट और क्रेडिट कार्ड के माध्यम से भुगतान करने तक सब कुछ कर सकते हैं।

5. **फ्रीचार्ज:** फ्रीचार्ज, भारत में डिजिटल पेमेंट के समय सबसे प्रसिद्ध नामों में से एक है, जो आपके द्वारा किए गए प्रत्येक रिचार्ज के लिए दिए गए कूपन के बराबर राशि के साथ, यह आपके बिलों का ऑनलाइन भुगतान करते समय बचत करने का एक बढ़िया विकल्प है। इसके साथ ही उनकी "चैट–एन–पे" सेवा उपयोगकर्ताओं को अपने दोस्तों और व्यापारियों को तुरंत चैट करने और भुगतान करने में मदद करती है। फ़्रीचार्ज उन ग्राहकों को विशेष सौदे और कूपन प्रदान करता है जो फ़्रीचार्ज के डिजिटल वॉलेट का उपयोग करते हैं।

6. **BHIM:** यह डिजिटल वॉलेट भारतीय रिज़र्व बैंक (RBI) द्वारा समर्थित है और भारतीय राष्ट्रीय भुगतान निगम द्वारा लॉन्च किया गया है। भारत में यह डिजिटल वॉलेट देश भर के सभी बैंकों का समर्थन करता है। इसके साथ ही BHIM आपको वर्चुअल पेमेंट एड्रेस (VPA) का उपयोग करके पैसे भेजने और प्राप्त करने देता है, जिसमें आप अपने बैंक विवरण का खुलासा किए बिना लेन–देन कर सकते हैं। नतीजतन, यह व्यापारियों को फिंगरप्रिंट स्कैनर का उपयोग करके ग्राहकों के साथ लेनदेन करने की अनुमति देता है जो आधार डेटाबेस के माध्यम से प्राप्त होता है।

7. **आईसीआईसीआई पॉकेट्स:** आईसीआईसीआई प्रमुख भारतीय बहुराष्ट्रीय बैंकों में से एक है। आईसीआईसीआई पॉकेट मोबाइल फोन के लिए एक डिजिटल भुगतान आधारित ऐप है। भारत सेवा में डिजिटल वॉलेट को आसान तरीके से डिजिटल भुगतान करने में सक्षम बनाकर आपके जीवन को आसान बनाने के लिए शुरू किया गया था। ऐप पूरे देश में किसी भी वेबसाइट या मोबाइल पर उपयोगकर्ताओं को लेन–देन करने में सक्षम करने के लिए एक वर्चुअल वीज़ा कार्ड का उपयोग करता है।

8. **JioMoney:** JioMoney, एक डिजिटल भुगतान ऐप है। JioMoney के साथ, कोई भी महान छूट और ऑफ़र प्राप्त कर सकता है। उपयोगकर्ता अपने अक्सर देखे जाने वाले खुदरा विक्रेताओं को भी बुकमार्क कर सकते हैं ताकि खरीदारी को सामान्य से जल्दी किया जा सके। Jio Money की सबसे अच्छी बात यह है कि इसका उपयोग उन लोगों द्वारा किया जा सकता है जिनके पास Jio का टेलीकॉम सेवा प्रदाता नहीं है। और अगर आप Jio LYF मोबाइल फोन के मालिक हैं, तो आपको उन ऐप का विशेष उपयोग प्राप्त होता है जो चयनित व्यापारियों से छूट और ऑफ़र के साथ प्रीलोडेड हैं।

9. **HDFC PayZapp:** HDFC PayZapp भारत में डिजिटल वॉलेट को सरल बना रहा है। उपयोगकर्ता आसानी से उड़ान और होटल के टिकट की तुलना कर सकते हैं और यहां तक कि संगीत खरीद सकते हैं या ऐप से बिलों का भुगतान कर सकते हैं। बस अपने डेबिट या क्रेडिट कार्ड को एक बार कनेक्ट करें और भुगतान करने की चिंता करना न भूलें।

10. **सिटी मास्टरपासः** सिटी मास्टरपास भारत में मुफ्त डिजिटल वॉलेट्स में से एक है, जिसे सिटी बैंक इंडिया और मास्टर कार्ड द्वारा लॉन्च किया गया है। यह भारत का पहला वैश्विक डिजिटल वॉलेट है जो ई–कॉमर्स साइटों पर चेक आउट प्रक्रिया को तेज़ बनाने में आपकी मदद करता है। सह–ब्रांडेड मास्टरपास समाधान अपने प्रकार का पहला एशिया और भारतीय बाज़ार है।

citi pay | masterpass

11. **मोबिक्विकः** यह आपको मोबिक्वीक्स डिजिटल वॉलेट के माध्यम से रिचार्ज करने, बिलों का भुगतान करने, यात्रा टिकट बुक करने और थर्ड पार्टी खरीदारी करने में सक्षम बनाता है। इसी तरह, डिजिटल वॉलेट ऐप आपको डिजिटल सोना खरीदने, बीमा करने, मोबिक्विक पर व्यक्तिगत ऋण प्राप्त करने की अनुमति देता है, और आप भारत के सबसे अच्छे डिजिटल वॉलेट में से एक के माध्यम से म्यूचुअल फंड में भी निवेश कर सकते हैं।

MobiKwik™

12. **YONO SBI:** YONO SBI भारत में एक डिजिटल वॉलेट है जो 13 भाषाओं में उपलब्ध है। इसके बाद, गैर–एसबीआई उपभोक्ताओं के लिए YONO भी उपलब्ध है। उपयोगकर्ता YONO SBI के डिजिटल वॉलेट के माध्यम से अन्य बैंक खातों, बुक होटल या मूवी टिकट और बहुत कुछ के लिए पैसे भेज सकते हैं। आप इस ऐप के जरिए मनी ट्रांसफर और बकाया के लिए रिमाइंडर सेट कर सकते हैं। यह भारत में सबसे अच्छे डिजिटल वॉलेट में से एक है क्योंकि यह भारत में YONOs डिजिटल वॉलेट के माध्यम से किए जाने वाले लेन–देन के लिए मिनी स्टेटमेंट प्रदान करने की एक अतिरिक्त सेवा प्रदान करता है।

yono SBI

13. **ओला मनीः** ओला मनी भारत में डिजिटल वॉलेट के माध्यम से लेन–देन का सबसे आसान, सबसे तेज़ और सबसे सुरक्षित तरीका है। आप अपने ओला राइड के लिए भुगतान करने के लिए इस डिजिटल वॉलेट का उपयोग कर सकते हैं। ओला मनी ने कैशलेस यात्रा को एक सपने के सच होने जैसा बना दिया है। हालांकि, आप किराने का सामान, फ्लाइट टिकट और भी बहुत कुछ खरीदने के लिए ओला के पैसे का इस्तेमाल कर सकते हैं। ओला मनी ऐप आपको विभिन्न ऑनलाइन व्यापारियों पर ओला मनी डिजिटल वॉलेट पर अपने संग्रहीत पैसे से लेनदेन करने देता है।

Introducing OLAMONEY POSTPAID

14. **Mswipe:** डिजिटल भुगतान को परेशानी मुक्त बनाने में मदद करने के लिए भारत में पहला मोबाइल पॉइंट ऑफ–सेल सगाधान, Mswipe है। आपको वास्तव में एक ऐप नहीं मिलेगा, लेकिन आपको एक मशीन मिलती है जिसे कार्ड भुगतान स्वीकार करने के लिए आपके मोबाइल डिवाइस से जोड़ा जा सकता है। यह एक डिजिटल वॉलेट ऐप नहीं हो सकता है लेकिन यह कैशलेस होने का समर्थन करता है। नतीजतन, मेस्विप अपने ऐप में नए फीचर्स जोड़ने की भी योजना बना रहा है, जिससे ग्राहकों और व्यापारियों के लिए लेनदेन करना आसान हो जाता है। वे UPI भुगतान और QR कोड का उपयोग करके किए गए भुगतान जैसी सुविधाओं को जोड़ने की योजना नहीं बना रहे हैं।

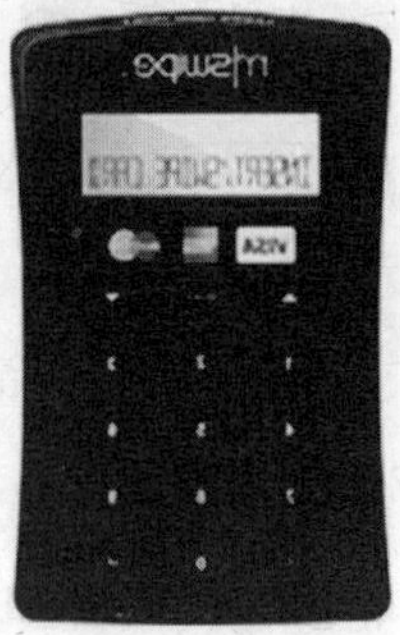

15. **वोडाफोन एम–पेसाः** भारत में एम–पेसा के कुशल डिजिटल पर्स के साथ, आप अपने फोन के माध्यम से सुरक्षित और परेशानी मुक्त लेनदेन कर सकते हैं। आप अपने मोबाइल फोन, डीटीएच को रिचार्ज कर सकते हैं और वोडाफोन एम–पेसा के माध्यम से विभिन्न उपयोगिता सेवाओं के लिए भुगतान कर सकते हैं। एक बात वोडाफोन एम–पेसा को भारत के अन्य सभी डिजिटल वॉलेट्स से अलग करती है, यह उपयोगकर्ताओं को अपने आउटलेट से नकदी इकट्ठा करने में मदद करता है जब कोई व्यक्ति एम–पेसा वॉलेट में पैसे स्थानांतरित करता है। वोडाफोन एम–पेसा ने इस सेवा को 1,20,000 से अधिक आउटलेट्स पर उपयोगकर्ताओं के लिए उपलब्ध कराया है।

vodafone m-pesa

16. **ऑक्सिजनः** ऑनलाइन खरीदारी करने और बिलों का भुगतान करने के साथ–साथ, आप अपने प्रियजनों को उपहार कार्ड भी भेज सकते हैं। आप अपने मोबाइल, डेटा कार्ड और डीटीएच कनेक्शन को ऑक्सिस

oxigen

डिजिटल वॉलेट के माध्यम से भी रिचार्ज कर सकते हैं। भुगतान का आनंद लें और भारत में **Oxigens** डिजिटल पर्स के माध्यम से मूल खरीदारी। ऑक्सिजन ई–वॉलेट आपको ऐप के & डील्स और ऑफ़र 'सेक्शन के तहत विशेष छूट और कैशबैक ऑफ़र का भी पता लगाने देता है। इसके अलावा, ऐप आपको समज माय वॉलेट 'में अपने लेन–देन का एक समेकित दृश्य प्राप्त करने देता है। आप भारत में किसी भी दूरसंचार नेटवर्क पर किसी भी मोबाइल नंबर पर पैसे भेज सकते हैं। इसी तरह, आप **IMPS** या **NEFT** के माध्यम से भारत के 170+ बैंकों में से किसी को भी पैसे भेज सकते हैं।

17. **सिट्रस पे:** सिट्रस पे पेयू द्वारा संचालित है और यह भारत में शीर्ष डिजिटल वॉलेट में से एक है। वे ग्राहकों के लिए साइट्रस वॉलेट और साथ ही व्यवसायों के लिए भुगतान समाधान प्रदान करते हैं। और आप पैसे कही भेज या प्राप्त , कैब साझा , बिल को विभाजित, आदि कर सकते है और साइट्रस पे ई–वॉलेट पर अपने मोबाइल नंबर का उपयोग करके और भी अधिक कार्य कर सकते है । साइट्रस पे ने निश्चित रूप से भारत के सर्वश्रेष्ठ डिजिटल वॉलेट में से एक के रूप में अपना स्थान अर्जित किया है।

18. **एयरटेल पेमेंट्स बैंक:** भारती एयरटेल दूरसंचार उद्योग की अग्रण ी कंपनियों में से एक है। एयरटेल पेमेंट्स बैंक भारती एयरटेल की सहायक कंपनी है। यह भारत में पहला लाइव भुगतान बैंक बन गया। एयरटेल पेमेंट्स बैंक ऐप के साथ, उपयोगकर्ता आसानी से प्रीपेड खातों को रिचार्ज कर सकते हैं या पोस्टपेड बिलों का भुगतान कर सकते हैं। अगर आपके डिजिटल वॉलेट में कैश लोड है तो आप ऑनलाइन शॉपिंग भी कर सकते हैं। यह एयरटेल डिजिटल वॉलेट या मोबाइल वॉलेट के माध्यम से आपके द्वारा किए गए प्रत्येक लेनदेन या भुगतान के लिए भी बेहद सुरक्षित है, इसके लिए गुप्त 4–अंकीय **mPin** की आवश्यकता होती है।

airtel Payments Bank

19. **PayUmoney:** PayUmoney PayU India का एक हिस्सा है, और यह भारत में डिजिटल वॉलेट्स के माध्यम से एक मुफ्त भुगतान गेटवे समाधान है। PayUmoney अत्याधुनिक प्रौद्योगिकी का उपयोग करके व्यवसायों को पुरस्कार–विजेता भुगतान गेटवे समाधान प्रदान करता है। रास्ते के साथ, व्यापारियों के लिए डेबिट और क्रेडिट कार्ड या नेट बैंकिंग के माध्यम से ग्राहकों से भुगतान एकत्र करना बहुत उपयोगी है, और बहुत कुछ। वे उन व्यापारियों के लिए एसएमएस और ईमेल चालान भी पेश करते हैं जिनके पास वेबसाइट नहीं है।

PayUmoney
PAYMENT GATEWAY

12.2.7 PoS (पॉइंट आफ़ सेल)

पॉइंट ऑफ सेल एक ऐसा चरण है, जिस पर ग्राहक माल या सेवा के बदले व्यापारी को भुगतान करता है। इसमें व्यापारी ग्राहक के लिए एक चालान तैयार करता है, ग्राहक द्वारा और उसके बाद बकाया राशि की गणना करता है कि, ग्राहक को भुगतान करने के लिए विकल्प प्रदान करता है (या तो क्रेडिट या डेबिट कार्ड द्वारा)।

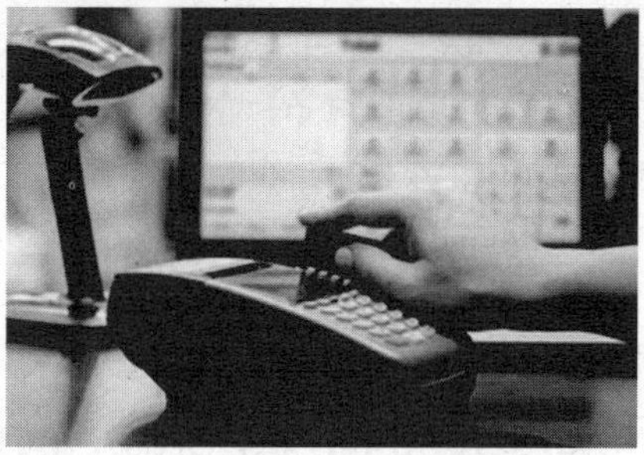

लाभ

- यहां ग्राहक वस्तुओं या सेवाओं के लिए भुगतान को अंजाम देता है और बिक्री कर देय हो जाता है।
- लेनदेन व्यक्ति या ऑनलाइन, प्रिंट या इलेक्ट्रॉनिक रूप से उत्पन्न होने वाली रसीदों के साथ हो सकता है।
- ये इंटरैक्टिव सिस्टम हैं और ग्राहकों को ऑर्डर देने, बिल का भुगतान इलेक्ट्रॉनिक रूप से करने की अनुमति देते हैं।

आवश्यकता:

- मॉनिटर/टैबलेट
- बारकोड स्कैनर
- क्रेडिट कार्ड रीडर
- रसीद प्रिंटर

12.3 इंटरनेट बैंकिंग

इंटरनेट बैंकिंग एक इलेक्ट्रॉनिक प्रणाली है जो ग्राहकों को बैंक की वेबसाइट पर लेनदेन करने और गतिविधियों को संचालित करने में सक्षम बनाती है, जैसे कि उनका खाता बनाए रखना, धन हस्तांतरित करना और बिलों का भुगतान करना है। यह सुरक्षित है, लेकिन केवल आवश्यक चीज यह है कि ग्राहक के पास कंप्यूटर या मोबाइल पर इंटरनेट कनेक्शन होना चाहिए (चित्र 12.4)।

चित्र 12.4: इंटरनेट बैंकिंग

इंटरनेट बैंकिंग को एक्सेस करने के लिए:

- बैंक सुरक्षित वेबसाइट खोलें।
- ग्राहक आईडी और पासवर्ड का उपयोग करके इंटरनेट बैंकिंग सुविधा में प्रवेश करें।

विशेषताएं:

इंटरनेट बैंकिंग का उपयोग करके, उपयोगकर्ता कर सकता है:

- अकाउंट बैलेंस, स्टेटमेंट हिस्ट्री, हाल के ट्रांजेक्शन देखें और ग्राहक के लिंक्ड अकाउंट्स के बीच फंड ट्रांसफर कर सकते हैं।
- क्रेडिट कार्ड के बिल का भुगतान करें।
- सशुल्क चेक, ऑर्डर और चेक बुक के रिकॉर्ड देखें।
- आयकर, ऑनलाइन कर प्रेषण और अन्य कर का भुगतान करें।
- ऋण के लिए ऑनलाइन आवेदन करें और मौजूदा ऋण के ऊपर जाएं।
- म्यूचुअल फंड में निवेश करें और बीमा खरीदें।
- उपयोगिता बिल (बिजली, टेलीफोन, गैस, मोबाइल) का भुगतान करें।
- किसी के पक्ष में डिमांड ड्राफ्ट प्राप्त करें।

नोट: किसी भी परिस्थिति में किसी और को पासवर्ड न दें।

12.3.1 राष्ट्रीय इलेक्ट्रॉनिक फंड ट्रांसफर (NEFT)

नेशनल इलेक्ट्रॉनिक फ़ंड ट्रांसफ़र भारत का सबसे प्रमुख अंतर–बैंक इलेक्ट्रॉनिक फ़ंड ट्रांसफ़र सिस्टम है, जो बैंक ग्राहकों को एक–से–एक आधार पर आसानी से और सुरक्षित रूप से धनराशि स्थानांतरित करने की सुविधा प्रदान करता है, जो समय बचाता है और इलेक्ट्रॉनिक माध्यम से किया जाता है संदेश। यह एक "नेट" हस्तांतरण की सुविधा है, जिसे प्रति घंटा बैचों में निष्पादित किया जाता है।

NEFT कैसे काम करता है?

चित्रा 12.5 दिखाता है कि एनईएफटी कैसे काम करता है। ग्राहक को एक ऐसे व्यक्ति के रूप में मानें जो धन और प्राप्तकर्ता को एक व्यक्ति के रूप में स्थानांतरित करता है जो धन प्राप्त करेगा।

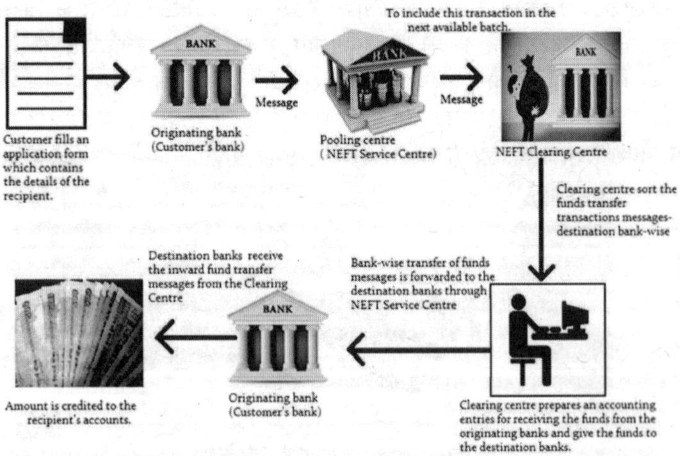

चित्र 12.5: एनईएफटी कैसे काम करता है

12.3.2 रियल टाइम ग्रॉस सेटलमेंट (RTGS)

रियल टाइम ग्रॉस सेटलमेंट (RTGS) एक अंतर–बैंक ट्रांसफर सिस्टम है, जो "रियल टाइम" और "ग्रॉस" आधार पर एक बैंक से दूसरे बैंक में पैसा ट्रांसफर करता है। इसका उपयोग उच्च–मूल्य के लेनदेन के लिए किया जाता है जिसके लिए तत्काल समाशोधन की आवश्यकता होती है और इसका उपयोग 2 लाख रुपये और उससे अधिक के हस्तांतरण के लिए किया जाता है।

नोट: भुगतान संसाधित होने के बाद, यह अंतिम है और अपरिवर्तनीय है।

एनईएफटी और आरटीजीएस के बीच अंतर

BASIS	NEFT	RTGS
Full Form	National Electronic Fund Transfer	Real Time Gross Settlement
Speed	Slow	Fast
Time to credit the amount	Transactions are completed in batches at specific times.	Transaction is completed on a one-to-one basis.
Used for	Small Money Transfer	Large Money Transfer
*Minimum amount to be transferred	Rs. 10,000 - Rs. 2 lakh	Above Rs. 2 Lakh
*Maximum amount to be transferred	Rs. 2 Lakh	No limit

* Maximum and minimum amount to be transferred through RTGS and NEFT may vary from one bank to other.

12.3.3 तत्काल भुगतान सेवा

तत्काल भुगतान सेवा भारत में एक त्वरित भुगतान अंतर–बैंक इलेक्ट्रॉनिक फंड ट्रांसफर प्रणाली है। यह मोबाइल फोन के माध्यम से इंटरबैंक इलेक्ट्रॉनिक फंड ट्रांसफर सेवा प्रदान करता है। यह भारत के राष्ट्रीय भुगतान निगम द्वारा प्रबंधित किया जाता है और इसे मौजूदा राष्ट्रीय वित्तीय स्विच नेटवर्क पर बनाया गया है।

IMPS की मुख्य विशेषता यह है कि यह उपयोग के लिए हर समय उपलब्ध है। यह तुरंत धन हस्तांतरित करता है और एक महान बैंकिंग प्लेटफॉर्म है। लेनदेन शुल्क बहुत मामूली हैं, और हस्तांतरण की सीमा प्रति दिन 2 लाख रुपये है।

IMPS का उपयोग करके फंड ट्रांसफर कैसे करें?

आईएमपीएस बैंक खाते और आईएफएससी विवरण का उपयोग फंड ट्रांसफर करने के लिए किया जाता है। आप इस विधि का उपयोग किसी भी बैंक के साथ बैंक खाते में धन रखने के लिए कर सकते हैं। आपको इंटरनेट कनेक्शन, नेटबैंकिंग या मोबाइल बैंकिंग की आवश्यकता है।

1. अपने नेट बैंकिंग अकाउंट पर लॉग इन करें।
2. एक नया लाभार्थी जोड़ें। यदि आपके पास लाभार्थी के रूप में रिसीवर है, तो आप लाभार्थी के खाते से सही विवरण चुन सकते हैं। सुनिश्चित करें कि आपके पास सही बैंक खाता और IFSC कोड विवरण हैं। लाभार्थी जोड़ प्रक्रिया को पूरा करने के लिए आपको अपने मोबाइल नंबर पर एक ओटीपी प्राप्त हो सकता है।
3. एक बार लाभार्थी को जोड़ने के बाद, आप विवरण का चयन कर सकते हैं और उस राशि का उल्लेख कर सकते हैं जिसे आप स्थानांतरित करना चाहते हैं।

4. विवरण सत्यापित करें।
5. पुष्टि करें पर क्लिक करें।
6. पैसा आपके खाते से डेबिट किया जाएगा और कुछ ही सेकंड में तुरंत रिसीवर के खाते में जमा कर दिया जाएगा।
7. आप लेन–देन के विवरण के साथ अपने बैंक से एसएमएस के रूप में प्राप्त करेंगे। धन हस्तांतरण में भ्रम या त्रुटि के मामले में अपने साथ संदर्भ संख्या रखें।

IMPS के फायदे

1. रियल–टाइम मनी ट्रांसफर।
2. आप एक साल में 24 दिन, 365 दिन के दौरान कभी भी आईएमपीएस के माध्यम से फंड ट्रांसफर कर सकते हैं।
3. IMPS की ट्रांजैक्शन लिमिट 1 रुपए से 2 लाख रुपए तक है।
4. नेट बैंकिंग, एटीएम, एसएमएस और मोबाइल एप्लिकेशन जैसे कई चैनलों के माध्यम से उपलब्ध है।

12.4 ऑनलाइन बिल भुगतान

ऑनलाइन भुगतान प्रणाली का उपयोग 1960 में शुरू हुआ। इसका उपयोग मुख्य रूप से वित्तीय और बैंकिंग संस्थानों के बीच किया जाता था। यह एक सेवा है जो आपको मासिक आधार पर बिलों का प्रबंधन और भुगतान करने की अनुमति देती है जैसे कि बिजली बिल, कार भुगतान या क्रेडिट कार्ड भुगतान, या वे कंपनियों या व्यक्तियों को एकमुश्त भुगतान हो सकते हैं।

ऑनलाइन भुगतान प्रणाली वित्तीय लेनदेन के विभिन्न रूपों को सक्षम करती है। ऐसी लेनदेन श्रेणियों के उदाहरणों में बिजनेस–टू–बिजनेस (बी 2 बी), बिजनेस– टू–कंज्यूमर (बी 2 सी), कंज्यूमर–टू–बिजनेस (C2C) और कंज्यूमर–टू–कंज्यूमर (C2C) शामिल हैं।

ऑनलाइन बिल भुगतान के सुरक्षित उपयोग के लिए सुझावः

ऑनलाइन बिल भुगतान सेवा का चयन और उपयोग करते समयः

1. किसी भी बिल भुगतान सेवा का जवाब न दें जो सीधे ईमेल के माध्यम से व्यक्तिगत जानकारी मांगती है।
2. ईमेल में दिए लिंक से बिल का भुगतान न करें।
3. आपके बिल भुगतान सेवा से प्रतीत होने वाले किसी भी ईमेल लिंक पर क्लिक करने से बचें।
4. गोपनीयता या सुरक्षा नीति पढ़ें जिसमें बिल भुगतान सेवा के मजबूत डेटा एन्क्रिप्शन का उल्लेख होना चाहिए।
5. जब आप बिल का भुगतान ऑनलाइन करते हैं, तो अपने खाते से किसी को भी अपने कंप्यूटर से बाहर निकलने से रोकने के लिए लॉग इन करें।
6. ऑनलाइन बिल सेवाओं का उपयोग करते समय, अपने कंप्यूटर पर पासवर्ड लॉक सक्षम करें।
7. हमेशा फ़ायरवॉल सॉफ़्टवेयर और एंटीवायरस सॉफ़्टवेयर का उपयोग करें।

सारांश

यह अध्याय डिजिटल वित्तीय उपकरण और अनुप्रयोगों के आवेदन पर आधारित है। अध्याय डिजिटल वित्तीय और इसके अनुप्रयोगों की शुरूआत के साथ शुरू होता है। यह डिजिटल में लागू विभिन्न अनुप्रयोगों पर भी चर्चा करता है। एईपीएस, यूएसएसडी, ई–वॉलेट आदि सेवाओं में अध्याय खाता खोलने के लिए आवश्यक डॉक्यूमेंट पर ध्यान केंद्रित करता है और केवाईसी के पहलुओं को समझने में मदद करता है और बैंकिंग सेवा वितरणों के विभिन्न चैनलों यानी इंटरनेट बैंकिंग, आईएमपीएस, एनईएफटी को समझने में मदद करता है। आरटीजीएस। अंत में, हम मोबाइल वॉलेट के माध्यम से ऑनलाइन बिल भुगतान सेवा पर चर्चा करते हैं।

मॉडल प्रश्न और उत्तर

क. बहुविकल्पीय प्रश्न

1. यूएसएसडी का मतलब हैः
   (क) बिना सप्लीमेंट के वाइस डेट
   (ख) अनस्ट्रक्चर सप्लाई सेरेमनी सर्विस डेटा
   (ग) अनस्ट्रक्चर सप्लीमेंट सर्विस डेटा
   (घ) उपरोक्त में से कोई नहीं
2. UPI का संक्षिप्त नाम हैः
   (क) अद्वितीय भुगतान इंटरफ़ेस
   (ख) एकीकृत भुगतान इंटरफ़ेस
   (ग) यूनियन पे इंटरफेस
   (घ) यूनिफाइड पे इंटरफेस
3. एक व्यक्ति भुगतान विकल्प कर सकता हैः
   (क) मोबाइल नंबर और एमएमआईडी (पी 2 पी) का उपयोग करना
   (ख) खाता संख्या और IFS कोड (P2A) का उपयोग करना
   (ग) आधार संख्या (ABRS) का उपयोग करना
   (घ) उपरोक्त सभी
4. * 99 # सेवा के तहत दी जाने वाली सुविधाएं क्या हैं?
   (क) इंटरबैंक खाता से खाता हस्तांतरण
   (ख) शेष पूछताछ
   (ग) अन्य सेवाओं की मेजबानी के अलावा मिनी स्टेटमेंट
   (घ) उपरोक्त सभी
5. UPI एक भुगतान सेवा है।
   (क) ऑफलाइन (ख) ऑनलाइन
   (ग) मोबाइल नेट (घ) उपरोक्त सभी
6. यूपीआई किसके द्वारा शुरू किया गया था?
   (क) उर्जित पटेल (ख) आर.गांधी
   (ग) रघुराम राजन (घ) नरेंद्र मोदी
7. निम्नलिखित में से कौन सा राष्ट्रीय इलेक्ट्रॉनिक फंड ट्रांसफर (एनईएफटी) प्रणाली के बारे में सही नहीं है?
   (क) एनईएफटी के माध्यम से लेनदेन पर कोई सीमा नहीं है।
   (ख) एनईएफटी प्रति घंटा के आधार पर संचालित होता है
   (ग) एनईएफटी एक भुगतान प्रणाली है जो एक–कोष निधि हस्तांतरण की सुविधा देती है।
   (घ) उपरोक्त सभी।

8. यूनिफाइड पेमेंट इंटरफेस (UPI) के बारे में निम्नलिखित में से कौन सा सही नहीं है?
(क) यूपीआई राष्ट्रीय भुगतान निगम (एनपीसीआई) द्वारा विकसित एक त्वरित भुगतान प्रणाली है।
(ख) सभी भुगतान तत्काल हैं और UPI के माध्यम से बैंकिंग घंटों के दौरान होते हैं।
(ग) UPI के तहत व्यक्ति के पास एक से अधिक बैंक खातों का उपयोग करने के लिए एक ही पहचान और पासवर्ड होगा।
(घ) उपरोक्त सभी।

9. एईपीएस बैंकिंग लेनदेन की अनुमति देता है।
(क) बैलेंस पूछताछ (ख) नकद निकासी
(ग) नकद जमा (घ) उपरोक्त सभी

10. आधार सक्षम भुगतान प्रणाली के बारे में निम्नलिखित में से कौन सा सही नहीं है?
(क) AePS बैंक ग्राहकों को आधार प्रमाणीकरण के माध्यम से अपने आधार से जुड़े बैंक खातों तक पहुंचने में सक्षम बनाता है।
(ख) एईपीएस के माध्यम से लेनदेन में, केवल आधार संख्या और नामांकन के दौरान पकड़े गए फिंगरप्रिंट की आवश्यकता होती है।
(ग) AEPS अलग–अलग बैंकों द्वारा सुरक्षित और सुरक्षित तरीके से अपनाई गई विभिन्न प्रणालियों के बीच अंतर–संचालन की अनुमति देता है।
(घ) ग्राहक अपना खाता शेष, नकद जमा कर सकते हैं, धन निकाल सकते हैं और बैंक से जुड़े व्यवसाय संवाददाताओं की सहायता से अन्य आधार से जुड़े बैंक खातों में धनराशि स्थानांतरित कर सकते हैं।

11. एईपीएस एक बैंक मॉडल है जो ऑनलाइन इंटरऑपरेबल वित्तीय समावेशन लेनदेन की अनुमति देता है ....
(क) पीओएस (ख) PoC
(ग) आधार कार्ड (घ) ए.टी.एम.

12. AePS में, विशिष्ट आईडी और प्रमाणीकरण उद्देश्य।
(क) पासवर्ड (ख) पिन
(ग) बॉयोमीट्रिक (घ) उपरोक्त में से कोई नहीं

13. बैंकिंग एक इलेक्ट्रॉनिक प्रणाली है जो ग्राहकों को एक वेबसाइट पर लेनदेन करने और अपने खाते को बनाए रखने, धन हस्तांतरित करने और बिल का भुगतान करने जैसी गतिविधि करने में सक्षम बनाती है।
(क) इंटरनेट (ख) मोबाइल (ग) टेलीफोन (घ) ऑफलाइन

14. इंटरनेट बैंकिंग तक पहुंचने के लिए ग्राहक की जरूरत है।
(क) ग्राहक आईडी और पासवर्ड
(ख) ग्राहक का नाम और पासवर्ड
(ग) ग्राहक आईडी और जन्म तिथि
(घ) ग्राहक आईडी और फोन नंबर

15. न्यूनतम राशि जिसे एनईएफटी के माध्यम से हस्तांतरित किया जा सकता है:
(क) रुपये 10 000 (ख) रु 50 000
(ग) रु 1 लाख (घ) 2 लाख रु

16. NEFT का मतलब है:
(क) नेशनल इलेक्ट्रॉनिक फंड ट्रांसफर
(ख) नेशनल इलेक्ट्रिक फंड ट्रांसफर
(ग) राष्ट्रीय इलेक्ट्रॉनिक फोंड ट्रांसफर
(घ) नेशनल इलेक्ट्रॉनिक फंड ट्रांसमिशन

17. आरटीजीएस का मतलब है:
(क) रियल टाइम ग्रॉस सेटलमेंट
(ख) रियल टोटल ग्रॉस सेटलमेंट
(ग) रियल टाइम ग्रुप सेटलमेंट
(घ) रियल टाइम ग्रॉस सर्विस

18. केवाईसी का मतलब है:
(क) अपने ग्राहक को जानें (ख) अपने ग्राहक को जानना
(ग) युवा ग्राहक को जानें (घ) अपने रिवाज को जानें

19. ईएफटी का मतलब है:
(क) इलेक्ट्रॉनिक फंड ट्रांसमिशन (ख) इलेक्ट्रॉनिक फंड ट्रांसफर
(ग) इलेक्ट्रॉनिक फीचर ट्रांसफर (घ) उपरोक्त में से कोई नहीं

20. वन टाइम पासवर्ड सुरक्षित क्यों है?
(क) इसे उत्पन्न करना आसान है।
(ख) इसे साझा नहीं किया जा सकता है
(ग) यह हर एक्सेस के लिए अलग है।
(घ) यह एक जटिल एन्क्रिप्टेड पासवर्ड है।

21. QR कोड का मतलब है:
(क) त्वरित प्रतिक्रिया कोड (ख) त्वरित परिणाम कोड
(ग) क्विक रिस्टोर कोड (घ) उपरोक्त में से कोई नहीं

22. एटीएम का अर्थ है:
(क) किसी भी समय पैसा (ख) महेंद्र का ऑटो ट्रक
(ग) स्वचालित टेलर मशीन (घ) उपरोक्त में से कोई नहीं

23. केवाईसी का अर्थ है:
(क) अपने ग्राहक को जानें (ख) अपने चरित्र को जानें
(ग) दोनों (क) और (ख) (घ) उपरोक्त में से कोई नहीं

24. निम्नलिखित में से कौन सा क्रेडिट कार्ड का प्रकार है।
(क) मास्टर कार्ड (ख) वीजा
(ग) दोनों (क) और (ख) (घ) उपरोक्त में से कोई नहीं

25. निम्नलिखित में से किसे ऑनलाइन बैंकिंग के रूप में जाना जाता है?
(क) नेट बैंकिंग (ख) इंटरनेट बैंकिंग
(ग) दोनों (क) और (ख) (घ) उपरोक्त में से कोई नहीं

26. क्या अनपढ़ व्यक्ति को डेबिट कार्ड जारी किया जा सकता है?
(क) नहीं
(ख) हाँ
(ग) केवल संयुक्त खाते के मामले में
(घ) केवल मामले में वह परिवार का मुखिया है

27. भुगतान में जमा बचत को ब्याजः
(क) वार्षिक (ख) हर महीने (ग) अर्धवार्षिक (घ) चतुर्थांश

28. पीएमएसबीवाई के तहत, आकस्मिक मृत्यु का दावा इसके लिए उपलब्ध हैः
(क) रुपये 1 लाख (ख) रुपये 2 लाख
(ग) 3 लाख रु। (घ) उपरोक्त में से कोई नहीं

29. भारतीय रुपये का प्रतीक " 'आधिकारिक रूप में अपनाया गयाः
(क) 2009 (ख) 2010 (ग) 2012 (घ) 2015

30. किस वर्ष में एनईएफटी सेवाएं शुरू की गई हैं:
(क) 2005 (ख) 2002 (ग) 2001 (घ) 2006

31. बीमा कवरेज की एक निश्चित राशि के लिए वसूले जाने वाले धन को कहा जाता हैः
(क) टोकन मनी (ख) प्रीमियम
(ग) नकद (घ) बीमित धन

32. इंटरनेट बैंकिंग की मुख्य सुरक्षा हैः
(क) पासवर्ड (ख) उपयोगकर्ता नाम
(ग) उपयोगकर्ता पता (घ) उपयोगकर्ता मोबाइल नंबर

33. ऐप के जरिए आप पैसे ट्रांसफर कर सकते हैं, लेकिन बिल/शॉपिंग के रूप में कोई भी भुगतान कर सकते हैं।
(क) भीम (ख) Paytm
(ग) दोनों (क) और (ख) (घ) कोई नहीं

34. अटल पेंशन योजना उन भारतीय नागरिकों के लिए खुली है जिनकी आयु हैः
(क) 18–40 (ख) 25–40 (ग) 18–25 (घ) 18–25

35. किस मोबाइल वॉलेट में नकद निकासी की अनुमति नहीं है?
(क) ओपन वॉलेट (ख) सेमी ओपन वॉलेट
(ग) सेमी क्लोज वॉलेट (घ) उपरोक्त में से कोई नहीं

36. कंपनियों द्वारा .... मोबाइल वॉलेट का उपयोग किया जाता है, जब कुछ रद्द करने या वापस करने की स्थिति हो।
(क) ओपन वॉलेट (ख) सेमी ओपन वॉलेट
(ग) वॉलेट बंद करें (घ) उपर्युक्त कोई नहीं

37. किस प्रकार की जमा राशियाँ उच्च ब्याज दर अर्जित करती हैं?
(क) करंट अकाउंट (ख) फिक्स्ड डिपॉजिट
(ग) कोई भी विकल्प (घ) बचत खाता नहीं है

38. प्रधान मंत्री मुद्रा योजना में, शीश श्रेणी श्रेणी के तहत ऋण राशि हैः
(क) 30,000 तक (ख) अप करने के लिए 50,000
(ग) 90,000 तक (घ) 10,000 तक

39. प्रधानमंत्री सुरक्षा बीमा योजना (PMSBY) को लॉन्च किया गयाः
(क) 9 मई, 2015 (ख) 9 अप्रैल, 2015
(ग) 20 मई, 2015 (घ) 1 मई, 2015

40. UPI भुगतान इंटरफ़ेस द्वारा विकसितः
(क) राष्ट्रीय भुगतान (ख) वित्त मिनी निगम
(ग) बैंक (घ) उपर्युक्त कोई नहीं

41. बैंक ब्याज देता हैः
(क) कभी भी नहीं (ख) जमा
(ग) जमा और लोन दोनों (घ) लोन

42. खाता भुगतानकर्ता चेक का भुगतान किया जा सकता हैः
(क) बैंक के कैश काउंटर पर
(ख) एटीएम में
(ग) बैंक खाते में जमा करके
(घ) कोई भी विकल्प नहीं

43. जाँच की वैधता अवधि क्या है?
(क) जारी करने की तारीख से 4 महीने
(ख) जारी करने की तारीख से 3 महीने
(ग) जारी करने की तारीख से 1 महीना
(घ) असीमित

44. DFT का पूर्ण रूप हैः
(क) डायनामिक फाइनेंसिल टूल्स
(ख) डिजिटल वित्तीय उपकरण
(ग) डिजिटल फंड्स टूल
(घ) दोहरा वित्त उपकरण

45. बैंक लोन किस चीज के आधार पर नही देताः
(क) स्वर्ण आभूषण (ख) एलआईसी नीति
(ग) लॉटरी टिकट (घ) एन.एस.सी.

46. वित्तीय सेवाएं संगठन का वर्णन करने के लिए प्रयोग किया जाने वाला एक शब्द हैः
(क) जमा पर नकद (ख) सावधि जमा खाता
(ग) धन का प्रबंधन (घ) एक्सेस बैंक खाता

47. डीएसएफ बुनियादी वित्तीय सेवाओं का विस्तार कर सकता हैः
(क) पीओएस टर्मिनल (ख) एटीएम
(ग) मोबाइल वॉलेट (घ) उपर्युक्त सभी

48. बचत किस लिए किया जाता हैः
(क) आपातकालीन ज़रूरतों को पूरा करने कि लिए
(ख) भविष्य की जरूरतों को पूरा करने कि लिए
(ग) बड़े खर्चों को पूरा करने के लिए
(घ) उपरोक्त सभी

49. नकद की वजह से इसकी सुरक्षा को अधिक खतरा हैः
(क) बचत (ख) पेपर नोट्स
(ग) तरलता (घ) सिक्का आकृति

50. घर में नकद धन के कारण इसके मूल्य में हानि होती हैः
(क) मूल्य बढ़ जाता है (ख) मुद्रास्फीति
(ग) उपर्युक्त सभी (घ) इनमें से कोई नहीं

ख. बताएं कि निम्नलिखित कथन सही हैं या गलत

51. आरटीजीएस बैंकिंग चैनल के माध्यम से सबसे तेजी से संभव धन हस्तांतरण प्रणाली है।

52. वर्चुअल कार्ड निर्माण सुविधा वर्तमान में AePS में मौजूद है।

53. POS का मतलब है प्वाइंट ऑफ सर्विस ।
54. बैंक पैसे के हस्तांतरण के लिए एक माध्यम के रूप में कार्य करते हैं।
55. क्यूआर त्वरित कारणों के लिए है।
56. वन टाइम पासवर्ड सुरक्षित है क्योंकि यह हर एक्सेस के लिए अलग है।
57. इंटरनेट बैंकिंग का उपयोग उपयोगिता बिलों का भुगतान करने के लिए किया जाता है।
58. पासवर्ड को मजबूत बनाने के लिए विशेष वर्ण मिश्रित केस वर्णों का उपयोग किया जाना चाहिए।
59. यदि आप बैंक भुगतान ऑनलाइन करना चाहते हैं, तो आपको उनका खाता नंबर, बैंक का नाम और IFSC दर्ज करना होगा।
60. लाभार्थी दो व्यावसायिक घंटों के भीतर एनईएफटी लेनदेन को क्रेडिट प्राप्त करने की उम्मीद कर सकता है।
61. बिल भुगतान सेवा पर प्रतिक्रिया दें जो सीधे ईमेल के माध्यम से व्यक्तिगत जानकारी मांगती है।
62. ईमेल में लिंक से बिल का भुगतान न करें।
63. आपके बिल भुगतान सेवा से प्रतीत होने वाले किसी भी ईमेल लिंक पर क्लिक करने से बचें।
64. कभी भी गोपनीयता या सुरक्षा नीति नहीं पढ़नी चाहिए जिसमें बिल भुगतान सेवा के मजबूत डेटा एन्क्रिप्शन का उल्लेख होना चाहिए।
65. जब आप ऑनलाइन बिल का भुगतान करते हैं, तो अपने खाते से किसी को भी अपने कंप्यूटर से बाहर निकलने से रोकने के लिए लॉग इन करें।
66. AEPS का मतलब आधार भुगतान सक्षम प्रणाली है।
67. RBI भारतीय रिजर्व बैंक भारत में बैंकिंग नियमों को परिभाषित करता है।
68. IFSC एक ग्यारह अंकों का कोड है, जो NEFT & RTGS के माध्यम से फंड ट्रांसफर करने के लिए अनिवार्य है।
69. NPCI का मतलब नेशनल पेमेंट कॉरपोरेशन ऑफ इंडिया है।
70. हमारी दैनिक बचत में से चार, हम चालू खाता योजना का उपयोग करते हैं।
71. निजी कंपनियों द्वारा व्यक्तिगत ऋण भी लिया जा सकता है।
72. भारतीय विशिष्ट पहचान लेखा परीक्षा (यूआईडीएआई) द्वारा जारी आधार 12 अंकों की संख्या और पहचान प्रमाण है।
73. आप मोबाइल वॉलेट के माध्यम से ऑनलाइन शॉपिंग, रिचार्ज और बिल भुगतान कर सकते हैं।
74. बैंक मित्र केवल उन्हीं क्षेत्रों में काम करते हैं, जहाँ पर एटीएम और बैंकों की शाखाएँ नहीं हैं।
75. आप माइक्रो एटीएम से नकदी नहीं निकाल सकते हैं।
76. PMSBY में, आप आंशिक विकलांगता के लिए दावा नहीं कर सकते।
77. APY ग्राहकों को 50 वर्ष की आयु से मासिक पेंशन प्रदान करते हैं।
78. PoS का मतलब प्वाइंट ऑफ सेल एक इलेक्ट्रॉनिक मशीन है जिसका इस्तेमाल रिटेल शॉप पर भुगतान के लिए किया जाता है।
79. आरटीजीएस का अर्थ है रियल टाइम ग्रॉस सेटलमेंट, यह एक फंड ट्रांसफर सिस्टम है जिसका इस्तेमाल एक बैंक से दूसरे बैंक में पैसा ट्रांसफर करने के लिए किया जाता है।
80. यूएसएसडी का अर्थ है अनस्ट्रक्चर्ड सप्लीमेंट्री सर्विस डेटा, उपयोगकर्ताओं को बिना स्मार्टफोन या इंटरनेट कनेक्शन के मोबाइल बैंकिंग के जरिए * 99 # का उपयोग करने की अनुमति देता है।
81. बैंक गोल्ड लोन तभी प्रदान करता है, जब गोल्ड बैंक में सिक्योरिटी के रूप में रखे जाते हैं।
82. एनआरआई का अर्थ है अनिवासी भारतीय।
83. बैंक में खाता खोलने के लिए आईडी प्रूफ और एड्रेस प्रूफ के दस्तावेज चाहिए।
84. क्रेडिट/डेबिट कार्ड बैंक या किसी वित्तीय संस्थान द्वारा जारी किया गया एक प्रकार का प्लास्टिक कार्ड है।
85. UPI का मतलब है यूनिफाइड पेमेंट इंटरफेस का इस्तेमाल किसी भी समय पैसे ट्रांसफर करने के लिए किया जाता है।
86. BHIM का मतलब है Bharat Interface for Money, 30 दिसंबर 2016 को प्रधान मंत्री द्वारा पैसे के लेनदेन के लिए लॉन्च किया गया ऐप है।
87. TDS का मतलब होता है टैक्स डिडक्टेड एट सोर्स।
88. मोबाइल बैंकिंग एक ग्राहक के लिए एक वित्तीय सेवा सुविधा है जो मोबाइल फोन के माध्यम से वित्तीय लेनदेन करने के लिए है।
89. यूपीआई यूनिफाइड पेमेंट इंटरफेस के लिए है।
90. IMPS का अर्थ है तत्काल भुगतान सेवा।
91. बचत आय का वह हिस्सा है जो वर्तमान व्यय पर खर्च नहीं होता है।
92. जो व्यक्ति चेक लिखता है, उसे आदाता कहा जाता है।
93. वर्तमान खाते मूल रूप से व्यवसायों के लिए हैं और आमतौर पर निवेश या बचत के उद्देश्य से उपयोग किए जाते हैं।
94. सावधि जमाओं में 'निश्चित' शब्द परिपक्वता या अवधि की अवधि को दर्शाता है।
95. भारत में लगभग सभी बैंक द्वारा वाहन ऋण की पेशकश की जाती है।
96. भारतीय रुपये का प्रतीक (₹) 15 अगस्त, 2012 को उपयोग में आया था।
97. ATM एक इलेक्ट्रॉनिक दूरसंचार उपकरण है।
98. माइक्रो एटीएम बायोमेट्रिक प्रमाणीकरण और RuPay/डेबिट कार्ड सक्षम हाथ डिवाइस हैं।
99. डिजिटल वित्तीय सेवा चैनल 24 x 7 सेवाएं प्रदान करते हैं।
100. बैंक मित्रा व्यापार निगमों के तहत तैयार की गई अवधारणा है।

उत्तर

1.	(क)	2.	(ख)	3.	(ग)	4.	(घ)	53.	गलत	54.	सही	55.	गलत	56.	सही
5.	(ख)	6.	(ग)	7.	(ख)	8.	(ख)	57.	सही	58.	सही	59.	सही	60.	सही
9.	(घ)	10.	(घ)	11.	(क)	12.	(ग)	61	गलत	62.	सही	63.	सही	64.	गलत
13.	(क)	14.	(क)	15.	(क)	16.	(क)	65.	सही	66.	सही	67.	सही	68.	सही
17.	(क)	18.	(क)	19.	(ख)	20.	(ग)	69.	सही	70.	गलत	71.	गलत	72.	सही
21.	(क)	22.	(ग)	23.	(क)	24.	(ग)	73.	सही	74.	सही	75.	गलत	76.	गलत
25.	(ग)	26.	(ख)	27.	(ग)	28.	(ख)	77.	गलत	78.	सही	79.	सही	80.	सही
29.	(ख)	30.	(क)	31.	(ख)	32.	(क)	81.	सही	82.	सही	83.	सही	84.	सही
33.	(ग)	34.	(क)	35.	(ख)	36.	(ग)	85.	सही	86.	सही	87.	सही	88.	सही
37.	(ख)	38.	(ख)	39.	(क)	40.	(क)	89.	सही	90.	सही	91.	गलत	92.	गलत
41.	(ख)	42.	(ग)	43.	(ख)	44.	(ख)	93.	सही	94.	सही	95.	गलत	96.	सही
45.	(ग)	46.	(क)	47.	(घ)	48.	(घ)	97.	सही	98.	सही	99.	गलत	100.	सही
49.	(ग)	50.	(ग)	51.	सही	52.	गलत								

To know:
10 GB is the data used by per smartphone in a month. (Highest in the world) and the data capacity is 700 MW

अध्याय 13

फ्यूचरिस्टिक आईटी प्रौद्योगिकी और अवलोकन

उद्देश्यः

पाठक समझने में सक्षम होगाः

❖ इंडस्ट्री 4.0 ❖ इंटरनेट ऑफ़ थिंग्स ❖ बिग डाटा एनालिटिक्स ❖ आर्टिफीसियल इंटेलिजेंस ❖ वर्चुअल रियलिटी

13.1 उद्योग 4.0 का परिचय

उद्योग 4.0 को आमतौर पर चौथी औद्योगिक क्रांति के रूप में जाना जाता है। यह निर्माण प्रौद्योगिकियों में स्वचालन और डेटा विनिमय की वर्तमान प्रवृत्ति को दिया गया एक नाम है। तकनीकी क्रांति ने मशीनों में डेटा एकत्र करना और विश्लेषण करना संभव बना दिया है, इस प्रकार कम लागत पर उच्च गुणवत्ता वाले सामान का उत्पादन करने के लिए तेज, लचीली और कुशल प्रक्रियाओं को सक्षम किया गया है।

निर्माण उद्योग में जर्मन प्रतिस्पर्धा को बढ़ाने के लिए एक पहल के तहत विभिन्न क्षेत्रों के प्रतिनिधियों के एक समूह द्वारा इंडस्ट्रीज़ 4.0 शब्द को पहली बार 2011 में "इंडस्ट्री 4.0" के रूप में पेश किया गया था। यह औद्योगिक क्रांति में एक नए चरण को संदर्भित करता है जो इंटरकनेक्टिविटी, ऑटोमेशन, मशीन लर्निंग, और रीयल–टाइम डेटा पर केंद्रित है, जिसे कभी–कभी IIoT या स्मार्ट विनिर्माण के रूप में संदर्भित किया जाता है, स्मार्ट डिजिटल तकनीक, मशीन सीखने और बड़े के साथ भौतिक उत्पादन और संचालन करता है। विनिर्माण और आपूर्ति श्रृंखला प्रबंधन पर ध्यान केंद्रित करने वाली कंपनियों के लिए एक अधिक समग्र और बेहतर जुड़ा पारिस्थितिकी तंत्र बनाने के लिए डेटा।

इंडस्ट्री 4.0, विनिर्माण के कम्प्यूटरीकरण के रूप में परिभाषित किया गया है। यह शब्द चौथी औद्योगिक क्रांति से निकला है। इसका लक्ष्य लागत कम करते हुए उत्पादकता, लचीलेपन और गुणवत्ता बढ़ाने वाले विनिर्माण वातावरण में कंप्यूटिंग और सूचना प्रौद्योगिकी का लाभ उठाना है। यह अपने उद्योग 4.0 कार्यान्वयन में गाइड बनाने में मदद करने के लिए चार प्रमुख अवधारणाओं को परिभाषित करके इसे पूरा करता है।

क. पहली औद्योगिक क्रांति को मानव श्रम से यांत्रिक विनिर्माण में स्थानांतरित करने के लिए पानी और भाप की शक्ति से शुरू किया गया था।

ख. बड़े पैमाने पर उत्पादन बनाने के लिए इलेक्ट्रिक पावर पर निर्मित दूसरी औद्योगिक क्रांति मे किया गया।

ग. तीसरे ने विनिर्माण को स्वचालित करने के लिए इलेक्ट्रॉनिक्स और सूचना प्रौद्योगिकी का उपयोग किया गया।

घ. चौथा विनिर्माण प्रौद्योगिकियों में स्वचालन और डेटा विनिमय की वर्तमान प्रवृत्ति है। इसमें साइबर–फिजिकल सिस्टम, इंडस्ट्रियल इंटरनेट ऑफ थिंग्स (IIoT), बिग डेटा एनालिटिक्स और क्लाउड कंप्यूटिंग शामिल हैं।

इंडस्ट्री 4.0 धीरे–धीरे लागू किया जाता है, अक्सर पहले महत्वपूर्ण कदम के रूप में डिजिटलाइजेशन के साथ। डिजिटल प्रौद्योगिकियां नए व्यवसाय मॉडल और मूल्य–उत्पादक अवसरों की अनुमति देती हैं, और अधिकांश विकासशील देशों के लिए प्राप्य हैं।

निम्नलिखित आरेख औद्योगिक क्षेत्र में विनिर्माण के विकास की समयरेखा दिखाता है जैसा कि चित्र 13.1 में दिखाया गया है। उद्योग 4.0 में चार डिजाइन सिद्धांत हैं जो उद्योग 4.0 परिदृश्यों की पहचान और कार्यान्वयन में कंपनियों का समर्थन करते हैं।

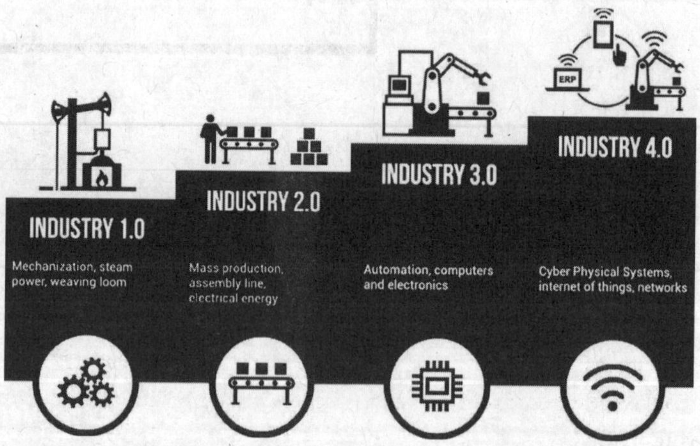

चित्र 13.1: औद्योगिक क्षेत्र में विनिर्माण के विकास की समयरेखा

ये सिद्धांत हैं:

- **इंटरकनेक्शनः** इंटरनेट ऑफ थिंग्स (IoT) या इंटरनेट ऑफ पीपल (IoP) के माध्यम से मशीनों, उपकरणों और लोगों को एक दूसरे से जुड़ने और संवाद करने की क्षमता।
- **सूचना पारदर्शिताः** उद्योग 4.0 प्रौद्योगिकी द्वारा वहन की जाने वाली पारदर्शिता ऑपरेटरों को उचित निर्णय लेने के लिए आवश्यक उपयोगी जानकारी प्रदान करती है।
- **तकनीकी सहायताः** लोगों को सेवाएं, सहायता और सहायता प्रदान करता है। इससे सभी विनिर्माण हितधारकों के लिए उपलब्ध उपकरण बढ़ जाते हैं।
- **विकेंद्रीकृत निर्णयः** साइबर भौतिक प्रणालियों की क्षमता स्वयं निर्णय लेने और अपने कार्यों को यथासंभव मुक्त करने की क्षमता।

पिछली तीन औद्योगिक क्रांति हैं:

- **पहली औद्योगिक क्रांति (उद्योग 1.0):** यह 18 वीं से 19 वीं शताब्दी तक यूरोप और उत्तरी अमेरिका में हुई। यह एक ऐसा दौर था, जब ज्यादातर कृषि समाज, ग्रामीण समाज औद्योगिक और शहरी हो गए थे। लोहा और कपड़ा उद्योग, भाप इंजन विकास ने औद्योगिक क्रांति में केंद्रीय भूमिका निभाई।
- **द्वितीय औद्योगिक क्रांति (उद्योग 2.0):** यह प्रथम विश्व युद्ध से पहले 1870 और 1914 के बीच हुआ था, इस अवधि के दौरान पहले से मौजूद उद्योगों का विकास और नए उद्योगों (इस्पात, तेल, बिजली) का विस्तार हुआ।
- **तीसरी औद्योगिक क्रांति (उद्योग 3.0)/डिजिटल क्रांति/प्रौद्योगिकी का विकास:** यह 1969 के दौरान शुरू हुआ और चल आजतक रहा है। इस अवधि के दौरान इंटरनेट, सूचना और संचार प्रौद्योगिकी (आईसीटी) का विकास हुआ।

13.2 मूल विचार

उद्योग 4.0 से संबंधित कई अवधारणाएँ और प्रौद्योगिकियाँ हैं:

13.2.1 इंटरनेट ऑफ थिंग्स (IoT)

IoT का अर्थ है ''इंटरनेट ऑफ थिंग्स''। इसे केविन एश्टन द्वारा विकसित किया गया था। यह अवधारणा है जो भौतिक उपकरणों जैसे वाहनों, घरेलू उपकरणों, और इलेक्ट्रॉनिक्स में एम्बेडेड अन्य वस्तुओं जैसे सेंसर, सॉफ्टवेयर के बीच के कनेक्शन को संदर्भित करता है, जो इन चीजों को डेटा को जोड़ने, एकत्र करने और विनिमय करने में सक्षम बनाता है।

कई तकनीकों, रीयल–टाइम एनालिटिक्स, मशीन लर्निंग, कमोडिटी सेंसर और एम्बेडेड सिस्टम के अभिसरण के कारण इंटरनेट का विकास हुआ है। एम्बेडेड सिस्टम, वायरलेस सेंसर नेटवर्क, नियंत्रण प्रणाली, स्वचालन (घर और भवन स्वचालन सहित) के क्षेत्र और अन्य सभी चीजों की इंटरनेट को सक्षम करने में योगदान करते हैं।

IoT समाधान की कार्यक्षमता

IoT को कभी–कभी उन प्रणालियों के पर्याय के रूप में समझा जाता है जो स्मार्ट हैं। यह स्मार्ट उद्यम, स्मार्ट पहनने योग्य, स्मार्ट पर्यावरण, स्मार्ट सिटी और स्मार्ट होम हो सकता है।

स्मार्ट वीरबलीस

स्मार्ट वीरबलीस पहनने योग्य एक नेटवर्क डिवाइस है जो गतिविधियों को ट्रैक करता है, उपयोगकर्ता की इच्छाओं, आवश्यकताओं के साथ अनुभवों को अनुकूलित करता है, और डेटा एकत्र करता है। एक पहनने योग्य को विभिन्न कार्यों को करने के लिए डिज़ाइन किया गया है और इसे शरीर के विभिन्न हिस्सों जैसे पैर, सिर, उंगलियों, आंखों, हाथों, कमर और कलाई पर पहना जा सकता है, या कई पोशाक तत्व पर एम्बेडेड किया जा सकता है।

पहनने योग्य डिवाइसों को दो मानकों के अनुसार वर्गीकृत किया गया है:

क. बॉडी–ड्रेस्ड (ट्राउजर, कोट), फुट–वियर (मोजे और जूते), हेड–माउंटेड (हेलमेट और ग्लास) और हाथ मे पहने जाने वाले (दस्ताने, घड़ी और ब्रेसलेट)।

ख. वस्तुओं के कार्य। इसमें सूचना परामर्श (स्मार्ट वॉच और स्मार्ट ग्लास), सोमाटो–सेंसरी कंट्रोल (सोमाटो–सेंसरी कंट्रोलर) और स्वस्थ जीवन (स्मार्ट ब्रेसलेट और स्पोर्ट रिस्टबैंड) शामिल हैं।

स्मार्ट होम्स

स्मार्ट होम, होम नेटवर्किंग के माध्यम से सेवाओं और प्रौद्योगिकी का एकीकरण है। यह बेहतर जीवन स्तर सुनिश्चित करता है। स्मार्ट होम के संबंध में एक अलग तकनीक उभर रही है। यह घर में रहने वाले अनुभव को अधिक सुखद और सुविधाजनक बनाता है। स्मार्ट घरों के कुछ समाधान जैसे, हाथ (दस्ताने), कमर (बैंड), उंगलियां (अंगूठियां), शरीर (कपड़ा), सिर (हेलमेट), पैर (मोजे), आंखें (चश्मा), पैर (जूते), और कलाई (बैंड/घड़ी)) स्वास्थ्य देखभाल की निगरानी और अपने दैनिक कामों के संचालन के लिए बनाए गए है । स्मार्ट होम के अधिक समाधान के साथ बाजार की बड़ी क्षमता आज के बाजार में अपना रास्ता स्थापित कर रही है।

स्मार्ट सिटी

स्मार्ट सिटी एक शहरी स्थान है जो बाजार की व्यवहार्यता, समग्र–आधुनिक संरचना, संचार, और अचल संपत्ति के संबंध में अत्यधिक आधुनिक और टिकाऊ है। यह एक ऐसा शहर है जिसमें सूचना प्रौद्योगिकी प्रमुख आधुनिक संगठन है जिसमें निवासियों के लिए महत्वपूर्ण सेवाओं का प्रावधान है। फिर भी, इसमें बहुत सारे प्लेटफ़ॉर्म हैं जो तकनीकी हैं। आज स्मार्ट सिटी वास्तविकता बनती जा रही है क्योंकि इसका आंदोलन चल रहा है। शहरीकृत IoT को सबसे अद्यतन और उन्नत संचार प्रौद्योगिकी के दोहन की महत्वाकांक्षा के साथ स्मार्ट सिटी की दृष्टि का समर्थन करने के लिए डिज़ाइन किया गया है। यह नागरिक और शहर प्रशासन के लिए मूल्य वर्धित सेवाओं का समर्थन करता है। शहरी संदर्भ के लिए IoT के प्रतिमान का आवेदन एक विशेष रुचि रहा है। यह सार्वजनिक संबंध प्रबंधन में आईसीटी के समाधान को अपनाने के लिए विभिन्न राष्ट्रीय सरकारों को मजबूत करने के लिए प्रतिक्रिया करता है।

स्मार्ट वातावरण

स्मार्ट वातावरण में स्मार्ट बिल्डिंग, स्मार्ट मोबिलिटी, स्मार्ट गवर्नेंस और स्मार्ट यूटिलिटीज शामिल हैं। स्मार्ट सिटी के वातावरण में IoT के प्रतिमान द्वारा सक्षम सेवाएं, अपशिष्ट प्रबंधन, स्वास्थ्य निर्माण निगरानी, यातायात भीड़, स्मार्ट पार्किंग, वायु गुणवत्ता निगरानी, स्मार्ट लाइटनिंग, पानी की गुणवत्ता की निगरानी, प्राकृतिक आपदा की निगरानी, शोर की निगरानी, स्मार्ट खेती। उदाहरण एयर क्वालिटी एग (AQE) है, यह सेंसर की एक समुदाय के नेतृत्व वाली प्रणाली है जो समुदाय की हवा की बेहतर गुणवत्ता में सहायता करती है।

अमृता सेंटर फॉर वायरलेरा नेटवर्क एंड एप्लिकेशन (अमृता डब्ल्यूएनए) वायरलेस भूस्खलन की पहचान प्रणाली है जिसमें भूस्खलन के बारे में अलर्ट जारी करने की क्षमता होती है। यह मौसम में मूसलाधार बारिश के कारण होता है।

स्मार्ट एंटरप्राइज

IoT एंटरप्राइज सॉल्यूशंस सामान्य प्रयोजन बुनियादी ढांचे और कार्यक्षमता का समर्थन करने के लिए डिज़ाइन किए गए हैं जो औद्योगिक हैं। उद्यम की वर्तमान रणनीतियों ने स्मार्ट वस्तुओं के लिए कुछ इंटरफेस को स्वीकार किया है। लेकिन इस तरह के उत्पादों की संचार और कम्प्यूटेशनल क्षमताओं के उदय के साथ, बिजली नेटवर्क किनारे की ओर स्थानांतरित हो जाती है। रूपांतरण, डेटा एकत्रीकरण, संलयन और फ़िल्टरिंग के लिए एक बुद्धिमान तंत्र के रूप में नेटवर्क के भीतर या नेटवर्क के किनारे पर क्रियान्वित किया जाता है। सॉफ्टवेयर इन वस्तुओं

के उपयोग पर बहुत अधिक भरोसा करने वाले भविष्य के व्यापार के कई नए मॉडल के साथ विभिन्न संगठनों में महत्वपूर्ण नवाचार का चालक है। बहुत होनहारों में से कुछ उत्पादन, आपूर्ति श्रृंखला, रसद, परिवहन, स्वास्थ्य और निर्माण की अखंडता रहे हैं। एक उदाहरण पर विचार करें, वाटिक्स जो मशीन स्तर और ऊर्जा पर ऊर्जा की खपत के प्रबंधन के लिए स्मार्ट मीटर समाधान है जो व्यक्तिगत है। पुनःपूर्ति की इष्टतम और समय पर रणनीतियों को संदर्भ के डेटा से निर्धारित किया गया है जो उपयोग के पैटर्न के संबंध में है। en.Gauge, INC (Engaugeinc) आग बुझाने के यंत्र की निगरानी प्रणाली है।

IoT की तकनीकी रीढ़

IoT के तीन घटक हैं जो व्यापक सहज कंप्यूटिंग को सुनिश्चित करते हैं:

क. हार्डवेयर जो एक्ट्यूएटर, एम्बेडेड कम्युनिकेशन के हार्डवेयर और सेंसर से बना है।

ख. मिडिलवेयर जिसमें कंप्यूटिंग के उपकरण और डेटा के विश्लेषण के लिए स्टोरेज शामिल हैं।

ग. प्रस्तुति जिसमें उपन्यास सहजता शामिल है व्याख्या और विजुअलाइज़ेशन टूल का पता है जो विभिन्न प्लेटफार्मों पर व्यापक रूप से एक्सेस किया जाता है।

IoT के लाभ

- **संवर्धित डेटा संग्रहः** IoT सिस्टम पूर्ण पारदर्शिता की अनुमति देता है और मशीन से मशीन संचार को बढ़ाता है।
- **कुशल और समय बचाता हैः** मशीन से मशीन इंटरैक्शन बेहतर दक्षता प्रदान करता है। इसलिए सटीक परिणाम प्राप्त किए जा सकते हैं।
- **वस्त को कम करें:** IoT सुधार के क्षेत्रों को स्पष्ट करता है। IoT संसाधनों की अधिक प्रभावी प्रबंधन के लिए वास्तविक दुनिया की जानकारी प्रदान करता है।

IoT विकास में चुनौतियां

इस खंड में हम IoT के निर्माण के लिए आवश्यक कुछ प्रमुख और अभिन्न चुनौतियों पर चर्चा करने जा रहे हैं। मुद्दे के समाधान को पृष्ठभूमि से आने की आवश्यकता है जो वित्तीय, तकनीकी, व्यवसाय, कानूनी और सामाजिक है। यह IoT के समुदाय से व्यापक स्वीकृति प्राप्त करने के लिए किया जाता है।

क. **अंतर और मानकः** ये नई प्रौद्योगिकी मानकों के लिए बाजारों के अस्तित्व के लिए महत्वपूर्ण हैं। मामले में, यदि विभिन्न निर्माताओं के उपकरणों में समान मानकों का उपयोग नहीं होता है, तो अंतर–क्षमता मुश्किल हो जाती है। इसे एक मानक से दूसरे में अनुवाद के लिए अतिरिक्त प्रवेश द्वार की जरूरत है। इसके अतिरिक्त, विभिन्न ऊर्ध्वाधर बाजार भागों को नियंत्रित करने वाले उद्योग बाजार पर हावी हैं, बदले में उद्यमियों और छोटे खिलाड़ियों के लिए प्रतिस्पर्धा की बाधा पैदा करते हैं। विभिन्न सूचना मानकों के बहुत सारे एक आइटम परिवार पर उपभोक्ताओं को बंद करने की दिशा में हैं। यदि ग्राहक एक अलग और अलग निर्माता से अन्य डिवाइस के साथ डिवाइस को प्रतिस्थापित करते समय आसानी से अपनी जानकारी को स्थानांतरित नहीं करते हैं, तो वे निश्चित रूप से उस जानकारी को खो देंगे जो उन्होंने समय के साथ जमा की है।

ख. **सुरक्षाः** चूंकि IoT कई उपकरणों को एक–दूसरे से जोड़ता है, यह प्रवेश बिंदु प्रदान करता है, जो मैलवेयर के लिए अधिक विकेंद्रीकृत हैं। M2M संचार, एकीकरण मिडलवेयर, सॉफ्टवेयर और एपीआई की विभिन्न परतें अधिक जटिलता के साथ सुरक्षा के नए जोखिम पैदा करती हैं। कृपया विभिन्न विक्रेताओं और तकनीकों से कल्पना करने की अपेक्षा करें कि वे ऐसे मुद्दों को एक साथ संबोधित करें जो नीति और सुरक्षा के प्रति नीति द्वारा संचालित हैं।

ग. **गोपनीयता और विश्वासः** सेंसर के साथ जो दूरस्थ हैं और इंटरनेट ऑफ थिंग्स के लिए महत्वपूर्ण उपयोग के मामलों का उपयोग करके निगरानी कर रहे हैं, डेटा स्वामित्व और पहुंच को नियंत्रित करने के लिए संवेदनशीलता बढ़ी है। होम डिपो में सुरक्षा के दो हाल ही में अत्यधिक संक्षिप्त उल्लंघन मौजूद है और भुगतान की प्रणाली तक पहुंच प्राप्त करने के लिए तीसरे पक्ष के वेंडर की चोरी पर जाकर लक्ष्य प्राप्त किया जाता है। साथी की वेटिंग कभी भी अधिक महत्वपूर्ण हो जाएगी। सहायता जारी रहने और चिकित्सा अनुप्रयोगों में मुख्य मुद्दे के रूप में अनुपालन जारी है। इसमें मृत्यु और जीवन के प्रभाव हैं। आईओटी के अनूठे मुद्दों के साथ अनुपालन का नया ढांचा विकसित होता है और पता चलता है। इस क्षेत्र में राजनीतिक और सामाजिक सरोकार भी IoT को अपनाने में बाधा बनते हैं।

घ. **एकीकरण, जटिलता और भ्रम के मुद्देः** बहुत सारे प्लेटफॉर्म, बड़ी एपीआई संख्या, विभिन्न प्रोटोकॉल के साथ, मानक विकसित करने के चारों ओर भ्रम एक अपनाने को धीमा करने के लिए लगभग surer रहा है। एपीआई तेजी से कि अभिन्न नई कार्यक्षमताओं को जोड़ने के लिए परियोजना की टीमों की क्षमता को कम करने के साथ अप्रत्याशित हैं। दत्तक ग्रहण जो विकास की आवश्यकता के साथ धीमी गति से होता है अप्रत्याशित संसाधन संभावना धीमी अनुसूची और राजस्व के लिए धीमी समय। इसके लिए धन की आवश्यकता है जो लंबे रनवे, IoT प्रोजेक्ट और स्टार्ट–अप के लिए अतिरिक्त होना चाहिए।

ङ. **प्रतिस्पर्धी मानकों, विकसित हो रहे आर्किटेक्चर, और प्रोटोकॉल युद्धः** आईओटी के साथ–साथ शामिल होने वाले कई खिलाड़ियों के साथ, ऑन–गोइंग टर्फ युद्धों का एक मौका है। विरासत उद्योग ओपन सिस्टम के प्रस्तावक के साथ मालिकाना लाभ की अपनी प्रणाली की रक्षा के लिए चाहते हैं। वे नए मानक स्थापित करने की कोशिश करते हैं। वर्तमान बेंचमार्क का उपयोग, उपकरण वर्ग, क्षमताओं और शक्ति की आवश्यकता द्वारा निर्धारित आवश्यकताओं के आधार पर होता है। यह भविष्य के मानकों को प्रभावित करने और योगदान करने के लिए खुले स्रोत और मंच के विक्रेता की वकालत करने का अवसर प्रस्तुत करता है।

च. **मूल्य और उपयोग के मामलों के सम्मोहक प्रस्ताव ठोस हैं:** आरओआई या उपयोग के मामलों के मजबूत उदाहरणों की कमी, IoT को धीमा कर देती है। यद्यपि ऐसा मामला है जो सैद्धांतिक, भविष्य की अवधारणा, और तकनीकी विनिर्देश कुछ पहले लेने वालों के लिए पर्याप्त है, मुख्यधारा IoT अपनाने के लिए ग्राहक उन्मुख, अच्छी तरह से आधारित संदेश और संचार की आवश्यकता है। आम जनता के लिए जो उपलब्ध है उसके अनुसार प्रश्न उठते हैं। IoT के प्रदाताओं को उनकी सेवाओं के अभिन्न लाभों की व्याख्या करने की आवश्यकता है।

13.2.2 बिग डेटा एनालिटिक्स

बिग डेटा एनालिटिक्स से तात्पर्य बड़े डेटा के विशाल मात्रा के विश्लेषण की विधि से है। यह छिपे हुए पैटर्न, बाजार के रुझान और अन्य सार्थक जानकारी को उजागर करने के लिए बड़ी मात्रा में डेटा एकत्र करने, व्यवस्थित करने और विश्लेषण करने की प्रक्रिया है।

यह एक संगठन को उनके डेटा में निहित जानकारी को समझने में मदद करता है और अपने व्यवसाय को बेहतर बनाने के लिए नए अवसर प्रदान करने के लिए इसका उपयोग करता है, जो बदले में अधिक कुशल संचालन, उच्च लाभ करता है।

डेटा की इतनी बड़ी मात्रा का विश्लेषण करने के लिए, बिग डेटा एनालिटिक्स एप्लिकेशन बड़े डेटा विश्लेषक, डेटा वैज्ञानिकों, भविष्य कहनेवाला मॉडलर, सांख्यिकीविदों और अन्य विश्लेषणात्मक कलाकारों को संरचित और असंरचित डेटा की बढ़ती मात्रा का विश्लेषण करने में सक्षम बनाते हैं। यह विशेष सॉफ्टवेयर टूल और एप्लिकेशन का उपयोग करके किया जाता है। इन उपकरणों का उपयोग करते हुए, विभिन्न डेटा ऑपरेशन जैसे डेटा माइनिंग, टेक्स्ट माइनिंग, प्रेडिक्टिव एनालिसिस, फोरकास्टिंग आदि किए जा सकते हैं। ये सभी प्रोसेस अलग–अलग किए जाते हैं और हाई–परफॉर्मेंस एनालिटिक्स का हिस्सा होते हैं। बिग डेटा एनालिटिक टूल और सॉफ़्टवेयर एक संगठन को बड़ी मात्रा में डेटा संसाधित करने और सार्थक अंतर्दृष्टि प्रदान करने में सक्षम बनाते हैं जो भविष्य में बेहतर व्यावसायिक निर्णय प्रदान करते हैं। बिग डेटा और IoT डेटा के बीच संबद्धता का स्पष्टीकरण दिया गया है। IoT जानकारी "बनाम" से अवगत कराया बिग डाटा।

ऐसी गतिविधियाँ जिनमें IoT के सूचना प्रसंस्करण अनुप्रयोग शामिल हैं जैसे अर्थ एकीकरण, डेटा का चयन, और सत्यापन सचित्र है। IoT डेटा विश्लेषण के साथ अपने व्यावसायिक मूल्यों के साथ IoT सूचना के प्रसंस्करण की शक्ति है। यह IoT के सूचनात्मक विश्लेषण के कारण है। हाल के अध्ययन और शोध के अनुसार निकट भविष्य में IoT के व्यापार के मूल्य के बड़े हिस्से सूचना विश्लेषण की आधुनिक तकनीक की तैनाती और विकास से आते हैं। यह वर्तमान में उत्पादित विशाल IoT डेटासेट राशि का लाभ उठाता है। IoT के बड़े डेटासेट से मान निकालने के लिए IoT के एनालिटिक्स की विशेष रूप से तैनाती की उम्मीद की गई है। यह अप्रयुक्त और अप्रकाशित रहता है क्योंकि प्वज अत्याधुनिक अनुप्रयोग उपलब्ध IoT सूचना के लगभग 1 प्रतिशत का उपयोग करते हैं।

सिद्धांत यह है कि बिग डेटा एनालिटिक्स में IoT के डेटा एनालिटिक्स में बहुत समानता है। महत्वपूर्ण अंतर मुख्य रूप से विभिन्न डेटा की विशिष्ट समस्याओं की तुलना में विभिन्न IoT सूचना प्रकृति में निहित हैं जो लेन–देन संबंधी जानकारी के बड़े संस्करणों से संबंधित हैं।

IoT डेटा आमतौर पर उच्च वेग और स्ट्रीमिंग प्रकृति सुविधा के साथ जुड़ा हुआ है। इसलिए, बिग डेटा की विश्लेषणात्मक कठिनाई के अधिक से अधिक होने पर, डीबीएमएस पारंपरिक अवसंरचना द्वारा सेवा की जाती है, यह डेटा के लगातार और परिमित सेटों में जानकारी संग्रहीत करता है। IoT के विश्लेषणात्मक बाधाओं को आमतौर पर उन डेटाबेस द्वारा बेहतर ढंग से परोसा जाता है जो सूचना के निरंतर, तीव्र, कई और समय बदलती धाराओं जैसे प्रसंस्करण और उपचार के साथ स्ट्रीमिंग कर रहे हैं। इसलिए, बिग डेटा पारंपरिक अवसंरचना (जैसे कि MapReduce और HDFS/Hadoop सिस्टम) का उपयोग आमतौर पर IoT विश्लेषिकी के लिए नहीं किया गया है, क्योंकि इसकी उच्च विलंबता और बढ़े वेग की जानकारी से निपटने में असमर्थता है। IoT के एनालिटिक्स के लिए डेटा स्ट्रीमिंग इन्फ्रास्ट्रक्चर (जैसे ओपन सोर्स अपाचे फ्लिंक और अपाचे स्पार्क सिस्टम) में अधिक उपयुक्तता है। यह अनुक्रमिक पहुंच, क्षणिक स्टीम और डेटा के निरंतर प्रश्नों से संबंधित है। इसके साथ ही यह पर्यावरण के दायरे में अप्रत्याशित जानकारी के आगमन को संभालने का साधन प्रदान करता है जो कि स्मृतिबद्ध है।

IoT की धाराओं की विशेषता निम्नलिखित है:

- वितरण के रूप में वे जानकारी के कई वितरित स्रोतों से स्टेम कर सकते हैं।
- कुछ स्कीमा परिभाषित या किए गए डेटा प्रकार को परिभाषित करते हैं।
- सूचना की धाराओं के बीच सिंक्रनाइज़ेशन की बाधा।
- इसके वितरण और प्रवाह की स्थिरता।
- प्रवाह की दर, अर्थात्, IoT के विश्लेषणात्मक अनुप्रयोग के लिए इसकी आगमन दर।

ऑर्डरिंग, इसकी टाइमिंग जैसी विशेषताओं के आधार पर। IoT की स्ट्रीमिंग सिस्टम स्ट्रीमिंग सूचनाओं पर प्रश्नों की परिभाषा को सक्षम करता है जिसमें अवरोधक ऑपरेटरों के विनिर्देश और स्ट्रीम पर विंडोज़ को स्लाइड करना शामिल है। यह ऑपरेटर और एग्रीगेटर्स को ऑर्डर देने जैसा है। स्ट्रीमिंग के IoT बुनियादी ढांचे में दो मुख्य कार्य करने वाले मिडलवेयर शामिल हैं:

क. **IoT धारा सन्निकटन:** धारा वेग के कारण इसकी आवश्यकता होती है। जैसे–जैसे धाराएँ वास्तव में बहुत तेज़ होती जा रही हैं, वैसे–वैसे प्रश्नों के सटीक उत्तर की गणना करने की चुनौतियाँ हैं। इसके लिए कम्प्यूटेशनल संसाधनों और वर्चुअल अन–बाउंडेड स्टोरेज की आवश्यकता होती है। तो, IoT स्ट्रीमिंग के इंजन उन विधियों में धाराओं का सन्निकटन करते हैं, जो सन्निकटन की प्रणाली की दक्षता और संचालन के बीच इष्टतम संतुलन हासिल करते हैं।

ख. **संसाधनों और प्रश्नों का अनुकूलन:** यह लंबे समय तक चलने वाले प्रश्नों के लिए बहुत अभिन्न है। संसाधनों को सूचना विशेषताओं के साथ उतार–चढ़ाव की धाराओं के आगमन के समय और क्वेरी भार के विकास द्वारा विशेषता दी गई है। इसलिए, IoT का स्ट्रीमिंग इंजन वितरित पर्यावरण के उच्च दायरे में पूछताछ की निष्पादन योजना के साथ दिए गए अनुप्रयोगों के लिए संसाधन आवंटन अनुकूलन (कम्प्यूटेशन संसाधन और मेमोरी) के अधिकारी हैं। व्यू सिस्टम के प्रदर्शन को अनुकूलित करना है। संसाधन लगभग वास्तविक समय या वास्तविक समय IoT विश्लेषणात्मक अनुप्रयोग के दायरे में बहुत महत्वपूर्ण है।

हालांकि लेन–देन के डेटासेट के साथ संयोजन के रूप में उपयोग नहीं किया जाता है, स्ट्रीमिंग इंजन बिग डेटा के परिदृश्य का बहुत महत्वपूर्ण हिस्सा है। वे विशेष रूप से सूचना धारा के वेग पर जोर देने के साथ बहुत से "बनाम" संभालते हैं। यह IoT विश्लेषिकी के बहुत सारे अनुप्रयोग की सामान्य विशेषता है। स्ट्रीमिंग इंजन जो बिग डेटा के बुनियादी ढांचे के साथ मिलकर काम करते हैं, फ़ाइल और क्लस्टर इंफ्रास्ट्रक्चर की वितरित प्रणाली जैसी जानकारी के बड़े सेट को संभालते हैं।

बिग डेटा एनालिटिक्स का लक्ष्य

संगठन को बेहतर व्यवसाय निर्णय लेने, भविष्यवाणी करने में मदद करें, बड़ी संख्या में लेनदेन का विश्लेषण करें जो संगठन में किया जाता है।

बिग डेटा एनालिटिक्स के लाभ

ई–कॉमर्स उद्योग, सोशल मीडिया, हेल्थकेयर, बैंकिंग, मनोरंजन उद्योग आदि जैसे विभिन्न संगठनों के बीच बिग डेटा एनालिटिक्स लोकप्रिय रहा है, ई–कॉमर्स उद्योग जैसे अमेज़न, फ्लिपकार्ट, मायंत्रा ।

13.2.3 क्लाउड कम्प्यूटिंग

क्लाउड कंप्यूटिंग को इंटरनेट के माध्यम से सेवा मंच का उपयोग करके बिजली, डेटाबेस स्थान, अनुप्रयोगों और अन्य संसाधनों के अनुरोध पर वितरण के रूप में माना जाता है। मूल रूप से, क्लाउड कंप्यूटिंग अनुप्रयोगों का एक प्रकार है जो भंडारण स्थान और बिजली की खपत के संबंध में चिंता किए बिना अंतिम उपयोगकर्ता इसके लाभों का आनंद ले रहे हैं।

नेशनल इंस्टीट्यूट फॉर स्टैंडर्ड्स एंड टेक्नोलॉजी (NIST) ने क्लाउड कंप्यूटिंग को परिभाषित किया: "कॉन्फ़िगर करने योग्य कंप्यूटिंग संसाधनों (जैसे, नेटवर्क, सर्वर, स्टोरेज, एप्लिकेशन और सेवाओं) के साझा पूल में सुविधाजनक, ऑन–डिमांड नेटवर्क एक्सेस को सक्षम करने के लिए एक मॉडल जो कर सकता है कम से कम प्रबंधन के प्रयास या सेवा प्रदाता बातचीत के साथ तेजी से प्रावधान और जारी किया जाए"।

कुछ चीजें जो क्लाउड के माध्यम से की जा सकती हैं, वे हैं:

- नए अनुप्रयोगों और सेवाओं का निर्माण
- स्टोरेज बैक–अप और डेटा रिकवरी
- होस्टिंग वेबसाइट और ब्लॉग
- लाइव वीडियो और ऑडियो स्ट्रीमिंग
- मांग पर सॉफ्टवेयर वितरण
- डेटा विश्लेषण और पूर्वानुमान

क्लाउड कम्प्यूटिंग आवश्यकता बन गए हैं:

- **फ्लेसिबिलिटी**: क्लाउड सेवाएँ उन व्यवसायों के लिए एकदम सही हैं जो बैंडविड्थ की ज़रूरतों को विकसित करने या स्थानांतरित करने के लिए हैं। माँगों के पूरा होने पर स्टोरेज क्षमता को बढ़ाकर या बोए गए पैमाने पर सेवा को बढ़ाना काफी आसान है। चपलता की यह गुंजाइश दावेदारों पर वास्तविक लाभ के साथ व्यवसायों का योगदान कर सकती है।
- **प्रतिकूलता पुनर्प्राप्ति**: बड़े व्यवसाय स्वस्थ प्रतिकूलता में भाग लेते हैं, लेकिन छोटे लोगों के लिए आवश्यक लागत और कौशल की कमी होती है; यह एक परम सत्य है। क्लाउड कम्प्यूटिंग अब अधिक संगठनों हिरन की सेवा कर रहा है जो बहाव करते हैं। यह छोटे संगठनों के लिए बड़ी लागत में निवेश को रोकने के लिए अधिक आदर्श है।
- **स्वचालित सॉफ्टवेयर अपडेट**: क्लाउड कंप्यूटिंग सर्वर संगठनों की पहुंच में नहीं होते हैं, इसके बजाय ठेकेदार समय–समय पर सॉफ्टवेयर अपडेट और यहां तक कि पुराने पैच सहित उनके लिए इसे संचालित करते हैं। यह कंपनियों को अपने व्यवसाय के निर्माण पर ध्यान केंद्रित करने और अपने हार्डवेयर सिस्टम को बनाए रखने के लिए तनाव न लेने में मदद करता है।
- **निवेश–व्यय निः शुल्क**: यह एक अनुकूल सदस्यता मॉडल के साथ आता है जो आवश्यक सेवाओं के लिए भुगतान करता है और हार्डवेयर प्रतिष्ठानों और रखरखाव की देखभाल करने की आवश्यकता नहीं है। क्लाउड कंप्यूटिंग प्रबंधन संचालन और रैपिड प्रोजेक्ट बिल्डिंग को आसान बनाने का विकल्प प्रदान करता है।
- **बेहतर साझेदारी**: क्लाउड कम्प्यूटिंग एक साथ काम करना आसान बनाता है, वास्तविक समय में आसान वर्कफ़्लो और फ़ाइल साझाकरण संभव है। प्रत्येक सदस्य का योगदान टीम को स्पष्ट रूप से दिखाई देता है और डॉक्यूमेंट को कभी भी, कहीं से भी संपादित और साझा किया जा सकता है।
- **सुरक्षा**: यह सुरक्षा और डेटा केंद्रीकरण के लिए बेहतर संसाधनों के लिए अधिक सुरक्षित वातावरण, पावती की गारंटी भी देता है।

परिनियोजन मॉडल

विभिन्न क्लाउड परिनियोजन मॉडल हैं:

- **निजी क्लाउड**: किसी एक कॉर्पोरेट या संगठन द्वारा पूरी तरह से उपयोग किया जाता है और कंपनी के साइट डेटा सेंटर पर भौतिक रूप से स्थित हो सकता है।
- **सार्वजनिक क्लाउड**: वेब पर सर्वर और भंडारण स्थान जैसे अपने संसाधनों के परिवहन के लिए तृतीय–पक्ष सेवा प्रदाता की नींव पर कार्य किया, कार्य किया और होस्ट किया गया।
- **सामुदायिक क्लाउड**: समान ट्रेडों के संगठनों और तुलनीय आवश्यकताओं यानी कार्य, सुरक्षा, समझौते और आईटी नियमों के साथ परिस्थितियों के समूह द्वारा।
- **हाइब्रिड क्लाउड**: किसी भी प्रकार के क्लाउड सूचनाओं का खुलासा किए बिना सूचना और कार्यक्रमों को परिवहन और नियमित प्रौद्योगिकी का उपयोग करने के लिए सार्वजनिक, निजी या सामुदायिक क्लाउड जैसे एक से अधिक मॉडल का समूहन।

सर्विस मॉडल

विभिन्न क्लाउड सेवा मॉडल इस प्रकार हैं: एक सेवा के रूप में अवसंरचना (IaaS): डेस्कटॉप, वीपीएन, डिस्क ड्राइव, मेलिंग नेटवर्क, डीएनएस इत्यादि को चुनने में ग्राहकों को व्यापक लोच प्रदान करता है, सेवा के रूप में प्लेटफ़ॉर्म (PaaS): परिवहन विकास के लिए मंच प्रदान करना/ऑपरेटिंग सर्वर (IaaS) के रूप में भौतिक सर्वर, डेटाबेस और ऑनलाइन सर्वर, और सॉफ्टवेयर रखने वाली सुविधा के रूप में ऑपरेटिंग वातावरण: ब्राउज़र के माध्यम से कई उपयोगकर्ताओं को विक्रेता के माध्यम से एक एकल अनुप्रयोग वितरित करने के लिए जो लाइसेंस के आधार पर उपभोक्ताओं को एक आवेदन बेचता है।

विभिन्न क्षेत्रों में विभिन्न सेवा मॉडल की कुछ सेवाएँ हैं:

सास	पास	आईएएस
कस्टमर रिलेशनशिप मैनेजमेंट	बिज़नेस इंटेल्लेक्ट	कम्प्यूटेशन
ट्रांसक्शन्स	डिप्लॉयमेंट	कंटेंट डिस्ट्रीब्यूशन
कंटेंट मैनेजिंग	कोडिंग एंड टेस्टिंग	स्टोरेज स्पेस
एंटरप्राइज रिसोर्स प्लानिंग	इंटीग्रेशन	बैकअप एंड रिट्रीवल

क्लाउड कम्प्यूटिंग के लाभ

- **लागत में कटौती:** भले ही सार्वजनिक क्लाउड सर्वर में निवेश की शुरुआती लागत अपेक्षाकृत अधिक है, अंततः यह केवल डेटा तक पहुंच में आसानी के कारण हमें पैसा और समय बचाता है।
- **गतिशीलताः** चूंकि क्लाउड कंप्यूटिंग रिमोट एक्सेस की अनुमति देती है, इसलिए यह लोगों को स्मार्टफोन या टैबलेट जैसे किसी भी व्यक्तिगत डिवाइस से अपने क्लाउड खातों तक पहुंचने की अनुमति देता है।
- **अंतर्दृष्टिः** आज की दुनिया में, डेटा बहुत मूल्यवान है और जानकारी को विभिन्न स्रोतों के टन से इकट्ठा किया जा सकता है।
- **गुणवत्ता नियंत्रणः** डेटा को क्लाउड सर्वर पर एकसमान तरीके से संग्रहित किया जाता है। इसलिए, असंगत डेटा, मानवीय त्रुटियों आदि के बारे में कोई चिंता नहीं है।
- **हानि की रोकथामः** जो कंपनियां अपने डेटा को क्लाउड–आधारित प्लेटफ़ॉर्म पर संग्रहीत नहीं करती हैं, वे अपने डेटा के लिए भौतिक संग्रहण इकाइयों पर निर्भर हैं। वायरस के हमले या कुछ खराबी से बिगड़ने से नष्ट हो सकता है और चोरी भी हो सकता है। इसलिए, क्लाउड–आधारित भंडारण यहां अत्याधुनिक है।
- **प्रतिस्पर्धात्मक बढ़तः** कुछ ऐसी कंपनियां हैं जो स्थानीय सर्वर पर अपना काम करना पसंद करती हैं, लेकिन ये कंपनियां उन कंपनियों के खिलाफ नुकसान में हैं जो प्रौद्योगिकी और व्यवसाय में बदलते रुझानों के साथ हैं।
- **स्थिरताः** पर्यावरणीय सक्रियता क्लाउड बुनियादी ढांचे द्वारा समर्थित है क्योंकि यह भौतिक उत्पादों और हार्डवेयर के बजाय ऑनलाइन प्रदान की जाने वाली सेवाओं पर अधिकार रखती है।

क्लाउड कम्प्यूटिंग की सीमाएं

- **डाटा सिक्योरिटीः** क्लाउड कंप्यूटिंग की दिशा में चुनौतियों के क्षेत्र में डेटा सुरक्षा एक बहुत ही प्रासंगिक शोध विषय है। क्लाउड कंप्यूटिंग में, संगठनों का अपने डेटा पर प्रत्यक्ष नियंत्रण नहीं होता है जो क्लाउड में संग्रहीत होता है क्योंकि उनके पास होता अगर वे अपने स्वयं के भौतिक डेटा केंद्रों में संग्रहीत होते।
- **स्वचालित सेवा प्रावधानः** क्लाउड अपने उपयोगकर्ताओं को कॉल करने और मांग पर संसाधन जारी करने की सुविधा प्रदान करने की क्षमता रखता है।
- **वर्चुअल मशीन माइग्रेशनः** वर्चुअलाइजेशन क्लाउड कंप्यूटिंग को कई लाभ प्रदान करता है क्योंकि यह डेटा केंद्रों में लोड को संतुलित करने में मदद करता है।
- **ऊर्जा प्रबंधनः** ऊर्जा दक्षता में सुधार क्लाउड कंप्यूटिंग में प्रमुख चुनौतियों में से एक है।
- **ट्रैफ़िक प्रबंधन और विश्लेषणः** क्लाउड प्रदाता अपने उपयोगकर्ताओं को प्रदान करने वाली एक चीज़ क्लाउड में संग्रहीत डेटा का विस्तृत विश्लेषण है।
- **लगातार नेटवर्क कनेक्शनः** भले ही उपयोगकर्ता क्लाउड पर संग्रहीत डेटा को क्लाउड में कहीं से भी एक्सेस कर सकता है, लेकिन यह केवल तभी काम करेगा जब उपयोगकर्ता के पास नेटवर्क कनेक्शन तक निरंतर पहुंच हो।
- **एकीकरणः** क्लाउड अनुप्रयोगों के साथ स्थानीय सर्वर पर मौजूद अनुप्रयोगों का एकीकरण अपने आप में एक बहुत बड़ा काम है क्योंकि कई मामलों में यह व्यवहार्य नहीं है।
- **जेनेरिकः** एक सार्वजनिक क्लाउड प्रदाता द्वारा प्रदान की जाने वाली सेवाएं बहुत सामान्य हैं। सभी संगठन इसके साथ सहज नहीं हैं। अतिरिक्त प्रसाद को लागू करने की कोशिश करना छोटी कंपनियों पर भारी पड़ सकता है, क्योंकि इसके लिए बहुत से आंतरिक संसाधनों की आवश्यकता होती है।

13.2.4 वर्चुअल रियलिटी

वर्चुअल का अर्थ है नियर या इम्प्लाइड 'और वास्तविकता का अर्थ है चीजों की स्थिति जैसा कि वे वास्तव में मौजूद हैं। इस प्रकार, आभासी वास्तविकता रियल नियर रियलिटी 'के अलावा कुछ नहीं है। आभासी वास्तविकता एक आभासी या काल्पनिक वातावरण में एक भौतिक इकाई का एक सिमुलेशन है जो सॉफ्टवेयर या कार्यक्रमों का उपयोग करके बनाया जाता है जो किसी उपयोगकर्ता के विश्वासों को उसे वास्तविक वास्तविकता के रूप में स्वीकार करने के लिए मजबूर करता है।

आज, वर्चुअल रियलिटी (वीआर) तकनीक को चिकित्सा, इंजीनियरिंग, शिक्षा, डिजाइन, प्रशिक्षण और मनोरंजन के उन्नत क्षेत्रों में लागू किया जाता है। वीआर एक कंप्यूटर इंटरफ़ेस है जो एक वास्तविक 3 डी (तीन आयाम) दृश्य अनुभवों को देने के लिए फ्लैट मॉनिटर से परे वास्तविक दुनिया की नकल करने की कोशिश करता है।

हम अपनी पांच इंद्रियों जैसे स्पर्श, स्वाद, दृष्टि, गंध और सुनवाई के माध्यम से दुनिया का अनुभव करते हैं; यह सब हमारे दिमाग की मदद से किया जाता है। सरल शब्दों में, हमारी वास्तविकता का पूरा बोध मस्तिष्क के संवेदी तंत्र के संयोग और संवेदी सूचनाओं के संयोजन के कारण होता है जो हम अनुभव करते हैं। आभासी वास्तविकता वास्तव में एक कृत्रिम वातावरण का अनुकरण करके हमारे मस्तिष्क की संवेदनाओं और धारणाओं के साथ खेल करती है, जो वास्तव में मौजूद नहीं है, लेकिन हमारा मस्तिष्क सोचता है कि यह सिर्फ विश्वास करना पसंद करता है। मनोरंजन, विपणन, शिक्षा और चिकित्सा में आभासी तकनीक के कई अनुप्रयोग हैं।

शब्द संवर्द्धन लैटिन शब्द संवर्द्धन से लिया गया है और इसका मतलब है कि वृद्धि या वृद्धि या अधिक गहन बनाने के लिए। संवर्धित वास्तविकता, जिसे आमतौर पर एआर के रूप में संक्षिप्त किया जाता है, का उपयोग आभासी तत्वों की मदद से वास्तविक दुनिया को बढ़ाने या बेहतर बनाने के लिए किया जाता है; यह वास्तविक और डिजिटल दुनिया को जोड़ती है जो वास्तविकता के एक एकीकृत लेकिन उन्नत, समृद्ध दृश्य प्रदान करती है।

TechTimes.com (यह एक ऑनलाइन पोर्टल है जो नवीनतम प्रौद्योगिकी, विज्ञान और स्वास्थ्य विकास, अन्य उद्योगों के साथ उनकी बातचीत और रोजमर्रा की जिंदगी पर प्रभाव के बारे में समाचारों की रिपोर्ट करता है) AR को आभासी वास्तविकता और वास्तविक जीवन के सम्मिश्रण के रूप में परिभाषित करता है, क्योंकि डेवलपर्स भीतर छवियां बना सकते हैं। वास्तविक दुनिया में कंटेंट के साथ मिश्रण करने वाले अनुप्रयोग। एआर के साथ, उपयोगकर्ता वास्तविक दुनिया में आभासी कंटेंट के साथ बातचीत करने में सक्षम हैं, और दोनों के बीच अंतर करने में सक्षम हैं।

AR हमारे आस–पास के वास्तविक जीवन वातावरण के साथ आभासी/डिजिटल घटकों को नियंत्रित करता है। यह दृश्य उपकरणों के उपयोग के माध्यम से वास्तविक समय में वास्तविक दुनिया के दृश्यों पर ध्वनि, **haptics** और दृश्य और अन्य संवेदी उत्तेजनाओं को ओवरले करता है। यह आपकी पसंद के वॉलपेपर के साथ आपका कमरा हो सकता है या यह बेवर्ली हिल्स शैली के स्थान के साथ आपकी सड़क को शानदार बना सकता है।

AR कई वर्षों से अनुसंधान और चर्चा का एक गर्म विषय रहा है, लेकिन मोबाइल कंप्यूटिंग में अग्रिमों और Google ग्लास जैसे क्रांतिकारी उत्पादों की रिहाई के साथ इस पर नए सिरे से ध्यान और ध्यान दिया जा रहा है। 2020 तक, उद्योग के आंकड़े बताते हैं कि एआर के लिए बाजार 100 बिलियन अमेरिकी डॉलर तक पहुंच जाएगा।

जबकि AR और वर्चुअल रियलिटी (VR) में कई चीजें समान हैं– एक मुख्य अंतर जो उन्हें अलग करता है– AR वास्तविकता को बढ़ाता है, लेकिन इसे प्रतिस्थापित नहीं करता है, जबकि VR वर्तमान वातावरण को पूरी तरह से एक नए वर्चुअल के साथ बदल देता है।

13.2.5 आर्टिफिशियल इंटेलिजेंस

आर्टिफिशियल इंटेलिजेंस (AI) आ गई है। एआई एक परिवर्तनकारी तकनीक है जो दुनिया भर में परिवर्तन शक्ति है।

हमारा जीवन अगले दशक में नाटकीय रूप से बदलने के लिए तैयार है। हम जिस तरह से काम करते हैं और जिस तरह से आपस में बातचीत करते हैं वह हमेशा के लिए बदल जाएगा। एआई हमारे जीवन में सब कुछ बाधित कर रहा है और नई विघटनकारी तकनीक में एम्बेडेड है।

यदि आपने Google पर किसी भी दो गंतव्यों के बीच सबसे सस्ते हवाई किराए की खोज की है, तो आप पहले से ही AI– सक्षम Google के उड़ान खोज इंजन से सेवाओं का उपयोग कर चुके हैं। यदि आपने Google मानचित्र या Microsoft के बिंग का उपयोग किया है, तो आपने मशीन लर्निंग और कंप्यूटर विज़न के माध्यम से बड़ी मात्रा में डेटा के साथ विकसित सेवाओं का उपयोग किया है। यदि आप Gmail के उपयोगकर्ता हैं, तो Google क्लाउड ने मशीन लर्निंग का उपयोग करके, आपके दुर्भावनापूर्ण ई–मेल के 99.9% को अवरुद्ध कर दिया है। इस प्रकार, आप पहले से ही वैश्विक एआई–समुदाय का हिस्सा हैं।

आर्टिफिशियल इंटेलिजेंस 1, मशीन लर्निंग, डीप लर्निंग, न्यूरल नेटवर्क्स, पैटर्न रिकॉग्निशन, नेचुरल लैंग्वेज प्रोसेसिंग, वर्चुअल और ऑगमेंटेड रियलिटी के अपने उप सेटों के साथ, रोबोटिक्स के अलावा, इंटरनेट ऑफ थिंग्स (IoT), ब्लॉकचेन टेक्नोलॉजी और 3 डी प्रिंटिंग जैसी अन्य नई तकनीकों के साथ मिलकर व्यवसायों और समाज में क्रांति ला रहा है। एआई एल्गोरिदम द्वारा चलाया जाता है जो समस्या निवारण, भाषा प्रसंस्करण और तार्किक तर्क में सीख, अनुभव और संलग्न कर सकता है। प्रसंस्करण, उत्पादन और समझ में भाषण मान्यता और प्राकृतिक भाषा अनुप्रयोगों के अलावा, एआई का उपयोग अन्य मान्यता प्राप्त कार्यों (पैटर्न, पाठ, ऑडियो, छवि, वीडियो, चेहरे की पहचान आदि), स्वायत्त वाहनों, चिकित्सा निदान, गेमिंग, के लिए भी किया जाता है। खोज इंजन, स्पैम फ़िल्टरिंग, क्राइम फाइटिंग, मार्केटिंग, रिमोट सेंसिंग, ट्रांसपोर्टेशन, म्यूजिक रिकॉग्निशन, वर्गीकरण इत्यादि।

एआई और रोबोटिक्स

रोबोटिक्स एआई सहित कई विषयों के ज्ञान पर काम करता है और नियमित कार्यों के मनुष्यों को उनके दैनिक कामों से मुक्त करने में मदद करता है। आईडीसी की रिपोर्ट के अनुसार, 2021 तक रोबोटिक्स हार्डवेयर, सॉफ्टवेयर और व्यापक सेवाओं पर दुनिया भर में खर्च 230.7 बिलियन डॉलर तक पहुंच जाएगा। रोबोट हमारे निजी जीवन और कार्य स्थानों में क्रांति ला रहे हैं।

हमारे घरों में विभिन्न चीजों को करने के लिए पचास से अधिक विभिन्न प्रकार के होम रोबोट उभरे हैं। घरेलू रोबोट के लिए अमेरिकी बाजार 2025 तक 4 बिलियन डॉलर से अधिक का चौगुना होने वाला है। बच्चों को खेलने और सीखने में बच्चों की मदद करने के लिए होम रोबोट हैं, जो बच्चों को अंग्रेजी सिखाते हैं, रोबोट जो बुजुर्गों की बेहतर देखभाल कर रहे हैं, घरों की सफाई के लिए रोबोट हैं। चीन में, दो भाषाओं में बोलने वाला रोबोट iPal, बच्चो का गणित का पाठ देता है, चुटकुले बताता है, यह सब वह अपने सीने पर एक गोली के माध्यम से करता है। माता–पिता अपने बच्चों की आईपीएल के माध्यम से निगरानी कर सकते हैं, जिन्हें स्मार्टफोन ऐप के माध्यम से जोड़ा जा सकता है।

नार्वे की डाक सेवा, पोस्टेन–नोरगे, ने ऑटोमेशन कंपनी बडी मोबिलिटी के साथ एक समझौता किया है, डाक सेवाओं द्वारा डाक और पार्सलों के वितरण के एक असंभाव्य क्षेत्र में रोबोट तैनात किए जा रहे हैं।

एआई के विशिष्ट अनुप्रयोग

एआई उत्पादों और सेवाओं की एक विस्तृत श्रृंखला में लागू किया जाता है। फिनटेक में एआई के उदाहरण हैं: क्रेडिट स्कोर सिस्टम, अपने जोखिम प्रबंधन प्रोफाइल और डेबिट और क्रेडिट कार्ड के मुद्दे के साथ ग्राहक के विवरण के एल्गोरिथ्म पर आधारित तत्काल ऋण वितरण।

इसी तरह कंप्यूटर दृष्टि के क्षेत्र में, उदाहरणों में फिंगरप्रिंट पहचान और चेहरे की पहचान शामिल होगी। स्वास्थ्य में, हमारे पास बेहतर निदान, छवियों के पढ़ने, कैंसर अनुसंधान और दवा की खोज के समाधान हैं।

वॉइस–बेस्ड पर्सनल असिस्टेंट, जैसे एप्पल से सिरी, अमेज़न से एलेक्सा, और माइक्रोसॉफ्ट से कोरटाना और अब गूगल से पर्सनल डिजिटल असिस्टेंट ने सबसे ज्यादा फायदा उठाया है और अब यह काफी लोकप्रिय है।

स्मार्ट एआई सिटीज

शहर होशियार हो जाएगा और लोगों के घरों और उनके कार्यस्थलों अनुप्रयोगों और सेवाओं रूप से सक्षम हो जाएगा। सड़कें स्मार्ट हो जाएंगी और ट्रैफिक की स्थिति के बारे में जानकारी मूल रूप से हो जाएगी। सड़क पर वाहन सेंसर और एक्सप्रेस वे के साथ लगाए गए उपकरणों के साथ संवाद करेंगे।

पूरी तरह से स्वचालित होम

आधुनिक एआई घरों में स्मार्ट गैजेट्स और स्मार्ट डिवाइस हैं, जो बहुत अधिक पैमाने पर आराम और सुविधा प्रदान करते हैं। बिल्डर्स सभी स्मार्ट एआई सक्षम उपकरणों के साथ स्मार्ट घर बना रहे हैं। घरों को इंटरनेट ऑफ थिंग्स (IoT) के साथ जोड़ा जा रहा है, जहां विभिन्न डिवाइस और उपकरण ब्रॉडबैंड कनेक्शन के माध्यम से एक–दूसरे से संपर्क करते हैं।

चेहरे की पहचान प्रौद्योगिकी

इसे फेशियल बायोमेट्रिक्स के रूप में भी जाना जाता है, चेहरे की पहचान में अनिवार्य रूप से एक डिजिटल कैमरे या सेंसर के साथ मानव चेहरे की छवि को कैप्चर करना शामिल है। यह चेहरे की संरचना, आंखों, नाक, मुंह और जबड़े के किनारों के बीच की दूरी को मापता है।

स्वास्थ्य की निगरानी करने के लिए वीयरबल्स

व्यक्तिगत उपकरण जैसे कि रक्त शर्करा, दिल की धड़कन, बीपी और अन्य महत्वपूर्ण स्वास्थ्य मापदंडों की निगरानी पहले से ही उपलब्ध हैं, लेकिन अगले 2–3 वर्षों में वे आम बन जाएंगे, क्योंकि लागत में कमी आती रहती है। आपातकाल के मामले में, उपयोगकर्ताओं को स्मार्टफोन के माध्यम से अपने व्यक्तिगत चिकित्सक या अस्पताल से जोड़ा जाएगा, जो रोगी को आपातकालीन सेवाएं प्रदान करेगा। उच्च बीपी या दिल की समस्या वाले महत्वपूर्ण रोगियों के लिए विशेष रूप से ऐसे उपकरणों का उपयोग करके कई लोगों की जान बचाई जा सकती है।

एआई का अध्ययन – एक बहु अनुशासनिक दृष्टिकोण

कृत्रिम बुद्धिमत्ता के अध्ययन में कंप्यूटर विज्ञान, तंत्रिका विज्ञान, गणित, नृविज्ञान, इतिहास, मनोविज्ञान, दर्शन, अर्थशास्त्र, भाषा विज्ञान और कई अन्य विषयों के ज्ञान के साथ एक बहु–विषयक दृष्टिकोण शामिल है। प्रौद्योगिकी, कंप्यूटर विज्ञान और जीव विज्ञान का अध्ययन कृत्रिम बुद्धि उपकरण, उपकरण और अन्य उपकरणों के विकास का एक हिस्सा है।

एआई और उसके उप–सेट

आर्टिफिशियल इंटेलिजेंस के कई उपसमुच्चय हैं जैसा कि नीचे चर्चा की गई है। सबसे महत्वपूर्ण पहलू मशीन लर्निंग (एमएल), एआई का एक उप–सेट है जो एल्गोरिदम का उपयोग करता है जो नए कार्यों को सीखने के लिए डेटा से अनुमान लगाता है। फिर डीप लर्निंग (डीएल) है, जो मशीन लर्निंग का उप–सेट है जिसमें कृत्रिम तंत्रिका नेटवर्क बनाने के लिए परतों में एल्गोरिदम विकसित करना शामिल है, जो, सीख सकता है और अपने दम पर बुद्धिमान निर्णय ले सकता है। कंप्यूटर दृष्टि एक अन्य क्षेत्र है जिसे चेहरे की पहचान, निदान आदि में लागू किया जाता है।

13.2.6 सामाजिक और मोबाइल

कई वेब–आधारित सामाजिक नेटवर्किंग साइटस, जैसे कि फेसबुक और ट्विटर, ने अपने उपयोगकर्ता के त्वरित और वास्तविक समय तक पहुंचने के लिए मोबाइल एप्लिकेशन बनाए हैं, जहां तक वे इंटरनेट तक पहुंच और मोबाइल कनेक्टिविटी में विकास से जुड़े हैं।

सोशल मीडिया में विभाजित किया जा सकता है:

- सहयोगात्मक परियोजनाएं
- ब्लॉग और माइक्रो–ब्लॉग
- सामग्री समुदाय
- आभासी सामाजिक दुनिया
- आभासी खेल की दुनिया
- सामाजिक नेटवर्किंग साइट

लोकप्रिय सोशल मीडिया उपकरण:

1. **फेसबुक:** फेसबुक आजकल की सबसे बड़ी सोशल मीडिया साइट है, हर महीने दो बिलियन से अधिक लोग इसका उपयोग करते हैं। यह दुनिया की आबादी का लगभग एक तिहाई है! फेसबुक पेज का उपयोग करते हुए 65 मिलियन से अधिक व्यवसाय हैं और छह मिलियन से अधिक विज्ञापनदाता फेसबुक पर अपने व्यवसाय को सक्रिय रूप से बढ़ावा दे रहे हैं, जो कि यदि आप सोशल मीडिया पर उपस्थिति चाहते हैं तो यह एक बहुत ही सुरक्षित शर्त है।
2. **यूट्यूब:** यूट्यूब एक वीडियो–साझाकरण प्लेटफ़ॉर्म है जहाँ उपयोगकर्ता हर दिन एक अरब घंटे के वीडियो देखते हैं। आरंभ करने के लिए, आप अपने ब्रांड के लिए एक YouTube चैनल बना सकते हैं, जहाँ आप अपने ग्राहकों के लिए वीडियो अपलोड कर सकते हैं, जैसे, टिप्पणी, और साझा करना।
3. **व्हाट्सप्प:** व्हाट्सएप एक मैसेजिंग एप है जिसका उपयोग 180 से अधिक देशों में लोग करते हैं। प्रारंभ में, व्हाट्सएप का उपयोग केवल लोग अपने परिवार और दोस्तों के साथ संवाद करने के लिए करते थे। धीरे–धीरे, लोगों ने व्हाट्सएप के माध्यम से व्यवसायों के साथ संचार करना शुरू कर दिया।
4. **मैसेंजर:** मैसेंजर फेसबुक के भीतर एक मैसेजिंग फीचर हुआ करता था, और 2011 के बाद से, फेसबुक ने मैसेंजर को एक स्टैंडअलोन ऐप के रूप में अपने आप बना दिया है और इसकी विशेषताओं पर बहुत विस्तार किया है। व्यवसाय अब विज्ञापन कर सकते हैं, चैटबॉट बना सकते हैं, समाचार पत्र भेज सकते हैं।
5. **वीचैट:** वीचैट व्हाट्सएप और मैसेंजर की तरह है एक मैसेजिंग ऐप से बढ़कर एक ऑल–इन–वन प्लेटफॉर्म। मैसेजिंग और कॉलिंग के अलावा, यूजर्स अब ऑनलाइन खरीदारी करने और भुगतान ऑफलाइन करने, पैसे ट्रांसफर करने, रिजर्वेशन, टैक्सी बुक, और बहुत कुछ करने के लिए WeChat का उपयोग कर सकते हैं।
6. **इंस्टाग्राम:** इंस्टाग्राम एक फोटो और वीडियो साझा करने वाला सोशल मीडिया ऐप है। यह आपको फ़ोटो, वीडियो, स्टोरीज़ और लाइव वीडियो जैसी विस्तृत कंटेंट साझा करने की अनुमति देता है। इसने लंबे समय तक वीडियो बनाने के लिए हाल ही में IGTV भी लॉन्च किया है।
7. **ट्विटर:** ट्विटर समाचार, मनोरंजन, खेल, राजनीति, और बहुत कुछ के लिए एक सोशल मीडिया साइट है। ट्विटर को अन्य सभी सोशल मीडिया साइटस से अलग बनाता है, यह वास्तविक समय की जानकारी – अभी जो चीजें हो रही हैं, वह बताता है।
8. **लिंक्डइन:** लिंक्डइन नौकरी खोज साइट से अधिक है। यह एक पेशेवर सोशल मीडिया साइट के रूप में विकसित हुआ है जहां उद्योग के विशेषज्ञ एक दूसरे के साथ सामग्री, नेटवर्क साझा करते हैं और अपने व्यक्तिगत ब्रांड का निर्माण करते हैं। यह व्यवसायों के लिए अपने उद्योग में अपने विचार नेतृत्व और अधिकार स्थापित करने और उनकी कंपनी के लिए प्रतिभा को आकर्षित करने के लिए एक स्थान बन गया है।
9. **पिनटेरेस्ट – 250 मिलियन MAU:** पिनटेरेस्ट एक ऐसी जगह है जहाँ लोग नई चीज़ों की खोज करने के लिए जाते हैं और प्रेरित होते हैं, अधिकांश सोशल मीडिया साइटस के विपरीत जहाँ सगाई प्राथमिक फोकस है। च्पदजमतमेज के अनुसार, 78 प्रतिशत उपयोगकर्ता कहते हैं कि ब्रांडों से च्पदजमतमेज पर सामग्री उपयोगी है (अन्य साइटों की तुलना में बहुत अधिक)। यह आपके ब्रांड को उनके क्रय निर्णयों को आकार देने का एक अनूठा अवसर प्रदान करता है।

13.2.7 ब्लॉकचेन टेक्नोलॉजी

ब्लॉकचेन डिजिटल क्रिप्टोकरेंसी बिटकॉइन की तकनीक है। यह सभी लेन–देन के रिकॉर्ड का एक वितरित डेटाबेस है जिसे भागीदार दलों के बीच निष्पादित और साझा किया गया है। सिस्टम के अधिकांश प्रतिभागियों द्वारा सत्यापित प्रत्येक लेनदेन। इसमें प्रत्येक लेनदेन का

हर एक रिकॉर्ड होता है। बिटकॉइन ब्लॉकचेन का सबसे लोकप्रिय क्रिप्टोक्यूरेंसी उदाहरण है। ब्लॉकचैन का आविष्कार एक व्यक्ति (या लोगों के समूह) ने 2008 में Nak सातोशी नाकामोटो 'नाम से किया था, जो क्रिप्टोक्यूरेंसी बिटकॉइन के सार्वजनिक लेनदेन के रूप में काम करता है।

ब्लॉकचेन कैसे काम करता है?

1. ब्लॉकचेन सभी डेटा एक्सचेंज का रिकॉर्ड रखता है। इस रिकॉर्ड को क्रिप्टोक्यूरेंसी दुनिया में एक 'खाता' कहा जाता है, और प्रत्येक डेटा एक्सचेंज एक 'लेनदेन' है। प्रत्येक सत्यापित लेन–देन को 'ब्लॉक' के रूप में विलयकर्ता में जोड़ा जाता है।
2. यह प्रत्येक लेनदेन को सत्यापित करने के लिए एक वितरित प्रणाली का उपयोग करता है। यह नोड्स का सहकर्मी से सहकर्मी नेटवर्क है।
3. एक बार हस्ताक्षर करने और सत्यापित होने के बाद, नया लेनदेन ब्लॉकचेन में जोड़ा जाता है और इसे बदला नहीं जा सकता है।

उदाहरण के लिए, दो संस्थाओं की कल्पना करें (जैसे बैंकों) को अपने स्वयं के उपयोगकर्ता खाते के शेष राशि को अपडेट करने की आवश्यकता होती है, जब एक ग्राहक से दूसरे ग्राहक को धन हस्तांतरित करने का अनुरोध होता है। उन्हें यह सुनिश्चित करने के लिए समन्वय, सिंक्रनाइज़ेशन, मैसेजिंग और चेकिंग के लिए जबरदस्त समय और प्रयास की आवश्यकता होती है कि प्रत्येक लेन–देन ठीक उसी तरह से हो जैसे यह होना चाहिए। आमतौर पर, हस्तांतरित किए जा रहे धन को प्रवर्तक के पास तब तक रखा जाता है जब तक यह पुष्टि नहीं हो जाती है कि यह प्राप्तकर्ता द्वारा प्राप्त किया गया था। ब्लॉकचैन के साथ, लेन–देन प्रविष्टियों का एक एकल लेज़र जो दोनों पक्षों के पास पहुंच को समन्वय और सत्यापन के प्रयासों को सरल बनाने के लिए हो सकता है क्योंकि हमेशा रिकॉर्ड का एक ही संस्करण होता है, न कि दो फैलाव डेटाबेस।

ब्लॉकचेन टेक्नोलॉजी के लाभ

1. समय की बचत
2. लागत की बचत
3. सुरक्षा

13.2.8 3डी प्रिंटिंग/एडिटिव मैन्युफैक्चरिंग

3डी प्रिंटिंग एडिटिव मैन्युफैक्चरिंग टेक्नोलॉजी का एक रूप है, जहां सामग्री की क्रमिक परतों को बिछाने के द्वारा एक तीन आयामी वस्तु बनाई जाती है। यह तेजी से प्रोटोटाइप के रूप में भी जाना जाता है, जो एक यंत्रीकृत विधि है जिसके तहत 3डी ऑब्जेक्ट्स को ऑब्जेक्ट के लिए ब्लूप्रिंट वाले कंप्यूटर से जुड़े एक उचित आकार के मशीन पर जल्दी से बनाया जाता है। इंकजेट प्रौद्योगिकी के उपयोग के साथ 3डी मॉडल बनाने की यह विधि अलग–अलग मॉडल भागों को एक साथ डिजाइन, प्रिंट और गोंद करने की आवश्यकता को समाप्त करके समय और लागत बचाता है। अब, आप 3डी प्रिंटिंग का उपयोग करके एकल प्रक्रिया में एक पूर्ण मॉडल बना सकते हैं। बुनियादी सिद्धांतों में सामग्री कारतूस, आउटपुट का लचीलापन और एक दृश्यमान पैटर्न में कोड का अनुवाद शामिल है। 3डी प्रिंटर ऐसी मशीनें हैं जो परत–दर–परत छापकर डिजिटल डेटा से भौतिक 3डी मॉडल तैयार करती हैं। वे वस्तुओं के भौतिक मॉडल को या तो एक सीएडी प्रोग्राम के साथ डिज़ाइन कर सकते हैं या 3डी स्कैनर के साथ स्कैन कर सकते हैं। उनका उपयोग विभिन्न प्रकार के उद्योगों में किया जाता है, जिसमें आभूषण, जूते, औद्योगिक डिजाइन, वास्तुकला, इंजीनियरिंग और निर्माण, मोटर वाहन, एयरोस्पेस, दंत चिकित्सा और चिकित्सा उद्योग, शिक्षा और उपभोक्ता उत्पाद शामिल हैं।

13.2.9 रोबोटिक्स प्रोसेस ऑटोमेशन

रोबोट प्रक्रिया स्वचालन (RPA) कृत्रिम बुद्धिमत्ता (AI) और मशीन लर्निंग क्षमताओं के साथ सॉफ्टवेयर का उपयोग है जो उच्च–मात्रा, दोहराए जाने वाले कार्यों को संभालने के लिए होता है जिन्हें मानव को प्रदर्शन करने की आवश्यकता होती है। इन कार्यों में प्रश्न, गणना और रिकॉर्ड और लेनदेन के रखरखाव शामिल हो सकते हैं।

रोबोट प्रोसेस ऑटोमेशन (RPA) एक ऐसी तकनीक का अनुप्रयोग है, जो किसी कंपनी में कर्मचारियों को लेनदेन को संसाधित करने, डेटा में हेरफेर करने, प्रतिक्रियाओं को ट्रिगर करने और अन्य डिजिटल प्रणालियों के साथ संचार करने के लिए मौजूदा अनुप्रयोगों को पकड़ने और व्याख्या करने के लिए कंप्यूटर सॉफ़्टवेयर या and रोबोट 'को कॉन्फ़िगर करने की अनुमति देता है।

कोई भी कंपनी जो सामान्य ज्ञान प्रक्रिया के काम के लिए बड़े पैमाने पर श्रम का उपयोग करती है, जहां लोग उच्च प्रदर्शन, उच्च लेनदेन प्रक्रिया कार्य कर रहे हैं, अपनी क्षमताओं को बढ़ावा देंगे और रोबोट प्रक्रिया स्वचालित सॉफ्टवेयर के साथ पैसे और समय की बचत करेंगे।

आरपीए के आवेदन

RPA के कुछ अनुप्रयोगों में शामिल हैं:

1. **ग्राहक सेवा:** यह ई–हस्ताक्षरों के सत्यापन और स्कैन किए गए डॉक्यूमेंट को अपलोड करके कंपनियों को बेहतर ग्राहक सेवा प्रदान करने में मदद कर सकता है।
2. **लेखा सेवा:** इसका उपयोग सामान्य लेखांकन, परिचालन लेखांकन, लेनदेन संबंधी रिपोर्टिंग और बजट के लिए किया जाता है।
3. **वित्तीय सेवाएँ:** इसका उपयोग विदेशी मुद्रा भुगतान के लिए किया जा सकता है।
4. **स्वास्थ्य देखभाल:** इसका उपयोग रोगी रिकॉर्ड को संभालने के लिए किया जा सकता है।
5. **बैंकिंग:** बैंक ऋण प्रसंस्करण में क्रेडिट कार्ड अनुप्रयोगों का स्वचालन।

13.3 साइबर सुरक्षा

साइबर सुरक्षा सूचना प्रौद्योगिकी की सुरक्षा से संबंधित है। यह अनधिकृत उपयोगकर्ताओं से कंप्यूटर, नेटवर्क, कार्यक्रमों और डेटा की रक्षा करने के लिए भी संदर्भित करता है। साइबर वातावरण और उपयोगकर्ता की संपत्ति में संग्रहीत जानकारी कंप्यूटर उपकरणों, अनुप्रयोगों, सेवाओं और दूरसंचार प्रणालियों से जुड़ी है। साइबर सुरक्षा का उपयोग आपके इंटरनेट और नेटवर्क आधारित डिजिटल उपकरणों और जानकारी को अनधिकृत पहुंच से बचाने के लिए भी किया जाता है। इसका उद्देश्य साइबर हमले के पूरे जीवन चक्र के दौरान सभी खतरे वाले अभिनेताओं के खिलाफ संपत्ति की रक्षा करना है।

13.3.1 साइबर सुरक्षा की आवश्यकता

साइबर सुरक्षा व्यक्तियों, साथ ही संगठनों, सरकारों, शैक्षिक संस्थानों और हमारे व्यवसाय का महत्वपूर्ण हिस्सा है। बच्चों और परिवार के सदस्यों को ऑनलाइन धोखाधड़ी से बचाने के लिए परिवारों और माता–पिता के लिए

यह आवश्यक है। वित्तीय सुरक्षा के संदर्भ में, हमारी वित्तीय जानकारी को सुरक्षित करना महत्वपूर्ण है जो हमारी व्यक्तिगत वित्तीय स्थिति को प्रभावित कर सकता है। इंटरनेट छात्र, कर्मचारियों और शैक्षिक संस्थानों के लिए बहुत महत्वपूर्ण है और कई ऑनलाइन जोखिमों के साथ सीखने के बहुत सारे अवसर प्रदान किए हैं।

इंटरनेट उपयोगकर्ताओं को यह समझने की आवश्यकता है कि ऑनलाइन धोखाधड़ी और पहचान की चोरी से खुद को कैसे बचाया जाए। छोटे और मध्यम आकार के संगठन भी सीमित संसाधनों और अपर्याप्त साइबर सुरक्षा कौशल के कारण सुरक्षा संबंधी विभिन्न चुनौतियों का अनुभव करते हैं। प्रौद्योगिकियों का तेजी से विस्तार भी साइबर नेटवर्क को अधिक चुनौतीपूर्ण और चुनौतीपूर्ण बना रहा है और हमारे नेटवर्क और सूचना की सुरक्षा के लिए विभिन्न रूपरेखाओं या प्रौद्योगिकियों को प्रस्तुत कर रहा है, लेकिन ये सभी केवल अल्पावधि के लिए सुरक्षा प्रदान करते हैं। हालांकि, बेहतर सुरक्षा समझ और उचित रणनीति हमें बौद्धिक संपदा और व्यापार रहस्यों को बचाने और वित्तीय और प्रतिष्ठा हानि को कम करने में मदद कर सकती है।

अधिकांश समय, सरकार अनुचित बुनियादी ढांचे, जागरूकता की कमी और पर्याप्त धन के कारण कठिनाइयों का सामना करती हैं। सरकारी निकायों के लिए यह महत्वपूर्ण है कि वे समाज को विश्वसनीय सेवाएं प्रदान करें, स्वस्थ नागरिक बनाए रखें– सरकारी संचार और गोपनीय सूचनाओं की रक्षा के लिए।

13.3.2 अपने पीसी को सुरक्षित रखना

कोई शक नहीं, कंप्यूटर आपके दैनिक जीवन का एक अनिवार्य हिस्सा बन गया है। आपको पीसी या लैपटॉप के माध्यम से लगभग सब कुछ ऑनलाइन हो जाता है। आप निम्न तरीकों से अपने पीसी को वायरस और स्पाईवेयर से सुरक्षित कर सकते हैं:

1. **स्ट्रोंग पासवर्ड बनाना:** पासवर्ड आपके कंप्यूटर पर किसी भी अनधिकृत पहुंच के खिलाफ सुरक्षा की पहली पंक्ति देते हैं। आपका पासवर्ड जितना मजबूत होगा, आपका कंप्यूटर हैकर्स और दुर्भावनापूर्ण सॉफ़्टवेयर से उतना ही सुरक्षित होगा।
2. **विंडोज–अप–टू–डेट रखें:** इसकी सुरक्षा और भेद्यता के आधार पर एक ऑपरेटिंग सिस्टम चुनें। सुनिश्चित करें कि आप सुरक्षा अपडेट के साथ अपने ऑपरेटिंग सिस्टम को अपडेट करते हैं।
3. **विंडोज फ़ायरवॉल चालू करें:** विंडोज में एक अंतर्निहित फ़ायरवॉल है जो आपके पीसी को इंटरनेट के माध्यम से अवांछित ध्यान से बचाता है।
4. **एंटी–वायरस सॉफ़्टवेयर स्थापित करें, अपडेट करें और उपयोग करें:** एंटीवायरस सॉफ़्टवेयर स्थापित करना मैलवेयर से बचाने के लिए एक स्पष्ट प्रथम चरण की तरह लग सकता है।
5. **इंटरनेट से अपने कनेक्शन को एन्क्रिप्ट करें:** सबसे अच्छा एन्क्रिप्शन टूल में से एक वीपीएन के अलावा और कोई नहीं है। एक वीपीएन आपके इंटरनेट कनेक्शन को एन्क्रिप्ट करता है और आपकी ऑनलाइन गतिविधियों को सुरक्षित रखता है; एक वीपीएन का उपयोग करके, आप यह सुनिश्चित करते हैं कि आपका कंप्यूटर या लैपटॉप इंटरनेट से कनेक्ट होने के दौरान सुरक्षित है।

13.3.3 अपने मोबाइल को सुरक्षित रखना

स्मार्ट फोन, टैबलेट और अन्य मोबाइल उपकरण कई लोगों के जीवन का एक आवश्यक हिस्सा बन गए हैं। आपको और आपके उपकरणों को सुरक्षित रखने के लिए यहां कुछ सरल उपाय दिए गए हैं।

1. ऑटो–लॉक सुविधा का उपयोग करके, और अपने डिवाइस को दूसरों के साथ साझा न करके, भौतिक रूप से अपने डिवाइस को सुरक्षित रखें।
2. अपने डेटा को नियमित रूप से बैकअप और सिंक करके, पैच के साथ अद्यतित रहना और ऑपरेटिंग सिस्टम अपडेट करना, और किसी भी सॉफ़्टवेयर या सुरक्षा सुविधाओं को ओवरराइड न करके सुरक्षित रखना।
3. सामाजिक सुरक्षा नंबर, पासवर्ड और खाता संख्या जैसी आपकी व्यक्तिगत पहचान योग्य जानकारी (PII) को सुरक्षित रखें। इस जानकारी को टेक्स्ट के माध्यम से साझा न करें; सुनिश्चित करें कि कोई भी मोबाइल खरीदारी या बैंकिंग एक सुरक्षित कनेक्शन पर की जाती है, और जियोटैगिंग को अक्षम करें।
4. ऐप इंस्टॉल करने के बारे में सतर्क रहकर अपने डिवाइस को मैलवेयर से बचाएं।
5. जब भी आप सार्वजनिक स्थान पर हों, तो निजी डेटा कनेक्शन का उपयोग करने और अपने मोबाइल फोन पर वाई–फाई बंद करने का प्रयास करें।

सारांश

यह अध्याय फ्यूचरिस्टिक आईटी प्रौद्योगिकी और साइबर सुरक्षा पर अवलोकन के साथ शुरू होता है। हमने उद्योग 4.0 के परिचय पर चर्चा की है और प्रौद्योगिकियों में इंटरनेट ऑफ थिंग्स, बिग डेटा एनालिटिक्स, क्लाउड कंप्यूटिंग, वर्चुअल रियलिटी, आर्टिफिशियल इंटेलिजेंस, ब्लॉकचेन टेक्नोलॉजी, 3डी प्रिंटिंग और रोबोटिक्स प्रोसेस ऑटोमेशन शामिल हैं। और अंत में हमने साइबर सुरक्षा पर चर्चा की है। यह साइबर सुरक्षा और पीसी और मोबाइल को सुरक्षित करने की आवश्यकता की व्याख्या करता है।

मॉडल प्रश्न और उत्तर

क. बहुविकल्पीय प्रश्न

1. इंटरनेट तकनीक और उद्योग 4.0 के संदर्भ में technologies IoT 'की भूमिका कौन सी है?
   (क) वे रोजमर्रा की वस्तुओं को जोड़ने के लिए आधार बनाते हैं।
   (ख) वे पर्यावरण के अनुकूल उत्पादन के लिए आधार बनाते हैं।
   (ग) कॉर्पोरेट संचार के लिए आधार के रूप में अन्य।
   (घ) उपरोक्त में से कोई नहीं।
2. आर्टिफिशियल इंटेलिजेंस क्या है?
   (क) अपनी बुद्धिमत्ता को कंप्यूटर में डालना
   (ख) अपनी बुद्धि से प्रोग्रामिंग करना
   (ग) मशीन को बुद्धिमान बनाना
   (घ) अधिक मेमोरी को कंप्यूटर में डालना

3. बिटकॉइन किसने बनाया?
(क) सातोशी नाकामोटो (ख) सैमसंग
(ग) जॉन मैकफी (घ) चीन

4. उद्योग 4.0 बाजार में कब पहुंचेगा?
(क) उत्पादन वातावरण तक पहुँचने के लिए
(ख) पहला कार्यान्वयन 2020 तक जारी किया जाएगा।
(ग) **Indusrty** 4.0 का उपयोग पहले से ही कई उत्पादन लाइनों में किया जा रहा है।
(घ) उपरोक्त सभी।

5. इनमें से कौन एक प्रकार का क्लाउड कंप्यूटिंग उपयोग नहीं है?
(क) एक सेवा के रूप में मंच
(ख) हार्डवेयर एक सेवा के रूप में
(ग) एक सेवा के रूप में सॉफ्टवेयर
(घ) इन्फ्रास्ट्रक्चर एक सेवा के रूप में

6. एक प्राइवेट की क्या है?
(क) आपकी कुंजी पर एक कुंजी
(ख) पबचाइनल को दी गई एक कुंजी
(ग) एक कुंजी नहीं दी जाएगी
(घ) एक कुंजी जो सार्वजनिक द्वार का रहस्य खोलती है

7. क्लाउड सर्विसेज का अपने ग्राहकों के साथ एक रिश्ता है।
(क) कई से कई (ख) एक से कई
(ग) वन–टू–वन (घ) इनमें से कोई नहीं

8. कौन सा **IoT** का तत्व नहीं है?
(क) सुरक्षा (ख) प्रक्रिया (ग) लोग (घ) चीजे

9. इंटरनेट ऑफ थिंग्स से जुड़े डिवाइस को स्वचालित रूप से संचार करना है, न कि मनुष्यों के माध्यम से। इसे क्या कहा जाता है?
(क) बॉट–टू–बॉट (बी 2 बी)
(ख) मशीन–टू–मशीन (एम 2 एम)
(ग) इंटरक्लूड
(घ) स्काईनेट

10. ब्लॉकचेन क्या है?
(क) एक सहकर्मी से सहकर्मी नेटवर्क पर वितरित खाता बही।
(ख) एक प्रकार का **Cryptocurrency**
(ग) एक आदान–प्रदान
(घ) एक केंद्रीकृत खाता बही

11. सोचने, तर्क करने और सीखने में सक्षम कंप्यूटर प्रणाली की विशेषताओं को निम्न के रूप में जाना जाता है:
(क) मशीन इंटेलिजेंस (ख) मानव इंटेलिजेंस
(ग) कृत्रिम इंटेलिजेंस (घ) वर्चुअल इंटेलिजेंस

12. आप अपनी क्रिप्टोकरेंसी को कहाँ स्टोर करते हैं?
(क) बैंक खाता (ख) फ्लॉपी डिस्क
(ग) वॉलेट (घ) आपकी जेब में

13. पहली मान्यता प्राप्त **IoT** डिवाइस का नाम क्या है?
(क) स्मार्ट वॉच (ख) ए.टी.एम.
(ग) रेडियो (घ) वीडियो गेम

14. .... इंटरनेट ऑफ थिंग्स द्वारा उपयोग किया जा रहा है।
(क) रेडियो पहचान प्रौद्योगिकी (ख) उपग्रह
(ग) केबल (घ) ब्रॉडबैंड

15. बिग डेटा एनालिटिक्स की विभिन्न विशेषताएं क्या हैं?
(क) ओपन–सोर्स (ख) अनुमापकता
(ग) डेटा रिकवरी (घ) उपरोक्त सभी

16. प्रौद्योगिकी उपयोगकर्ताओं को ऐसा महसूस कराती है जैसे वे वास्तव में एक आभासी वातावरण में हैं।
(क) आर्टिफिशियल इंटेलिजेंस (ख) वास्तविकता संवर्धित
(ग) संवर्धित वास्तविकता (घ) वर्चुअल रियलिटी

17. ब्लॉकचेन में ब्लॉक से क्या बनता है?
(क) लेनदेन डेटा (ख) एक हैश बिंदु
(ग) एक टाइमस्टैम्प (घ) उपयुक्त सभी

18. **IoT** नेटवर्क की मूल वास्तुकला में .... शामिल है।
(क) सेंसर (ख) नेटवर्क कनेक्टिविटी
(ग) डेटा स्टोरेज एप्लिकेशन (घ) उपरोक्त सभी

19. एक प्रकार का आभासी वास्तविकता पर्यावरण जिसमें विषय वास्तविक पर्यावरण से अलग–थलग हैं।
(क) इमर्सिव (ख) सेमी इमर्सिव
(ग) गैर इमर्सिव (घ) संवर्धित

20. आरपीए के औद्योगिक अनुप्रयोगों का उल्लेख करें।
(क) बैंकिंग (ख) हेल्थकेयर
(ग) ग्राहक सेवा (घ) उपरोक्त सभी

21. डेटा सुरक्षा खतरों में .... शामिल हैं।
(क) हार्डवेयर विफलता (ख) गोपनीयता आक्रमण
(ग) डेटा का फर्जी हेरफेर (घ) उपरोक्त सभी

22. निम्नलिखित में से कौन इलेक्ट्रॉनिक भुगतान प्रणाली के लिए खतरा है?
(क) कंप्यूटर वायरस (ख) ट्रोजन हॉर्स
(ग) कम्प्यूटर वॉर्म (घ) उपरोक्त सभी

23. सेट प्रोटोकॉल में ग्राहक खरीद आदेश भेजता है
(क) डिजिटल हस्ताक्षर प्रणाली का उपयोग करना
(ख) एक सादे पाठ के रूप में
(ग) उसकी सार्वजनिक कुंजी के साथ एन्क्रिप्ट किया गया
(घ) उपरोक्त में से कोई नहीं

24. निम्न में से कौन सा कंप्यूटर के खतरे का एक वर्ग है?
(क) की याचना करना (ख) पीछा
(ग) **DoS** का हमला (घ) उपर्युक्त सभी

25. ट्रेंड माइक्रो एक .... है।
(क) प्रोग्राम (ख) एंटीवायरस सॉफ्टवेयर
(ग) वायरस प्रोग्राम (घ) उपर्युक्त सभी

26. फ़ायरवॉल एक प्रकार का .... है।
(क) आउटपुट डिवाइस (ख) वायरस
(ग) खतरा (घ) उपर्युक्त कोई नहीं

27. अनधिकृत .... पहुँच किस प्रकार का नेटवर्क समस्या है।
(क) सुरक्षा (ख) विश्वसनीयता
(ग) प्रदर्शन (घ) इनमें से कोई नहीं

28. उद्योग 4.0 में शामिल है ....।
(क) चीजों का इंटरनेट (ख) क्लाउड कंप्यूटिंग
(ग) कृत्रिम बुद्धिमत्ता (घ) उपरोक्त सभी

29. उद्योग 4.0 का विजन .... है।
(क) इंटरनेट ऑफ थिंग्स (ख) सेवा का इंटरनेट
(ग) (क) और (ख) दोनों (घ) उपर्युक्त कोई नहीं

30. इंटरनेट ऑफ थिंग्स में शामिल है:
(क) सॉफ्टवेयर (ख) सेंसर एक्चुएटर
(ग) वाईफाई तकनीक (घ) उपरोक्त सभी

31. यह बड़े डेटा एनालिटिक्स का लाभ नहीं है।
(क) तेज, बेहतर निर्णय लेना (ख) लागत में कमी
(ग) डेटा का प्रबंधन (घ) उपरोक्त में से कोई नहीं

32. मोबाइल सोशल नेटवर्क कौन सा है?
(क) फेसबुक (ख) इंस्टाग्राम
(ग) ट्विटर (घ) उपर्युक्त सभी

33. क्लाउड कंप्यूटिंग का कौन सा लाभ है?
(क) कम लागत (ख) तेज गति
(ग) अधिक सुरक्षित (घ) उपरोक्त सभी

34. आर्टिफिशियल इंटेलिजेंस में शामिल है:
(क) ज्ञान (ख) योजना
(ग) दोनों (क) और (ख) (घ) उपर्युक्त कोई नहीं

35. यह एक प्रकार का साइबर हमला नहीं है।
(क) गोपनीयता पर हमला (ख) ईमानदारी पर हमला
(ग) संपत्ति पर हमले (घ) उपरोक्त सभी

36. .... यह सुनिश्चित करता है कि अनधिकृत उपयोगकर्ता सिस्टम का उपयोग न करें।
(क) सिस्टम डिजाइन (ख) डेटा एक्सेस कंट्रोल
(ग) सिस्टम एक्सेस कंट्रोल (घ) उपर्युक्त सभी

37. रोबोटिक्स प्रक्रिया स्वचालन का लाभ है?
(क) बेहतर ग्राहक सक्षम करें
(ख) कर्मचारियों को उत्पादक सक्षम करें
(ग) प्रक्रियाएँ अधिक तेज़ी से पूर्ण होंगी
(घ) उपरोक्त सभी

38. यह प्रमाण पत्र व्यवसाय और व्यक्तियों दोनों के लिए जारी किया जाएगा ....।
(क) कक्षा 3 (ख) कक्षा 2 (ग) कक्षा 1 (घ) उपर्युक्त सभी

39. .... सूचना प्रौद्योगिकी की शाखा है जिसका उद्देश्य कंप्यूटर की सुरक्षा करना है।
(क) साइबर सुरक्षा (ख) आईटी सुरक्षा
(ग) सूचना सुरक्षा (घ) उपर्युक्त सभी

40. .... एक प्रकार का एसएसएल प्रमाणपत्र है।
(क) वाइल्डकार्ड (ख) विस्तारित
(ग) एकीकृत (घ) उपर्युक्त सभी

41. निम्नलिखित में से कौन सा उपकरण/अनुप्रयोग उद्योग 4.0 से संबंधित है?
(क) स्थिति की निगरानी (ख) प्रदर्शन प्रबंधक
(ग) 3 डी विज़ुअलाइज़ेशन (घ) उपरोक्त में से कोई नहीं

42. .... डिजाइन प्रिंसिपल उद्योग 4.0 के लिए लागू किए जाते हैं।
(क) चार (ख) दो
(ग) सिक्स (घ) उपरोक्त में से कोई नहीं

43. उद्योग 4.0 का उद्देश्य .... है।
(क) दक्षता बढ़ाना (ख) घटी हुई जटिलता
(ग) सक्षम आत्म नियंत्रण (घ) उपरोक्त सभी

44. IIoT स्टैंड फॉर ....
(क) औद्योगिक इंटरनेट ऑफ थिंग्स
(ख) चीजों का इंट्रानेट
(ग) इंटरनेट ऑफ थिंग्स
(घ) उपरोक्त सभी

45. IoT स्टैंड फॉर ....।
(क) चीजों का इंट्रानेट (ख) चीजों का उद्योग
(ग) इंटरनेट ऑफ थिंग्स (घ) उपरोक्त में से कोई नहीं

46. उद्योग 4.0 के विकास के लिए कौन सी उद्योग शाखाएँ उपयुक्त हैं?
(क) उद्योग 4.0 का उपयोग सभी औद्योगिक संदर्भों में किया जा सकता है जहां प्रक्रियाओं को अधिक बुद्धिमान बनाने की आवश्यकता होती है।
(ख) उद्योग 4.0 पहली बार सेवा उद्योग के लिए एक संवर्धन है।
(ग) विशेषकर ऑटोमोटिव और कृषि में
(घ) उपरोक्त में से कोई नहीं

47. उद्योग 4.0 के बारे में निम्नलिखित में से कौन सा विकल्प सबसे अच्छा नहीं है?
(क) स्मार्ट फैक्टरी (ख) गति
(ग) एनालिटिक्स (घ) उपरोक्त में से कोई नहीं

48. स्मार्ट फैक्टरी क्या है?
(क) कारखानों और लॉजिस्टिक सिस्टम जो मानव बातचीत के बिना खुद को संचालित और व्यवस्थित करेंगे?
(ख) रोबोट जो लोगों की जगह लेंगे
(ग) दोनों (क) और (ख)
(घ) उपरोक्त में से कोई नहीं

49. मोबाइल की तुलना डेस्कटॉप पर कौन सा सोशल मीडिया अधिक है?
(क) फेसबुक (ख) ट्विटर
(ग) इंस्टाग्राम (घ) उपरोक्त में से कोई नहीं

50. कौन सा सामाजिक छवि और वीडियो पर आधारित है?
(क) फेसबुक (ख) इंस्टाग्राम
(ग) ट्विटर (घ) उपरोक्त में से कोई नहीं

ख. बताएं कि निम्नलिखित कथन सही हैं या गलत

51. बिटकॉइन पहला वितरित ब्लॉकचेन कार्यान्वयन है।
52. नोड एक ब्लॉकचेन नेटवर्क पर एक कंप्यूटर है।
53. क्लाउड कंप्यूटिंग नेटवर्क केवल निजी या संकर बादलों का समर्थन करने के लिए डिज़ाइन किए गए हैं।
54. आप दुनिया के किसी भी कंप्यूटर से अपने डेटा तक नहीं पहुँच सकते, जब तक आपके पास इंटरनेट कनेक्शन है।
55. ब्लॉकचेन में एक ब्लॉक में एक से अधिक मूल ब्लॉक नहीं हो सकते।
56. क्लाउड कंप्यूटिंग उन अनुप्रयोगों और सेवाओं को संदर्भित करता है जो वर्चुअलाइज्ड संसाधनों का उपयोग करके वितरित नेटवर्क पर चलते हैं।
57. ट्रोजन हॉर्स वायरस से बहुत मिलते-जुलते हैं क्योंकि वे कंप्यूटर प्रोग्राम हैं जो खुद की प्रतियों को दोहराते हैं।
58. 3डी प्रिंटिंग तकनीक का विस्तार हो रहा है और अब धातु भागों को मुद्रित करने में सक्षम है।
59. ब्लॉकचेन में, प्रत्येक ब्लॉक पिछड़े ब्लॉक से जुड़ा हुआ है।
60. वीआर का उपयोग चिकित्सा, प्रायोगिक और सैन्य प्रशिक्षण उद्देश्यों के लिए किया जाता है?
61. सेवा मॉडल में विशेष प्रकार की सेवाएं शामिल हैं जिन्हें आप क्लाउड कंप्यूटिंग प्लेटफॉर्म पर एक्सेस कर सकते हैं।
62. रोबोटिक स्वचालन स्वचालन की एक शैली को संदर्भित करता है जहां एक मशीन या कंप्यूटर एक मानव क्रिया की नकल करता है।
63. अदितीवे विनिर्माण अन्य घटिया निर्गाण प्रक्रिया की तुलना में बहुत कम सामग्री का उपयोग करता है।
64. अनचाही व्यावसायिक ई-मेल को स्पैम के रूप में जाना जाता है।
65. आप सामग्री की जांच के लिए एक 3 डी प्रिंट रोक सकते हैं।
66. एक फ़ायरवॉल को राउटर में लागू किया जा सकता है, जो इंटरनेट से इंट्रानेट को जोड़ता है।
67. एक वायरस नेटवर्क सुरक्षा मुद्दा है।
68. जब कोई सर्वर नीचे जाता है, तो यह नेटवर्क विश्वसनीयता समस्या है।
69. स्पाइवेयर इंटरनेट पर उपयोगकर्ता की गतिविधि पर नज़र रखता है और उस जानकारी को किसी और को पृष्ठभूमि में प्रसारित करता है।
70. फ़ायरवॉल हार्डवेयर का एक प्रोग्राम है जो इंटरनेट कनेक्शन के माध्यम से आने वाली सूचनाओं को किसी नेटवर्क या कंप्यूटर सिस्टम में फ़िल्टर करता है।
71. प्रॉक्सी एप्लिकेशन गेटवे फ़ायरवॉल का मुख्य उद्देश्य इंट्रानेट उपयोगकर्ताओं को निर्दिष्ट इंटरनेट सेवाओं का उपयोग करने की अनुमति देना है।
72. फ़ायरवॉल एक सुरक्षा उपकरण है जिसे एक कॉर्पोरेट इंट्रानेट की सीमा पर विकसित किया गया है ताकि इसे अनधिकृत पहुंच से बचाया जा सके।
73. उद्योग 4.0 राजनेताओं के लिए एक नई तकनीक है।
74. प्रमाणपत्र प्राधिकारी अपनी निजी कुंजी के साथ डिजिटल प्रमाणपत्र पर हस्ताक्षर करता है।
75. उद्योग 4.0 मशीनों के विकास पर आधारित है।
76. स्मार्ट कारखाने के श्रमिकों में मशीनों और संसाधनों का संचार आसानी से होता है।
77. फ़िशिंग धोखाधड़ी का रूप है जहाँ धोखाधड़ी करने वाले ईमेल प्रतिष्ठित स्रोतों से भेजे जाते हैं।
78. कदम डेटा-सूचना-ज्ञान-बुद्धि- निर्णय, बड़ा डेटा स्मार्ट डेटा बन जाते हैं।
79. यदि URL में Ifs' गायब है, तो इसका मतलब है कि साइट सुरक्षित है।
80. उद्योग 4.0 का उद्देश्य दक्षता बढ़ाना है।
81. बिग डेटा एनालिटिक्स के लिए परिष्कृत सॉफ्टवेयर प्रोग्राम का उपयोग किया जाता है।
82. सोशल नेटवर्क का उदाहरण फेसबुक, ट्विटर आदि हैं।
83. लिंक्डिन सबसे बड़ा मोबाइल सोशल नेटवर्क है।
84. इंस्टाग्राम एक मोबाइल सोशल मीडिया है जिसका स्वामित्व Google के पास है।
85. क्लाउड सेवाएं प्रदान करने वाली कंपनियां उपयोगकर्ताओं को दूरस्थ सर्वर पर फाइल्स और अनुप्रयोगों को संग्रहीत करने में सक्षम बनाती हैं, और फिर इंटरनेट के माध्यम से सभी डेटा का उपयोग।
86. माइक्रोसॉफ्ट अजूरे सार्वजनिक क्लाउड का एक उदाहरण है।
87. अमेज़न इलास्टिक निजी क्लाउड का एक उदाहरण है।
88. उद्योग 4.0 का तरीका आभासी दुनिया और भौतिक वस्तुओं की कनेक्टिविटी की ओर जाता है।
89. चीजों का इंटरनेट उपकरणों के साथ डेटा का आदान-प्रदान और आदान-प्रदान करने की अनुमति देता है।
90. इंटरनेट ऑफ थिंग्स में, सूचना प्रणाली को दूरस्थ रूप से एक्सेस नहीं किया जा सकता है।
91. डेटा सामाजिक नेटवर्क, डिजिटल, छवि, सेंसर और बिक्री लेनदेन से एकत्र किया जा सकता है।
92. सॉफ्टवेयर एक सेवा है जो सॉफ्टवेयर बनाने का एक मंच है।
93. पुण्य वास्तविकता और तर्कपूर्ण वास्तविकता एक ही सिक्के के दो पहलू हैं।
94. रोबोटिक्स कृत्रिम बुद्धिमत्ता से संबंधित एक प्रमुख क्षेत्र भी है।
95. रोबोटिक प्रोसेस ऑटोमेशन (RPA) एक संगठन के IT बुनियादी ढांचे का एक हिस्सा है।
96. ब्लॉकचैन का आविष्कार 2008 में सातोशी नाकामोटो नाम के व्यक्ति द्वारा किया गया था, जो क्रिप्टोकरेंसी बिटकॉइन के सार्वजनिक लेनदेन के नेता के रूप में काम करता था।
97. वर्चुअल रियलिटी में **Oculus Rift, Oculus VR** और **Facebook** प्रमुख खिलाड़ी हैं।
98. साइबर सुरक्षा किसी संगठन के नेटवर्क से संबंधित या कनेक्ट होने वाली संपत्तियों की कंप्यूटिंग और अखंडता की सुरक्षा करती है।

99. फोन सुरक्षा एक व्यापक श्रेणी के साइबर हमले के खिलाफ मोबाइल उपकरणों का बचाव करने का अभ्यास है।

100. डिजिटल हस्ताक्षर दो प्रकार की कुंजी विकसित करते हैं एक निजी कुंजी और दूसरी सार्वजनिक कुंजी जो गणितीय रूप से जुड़ी हुई हैं ...।

उत्तर

1.	(क)	2.	(ग)	3.	(क)	4.	(ग)
5.	(ख)	6.	(ग)	7.	(ख)	8.	(क)
9.	(ख)	10.	(क)	11.	(ग)	12.	(ग)
13.	(ख)	14.	(क)	15.	(घ)	16.	(घ)
17.	(घ)	18.	(घ)	19.	(क)	20.	(घ)
21.	(ख)	22.	(घ)	23.	(क)	24.	(ग)
25.	(ख)	26.	(घ)	27.	(क)	28.	(घ)
29.	(ग)	30.	(घ)	31.	(ग)	32.	(घ)
33.	(घ)	34.	(ग)	35.	(ग)	36.	(ग)
37.	(घ)	38.	(ख)	39.	(घ)	40.	(घ)
41.	(ख)	42.	(ग)	43.	(घ)	44.	(क)
45.	(ग)	46.	(क)	47.	(ख)	48.	(क)
49.	(ग)	50.	(ख)	51.	सही	52.	सही
53.	गलत	54.	गलत	55.	सही	56.	सही
57.	गलत	58.	सही	59.	गलत	60.	सही
61	सही	62.	सही	63.	सही	64.	सही
65.	गलत	66.	सही	67.	सही	68.	सही
69.	सही	70.	सही	71.	सही	72.	सही
73.	गलत	74.	सही	75.	गलत	76.	सही
77.	सही	78.	सही	79.	गलत	80.	सही
81.	सही	82.	सही	83.	गलत	84.	गलत
85.	सही	86.	सही	87.	गलत	88.	सही
89.	सही	90.	गलत	91.	सही	92.	गलत
93.	सही	94.	सही	95.	गलत	96.	सही
97.	सही	98.	सही	99.	सही	100.	सही

Solved Model Test Paper I

1. Which one of the following is related to mobile payment service?
(a) BHM (b) Google-pay
(c) UPI (d) All of these
2. Which of the following is not a high level language program?
(a) C++ (b) C
(c) ADA (d) None of these
3. Which you start PowerPoint, and as long as you don't change the view, you will be working in.
(a) Slide sorter view (b) Normal view
(c) Outline view (d) Slideshow view
4. An electronic path, that sends signals from one part of computer to another is–
(a) Model (b) Logic Gate
(c) Serial Port (d) Bus
5. Following is the example to Tobble case.
(a) Toggle case (b) TOGGLE CASE
(c) tOGGLE cASE (d) None of the above
6. Which of the following devices can be used to input printed tex?
(a) OMR (b) OCR
(c) MICR (d) All of these
7. Which is used to delete the directory that is empty?
(a) RD (b) Del (c) MD (d) Erase
8. When an inbox mail is deleted accidentally it can be recovered/restorted from.
(a) Sent mail (b) All mail
(c) Trash (d) Spam mail
9. In which year was the first e-msil drny?
(a) 1995 (b) 1988 (c) 1971 (d) 1975
10. The most widely used web protocol is–
(a) http:// (b) ISP (c) HTML (d) URL
11. Netscape Navigator is an example of:
(a) E-Mail Program
(b) Internet Browser
(c) Both (A) and (B)
(d) None of the above
12. The slide show button in the custom animation task pane starts the slide show from the–
(a) From selected slide
(b) From first slide
(c) Last time edited slide
(d) Just back slide of the current slide
13. Which of the following displays the contents of the active cell?
(a) Active cell (b) Name box
(c) Formula bar (d) Menu bar
14. Which among following is responsible for finding and loading operating system into RAM?
(a) CMOS (b) Bootstrap Loader
(c) BIOS (d) DMOS
15. A parallel port is most often used by a.
(a) Mouse (b) Printer
(c) Other Storage Device (d) Monitor
16. Cells delete options in a table in MSWord can be.
(a) Shift cell above
(b) Shift the cell to the left
(c) Delete entire row and column
(d) All of the above
17. In Excel, the ell contain display as '######' when–
(a) Applied formula is wrong
(b) Wide of cell is insufficients for representation data
(c) When divided by zero
(d) Invalid data
18. In which menu change case command appears?
(a) Slide show (b) Insert
(c) Edit (d) Format
19. Software which allows user to view the web pages is called as.
(a) Interpreter (b) Website
(c) Operating System (d) Internet Browser
20. In addition to email access, an email service may include.
(a) An online address book
(b) Instant Messaging
(c) An online calender
(d) All of the above
21. When writing an email, it is generally a good idea for your paragraphs to be............
(a) Always intended
(b) Easy to read with large font
(c) Large
(d) Small
22. S/MIME in Internet Technology stands for–
(a) Secure Multimedia Internet Mail Extension
(b) Secure Multipurpose Internet Mail Extension
(c) Simple Multimedia Internet Mail Extension
(d) Simple Multipurpose Internet Mail Extension
23. What is full form of TIFF?
(a) Tagged Image File Format

(b) The Image File Format
(c) The Image Fax Format
(d) Tagged Image File Front

24. If you want to copy a selection of text, which button do you click?
(a) Copy (b) Move
(c) Cut (d) Duplicate

25. When a terminal connected to a network validates a password, the checking is done by the–
(a) Graphical User Interface OS
(b) Disk Operating System
(c) Network operating system
(d) Terminal Operating System

26. Which of the following protocol is used for e-mail services.
(a) SMTP (b) SMAP (c) SMIP (d) SMOP

27. Can illiterate person be issued Debit Card?
(a) Yes
(b) No
(c) In case of head in the family only
(d) In case of joint account only

28. To create a new blank presentation you could ......
(a) Click on new command iin file menu
(b) Click on new button
(c) Both (A) and (B)
(d) None of these

29. Platters that can be tear off are
(a) Fill color (b) Line color
(c) Font color (d) All of these

30. Which command is used to select the last cell on the worksheet/
(a) Alt+Ctrl+End (b) Shift+End
(c) Ctr+End (d) Alt+End

31. Excel formulas are made up of
(a) Only from arithmetical operators
(b) Arithmetic operators like = + - and other functions
(c) Only from functions
(d) None

32. You can create a new presentation by using all of the following except
(a) Click on new file
(b) Ctrl+N
(c) Click on office button and select the new file
(d) Click on open file

33. Which of the following creates a push button?
(a) Reset (b) Check box
(c) Radio (d) Input

34. The processing speed of microcomputer is normally expressed in:
(a) Nautical miles (b) fps
(c) kmph (d) Mhz

35. Generally, emails that you receive will appear in your ....
(a) In inbox (b) In contracts
(c) In task (d) In messenger

36. The slide master includes placeholders for
(a) Related footer text (b) Date and Time
(c) Slide number (d) All of these

37. ....: has a limitations that we can only information to it but cannot or modify it.
(a) Floppy disk (b) Tape drive
(c) Hard disk (d) CD-Rom

38. Which of the following choices is not available in the "select a category" drop down menu of the Insert Function dialog box?
(a) Macro (b) Information
(c) Text (d) User defined

39. Which of the following operating system does not implement multitasking truly?
(a) MS-DOS (b) Windows 98
(c) Windows NT (d) Windows XP

40. In the IP address 192.168.1.1 the first byte is 192. It stands for:
(a) Class A (b) Claaa B (c) Class C (d) Class D

41. Extension of Excel file is
(a) .XXL (b) .TMT
(c) .xls (d) None of the above

42. Which of the following methods can be used to enter data in a cell?
(a) Click on formula bar (b) Press F2 key
(c) Press Tab key (d) All of the above

43. The following is not a valid Cell Address
(a) Sheet 1! 1BC10 (b) Sheet! A1 : cl
(c) Sheet 3!DF6780 (d) Sheet2!HH77

44. For calculation in a spreadsheet, you neet to use a
(a) Table (b) Formula
(c) Variable (d) Field

45. What is the shortcut key to open windows explorer?
(a) Windows Key+W (b) Windows Key+E
(c) Ctrl+O (d) Windows Key+O

46. Access time is
(a) Seek time
(b) Seek time + latency time
(c) Seek time - latency
(d) None of the above

47. .... is not an interpreter.
(a) Java (b) CGI (c) HTTP (d) HTML

48. Cell address AS4 in a formula means it is a
(a) Absolute cell reference
(b) Relative cell reference
(c) Mixed cell reference
(d) All of the above

49. Operating system is used in ....
(a) Smart card (b) ATM card
(c) Microsoft oven (d) Computer system

50. The area on a slide that holds text that will appear in the presentation online is a ....
(a) Placeholder (b) Text box
(c) Title box (d) Bullet point

51. To use a computer you need an operating system
(a) True (b) False

52. Even though the power supply is on the RAM may lose its stored information due to virus.
(a) True (b) False

53. Power Point allows you to differentiate your animation effects.
(a) True (b) False

54. The first time you save a presentation you must name it.
(a) True (b) False

55. Headers and footers are displayed in the normal view of word.
(a) True (b) False

56. Instagram is more based on mobile compare desktop.
(a) True (b) False

57. Styles can be used to generate a table of contents quickly in the word.
(a) True (b) False

58. Painter Button is used to copy the formatting of a cell.
(a) True (b) False

59. The IP address is divided into 5 classes from A to E.
(a) True (b) False

60. You can ask Excel to count column and rows using the count () function.
(a) True (b) False

61. A Wide Area Network (WAN) contents two or more LANs.
(a) True (b) False

62. All incoming e-mail message are to be stored in the OUTBOX folder.
(a) True (b) False

63. A protocol used for fetching e-mail from a mail box is POP1.
(a) True (b) False

64. The maximum size of a power point file is 1 MB inclusive of video file.
(a) True (b) False

65. Excel has an autofix when can be used to check the worksheet for spelling errors.
(a) True (b) False

66. A protocol used for fetching e-mail from a mailbox is POP3.
(a) True (b) False

67. Sending information from a client PC to a server computer is called uploading.
(a) True (b) False

68. Refresh button returns to home page.
(a) True (b) False

69. TCP stands for Transmission Control Protocol.
(a) True (b) False

70. Lycos is an internet search engine and web portal..
(a) True (b) False

71. A group of magnetic tapes, video or terminals usually under the control of one master is cluster.
(a) True (b) False

72. The name box is at the left end of the formula bar.
(a) True (b) False

73. Processed data is calld information.
(a) True (b) False

74. ATM circuits are appropriate circuits for transmission of voice and real-time data.
(a) True (b) False

75. (Ctrl+A) command select the full page.
(a) True (b) False

76. Sum (Sheet 2 : Sheet 3! B5) adds all the values contained in cell B5 on all the worksheets between and including Sheet 2 and Sheet 3.
(a) True (b) False

77. Port number 143 is used for IMAP protocol.
(a) True (b) False

78. GIF stands for Graphics Interchange Format.
(a) True (b) False

79. Cylinder, cone and pyramid are all chart types.
(a) True (b) False

80. Memory locations are numbered sequentially.
(a) True (b) False

81. A plotter is an output device.
(a) True (b) False

82. (Ctrl+S) command will help you save a document.
(a) True (b) False

83. Fire% y is a type of browser.
(a) True (b) False

84. The decimal equivalent of (1101)2 is 13.
(a) True (b) False
85. MS Excel can be used for generating a Ranom Number.
(a) True (b) False
86. BCD stands for Binary Coded Decimal.
(a) True (b) False
87. 16 is the base of hexa decimal numbers.
(a) True (b) False
88. Valves were used in the 1st generation of computer.
(a) True (b) False
89. Memory has two type—Real memory and Virtual memory.
(a) True (b) False
90. The operating system resides in hard disk.
(a) True (b) False
91. Serial port are used to connect a device such as mouse and modem.
(a) True (b) False
92. Ctrl, Alt and Shift are called Modifier keys.
(a) True (b) False
93. Yahoo, Google and Infoseek are anti-virus.
(a) True (b) False
94. If you connect to a number of personal computers, you will be developing a network.
(a) True (b) False
95. Spam is the term used for unsolicited e-mails.
(a) True (b) False
96. To convert the text message in bold, italic etc. fonts. Rich text and Rich format both will be used by the sender.
(a) True (b) False
97. ARP stands for Auxiliary Resolution Port.
(a) True (b) False
98. Each computr connected to the internet is mandate to have a unique IP address.
(a) True (b) False
99. A program that is used to view websites is called a Browsers.
(a) True (b) False
100. Inkjet and Laser Printers are examples of Dot Matrix printers.
(a) True (b) False

Answers

1.	(d)	2.	(d)	3.	(b)	4.	(c)
5.	(c)	6.	(b)	7.	(a)	8.	(c)
9.	(c)	10.	(a)	11.	(b)	12.	(a)
13.	(c)	14.	(b)	15.	(b)	16.	(d)
17.	(b)	18.	(d)	19.	(d)	20.	(d)
21.	(a)	22.	(b)	23.	(a)	24.	(a)
25.	(c)	26.	(a)	27.	(a)	28.	(c)
29.	(d)	30.	(c)	31.	(b)	32.	(d)
33.	(d)	34.	(d)	35.	(a)	36.	(d)
37.	(d)	38.	(a)	39.	(a)	40.	(a)
41.	(c)	42.	(d)	43.	(a)	44.	(b)
45.	(b)	46.	(b)	47.	(c)	48.	(c)
49.	(d)	50.	(a)	51.	(a)	52.	(a)
53.	(a)	54.	(a)	55.	(b)	56.	(a)
57.	(a)	58.	(a)	59.	(b)	60.	(a)
61	(a)	62.	(b)	63.	(b)	64.	(b)
65.	(a)	66.	(a)	67.	(a)	68.	(b)
69.	(a)	70.	(a)	71.	(a)	72.	(a)
73.	(a)	74.	(a)	75.	(a)	76.	(a)
77.	(a)	78.	(a)	79.	(b)	80.	(a)
81.	(a)	82.	(a)	83.	(b)	84.	(a)
85.	(b)	86.	(a)	87.	(a)	88.	(a)
89.	(b)	90.	(a)	91.	(a)	92.	(a)
93.	(b)	94.	(a)	95.	(a)	96.	(a)
97.	(b)	98.	(a)	99.	(a)	100.	(b)

Unsolved Model Test Paper I

1. Multiple choice

1.1 An optical input device that interprets pencil marks on paper media is
a. OMR c. Punch chard reader
b. Optical scanners d. Magnetic tape

1.2 Aadhaar is
a. 12 digit number card
c. Identity proofi ssued by UIDAI
b. Both (a) and (b)
d. None of the above

1.3 What is the full form of Google?
a. Global Orient of Oriented group language of earth
b. Global organization of oriented group language of earth A
c. Global orient of oriented group language of earth
d. Global oriented of organization group language of earth

1.4 Maximum zoom in LibreOffice calc
a. 100% c. 200%
b. 500% d. 400%

1.5 What is the maximum zoom in Impress?
a. 300% c. 3000%
b. 400% d. 500%

1.6 What is the first graphical web browser for WWW?
a. Mosaic c. Google Chrome
b. Internet Explorer d. Mozilla FireFox

1.7 What is the name given to word document in LibreOffice Writer?
a. Word c. Open Word
b. Writer d. None of these

1.8 Default width of Calc Columns?
a. 2.5 inch c. 2.35 inch
b. 2.5 cm d. 2.26 cm

1.9 Where does the OTP message sent?
a. Registered Mobile c. Registered E-mail
b. Both a and b d. On any Mobile

1.10 What is the full form of QR code?
a. Quick Register Code c. Quality Register Code
b. Quick Registar Code d. Quick Response code

1.11 What is the Full form of UPI?
a. Universal Payments Interface
c. Unified Payments Interface
b. Unified Payments Interface
d. Unique Payments Interface

1.12 What does E stands for in AEPS?
a. Earning c. Equity
b. Enabled d. Economic

1.13 AEPS is a bank led model with allows online interoperable financial inclusion transaction at ___.
a. PoS c. PoC
b. Aadhaar Card d. ATM

1.14 Who developed procedure for payments using UPI?
a. Indian Payment Gateway
b. State Bank of India
c. National Payments Corporation of India.
d. RBI

1.15 UPI founded on which date?
a. 11 April 2015 c. 11 April 2016
b. 12 May 2016 d. 15 August 2015

1.16 What is USSD?
a. Mobile Banking service c. Internet Service
b. Mobile service d. Aadhaar Service

1.17 Ethernet is ___________ architecture?
a. WAN c. LAN
b. MAN d. Internet

1.18 What is the full form of USSD?
a. Unstructured Supplementary service data
b. Universal Supplementary service data
c. Unstructured Support Service Detail
d. User Support Service Department

1.19 What type of protocol LAN does the bridge use?
a. identical c. uniform
b. Both a & b d. None of these

1.20 To arrange words according to page margins is called ________
a. Word Wrap c. Formatting
b. Character Formatting d. Indentation

1.21 The Find & Replace option resides in the:
a. File menu c. Edit menu
b. Format menu d. View menu

1.22 The alignment buttons are placed on the:
a. Menu bar c. Formatting bar
b. Standard toolbar d. Drawing bar

1.23 You can exit the LibreOffice Writer window
a. File menu and Close c. File menu and Exit
b. Edit menu and Exit d. Format menu and Close

1.24 The most basic protocol of the Internet?
a. SMTP c. UTP
b. TCP/IP d. IP

1.25 A virus infects the entire local area network?
a. Trojans c. Worms
b. Bacteria d. Insect

1.26 Byte is equal to how many bits?
a. 8 c. 16 b. 20 d. 32

1.27 What is the Permanent memory built in your computer?
a. RAM c. ROM
b. CPU d. None of these

1.28 Which printer is commonly used for desktop printing?
a. Daisy Wheel printer b. Dot matrix printer
c. Laser printer d. Gas laser

1.29 Yahoo, Google and MSN is
a. Internet Site c. Computer brand
b. Watches made in switer-land d. None of these

1.30 What is the name given to paint in LibreOffice
a. Painting c. Draw
b. Drawing d. Paint

1.31 What is the default file extension of Writer
a. .ods c. .odp
b. .odd d. .odt

1.32 What is the shortcut key of print preview in LibreOffice Calc.
a. Ctrl + Shift + O c. Ctrl + F2
b. Ctrl + Alt + O d. None of these

1.33 Banking customer can take advantage by dialing ______ USSD.
a. #*99# c. *909#
b. *99# d. *990#

1.34 What is need for transaction under USSD?
a. MMID c. MPIN
b. Dial *99# d. All of these

1.35 The total number of Libre office Row is:
a. 1048576 c. 1084576
b. 10678 d. 1024

1.36 Which of these are Big Data Analytic?
a. Structured data only
c. unstructured data only
b. structured and unstructured data
d. None of these

1.37 What are the two main characteristic of cloud computing?
a. Terminal nodes c. Front and back end
b. Network server d. None of these

1.38 Source code is available to view, modify and redistribute in
a. Open source c. Closed source
b. Licensed d. Proprietary

1.39 ______ monitors user activity on Internet and transmit that information in the background to someone else.
a. Malware c. Spyware
b. Adware d. None of these

1.40 What is key logger?
a. Fireware c. anti-virus
b. Spyware d. None of these

1.41 WPS stands for
a. WiFi protected system
b. WiFi protected setup
c. WiFi protocol setup
d. Wireless protected setup

1.42 Unsolicited commercial email is known as ______
a. Spam c. Malware
b. Virus d. Spyware

1.43 Which of the following is digital certificate standard?
a. X.508 c. X.509
b. D.509 d. None of the above

1.44 Software required to run the hardware is known as
a. Joystick c. Task Manager
b. Program Manager d. Device Driver

1.45 ______ computing refers to application and services that run on a distributed network using virtualized resources.
a. Distributed c. Cloud
b. Soft d. Parallel

1.46 Who is the father of IoT?
a. Kevin Atrun c. Kevin Atrhur
b. Kevin Ashton d. Kevin Thomas

1.47 The lifecycle of IoT is collect -> Communicate -> ______ Act.
a. Acknowledge c. Examine
b. Rectify d. Analyze

1.48 The technology that has the ability to interact with the world.
a. Artificial Intelligence
c. Internet of Things
b. Information Technology
d. Virtual Reality

1.49 HMD stands for?
a. Head Masked Display
c. Head Made Display
b. Head Mounted Detection
d. Head Mounted Display

1.50 Which of the following is essential concept related to Cloud?
a. Reliability c. Productivity
b. Abstraction d. All of the above

PART TWO

2. Select TRUE or FALSE in statements

2.1 A cloud environment can be accessed from anywhere in the world as long as the user has access to the Internet.

2.2 Duck duck go is a application software.

2.3 Micro-program consists of a set of microinstructions which are strings of Os and 1s.

2.4 IFS code is a 12 digit code.

2.5 Hacking a computer is always illegal and punishable by law.

2.6 EPFO stands for Employee's Provident Fund Organization.

2.7 In India there are eight languages UMANG App are available.

2.8 UMANG stands for Universal Mobile Application for New age Governance.

2.9 Bus is a type of topology.

2.10 We can use two operating system in a one computer at a time.

2.11 ROM memory take less access time.

2.12 There are 12 people can be added in a one Whatsup group.

2.13 In credit card APR means Annual Percentage Rate.

2.14 Kevin Systrom is a founder of Instagram.

2.15 RAM is near to CPU.

2.16 You can call folder as directory.

2.17 Olx is a G2G & B2B service.

2.18 Shortcut F5 is a Slide show option.

2.19 You can align your text in a document Writer in Two ways.

2.20 The clipboard is a temporary storage area which is used for keeping cut/copied text/graphics.

2.21 The printed copy of a document is called a hard copy.

2.22 Writer can also check the spelling and grammar in a document.

2.23 Merging two documents into single one is called Mail Merge.

2.24 If you enter 124A in a cell it will be treated as a number because it starts with a digit.

2.25 You cannot open two different workbook is Calc simultaneously.

2.26 In the Calc, every column is identified by a specific number.

2.27 E-mail is elegant mail.

2.28 You can search for a file in Windows even if you know only part of the file name.

2.29 The full form of HTWL is Hyper Text Web Language.

2.30 Twitter is a Microblogging sites.

2.31 Prepaid card pay as advance payment.

2.32 EBCDIC stands for extended code decimal interchange code.

2.33 e-wallet used for digital payment.

2.34 Aadhaar will be used to prove citizenship.

2.35 IRTC software will use to know PNR status.

2.36 DigiLocker is an online documents platform that facilitates sharing of documents between government agencies and DigiLocker users.

2.37 10 AM to 6 PM is the time limit for using NEFT.

2.38 Ray Tomlinson is the founder of E-mail.

2.39 In App play store you cannot download from Mobile.

2.40 There are 300 passport centres in India.

2.41 Booting is the term used for starting a computer.

2.42 IFSC is an alpha-numeric code issued by the RBI that identifies the bank name and the branch location.

2.43 Mark Zuckerberg is a founder of Facebook.

2.44 BHIM stands for Bhart Internet for money.

2.45 In the year 1999 United States Internet banking was developed.

2.46 Aadhaar is a 15-digit number.

2.47 LinkedIn is the name of the application for searching a job on the social media.

2.48 In UMANG 'N' stand for National.

2.49 National Payments Corporation of India is an independent organisation set up to administer all retail payments systems in India.

2.50 1,073,741,824 is the maximum number of cell in one Calc sheet in LibreOffice.